全国银行招聘考试 导学教材

一本通

银行招聘考试研究组 编

图书在版编目(CIP)数据

全国银行招聘考试导学教材：一本通 / 银行招聘考试研究组编. -- 上海：立信会计出版社,2024.6.
ISBN 978-7-5429-7660-4

Ⅰ. F832

中国国家版本馆 CIP 数据核字第 2024JY7414 号

责任编辑 毕芸芸

全国银行招聘考试导学教材：一本通
QUANGUO YINHANG ZHAOPIN KAOSHI DAOXUE JIAOCAI YIBENTONG

出版发行 立信会计出版社
地　　址 上海市中山西路 2230 号　　邮政编码 200235
电　　话 (021)64411389　　传　　真 (021)64411325
网　　址 www. lixinaph. com　　电子邮箱 lixinaph2019@126. com
网上书店 http://lixin. jd. com　　http://lxkjcbs. tmall. com
经　　销 各地新华书店

印　　刷 新乡市华夏印务有限责任公司
开　　本 880 毫米×1230 毫米　　1/16
印　　张 27
字　　数 778 千字
版　　次 2024 年 6 月第 1 版
印　　次 2024 年 6 月第 1 次印刷
书　　号 ISBN 978-7-5429-7660-4/F
定　　价 78.00 元

全国银行招聘考试导学教材

一本通

目录
contents

第一部分　银行业基础知识

第二部分　公共基础知识

第三部分 职业能力知识

第四部分 英语知识

第一部分
银行业基础知识

第一章　银行业服务礼仪规范

导学教案

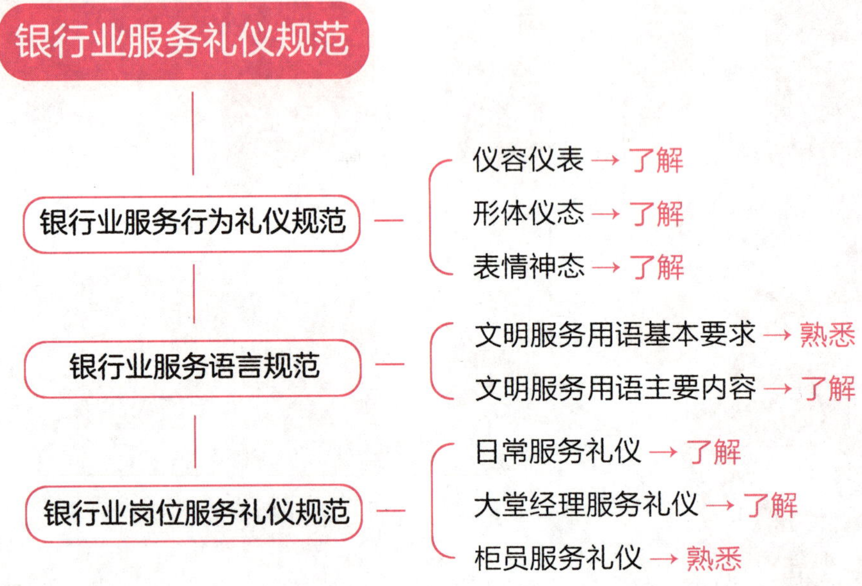

导学课程

第一节　银行业服务行为礼仪规范

一、仪容仪表

仪容是个人仪表的重要组成部分，由发式、面容以及人体所有未被服饰遮掩的肌肤（如手部、颈部）等内容构成。仪表是一种无声的语言，显示着一个人的个性、身份、素养及其心理状态。在服务中,得体的妆容和着装会体现个人良好的职业气质,给客户留下深刻的印象,从而提升客户对单位形象的认知。银行员工良好的形象是职业素养的体现,仪容仪表应端庄得体、整洁大方。

（一）男士的仪容仪表

1. 仪容

(1)发式:头发需勤洗,无头皮屑,且梳理整齐;不染发,不光头,不留长发;以前不掩额、侧不盖耳、后不触衣领为宜。

(2)面容:忌留胡须,养成每天修面剃须的良好习惯;面部保持清洁,眼角不可留有分泌物,如戴眼镜,应保持镜片的清洁;保持鼻孔清洁,平视时鼻毛不得露于孔外。

(3)口腔:保持口腔清洁,不留异味,不饮酒或含有酒精的饮料。

(4)耳部:耳廓、耳根后及耳孔边应每日清洗,不可留有皮屑及污垢。

(5)手部:保持手部的清洁,养成勤洗手、勤剪指甲的良好习惯,指甲不得长于 1 毫米。

(6)体味:勤换内外衣物,给人清新的感觉。

2. 仪表

(1)西装:着统一制服、领带,干净平整,无污渍、无破损;西裤裤脚长度以穿鞋后距地面 1 厘米为宜。

(2)衬衫:着长袖衬衫,衬衫袖口须扣上,长度应以超出西装袖口 1 厘米为宜;衬衫下摆须掖在裤内。

(3)领带:领带应紧贴衬衫领口正中,长度以在皮带扣上下缘之间为宜。

(4)领带夹:夹在衬衫的第四和第五粒扣子之间。

(5)工号牌:在营业厅内须佩戴工号牌,别针式工号牌要端正地别在左胸前,挂牌式工号牌要正面朝外。

(6)袜子:着深色薄棉袜,如黑色、深蓝、深灰色袜等。

(7)鞋子:着黑色、系带、牛皮皮鞋,光亮无尘。

(8)饰物:手腕部除手表外不得戴有其他装饰物,手指不能佩戴造型奇异的戒指,佩戴数量不超过1枚。

(二)女士的仪容仪表

1. 仪容

(1)发式:头发需勤洗,无头皮屑,不染发,且梳理整齐;长发需挽起并用统一的头饰固定在脑勺后;短发要合拢在耳后。

(2)面容:面部保持清洁,眼角不可留有分泌物,保持鼻孔清洁;工作时要化淡妆,以淡雅、清新、自然为宜。

(3)口腔:保持口腔清洁,不留异味,不饮酒或含酒精的饮料。

(4)耳部:耳廓、耳根后及耳孔边应每日清洗,不可留有皮屑及污垢。

(5)手部:保持手部的清洁,指甲不得长于2毫米,可适当涂无色指甲油。

(6)体味:勤换内外衣物,给人以清新的感觉,不使用香味过浓的香水。

2. 仪表

(1)套装:着统一制服、领花(丝巾),干净平整,无污渍、无破损。

(2)衬衫:衬衫袖口须扣上,衬衫下摆须掖在裙内或裤内。

(3)领花(丝巾):领花应紧贴衬衫领口正中,应扎网点统一的丝巾,同一网点相同岗位的员工丝巾的扎法应相同。

(4)工号牌:在营业厅内须佩戴工号牌,别针式工号牌要端正地别在左胸前,挂牌式工号牌要正面朝外。

(5)袜子:着裙装时,不穿挑丝、有洞或补过的袜子,颜色以肤色为宜;忌光脚穿鞋。

(6)鞋子:着船式黑色中跟皮鞋,光亮无尘;不得着露趾鞋或休闲鞋;不得将鞋拖在脚上。

(7)饰物:饰物佩戴要求款式简洁大方,色彩淡雅;佩戴耳钉以素色耳针为主,数量不超过一对;手腕部除手表外不佩戴其他饰物;手指不能佩戴造型奇异的戒指,数量不超过1枚。

真题精练

【导学例题1】下列符合银行从业人员仪容仪表规范要求的是(   )。

A. 女员工头发需梳理整齐,过肩长发可自然披散

B. 男员工可以适当地蓄胡须

C. 营业机构人员应穿着工装,且着装规范统一

D. 柜台内女员工可以涂彩色指甲油

C 【解析】C项正确,符合仪容仪表规范要求;A项,女员工过肩长发需挽起;B项,男员工不可以蓄胡须;D项,女员工不可以涂抹彩色指甲油。

二、形体仪态

形体仪态是人在活动中各种身体姿势、行为举止的总称,人们通过各种姿势的变化来完成各项活动,以此展现人所独具的形体魅力。因此,在服务过程中,优雅的仪态会给客户一种美的享受。

(一)标准站姿

1. 动作要求

(1)双眼平视前方,下颌微微内收,颈部挺直。

(2)双肩自然放松端平且收腹挺胸,但不显僵硬。

(3)双臂自然下垂于身体两侧,男士右手轻握左手的腕部,左手握拳,放在小腹前,或者置于身后;女士双手自然叠放于小腹前,右手叠加在左手上;保安不论男女都应采取双手背后姿势站立。

(4)脚跟并拢,脚呈"V"字型分开,两脚尖间距约一个拳头的宽度;男士可双脚平行分开,略窄于肩;女士可两腿并拢,两脚呈"丁"字型站立。

2. 姿态要求

(1)不叉腰,不抱胸,不倚不靠。

(2)服务人员在站立时间较长的情况下,为缓解疲劳可以采用一些变化的站姿,但在变化中力求姿态端正,勿给人以懒散的感觉。具体要求,可将身体的重心向左或右腿转移,让另一条腿放松休息。但如有客户走近,应立即恢复标准站姿。

(二)标准坐姿

1. 入座要求

(1)入座时双脚与肩同宽并行,同时尽量轻稳,避免座椅乱响,噪音扰人。

(2)男士同时注意左手轻按领带,勿使其翘起或搭于桌面;女士在入座时应右手轻按住衣服前角,左手抚平后裙摆,缓缓坐下。

2. 坐姿要求

(1)头部挺直,双目平视,下颌内收。

(2)身体端正,两肩放松,勿倚靠座椅的背部。

(3)挺胸收腹,上身微微前倾,坐满椅面2/3左右。

(4)男士双手自然放在双膝或椅子扶手上,女士双手自然交叠,放在腿上或椅子扶手上。

(5)若面前有桌子,可双手自然交叠将手腕至肘部的2/3处轻放在桌面上。

(6)男士双腿可并拢,也可分开,但分开间距不得超过肩宽;女士双腿可靠紧并垂直于地面,也可将双腿稍稍斜侧调整姿势。

3. 离座要求

(1)离座时,身旁如有人在座,须以语言或动作向其先示意,随后方可站起身来。

(2)起身离座时,动作轻缓,无声无息。

(3)离开座椅后,要先站定,方可离去。

4. 坐姿禁忌

(1)不前仰后靠,不左摇右晃,不趴在工作台上休息。

(2)切忌坐在椅子上转动或移动椅子的位置。

(3)禁止跷二郎腿、双腿习惯性抖动或手上摆弄东西等不良习惯动作。

(4)尽量不要叠腿,更不要采用"4"字型的叠腿方式或用双手扣住膝盖的方式就座。

(5)在座椅上,切忌双腿大幅度叉开,或将双腿伸得老远,不得将脚藏在座椅下或用脚勾住椅子的腿。

(三)标准行姿

1. 动作要求

(1)方向明确。

(2)身体协调,姿势稳健,挺胸抬头,目视前方。

(3)双臂以身体为轴,前后以30度或35度自然摆动。

(4)步伐从容,步态平衡,步速均匀,步幅适中,男士两脚间距离为一脚半,两脚内侧落地呈平行线;女士两脚间距离为一脚,两脚内侧落地呈一直线。

2. 行进指引

(1)请客户开始行进时,应面向客户稍许欠身。

(2)若双方并排行进时,服务人员应居于左侧。

(3)若双方单行行进时,服务人员应居于左前方约一米左右的位置。

(4)在陪同引导客户时,服务人员行进的速度须与客户相协调。

(5)及时地关照提醒,经过拐角或楼梯之处时,须关照提醒客户留意。

(6)在行进中与客户交谈或答复其提问时,应将头部、上身转向客户。

3. 行姿禁忌

(1)不左顾右盼。

(2)不把笔记本等物品夹在腋下行走。

(3)不在营业厅内慌忙奔跑,大声喧哗和追逐嬉闹。

（四）标准蹲姿

在拾取低处的物件时，应保持大方、端庄的蹲姿。一脚在前，一脚在后，两腿向下蹲，前脚全着地，小腿基本垂直于地面，后脚跟提起，脚掌着地，臀部向下。

（五）标准手势

1. 方向指示

为客户指示方向时，上身略向前倾，手臂伸直，五指自然并拢，掌心稍稍向上，目光面向客户方向以肘关节为支点，指向目标方向。

2. 阅读指示

为客户进行阅读指示时，五指并拢，指向阅读内容，面带微笑，同客户有目光交流，并有语言配合。

3. 示意入座

示意客户入座时，四指并拢，拇指微微张开，掌心微微向上，指向座椅，面带微笑，目光注视客户，并配有热情亲切的语言请客户入座。

真题精练

【导学例题2】下列不符合银行从业人员形体仪态规范要求的是（　　）。

A. 禁止跷二郎腿、双腿习惯性抖动或手上摆弄东西等不良习惯动作

B. 不叉腰，不抱胸，不倚不靠

C. 不能在营业厅内慌忙奔跑，大声喧哗和追逐嬉闹

D. 为了方便办业务，可以把笔记本等物品夹在腋下行走

D　【解析】D项不符合形体仪态规范要求，不可以把笔记本等物品夹在腋下行走；A、B、C项内容属于银行从业人员形体仪态规范内容要求。

三、表情神态

向客户提供满意的服务就要注重服务过程中的每一个细节。**表情是服务客户很重要的一个方面**，合理地运用微笑和眼神，会使客户心情愉快，在友好的气氛中和客户进行交流。营业人员上岗时必须保持良好的精神状态，给客户以亲切、轻松愉快的感觉。

（一）表情

神态真诚热情而不过分亲昵，表情亲切自然而不紧张拘泥，眼神专注大方而不四处游动。

（二）微笑

微笑是服务人员在工作岗位上的一种标准表情，应是发自内心的笑，笑得真诚、适度、合时宜。**表达出友善、诚信、和蔼、融洽等美好的情感**。放松自己的面部肌肉，使嘴角微微向上翘起，让嘴唇略呈弧形。

（三）眼神

注视客户的双眼，表示出对客户的关注，以及对客户所讲的话正在洗耳恭听。与客户较长时间交谈时，以客户的整个面部为注视区域。注视客户的面部时，最好不要聚焦于一处，而以散点柔视为宜。与客户相距较远并站立服务时，一般以客户的全身为注视点。在递接物品时，应注视客户的手部。

真题精练

【导学例题3】下列不符合银行从业人员表情神态规范要求的是（　　）。

A. 接待客户过程中应热情而不过分亲昵

B. 眼神专注大方而不四处游动

C. 微笑是服务人员在工作岗位上的一种标准表情，应是发自内心的笑，笑得真诚、适度、合时宜

D. 与客户较长时间交谈时，应适当地将目光转移到客户身边的物品上，不要聚焦于一处，而以散点柔视为宜

D　【解析】D项不符合表情神态规范要求，接触客户时应目视客户，表示出对客户的关注。与客户较长时间交谈时，以客户的整个面部为注视区域。A、B、C项内容属于银行从业人员表情神态规范内容要求。

第二节 银行业服务语言规范

一、文明服务用语基本要求

银行员工在工作中使用文明服务用语既是行业的整体要求也是各银行提高服务质量的内在需要，使用好文明服务用语的前提是：**要积极主动与客户沟通，并在沟通过程中善于倾听客户的表述，从客户的表述中发现其潜在需求**。因此，倾听的技巧也是营业人员需要掌握的基础服务规范。服务人员在倾听客户的要求或意见时，应当暂停其他工作，目视客户，并以眼神、笑容或点头来表示自己正在洗耳恭听。在倾听过程中，适当加入一些“嗯”“对”保持回应。

根据中国银行业协会制定的《中国银行业文明服务公约实施细则（试行）》要求，**提倡银行员工在与客户交流时首问采用普通话**，在服务过程中可根据区域习俗和客户特点灵活掌握；特殊岗位根据业务需要应掌握特殊服务用语，实现语言无障碍服务；涉外服务窗口工作人员应具有为涉外客户办理基本业务所需的外语能力。服务人员须注意谈话技巧，使用恰当的措辞，以提高客户的满意度，形成好的口碑，增强单位的美誉度。

在日常工作中对文明服务用语的基本要求为：**一是做到“五声”服务，即来有迎声，问有答声，帮有谢声，怨有歉声，走有送声。二是称谓要得体，学会使用敬语、问候语**。工作中习惯使用“请”“您”“谢谢”等文明用语，杜绝蔑视语、烦躁语、否定语和斗气语。**三是服务语言要文雅、温和、谦逊。语气要和蔼可亲，面对客户的误解、辱骂，要耐心解释，不恶语伤人**。对需团队合作完成的工作，使用“我们”代替“我”。遇刁钻客户及其他特殊情况，尽量用“抱歉”“遗憾”等词语，不轻易说“对不起，这是我们的错”。**四是语言要明确、简练、语速音量适中**。服务语言要考虑客户的接受能力，在解答客户疑难问题时，要用简单易懂的语言，视客户对银行业务的了解情况，适量使用专业术语。针对工作中可能出现的应急事件，不可推诿、刺激客户，要掌握一定的语言技巧，第一时间安抚客户情绪，为解决问题争取时间。

真题精练

【导学例题4】下列关于文明服务用语的描述中，正确的是（　　）。

A. 尽量使用“我”代替“我们”

B. 遇刁钻客户及其他特殊情况，尽量多说“对不起，这是我们的错”

C. 工作中习惯使用“请”“您”“谢谢”等文明用语，杜绝蔑视语、烦躁语、否定语和斗气语

D. 语气要和蔼可亲，轻柔和缓但不嗲声嗲气，面对客户的误解、辱骂，要针锋相对，维护银行尊严

C　【解析】C项正确，A、B、D项均不符合文明服务用语与要求。

二、文明服务用语主要内容

（一）常用服务用语

1. 迎送客文明用语

（1）您好，请问您需要办理什么业务？

（2）请；请问；请说。

（3）很高兴为您服务。

（4）有什么可以帮到您的吗？

（5）谢谢您的合作。

（6）这个问题由我们更专业的工作人员为您解答好吗？

（7）好的，您反映的问题，我们调查落实后第一时间给您答复。

（8）请出示您的证件，谢谢。

（9）您提的意见对我们很重要，谢谢您。

（10）请您在这里签名（盖章）。

（11）再见，有什么问题请随时电话联系。

（12）不用客气，这是我们应该做的。

(13)感谢您对我们工作的支持。
(14)欢迎您再来。
2. 向客户致歉文明用语
(1)不好意思。
(2)很抱歉。
(3)请您原谅。
(4)打扰了。
(5)很遗憾。
(6)抱歉,让您久等了。
(7)很抱歉,请您再说一遍好吗?
(8)先生(女士),这里是无烟场所,谢谢合作。
(9)抱歉,您找××,现在不在,需要我为您转告吗?
(10)很抱歉,您找××,现在不在,有什么可以帮到您吗?

(二)服务忌语

(1)你,干啥?
(2)别问我,不知道。
(3)你问他去,这事我不管。
(4)这边是大客户服务专用窗口,你到那边排队去。
(5)你错了,这绝对不可能。
(6)越忙越添乱,真烦人。
(7)急什么? 等着,没看我忙着吗?
(8)现在才说,刚才干什么去了。
(9)告诉你了还问。
(10)墙上贴着呢,自己看。
(11)急什么,这都忙着呢!
(12)我现在没空,等会再说。
(13)有意见找(头)领导去。
(14)怎么不早准备好。
(15)你怎么搞的,这些都不知道。

真题精练

【导学例题5】下列属于服务客户过程中禁忌语言的是(　　)。
A. 请您对我的服务做出评价　　B. 感谢您对我们工作的支持
C. 很抱歉,请您再说一遍好吗　　D. 嫌我办业务慢,你还找我干啥
D　【解析】D项内容是在服务客户过程中严禁出现的斗气语。

第三节　银行业岗位服务礼仪规范

一、日常服务礼仪

(一)接待礼仪

1. 助臂服务
下台阶或过往光滑地面时,应对老者、行动不便的人和孕妇予以助臂。助臂一般只是轻扶肘部。以左手扶客户右臂。
2. 递送资料
递送时上身略向前倾,眼睛注视客户手部,以文字正向方向递交,双手递送,轻拿轻放。
如需客户签名,应把笔套打开,用右手的拇指、食指和中指轻握笔杆,笔尖朝向自己,递至客户的右手中。

3. 递送物品

在递送物品时，**以双手递物为最佳**；递给客户的物品，以直接交到客户手中为好。服务人员在递物于客户时，应为客户留出便于接取物品的地方。

4. 接递名片

互换名片时，要先用双手将自己的名片递上，文字正面朝向对方，后双手接过对方名片。接过名片仔细浏览后，将其慎重地放在合适地方，不可随意乱放或拿在手中玩弄。

5. 交接款项

双手接递款项，轻拿轻放，不抛不弃，唱收唱付。

6. 上下楼梯

上下楼梯时要靠右行。脚步轻放，速度均匀。若遇来人，应主动靠右侧让。引领客户上下楼梯时，遵守安全原则，即上楼梯时在后，下楼梯时在前。

7. 出入房间

进房间前要先敲门，得到允许后再入内。敲门时，每隔 3 ~ 5 秒钟敲 2 ~ 3 下。出房间时应面向客户，道别后，礼貌地倒退两步，轻轻把门关上。

（二）电话礼仪

1. 接电话

(1)在电话铃声三声内拿起话筒，面带微笑地说："您好，× ×支行，请问您找谁"或"我有什么可以帮助您"。

(2)**主动报出名字及问候**。

(3)**主动询问客户需求**。

(4)**礼貌结束电话**。

2. 打电话

(1)用标准的礼貌头衔来称呼对方。

(2)讲话要言简意赅，尽快切入主题。

(3)电话交谈时要配合肢体动作，如微笑、点头。

（三）会议礼仪

1. 会议前

(1)与会者必须提前 5 分钟到达会场，关闭或将通信工具调整至振动，中途一般不可接听电话，确有急事需轻轻离开会议室接听。

(2)主持人或发言者上台讲话前，必须向与会者行 30 度鞠躬礼。

(3)会议迟到者必须向主持人行 15 度鞠躬礼表示歉意，会议中途离开者必须向主持人行 15 度鞠躬礼示意离开。

2. 会议中

(1)会议进程中，应集中注意力，不干扰他人发言，若要发言，则应等待时机，不可随意发表评论。

(2)会议进程中，应详细记录会议讨论的重点和其他与会者的意见。

(3)若有不明白的地方，可于适当时机要求发言者给予解答。

3. 会议后

(1)主持人或发言者讲完话，应向与会者行 30 度鞠躬礼，与会者应鼓掌回礼。

(2)若开会时是用纸杯喝茶，或喝罐装、瓶装饮料，散会后，应把身边的空罐子、纸杯、纸巾收拾好。

(3)散会后，与会者应将自己的座椅放回原来的位置。

（四）社交礼仪

1. 介绍礼仪

(1)进行自我介绍应该有效区分环境，针对不同的场合需要通过不同的方式向别人介绍、推销自己。

(2)**通常将男士介绍给女士；晚辈介绍给长辈；下级介绍给上级；客人介绍给主人；熟悉的人介绍给不熟悉的人；未婚者介绍给已婚者；家人介绍给同事、朋友**。

(3)如果是集体介绍应先介绍较少一方或者个人，后介绍人数多的一方；被介绍的一方年长或者地位、身份尊贵，则最后介绍。

2. 握手礼仪

(1)握手的姿势强调"五到",即:**身到、笑到、手到、眼到、问候到**。

(2)握手时双方上身微微前倾,面带微笑,右手相握。

(3)伸手先后顺序是上级在先、主人在先、长者在先、女性在先。

(4)握手时间一般在2、3秒或4、5秒之间为宜,握手力度适中。

3. 交谈礼仪

应表情认真,动作配合,语言合作,用词委婉,礼让对方。

4. 乘梯礼仪

(1)有人控制的电梯:以客人先进先出,陪同者后进后出为原则。

(2)无人控制的电梯:陪同者先进后出,并控制好按钮,若电梯可能超员,应请客人先进。

5. 乘车礼仪

(1)上下车的先后顺序:尊者先上车,最后下车;位卑者最后上车,最先下车。

(2)位次的尊卑:如果由车主亲自驾驶轿车,由尊而卑依次为副驾驶座、后排右座,后排左座,后排中座。如果由专职司机驾驶轿车,由尊而卑依次为后排右座、后排左座、后排中座、副驾驶座。

真题精练

【导学例题6】下列关于银行工作人员日常服务礼仪的描述中,错误的是(　　)。

A. 双手接递款项,轻拿轻放,不抛不弃,唱收唱付

B. 握手时双方上身微微前倾,面带微笑,右手相握

C. 接电话时,应该等对方报出名字后再介绍自己

D. 通常将男士介绍给女士;晚辈介绍给长辈;下级介绍给上级;客人介绍给主人

C　【解析】在接电话时,应该主动报出名字及问候。

二、大堂经理服务礼仪

大堂经理的主要岗位服务礼仪如下:

(1)五声服务。迎宾时"您好!"。询问时"请问有什么可以帮到您?"。客户帮助或赞扬时"谢谢您,这是我们应该做的"。麻烦客户或客户表示不满时"对不起,麻烦您……"。送宾时"再见,请慢走"。执行要点是配合恰当手势。

(2)三姿。站在营业大厅时,应采用标准站姿,站在可同时兼顾门口进入客户和大厅内客户情况的位置。在营业网点内巡视时,应站在客户群的斜后侧,观察现场状况,避免正面站在客户前方。执行要点是应当保持标准的站、坐、行姿。

(3)亲和微笑。眼含笑意,露出6~8颗牙齿。执行要点是三米六齿,有亲和力。

(4)分流指引。上身略向前倾,手臂伸直,五指自然并拢,掌心稍稍向上,目光面向客户,以肘关节为支点,指向指引方位。执行要点是亲切诚恳。

(5)语言。语言表达简洁易懂,依据客户情况适量使用专业术语。执行要点是亲切易懂。

(6)填单指导。五指自然并拢,掌心向上,指向阅读内容。执行要点是指向明确。

(7)单据递交。上身略向前倾,以文字正向方向双手递送,轻拿轻放。执行要点是注视客户手部,接住后松手。

要点点拨

岗位服务礼仪标准是在执行通用服务礼仪标准的基础上针对营业网点内不同岗位服务人员的工作特点而设计的服务礼仪,主要分为网点负责人/支行行长、大堂经理、柜员、客户经理/理财顾问、信贷人员、保安等岗位服务礼仪,以上岗位人员与客户接触最多、运用服务礼仪规范最多的是大堂经理和柜员。

真题精练

【导学例题7】下列关于大堂经理服务礼仪的描述中，错误的是(　　)。

A. 大堂经理应主动礼貌迎接客户并主动问询:“您好！请问您办理什么业务？/有什么需要帮忙的?”等

B. 如果客户没有提出要求，大堂经理不应该自作主张指导客户填写业务凭证

C. 大堂经理应根据客户业务种类、需求，合理分流客户。如将客户引导至休息区等候，将小额现金交易的客户分流到自助服务区

D. 大堂经理应主动向客户递送宣传折页、介绍或展示产品等

B　【解析】大堂经理应主动引导客户填写业务凭证。

三、柜员服务礼仪

当前银行柜员主要分为封闭式柜台柜员和开放式柜台柜员，封闭式柜台柜员与客户之间有防弹玻璃相隔，开放式柜台柜员在营业大厅直接面对客户办理业务。柜员的主要岗位服务礼仪如下:

(1)业务邀请。客户走近台席1米处时，面带微笑，说“您好，请坐”。执行要点是配合语言。

(2)亲和浅笑。自然微笑，表示对客户的友好。执行要点是微露齿。

(3)单据递交。以文字正向方向递交，双手递送，轻拿轻放。执行要点是正向、双手。

(4)亲和语言。措辞简洁，声音清脆，“五声”服务。执行要点是简洁、礼貌。

(5)签字指示。五指自然并拢，掌心向上，指向签字。执行要点是五指自然并拢，掌心向上，指向签字。

(6)简化坐姿。保持上身正直，腿部可略放松。执行要点是上身正直。

知识拓展

另外，对客户经理/理财顾问的要求如下:

(1)三姿。应执行标准的站、坐、行姿。

(2)名片递送。双手递送。

(3)握手。伸出右手握对方右手，握手时间一般应在3~5秒。握手力度适中，不宜过大或过小。执行要点是握手时客户在先、女士在先、上级在先、长辈在先。

(4)沟通语言。根据不同客户的特点，选择适当的语言进行沟通。执行要点是把握客户特点。

(5)微笑。亲切自然，表达对客户的友好。执行要点是亲切自然。

(6)标准手势。使用手掌并且掌心略向上，进行引导。执行要点是掌心略向上。

真题精练

【导学例题8】下列关于柜员服务礼仪的描述中，错误的是(　　)。

A. 当客户走进柜台时，高柜柜员以“您好！请问您办理什么业务?”主动问候客户并询问业务需求

B. 业务办理过程中需客户确认时提醒客户进行核对:“请您核对一下/请您核对后签字”

C. 业务办理完毕客户离开前提醒客户:“请您带好随身物品”

D. 客户支取现金时，柜员应主动提示客户清点核对好金额，离柜概不负责

D　【解析】D项内容中对客户说离柜概不负责是服务禁忌语。

第二章　与银行业相关的法律基础知识

导学教案

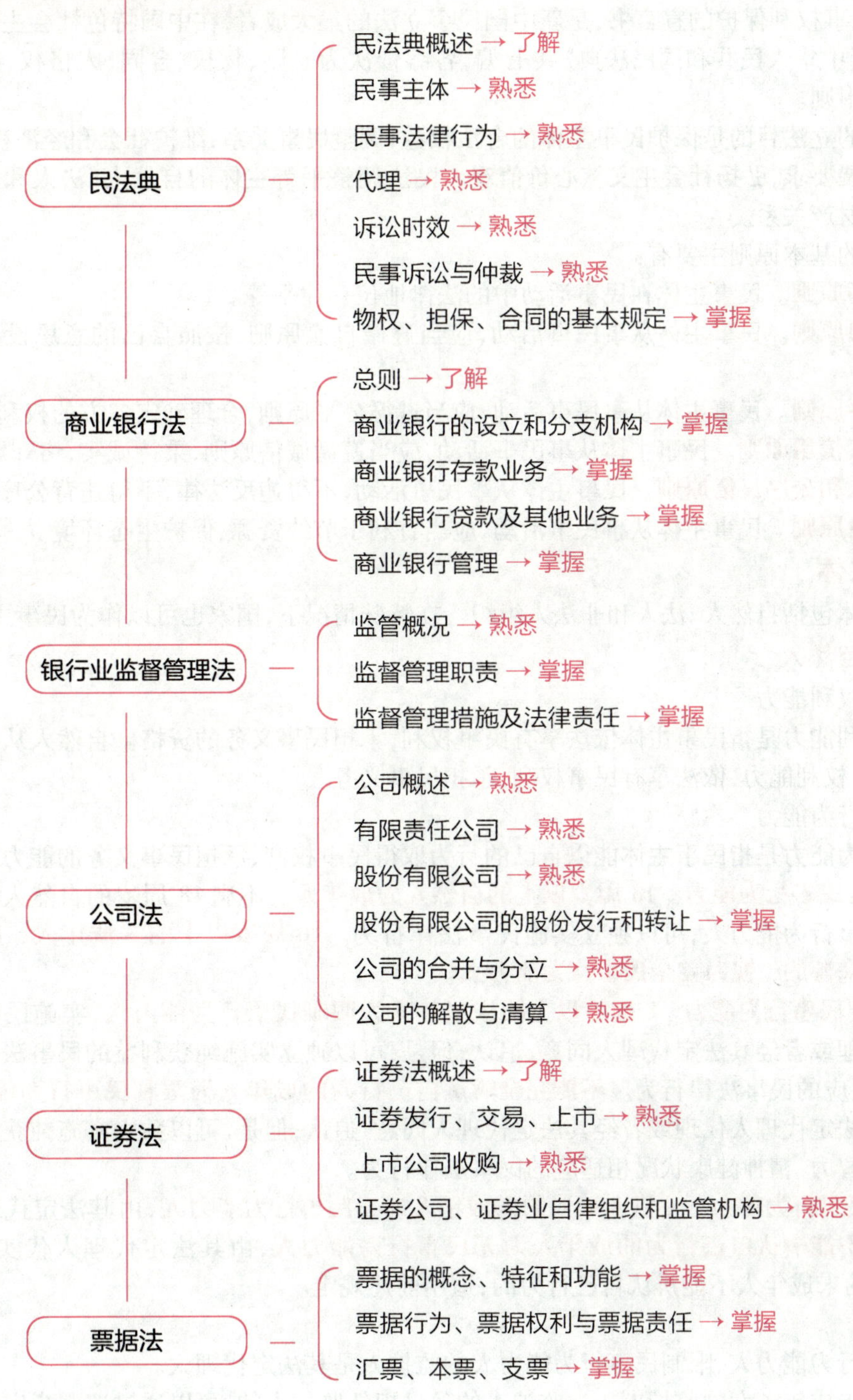

导学课程

第一节　民法典

一、民法典概述

《中华人民共和国民法典》由中华人民共和国第十三届全国人民代表大会第三次会议于2020年5月28日通过，自2021年1月1日起施行。其被称为“社会生活的百科全书”，是新中国第一部以法典命名的法律，是民事权利保护的宣言书，是新中国民事立法的集大成者，在中国特色社会主义法律体系中具有重要地位。《中华人民共和国民法典》共七编，各编依次为总则、物权、合同、人格权、婚姻家庭、继承、侵权责任以及附则。

民法典的立法目的是保护民事主体的合法权益，调整民事关系，维护社会和经济秩序，适应中国特色社会主义发展要求，弘扬社会主义核心价值观。民法调整平等主体的自然人、法人和非法人组织之间的人身关系和财产关系。

民法典的基本原则主要有：

(1)**平等原则**。民事主体在民事活动中的法律地位一律平等。

(2)**自愿原则**。民事主体从事民事活动，应当遵循自愿原则，按照自己的意思设立、变更、终止民事法律关系。

(3)**公平原则**。民事主体从事民事活动，应当遵循公平原则，合理确定各方的权利和义务。

(4)**诚实信用原则**。民事主体从事民事活动，应当遵循诚信原则，秉持诚实，恪守承诺。

(5)**守法和公序良俗原则**。民事主体从事民事活动，不得违反法律，不得违背公序良俗。

(6)**绿色原则**。民事主体从事民事活动，应当有利于节约资源、保护生态环境。

二、民事主体

民事主体包括自然人、法人和非法人组织。在特殊情况下，国家也可以作为民事主体。

(一)自然人

1. 民事权利能力

民事权利能力是指民事主体依法享有民事权利，承担民事义务的资格。自然人从出生时起到死亡时止，具有民事权利能力，依法享有民事权利，承担民事义务。

2. 民事行为能力

民事行为能力是指民事主体能以自己的行为取得民事权利、承担民事义务的能力。

(1)**完全民事行为能力**。**18周岁以上的自然人为成年人**。不满18周岁的自然人为未成年人。成年人为完全民事行为能力人，可以独立实施民事法律行为。**16周岁以上的未成年人，以自己的劳动收入为主要生活来源的，视为完全民事行为能力人**。

(2)**限制民事行为能力**。**8周岁以上的未成年人为限制民事行为能力人**，实施民事法律行为由其法定代理人代理或者经其法定代理人同意、追认；但是，可以独立实施纯获利益的民事法律行为或者与其年龄、智力相适应的民事法律行为。**不能完全辨认自己行为的成年人为限制民事行为能力人**，实施民事法律行为由其法定代理人代理或者经其法定代理人同意、追认；但是，可以独立实施纯获利益的民事法律行为或者与其智力、精神健康状况相适应的民事法律行为。

(3)**无民事行为能力**。**不满8周岁的未成年人为无民事行为能力人**，由其法定代理人代理实施民事法律行为。**不能辨认自己行为的成年人为无民事行为能力人**，由其法定代理人代实施民事法律行为。8周岁以上的未成年人不能辨认自己行为的，适用前述规定。

3. 监护

无民事行为能力人、限制民事行为能力人的监护人是其法定代理人。

父母是未成年子女的监护人。被监护人的父母担任监护人的，可以通过遗嘱指定监护人。

依法具有监护资格的人之间可以协议确定监护人。协议确定监护人应当尊重被监护人的真实意愿。

监护人的职责是代理被监护人实施民事法律行为，保护被监护人的人身权利、财产权利以及其他合法权益等。监护人依法履行监护职责产生的权利，受法律保护。监护人不履行监护职责或者侵害被监护人合法权益的，应当承担法律责任。

监护人应当按照最有利于被监护人的原则履行监护职责。监护人除为维护被监护人利益外，不得处分被监护人的财产。

4. 宣告失踪和宣告死亡

(1)宣告失踪。**自然人下落不明满2年的，利害关系人可以向人民法院申请宣告该自然人为失踪人**。失踪人的财产由其配偶、成年子女、父母或者其他愿意担任财产代管人的人代管。代管有争议，没有前述规定的人，或者前述规定的人无代管能力的，由人民法院指定的人代管。财产代管人应当妥善管理失踪人的财产，维护其财产权益。失踪人所欠税款、债务和应付的其他费用，由财产代管人从失踪人的财产中支付。财产代管人因故意或者重大过失造成失踪人财产损失的，应当承担赔偿责任。

(2)宣告死亡。自然人有下列情形之一的，利害关系人可以向人民法院申请宣告该自然人死亡：下落不明满4年；因意外事件，下落不明满2年。因意外事件下落不明，经有关机关证明该自然人不可能生存的，申请宣告死亡不受2年时间的限制。

5. 个体工商户和农村承包经营户

自然人从事工商业经营，经依法登记，为个体工商户。个体工商户可以起字号。

农村集体经济组织的成员，依法取得农村土地承包经营权，从事家庭承包经营的，为农村承包经营户。

(二)法人

1. 法人的概念

法人是具有民事权利能力和民事行为能力，依法独立享有民事权利和承担民事义务的组织。

法人应当依法成立。法人应当有自己的名称、组织机构、住所、财产或者经费。法人成立的具体条件和程序，依照法律、行政法规的规定。

2. 法人的分类

法人分为营利法人、非营利法人和特别法人。

(1)以取得利润并分配给股东等出资人为目的成立的法人，为营利法人。**营利法人包括有限责任公司、股份有限公司和其他企业法人等**。

(2)为公益目的或者其他非营利目的成立，不向出资人、设立人或者会员分配所取得利润的法人，为非营利法人。**非营利法人包括事业单位、社会团体、基金会、社会服务机构等**。

(3)**机关法人、农村集体经济组织法人、城镇农村的合作经济组织法人、基层群众性自治组织法人，为特别法人**。

(三)非法人组织

非法人组织是不具有法人资格，但是能够依法以自己的名义从事民事活动的组织。非法人组织包括个人独资企业、合伙企业、不具有法人资格的专业服务机构等。

真题精练

【导学例题1】汪某今年17岁，北京人，以自己的劳动收入为主要生活来源，汪某属于(　　)。

A. 完全民事行为能力人　　B. 限制民事行为能力人

C. 无民事行为能力人　　D. 无法确定

A 【解析】16周岁以上的未成年人，以自己的劳动收入为主要生活来源的，视为完全民事行为能力人。

三、民事法律行为

(一)民事法律行为的概念

民事法律行为是民事主体通过意思表示设立、变更、终止民事法律关系的行为。

(二)民事法律行为的形式

民事法律行为可以采用书面形式、口头形式或者其他形式(推定形式和沉默形式)；法律、行政法规规定或者当事人约定采用特定形式的，应当采用特定形式。

（三）有效民事法律行为的条件

具备下列条件的民事法律行为有效：

（1）**行为人具有相应的民事行为能力**。

（2）**意思表示真实**。

（3）**不违反法律、行政法规的强制性规定，不违背公序良俗**。

（四）可撤销的民事法律行为

可撤销的民事法律行为又称“相对无效的民事行为”，是指依照法律的规定，可以由当事人请求人民法院或者仲裁机关予以撤销的民事法律行为。对于这种民事法律行为，受损害方有权请求人民法院或者仲裁机构撤销。

下列民事法律行为，一方有权请求人民法院或者仲裁机关予以撤销：

（1）基于重大误解实施的民事法律行为，行为人有权请求人民法院或者仲裁机构予以撤销。

（2）一方以欺诈手段，使对方在违背真实意思的情况下实施的民事法律行为，受欺诈方有权请求人民法院或者仲裁机构予以撤销。

（3）第三人实施欺诈行为，使一方在违背真实意思的情况下实施的民事法律行为，对方知道或者应当知道该欺诈行为的，受欺诈方有权请求人民法院或者仲裁机构予以撤销。

（4）一方或者第三人以胁迫手段，使对方在违背真实意思的情况下实施的民事法律行为，受胁迫方有权请求人民法院或者仲裁机构予以撤销。

（5）一方利用对方处于危困状态、缺乏判断能力等情形，致使民事法律行为成立时显失公平的，受损害方有权请求人民法院或者仲裁机构予以撤销。

知识拓展

有下列情形之一的，撤销权消灭：

（1）当事人自知道或者应当知道撤销事由之日起1年内、重大误解的当事人自知道或者应当知道撤销事由之日起90日内没有行使撤销权。

（2）当事人受胁迫，自胁迫行为终止之日起1年内没有行使撤销权。

（3）当事人知道撤销事由后明确表示或者以自己的行为表明放弃撤销权。当事人自民事法律行为发生之日起5年内没有行使撤销权的，撤销权消灭。

（五）民事法律行为的附条件和附期限

民事法律行为可以附条件，但是根据其性质不得附条件的除外。附生效条件的民事法律行为，自条件成就时生效。附解除条件的民事法律行为，自条件成就时失效。

附条件的民事法律行为，当事人为自己的利益不正当地阻止条件成就的，视为条件已经成就；不正当地促成条件成就的，视为条件不成就。

民事法律行为可以附期限，但是根据其性质不得附期限的除外。附生效期限的民事法律行为，自期限届至时生效。附终止期限的民事法律行为，自期限届满时失效。

四、代理

（一）代理的概念与种类

1. 代理的概念

代理是指代理人以被代理人（又称本人）的名义，在代理权限内与第三人（又称相对人）所为的法律行为，而其法律后果直接由被代理人承受的民事法律制度。其中，代为他人实施民事法律行为的人，称为代理人；由他人以自己的名义代为民事法律行为，并承受法律后果的人，称为被代理人。

2. 代理的种类

代理包括委托代理和法定代理。委托代理人按照被代理人的委托行使代理权。法定代理人依照法律的规定行使代理权。

（二）代理的特征

代理的特征包括：

（1）**代理行为是指能够引起民事法律后果的民事法律行为**。也就是说，通过代理人所为的代理行为，能够在被代理人与第三人之间产生、变更或消灭某种民事法律关系。

(2)**代理人一般应以被代理人的名义从事代理活动**。

(3)**代理人在代理权限范围内独立意思表示**。

(4)**代理行为的法律后果直接归属于被代理人**。

(三)无权代理

行为人没有代理权、超越代理权或者代理权终止后,仍然实施代理行为,未经被代理人追认的,对被代理人不发生效力。

相对人可以催告被代理人自收到通知之日起 30 日内予以追认。被代理人未作表示的,视为拒绝追认。行为人实施的行为被追认前,善意相对人有撤销的权利。撤销应当以通知的方式作出。

行为人实施的行为未被追认的,善意相对人有权请求行为人履行债务或者就其受到的损害请求行为人赔偿。但是,赔偿的范围不得超过被代理人追认时相对人所能获得的利益。

相对人知道或者应当知道行为人无权代理的,相对人和行为人按照各自的过错承担责任。

教你一招

无权代理经被代理人追认,产生与有权代理相同的法律后果。

(四)表见代理

行为人没有代理权、超越代理权或者代理权终止后,仍然实施代理行为,相对人有理由相信行为人有代理权的,代理行为有效。

(五)代理终止

1. 委托代理终止

有下列情形之一的,委托代理终止:

(1)代理期限届满或者代理事务完成。

(2)被代理人取消委托或者代理人辞去委托。

(3)代理人丧失民事行为能力。

(4)代理人或者被代理人死亡。

(5)作为代理人或者被代理人的法人、非法人组织终止。

2. 法定代理终止

有下列情形之一的,法定代理终止:

(1)被代理人取得或者恢复完全民事行为能力。

(2)代理人丧失民事行为能力。

(3)代理人或者被代理人死亡。

(4)法律规定的其他情形。

五、诉讼时效

(一)诉讼时效期间

诉讼时效是指权利人在法定期间内不行使权利,致使在诉讼中丧失胜诉权的法律制度。

向人民法院请求保护民事权利的诉讼时效期间为 3 年。法律另有规定的,依照其规定。**诉讼时效期间自权利人知道或者应当知道权利受到损害以及义务人之日起计算**。法律另有规定的,依照其规定。但是,自权利受到损害之日起超过 20 年的,人民法院不予保护,有特殊情况的,人民法院可以根据权利人的申请决定延长。

(二)诉讼时效中止

在诉讼时效期间的最后 6 个月内,因下列障碍,不能行使请求权的,诉讼时效中止:

(1)不可抗力。

(2)无民事行为能力人或者限制民事行为能力人没有法定代理人,或者法定代理人死亡、丧失民事行为能力、丧失代理权。

(3)继承开始后未确定继承人或者遗产管理人。

(4)权利人被义务人或者其他人控制。

(5)其他导致权利人不能行使请求权的障碍。

自中止时效的原因消除之日起满6个月,诉讼时效期间届满。

(三)诉讼时效中断

有下列情形之一的,诉讼时效中断,从中断、有关程序终结时起,诉讼时效期间重新计算:

(1)权利人向义务人提出履行请求。

(2)义务人同意履行义务。

(3)权利人提起诉讼或者申请仲裁。

(4)与提起诉讼或者申请仲裁具有同等效力的其他情形。

教你一招

诉讼时效中止与中断的区别:发生的时间不同;法定事由不同;法律后果不同。

(四)不适用诉讼时效的规定

下列请求权不适用诉讼时效的规定:

(1)请求停止侵害、排除妨碍、消除危险。

(2)不动产物权和登记的动产物权的权利人请求返还财产。

(3)请求支付抚养费、赡养费或者扶养费。

(4)依法不适用诉讼时效的其他请求权。

(五)诉讼时效约定无效

诉讼时效的期间、计算方法以及中止、中断的事由由法律规定,当事人约定无效。当事人对诉讼时效利益的预先放弃无效。

六、民事诉讼与仲裁

(一)民事诉讼

民事诉讼是指公民之间、法人之间、其他组织之间以及他们相互之间因财产关系和人身关系提起的诉讼。**民事诉讼当事人包括原告、被告、第三人和共同诉讼人。**

(二)仲裁

仲裁是指当事人通过订立仲裁协议,将合同纠纷和其他财产权益纠纷提交仲裁机构进行裁判并作出裁决的一种争议解决方法。仲裁是解决民事争议的方式之一。

在我国,平等主体的公民、法人和其他组织之间发生的合同纠纷和其他财产权益纠纷,可以仲裁。但是,下列纠纷不能仲裁:

(1)婚姻、收养、监护、扶养、继承纠纷。

(2)依法应当由行政机关处理的行政争议。

七、物权的基本规定

(一)物的种类

按照不同的标准,可对物进行如下分类:流通物、限制流通物与禁止流通物;种类物与特定物;可分物与不可分物;动产与不动产;主物与从物;原物与孳息。

(二)物权概述

民事主体依法享有物权。物权是权利人依法对特定的物享有直接支配和排他的权利,包括所有权、用益物权和担保物权。

(1)所有权人对自己的不动产或者动产,依法享有占有、使用、收益和处分的权利。

(2)用益物权人对他人所有的不动产或者动产,依法享有占有、使用和收益的权利。

(3)担保物权人在债务人不履行到期债务或者发生当事人约定的实现担保物权的情形,依法享有就担保财产优先受偿的权利,但是法律另有规定的除外。

(三)物权的特征

与债权相比,物权具有以下法律特征:**物权是绝对权(对世权);物权是支配权;物权的标的是物;物权具有排他性;物权具有追及力。**

（四）物权的基本原则

物权的基本原则有：**平等保护原则；物权法定原则；一物一权原则；公示、公信原则。**

八、担保的基本规定

担保是指按照法律规定或者当事人约定，由债务人或第三人向债权人提供一定的财产或资信，以确保债务的清偿。担保的种类包括人的担保、物的担保和定金担保。《中华人民共和国民法典》规定了**五种担保方式：保证、抵押、质押、留置和定金。**

（一）保证

保证合同是为保障债权的实现，保证人和债权人约定，当债务人不履行到期债务或者发生当事人约定的情形时，保证人履行债务或者承担责任的合同。

机关法人不得为保证人，但是经国务院批准为使用外国政府或者国际经济组织贷款进行转贷的除外。以公益为目的的非营利法人、非法人组织不得为保证人。

保证的方式包括一般保证和连带责任保证。当事人在保证合同中对保证方式没有约定或者约定不明确的，按照一般保证承担保证责任。

知识拓展

当事人在保证合同中约定，债务人不能履行债务时，由保证人承担保证责任的，为一般保证。

当事人在保证合同中约定保证人和债务人对债务承担连带责任的，为连带责任保证。

（二）抵押

为担保债务的履行，债务人或者第三人不转移财产的占有，将该财产抵押给债权人的，债务人不履行到期债务或者发生当事人约定的实现抵押权的情形，债权人有权就该财产优先受偿。前述债务人或者第三人为抵押人，债权人为抵押权人，提供担保的财产为抵押财产。抵押财产的范围如表 1-2-1 所示。

表 1-2-1 抵押财产的范围

要点	内容
可以抵押的财产	债务人或者第三人有权处分的下列财产可以抵押： （1）建筑物和其他土地附着物。 （2）建设用地使用权。 （3）海域使用权。 （4）生产设备、原材料、半成品、产品。 （5）正在建造的建筑物、船舶、航空器。 （6）交通运输工具。 （7）法律、行政法规未禁止抵押的其他财产
禁止抵押的财产	下列财产不得抵押： （1）土地所有权。 （2）宅基地、自留地、自留山等集体所有土地的使用权，但是法律规定可以抵押的除外。 （3）学校、幼儿园、医疗机构等为公益目的成立的非营利法人的教育设施、医疗卫生设施和其他公益设施。 （4）所有权、使用权不明或者有争议的财产。 （5）依法被查封、扣押、监管的财产。 （6）法律、行政法规规定不得抵押的其他财产

（三）质押

1. 动产质权

为担保债务的履行，债务人或者第三人将其动产出质给债权人占有的，债务人不履行到期债务或者发生当事人约定的实现质权的情形，债权人有权就该动产优先受偿。前述债务人或者第三人为出质人，债权人为质权人，交付的动产为质押财产。

2. 权利质权

债务人或者第三人有权处分的下列权利可以出质：

(1)汇票、本票、支票。
(2)债券、存款单。
(3)仓单、提单。
(4)可以转让的基金份额、股权。
(5)可以转让的注册商标专用权、专利权、著作权等知识产权中的财产权。
(6)现有的以及将有的应收账款。
(7)法律、行政法规规定可以出质的其他财产权利。

(四)留置

留置权是指债务人不履行到期债务,债权人可以留置已经合法占有的债务人的动产,并有权就该动产优先受偿。这里的债权人为留置权人,占有的动产为留置财产。

留置权只能发生在特定的合同关系中,如保管合同、运输合同和加工承揽合同;留置权发生两次效力,即留置标的物和变价并优先受偿;留置权实现时,留置权人必须确定债务人履行债务的宽限期。

对于留置权的设立,《中华人民共和国民法典》规定,债权人留置的动产,应当与债权属于同一法律关系,但企业之间留置的除外。同时还规定,法律规定或者当事人约定不得留置的动产,不得留置;留置财产为可分物的,留置财产的价值应当相当于债务的金额。

针对同一动产同时存在抵押权、质权和留置权的情况,《中华人民共和国民法典》明确规定,同一动产上已经设立抵押权或者质权,该动产又被留置的,留置权人优先受偿。因此,在接受动产抵押或者质押后,应密切关注该动产的状况,跟踪该动产的使用情况,及时行使抵押权或者质权,防止抵押或者质押落空的风险。

(五)定金

定金是指为确保合同履行,当事人一方在合同履行之前向对方交付的一定数额的金钱。定金是给付定金的一方称为定金给付方,接受定金的一方称为定金接受方。

《中华人民共和国民法典》规定,当事人可以约定一方向对方给付定金作为债权的担保。定金合同自实际交付定金时成立。

债务人履行债务的,定金应当抵作价款或者收回。给付定金的一方不履行债务或者履行债务不符合约定,致使不能实现合同目的的,无权请求返还定金;收受定金的一方不履行债务或者履行债务不符合约定,致使不能实现合同目的的,应当双倍返还定金。

要点点拨

定金的数额由当事人约定,但是不得超过主合同标的额的20%,超过部分不产生定金的效力。实际交付的定金数额多于或者少于约定数额的,视为变更约定的定金数额。

九、合同的基本规定

合同是民事主体之间设立、变更、终止民事法律关系的协议。

当事人订立合同,可以采用书面形式、口头形式或者其他形式。书面形式是合同书、信件、电报、电传、传真等可以有形地表现所载内容的形式。以电子数据交换、电子邮件等方式能够有形地表现所载内容,并可以随时调取查用的数据电文,视为书面形式。

合同的内容由当事人约定,一般包括下列条款:当事人的姓名或者名称和住所;标的;数量;质量;价款或者报酬;履行期限、地点和方式;违约责任;解决争议的方法。

合同履行的原则包括:实际履行原则、全面履行原则、协作履行原则、诚实信用原则、情势变更原则和绿色原则。

第二节 商业银行法

一、总则

(一)立法目的

为了保护商业银行、存款人和其他客户的合法权益,规范商业银行的行为,提高信贷资产质量,加强监督管理,保障商业银行的稳健运行,维护金融秩序,促进社会主义市场经济的发展,制定《中华人民共和国商业银行法》。

（二）商业银行的概念及业务经营范围

商业银行是指依照《中华人民共和国商业银行法》和《中华人民共和国公司法》设立的吸收公众存款、发放贷款、办理结算等业务的企业法人。

商业银行可以经营下列部分或者全部业务：

(1)吸收公众存款。

(2)发放短期、中期和长期贷款。

(3)办理国内外结算。

(4)办理票据承兑与贴现。

(5)发行金融债券。

(6)代理发行、代理兑付、承销政府债券。

(7)买卖政府债券、金融债券。

(8)从事同业拆借。

(9)买卖、代理买卖外汇。

(10)从事银行卡业务。

(11)提供信用证服务及担保。

(12)代理收付款项及代理保险业务。

(13)提供保管箱服务。

(14)经国务院银行业监督管理机构批准的其他业务。

要点点拨

不同于普通企业法人经营范围由章程规定即可，商业银行章程载明的业务范围依法须报经国务院银行业监督管理机构批准方可生效，经营结汇、售汇业务，还须中国人民银行批准。

（三）商业银行经营原则

商业银行以安全性、流动性、效益性为经营原则，实行自主经营，自担风险，自负盈亏，自我约束。

商业银行依法开展业务，不受任何单位和个人的干涉。商业银行以其全部法人财产独立承担民事责任。商业银行与客户的业务往来，应当遵循**平等、自愿、公平和诚实信用的原则**。

商业银行应当保障存款人的合法权益不受任何单位和个人的侵犯。商业银行开展信贷业务，应当严格审查借款人的资信，实行担保，保障按期收回贷款。商业银行依法向借款人收回到期贷款的本金和利息，受法律保护。

商业银行开展业务，应当遵守法律、行政法规的有关规定，不得损害国家利益、社会公共利益。商业银行开展业务，应当遵守公平竞争的原则，不得从事不正当竞争。商业银行依法接受国务院银行业监督管理机构的监督管理，但法律规定其有关业务接受其他监督管理部门或者机构监督管理的，依照其规定。

真题精练

【导学例题 2】下列关于商业银行法律关系，表述不正确的是(　　)。

A. 商业银行以安全性、流动性、效益性为经营原则

B. 商业银行以其全部股东投资金额独立承担民事责任

C. 商业银行与客户的业务往来，应当遵循平等、自愿、公平和诚实信用的原则

D. 商业银行开展业务，应当遵守公平竞争的原则，不得从事不正当竞争

B　【解析】商业银行以其全部法人财产独立承担民事责任。

二、商业银行的设立和分支机构

（一）商业银行的设立条件

设立商业银行，应当经国务院银行业监督管理机构审查批准。 未经国务院银行业监督管理机构批准，任何单位和个人不得从事吸收公众存款等商业银行业务，任何单位不得在名称中使用“银行”字样。

设立商业银行,应当具备下列条件:

(1)有符合《中华人民共和国商业银行法》和《中华人民共和国公司法》规定的章程。

(2)有符合《中华人民共和国商业银行法》规定的注册资本最低限额。

(3)有具备任职专业知识和业务工作经验的董事、高级管理人员。

(4)有健全的组织机构和管理制度。

(5)有符合要求的营业场所、安全防范措施和与业务有关的其他设施。

设立商业银行,还应当符合其他审慎性条件。

设立全国性商业银行的注册资本最低限额为 10 亿元人民币。设立城市商业银行的注册资本最低限额为 1 亿元人民币,设立农村商业银行的注册资本最低限额为 5 000 万元人民币。**注册资本应当是实缴资本**。国务院银行业监督管理机构根据审慎监管的要求可以调整注册资本最低限额,但不得少于前述规定的限额。

(二)商业银行设立的报备资料

设立商业银行,申请人应当向国务院银行业监督管理机构提交下列文件、资料:

(1)申请书,申请书应当载明拟设立的商业银行的名称、所在地、注册资本、业务范围等。

(2)可行性研究报告。

(3)国务院银行业监督管理机构规定提交的其他文件、资料。

设立商业银行的申请经审查符合上述规定的,申请人应当填写正式申请表,并提交下列文件、资料:

(1)章程草案。

(2)拟任职的董事、高级管理人员的资格证明。

(3)法定验资机构出具的验资证明。

(4)股东名册及其出资额、股份。

(5)持有注册资本 5% 以上的股东的资信证明和有关资料。

(6)经营方针和计划。

(7)营业场所、安全防范措施和与业务有关的其他设施的资料。

(8)国务院银行业监督管理机构规定的其他文件、资料。

经批准设立的商业银行,由国务院银行业监督管理机构颁发经营许可证,并凭该许可证向工商行政管理部门办理登记,领取营业执照。商业银行的组织形式、组织机构适用《中华人民共和国公司法》的规定。

国有独资商业银行设立监事会。监事会的产生办法由国务院规定。监事会对国有独资商业银行的信贷资产质量、资产负债比例、国有资产保值增值等情况以及高级管理人员违反法律、行政法规或者章程的行为和损害银行利益的行为进行监督。

(三)商业银行分支机构

商业银行根据业务需要可以在中华人民共和国境内外设立分支机构。设立分支机构必须经国务院银行业监督管理机构审查批准。在中华人民共和国境内的分支机构,不按行政区划设立。

商业银行在中华人民共和国境内设立分支机构,应当按照规定拨付与其经营规模相适应的营运资金额。**拨付各分支机构营运资金额的总和,不得超过总行资本金总额的 60%**。

设立商业银行分支机构,申请人应当向国务院银行业监督管理机构提交下列文件、资料:

(1)申请书,申请书应当载明拟设立的分支机构的名称、营运资金额、业务范围、总行及分支机构所在地等。

(2)申请人最近 2 年的财务会计报告。

(3)拟任职的高级管理人员的资格证明。

(4)经营方针和计划。

(5)营业场所、安全防范措施和与业务有关的其他设施的资料。

(6)国务院银行业监督管理机构规定的其他文件、资料。

经批准设立的商业银行分支机构,由国务院银行业监督管理机构颁发经营许可证,并凭该许可证向工商行政管理部门办理登记,领取营业执照。**商业银行对其分支机构实行全行统一核算,统一调度资金,分级管理的财务制度**。

经批准设立的商业银行及其分支机构，由国务院银行业监督管理机构予以公告。商业银行及其分支机构自取得营业执照之日起无正当理由超过6个月未开业的，或者开业后自行停业连续6个月以上的，由国务院银行业监督管理机构吊销其经营许可证，并予以公告。

要点点拨

商业银行分支机构不具有法人资格，在总行授权范围内依法开展业务，其民事责任由总行承担。

（四）其他规定

商业银行的分立、合并，适用《中华人民共和国公司法》的规定。商业银行的分立、合并，应当经国务院银行业监督管理机构审查批准。

商业银行应当依照法律、行政法规的规定使用经营许可证。禁止伪造、变造、转让、出租、出借经营许可证。

有下列情形之一的，不得担任商业银行的董事、高级管理人员：

（1）因犯有贪污、贿赂、侵占财产、挪用财产罪或者破坏社会经济秩序罪，被判处刑罚，或者因犯罪被剥夺政治权利的。

（2）担任因经营不善破产清算的公司、企业的董事或者厂长、经理，并对该公司、企业的破产负有个人责任的。

（3）担任因违法被吊销营业执照的公司、企业的法定代表人，并负有个人责任的。

（4）个人所负数额较大的债务到期未清偿的。

任何单位和个人购买商业银行股份总额5%以上的，应当事先经国务院银行业监督管理机构批准。

知识拓展

商业银行有下列变更事项之一的，应当经国务院银行业监督管理机构批准：变更名称；变更注册资本；变更总行或者分支行所在地；调整业务范围；变更持有资本总额或者股份总额5%以上的股东；修改章程；国务院银行业监督管理机构规定的其他变更事项。更换董事、高级管理人员时，应当报经国务院银行业监督管理机构审查其任职资格。

真题精练

【导学例题3】下列关于商业银行组织机构的设立，表述不正确的是（　　）。

A. 商业银行的组织形式、组织机构适用《中华人民共和国公司法》的规定

B. 国有独资商业银行应当设立监事会

C. 商业银行根据业务需要可以在中华人民共和国境内设立分支机构且拨付各分支机构营运资金金额的总和，不得超过总行资本金总额的50%

D. 商业银行的分立、合并应当符合《中华人民共和国公司法》的规定且需要经国务院银行业监督管理机构审查批准

C 【解析】商业银行拨付各分支机构营运资金金额的总和，不得超过总行资本金总额的60%。

三、商业银行存款业务

商业银行办理个人储蓄存款业务，应当遵循存款自愿、取款自由、存款有息、为存款人保密的原则。

对个人储蓄存款，商业银行有权拒绝任何单位或者个人查询、冻结、扣划，但法律另有规定的除外。对单位存款，商业银行有权拒绝任何单位或者个人查询，但法律、行政法规另有规定的除外；有权拒绝任何单位或者个人冻结、扣划，但法律另有规定的除外。

商业银行应当按照中国人民银行规定的存款利率的上下限，确定存款利率，并予以公告。商业银行应当按照中国人民银行的规定，向中国人民银行交存存款准备金，留足备付金。商业银行应当保证存款本金和利息的支付，不得拖延、拒绝支付存款本金和利息。

真题精练

【导学例题4】下列关于商业银行存款业务的表述,错误的是( )。
A. 对个人储蓄存款,商业银行有权拒绝任何单位或者个人查询,但法律另有规定的除外
B. 对单位存款,商业银行有权拒绝任何单位或者个人查询,但部门规章另有规定的除外
C. 对个人储蓄存款,商业银行有权拒绝任何单位或者个人冻结、扣划,但法律另有规定的除外
D. 对单位存款,商业银行有权拒绝任何单位或者个人冻结、扣划,但法律另有规定的除外

B 【解析】对单位存款,商业银行有权拒绝任何单位或者个人查询,但法律、行政法规另有规定的除外。

四、商业银行贷款及其他业务

(一)商业银行贷款发放

商业银行根据国民经济和社会发展的需要,在国家产业政策指导下开展贷款业务。商业银行贷款,应当对借款人的借款用途、偿还能力、还款方式等情况进行严格审查。**商业银行贷款,应当实行审贷分离、分级审批的制度**。

商业银行贷款,借款人应当提供担保。商业银行应当对保证人的偿还能力,抵押物、质物的权属和价值以及实现抵押权、质权的可行性进行严格审查。经商业银行审查、评估,确认借款人资信良好,确能偿还贷款的,可以不提供担保。

商业银行贷款,应当与借款人订立书面合同。合同应当约定贷款种类、借款用途、金额、利率、还款期限、还款方式、违约责任和双方认为需要约定的其他事项。**商业银行应当按照中国人民银行规定的贷款利率的上下限,确定贷款利率**。商业银行不得违反规定提高或者降低利率以及采用其他不正当手段,吸收存款,发放贷款。

商业银行贷款,应当遵守下列资产负债比例管理的规定:

(1)**资本充足率不得低于8%**。

(2)**流动性资产余额与流动性负债余额的比例不得低于25%**。

(3)**对同一借款人的贷款余额与商业银行资本余额的比例不得超过10%**。

(4)**国务院银行业监督管理机构对资产负债比例管理的其他规定**。

任何单位和个人不得强令商业银行发放贷款或者提供担保。商业银行有权拒绝任何单位和个人强令要求其发放贷款或者提供担保。

借款人应当按期归还贷款的本金和利息。借款人到期不归还担保贷款的,商业银行依法享有要求保证人归还贷款本金和利息或者就该担保物优先受偿的权利。商业银行因行使抵押权、质权而取得的不动产或者股权,应当自取得之日起2年内予以处分。借款人到期不归还信用贷款的,应当按照合同约定承担责任。

知识拓展

商业银行不得向关系人发放信用贷款;向关系人发放担保贷款的条件不得优于其他借款人同类贷款的条件。关系人是指:商业银行的董事、监事、管理人员、信贷业务人员及其近亲属;上述所列人员投资或者担任高级管理职务的公司、企业和其他经济组织。

(二)商业银行开办的其他业务

商业银行办理票据承兑、汇兑、委托收款等结算业务,应当按照规定的期限兑现,收付入账,不得压单、压票或者违反规定退票。有关兑现、收付入账期限的规定应当公布。商业银行发行金融债券或者到境外借款,应当依照法律、行政法规的规定报经批准。

同业拆借,应当遵守中国人民银行的规定。**禁止利用拆入资金发放固定资产贷款或者用于投资**。拆出资金限于交足存款准备金、留足备付金和归还中国人民银行到期贷款之后的闲置资金。拆入资金用于弥补票据结算、联行汇差头寸的不足和解决临时性周转资金的需要。

企业事业单位可以自主选择一家商业银行的营业场所开立一个办理日常转账结算和现金收付的基本账户,不得开立两个以上基本账户。**任何单位和个人不得将单位的资金以个人名义开立账户存储**。

商业银行在中华人民共和国境内不得从事信托投资和证券经营业务,不得向非自用不动产投资或者向非银行金融机构和企业投资,但国家另有规定的除外。

商业银行办理业务,提供服务,按照规定收取手续费。收费项目和标准由国务院银行业监督管理机构、中国人民银行根据职责分工,分别会同国务院价格主管部门制定。商业银行应当按照国家有关规定保存财务会计报表、业务合同以及其他资料。

商业银行的工作人员应当遵守法律、行政法规和其他各项业务管理的规定,不得有下列行为:

(1)利用职务上的便利,索取、收受贿赂或者违反国家规定收受各种名义的回扣、手续费。

(2)利用职务上的便利,贪污、挪用、侵占本行或者客户的资金。

(3)违反规定徇私向亲属、朋友发放贷款或者提供担保。

(4)在其他经济组织兼职。

(5)违反法律、行政法规和业务管理规定的其他行为。

商业银行的工作人员不得泄露其在任职期间知悉的国家秘密、商业秘密。

真题精练

【导学例题5】商业银行不得向关系人发放信用贷款。下列不属于"关系人"的是(   )。

A. 该银行的管理人员　　B. 该银行监事配偶投资的企业

C. 该银行董事的大学同学　　D. 该银行的信贷业务人员

C　【解析】商业银行不得向关系人发放信用贷款;向关系人发放担保贷款的条件不得优于其他借款人同类贷款的条件。关系人是指:商业银行的董事、监事、管理人员、信贷业务人员及其近亲属;上述所列人员投资或者担任高级管理职务的公司、企业和其他经济组织。

五、商业银行管理

(一)财务、会计制度

商业银行应当依照法律和国家统一的会计制度以及国务院银行业监督管理机构的有关规定,建立、健全本行的财务、会计制度。

商业银行应当按照国家有关规定,真实记录并全面反映其业务活动和财务状况,编制年度财务会计报告,及时向国务院银行业监督管理机构、中国人民银行和国务院财政部门报送。商业银行不得在法定的会计账册外另立会计账册。

商业银行应当于每一会计年度终了3个月内,按照国务院银行业监督管理机构的规定,公布其上一年度的经营业绩和审计报告。商业银行的会计年度自公历1月1日起至12月31日止。

商业银行应当按照国家有关规定,提取呆账准备金,冲销呆账。

(二)监督管理

1. 内部监督管理

商业银行应当按照有关规定,制定本行的业务规则,建立、健全本行的风险管理和内部控制制度。

商业银行应当建立、健全本行对存款、贷款、结算、呆账等各项情况的稽核、检查制度。商业银行对分支机构应当进行经常性的稽核和检查监督。

2. 外部监督管理

商业银行应当按照规定向国务院银行业监督管理机构、中国人民银行报送资产负债表、利润表以及其他财务会计、统计报表和资料。

国务院银行业监督管理机构有权依法随时对商业银行的存款、贷款、结算、呆账等情况进行检查监督。检查监督时,检查监督人员应当出示合法的证件。商业银行应当按照国务院银行业监督管理机构的要求,提供财务会计资料、业务合同和有关经营管理方面的其他信息。

中国人民银行有权依法对商业银行进行检查监督。商业银行应当依法接受审计机关的审计监督。

(三)接管和终止

1. 商业银行的接管

商业银行已经或者可能发生信用危机,严重影响存款人的利益时,国务院银行业监督管理机构可以对该银行实行接管。**接管的目的是对被接管的商业银行采取必要措施,以保护存款人的利益,恢复商业银行的正常经营能力。**被接管的商业银行的债权债务关系不因接管而变化。

接管由国务院银行业监督管理机构决定,并组织实施。国务院银行业监督管理机构的接管决定应当载明下列内容:

(1)被接管的商业银行名称。

(2)接管理由。

(3)接管组织。

(4)接管期限。

接管决定由国务院银行业监督管理机构予以公告。

接管自接管决定实施之日起开始。自接管开始之日起,由接管组织行使商业银行的经营管理权力。**接管期限届满,国务院银行业监督管理机构可以决定延期,但接管期限最长不得超过2年。**

有下列情形之一的,接管终止:接管决定规定的期限届满或者国务院银行业监督管理机构决定的接管延期届满;接管期限届满前,该商业银行已恢复正常经营能力;接管期限届满前,该商业银行被合并或者被依法宣告破产。

2. 商业银行的终止

商业银行因解散、被撤销和被宣告破产而终止。

商业银行因分立、合并或者出现公司章程规定的解散事由需要解散的,应当向国务院银行业监督管理机构提出申请,并附解散的理由和支付存款的本金和利息等债务清偿计划。经国务院银行业监督管理机构批准后解散。商业银行解散的,应当依法成立清算组,进行清算,按照清偿计划及时偿还存款本金和利息等债务。国务院银行业监督管理机构监督清算过程。

商业银行不能支付到期债务,经国务院银行业监督管理机构同意,由人民法院依法宣告其破产。商业银行被宣告破产的,由人民法院组织国务院银行业监督管理机构等有关部门和有关人员成立清算组,进行清算。

要点点拨

商业银行破产清算时,在支付清算费用、所欠职工工资和劳动保险费用后,应当优先支付个人储蓄存款的本金和利息。

(四)法律责任

《中华人民共和国商业银行法》的相关规定如下。

第七十三条　商业银行有下列情形之一,对存款人或者其他客户造成财产损害的,应当承担支付迟延履行的利息以及其他民事责任:

(1)无故拖延、拒绝支付存款本金和利息的。

(2)违反票据承兑等结算业务规定,不予兑现,不予收付入账,压单、压票或者违反规定退票的。

(3)非法查询、冻结、扣划个人储蓄存款或者单位存款的。

(4)违反本法规定对存款人或者其他客户造成损害的其他行为。

有前款规定情形的,由国务院银行业监督管理机构责令改正,有违法所得的,没收违法所得,**违法所得5万元以上的,并处违法所得1倍以上5倍以下罚款;没有违法所得或者违法所得不足5万元的,处5万元以上50万元以下罚款。**

第七十四条　商业银行有下列情形之一,由国务院银行业监督管理机构责令改正,有违法所得的,没收违法所得,违法所得50万元以上的,并处违法所得1倍以上5倍以下罚款;没有违法所得或者违法所得不足50万元的,处50万元以上200元以下罚款;情节特别严重或者逾期不改正的,可以责令停业整顿或者吊销其经营许可证;构成犯罪的,依法追究刑事责任:

(1)未经批准设立分支机构的。

(2)未经批准分立、合并或者违反规定对变更事项不报批的。

(3)违反规定提高或者降低利率以及采用其他不正当手段,吸收存款,发放贷款的。

(4)出租、出借经营许可证的。

(5)未经批准买卖、代理买卖外汇的。

(6)未经批准买卖政府债券或者发行、买卖金融债券的。

(7)违反国家规定从事信托投资和证券经营业务、向非自用不动产投资或者向非银行金融机构和企业投资的。

(8)向关系人发放信用贷款或者发放担保贷款的条件优于其他借款人同类贷款的条件的。

第七十五条　商业银行有下列情形之一,由国务院银行业监督管理机构责令改正,并处20万元以上50万元以下罚款;情节特别严重或者逾期不改正的,可以责令停业整顿或者吊销其经营许可证;构成犯罪的,依法追究刑事责任:

(1)拒绝或者阻碍国务院银行业监督管理机构检查监督的。

(2)提供虚假的或者隐瞒重要事实的财务会计报告、报表和统计报表的。

(3)未遵守资本充足率、资产流动性比例、同一借款人贷款比例和国务院银行业监督管理机构有关资产负债比例管理的其他规定的。

第七十六条　商业银行有下列情形之一,由中国人民银行责令改正,有违法所得的,没收违法所得,违法所得50万元以上的,并处违法所得1倍以上5倍以下罚款;没有违法所得或者违法所得不足50万元的,处50万元以上200万元以下罚款;情节特别严重或者逾期不改正的,中国人民银行可以建议国务院银行业监督管理机构责令停业整顿或者吊销其经营许可证;构成犯罪的,依法追究刑事责任:

(1)未经批准办理结汇、售汇的。

(2)未经批准在银行间债券市场发行、买卖金融债券或者到境外借款的。

(3)违反规定同业拆借的。

第七十七条　商业银行有下列情形之一,由中国人民银行责令改正,并处20万元以上50万元以下罚款;情节特别严重或者逾期不改正的,中国人民银行可以建议国务院银行业监督管理机构责令停业整顿或者吊销其经营许可证;构成犯罪的,依法追究刑事责任:

(1)拒绝或者阻碍中国人民银行检查监督的。

(2)提供虚假的或者隐瞒重要事实的财务会计报告、报表和统计报表的。

(3)未按照中国人民银行规定的比例交存存款准备金的。

第七十九条　有下列情形之一,由国务院银行业监督管理机构责令改正,有违法所得的,没收违法所得,违法所得5万元以上的,并处违法所得1倍以上5倍以下罚款;没有违法所得或者违法所得不足5万元的,处5万元以上50万元以下罚款:

(1)未经批准在名称中使用"银行"字样的。

(2)未经批准购买商业银行股份总额5%以上的。

(3)将单位的资金以个人名义开立账户存储的。

第八十条　**商业银行不按照规定向国务院银行业监督管理机构报送有关文件、资料的,由国务院银行业监督管理机构责令改正,逾期不改正的,处10万元以上30万元以下罚款。**商业银行不按照规定向中国人民银行报送有关文件、资料的,由中国人民银行责令改正,逾期不改正的,处10万元以上30万元以下罚款。

第八十一条　未经国务院银行业监督管理机构批准,擅自设立商业银行,或者非法吸收公众存款、变相吸收公众存款,构成犯罪的,依法追究刑事责任;并由国务院银行业监督管理机构予以取缔。伪造、变造、转让商业银行经营许可证,构成犯罪的,依法追究刑事责任。

第八十二条　借款人采取欺诈手段骗取贷款,构成犯罪的,依法追究刑事责任。

第八十四条　商业银行工作人员利用职务上的便利,索取、收受贿赂或者违反国家规定收受各种名义的回扣、手续费,构成犯罪的,依法追究刑事责任;尚不构成犯罪的,应当给予纪律处分。有前款行为,发放贷款或者提供担保造成损失的,应当承担全部或者部分赔偿责任。

第八十五条　商业银行工作人员利用职务上的便利,贪污、挪用、侵占本行或者客户资金,构成犯罪的,依法追究刑事责任;尚不构成犯罪的,应当给予纪律处分。

第八十六条　商业银行工作人员违反本法规定玩忽职守造成损失的,应当给予纪律处分;构成犯罪的,依法追究刑事责任。违反规定徇私向亲属、朋友发放贷款或者提供担保造成损失的,应当承担全部或者部分赔偿责任。

第八十七条　商业银行工作人员泄露在任职期间知悉的国家秘密、商业秘密的,应当给予纪律处分;构成犯罪的,依法追究刑事责任。

第八十八条　单位或者个人强令商业银行发放贷款或者提供担保的,应当对直接负责的主管人员和其他直接责任人员或者个人给予纪律处分;造成损失的,应当承担全部或者部分赔偿责任。商业银行的工作人员对单位或者个人强令其发放贷款或者提供担保未予拒绝的，应当给予纪律处分；造成损失的，应当承担相应的赔偿责任。

第八十九条 商业银行违反本法规定的，国务院银行业监督管理机构可以区别不同情形，取消其直接负责的董事、高级管理人员一定期限直至终身的任职资格，禁止直接负责的董事、高级管理人员和其他直接责任人员一定期限直至终身从事银行业工作。商业银行的行为尚不构成犯罪的，对直接负责的董事、高级管理人员和其他直接责任人员，给予警告，处5万元以上50万元以下罚款。

第九十条 **商业银行及其工作人员对国务院银行业监督管理机构、中国人民银行的处罚决定不服的，可以依照《中华人民共和国行政诉讼法》的规定向人民法院提起诉讼**。

真题精练

【导学例题6】下列关于商业银行管理的说法中，错误的是（ ）。

A. 商业银行应当依法接受审计机关的审计监督

B. 被接管的商业银行的债权债务关系随着接管单位的介入而发生变化

C. 商业银行应当于每一会计年度终了3个月内公布其上一年度的经营业绩和审计报告

D. 商业银行的会计年度自公历1月1日起至12月31日止

B 【解析】商业银行已经或者可能发生信用危机，严重影响存款人的利益时，国务院银行业监督管理机构可以对该银行实行接管，被接管的商业银行的债权债务关系不因接管而变化。

第三节 银行业监督管理法

一、监管概况

（一）监管目标与监管对象

1. 监管目标

银行业监督管理的目标是促进银行业的合法、稳健运行，维护公众对银行业的信心。银行业监督管理应当保护银行业公平竞争，提高银行业竞争能力。

为了加强对银行业的监督管理，规范监督管理行为，防范和化解银行业风险，保护存款人和其他客户的合法权益，促进银行业健康发展，制定《中华人民共和国银行业监督管理法》。

2. 监管对象

国务院银行业监督管理机构负责对全国银行业金融机构及其业务活动监督管理的工作。

银行业金融机构是指在中华人民共和国境内设立的**商业银行、城市信用合作社、农村信用合作社等吸收公众存款的金融机构以及政策性银行**。对在中华人民共和国境内设立的**金融资产管理公司、信托投资公司、财务公司、金融租赁公司以及经国务院银行业监督管理机构批准设立的其他金融机构**的监督管理，适用《中华人民共和国银行业监督管理法》对银行业金融机构监督管理的规定。

银行业监督管理机构对银行业实施监督管理，应当遵循依法、公开、公正和效率的原则。银行业监督管理机构及其从事监督管理工作的人员依法履行监督管理职责，受法律保护。地方政府、各级政府部门、社会团体和个人不得干涉。

国务院银行业监督管理机构应当和中国人民银行、国务院其他金融监督管理机构建立监督管理信息共享机制。

（二）监管机构

国务院银行业监督管理机构根据履行职责的需要设立派出机构。国务院银行业监督管理机构对派出机构实行统一领导和管理。**国务院银行业监督管理机构的派出机构在国务院银行业监督管理机构的授权范围内，履行监督管理职责**。

银行业监督管理机构从事监督管理工作的人员，应当具备与其任职相适应的专业知识和业务工作经验。银行业监督管理机构工作人员，应当忠于职守，依法办事，公正廉洁，不得利用职务便利牟取不正当的利益，不得在金融机构等企业中兼任职务。

银行业监督管理机构工作人员，应当依法保守国家秘密，并有责任为其监督管理的银行业金融机构及当事人保守秘密。国务院银行业监督管理机构同其他国家或者地区的银行业监督管理机构交流监督管理信息,应当就信息保密作出安排。

国务院银行业监督管理机构应当公开监督管理程序,建立监督管理责任制度和内部监督制度。

银行业监督管理机构在处置银行业金融机构风险、查处有关金融违法行为等监督管理活动中,地方政府、各级有关部门应当予以配合和协助。国务院审计、监察等机关,应当依照法律规定对国务院银行业监督管理机构的活动进行监督。

二、监督管理职责

国务院银行业监督管理机构依照法律、行政法规**制定并发布对银行业金融机构及其业务活动监督管理的规章、规则**,依照法律、行政法规规定的条件和程序,**审查批准银行业金融机构的设立、变更、终止以及业务范围**。

申请设立银行业金融机构,或者银行业金融机构变更持有资本总额或者股份总额达到规定比例以上的股东的,国务院银行业监督管理机构应当对股东的资金来源、财务状况、资本补充能力和诚信状况进行审查。

银行业金融机构业务范围内的业务品种,应当按照规定经国务院银行业监督管理机构审查批准或者备案。需要审查批准或者备案的业务品种,由国务院银行业监督管理机构依照法律、行政法规作出规定并公布。**未经国务院银行业监督管理机构批准,任何单位或者个人不得设立银行业金融机构或者从事银行业金融机构的业务活动**。

国务院银行业监督管理机构对银行业金融机构的董事和高级管理人员实行任职资格管理。

银行业金融机构的审慎经营规则,由法律、行政法规规定,也可以由国务院银行业监督管理机构依照法律、行政法规制定。**审慎经营规则,包括风险管理、内部控制、资本充足率、资产质量、损失准备金、风险集中、关联交易、资产流动性等内容**。银行业金融机构应当严格遵守审慎经营规则。

国务院银行业监督管理机构应当在规定的期限,对下列申请事项作出批准或者不批准的书面决定;决定不批准的,应当说明理由:

(1)**银行业金融机构的设立,自收到申请文件之日起6个月内**。

(2)**银行业金融机构的变更、终止,以及业务范围和增加业务范围内的业务品种,自收到申请文件之日起3个月内**。

(3)审查董事和高级管理人员的任职资格,自收到申请文件之日起30日内。

银行业监督管理机构应当对银行业金融机构的业务活动及其风险状况进行非现场监管,建立银行业金融机构监督管理信息系统,分析、评价银行业金融机构的风险状况。

银行业监督管理机构应当对银行业金融机构的业务活动及其风险状况进行现场检查。国务院银行业监督管理机构应当制定现场检查程序,规范现场检查行为。

国务院银行业监督管理机构对中国人民银行提出的检查银行业金融机构的建议,应当自收到建议之日起30日内予以回复。

国务院银行业监督管理机构应当建立银行业金融机构监督管理评级体系和风险预警机制,根据银行业金融机构的评级情况和风险状况,确定对其现场检查的频率、范围和需要采取的其他措施。

国务院银行业监督管理机构应当建立银行业突发事件的发现、报告岗位责任制度。银行业监督管理机构发现可能引发系统性银行业风险、严重影响社会稳定的突发事件的,应当立即向国务院银行业监督管理机构负责人报告;国务院银行业监督管理机构负责人认为需要向国务院报告的,应当立即向国务院报告,并告知中国人民银行、国务院财政部门等有关部门。

国务院银行业监督管理机构应当会同中国人民银行、国务院财政部门等有关部门建立银行业突发事件处置制度,制定银行业突发事件处置预案,明确处置机构和人员及其职责、处置措施和处置程序,及时、有效地处置银行业突发事件。

要点点拨

国务院银行业监督管理机构应当对银行业金融机构实行并表监督管理。国务院银行业监督管理机构对银行业自律组织的活动进行指导和监督。

真题精练

【导学例题7】下列选项中,不属于银行审慎经营规则内容的是(　　)。

A. 风险管理　　B. 内部控制

C. 资本充足率　　D. 资本损失概率

D　【解析】银行业金融机构的审慎经营规则,由法律、行政法规规定,也可以由国务院银行业监督管理机构依照法律、行政法规制定。审慎经营规则,包括风险管理、内部控制、资本充足率、资产质量、损失准备金、风险集中、关联交易、资产流动性等内容。D项内容不属于审慎经营规则要求的内容。

三、监督管理措施及法律责任

(一)监管措施

1. 现场检查措施

银行业监督管理机构根据审慎监管的要求,可以采取下列措施进行现场检查:

(1)进入银行业金融机构进行检查。

(2)询问银行业金融机构的工作人员,要求其对有关检查事项作出说明。

(3)查阅、复制银行业金融机构与检查事项有关的文件、资料,对可能被转移、隐匿或者毁损的文件、资料予以封存。

(4)检查银行业金融机构运用电子计算机管理业务数据的系统。

进行现场检查,应当经银行业监督管理机构负责人批准。**现场检查时,检查人员不得少于2人,并应当出示合法证件和检查通知书;检查人员少于2人或者未出示合法证件和检查通知书的,银行业金融机构有权拒绝检查**。

2. 非现场监管措施

银行业监督管理机构根据履行职责的需要,有权要求银行业金融机构按照规定报送资产负债表、利润表和其他财务会计、统计报表、经营管理资料以及注册会计师出具的审计报告。

3. 整改措施

银行业金融机构违反审慎经营规则的,国务院银行业监督管理机构或者其省一级派出机构应当责令限期改正;逾期未改正的,或者其行为严重危及该银行业金融机构的稳健运行、损害存款人和其他客户合法权益的,经国务院银行业监督管理机构或者其省一级派出机构负责人批准,可以区别情形,采取下列措施:

(1)责令暂停部分业务、停止批准开办新业务。

(2)限制分配红利和其他收入。

(3)限制资产转让。

(4)责令控股股东转让股权或者限制有关股东的权利。

(5)责令调整董事、高级管理人员或者限制其权利。

(6)停止批准增设分支机构。

银行业金融机构整改后,应当向国务院银行业监督管理机构或者其省一级派出机构提交报告。国务院银行业监督管理机构或者其省一级派出机构经验收,符合有关审慎经营规则的,应当自验收完毕之日起3日内解除对其采取的前述规定的有关措施。

4. 审慎性监督管理谈话

银行业监督管理机构根据履行职责的需要,可以与银行业金融机构董事、高级管理人员进行监督管理谈话,要求银行业金融机构董事、高级管理人员就银行业金融机构的业务活动和风险管理的重大事项作出说明。

5. 强制披露

银行业监督管理机构应当责令银行业金融机构按照规定,如实向社会公众披露财务会计报告、风险管理状况、董事和高级管理人员变更以及其他重大事项等信息。

6. 接管、促成重组、撤销等监管措施

银行业金融机构已经或者可能发生信用危机，严重影响存款人和其他客户合法权益的，国务院银行业监督管理机构可以依法对该银行业金融机构实行接管或者促成机构重组，接管和机构重组依照有关法律和国务院的规定执行。

银行业金融机构有违法经营、经营管理不善等情形，不予撤销将严重危害金融秩序、损害公众利益的，国务院银行业监督管理机构有权予以撤销。

银行业金融机构被接管、重组或者被撤销的，国务院银行业监督管理机构有权要求该银行业金融机构的董事、高级管理人员和其他工作人员，按照国务院银行业监督管理机构的要求履行职责。

（二）法律责任

《中华人民共和国银行业监督管理法》的有关规定如下。

第四十三条　银行业监督管理机构从事监督管理工作的人员有下列情形之一的，依法给予行政处分；构成犯罪的，依法追究刑事责任：

（1）违反规定审查批准银行业金融机构的设立、变更、终止，以及业务范围和业务范围内的业务品种的。

（2）违反规定对银行业金融机构进行现场检查的。

（3）未依照本法第二十八条规定报告突发事件的。

（4）违反规定查询账户或者申请冻结资金的。

（5）违反规定对银行业金融机构采取措施或者处罚的。

（6）违反本法第四十二条规定对有关单位或者个人进行调查的。

（7）滥用职权、玩忽职守的其他行为。

银行业监督管理机构从事监督管理工作的人员贪污受贿，泄露国家秘密、商业秘密和个人隐私，构成犯罪的，依法追究刑事责任；尚不构成犯罪的，依法给予行政处分。

第四十四条　**擅自设立银行业金融机构或者非法从事银行业金融机构的业务活动的，由国务院银行业监督管理机构予以取缔；构成犯罪的，依法追究刑事责任**；尚不构成犯罪的，由国务院银行业监督管理机构没收违法所得，违法所得50万元以上的，并处违法所得1倍以上5倍以下罚款；没有违法所得或者违法所得不足50万元的，处50万元以上200万元以下罚款。

第四十五条　银行业金融机构有下列情形之一，由国务院银行业监督管理机构责令改正，有违法所得的，没收违法所得，违法所得50万元以上的，并处违法所得1倍以上5倍以下罚款；没有违法所得或者违法所得不足50万元的，处50万元以上200万元以下罚款；情节特别严重或者逾期不改正的，可以责令停业整顿或者吊销其经营许可证；构成犯罪的，依法追究刑事责任：

（1）**未经批准设立分支机构的**。

（2）**未经批准变更、终止的**。

（3）**违反规定从事未经批准或者未备案的业务活动的**。

（4）**违反规定提高或者降低存款利率、贷款利率的**。

第四十六条　银行业金融机构有下列情形之一，由国务院银行业监督管理机构责令改正，并处20万元以上50万元以下罚款；情节特别严重或者逾期不改正的，可以责令停业整顿或者吊销其经营许可证；构成犯罪的，依法追究刑事责任：

（1）未经任职资格审查任命董事、高级管理人员的。

（2）拒绝或者阻碍非现场监管或者现场检查的。

（3）提供虚假的或者隐瞒重要事实的报表、报告等文件、资料的。

（4）未按照规定进行信息披露的。

（5）严重违反审慎经营规则的。

（6）拒绝执行本法第三十七条规定的措施的。

第四十七条　银行业金融机构不按照规定提供报表、报告等文件、资料的，由银行业监督管理机构责令改正，逾期不改正的，处10万元以上30万元以下罚款。

第四十八条 银行业金融机构违反法律、行政法规以及国家有关银行业监督管理规定的，银行业监督管理机构除依照本法第四十四条至第四十七条规定处罚外，还可以区别不同情形，采取下列措施：

(1)责令银行业金融机构对直接负责的董事、高级管理人员和其他直接责任人员给予纪律处分。

(2)银行业金融机构的行为尚不构成犯罪的，对直接负责的董事、高级管理人员和其他直接责任人员给予警告，处5万元以上50万元以下罚款。

(3)取消直接负责的董事、高级管理人员一定期限直至终身的任职资格，禁止直接负责的董事、高级管理人员和其他直接责任人员一定期限直至终身从事银行业工作。

第四节 公司法

一、公司概述

(一)公司的概念

公司是指依照《中华人民共和国公司法》在中华人民共和国境内设立的有限责任公司和股份有限公司。**公司是企业法人，有独立的法人财产，享有法人财产权**。**公司以其全部财产对公司的债务承担责任**。公司的合法权益受法律保护，不受侵犯。

有限责任公司的股东以其认缴的出资额为限对公司承担责任；股份有限公司的股东以其认购的股份为限对公司承担责任。**公司股东对公司依法享有资产收益、参与重大决策和选择管理者等权利**。

(二)公司的相关规定

公司应当有自己的名称。公司名称应当符合国家有关规定。公司的名称权受法律保护。依法设立的有限责任公司，应当在公司名称中标明有限责任公司或者有限公司字样。依法设立的股份有限公司，应当在公司名称中标明股份有限公司或者股份公司字样。公司以其主要办事机构所在地为住所。

设立公司应当依法制定公司章程。公司章程对公司、股东、董事、监事、高级管理人员具有约束力。**公司的经营范围由公司章程规定**。公司可以修改公司章程，变更经营范围。公司的经营范围中属于法律、行政法规规定须经批准的项目，应当依法经过批准。

公司的法定代表人按照公司章程的规定，由代表公司执行公司事务的董事或者经理担任。担任法定代表人的董事或者经理辞任的，视为同时辞去法定代表人。法定代表人辞任的，公司应当在法定代表人辞任之日起30日内确定新的法定代表人。

法定代表人以公司名义从事的民事活动，其法律后果由公司承受。公司章程或者股东会对法定代表人职权的限制，不得对抗善意相对人。法定代表人因执行职务造成他人损害的，由公司承担民事责任。公司承担民事责任后，依照法律或者公司章程的规定，可以向有过错的法定代表人追偿。

有限责任公司变更为股份有限公司，应当符合《中华人民共和国公司法》规定的股份有限公司的条件。股份有限公司变更为有限责任公司，应当符合《中华人民共和国公司法》规定的有限责任公司的条件。

知识拓展

有限责任公司变更为股份有限公司的，或者股份有限公司变更为有限责任公司的，公司变更前的债权、债务由变更后的公司承继。

公司可以设立子公司。**子公司具有法人资格，依法独立承担民事责任**。**公司可以设立分公司。分公司不具有法人资格，其民事责任由公司承担**。

公司可以向其他企业投资。法律规定公司不得成为对所投资企业的债务承担连带责任的出资人的，从其规定。

公司向其他企业投资或者为他人提供担保，按照公司章程的规定，由董事会或者股东会决议；公司章程对投资或者担保的总额及单项投资或者担保的数额有限额规定的，不得超过规定的限额。**公司为公司股东或者实际控制人提供担保的，应当经股东会决议**。上述规定的股东或者受上述规定的实际控制人支配的股东，不得参加上述规定事项的表决。该项表决由出席会议的其他股东所持表决权的过半数通过。

公司应当保护职工的合法权益，依法与职工签订劳动合同，参加社会保险，加强劳动保护，实现安全生产。公司应当采用多种形式，加强公司职工的职业教育和岗位培训，提高职工素质。

（三）公司登记

1. 基本规定

设立公司，应当依法向公司登记机关申请设立登记。法律、行政法规规定设立公司必须报经批准的，应当在公司登记前依法办理批准手续。

申请设立公司，应当提交设立登记申请书、公司章程等文件，提交的相关材料应当真实、合法和有效。申请材料不齐全或者不符合法定形式的，公司登记机关应当一次性告知需要补正的材料。

申请设立公司，符合《中华人民共和国公司法》规定的设立条件的，由公司登记机关分别登记为有限责任公司或者股份有限公司；不符合《中华人民共和国公司法》规定的设立条件的，不得登记为有限责任公司或者股份有限公司。

依法设立的公司，由公司登记机关发给公司营业执照。**公司营业执照签发日期为公司成立日期。公司营业执照应当载明公司的名称、住所、注册资本、经营范围、法定代表人姓名等事项**。公司登记机关可以发给电子营业执照。电子营业执照与纸质营业执照具有同等法律效力。**公司设立分公司，应当向公司登记机关申请登记，领取营业执照**。

虚报注册资本、提交虚假材料或者采取其他欺诈手段隐瞒重要事实取得公司设立登记的，公司登记机关应当依照法律、行政法规的规定予以撤销。

2. 公司登记、公示事项

公司登记事项包括：名称；住所；注册资本；经营范围；法定代表人的姓名；有限责任公司股东、股份有限公司发起人的姓名或者名称。公司登记机关应当将上述规定的公司登记事项通过国家企业信用信息公示系统向社会公示。

公司应当按照规定通过国家企业信用信息公示系统公示下列事项：

（1）有限责任公司股东认缴和实缴的出资额、出资方式和出资日期，股份有限公司发起人认购的股份数。

（2）有限责任公司股东、股份有限公司发起人的股权、股份变更信息。

（3）行政许可取得、变更、注销等信息。

（4）法律、行政法规规定的其他信息。

公司应当确保上述公示信息真实、准确、完整。

3. 变更登记

公司登记事项发生变更的，应当依法办理变更登记。公司登记事项未经登记或者未经变更登记，不得对抗善意相对人。

公司申请变更登记，应当向公司登记机关提交公司法定代表人签署的变更登记申请书、依法作出的变更决议或者决定等文件。公司变更登记事项涉及修改公司章程的，应当提交修改后的公司章程。公司变更法定代表人的，变更登记申请书由变更后的法定代表人签署。

公司营业执照记载的事项发生变更的，公司办理变更登记后，由公司登记机关换发营业执照。

4. 注销登记

公司因解散、被宣告破产或者其他法定事由需要终止的，应当依法向公司登记机关申请注销登记，由公司登记机关公告公司终止。

要点点拨

公司登记机关应当优化公司登记办理流程，提高公司登记效率，加强信息化建设，推行网上办理等便捷方式，提升公司登记便利化水平。国务院市场监督管理部门根据《中华人民共和国公司法》和有关法律、行政法规的规定，制定公司登记注册的具体办法。

真题精练

【导学例题 8】目前中国建设银行在境内拥有建信基金、建信金融租赁、建信信托、建信人寿、建信期货、建信养老金、建信财险等子公司。下列关于子公司的说法中,正确的是(　　)。

A. 子公司的法定代表人应当由母公司的法定代表人担任

B. 当子公司财产不足清偿债务时,母公司仅对子公司的债务承担补充清偿责任

C. 子公司的财产所有权属于母公司,但由子公司独立使用

D. 子公司可自己单独出资再设立一家全资子公司

D　【解析】子公司具有独立法人资格,子公司的法定代表人无需由母公司的法定代表人担任;当子公司财产不足清偿债务时,也与母公司无关,母公司无需对子公司的债务承担补充清偿责任,故 A、B 项表述错误。子公司的财产所有权属于其自身,与母公司无关,故 C 项表述错误。子公司可以单独出资再设立一家全资子公司,D 项表述正确。

二、有限责任公司

(一)有限责任公司的设立

1. 股东及股东名册

有限责任公司由 1 个以上 50 个以下股东出资设立。有限责任公司设立时的股东可以签订设立协议,明确各自在公司设立过程中的权利和义务。

有限责任公司设立时的股东为设立公司从事的民事活动,其法律后果由公司承受。公司未成立的,其法律后果由公司设立时的股东承受;设立时的股东为 2 人以上的,享有连带债权,承担连带债务。设立时的股东为设立公司以自己的名义从事民事活动产生的民事责任,第三人有权选择请求公司或者公司设立时的股东承担。设立时的股东因履行公司设立职责造成他人损害的,公司或者无过错的股东承担赔偿责任后,可以向有过错的股东追偿。

有限责任公司应当置备股东名册,记载下列事项:

(1)股东的姓名或者名称及住所。

(2)股东认缴和实缴的出资额、出资方式和出资日期。

(3)出资证明书编号。

(4)取得和丧失股东资格的日期。

记载于股东名册的股东,可以依股东名册主张行使股东权利。

2. 公司章程

设立有限责任公司,应当由股东共同制定公司章程。股东应当在公司章程上签名或者盖章。有限责任公司章程应当载明下列事项:

(1)**公司名称和住所**。

(2)**公司经营范围**。

(3)**公司注册资本**。

(4)**股东的姓名或者名称**。

(5)**股东的出资额、出资方式和出资日期**。

(6)**公司的机构及其产生办法、职权、议事规则**。

(7)**公司法定代表人的产生、变更办法**。

(8)**股东会认为需要规定的其他事项**。

3. 注册资本

有限责任公司的注册资本为在公司登记机关登记的全体股东认缴的出资额。**全体股东认缴的出资额由股东按照公司章程的规定自公司成立之日起 5 年内缴足**。法律、行政法规以及国务院决定对有限责任公司注册资本实缴、注册资本最低限额、股东出资期限另有规定的,从其规定。

股东可以用货币出资,也可以用实物、知识产权、土地使用权、股权、债权等可以用货币估价并可以依法转让的非货币财产作价出资;但是,法律、行政法规规定不得作为出资的财产除外。对作为出资的非货币财产应当评估作价,核实财产,不得高估或者低估作价。法律、行政法规对评估作价有规定的,从其规定。

股东应当按期足额缴纳公司章程规定的各自所认缴的出资额。股东以货币出资的，应当将货币出资足额存入有限责任公司在银行开设的账户；以非货币财产出资的，应当依法办理其财产权的转移手续。股东未按期足额缴纳出资的，除应当向公司足额缴纳外，还应当对给公司造成的损失承担赔偿责任。

有限责任公司设立时，股东未按照公司章程规定实际缴纳出资，或者实际出资的非货币财产的实际价额显著低于所认缴的出资额的，设立时的其他股东与该股东在出资不足的范围内承担连带责任。

有限责任公司成立后，董事会应当对股东的出资情况进行核查，发现股东未按期足额缴纳公司章程规定的出资的，应当由公司向该股东发出书面催缴书，催缴出资。未及时履行上述规定的义务，给公司造成损失的，负有责任的董事应当承担赔偿责任。

股东未按照公司章程规定的出资日期缴纳出资，公司依照规定发出书面催缴书催缴出资的，可以载明缴纳出资的宽限期；宽限期自公司发出催缴书之日起，不得少于60日。**宽限期届满，股东仍未履行出资义务的，公司经董事会决议可以向该股东发出失权通知，通知应当以书面形式发出**。自通知发出之日起，该股东丧失其未缴纳出资的股权。依照前述规定丧失的股权应当依法转让，或者相应减少注册资本并注销该股权；6个月内未转让或者注销的，由公司其他股东按照其出资比例足额缴纳相应出资。**股东对失权有异议的，应当自接到失权通知之日起30日内，向人民法院提起诉讼**。

公司成立后，股东不得抽逃出资。违反规定的，股东应当返还抽逃的出资；给公司造成损失的，负有责任的董事、监事、高级管理人员应当与该股东承担连带赔偿责任。

公司不能清偿到期债务的，公司或者已到期债权的债权人有权要求已认缴出资但未届出资期限的股东提前缴纳出资。

有限责任公司成立后，应当向股东签发出资证明书，记载下列事项：

(1)公司名称。

(2)公司成立日期。

(3)公司注册资本。

(4)股东的姓名或者名称、认缴和实缴的出资额、出资方式和出资日期。

(5)出资证明书的编号和核发日期。

出资证明书由法定代表人签名，并由公司盖章。

4. 股东权利

(1)**股东有权查阅、复制公司章程、股东名册、股东会会议记录、董事会会议决议、监事会会议决议和财务会计报告**。

(2)**股东可以要求查阅公司会计账簿、会计凭证**。股东要求查阅公司会计账簿、会计凭证的，应当向公司提出书面请求，说明目的。公司有合理根据认为股东查阅会计账簿、会计凭证有不正当目的，可能损害公司合法利益的，可以拒绝提供查阅，并应当自股东提出书面请求之日起15日内书面答复股东并说明理由。公司拒绝提供查阅的，股东可以向人民法院提起诉讼。股东查阅上述规定的材料，可以委托会计师事务所、律师事务所等中介机构进行。股东及其委托的会计师事务所、律师事务所等中介机构查阅、复制有关材料，应当遵守有关保护国家秘密、商业秘密、个人隐私、个人信息等法律、行政法规的规定。

(3)股东要求查阅、复制公司全资子公司相关材料的，适用上述规定。

(二)有限责任公司的组织机构

1. 股东会

(1)股东会的组成及职权。有限责任公司股东会由全体股东组成。**股东会是公司的权力机构**，依法行使下列职权：

①**选举和更换董事、监事，决定有关董事、监事的报酬事项**。

②审议批准董事会的报告。

③审议批准监事会的报告。

④审议批准公司的利润分配方案和弥补亏损方案。

⑤**对公司增加或者减少注册资本作出决议**。

⑥对发行公司债券作出决议。

⑦**对公司合并、分立、解散、清算或者变更公司形式作出决议**。

⑧**修改公司章程**。

⑨公司章程规定的其他职权。

对以上所列事项股东以书面形式一致表示同意的,可以不召开股东会会议,直接作出决定,并由全体股东在决定文件上签名或者盖章。股东会可以授权董事会对发行公司债券作出决议。

只有一个股东的有限责任公司不设股东会。股东作出股东会职权所列事项的决定时,应当采用书面形式,并由股东签名或者盖章后置备于公司。

(2)股东会会议。首次股东会会议由出资最多的股东召集和主持。股东会会议分为定期会议和临时会议。定期会议应当按照公司章程的规定按时召开。代表十分之一以上表决权的股东、三分之一以上的董事或者监事会提议召开临时会议的,应当召开临时会议。

股东会会议由董事会召集,董事长主持;董事长不能履行职务或者不履行职务的,由副董事长主持;副董事长不能履行职务或者不履行职务的,由过半数的董事共同推举一名董事主持。

董事会不能履行或者不履行召集股东会会议职责的,由监事会召集和主持;监事会不召集和主持的,代表十分之一以上表决权的股东可以自行召集和主持。

召开股东会会议,应当于会议召开15日前通知全体股东;但是,公司章程另有规定或者全体股东另有约定的除外。股东会应当对所议事项的决定作成会议记录,出席会议的股东应当在会议记录上签名或者盖章。股东会会议由股东按照出资比例行使表决权;但是,公司章程另有规定的除外。股东会的议事方式和表决程序,除《中华人民共和国公司法》有规定的外,由公司章程规定。

要点点拨

股东会作出决议,应当经代表过半数表决权的股东通过。股东会作出修改公司章程、增加或者减少注册资本的决议,以及公司合并、分立、解散或者变更公司形式的决议,应当经代表三分之二以上表决权的股东通过。

2. 董事会

(1)董事会的职权。有限责任公司设董事会,董事会行使下列职权:

①召集股东会会议,并向股东会报告工作。

②执行股东会的决议。

③决定公司的经营计划和投资方案。

④制订公司的利润分配方案和弥补亏损方案。

⑤制订公司增加或者减少注册资本以及发行公司债券的方案。

⑥制订公司合并、分立、解散或者变更公司形式的方案。

⑦决定公司内部管理机构的设置。

⑧决定聘任或者解聘公司经理及其报酬事项,并根据经理的提名决定聘任或者解聘公司副经理、财务负责人及其报酬事项。

⑨制定公司的基本管理制度。

⑩公司章程规定或者股东会授予的其他职权。

公司章程对董事会职权的限制不得对抗善意相对人。

(2)董事会的组成。有限责任公司董事会成员为3人以上,其成员中可以有公司职工代表。职工人数300人以上的有限责任公司,除依法设监事会并有公司职工代表的外,其董事会成员中应当有公司职工代表。董事会中的职工代表由公司职工通过职工代表大会、职工大会或者其他形式民主选举产生。董事会设董事长一人,可以设副董事长。董事长、副董事长的产生办法由公司章程规定。

有限责任公司可以按照公司章程的规定在董事会中设置由董事组成的审计委员会,行使《中华人民共和国公司法》规定的监事会的职权,不设监事会或者监事。公司董事会成员中的职工代表可以成为审计委员会成员。

董事任期由公司章程规定,但每届任期不得超过3年。董事任期届满,连选可以连任。董事任期届满未及时改选,或者董事在任期内辞任导致董事会成员低于法定人数的,在改选出的董事就任前,原董事仍应当依照法律、行政法规和公司章程的规定,履行董事职务。董事辞任的,应当以书面形式通知公司,公司收到通知之日辞任生效,但存在前述规定情形的,董事应当继续履行职务。

股东会可以决议解任董事,决议作出之日解任生效。无正当理由,在任期届满前解任董事的,该董事可以要求公司予以赔偿。

(3)董事会会议。**董事会会议由董事长召集和主持；董事长不能履行职务或者不履行职务的，由副董事长召集和主持；副董事长不能履行职务或者不履行职务的，由过半数的董事共同推举一名董事召集和主持**。

董事会的议事方式和表决程序，除《中华人民共和国公司法》有规定的外，由公司章程规定。**董事会会议应当有过半数的董事出席方可举行。董事会作出决议，应当经全体董事的过半数通过**。董事会决议的表决，应当一人一票。董事会应当对所议事项的决定作成会议记录，出席会议的董事应当在会议记录上签名。

规模较小或者股东人数较少的有限责任公司，可以不设董事会，设一名董事。该董事可以兼任公司经理。

知识拓展

有限责任公司可以设经理，由董事会决定聘任或者解聘。经理对董事会负责，根据公司章程的规定或者董事会的授权行使职权。经理列席董事会会议。

3. 监事会

(1)监事会的职权。有限责任公司设监事会，监事会行使下列职权：

①**检查公司财务**。

②**对董事、高级管理人员执行职务的行为进行监督**，对违反法律、行政法规、公司章程或者股东会决议的董事、高级管理人员提出解任的建议。

③当董事、高级管理人员的行为损害公司的利益时，要求董事、高级管理人员予以纠正。

④**提议召开临时股东会会议**，在董事会不履行《中华人民共和国公司法》规定的召集和主持股东会会议职责时召集和主持股东会会议。

⑤**向股东会会议提出提案**。

⑥依照规定，对董事、高级管理人员提起诉讼。

⑦公司章程规定的其他职权。

监事可以列席董事会会议，并对董事会决议事项提出质询或者建议。监事会发现公司经营情况异常，可以进行调查；必要时，可以聘请会计师事务所等协助其工作，费用由公司承担。**监事会可以要求董事、高级管理人员提交执行职务的报告**。董事、高级管理人员应当如实向监事会提供有关情况和资料，不得妨碍监事会或者监事行使职权。监事会行使职权所必需的费用，由公司承担。

(2)监事会的组成。**监事会成员为3人以上。监事会成员应当包括股东代表和适当比例的公司职工代表，其中职工代表的比例不得低于三分之一，具体比例由公司章程规定**。监事会中的职工代表由公司职工通过职工代表大会、职工大会或者其他形式民主选举产生。监事会设主席一人，由全体监事过半数选举产生。监事会主席召集和主持监事会会议；监事会主席不能履行职务或者不履行职务的，由过半数的监事共同推举一名监事召集和主持监事会会议。董事、高级管理人员不得兼任监事。

监事的任期每届为3年。监事任期届满，连选可以连任。监事任期届满未及时改选，或者监事在任期内辞任导致监事会成员低于法定人数的，在改选出的监事就任前，原监事仍应当依照法律、行政法规和公司章程的规定，履行监事职务。

(3)监事会会议。监事会每年度至少召开一次会议，监事可以提议召开临时监事会会议。监事会的议事方式和表决程序，除《中华人民共和国公司法》有规定的外，由公司章程规定。**监事会决议应当经全体监事的过半数通过**。监事会决议的表决，应当一人一票。监事会应当对所议事项的决定作成会议记录，出席会议的监事应当在会议记录上签名。

规模较小或者股东人数较少的有限责任公司，可以不设监事会，设一名监事；经全体股东一致同意，也可以不设监事。

(三)有限责任公司的股权转让

1. 股权转让的一般规定

(1)有限责任公司的股东之间可以相互转让其全部或者部分股权。**股东向股东以外的人转让股权的，应当将股权转让的数量、价格、支付方式和期限等事项书面通知其他股东，其他股东在同等条件下有优先购买权**。股东自接到书面通知之日起30日内未答复的，视为放弃优先购买权。两个以上股东行使优先购买权的,协商确定各自的购买比例;协商不成的,按照转让时各自的出资比例行使优先购买权。公司章程对股权转让另有规定的,从其规定。

(2)人民法院依照法律规定的强制执行程序转让股东的股权时,应当通知公司及全体股东,其他股东在同等条件下有优先购买权。其他股东自人民法院通知之日起满20日不行使优先购买权的,视为放弃优先购买权。

(3)**股东转让股权的,应当书面通知公司,请求变更股东名册;需要办理变更登记的,并请求公司向公司登记机关办理变更登记**。公司拒绝或者在合理期限内不予答复的,转让人、受让人可以依法向人民法院提起诉讼。股权转让的,受让人自记载于股东名册时起可以向公司主张行使股东权利。

(4)依法转让股权后,公司应当及时注销原股东的出资证明书,向新股东签发出资证明书,并相应修改公司章程和股东名册中有关股东及其出资额的记载。对公司章程的该项修改不需再由股东会表决。

(5)股东转让已认缴出资但未届出资期限的股权的,由受让人承担缴纳该出资的义务;受让人未按期足额缴纳出资的,转让人对受让人未按期缴纳的出资承担补充责任。未按照公司章程规定的出资日期缴纳出资或者作为出资的非货币财产的实际价额显著低于所认缴的出资额的股东转让股权的,转让人与受让人在出资不足的范围内承担连带责任;受让人不知道且不应当知道存在上述情形的,由转让人承担责任。

(6)自然人股东死亡后,其合法继承人可以继承股东资格;但是,公司章程另有规定的除外。

2. 公司收购股权的情形

有下列情形之一的,对股东会该项决议投反对票的股东可以请求公司按照合理的价格收购其股权:

(1)公司连续5年不向股东分配利润,而公司该5年连续盈利,并且符合《中华人民共和国公司法》规定的分配利润条件。

(2)公司合并、分立、转让主要财产。

(3)公司章程规定的营业期限届满或者章程规定的其他解散事由出现,股东会通过决议修改章程使公司存续。

自股东会决议作出之日起60日内,股东与公司不能达成股权收购协议的,股东可以自股东会决议作出之日起90日内向人民法院提起诉讼。公司的控股股东滥用股东权利,严重损害公司或者其他股东利益的,其他股东有权请求公司按照合理的价格收购其股权。公司因上述情形收购的本公司股权,应当在6个月内依法转让或者注销。

真题精练

【导学例题9】有限责任公司召开股东会会议,应当于会议召开(　　)日前通知全体股东。

A. 3　　B. 5

C. 10　　D. 15

D　【解析】有限责任公司召开股东会会议,应当于会议召开15日前通知全体股东。

三、股份有限公司

(一)股份有限公司的设立

1. 设立方式及发起人

设立股份有限公司,可以采取发起设立或者募集设立的方式。发起设立,是指由发起人认购设立公司时应发行的全部股份而设立公司。募集设立,是指由发起人认购设立公司时应发行股份的一部分,其余股份向特定对象募集或者向社会公开募集而设立公司。

设立股份有限公司,应当有1人以上200人以下为发起人,其中应当有半数以上的发起人在中华人民共和国境内有住所。股份有限公司发起人承担公司筹办事务。发起人应当签订发起人协议,明确各自在公司设立过程中的权利和义务。

2. 公司章程

设立股份有限公司,应当由发起人共同制订公司章程。股份有限公司章程应当载明下列事项:

(1)公司名称和住所。

(2)公司经营范围。

(3)公司设立方式。

(4)公司注册资本、已发行的股份数和设立时发行的股份数,面额股的每股金额。
(5)发行类别股的,每一类别股的股份数及其权利和义务。
(6)发起人的姓名或者名称、认购的股份数、出资方式。
(7)董事会的组成、职权和议事规则。
(8)公司法定代表人的产生、变更办法。
(9)监事会的组成、职权和议事规则。
(10)公司利润分配办法。
(11)公司的解散事由与清算办法。
(12)公司的通知和公告办法。
(13)股东会认为需要规定的其他事项。

3. 股份认购

股份有限公司的注册资本为在公司登记机关登记的已发行股份的股本总额。在发起人认购的股份缴足前,不得向他人募集股份。法律、行政法规以及国务院决定对股份有限公司注册资本最低限额另有规定的,从其规定。

以发起设立方式设立股份有限公司的,发起人应当认足公司章程规定的公司设立时应发行的股份。**以募集设立方式设立股份有限公司的,发起人认购的股份不得少于公司章程规定的公司设立时应发行股份总数的35%**;但是,法律、行政法规另有规定的,从其规定。

发起人应当在公司成立前按照其认购的股份全额缴纳股款。发起人不按照其认购的股份缴纳股款,或者作为出资的非货币财产的实际价额显著低于所认购的股份的,其他发起人与该发起人在出资不足的范围内承担连带责任。

4. 股份募集

发起人向社会公开募集股份,应当公告招股说明书,并制作认股书。认股书由认股人填写认购的股份数、金额、住所,并签名或者盖章。认股人应当按照所认购股份足额缴纳股款。向社会公开募集股份的股款缴足后,应当经依法设立的验资机构验资并出具证明。

5. 股东名册

股份有限公司应当制作股东名册并置备于公司。股东名册应当记载下列事项:
(1)股东的姓名或者名称及住所。
(2)各股东所认购的股份种类及股份数。
(3)发行纸面形式的股票的,股票的编号。
(4)各股东取得股份的日期。

6. 公司成立大会

募集设立股份有限公司的发起人应当自公司设立时应发行股份的股款缴足之日起30日内召开公司成立大会。发起人应当在成立大会召开15日前将会议日期通知各认股人或者予以公告。成立大会应当有持有表决权过半数的认股人出席,方可举行。以发起设立方式设立股份有限公司成立大会的召开和表决程序由公司章程或者发起人协议规定。

公司成立大会行使下列职权:
(1)审议发起人关于公司筹办情况的报告。
(2)通过公司章程。
(3)选举董事、监事。
(4)对公司的设立费用进行审核。
(5)对发起人非货币财产出资的作价进行审核。
(6)发生不可抗力或者经营条件发生重大变化直接影响公司设立的,可以作出不设立公司的决议。

成立大会对上述所列事项作出决议,应当经出席会议的认股人所持表决权过半数通过。

公司设立时应发行的股份未募足,或者发行股份的股款缴足后,发起人在30日内未召开成立大会的,认股人可以按照所缴股款并加算银行同期存款利息,要求发起人返还。发起人、认股人缴纳股款或者交付非货币财产出资后,除未按期募足股份、发起人未按期召开成立大会或者成立大会决议不设立公司的情形外,不得抽回其股本。

董事会应当授权代表,于公司成立大会结束后30日内向公司登记机关申请设立登记。

7. 其他规定

有限责任公司变更为股份有限公司时,折合的实收股本总额不得高于公司净资产额。有限责任公司变更为股份有限公司,为增加注册资本公开发行股份时,应当依法办理。

股份有限公司应当将公司章程、股东名册、股东会会议记录、董事会会议记录、监事会会议记录、财务会计报告、债券持有人名册置备于本公司。

股东有权查阅、复制公司章程、股东名册、股东会会议记录、董事会会议决议、监事会会议决议、财务会计报告,对公司的经营提出建议或者质询。股东要求查阅、复制公司全资子公司相关材料的,适用上述规定。上市公司股东查阅、复制相关材料的,应当遵守《中华人民共和国证券法》等法律、行政法规的规定。

(二)股份有限公司的组织机构

1. 股东会

(1)股东会组成。股份有限公司股东会由全体股东组成。**股东会是公司的权力机构**。

(2)股东会会议。**股东会应当每年召开一次年会**。有下列情形之一的,应当在两个月内召开临时股东会会议:

①董事人数不足《中华人民共和国公司法》规定人数或者公司章程所定人数的三分之二时。

②公司未弥补的亏损达股本总额三分之一时。

③单独或者合计持有公司10%以上股份的股东请求时。

④董事会认为必要时。

⑤监事会提议召开时。

⑥公司章程规定的其他情形。

股东会会议由董事会召集,董事长主持;董事长不能履行职务或者不履行职务的,由副董事长主持;副董事长不能履行职务或者不履行职务的,由过半数的董事共同推举一名董事主持。董事会不能履行或者不履行召集股东会会议职责的,监事会应当及时召集和主持;监事会不召集和主持的,连续90日以上单独或者合计持有公司10%以上股份的股东可以自行召集和主持。单独或者合计持有公司10%以上股份的股东请求召开临时股东会会议的,董事会、监事会应当在收到请求之日起10日内作出是否召开临时股东会会议的决定,并书面答复股东。

召开股东会会议,应当将会议召开的时间、地点和审议的事项于会议召开20日前通知各股东;临时股东会会议应当于会议召开15日前通知各股东。单独或者合计持有公司1%以上股份的股东,可以在股东会会议召开10日前提出临时提案并书面提交董事会。临时提案应当有明确议题和具体决议事项。董事会应当在收到提案后2日内通知其他股东,并将该临时提案提交股东会审议;但临时提案违反法律、行政法规或者公司章程的规定,或者不属于股东会职权范围的除外。公司不得提高提出临时提案股东的持股比例。公开发行股份的公司,应当以公告方式作出上述规定的通知。股东会不得对通知中未列明的事项作出决议。

股东出席股东会会议,所持每一股份有一表决权,类别股股东除外。公司持有的本公司股份没有表决权。**股东会作出决议,应当经出席会议的股东所持表决权过半数通过。股东会作出修改公司章程、增加或者减少注册资本的决议,以及公司合并、分立、解散或者变更公司形式的决议,应当经出席会议的股东所持表决权的三分之二以上通过**。

股东会选举董事、监事,可以按照公司章程的规定或者股东会的决议,实行累积投票制。

股东委托代理人出席股东会会议的,应当明确代理人代理的事项、权限和期限;代理人应当向公司提交股东授权委托书,并在授权范围内行使表决权。

股东会应当对所议事项的决定作成会议记录,主持人、出席会议的董事应当在会议记录上签名。会议记录应当与出席股东的签名册及代理出席的委托书一并保存。

知识拓展

累积投票制,是指股东会选举董事或者监事时,每一股份拥有与应选董事或者监事人数相同的表决权,股东拥有的表决权可以集中使用。

2. 董事会

(1)董事会的组成。股份有限公司设董事会。股份有限公司可以按照公司章程的规定在董事会中设置由董事组成的审计委员会,行使《中华人民共和国公司法》规定的监事会的职权,不设监事会或者监事。审计委员会成员为3名以上,过半数成员不得在公司担任除董事以外的其他职务,且不得与公司存在任何可能影响其独立客观判断的关系。公司董事会成员中的职工代表可以成为审计委员会成员。审计委员会作出决议,应当经审计委员会成员的过半数通过。审计委员会决议的表决,应当一人一票。审计委员会的议事方式和表决程序,除《中华人民共和国公司法》有规定的外,由公司章程规定。公司可以按照公司章程的规定在董事会中设置其他委员会。

董事会设董事长一人,可以设副董事长。董事长和副董事长由董事会以全体董事的过半数选举产生。董事长召集和主持董事会会议,检查董事会决议的实施情况。副董事长协助董事长工作,董事长不能履行职务或者不履行职务的,由副董事长履行职务;副董事长不能履行职务或者不履行职务的,由过半数的董事共同推举一名董事履行职务。

(2)董事会会议。**董事会每年度至少召开两次会议,每次会议应当于会议召开10日前通知全体董事和监事**。代表十分之一以上表决权的股东、三分之一以上董事或者监事会,可以提议召开临时董事会会议。董事长应当自接到提议后10日内,召集和主持董事会会议。董事会召开临时会议,可以另定召集董事会的通知方式和通知时限。

董事会会议应当有过半数的董事出席方可举行。董事会作出决议,应当经全体董事的过半数通过。董事会决议的表决,应当一人一票。董事会应当对所议事项的决定作成会议记录,出席会议的董事应当在会议记录上签名。

董事会会议,应当由董事本人出席;董事因故不能出席,可以书面委托其他董事代为出席,委托书应当载明授权范围。董事应当对董事会的决议承担责任。董事会的决议违反法律、行政法规或者公司章程、股东会决议,给公司造成严重损失的,参与决议的董事对公司负赔偿责任;经证明在表决时曾表明异议并记载于会议记录的,该董事可以免除责任。

规模较小或者股东人数较少的股份有限公司,可以不设董事会,设一名董事。该董事可以兼任公司经理。

3. 经理

股份有限公司设经理,由董事会决定聘任或者解聘。经理对董事会负责,根据公司章程的规定或者董事会的授权行使职权。经理列席董事会会议。公司董事会可以决定由董事会成员兼任经理。

4. 监事会

(1)监事会的组成。股份有限公司设监事会。**监事会成员为3人以上。监事会成员应当包括股东代表和适当比例的公司职工代表,其中职工代表的比例不得低于三分之一,具体比例由公司章程规定**。监事会中的职工代表由公司职工通过职工代表大会、职工大会或者其他形式民主选举产生。

监事会设主席一人,可以设副主席。监事会主席和副主席由全体监事过半数选举产生。监事会主席召集和主持监事会会议;监事会主席不能履行职务或者不履行职务的,由监事会副主席召集和主持监事会会议;监事会副主席不能履行职务或者不履行职务的,由过半数的监事共同推举一名监事召集和主持监事会会议。

董事、高级管理人员不得兼任监事。监事会行使职权所必需的费用,由公司承担。

(2)监事会会议。**监事会每6个月至少召开一次会议**。监事可以提议召开临时监事会会议。监事会的议事方式和表决程序,除《中华人民共和国公司法》有规定的外,由公司章程规定。监事会决议应当经全体监事的过半数通过。监事会决议的表决,应当一人一票。监事会应当对所议事项的决定作成会议记录,出席会议的监事应当在会议记录上签名。

规模较小或者股东人数较少的股份有限公司,可以不设监事会,设一名监事。

5. 上市公司组织机构的特别规定

上市公司是指其股票在证券交易所上市交易的股份有限公司。上市公司组织机构的特别规定如下:

(1)**上市公司在1年内购买、出售重大资产或者向他人提供担保的金额超过公司资产总额30%的,应当由股东会作出决议,并经出席会议的股东所持表决权的三分之二以上通过**。

(2)上市公司设独立董事,具体管理办法由国务院证券监督管理机构规定。

(3)上市公司在董事会中设置审计委员会的,董事会对下列事项作出决议前应当经审计委员会全体成员过半数通过:

①聘用、解聘承办公司审计业务的会计师事务所。

②聘任、解聘财务负责人。

③披露财务会计报告。

④国务院证券监督管理机构规定的其他事项。

(4)**上市公司设董事会秘书**,负责公司股东会和董事会会议的筹备、文件保管以及公司股东资料的管理,办理信息披露事务等事宜。

(5)上市公司董事与董事会会议决议事项所涉及的企业或者个人有关联关系的,该董事应当及时向董事会书面报告。有关联关系的董事不得对该项决议行使表决权,也不得代理其他董事行使表决权。该董事会会议由过半数的无关联关系董事出席即可举行,董事会会议所作决议须经无关联关系董事过半数通过。出席董事会会议的无关联关系董事人数不足 3 人的,应当将该事项提交上市公司股东会审议。

(6)上市公司应当依法披露股东、实际控制人的信息,相关信息应当真实、准确、完整。禁止违反法律、行政法规的规定代持上市公司股票。

(7)**上市公司控股子公司不得取得该上市公司的股份**。上市公司控股子公司因公司合并、质权行使等原因持有上市公司股份的,不得行使所持股份对应的表决权,并应当及时处分相关上市公司股份。

真题精练

【导学例题 10】下列关于股份有限公司的说法中,错误的是(　　)。

A. 以发起设立方式设立股份有限公司的,发起人应当认足公司章程规定的公司设立时应发行的股份

B. 临时股东大会应当于会议召开 20 日前通知各股东

C. 股份有限公司设监事会,其成员为 3 人以上

D. 股东出席股东会会议,所持每一股份有一表决权

B　【解析】临时股东大会应当于会议召开 15 日前通知各股东。

四、股份有限公司的股份发行和转让

(一)股份有限公司的股份发行

1. 股份发行的一般规定

公司的资本划分为股份。公司的全部股份,根据公司章程的规定择一采用面额股或者无面额股。采用面额股的,每一股的金额相等。公司可以根据公司章程的规定将已发行的面额股全部转换为无面额股或者将无面额股全部转换为面额股。**面额股股票的发行价格可以按票面金额,也可以超过票面金额,但不得低于票面金额**。采用无面额股的,应当将发行股份所得股款的二分之一以上计入注册资本。

股份的发行,实行公平、公正的原则,同类别的每一股份应当具有同等权利。同次发行的同类别股份,每股的发行条件和价格应当相同;认购人所认购的股份,每股应当支付相同价额。

公司可以按照公司章程的规定发行下列与普通股权利不同的类别股:

(1)优先或者劣后分配利润或者剩余财产的股份。

(2)每一股的表决权数多于或者少于普通股的股份。

(3)转让须经公司同意等转让受限的股份。

(4)国务院规定的其他类别股。

公开发行股份的公司不得发行上述(1)(2)项规定的类别股;公开发行前已发行的除外。公司发行上述(1)项规定的类别股的,对于监事或者审计委员会成员的选举和更换,类别股与普通股每一股的表决权数相同。

发行类别股的公司,应当在公司章程中载明以下事项:类别股分配利润或者剩余财产的顺序;类别股的表决权数;类别股的转让限制;保护中小股东权益的措施;股东会认为需要规定的其他事项。

2. 股份发行的形式

公司的股份采取股票的形式。股票是公司签发的证明股东所持股份的凭证。**公司发行的股票,应当为记名股票**。

股票采用纸面形式或者国务院证券监督管理机构规定的其他形式。股票采用纸面形式的，应当载明下列主要事项：

(1)公司名称。

(2)公司成立日期或者股票发行的时间。

(3)股票种类、票面金额及代表的股份数，发行无面额股的，股票代表的股份数。

股票采用纸面形式的，还应当载明股票的编号，由法定代表人签名，公司盖章。**发起人股票采用纸面形式的，应当标明发起人股票字样**。

3. 新股发行

公司发行新股，股东会应当对下列事项作出决议：

(1)新股种类及数额。

(2)新股发行价格。

(3)新股发行的起止日期。

(4)向原有股东发行新股的种类及数额。

(5)发行无面额股的，新股发行所得股款计入注册资本的金额。

公司发行新股，可以根据公司经营情况和财务状况，确定其作价方案。

4. 招股说明书

公司向社会公开募集股份，应当经国务院证券监督管理机构注册，公告招股说明书。招股说明书应当附有公司章程，并载明下列事项：

(1)**发行的股份总数**。

(2)面额股的票面金额和发行价格或者无面额股的发行价格。

(3)**募集资金的用途**。

(4)**认股人的权利和义务**。

(5)**股份种类及其权利和义务**。

(6)本次募股的起止日期及逾期未募足时认股人可以撤回所认股份的说明。

公司设立时发行股份的，还应当载明发起人认购的股份数。

5. 承销

公司向社会公开募集股份，应当由依法设立的证券公司承销，签订承销协议。

公司向社会公开募集股份，应当同银行签订代收股款协议。代收股款的银行应当按照协议代收和保存股款，向缴纳股款的认股人出具收款单据，并负有向有关部门出具收款证明的义务。公司发行股份募足股款后，应予公告。

(二)股份有限公司的股份转让

1. 股份转让的一般规定

股份有限公司的股东持有的股份可以向其他股东转让，也可以向股东以外的人转让；公司章程对股份转让有限制的，其转让按照公司章程的规定进行。股东转让其股份，应当在依法设立的证券交易场所进行或者按照国务院规定的其他方式进行。

股票的转让，由股东以背书方式或者法律、行政法规规定的其他方式进行；转让后由公司将受让人的姓名或者名称及住所记载于股东名册。**股东会会议召开前20日内或者公司决定分配股利的基准日前5日内，不得变更股东名册**。法律、行政法规或者国务院证券监督管理机构对上市公司股东名册变更另有规定的，从其规定。

公司公开发行股份前已发行的股份，自公司股票在证券交易所上市交易之日起1年内不得转让。法律、行政法规或者国务院证券监督管理机构对上市公司的股东、实际控制人转让其所持有的本公司股份另有规定的，从其规定。**公司董事、监事、高级管理人员应当向公司申报所持有的本公司的股份及其变动情况，在就任时确定的任职期间每年转让的股份不得超过其所持有本公司股份总数的25%；所持本公司股份自公司股票上市交易之日起1年内不得转让**。上述人员离职后半年内，不得转让其所持有的本公司股份。公司章程可以对公司董事、监事、高级管理人员转让其所持有的本公司股份作出其他限制性规定。股份在法律、行政法规规定的限制转让期限内出质的，质权人不得在限制转让期限内行使质权。

2. 公司收购股份的情形

有下列情形之一的，对股东会该项决议投反对票的股东可以请求公司按照合理的价格收购其股份，公开发行股份的公司除外：

(1)公司连续5年不向股东分配利润，而公司该5年连续盈利，并且符合《中华人民共和国公司法》规定的分配利润条件。

(2)公司转让主要财产。

(3)公司章程规定的营业期限届满或者章程规定的其他解散事由出现，股东会通过决议修改章程使公司存续。

自股东会决议作出之日起60日内，股东与公司不能达成股份收购协议的，股东可以自股东会决议作出之日起90日内向人民法院提起诉讼。公司因上述规定的情形收购的本公司股份，应当在6个月内依法转让或者注销。

公司不得收购本公司股份。但是，有下列情形之一的除外：

(1)**减少公司注册资本**。

(2)**与持有本公司股份的其他公司合并**。

(3)**将股份用于员工持股计划或者股权激励**。

(4)**股东因对股东会作出的公司合并、分立决议持异议，要求公司收购其股份**。

(5)**将股份用于转换公司发行的可转换为股票的公司债券**。

(6)**上市公司为维护公司价值及股东权益所必需**。

公司不得接受本公司的股份作为质权的标的。

3. 其他规定

(1)公司不得为他人取得本公司或者其母公司的股份提供赠与、借款、担保以及其他财务资助，公司实施员工持股计划的除外。为公司利益，经股东会决议，或者董事会按照公司章程或者股东会的授权作出决议，公司可以为他人取得本公司或者其母公司的股份提供财务资助，但财务资助的累计总额不得超过已发行股本总额的10%。董事会作出决议应当经全体董事的三分之二以上通过。违反上述规定，给公司造成损失的，负有责任的董事、监事、高级管理人员应当承担赔偿责任。

(2)股票被盗、遗失或者灭失，股东可以依照《中华人民共和国民事诉讼法》规定的公示催告程序，请求人民法院宣告该股票失效。人民法院宣告该股票失效后，股东可以向公司申请补发股票。

(3)上市公司的股票，依照有关法律、行政法规及证券交易所交易规则上市交易。

(4)上市公司应当依照法律、行政法规的规定披露相关信息。

(5)自然人股东死亡后，其合法继承人可以继承股东资格；但是，股份转让受限的股份有限公司的章程另有规定的除外。

真题精练

【导学例题11】下列关于股份有限公司股份发行的说法中，正确的有(　　)。

A. 公司发行的股票，应当为记名股票

B. 公司董事所持本公司股份自公司股票上市交易之日起3年内不得转让

C. 公司公开发行股份前已发行的股份，自公司股票在证券交易所上市交易之日起1年内不得转让

D. 公司董事、监事、高级管理人员应当向公司申报所持有的本公司的股份及其变动情况，在就任时确定的任职期间每年转让的股份不得超过其所持有本公司股份总数的15%

AC 【解析】公司董事、监事、高级管理人员应当向公司申报所持有的本公司的股份及其变动情况，在就任时确定的任职期间每年转让的股份不得超过其所持有本公司股份总数的25%；所持本公司股份自公司股票上市交易之日起1年内不得转让。故B、D项错误。

五、公司的合并与分立

(一)公司合并

公司合并可以采取吸收合并或者新设合并。一个公司吸收其他公司为吸收合并，被吸收的公司解散。两个以上公司合并设立一个新的公司为新设合并，合并各方解散。

公司与其持股90%以上的公司合并,被合并的公司不需经股东会决议,但应当通知其他股东,其他股东有权请求公司按照合理的价格收购其股权或者股份。公司合并支付的价款不超过本公司净资产10%的,可以不经股东会决议;但是,公司章程另有规定的除外。公司依照上述规定合并不经股东会决议的,应当经董事会决议。

公司合并,应当由合并各方签订合并协议,并编制资产负债表及财产清单。**公司应当自作出合并决议之日起10日内通知债权人,并于30日内在报纸上或者国家企业信用信息公示系统公告。**债权人自接到通知之日起30日内,未接到通知的自公告之日起45日内,可以要求公司清偿债务或者提供相应的担保。

(二)公司分立

公司分立,其财产作相应的分割。公司分立,应当编制资产负债表及财产清单。**公司应当自作出分立决议之日起10日内通知债权人,并于30日内在报纸上或者国家企业信用信息公示系统公告。**

要点点拨

(1)公司合并时,合并各方的债权、债务,应当由合并后存续的公司或者新设的公司承继。

(2)公司分立前的债务由分立后的公司承担连带责任。但是,公司在分立前与债权人就债务清偿达成的书面协议另有约定的除外。

真题精练

【导学例题12】下列关于公司合并的说法中,正确的有(　　)。

A. 公司应当自作出合并决议之日起10日内通知债权人,并于30日内在报纸上或者国家企业信用信息公示系统公告

B. 两个以上公司的合并需要经过清算程序,然后再经过相关流程合并为一个公司

C. 公司合并时,合并各方的债权、债务,应当由合并后存续的公司或者新设的公司承继

D. 公司合并,应当由合并各方签订合并协议,不需要编制资产负债表及财产清单

AC　【解析】B项,公司合并是指两个以上的公司按照法定程序,不需要经过清算程序,直接合并为一个公司的行为。D项,公司合并,应当由合并各方签订合并协议,并编制资产负债表及财产清单。

六、公司的解散与清算

(一)公司解散

公司因下列原因解散:

(1)**公司章程规定的营业期限届满或者公司章程规定的其他解散事由出现。**

(2)**股东会决议解散。**

(3)**因公司合并或者分立需要解散。**

(4)**依法被吊销营业执照、责令关闭或者被撤销。**

(5)**人民法院依法予以解散。**

公司出现上述规定的解散事由,应当在10日内将解散事由通过国家企业信用信息公示系统予以公示。

公司经营管理发生严重困难,继续存续会使股东利益受到重大损失,通过其他途径不能解决的,持有公司10%以上表决权的股东,可以请求人民法院解散公司。

(二)公司清算

公司解散的,应当清算。因公司合并、分立而解散的,不需要经过清算程序。董事为公司清算义务人,应当在解散事由出现之日起15日内组成清算组进行清算。清算组由董事组成,但是公司章程另有规定或者股东会决议另选他人的除外。清算义务人未及时履行清算义务,给公司或者债权人造成损失的,应当承担赔偿责任。

清算组在清算期间行使下列职权:

(1)清理公司财产,分别编制资产负债表和财产清单。

(2)通知、公告债权人。

(3)处理与清算有关的公司未了结的业务。

(4)清缴所欠税款以及清算过程中产生的税款。

(5)清理债权、债务。

(6)分配公司清偿债务后的剩余财产。

(7)代表公司参与民事诉讼活动。

清算组应当自成立之日起10日内通知债权人,并于60日内在报纸上或者国家企业信用信息公示系统公告。债权人应当自接到通知之日起30日内,未接到通知的自公告之日起45日内,向清算组申报其债权。债权人申报债权,应当说明债权的有关事项,并提供证明材料。清算组应当对债权进行登记。在申报债权期间,清算组不得对债权人进行清偿。

清算组在清理公司财产、编制资产负债表和财产清单后,应当制订清算方案,并报股东会或者人民法院确认。公司财产在分别支付清算费用、职工的工资、社会保险费用和法定补偿金,缴纳所欠税款,清偿公司债务后的剩余财产,有限责任公司按照股东的出资比例分配,股份有限公司按照股东持有的股份比例分配。**清算期间,公司存续,但不得开展与清算无关的经营活动**。公司财产在未依照上述规定清偿前,不得分配给股东。

清算组在清理公司财产、编制资产负债表和财产清单后,发现公司财产不足清偿债务的,应当依法向人民法院申请破产清算。人民法院受理破产申请后,清算组应当将清算事务移交给人民法院指定的破产管理人。

清算组成员履行清算职责,负有忠实义务和勤勉义务。清算组成员怠于履行清算职责,给公司造成损失的,应当承担赔偿责任;因故意或者重大过失给债权人造成损失的,应当承担赔偿责任。

公司清算结束后,清算组应当制作清算报告,报股东会或者人民法院确认,并报送公司登记机关,申请注销公司登记。

真题精练

【导学例题13】公司解散的情形不包括(　　)。

A. 公司章程规定的营业期限届满或者公司章程规定的其他解散事由出现

B. 董事会决议公司解散

C. 依法被吊销营业执照、责令关闭或者被撤销

D. 因公司合并或者分立需要解散

B 【解析】公司解散需由股东会决议,董事会无权决定公司解散,故B项错误。

第五节 证券法

一、证券法概述

(一)基本概念

为了规范证券发行和交易行为,保护投资者的合法权益,维护社会经济秩序和社会公共利益,促进社会主义市场经济的发展,制定《中华人民共和国证券法》。

证券的发行和交易包括股票、公司债券、存托凭证和国务院依法认定的其他证券的发行和交易。在中华人民共和国境外的证券发行和交易活动,扰乱中华人民共和国境内市场秩序,损害境内投资者合法权益的,依照《中华人民共和国证券法》有关规定处理并追究法律责任。**证券的发行、交易活动,必须遵循公开、公平、公正的原则**。"三公"原则是证券法最基本的原则。其中公开原则又称信息公开原则,主要适用于上市的证券,是证券发行和交易制度的核心。

(二)制度规定

1. 证券发行制度

证券的发行是筹资者按照法定程序向投资者发行证券,筹资者获得要筹集的资金,而投资者获得证券及证券所代表权益的过程。证券的发行包括**公开发行**和**非公开发行**两种形式。证券的发行管理制度主要有三种:**审批制**、**核准制**和**注册制**。**目前我国全面实行股票发行注册制**。

《中华人民共和国证券法》规定，公开发行证券，必须符合法律、行政法规规定的条件，并依法报经国务院证券监督管理机构或者国务院授权的部门注册。有下列情形之一的，为公开发行：

(1)向不特定对象发行证券。

(2)向特定对象发行证券累计超过200人，但依法实施员工持股计划的员工人数不计算在内。

(3)法律、行政法规规定的其他发行行为。

非公开发行证券，不得采用广告、公开劝诱和变相公开方式。

2. 承销与保荐制度

(1)承销制度。证券承销是指证券公司根据发行人的委托，为了发行人的利益向投资者销售、促成销售或者代为销售拟发行证券的行为。

发行人向不特定对象发行的证券，法律、行政法规规定应当由证券公司承销的，发行人应当同证券公司签订承销协议。**证券承销业务采取代销或者包销方式**。证券代销是指证券公司代发行人发售证券，在承销期结束时，将未售出的证券全部退还给发行人的承销方式。证券包销是指证券公司将发行人的证券按照协议全部购入或者在承销期结束时将售后剩余证券全部自行购入的承销方式。

公开发行证券的发行人有权依法自主选择承销的证券公司。**证券的代销、包销期限最长不得超过90日**。

(2)保荐制度。发行人申请公开发行股票、可转换为股票的公司债券，依法采取承销方式的，或者公开发行法律、行政法规规定实行保荐制度的其他证券的，应当聘请证券公司担任保荐人。保荐人应当遵守业务规则和行业规范，诚实守信，勤勉尽责，对发行人的申请文件和信息披露资料进行审慎核查，督导发行人规范运作。保荐人的管理办法由国务院证券监督管理机构规定。

真题精练

【导学例题14】根据《中华人民共和国证券法》的规定，证券公司代发行人发售证券，在承销期结束时，将未售出的证券全部退还给发行人的承销方式属于(　　)。

A. 证券赊销　　B. 证券承销

C. 证券包销　　D. 证券代销

D　【解析】证券承销业务采取代销或者包销方式。证券代销是指证券公司代发行人发售证券，在承销期结束时，将未售出的证券全部退还给发行人的承销方式。证券包销是指证券公司将发行人的证券按照协议全部购入或者在承销期结束时将售后剩余证券全部自行购入的承销方式。

二、证券发行

(一)股票发行

股票发行是指发行人公司以出售股权换得投资者出资的一种募资方式，投资者在出资后获得发行人公司的股权。**股票的发行分为公开发行和非公开发行两种方式，非公开发行习惯上被称为私募**。

1. 首次公开发行股票的条件

公司首次公开发行新股，应当符合下列条件：

(1)**具备健全且运行良好的组织机构**。

(2)**具有持续经营能力**。

(3)**最近3年财务会计报告被出具无保留意见审计报告**。

(4)**发行人及其控股股东、实际控制人最近3年不存在贪污、贿赂、侵占财产、挪用财产或者破坏社会主义市场经济秩序的刑事犯罪**。

(5)**经国务院批准的国务院证券监督管理机构规定的其他条件**。

上市公司发行新股，应当符合经国务院批准的国务院证券监督管理机构规定的条件，具体管理办法由国务院证券监督管理机构规定。

公开发行存托凭证的，应当符合首次公开发行新股的条件以及国务院证券监督管理机构规定的其他条件。

2. 募集资金用途

公司对公开发行股票所募集资金，必须按照招股说明书或者其他公开发行募集文件所列资金用途

使用；改变资金用途，必须经股东大会作出决议。擅自改变用途，未作纠正的，或者未经股东大会认可的，不得公开发行新股。

（二）公司债券的发行

公开发行公司债券，应当符合下列条件：

（1）**具备健全且运行良好的组织机构**。

（2）**最近 3 年平均可分配利润足以支付公司债券 1 年的利息**。

（3）**国务院规定的其他条件**。

公开发行公司债券筹集的资金，必须按照公司债券募集办法所列资金用途使用；改变资金用途，必须经债券持有人会议作出决议。**公开发行公司债券筹集的资金，不得用于弥补亏损和非生产性支出**。

真题精练

【导学例题 15】下列关于公司首次公开发行新股的说法中，错误的是（　　）。

A. 应具备健全且运行良好的组织机构

B. 应具有持续经营能力

C. 最近 2 年财务会计报告被出具无保留意见审计报告

D. 发行人及其控股股东、实际控制人最近 3 年不存在贪污、贿赂、侵占财产、挪用财产或者破坏社会主义市场经济秩序的刑事犯罪

C 【解析】公司首次公开发行新股应满足最近 3 年财务会计报告被出具无保留意见审计报告。故 C 项错误。

三、证券交易

证券交易当事人依法买卖的证券，必须是依法发行并交付的证券。非依法发行的证券，不得买卖。依法发行的证券，《中华人民共和国公司法》和其他法律对其转让期限有限制性规定的，在限定的期限内不得转让。

上市公司持有 5% 以上股份的股东、实际控制人、董事、监事、高级管理人员，以及其他持有发行人首次公开发行前发行的股份或者上市公司向特定对象发行的股份的股东，转让其持有的本公司股份的，不得违反法律、行政法规和国务院证券监督管理机构关于持有期限、卖出时间、卖出数量、卖出方式、信息披露等规定，并应当遵守证券交易所的业务规则。

公开发行的证券，应当在依法设立的证券交易所上市交易或者在国务院批准的其他全国性证券交易场所交易。非公开发行的证券，可以在证券交易所、国务院批准的其他全国性证券交易场所、按照国务院规定设立的区域性股权市场转让。

证券在证券交易所上市交易，应当采用公开的集中交易方式或者国务院证券监督管理机构批准的其他方式。证券交易当事人买卖的证券可以采用纸面形式或者国务院证券监督管理机构规定的其他形式。

知识拓展

证券发行市场一般被称为一级市场，证券交易市场被称为二级市场。交易市场可以按照不同标准，再区分为不同的市场。场内交易市场与场外交易市场是一种传统的区分方式。所谓场内交易市场，即交易所市场。场外交易市场则是泛指在交易所外进行交易的市场。严格来说，两个市场的不同主要在于交易方式不同。场内市场的交易方式是集中交易的方式，多个买者和卖者之间进行价格磋商；而场外交易市场则多采取一对一的交易磋商机制。

四、证券上市

申请证券上市交易，应当向证券交易所提出申请，由证券交易所依法审核同意，并由双方签订上市协议。证券交易所根据国务院授权的部门的决定安排政府债券上市交易。

申请证券上市交易，应当符合证券交易所上市规则规定的上市条件。证券交易所上市规则规定的上市条件，应当对发行人的经营年限、财务状况、最低公开发行比例和公司治理、诚信记录等提出要求。

上市交易的证券，有证券交易所规定的终止上市情形的，由证券交易所按照业务规则终止其上市交

易。证券交易所决定终止证券上市交易的，应当及时公告，并报国务院证券监督管理机构备案。

对证券交易所作出的不予上市交易、终止上市交易决定不服的，可以向证券交易所设立的复核机构申请复核。

五、上市公司收购

上市公司收购，是指收购人通过在证券交易所的股份转让活动持有一个上市公司的股份达到一定比例或通过证券交易所股份转让活动以外的其他合法方式控制一个上市公司的股份达到一定程度，导致其获得或者可能获得对该公司实际控制权的行为。

(1)**投资者可以采取要约收购、协议收购及其他合法方式收购上市公司**。通过证券交易所的证券交易，投资者持有或者通过协议、其他安排与他人共同持有一个上市公司已发行的有表决权股份达到5%时，应当在该事实发生之日起3日内，向国务院证券监督管理机构、证券交易所作出书面报告，通知该上市公司，并予公告，在上述期限内不得再行买卖该上市公司的股票，但国务院证券监督管理机构规定的情形除外。

投资者持有或者通过协议、其他安排与他人共同持有一个上市公司已发行的有表决权股份达到5%后，其所持该上市公司已发行的有表决权股份比例每增加或者减少5%，应当依照上述规定进行报告和公告，在该事实发生之日起至公告后3日内，不得再行买卖该上市公司的股票，但国务院证券监督管理机构规定的情形除外。

投资者持有或者通过协议、其他安排与他人共同持有一个上市公司已发行的有表决权股份达到5%后，其所持该上市公司已发行的有表决权股份比例每增加或者减少1%，应当在该事实发生的次日通知该上市公司，并予公告。

(2)**在上市公司收购中，收购人持有的被收购的上市公司的股票，在收购行为完成后的18个月内不得转让**。

六、证券公司

(一)设立条件

设立证券公司，应当具备下列条件，并经国务院证券监督管理机构批准：

(1)有符合法律、行政法规规定的公司章程。

(2)主要股东及公司的实际控制人具有良好的财务状况和诚信记录，最近3年无重大违法违规记录。

(3)有符合《中华人民共和国证券法》规定的公司注册资本。

(4)董事、监事、高级管理人员、从业人员符合《中华人民共和国证券法》规定的条件。

(5)有完善的风险管理与内部控制制度。

(6)有合格的经营场所、业务设施和信息技术系统。

(7)法律、行政法规和经国务院批准的国务院证券监督管理机构规定的其他条件。

未经国务院证券监督管理机构批准，任何单位和个人不得以证券公司名义开展证券业务活动。

国务院证券监督管理机构应当自受理证券公司设立申请之日起6个月内，依照法定条件和法定程序并根据审慎监管原则进行审查，作出批准或者不予批准的决定，并通知申请人；不予批准的，应当说明理由。证券公司设立申请获得批准的，申请人应当在规定的期限内向公司登记机关申请设立登记，领取营业执照。证券公司应当自领取营业执照之日起15日内，向国务院证券监督管理机构申请经营证券业务许可证。未取得经营证券业务许可证，证券公司不得经营证券业务。

(二)业务范围

经国务院证券监督管理机构核准，取得经营证券业务许可证，证券公司可以经营下列部分或者全部证券业务：

(1)**证券经纪**。

(2)**证券投资咨询**。

(3)**与证券交易、证券投资活动有关的财务顾问**。

(4)**证券承销与保荐**。

(5)**证券融资融券**。

(6)**证券做市交易**。

(7)**证券自营**。

(8)**其他证券业务**。

国务院证券监督管理机构应当自受理上述规定事项申请之日起3个月内,依照法定条件和程序进行审查,作出核准或者不予核准的决定,并通知申请人;不予核准的,应当说明理由。

证券公司经营证券资产管理业务的,应当符合《中华人民共和国证券投资基金法》等法律、行政法规的规定。除证券公司外,任何单位和个人不得从事证券承销、证券保荐、证券经纪和证券融资融券业务。证券公司从事证券融资融券业务,应当采取措施,严格防范和控制风险,不得违反规定向客户出借资金或者证券。

七、证券业自律组织和监管机构

证券的市场监管体制包括**政府的统一管理**和**行业自律管理**两部分。目前,我国证券发行与交易中的自律管理主要通过以下自律性机构来实施:**中国证券业协会、证券交易所、全国中小企业股份转让系统、证券服务机构。**

(一)证券业协会

证券业协会是证券业的自律性组织,是社会团体法人。证券公司应当加入证券业协会。

证券业协会的权力机构为全体会员组成的会员大会。证券业协会章程由会员大会制定,并报国务院证券监督管理机构备案。

证券业协会设理事会。理事会成员依章程的规定由选举产生。

(二)证券监督管理机构

国务院证券监督管理机构依法对证券市场实行监督管理,维护证券市场公开、公平、公正,防范系统性风险,维护投资者合法权益,促进证券市场健康发展。

国务院证券监督管理机构在对证券市场实施监督管理中履行下列职责:

(1)依法制定有关证券市场监督管理的规章、规则,并依法进行审批、核准、注册,办理备案。

(2)依法对证券的发行、上市、交易、登记、存管、结算等行为,进行监督管理。

(3)依法对证券发行人、证券公司、证券服务机构、证券交易场所、证券登记结算机构的证券业务活动,进行监督管理。

(4)依法制定从事证券业务人员的行为准则,并监督实施。

(5)依法监督检查证券发行、上市、交易的信息披露。

(6)依法对证券业协会的自律管理活动进行指导和监督。

(7)依法监测并防范、处置证券市场风险。

(8)依法开展投资者教育。

(9)依法对证券违法行为进行查处。

(10)法律、行政法规规定的其他职责。

知识拓展

国务院证券监督管理机构依法履行职责,进行监督检查或者调查,其监督检查、调查的人员不得少于2人,并应当出示合法证件和监督检查、调查通知书或者其他执法文书。监督检查、调查的人员少于2人或者未出示合法证件和监督检查、调查通知书或者其他执法文书的,被检查、调查的单位和个人有权拒绝。

第六节 票据法

一、票据的概念、特征和功能

(一)票据的概念

票据是指出票人依法签发,由自己无条件支付或委托他人无条件支付一定金额的有价证券。按照《中华人民共和国票据法》的规定,票据包括汇票、本票、支票。

票据活动应当遵守法律、行政法规,不得损害社会公共利益。票据出票人制作票据,应当按照法定条件在票据上签章,并按照所记载的事项承担票据责任。持票人行使票据权利,应当按照法定程序在票据上签章,并出示票据。其他票据债务人在票据上签章的,按照票据所记载的事项承担票据责任。

(二)票据的特征

1. 票据是完全有价证券

票据与一定的财产权利或价值结合在一起,并以一定货币金额表示其价值,票据的权利与票据不可分开。票据的权利随票据的制作而发生,随票据的出让而转移,占有票据,即占有票据的价值;不占有票据,就不能主张票据权利。

2. 票据是要式证券

票据的格式是由法律规定的,必须根据法律规定的必要形式制作,票据才能有效。

3. 票据是一种无因证券

票据的持票人行使票据权利时,无须说明其取得票据的原因,只要占有票据就可以行使票据权利。至于取得票据的原因,持票人无说明的义务,债务人也无审查的权利,即使取得票据的原因关系无效,对票据关系也不发生影响。票据的无因性,有利于保障持票人的权利和票据的顺利流通。

4. 票据是流通证券

除票据特别注明外,票据在到期前,可以通过背书方式转让而流通。票据的流通性是票据的基本特征。

5. 票据是文义证券

票据上的权利义务必须以票据上的文字记载为准。有关票据债权人或票据债务人,均应当对票据上所记载的文义负责,不得以任何方式或理由变更票据上文字记载的意义。

6. 票据是设权证券

票据是创设权利,而不是证明已经存在的权利。票据一经做成,票据上的权利便随之而确立。

7. 票据是债权证券

票据所创设的权利是金钱债权,票据持有人可以对票据记载的一定数额的金钱向票据的特定债务人行使请求付款权,因此票据是一种金钱债权证券。

(三)票据的功能

1. 汇兑作用

汇兑即异地支付,通常由汇款人将款项交存银行,由银行作为出票人将签发的汇票寄往异地或交持票人持往异地,持票人向异地银行兑取现金或凭此办理转账结算。

2. 支付与结算作用

票据最早是作为支付工具出现的。汇票和支票是委托他人付款,本票则是出票人自己付款。这是票据最原始、最简单的作用。结算作用是在经济交往中,当双方当事人互为债权人与义务人时,可运用票据进行结算,以抵销债务,这样做既手续简便,又迅速和安全。

3. 融资作用

票据的融资作用主要是通过票据贴现来实现的。所谓票据贴现,是指未到期票据的买卖行为,持有未到期票据的人通过卖出票据得到现款。

4. 替代货币作用

票据作为支付工具和结算工具,代替了现金支付和以现金为内容的结算;票据的背书,使票据像货币一样得以流通。因此,票据也被形象地称为商人的货币。

5. 信用作用

这是票据作为商业信用工具的体现。当事人进行贸易时,可以使用票据进行结算,并约定一定期限付款。在票据到期之前,票据的持有人可以利用出票人和承兑人的信用转让票据。实际上持票人取得了一定时期的信用关系,他既可以向银行办理票据贴现,也可以通过背书将票据转让给他人。对于信用欠佳的当事人,还可以利用信用较好的当事人所签发、承兑或保证付款的票据进行支付,使其经济活动得以开展。

二、票据行为

(一)票据行为的概念

票据行为是指以发生、变更或消灭票据的权利义务关系为目的的法律行为,包括出票、背书、承兑、保证。

（二）票据行为的种类

1. 出票

出票是指出票人依照法定款式做成票据并交付于受款人的行为。它包括“做成”和“交付”两种行为。所谓“做成”就是出票人按照法定款式制作票据，在票据上记载法定内容并签名。由于现在各种票据都由一定机关印制，因此所谓“做成”只是填写有关内容和签名而已；所谓“交付”是指根据出票人本人的意愿将其交给受款人的行为，不是出于出票人本人意愿的行为如偷窃票据不能称作“交付”，因而也不能称作出票行为。

2. 背书

背书是指持票人转让票据权利予他人的行为。票据的特点在于其流通，票据转让的主要方法是背书，当然除此之外还有单纯交付。背书转让是持票人的票据行为，只有持票人才能进行票据的背书。背书是转让票据权利的行为，票据一经背书转让，票据上的权利也随之转让给被背书人。

3. 承兑

承兑是指汇票的付款人承诺负担票据债务的行为。承兑为汇票所独有，汇票的发票人和付款人之间是一种委托关系，发票人签发汇票，并不等于付款人就一定付款，持票人为确定汇票到期时能得到付款，在汇票到期前向付款人进行承兑提示。付款人签字承兑，就是对汇票的到期付款承担责任。

4. 保证

保证是指除票据债务人以外的人为担保票据债务的履行、以承担同一内容的票据债务为目的的一种附属票据行为。票据保证的目的是担保其他票据债务的履行，用于汇票和本票，不适用于支票。

三、票据权利与票据责任

票据权利是持票人因合法拥有票据而向票据债务人请求支付票据金额的权利。**票据权利包括付款请求权和追索权**。票据责任是指票据债务人向持票人支付票据金额的义务。

票据权利在下列期限内不行使而消灭：持票人对票据的出票人和承兑人的权利，自票据到期日起2年，见票即付的汇票、本票，自出票日起2年；持票人对支票出票人的权利，自出票日起6个月；持票人对前手的追索权，自被拒绝承兑或者被拒绝付款之日起6个月；持票人对前手的再追索权，自清偿日或者被提起诉讼之日起3个月。

真题精练

【导学例题16】持票人对票据的出票人和承兑人的票据权利，自票据到期日起2年。见票即付的本票、汇票，票据时效的起算日是（　　）。

A. 出票日　　B. 到期日

C. 承兑日　　D. 付款日

A　【解析】持票人对票据的出票人和承兑人的权利，自票据到期日起2年，见票即付的汇票、本票，自出票日起2年。

四、汇票

汇票是指出票人签发的，委托付款人在见票时或者在指定日期无条件支付确定的金额给收款人或者持票人的票据。汇票分为银行汇票和商业汇票。

（一）汇票的出票

出票是出票人签发票据并将其交付给收款人的票据行为。**汇票的出票人必须与付款人具有真实的委托付款关系，并且具有支付汇票金额的可靠资金来源**。不得签发无对价的汇票用以骗取银行或者其他票据当事人的资金。

汇票必须记载下列事项：表明“汇票”的字样；无条件支付的委托；确定的金额；付款人名称；收款人名称；出票日期；出票人签章。汇票上未记载前述规定事项之一的，汇票无效。

汇票上记载付款日期、付款地、出票地等事项的，应当清楚、明确。**汇票上未记载付款日期的，为见票即付**。汇票上未记载付款地的，付款人的营业场所、住所或者经常居住地为付款地。汇票上未记载出票地的，出票人的营业场所、住所或者经常居住地为出票地。

汇票上可以记载票据法规定事项以外的其他出票事项,但是该记载事项不具有汇票上的效力。付款日期可以按照下列形式之一记载:见票即付;定日付款;出票后定期付款;见票后定期付款。上述规定的付款日期为汇票到期日。

出票人签发汇票后,即承担保证该汇票承兑和付款的责任。出票人在汇票得不到承兑或者付款时,应当向持票人清偿票据法规定的金额和费用。

(二)汇票的背书

持票人可以将汇票权利转让给他人或者将一定的汇票权利授予他人行使。持票人行使上述权利时,应当背书并交付汇票。背书是在票据背面或者粘单上记载有关事项并签章的票据行为。**出票人在汇票上记载"不得转让"字样的,汇票不得转让**。

票据凭证不能满足背书人记载事项的需要,可以加附粘单,粘附于票据凭证上。粘单上的第一记载人,应当在汇票和粘单的粘接处签章。背书由背书人签章并记载背书日期。**背书未记载日期的,视为在汇票到期日前背书**。

汇票以背书转让或者以背书将一定的汇票权利授予他人行使时,必须记载被背书人名称。

以背书转让的汇票,背书应当连续。持票人以背书的连续,证明其汇票权利;非经背书转让,而以其他合法方式取得汇票的,依法举证,证明其汇票权利。背书连续,是指在票据转让中,转让汇票的背书人与受让汇票的被背书人在汇票上的签章依次前后衔接。

以背书转让的汇票,后手应当对其直接前手背书的真实性负责。后手是指在票据签章人之后签章的其他票据债务人。**背书不得附有条件。背书时附有条件的,所附条件不具有汇票上的效力。将汇票金额的一部分转让的背书或者将汇票金额分别转让给 2 人以上的背书无效**。

背书人在汇票上记载"不得转让"字样,其后手再背书转让的,原背书人对后手的被背书人不承担保证责任。背书记载"委托收款"字样的,被背书人有权代背书人行使被委托的汇票权利。但是,被背书人不得再以背书转让汇票权利。汇票可以设定质押;质押时应当以背书记载"质押"字样。被背书人依法实现其质权时,可以行使汇票权利。

汇票被拒绝承兑、被拒绝付款或者超过付款提示期限的,不得背书转让;背书转让的,背书人应当承担汇票责任。背书人以背书转让汇票后,即承担保证其后手所持汇票承兑和付款的责任。背书人在汇票得不到承兑或者付款时,应当向持票人清偿票据法规定的金额和费用。

(三)汇票的承兑

承兑是汇票付款人承诺在汇票到期日支付汇票金额的票据行为。定日付款或者出票后定期付款的汇票,持票人应当在汇票到期日前向付款人提示承兑。提示承兑是指持票人向付款人出示汇票,并要求付款人承诺付款的行为。

见票后定期付款的汇票,持票人应当自出票日起 1 个月内向付款人提示承兑。汇票未按照规定期限提示承兑的,持票人丧失对其前手的追索权。**见票即付的汇票无需提示承兑**。

付款人对向其提示承兑的汇票,应当自收到提示承兑的汇票之日起 3 日内承兑或者拒绝承兑。付款人收到持票人提示承兑的汇票时,应当向持票人签发收到汇票的回单。回单上应当记明汇票提示承兑日期并签章。

付款人承兑汇票的,应当在汇票正面记载"承兑"字样和承兑日期并签章;见票后定期付款的汇票,应当在承兑时记载付款日期。

付款人承兑汇票,不得附有条件;承兑附有条件的,视为拒绝承兑。付款人承兑汇票后,应当承担到期付款的责任。

(四)汇票的保证

汇票的债务可以由保证人承担保证责任。保证人由汇票债务人以外的他人担当。保证人必须在汇票或者粘单上记载下列事项:表明"保证"的字样;保证人名称和住所;被保证人的名称;保证日期;保证人签章。保证人在汇票或者粘单上未记载被保证人的名称的,已承兑的汇票,承兑人为被保证人;未承兑的汇票,出票人为被保证人。保证人在汇票或者粘单上未记载保证日期的,出票日期为保证日期。

保证不得附有条件;附有条件的,不影响对汇票的保证责任。

保证人对合法取得汇票的持票人所享有的汇票权利，承担保证责任。但是，被保证人的债务因汇票记载事项欠缺而无效的除外。被保证的汇票，保证人应当与被保证人对持票人承担连带责任。汇票到期后得不到付款的，持票人有权向保证人请求付款，保证人应当足额付款。**保证人为2人以上的，保证人之间承担连带责任**。保证人清偿汇票债务后，可以行使持票人对被保证人及其前手的追索权。

（五）汇票的付款

持票人应当按照下列期限提示付款：见票即付的汇票，自出票日起1个月内向付款人提示付款；定日付款、出票后定期付款或者见票后定期付款的汇票，自到期日起10日内向承兑人提示付款。持票人未按照上述规定期限提示付款的，在作出说明后，承兑人或者付款人仍应当继续对持票人承担付款责任。通过委托收款银行或者通过票据交换系统向付款人提示付款的，视同持票人提示付款。**持票人依照上述规定提示付款的，付款人必须在当日足额付款**。持票人获得付款的，应当在汇票上签收，并将汇票交给付款人。持票人委托银行收款的，受委托的银行将代收的汇票金额转账收入持票人账户，视同签收。

持票人委托的收款银行的责任，限于按照汇票上记载事项将汇票金额转入持票人账户。付款人委托的付款银行的责任，限于按照汇票上记载事项从付款人账户支付汇票金额。

付款人及其代理付款人付款时，应当审查汇票背书的连续，并审查提示付款人的合法身份证明或者有效证件。付款人及其代理付款人以恶意或者有重大过失付款的，应当自行承担责任。

对定日付款、出票后定期付款或者见票后定期付款的汇票，付款人在到期日前付款的，由付款人自行承担所产生的责任。**汇票金额为外币的，按照付款日的市场汇价，以人民币支付**。汇票当事人对汇票支付的货币种类另有约定的，从其约定。付款人依法足额付款后，全体汇票债务人的责任解除。

（六）汇票的追索权

汇票到期被拒绝付款的，持票人可以对背书人、出票人以及汇票的其他债务人行使追索权。汇票到期日前，有下列情形之一的，持票人也可以行使追索权：汇票被拒绝承兑的；承兑人或者付款人死亡、逃匿的；承兑人或者付款人被依法宣告破产的或者因违法被责令终止业务活动的。

持票人行使追索权时，应当提供被拒绝承兑或者被拒绝付款的有关证明。持票人提示承兑或者提示付款被拒绝的，承兑人或者付款人必须出具拒绝证明，或者出具退票理由书。未出具拒绝证明或者退票理由书的，应当承担由此产生的民事责任。

持票人因承兑人或者付款人死亡、逃匿或者其他原因，不能取得拒绝证明的，可以依法取得其他有关证明。承兑人或者付款人被人民法院依法宣告破产的，人民法院的有关司法文书具有拒绝证明的效力。承兑人或者付款人因违法被责令终止业务活动的，有关行政主管部门的处罚决定具有拒绝证明的效力。

持票人不能出示拒绝证明、退票理由书或者未按照规定期限提供其他合法证明的，丧失对其前手的追索权。但是，承兑人或者付款人仍应当对持票人承担责任。

持票人应当自收到被拒绝承兑或者被拒绝付款的有关证明之日起3日内，将被拒绝事由书面通知其前手；其前手应当自收到通知之日起3日内书面通知其再前手。持票人也可以同时向各汇票债务人发出书面通知。未按照上述规定期限通知的，持票人仍可以行使追索权。因延期通知给其前手或者出票人造成损失的，由没有按照规定期限通知的汇票当事人，承担对该损失的赔偿责任，但是所赔偿的金额以汇票金额为限。**在规定期限内将通知按照法定地址或者约定的地址邮寄的，视为已经发出通知**。

汇票的出票人、背书人、承兑人和保证人对持票人承担连带责任。持票人可以不按照汇票债务人的先后顺序，对其中任何一人、数人或者全体行使追索权。持票人对汇票债务人中的一人或者数人已经进行追索的，对其他汇票债务人仍可以行使追索权。被追索人清偿债务后，与持票人享有同一权利。

持票人为出票人的，对其前手无追索权。持票人为背书人的，对其后手无追索权。持票人行使追索权，可以请求被追索人支付下列金额和费用：被拒绝付款的汇票金额；汇票金额自到期日或者提示付款日起至清偿日止，按照中国人民银行规定的利率计算的利息；取得有关拒绝证明和发出通知书的费用。被追索人清偿债务时，持票人应当交出汇票和有关拒绝证明，并出具所收到利息和费用的收据。

真题精练

【导学例题 17】《中华人民共和国票据法》规定，承兑是指汇票付款人承诺在汇票到期日支付汇票金额的票据行为。下列关于汇票承兑的说法中，正确的是（ ）。

A. 汇票未按照规定期限提示承兑的，持票人丧失对其前手的追索权

B. 付款人对向其提示承兑的汇票，应当自收到提示承兑的汇票之日起一周内承兑或者拒绝承兑

C. 即使是见票即付的汇票，也需提示承兑

D. 见票后定期付款的汇票，持票人应当自出票日起 10 日内向付款人提示承兑

A 【解析】见票后定期付款的汇票，持票人应当自出票日起一个月内向付款人提示承兑。汇票未按照规定期限提示承兑的，持票人丧失对其前手的追索权。见票即付的汇票无需提示承兑。A 项正确，C、D 两项错误。付款人对向其提示承兑的汇票，应当自收到提示承兑的汇票之日起 3 日内承兑或者拒绝承兑。B 项错误。

【导学例题 18】甲从乙处购置一批家具，给乙签发一张金额为 40 万元的汇票。乙将该汇票背书转让给丙。丙请丁在该汇票上作“保证”记载并签章，随后又将其背书转让给戊。戊请求银行承兑时，被银行拒绝。对此，下列选项正确的是（ ）。

A. 丁可以采取附条件保证方式

B. 若丁在其保证中未记载保证日期，则以出票日期为保证日期

C. 戊只有在向丙行使追索权遭拒绝后，才能向丁请求付款

D. 在丁对戊付款后，丁只能向丙行使追索权

B 【解析】保证不得附有条件；附有条件的，不影响对汇票的保证责任，故 A 项错误。保证人在汇票或者粘单上未记载保证日期的，出票日期为保证日期，故 B 项正确。被保证的汇票，保证人应当与被保证人对持票人承担连带责任。汇票到期后得不到付款的，持票人有权向保证人请求付款，保证人应当足额付款，故 C 项错误。保证人清偿汇票债务后，可以行使持票人对被保证人及其前手的追索权，即丁对戊付款后，可向甲、乙、丙行使追索权，故 D 项错误。

五、本票

本票是指出票人签发的，承诺自己在见票时无条件支付确定的金额给收款人或者持票人的票据。《中华人民共和国票据法》所称本票，是指银行本票。

本票必须记载下列事项：表明“本票”的字样；无条件支付的承诺；确定的金额；收款人名称；出票日期；出票人签章。本票上未记载上述规定事项之一的，本票无效。

本票上记载付款地、出票地等事项的，应当清楚、明确。本票上未记载付款地的，出票人的营业场所为付款地。本票上未记载出票地的，出票人的营业场所为出票地。

本票的出票人在持票人提示见票时，必须承担付款的责任。**本票自出票日起，付款期限最长不得超过 2 个月。**本票的持票人未按照规定期限提示见票的，丧失对出票人以外的前手的追索权。本票的背书、保证、付款行为和追索权的行使适用于有关汇票的规定。

真题精练

【导学例题 19】下列关于银行本票的说法中，错误的是（ ）。

A. 银行本票的付款人见票时必须无条件付款给持票人

B. 本票自出票日起，付款期限最长不得超过 2 个月

C. 银行本票不可以背书转让

D. 本票上未记载出票地的，出票人的营业场所为出票地

C 【解析】本票可以按规定进行背书转让，适用于汇票的相关规定，故 C 项错误。

六、支票

支票是指出票人签发的，委托办理支票存款业务的银行或者其他金融机构在见票时无条件支付确定的金额给收款人或者持票人的票据。

开立支票存款账户，申请人必须使用其本名，并提交证明其身份的合法证件。开立支票存款账户和领用支票，应当有可靠的资信，并存入一定的资金。开立支票存款账户，申请人应当预留其本名的签名式样和印鉴。

支票可以支取现金，也可以转账，用于转账时，应当在支票正面注明。支票中专门用于支取现金的，可以另行制作现金支票，**现金支票只能用于支取现金**。支票中专门用于转账的，可以另行制作转账支票，**转账支票只能用于转账，不得支取现金**。

支票必须记载下列事项：表明“支票”的字样；无条件支付的委托；确定的金额；付款人名称；出票日期；出票人签章。支票上未记载上述规定事项之一的，支票无效。

支票上的金额可以由出票人授权补记，未补记前的支票，不得使用。支票上未记载收款人名称的，经出票人授权，可以补记。支票上未记载付款地的，付款人的营业场所为付款地。支票上未记载出票地的，出票人的营业场所、住所或者经常居住地为出票地。出票人可以在支票上记载自己为收款人。

支票的出票人所签发的支票金额不得超过其付款时在付款人处实有的存款金额。**出票人签发的支票金额超过其付款时在付款人处实有的存款金额的，为空头支票。禁止签发空头支票**。

支票的出票人不得签发与其预留本名的签名式样或者印鉴不符的支票。出票人必须按照签发的支票金额承担保证向该持票人付款的责任。出票人在付款人处的存款足以支付支票金额时，付款人应当在当日足额付款。

支票限于见票即付，不得另行记载付款日期。另行记载付款日期的，该记载无效。支票的持票人应当自出票日起10日内提示付款；异地使用的支票，其提示付款的期限由中国人民银行另行规定。超过提示付款期限的，付款人可以不予付款；付款人不予付款的，出票人仍应当对持票人承担票据责任。

付款人依法支付支票金额的，对出票人不再承担受委托付款的责任，对持票人不再承担付款的责任。但是，付款人以恶意或者有重大过失付款的除外。

真题精练

【导学例题20】《中华人民共和国票据法》规定，支票的付款人只能是(　　)。

A. 中国人民银行

B. 办理支票存款业务的银行或其他金融机构

C. 财政机关

D. 有限责任公司

B　【解析】支票是指出票人签发的，委托办理支票存款业务的银行或者其他金融机构在见票时无条件支付确定的金额给收款人或者持票人的票据。

第三章 银行基础知识

导学教案

银行基础知识

- 银行体系
  - 中央银行 → 掌握
  - 开发性金融机构和政策性银行 → 掌握
  - 大型商业银行 → 掌握
  - 全国性股份制商业银行 → 熟悉
  - 城市商业银行 → 熟悉
  - 农村中小金融机构 → 熟悉
  - 外资银行 → 熟悉
- 商业银行的组织架构
  - 我国商业银行组织架构 → 掌握
  - 我国商业银行组织架构的发展趋势 → 了解
- 银行基础业务
  - 负债业务 → 掌握
  - 资产业务 → 掌握
  - 其他业务 → 熟悉
- 商业银行资产负债管理
  - 资产负债管理的对象 → 了解
  - 资产负债管理的目标与原则 → 熟悉
  - 资产负债管理的构成内容 → 熟悉
  - 资产负债管理的工具 → 掌握
  - 资产负债管理的策略 → 掌握
- 银行自律组织
  - 协会的宗旨、运行机制 → 熟悉
  - 协会的职责 → 掌握
  - 协会的外部关系环境 → 了解
- 银行监管体制
  - 金融监管理论基础 → 了解
  - 监管价值观 → 了解
  - 银行监管机构 → 掌握
- 银行风险管理
  - 银行风险的定义与分类 → 熟悉
  - 全面风险管理 → 掌握
  - 信用风险、市场风险、操作风险、流动性风险、声誉风险管理 → 掌握

导学课程

第一节 银行体系

一、中央银行

（一）中央银行的职能

中央银行是国家中居主导地位的金融中心机构，是国家干预和调控国民经济发展的重要工具。我国的中央银行是中国人民银行，成立于1948年。自1984年1月1日起，中国人民银行开始专门行使中央银行的职能。1995年3月18日，第八届全国人民代表大会第三次会议通过了《中华人民共和国中国人民银行法》，中国人民银行作为中央银行以法律形式被确定下来。

中国人民银行在国务院领导下，制定和执行货币政策，防范和化解金融风险，维护金融稳定。它既是为商业银行的普通金融机构和政府提供金融服务的特殊金融机构，又是制定和实施货币政策、监督和管理金融业、规范和维护金融秩序、调控金融和经济运行的宏观管理部门。中国人民银行在国务院的领导下依法独立执行货币政策，履行职责，开展业务，不受地方政府、社会团体和个人的干涉。

中央银行的业务活动具有不以营利为目的、不经营普通银行业务、在制定和执行国家货币方针政策时具有相对独立性等特征。其职能主要如下。

1. **中央银行是发行的银行**

发行的银行是指中央银行垄断货币发行权，统一全国货币发行，并通过调控货币流通，稳定币值。

2. **中央银行是银行的银行**

银行的银行是指中央银行是商业银行的银行，即主要同商业银行发生业务关系，集中商业银行的准备金并对它们提供信用。具体包括：集中商业银行的存款准备；办理商业银行间的清算；对商业银行发放贷款。

3. **中央银行是政府的银行**

政府的银行是指中央银行代表国家贯彻执行金融政策，代为管理财政收支，为国家提供各种金融服务。具体包括：**代理国库，中央银行经办政府的财政收支，执行国库的出纳职能；对国家提供信贷；在国际关系中，代表国家与外国金融机构、国际金融机构建立业务联系，处理各种国际金融事务。**

（二）中央银行的业务

1. 中央银行的资产、负债业务

中央银行在履行三大基本职能时，业务活动集中反映在某一时点上的资产负债表。

中央银行的资产业务包括以下内容：国外资产；对政府债权；对其他存款性公司债权；对其他金融性公司债权；对非金融性部门债权；其他资产。

中央银行的负债业务包括以下内容：储备货币（包括货币发行、其他存款性公司存款、非金融机构存款）；不计入储备货币的金融性公司存款；发行债券；国外负债；政府存款；自有资金；其他负债。

2. 中央银行的中间业务

资产清算业务是中央银行的主要中间业务，这类业务可以划分为以下三类：集中办理票据交换；结清交换差额；办理异地资金转移。

真题精练

【导学例题1】下列业务中，属于中央银行负债业务的是（　　）。

A. 证券买卖业务　　B. 再贴现业务

C. 存款业务　　D. 对金融机构放款

C　【解析】中央银行的负债业务包括以下内容：储备货币（包括货币发行、其他存款性公司存款、非金融机构存款）；不计入储备货币的金融性公司存款；发行债券；国外负债；政府存款；自有资金；其他负债。

二、开发性金融机构和政策性银行

我国开发性金融机构是国家开发银行，政策性银行包括中国进出口银行、中国农业发展银行，均直属国务院领导。

（一）开发性金融机构——国家开发银行（CDB）

国家开发银行成立于1994年，是直属国务院领导的政策性金融机构，2008年12月改制为国家开发银行股份有限公司。2015年，国务院明确国家开发银行定位为开发性金融机构。2017年4月，名称变更为国家开发银行，组织形式变更为有限责任公司。

国家开发银行应根据依法确定的服务领域和经营范围开展业务，以开发性业务为主，辅以商业性业务。国家开发银行应当遵守市场秩序，与商业性金融机构建立互补合作关系，积极践行普惠金融，可通过与其他银行业金融机构合作，开展小微企业等经济社会薄弱环节金融服务。董事会应当每3年或必要时对业务开展情况进行评估，制订业务范围和业务划分调整方案，确保符合开发性金融定位，并按规定履行相关程序。

国家开发银行的经营范围包括：吸收对公存款；发放短期、中期和长期贷款；委托贷款；依托中小金融机构发放转贷款；办理国内外结算；办理票据承兑与贴现；发行金融债券和其他有价证券；代理发行，代理兑付，承销政府债券、金融债券和信用债券；买卖政府债券、金融债券、信用债券；从事同业拆借；买卖、代理买卖外汇；办理结汇、售汇业务；开展自营和代客衍生品业务；提供信用证服务及担保；代理收付款项及代理保险业务；提供保管箱服务；资产管理业务；资产证券化业务；顾问咨询；海外分支机构在开发银行授权范围内经营当地法律许可的银行业务；子行（子公司）依法开展投资和投资管理、证券、金融租赁、银行、资产管理等业务；经国务院银行业监督管理机构批准的其他业务。

（二）政策性银行

政策性银行主要是指那些多由政府创立、参股或担保的不以营利为目的，专门为贯彻并配合政府社会经济政策或意图，在特定的业务领域内从事政策性融资活动，协助政府发展经济、进行宏观经济管理的金融机构。一般来说，政策性银行具有特殊的融资原则、坚持经济效益而不以营利为目的。我国政策性银行包括中国进出口银行、中国农业发展银行。

1. 中国进出口银行（CEXIM）

中国进出口银行成立于1994年，是由国家出资设立、直属国务院领导、支持中国对外经济贸易投资发展与国际经济合作、具有独立法人地位的国有政策性银行，主要职责是依托国家信用支持，积极发挥在稳增长、调结构、支持外贸发展、实施“走出去”战略等方面的重要作用，加大对重点领域和薄弱环节的支持力度，促进经济社会持续健康发展。

中国进出口银行应根据依法确定的服务领域和经营范围开展政策性业务和自营性业务；应当坚持以政策性业务为主体开展经营活动，遵守市场秩序，与商业性金融机构建立互补合作关系；应当创新金融服务模式，发挥政策性金融作用，加强和改进普惠金融服务，可通过与其他银行业金融机构合作的方式开展小微企业金融服务。董事会应当每3年或必要时制订业务范围及业务划分调整方案，按规定履行相关程序。

中国进出口银行的经营范围包括：经批准办理配合国家对外贸易和“走出去”领域的短期、中期和长期贷款，含出口信贷、进口信贷、对外承包工程贷款、境外投资贷款、中国政府援外优惠贷款和优惠出口买方信贷等；办理国务院指定的特种贷款；办理外国政府和国际金融机构转贷款（转赠款）业务中的三类项目及人民币配套贷款；吸收授信客户项下存款；发行金融债券；办理国内外结算和结售汇业务；办理保函、信用证、福费廷等其他方式的贸易融资业务；办理与对外贸易相关的委托贷款业务；办理与对外贸易相关的担保业务；办理经批准的外汇业务；买卖、代理买卖和承销债券；从事同业拆借、存放业务；办理与金融业务相关的资信调查、咨询、评估、见证业务；办理票据承兑与贴现；代理收付款项及代理保险业务；买卖、代理买卖金融衍生产品；资产证券化业务；企业财务顾问服务；组织或参加银团贷款；海外分支机构在总行授权范围内经营当地法律许可的银行业务；按程序经批准后以子公司形式开展股权投资及租赁业务；经国务院银行业监督管理机构批准的其他业务。

2. 中国农业发展银行（ADBC）

中国农业发展银行于1994年挂牌成立，是直属国务院领导的农业政策性银行，主要职责是按照国家的法律法规和方针政策，以国家信用为基础筹集资金，承担农业政策性金融业务，代理财政支农资金的拨付，为农业和农村经济发展服务。

中国农业发展银行应根据依法确定的服务领域和经营范围开展政策性业务和自营性业务；应当坚持以政策性业务为主体开展经营活动，遵守市场秩序，与商业性金融机构建立互补合作关系；应当创新金融服务模式，发挥政策性金融作用，加强和改进农村地区普惠金融服务，可通过与其他银行业金融机构合作的方式开展小微企业金融服务和扶贫小额信贷业务。董事会应当每3年或必要时制订业务范围及业务划分调整方案，按规定履行相关程序。

中国农业发展银行的经营范围包括：办理粮食、棉花、油料、食糖、猪肉、化肥等重要农产品收购、储备、调控和调销贷款，办理农业农村基础设施和水利建设、流通体系建设贷款，办理农业综合开发、生产资料和农业科技贷款，办理棚户区改造和农民集中住房建设贷款，办理易地扶贫搬迁、贫困地区基础设施、特色产业发展及专项扶贫贷款，办理县域城镇建设、土地收储类贷款，办理农业小企业、产业化龙头企业贷款，组织或参加银团贷款，办理票据承兑和贴现等信贷业务；吸收业务范围内开户企事业单位的存款，吸收县域范围内的单位存款，吸收财政存款，发行金融债券；办理结算、结售汇和代客外汇买卖业务，按规定设立财政支农资金专户并代理拨付有关财政支农资金，买卖、代理买卖和承销债券，从事同业拆借、存放，代理收付款项及代理保险，资产证券化，企业财务顾问服务，经批准后可通过与租赁公司、涉农担保公司和涉农股权投资公司合作等方式开展涉农业务；经国务院银行业监督管理机构批准的其他业务。

知识拓展

政策性银行的职能主要包括经济调控职能、政策导向职能、补充性职能、金融服务职能。政策性银行以其服务对象的特殊性，为企业和社会提供各方面的金融和非金融服务，可以充当政府经济政策和产业政策的顾问，为经济发展在这些领域提供专业化的有效服务，从而发挥其服务性职能。

三、大型商业银行

我国大型商业银行包括中国工商银行股份有限公司、中国农业银行股份有限公司、中国银行股份有限公司、中国建设银行股份有限公司、交通银行股份有限公司、中国邮政储蓄银行。

1. 中国工商银行

1984年1月，中国工商银行正式成立，这标志着我国专业银行体系的最终确立。2005年10月28日，中国工商银行整体改制为股份有限公司。2006年10月，在上海证券交易所和香港联合交易所同步上市。

2. 中国农业银行

1979年年初，中国农业银行得以恢复，成为专门负责农村金融业务的国家专业银行。2009年1月，中国农业银行整体改制为股份有限公司，并于2010年7月分别在上海证券交易所和香港联合交易所挂牌上市。

3. 中国银行

中国银行于1912年成立，1979年成为国家指定的外汇外贸专业银行，1994年改组为国有独资商业银行。2004年8月，中国银行整体改制为股份有限公司。2006年6月、7月，先后在香港联合交易所和上海证券交易所成功挂牌上市。中国银行是中国国际化和多元化程度最高的银行，在中国内地及全球多个国家和地区为客户提供全面的金融服务。

4. 中国建设银行

中国建设银行的前身中国人民建设银行成立于1954年10月1日，曾隶属于财政部领导。1994年，中国人民建设银行不再履行财政管理和政策性业务职能，1996年3月，中国人民建设银行更名为中国建设银行。2004年9月，中国建设银行整体改制为股份有限公司，并于2005年10月和2007年9月分别在香港联合交易所和上海证券交易所上市。

5. 交通银行

交通银行始建于1908年，1949年以后其国内业务分别并入当地中国人民银行和中国人民建设银行。1987年4月，交通银行重新组建，成为中国第一家全国性的国有股份制商业银行。2005年6月，交通银行在香港成功上市，成为首家在境外上市的中国内地商业银行。2007年5月，交通银行在上海正式上市交易。

6. 中国邮政储蓄银行

2006 年 12 月 31 日,原中国银监会正式批准中国邮政储蓄银行成立。2007 年 3 月 20 日,中国邮政储蓄银行挂牌。2012 年 1 月 21 日,中国邮政储蓄银行整体改制为股份有限公司。2016 年 9 月 28 日,中国邮政储蓄银行在香港联合交易所主板上市。

中国邮政储蓄银行的定位是:充分依托和发挥网络优势,完善城乡金融服务功能,以零售业务和中间业务为主,为城市社区和广大农村地区居民提供基础金融服务,与其他商业银行形成互补关系,支持社会主义新农村建设。

四、全国性股份制商业银行

目前,全国性股份制商业银行包括招商银行、中信银行、中国光大银行、华夏银行、上海浦东发展银行、中国民生银行、广发银行、兴业银行、平安银行、浙商银行、渤海银行、恒丰银行共 12 家。

股份制商业银行一方面填补了国有商业银行收缩机构造成的市场空白,丰富了对城乡居民的金融服务;另一方面打破了国家专业银行的垄断局面,促进了银行体系竞争机制的形成和竞争水平的提高,大大推动了中国银行业的改革和发展。

1. 招商银行

招商银行于 1987 年在深圳经济特区成立,是中国境内第一家完全由企业法人持股的股份制商业银行,也是国家从体制外推动银行业改革的第一家试点银行,分别于 2002 年和 2006 年在上海、香港上市。

2. 中信银行

中信银行成立于 1987 年,是我国最早参与国内外金融市场融资的商业银行,总部位于北京,主要股东是中国中信集团公司。2007 年 4 月,中信银行实现在上海和香港“A + H”同步上市。

3. 中国光大银行

中国光大银行成立于 1992 年 8 月,总部设在北京。2010 年 8 月 18 日,中国光大银行在上海证券交易所上市。2013 年 12 月 20 日,中国光大银行在香港联交所主板成功上市。

4. 华夏银行

1992 年 10 月,华夏银行在北京成立。1995 年 3 月,实行股份制改造。2003 年 9 月,在上海证券交易所 IPO 上市交易,成为全国第五家上市银行。

5. 上海浦东发展银行

上海浦东发展银行于 1992 年 8 月 28 日设立,1993 年 1 月 9 日开业,1999 年在上海证券交易所挂牌上市,总行设在上海。

6. 中国民生银行

中国民生银行于 1996 年 1 月 12 日在北京正式成立,是中国首家主要由非公有制企业入股的全国性股份制商业银行。2000 年 12 月 19 日,中国民生银行在上海证券交易所挂牌上市。2009 年 11 月 26 日,中国民生银行在香港证券交易所挂牌上市。

7. 广发银行

广发银行成立于 1988 年,总部设在广州,主要从事综合金融服务。

8. 兴业银行

兴业银行股份有限公司成立于 1988 年 8 月,总行设在福建省福州市,2007 年 2 月 5 日正式在上海证券交易所挂牌上市。

9. 平安银行

平安银行总部设在深圳,其前身是深圳发展银行股份有限公司。2012 年 6 月吸收合并原平安银行并于同年 7 月更名为平安银行。

10. 浙商银行

2004 年 6 月 30 日,经原中国银监会批准改制,成为浙商银行股份有限公司,并于 2004 年 8 月 18 日正式开业,总行设在浙江省杭州市。

11. 渤海银行

渤海银行于 2005 年 12 月成立,2006 年 2 月正式对外营业,是第一家在发起设立阶段就引入境外战略投资者的中资商业银行,也是第一家总部设在天津的全国性股份制商业银行。

12. 恒丰银行

恒丰银行于2003年经过整体股份制改造，成为恒丰银行股份有限公司。总部设在山东省烟台市。

五、城市商业银行

城市商业银行是在原城市信用社的基础上组建起来的。1979年，我国第一家城市信用社在河南省驻马店市成立。2005年，安徽省内6家城市商业银行以及7家城市信用社合并重组为徽商银行，成为国内首家以合并重组模式成立的区域性城市商业银行。2016年2月，青岛银行公布80亿绿色债券发行计划，成为国内第一家获得绿色债券发行资格的城市商业银行。

六、农村中小金融机构

我国农村中小金融机构主要包括农村信用社、农村商业银行、农村合作银行和村镇银行。

农村信用社也称农村信用合作社，是指经中国人民银行批准设立、由社员入股组成、实行民主管理、主要为社员提供金融服务的农村合作金融机构。农村信用合作社是20世纪50年代在农村合作化过程中开始组建的，1996年与中国农业银行脱钩，由中国人民银行托管，继续按合作金融改革。

2003年国务院关于《深化农村信用社改革试点方案》明确要把农村信用社办成为“三农”服务的社区和地方金融机构，对不同地区，实行不同的股权制度和组织形式。在股权制度选择上，分别实行股份制、股份合作制、合作制等几种制度；在组织形式上，分别成立农村商业银行、农村合作银行、县（市）农村信用合作联社等几种方式。农村商业银行简称农商银行，是由辖内农民、农村工商户、企业法人和其他经济组织共同入股组成的股份制的地方性金融机构。农村合作银行是由辖内农民、农村工商户、企业法人和其他经济组织入股组成的股份合作制社区性地方金融机构。2006年后，我国放宽农村银行业金融机构准入政策，颁布《村镇银行管理暂行规定》，允许金融机构在农村设立村镇银行及新型农村资金互助社。村镇银行是指由境内外金融机构、境内非金融企业法人、境内自然人出资，在农村地区设立的主要为当地农民、农业和农村经济发展提供金融服务的银行业金融机构。

七、外资银行

外资银行是指依照中华人民共和国有关法律、法规，经批准在中华人民共和国境内设立的外商独资银行、中外合资银行、外国银行分行及外国银行代表处。目前，外资银行已成为我国银行体系的重要组成部分。

知识拓展

1979年，日本输出入银行在北京设立第一家外资银行代表处。1981年，香港南洋商业银行在深圳设立第一家外资银行营业性机构。

第二节 商业银行的组织架构

一、我国商业银行组织架构

商业银行组织架构是商业银行业务运行和管理实施的组织方式，其主要内容包括总部部门的设置及其功能和权限、部门之间的相互关系，分支机构的功能、权限和部门设置，全行业务运作的组织架构模式，总行对分支机构实施管理的模式等。

随着中国金融体制改革的深化，中国大型商业银行的组织架构也在不断调整。从大型商业银行组织架构变革的历史进程来看，其架构革新具有明显的阶段性特征，大致经历了专业化改革阶段、国有独资商业银行改革阶段和国家控股的股份制商业银行改革阶段，形成了当前我国银行业组织架构的主流形式。

一方面，**从企业法人角度来看，我国商业银行组织架构的主流形式是统一法人组织架构**。总行作为一级法人对全国各级行统一领导，负责制定全行的基本政策、战略导向和经营目标，负责对全行的资产进行管理，负责对全行进行资源优化配置。其他各级行在总行的领导下，在授权范围内展开经营。

另一方面，**从内部管理角度来看，我国商业银行组织架构的主流形式是采用以区域管理为主的总分行型组织架构**。根据监管部门要求，国内银行可分为总行、分行和支行三个层级。但在实际管理中，特别是大型商业银行多根据行政区划将分支机构划分为一级分行、二级分行、县支行、网点（二级支行）等相应层级。

二、我国商业银行组织架构的发展趋势

我国商业银行自深化股份制改革后，在银行组织架构的发展方面着重于渐进式推进事业部制改革、建立垂直化风险管理体系和建设流程银行。

（一）渐进式推进事业部制改革

事业部制是指在企业内部以产品、地区或顾客为依据，将相关的研究开发、采购、生产、销售等部门结合成一个相对独立的组织结构形式。事业部型组织架构突出了“以客户为中心”的经营理念，有利于组织专业化生产，强化银行内部的成本收益核算，进一步提升银行的盈利能力和竞争力，是商业银行组织架构发展和稳定的趋势，同时也是我国商业银行进行组织架构发展的方向。我国银行应在行政分权式的总分行型组织架构下，探索推进总分行型组织架构和事业部型组织架构相结合的矩阵式组织架构发展。

（二）建立垂直化风险管理体系

国外先进商业银行的实践表明，垂直化的风险管理体系能够确保银行风险管理的战略意图和具体措施更有效地传递到基层，减少各代理层次的干扰和扭曲；是建立长效风险管理机制、提高信贷资产质量、保证银行长期稳定健康发展的重要举措。

(1)建立垂直化的组织运作机制，即实行董事会风险执行委员会→总行风险管理委员会→总行风险管理部→分行风险管理部→基层行风险管理部的垂直管理线路，上级风险管理机构负责对下一级风险机构负责人的任职资格、任职期限及任职绩效进行审批、考核。

(2)要将风险管理职能进一步向总行本部集中，减少不必要的中间层级，逐步形成横向延展、纵向深入的扁平化矩阵模式。

(3)要提高风险管理的专业化水平，在总行本部设立专业化评估中心和审批中心，不仅要实现评审分离和审贷分离，还要建立对审批人和风险经理的长期考核和监督机制。要将风险评估和授信审批权归集到风险管理部门，实现集中的专业评估和专职审批。

在此基础上，建立贷后管理中心，加强事后监督，控制操作风险。同时，建立重大风险事项管理和应急处理机制，实现对全行风险的统筹和集约化管理。

（三）建设流程银行

现代管理学研究表明，业务流程是银行的生命线。流程银行具有以下特征：

(1)**以客户为中心**。一是以客户为中心构建业务管理架构，确定部门职责，形成合理的业务流程基础。二是按照客户的需求和为客户提供方便快捷和优质服务的思路设计各项业务流程，建立满足客户不断变化需求的业务流程。

(2)**以业务线垂直运作和管理为主**。国际上流程先进的商业银行几乎无一例外地采用以业务线垂直运作和管理为主的模式，即总分行之间实行上下垂直的一体化的运行和管理，业务线具有相对独立的事权、人权和财权。原来集中于分行行长的权力相当部分被分解到了各业务线上，使委托代理关系得到根本的改善，法人的战略意图得以较好地通过各条线细分贯彻。这种模式有利于业务流程的优化，合理配置资源，经营效率提高和风险控制。

(3)**前中后台相互分离、相互制约，以流程落实内控**。把独立完成业务的长流程，切割成前、中、后台清晰分离，又相对短的流程。以流程为主线，将整个操作体系构成相互分割、相互制约的局面；同时对各段流程的衔接点或面采用技术手段加以控制。改变原来仅仅依赖制度和教育的较为柔性的控制体系，形成以流程制约和系统控制为主要形式的较为刚性的控制体系。

(4)**实施以业务单元纵向为主的矩阵考核方式**。改变传统商业银行以部门和分行为主的考核方式，以业务单元和业务条线为主实施考核。对各业务单元的考核是从全行着眼的，包括从总行到分行直至网点的整个业务单元，同时辅以对分行和部门的横向考核作为辅助手段，将纵横考核有机地结合起来。相对于横向为主的考核，纵向为主的考核能更好地符合业务流程的需要，有利于不断优化业务流程。

(5)**中后台集中式运作和管理**。利用电子影像技术和工作流技术，集中处理中后台的相关业务，形成分支机构前台受理，专门机构后台集中处理的业务运作模式。前台受理强调简化网点终端功能，在前台业务发生过程中将部分复杂业务的接票和处理分开。业务处理中心实现了业务集中复核、集中账务处理和会计档案集中管理。实现大额、重要业务的远程集中授权，实现部分业务集中审批，实现事后监督向事中监督和风险监控转变。这种模式有利于业务运作效率的提高和操作风险的控制。

(6)**业务流程实现信息化、自动化、标准化和智能化**。建立起基于信息集成的流程架构，使数据来

源和输入统一、信息共享,以提高效率,避免差错。运用信息技术,大幅度提高业务运作的自动化水平,以电子化方式强化业务运作的标准化。开发出智能化的作业程序,形成自动识别、分析和决断的功能,以排除个人的主观臆断,减少操作风险。

真题精练

【导学例题2】根据监管部门要求,国内银行可分为总行、分行和支行三个层级,这种组织架构形式属于(　　)。

A. 矩阵型组织架构　　B. 事业部制组织架构

C. 多法人制组织架构　　D. 总分行型组织架构

D　【解析】从内部管理角度来看,我国商业银行组织架构的主流形式是采用以区域管理为主的总分行型组织架构。根据监管部门要求,国内银行可分为总行、分行和支行三个层级。但在实际管理中,特别是大型商业银行多根据行政区划将分支机构划分为一级分行、二级分行、县支行、网点(二级支行)等相应层级。

第三节　银行基础业务

一、负债业务

商业银行的负债业务是指商业银行以债务人的身份筹措资金的活动,是支撑商业银行资产业务的重要资金来源,是资产业务的前提和基础。商业银行的负债业务主要由存款和借款构成。按资金来源分类,负债业务可分为存款负债、借入负债和结算性负债三种。按业务品种分类,负债业务可分为单位存款、储蓄存款、同业存放、同业拆入、向中央银行借款、债券融资以及应付款项等。在各类负债业务中,存款是最核心的业务。

商业银行负债业务管理应遵循以下基本原则:依法筹资原则;成本控制原则;量力而行原则;加强质量管理原则。

(一)存款业务

存款是存款人基于对银行的信任而将资金存入银行,并可以随时或按约定时间支取款项的一种信用行为。**存款是银行对存款人的负债,是我国商业银行最主要的资金来源,存款业务也是银行的传统业务**。按业务品种划分,存款业务主要包括单位存款业务、储蓄存款业务、大额存单业务、外币存款业务和保证金存款业务。

1. 储蓄存款业务

储蓄存款又叫个人存款、住户存款,即商业银行吸收的个人存款。按存款的支取方式不同,储蓄存款一般分为:

(1)活期存款。**活期存款通常1元起存**,以存折或银行卡作为存取凭证,部分银行的客户可凭存折或银行卡在全国各网点通存通兑。**从2005年9月21日起,我国对活期存款实行按季度结息,每季度末月的20日为结息日,次日付息**。

《中国人民银行关于人民币存贷款计结息问题的通知》中提供了两种计息方式选择:

①积数计息法。积数计息法是指按实际天数每日累计账户余额,以累计积数乘以日利率计算利息。

②逐笔计息法。逐笔计息法是按预先确定的计息公式逐笔计算利息。

目前,各家银行多使用积数计息法计算活期存款利息,使用逐笔计息法计算整存整取定期存款利息。

(2)定期存款。根据不同的存款方式,定期存款分为整存整取、零存整取、整存零取和存本取息。其中,整存整取最为常见,是定期存款的典型代表。

①**整存整取**。整存整取的特点:整笔存入,到期一次支取本息。起存金额为50元,存取期类别有3个月、6个月、1年、2年、3年、5年。

②**零存整取**。零存整取的特点:每月存入固定金额,到期一次支取本息。起存金额为5元,存取期类别有1年、3年和5年。

③**整存零取**。整存零取的特点:整笔存入,固定期限、分期支取。起存金额为 1 000 元,存期分为 1 年、3 年、5 年,支取期分为 1 个月、3 个月或半年一次。

④**存本取息**。存本取息的特点:整笔存入,约定取息期,到期一次性支取本金、分期支取利息。起存金额为 5 000 元,存期分为 1 年、3 年、5 年,可以 1 个月或几个月取息一次。

提前支取的定期存款,支取部分按活期存款利率计付利息,提前支取部分的利息同本金一并支取。**定期存款存期内遇有利率调整,仍按存单开户日挂牌公告的相应定期存款利率计息。**

(3)其他种类的储蓄存款。其他种类的储蓄存款包括定活两便储蓄存款、个人通知存款和教育储蓄存款。

2. 单位存款业务

按存款的支取方式不同,单位存款一般分为单位活期存款、单位定期存款、单位通知存款、单位协定存款和协议存款等。

(1)单位活期存款。人民币单位活期存款结息日为每季度末月 20 日,存款利息自动转入相应的活期存款账户。单位活期存款账户又叫单位结算账户,包括基本存款账户、一般存款账户、专用存款账户和临时存款账户。

(2)单位定期存款。单位定期存款的存期分 3 个月、6 个月、1 年、2 年、3 年、5 年 6 个档次。

(3)单位通知存款。不论实际存期多长,按存款人提前通知的期限长短,可再分为 1 天通知存款和 7 天通知存款两个品种。

(4)单位协定存款。协定存款账户下设结算户(A 户)和协定户(B 户)两部分。协定存款账户中基本存款额度以内(A 户)的存款按结息日或者支取日人民币单位活期存款利率计息,超过基本存款额度的存款(B 户)按结息日或支取日中国人民银行公布的协定存款利率计息。计息期间如遇利率调整,分段计息。

(5)协议存款。协议存款是指在利率市场化前,根据中国人民银行有关规定,商业银行可与保险公司、全国社会保障基金会等特定客户签署协议,自主确定存款期限、金额、利率、结息方式的存款,各类协议存款有最低起存期限和金额要求。

单位存款业务是商业银行负债业务的主体之一,承受的操作风险和流动性风险较为集中,易发生诈骗、洗钱、贪污、挪用等经济案件。从商业银行的经营情况看,主要有以下风险点:内控不完善;业务不合规;核算不真实;其他风险。

3. 大额存单业务

大额存单是由银行业存款类金融机构面向非金融机构投资人发行的、以人民币计价的记账式大额存款凭证,具有利率通过市场化方式确定、到期兑付前可以自由转让等特点,属于一般性存款。

(1)产品形式。大额存单采用标准期限的产品形式。大额存单期限包括 1 个月、3 个月、6 个月、9 个月、1 年、18 个月、2 年、3 年和 5 年共 9 个品种。

(2)发行渠道与定价。大额存单发行采用电子化的方式,既可以在发行人的营业网点、电子银行发行,也可以在第三方平台以及经中国人民银行认可的其他渠道发行。大额存单发行利率以市场化方式确定。固定利率存单采用票面年化收益率的形式计息,浮动利率存单以上海银行间同业拆借利率(Shibor)为浮动利率基准计息。大额存单自认购之日起计息,付息方式分为到期一次还本付息和定期付息、到期还本两种。

(3)流通转让与存款保险。大额存单可以转让、提前支取和赎回,还可以用于办理质押。大额存单作为一般性存款,纳入存款保险的保障范围。

(4)发行与投资条件。大额存单的发行主体为银行业存款类金融机构,包括商业银行、政策性银行、农村合作金融机构以及中国人民银行认可的其他金融机构等。大额存单的投资人包括个人、非金融企业、机关团体等非金融机构投资人;鉴于保险公司、社保基金在商业银行的存款具有一般存款属性,且需缴纳准备金,这两类机构也可以投资大额存单。**个人投资人认购大额存单起点金额不低于 20 万元,机构投资人认购大额存单起点金额不低于 1 000 万元。**

4. 保证金存款

保证金存款是商业银行为客户出具具有结算功能的信用工具,或提供资金融通后按约履行相关义务,而与其约定将一定数量的资金存入特定账户所形成的存款类别。按照保证金担保的对象不同,保证金存款可分为以下五种:

(1)银行承兑汇票保证金。银行承兑汇票保证金一般不低于承兑汇票金额的20%。

(2)信用证保证金。对于商业银行的非授信客户,一般要缴存100%的保证金,优质授信客户可在签订《减免保证金开证合同》后减缴或免缴保证金。

(3)黄金交易保证金。

(4)个人购汇保证金。

(5)远期结售汇保证金。

由于保证金存款具有担保属性,其风险点与普通存款不同,主要体现在三个方面:业务不合规;内部控制薄弱;操作风险。

金融机构经中国人民银行批准收取的保证金,按单位存款结息、计息。属于个人性质的保证金存款,比照储蓄存款利率执行。

5. 外币存款业务

目前,我国银行开办的外币存款业务币种主要有:美元、欧元、日元、港元、英镑、澳大利亚元、加拿大元、瑞士法郎、新加坡元等。

(1)外汇储蓄存款。个人外汇账户按主体类别区分为境内个人外汇账户和境外个人外汇账户;按账户性质区分为外汇结算账户、资本项目账户及外汇储蓄账户。外汇结算账户用于转账汇款等资金清算支付,外汇储蓄账户只能用于外汇存取,不能进行转账。

(2)单位外汇存款。单位外汇存款主要分为:

①单位经常项目外汇账户。境内机构原则上只能开立一个经常项目外汇账户。境内机构经常项目外汇账户的限额统一采用美元核定。

②单位资本项目外汇账户。单位资本项目外汇账户包括贷款(外债及转贷款)专户、还贷专户、发行外币股票专户、B股交易专户等。

(二)其他负债业务

1. 同业存放

同业存放是指因支付清算、提取及解缴现金款项等需要,由其他金融机构存放于商业银行款项的业务。

商业银行同业存放业务的风险点主要表现在以下五个方面:业务不合规、内部控制薄弱、风险管理欠缺、核算不真实和内部审计监督不到位。

2. 同业拆入

同业拆借是指金融机构之间相互融通的短期资金融通业务。同业拆入是其中的一种,拆入资金用于弥补因同城票据清算头寸不足和解决临时性周转资金不足的需要。

同业拆入业务种类按组织形式可分为从网上市场拆入和从网下市场拆入。按有无担保可分为有担保拆入和无担保拆入。按交易方式可分为通过中介交易拆入和不通过中介交易拆入;按期限可分为半日期、日期、指定日拆入。按拆借单位可分为国有商业银行拆入、其他商业银行拆入、城市信用社拆入、农村信用社拆入、政策性银行拆入、外资金融机构拆入、金融性公司拆入等。

商业银行同业拆入业务的风险点主要表现在以下五个方面:业务不合规、内部控制薄弱、风险管理欠缺、核算不真实和内部审计监督不到位。

3. 债券融资

(1)金融债券发行。金融债券是指依法在我国境内设立的金融机构法人在境内外债券市场发行的、按约定还本付息的有价证券。

金融债券的发行方式主要有:私募发行和公募发行;直接发行和间接发行。其中,公募发行又可分为直接公募和间接公募。

金融债券的特点包括:发行者有较大的主动权,筹资对象范围广泛,筹资效率较高;债券的盈利性、流动性较好,有较强的吸引力;债券到期还本付息,因此筹集的资金稳定,并且不必向中央银行账户缴纳法定存款准备金。

商业银行发行金融债券应具备如下条件:具有良好的公司治理机制;核心资本充足率不低于4%;最近3年连续盈利;贷款损失准备计提充足;风险监管指标符合监管机构的有关规定;最近3年没有重大违法、违规行为;中国人民银行要求的其他条件等。

对商业银行而言,发行金融债券主要有以下一些风险点:业务不合规;核算不真实;内控不完善;利率风险;资产和负债期限错配风险。

(2)债券回购。债券回购是指债券交易的双方在进行债券交易的同时,以契约方式约定在将来某一日期以约定价格(本金和按约定回购利率计算的利息),由债券的“卖方”(正回购方)向“买方”(逆回购方)再次购回该笔债券的交易行为。**债券回购的最长期限为1年,利率由双方协商确定**。其特点包括:回购交易是现货交易与远期交易的结合;回购交易要发生两次券款交割。

债券回购交易方式按照期限不同可以分为:

①隔日回购。隔日回购是指最初售出者在卖出债券次日即将该债券购回。

②定期回购。定期回购是指最初出售者在卖出债券至少两天以后再将同一债券买回。

在上海证券交易所,回购业务收取的手续费为成交金额的0.1%。上海证券交易所规定回购期限为7天、1个月、3个月和6个月四个品种。

4. 向中央银行借款

商业银行一般把向中央银行借款作为融资的最后选择,只有在通过其他方式难以借到足够的资金时,才会求助于中央银行,这也是中央银行被称为“最后贷款人”的原因。**向中央银行借款包括再贴现、再贷款、常备借贷便利、中期借贷便利、定向中期借贷便利等**。

向中央银行借款业务的风险点主要表现在如下几个方面:内控不完善、业务不合规、还款不及时、核算不真实、内部审计不到位和清算损失风险。

真题精练

【导学例题3】商业银行间,纯粹以信用为基础,没有任何担保的借款业务是(　　)。

A. 债券回购　　B. 中央银行借款

C. 同业拆借　　D. 金融债券

C　【解析】同业拆借是指经中国人民银行批准进入全国银行间同业拆借市场的金融机构之间,通过全国统一的同业拆借网络进行的无担保资金融通行为。同业拆借是在无担保条件下进行的资金与信用的直接交换。

二、资产业务

(一)资产业务概述

商业银行的资产业务是指商业银行运用其吸收的资金从事各种信用活动,以获取利润的业务。商业银行的资产业务大体可分为现金资产、贷款、证券投资、固定资产和其他资产等。其中,**贷款是商业银行最主要的资产,也是其最主要的资金运用**。

贷款分类如下:

(1)信用贷款和担保贷款。

①信用贷款是指以借款人信誉发放的贷款,其最大特点是不需要保证、抵押或质押,仅凭借款人的信用就可以取得贷款。

②担保贷款是指由借款人或第三方依法提供担保而发放的贷款,包括保证贷款、抵押贷款、质押贷款。保证贷款是指保证人和银行约定,当借款人不履行到期债务或者发生当事人约定的情形时,保证人履行债务或者承担责任的贷款;抵押贷款是指为担保债务的履行,债务人或者第三人不转移财产的占有,将该财产抵押给银行,借款人不履行到期债务或者发生当事人约定的实现抵押权的情形,银行有权就该财产优先受偿的贷款;质押贷款是指以借款人或者第三人的动产、权利出质给银行,借款人不履行到期债务或者发生当事人约定的实现质权的情形,银行有权就该动产、权利优先受偿的贷款。

(2)按照贷款期限不同,贷款可分为:

①短期贷款。短期贷款一般是指贷款期限在1年以内(含1年)的贷款。

②中期贷款。中期贷款是指贷款期限在1年以上(不含1年)5年以下(含5年)的贷款。

③长期贷款。长期贷款是指贷款期限在5年(不含5年)以上的贷款。

(3)按照借款人性质不同,贷款可分为:

①公司贷款。公司贷款一般也称为法人贷款,根据借款人具体性质不同,细分为一般企业法人贷款、事业法人贷款和小企业贷款等。按照贷款用途和风险特征不同,公司贷款还可细分为流动资金贷款、固定资产贷款、项目融资、贸易融资、贴现、透支、保理等。

②个人贷款。个人贷款还可细分为个人住房贷款、个人消费贷款、个人经营贷款等。

(4)按照是否在商业银行资产负债表上反映,贷款业务可分为表内贷款和表外业务。

(5)按照贷款利率是否变化,贷款可分为固定利率贷款和浮动利率贷款。

(6)按照贷款资金来源和经营模式不同,商业银行贷款可分为自营贷款、委托贷款和特定贷款。自营贷款的风险由银行承担,并由银行收回本金和利息。

(7)按照贷款币种不同,贷款可分为人民币贷款和外币贷款。

(8)按照偿还方式不同,贷款可分为一次还清贷款和分期偿还贷款。

(二)贷款业务

1. 个人贷款

个人贷款指商业银行向符合条件的自然人发放的用于个人消费、生产经营等用途的本外币贷款。

根据个人贷款用途的不同,个人贷款产品可以分为个人住房贷款、个人消费贷款和个人经营贷款等。中国人民银行的金融统计制度及银行业监督管理机构的非现场监管报表,将信用卡透支归入个人贷款统计项目。

(1)个人住房贷款。个人住房贷款包括自营性个人住房贷款(商业性个人住房贷款)、公积金个人住房贷款(委托性住房公积金贷款)和个人住房组合贷款。其中,**公积金个人住房贷款不以营利为目的,实行"低进低出"的利率政策,带有较强的政策性,贷款额度受到限制**。故它是一种政策性个人住房贷款。

(2)个人消费贷款。个人消费贷款是指银行向个人发放的用于消费的贷款。各商业银行根据客户和自身经营特点对个人消费贷款进行细化分类,市场上常见的个人消费贷款包括个人汽车贷款、个人教育贷款、个人耐用消费品贷款、个人消费额度贷款、个人旅游消费贷款和个人医疗贷款等。

(3)个人经营贷款。个人经营贷款指银行向从事合法生产经营的个人发放的,用于定向购买或租赁商用房、机械设备,以及用于满足个人控制的企业(包括个体工商户)生产经营流动资金需求和其他合理资金需求的贷款。

2. 流动资金贷款

流动资金贷款是指商业银行向法人或非法人组织(按照国家有关规定不得办理银行贷款的主体除外)发放的,用于日常生产经营周转的本外币贷款。流动资金贷款作为一种高效实用的融资手段,具有贷款期限短、手续便捷、周转性较强、融资成本低的特点。

《流动资金贷款管理办法》要求,商业银行应与借款人约定明确、合法的贷款用途,流动资金贷款不得用于借款人股东分红,以及金融资产、固定资产、股权等投资;不得用于国家禁止生产、经营的领域和用途;流动资金贷款禁止挪用,商业银行应按照合同约定检查、监督流动资金贷款的使用情况。

3. 固定资产贷款

固定资产贷款是指商业银行向法人或非法人组织(按照国家有关规定不得办理银行贷款的主体除外)发放的,用于借款人固定资产投资的本外币贷款。固定资产投资是指借款人在经营过程中对于固定资产的建设、购置、改造等行为。

根据国家统计局的定义和口径,固定资产投资是指建造和购置固定资产的活动,是社会固定资产再生产的主要手段。全社会固定资产投资总额可分为基本建设、更新改造、房地产开发投资和其他固定资产投资4个部分。

要点点拨

基本建设投资的综合范围为总投资50万元以上(含50万元)的基本建设项目;更新改造投资的综合范围为总投资50万元以上的更新改造项目;房地产开发投资不包括单纯的土地交易活动。

4. 项目融资

项目融资是指项目的承办人为经营项目成立一家项目公司,以该项目公司作为借款人筹借贷款,并以项目公司本身的现金流量和全部收益作为还款来源,以项目公司的资产作为贷款担保物的融资方式。在国内外商业实践中,对于投资大、回收期长的大型能源开发、资源开发和基础设施建设类项目,通常都采取项目融资的方式筹措资金。

项目融资指符合以下特征的贷款:贷款用途通常是用于建造一个或一组大型生产装置、基础设施、房地产项目或其他项目,包括对在建或已建项目的再融资;借款人通常是为建设、经营该项目或为该项目融资而专门组建的企事业法人,包括主要从事该项目建设、经营或融资的既有企事业法人;还款资金来源主要依赖该项目产生的销售收入、补贴收入或其他收入,一般不具备其他还款来源。

项目融资一般应用于发电设施、高等级公路、桥梁、隧道、铁路、机场、城市供水以及污水处理厂等大型基础设施建设项目，以及其他投资规模大，且具有长期稳定预期收入的建设项目。

5. 并购贷款

并购贷款是指商业银行向并购方或其子公司发放的，用于支付并购交易价款和费用的贷款。并购贷款的特点主要表现在技术含量高、风险评估要求高、并购整合难度高以及高风险高收益等方面。

商业银行开展并购贷款业务，要在全面分析战略风险、法律与合规风险、整合风险、经营及财务风险等与并购有关的各项风险的基础上评估并购贷款的风险，涉及跨境并购的，还应分析国别风险、汇率风险和资金过境风险等。

开办并购贷款业务的商业银行法人机构应当符合以下条件：

（1）有健全的风险管理和有效的内控机制。

（2）资本充足率不低于10%。

（3）其他各项监管指标符合监管要求。

（4）有并购贷款尽职调查和风险评估的专业团队。

商业银行全部并购贷款余额占同期本行一级资本净额的比例不应超过50%。商业银行对单一借款人的并购贷款余额占同期本行一级资本净额的比例不应超过5%。并购交易价款中并购贷款所占比例不应高于60%，对符合并购贷款条件、能产生整合效应的钢铁煤炭兼并重组项目并购交易价款中并购贷款所占比例上限可提高至70%。**并购贷款期限一般不超过7年**。

6. 银团贷款

银团贷款是指由两家或两家以上银行基于相同贷款条件，依据同一贷款合同，按约定时间和比例，通过代理行向借款人提供的本外币贷款或授信业务。银团贷款协议是约定银团贷款成员与借款人、担保人之间的权利义务关系的法律文本。银团贷款筹资金额大、贷款期限长，可减轻单个银行的资金压力、分散贷款风险，避免过度竞争。

银团成员应按照“**信息共享、独立审批、自主决策、风险自担**”的原则自主确定各自授信行为，并按实际承担份额享有银团贷款项下相应的权利，履行相应的义务。

按照在银团贷款中的职能和分工，银团成员通常分为牵头行、代理行及参加行等角色，也可根据实际规模和需要在银团内部增设副牵头行、联合牵头行等，并按照银团贷款合同履行相应职责。

银团贷款由借款人或银行发起。银团贷款信息备忘录由牵头行分发给潜在参加行，作为潜在参加行审贷和提出修改建议的重要依据。

银团贷款的日常管理工作主要由代理行负责。单家银行担任牵头行时，其承贷份额原则上不少于银团融资总金额的20%；分销给其他银团贷款成员的份额原则上不低于50%。

7. 贸易融资

贸易融资是指银行对进口商或出口商提供的与进出口贸易结算相关的短期融资或信用便利，是企业在贸易过程中运用各种贸易手段和金融工具增信和加快资金周转的融资方式。**贸易融资方式主要有：保理、信用证、福费廷、信用证抵押贷款、出口押汇、进口押汇**。

信用证是一种银行开立的有条件的承诺付款的书面文件。福费廷是基于信用证等基础结算工具的贸易金融业务，具有贸易结算和融资的特点，是银行信用介入贸易融资链条的间接融资，属于贸易金融产品。对客户来说如为即期收汇，可申请出口押汇；如为远期收汇，则在国外银行承兑可申请贴现。

（三）债券投资业务

商业银行债券投资的目标主要是平衡流动性和盈利性，并降低资产组合的风险、提高资本充足率。

商业银行债券投资的对象，与债券市场的发展密切相关。我国商业银行可用于投资的证券种类也在不断丰富，主要包括国债、地方政府债券、中央银行票据、金融债券、信贷资产支持证券、企业债券和公司债券、境外债券等。

债券投资的收益一般通过债券收益率进行衡量和比较。债券收益率指在一定时期内，一定数量的债券投资收益与投资额的比率，通常用年利率来表示。

（1）名义收益率。名义收益率又称票面收益率，是票面利息与面值的比率，其计算公式是：**名义收益率＝票面利息/面值×100%**。名义收益率无法准确衡量债券投资的实际收益。

（2）即期收益率。即期收益率是债券票面利率与购买价格之间的比率，其计算公式是：**即期收益率＝票面利息/购买价格×100%**，即期收益率不能全面反映债券投资的收益。

(3)持有期收益率。持有期收益率是债券买卖价格差价加上利息收入后与购买价格之间的比率,其计算公式是:**持有期收益率=(出售价格-购买价格+利息)/购买价格×100%**。持有期收益率比较充分地反映了实际收益率。但是,它是一个事后衡量指标,在作为投资决策的参考时具有很强的主观性。

(4)到期收益率。到期收益率是投资购买债券的内部收益率。债券到期收益率的计算取决于债券当前的价格、期限、息票利率、付息频率以及税负。

商业银行债券投资的风险,主要包括信用风险(又称违约风险)、价格风险、利率风险、购买力风险(又称通货膨胀风险)、流动性风险(即变现能力风险)、政治风险、操作风险等。

真题精练

【导学例题4】在贷款种类划分中,根据借款人信用的不同,贷款可分为若干种,属于担保贷款的有(　　)。

A. 质押贷款　　B. 委托贷款

C. 保证贷款　　D. 特定贷款

AC　【解析】担保贷款是指由借款人或第三方依法提供担保而发放的贷款,包括保证贷款、抵押贷款、质押贷款。按照贷款资金来源和经营模式不同,商业银行贷款可分为自营贷款、委托贷款和特定贷款。

三、其他业务

(一)表外业务

除资产业务、负债业务外,商业银行不反映在资产负债表内的其他业务,即通常所指的表外业务,也是银行业务的重要组成部分。表外业务是指商业银行从事的,按照会计准则不计入资产负债表内,不形成现实资产负债,但有可能引起损益变动的业务。

与传统业务相比,表外业务具有以下特点:

(1)不运用或不直接运用商业银行自有资金。

(2)接受客户委托办理业务。

(3)不承担或不直接承担经营风险。

(4)绝大部分表外业务以收取手续费的方式获得收益。

(5)种类多,范围广。

要点点拨

大多数情况下,表外业务都属于委托业务,而非自营业务。

(二)支付结算业务

支付结算是指结算客户之间由于商品交易、劳务供应等经济活动而产生的债权债务关系,通过银行实现资金转移而完成的结算过程。**支付结算遵循恪守信用、履约付款;谁的钱进谁的账,由谁支配;银行不垫款的原则**。

1. 国内支付结算业务

按照非现金支付工具种类来划分,非现金支付工具分为票据、银行卡、贷记转账、直接借记等。

(1)票据结算业务。这里的票据主要包括银行汇票、银行本票、银行支票和商业汇票。

(2)非票据结算业务。

①银行卡。银行卡是指商业银行向社会发行的具有消费信用、转账结算、存取现金等全部或部分功能的信用支付工具,包括信用卡和借记卡。个人银行账户分类管理制度将个人银行结算账户分为Ⅰ、Ⅱ、Ⅲ类银行结算账户。银行不得通过Ⅱ类户和Ⅲ类户为存款人提供存取现金服务,不得为Ⅲ类户发放实体介质。

②贷记转账。贷记转账是指付款人向收款人主动发起的贷记银行业金融机构收款人账户的付款业务,包括定期贷记业务和普通贷记业务。

③直接借记。直接借记包括定期借记和普通借记。

④托收承付。托收承付是根据购销合同由收款人发货后委托银行向异地付款人收取款项,由付款人向银行承认付款的结算方式。

⑤国内信用证。国内信用证是指为满足国内贸易资金结算的需要，由开证行依照申请人的申请开出的，凭符合信用证条款的单据支付的付款承诺。

2. 国际结算业务

国际结算方式是指资金在国际从付款一方转移到收款一方的方式。**国际贸易结算方式主要有信用证、托收、汇款、保函等**。其中，汇款和托收属于商业信用，银行不承担付款义务；信用证、保函是要求银行提供信用的一种结算方式，银行承担付款义务。

(1)汇款。汇款是银行(汇出行)应汇款人(债务人)的要求，以一定的方式将一定的金额，以其国外联行或代理行作为付款银行(汇入行)，付给收款人(债权人)的一种结算方式。**汇款业务中的四个基本当事人是汇款人、收款人、汇出行和汇入行**。按汇款支付授权的投递方式划分，汇款业务分为电汇、信汇、票汇。

(2)托收。托收意指银行按照从出口商那里收到的指示办理：

①获得金融单据的付款及/或承兑。

②凭付款及/或承兑交出单据。

③以其他条款和条件交出单据。

委托人、托收行、代收行和付款人是托收方式的基本当事人。除此之外，还可以有提示行和需要时的代理两个其他当事人。

托收结算方式分为光票托收、跟单托收和直接托收。

(3)信用证。信用证是银行应进口商请求，开出一项凭证给出口商的，在一定条件下保证付款，或者承兑并付款，或者议付的一种结算方式。

根据是否附有商业单据分为跟单信用证和光票信用证，根据受益人使用信用证的权利能否转让分为不可转让信用证和可转让信用证。

一项约定如果具备了以下三个要素就是信用证：

①信用证应当是开证行开出的确定承诺文件。

②开证行承付的前提条件是相符交单。

③开证行的承付承诺不可撤销。

跟单信用证应贯彻独立和分离的原则，即：

①开证行负第一性付款责任。

②信用证是独立文件，与销售合同分离。

③信用证是单据化业务。

信用证业务是单据买卖。在信用证业务中的所有各方，包括银行和商人所处理的都是单据，而非货物。

开证申请人、开证行和受益人是信用证业务所涉及的基本当事人。除此以外，还可能出现保兑行、通知行、被指定银行、转让行和偿付行等。

在国际贸易中，开证申请人通常是进口商。开证申请人(买方)的权利和义务是：开立信用证的义务、付款责任、得到合格单据的权利。

(三)代理业务

1. 代收代付业务

代收代付业务是商业银行利用自身的结算便利，接受客户委托代为办理指定款项收付事宜的业务。

代收代付业务主要有代理各项公用事业收费、代理行政事业性收费和财政性收费、代发工资、代扣住房按揭贷款等。目前主要是委托收款和托收承付两类。

2. 代理银行业务

(1)代理中央银行业务。代理中央银行业务是指根据政策、法规应由中央银行承担，但由于机构设置、专业优势等方面的原因，由中央银行指定或委托商业银行承担的业务。**代理中央银行业务主要有：代理财政性存款、代理国库、代理金银等业务**。

(2)代理政策性银行业务。代理政策性银行业务是指商业银行受政策性银行的委托，对其自主发放的贷款代理结算，并对其账户资金进行监管的一种中间业务。其主要解决政策性银行因服务网点设置的限制而无法办理业务的问题。目前主要代理中国进出口银行和国家开发银行业务。**代理政策性银行业务主要有：代理资金结算、代理现金支付、代理专项资金管理、代理贷款项目管理等业务**。根据政策性银行的需求，现主要提供代理资金结算业务和代理专项资金管理业务。

(3)代理商业银行业务。代理商业银行业务是商业银行之间相互代理的业务。**代理商业银行业务有:代理结算业务、代理外币清算业务、代理外币现钞业务等**。其中代理结算业务具体包括代理银行汇票业务和汇兑、委托收款、托收承付业务等其他结算业务。代理银行汇票业务最具典型性,其又可分为代理签发银行汇票和代理兑付银行汇票业务。

3. 代理证券业务

代理证券资金清算业务是指商业银行利用其电子汇兑系统、营业机构以及人力资源为证券公司总部及其下属营业部代理证券资金的清算、汇划等结算业务。代理证券资金清算业务主要包括一级清算业务和二级清算业务。

4. 代理保险业务

商业银行代理保险业务是指商业银行接受保险公司委托,在保险公司授权的范围内,代理保险公司销售保险产品及提供相关服务,并依法向保险公司收取佣金的经营活动。

5. 其他代理业务

(1)委托贷款业务。

(2)代销开放式基金。开放式基金代销业务是指银行利用其网点柜台或电话银行、网上银行等销售渠道代理销售开放式基金产品的经营活动。银行向基金公司收取基金代销费用。

(3)代理国债买卖。银行客户可以通过银行营业网点购买、兑付、查询凭证式国债、储蓄国债(电子式)以及柜台记账式国债。

(四)信用卡业务

信用卡业务是指商业银行利用具有授信额度和透支功能的银行卡提供的银行服务。信用卡业务主要包括发卡业务和收单业务。

按照发行对象不同,商业银行发行的信用卡分为个人卡和单位卡。其中,单位卡按照用途分为商务差旅卡和商务采购卡。按照发行机构不同,目前世界上主要的信用卡分为维萨卡、万事达卡、大莱卡、JCB卡、运通卡和中国银联卡。

1. 业务准入

(1)信用卡发卡业务准入。根据银行业监督管理机构的规定,境内商业银行开办信用卡发卡业务应当符合的条件有:

①**注册资本为实缴资本,且不低于人民币5亿元或等值可兑换货币**。

②具备办理零售业务的良好基础,**最近3年个人存贷款业务规模和业务结构稳定**,个人存贷款业务客户规模和客户结构良好,银行卡业务运行情况良好,身份证件验证系统和征信系统的连接和使用情况良好。

③具备办理信用卡业务的专业系统,在境内建有发卡业务主机、信用卡业务申请管理系统、信用卡账户管理系统、信用卡交易授权系统、信用评估管理系统、信用卡交易监测和伪冒交易预警系统、信用卡客户服务中心系统、催收业务管理系统等专业化运营基础设施,相关设施通过了必要的安全检测和业务测试,能够保障客户资料和业务数据的完整性和安全性。

(2)信用卡收单业务准入。根据银行业监督管理机构的规定,境内商业银行开办信用卡收单业务应当符合的条件有:

①**注册资本为实缴资本,且不低于人民币1亿元或等值可兑换货币**。

②具备开办收单业务的良好业务基础。最近3年企业贷款业务规模和业务结构稳定,企业贷款业务客户规模和客户结构较为稳定,身份证件验证系统和征信系统连接和使用情况良好。

③具备办理收单业务的专业系统支持,在境内建有收单业务主机、特约商户申请管理系统、商户结算账户管理系统、账务管理系统、特约商户信用评估管理系统、收单交易监测和伪冒交易预警系统、交易授权系统等专业化运营基础设施,相关设施通过了必要的安全检测和业务测试,能够保障客户资料和业务数据的完整性和安全性。

2. 业务管理

(1)发卡业务管理。

①发卡管理。对首次申请发卡行信用卡的客户,不得采取全程系统自动发卡方式核发信用卡。发卡银行不得将信用卡发卡营销、领用合同(协议)签约、授信审批、交易授权、交易监测、资金结算等核心业务外包给发卡业务服务机构。

②信用卡授信管理。发卡银行应当对信用卡申请人开展资信调查，充分核实并完整记录申请人有效身份、财务状况、消费和信贷记录等信息，并确认申请人拥有固定工作、稳定的收入来源或可靠的还款保障。在特殊情况下，确认信用卡欠款金额超出持卡人还款能力且持卡人仍有还款意愿的，发卡银行可以与持卡人平等协商，达成个性化分期还款协议。**个性化分期还款协议的最长期限不得超过5年**。

③信用卡透支额计息方式。传统上，我国商业银行采用的信用卡透支计息方式主要有全额罚息、余额计息和容差全额罚息三种。信用卡透支的计结息方式，以及对信用卡溢缴款是否计付利息及其利率标准，由发卡机构自主确定。**自2021年1月1日起，信用卡透支利率由发卡机构与持卡人自主协商确定，取消信用卡透支利率上限和下限管理**。

(2)收单业务管理。收单银行应当明确收单业务的牵头管理部门，承担协调处理特约商户资质审核、登记管理、机具管理、垫付资金管理、风险管理、应急处置等的职责。收单银行应当加强对特约商户资质的审核，实行商户实名制，不得设定虚假商户。收单银行应当根据特约商户的业务性质、业务特征、营业情况，对特约商户设定动态营业额上限。

收单银行不得将特约商户审核和签约、资金结算、后续检查和抽查、受理终端密钥管理和密钥下载工作外包给收单业务服务机构。

(五)担保类业务

担保类业务是指商业银行接受客户的委托对第三方承担责任的业务，包括担保(保函)、备用信用证、跟单信用证、承兑等。

(1)银行保函。保函是银行应申请人的要求，向受益人作出的书面付款保证承诺，银行将凭受益人提交的与保函条款相符的书面索赔履行担保支付或赔偿责任。银行保函具有以下特点：独立性，源于基础交易，但一旦出具，即与基础交易相分离，本身具有独立性；单据化，银行凭保函中规定的单据付款，而不问基础交易的实际履行情况。

根据担保银行承担风险不同及管理的需要，保函分为融资类保函和非融资类保函两大类。根据保函是否独立，保函又分为独立保函和非独立保函。

融资类保函主要包括借款保函、授信额度保函、有价证券保付保函、融资租赁保函、延期付款保函，其核心特点是为申请人的融资行为及资金债务的偿还义务承担担保责任。

非融资类保函主要包括投标保函、预付款保函、履约保函、关税保函、即期付款保函、经营租赁保函等。

(2)备用信用证。备用信用证主要分为可撤销的备用信用证和不可撤销的备用信用证两类。备用信用证通常涉及三个主要当事人，即开证申请人(借款人)、开证行和受益人(放款人或其他投资者)。

我国的保函业务一般采用银行担保形式，备用信用证是在法律限制开立保函的情况下出现的保函业务替代品，其实质也是银行对借款人的一种担保行为。

(六)贷款承诺业务

贷款承诺业务是指应客户申请，银行对项目进行评估论证，在项目符合银行信贷投向和贷款条件的前提下，对客户承诺在一定的有效期内，提供一定额度和期限的贷款，用于指定项目建设或企业经营周转。

按照目前国内银行的普遍做法，贷款承诺可以分为项目贷款承诺、开立信贷证明、客户授信额度和票据发行便利四大类。票据发行便利是一种具有法律约束力的中期周转性票据发行融资的承诺。

(七)理财业务

1.理财业务的含义与特点

理财业务是指商业银行接受投资者委托，按照与投资者事先约定的投资策略、风险承担和收益分配方式，对受托的投资者财产进行投资和管理的金融服务。理财业务具有以下几个特点：

(1)**理财业务是代理业务，不是银行的自营业务**。

(2)**理财业务的盈利方式是收取投资管理费或业绩报酬**。

(3)**客户是理财业务风险的主要承担者**。

(4)**理财业务是"轻资本"业务**。

(5)**理财业务是一项知识技术密集型业务**。

2.理财产品分类

(1)根据投资者类型的不同，将资产管理产品的投资者分为不特定社会公众和合格投资者两大类。

合格投资者是指具备相应风险识别能力和风险承担能力，投资于单只资产管理产品不低于一定金额且符合下列条件的自然人、法人或者其他组织：

①具有2年以上投资经历，且满足以下条件之一：家庭金融净资产不低于300万元，家庭金融资产不低于500万元，或者近3年本人年均收入不低于40万元。

②最近1年末净资产不低于1 000万元的法人单位。

③金融管理部门视为合格投资者的其他情形。

合格投资者投资于单只固定收益类产品的金额不低于30万元，投资于单只混合类产品的金额不低于40万元，投资于单只权益类产品、单只商品及金融衍生品类产品的金额不低于100万元。

(2)根据募集方式的不同，将理财产品分为公募理财产品和私募理财产品。

(3)根据投资性质的不同，将理财产品分为固定收益类理财产品、权益类理财产品、商品及金融衍生品类理财产品和混合类理财产品。

(4)根据运作方式的不同，将理财产品分为封闭式理财产品和开放式理财产品。

3. 理财业务管理

(1)理财产品销售管理。商业银行销售理财产品，应当加强投资者适当性管理，向投资者充分披露信息和揭示风险，不得宣传或承诺保本保收益，不得误导投资者购买与其风险承受能力不相匹配的理财产品。

商业银行发行理财产品，不得宣传理财产品预期收益率，在理财产品宣传销售文本中只能登载该理财产品或者本行同类理财产品的过往平均业绩和最好、最差业绩，并以醒目文字提醒投资者“理财产品过往业绩不代表其未来表现，不等于理财产品实际收益，投资需谨慎”。

理财产品风险评级结果应当以风险等级体现，由低到高至少包括一级至五级，并可以根据实际情况进一步细分。

商业银行发行公募理财产品的，单一投资者销售起点金额不得低于1万元人民币。商业银行发行私募理财产品的，合格投资者投资于单只固定收益类理财产品的金额不得低于30万元人民币，投资于单只混合类理财产品的金额不得低于40万元人民币，投资于单只权益类理财产品、单只商品及金融衍生品类理财产品的金额不得低于100万元人民币。

(2)理财产品投资管理。商业银行理财产品可以投资于国债、地方政府债券、中央银行票据、政府机构债券、金融债券、银行存款、大额存单、同业存单、公司信用类债券、在银行间市场和证券交易所市场发行的资产支持证券、公募证券投资基金、其他债权类资产、权益类资产以及国务院银行业监督管理机构认可的其他资产。

商业银行理财产品不得直接投资于信贷资产，不得直接或间接投资于本行信贷资产，不得直接或间接投资于本行或其他银行业金融机构发行的理财产品，不得直接或间接投资于本行发行的次级档信贷资产支持证券。

商业银行发行的封闭式理财产品的期限不得低于90天。开放式公募理财产品应当持有不低于该理财产品资产净值5%的现金或者到期日在1年以内的国债、中央银行票据和政策性金融债券。

4. 主要风险点

理财业务的主要风险涉及信用风险、法律风险、操作风险、声誉风险、市场风险和流动性风险。

（八）同业业务

1. 同业业务的定义

同业业务是指在中华人民共和国境内依法设立的金融机构之间开展的以投融资为核心的各项业务，主要业务类型包括同业拆借、同业存款、同业借款、同业代付、买入返售(卖出回购)等同业融资业务和同业投资业务。

要点点拨

从性质上区分，同业拆借中的同业拆入、同业存款中的同业存入、同业借款中的同业借入以及卖出回购等业务实际上是负债业务，同业拆借中的同业拆出、同业存款中的同业存出、同业借款中的同业借出以及同业代付、买入返售、同业投资等业务实际上是资产业务。

2. 同业业务的治理

商业银行应具备与所开展同业业务规模和复杂程度相适应的同业业务治理体系，由法人总部对同业业务进行统一管理,将同业业务纳入全面风险管理,建立健全前中后台分设的内部控制机制,加强内部监督检查和责任追究,确保同业业务经营活动依法合规,风险得到有效控制。

商业银行开展同业业务实行专营部门制,由法人总部建立或指定专营部门负责经营。商业银行应建立健全同业业务授权管理体系,由法人总部对同业业务专营部门进行集中统一授权,同业业务专营部门不得进行转授权,不得办理未经授权或超授权的同业业务。

3. 主要同业业务管理

(1)存放同业。本、外币资金存放同业业务(简称存放同业)指金融机构与国内同业按约定的利率、期限及金额,以协议的方式将本外币资金存放至同业客户的业务。存放同业业务范围分为信用存放同业业务和存单质押存放同业业务。

(2)同业拆借。同业拆借又称“银行同业拆借”,简称“拆放”或“拆借”,是银行同业间短期的按日计息的借贷。

同业拆借市场包括银行同业拆借市场,以及商业银行与非商业银行金融机构之间的短期资金拆借市场。按是否有担保划分,同业拆借有信用拆借和抵押拆借;按期限长短划分,同业拆借有隔夜(1天)、7天、1个月、4个月等;按品种交易方式划分,同业拆借有定点交易和无形交易等。

加强对同业拆借的管理,主要应从以下几点着手:

①同业拆借应遵守相互自愿、恪守信用的原则,利率和期限均由拆借双方在协商一致的基础上签订合同确定,但期限最长不得超过4个月。

②参加同业拆借的金融机构,其拆出资金限于当日资金多余的头寸和在中国人民银行的存款,其拆入资金只能用于弥补清算票据交换和联行汇差的头寸不足及解决临时性、季节性周转资金的不足,不得用于发放固定资产贷款。

③要加强对同业拆借市场的检查,对违反规定的,要坚决加以纠正,并给予必要的处罚。

(3)同业借款。**同业借款业务期限按照监管部门对金融机构借款期限的有关规定执行,由双方共同协商确定,但最长期限自提款之日起不得超过3年**。借款业务不进入全国银行间同业拆借中心的电子交易系统(或中国人民银行认可的其他同业拆借交易系统)。

(4)同业代付。同业代付分为境内同业代付和海外同业代付,业务实质均属贸易融资方式,银行办理同业代付业务应具有真实贸易背景。

办理同业代付业务时,委托行与代付行均应采取有效措施加强贸易背景真实性的审核,其中,委托行承担主要审查责任,确保融资款项为国内外贸易结算服务,真正支持实体经济发展。银行开展同业代付业务应加强风险管理。

(5)同业投资。同业投资业务是指金融机构购买或委托其他金融机构购买特殊目的载体的投资行为。**开展同业投资业务,应坚持依法合规原则、风险收益匹配原则、集中管理及总量控制原则和实质重于形式原则**。

同业投资业务不得接受和提供任何直接或间接、显性或隐性的第三方金融机构信用担保,国家另有规定的除外。

4. 主要风险点

同业业务主要有以下风险点:系统性风险、信用风险、流动性风险、市场风险和操作性风险。

5. 监管要求

金融机构办理同业业务,应当合理审慎确定融资期限。其中,同业借款业务最长期限不得超过3年,其他同业融资业务最长期限不得超过1年,业务到期后不得展期。

单家商业银行对单一金融机构法人的不含结算性同业存款的同业融出资金,扣除风险权重为零的资产后的净额,不得超过该银行一级资本的50%。

(九)委托贷款

1. 基本概念

委托贷款业务是商业银行的委托代理业务。商业银行与委托贷款业务相关主体通过合同约定各方权利义务,履行相应职责,收取代理手续费,不承担信用风险。商业银行应按照“谁委托谁付费”的原则向委托人收取代理手续费。

商业银行受理委托贷款业务申请,应具备以下前提:委托人与借款人就委托贷款条件达成一致;委托人或借款人为非自然人的,应出具其有权机构同意办理委托贷款业务的决议、文件或具有同等法律效力的证明。

2. 主要风险点

(1)信用风险。商业银行应综合考虑借款人取得委托贷款后,信用风险敞口扩大对本行授信业务带来的风险影响,并采取相应风险管控措施。

(2)操作风险。商业银行应对委托贷款业务实行分级授权管理,商业银行分支机构不得未经授权或超授权办理委托贷款业务。

3. 监管要求

商业银行作为受托人,按照权责利匹配原则提供服务;委托贷款资金来源应合法合规;委托资金用途应符合法律法规、国家宏观调控和产业政策;商业银行将委托贷款业务与自营业务严格区分。

(十)衍生产品交易业务

1. 概念

金融衍生品是一种金融合约,其价值取决于一种或多种基础资产或指数,合约的基本种类包括远期、期货、掉期(互换)和期权。衍生产品还包括具有远期、期货、掉期(互换)和期权中一种或多种特征的混合金融工具。

商业银行衍生产品交易业务按照交易目的分为以下两类:套期保值类衍生产品交易和非套期保值类衍生产品交易。

以衍生产品交易价格变动主导因素划分,国内商业银行参与的衍生产品交易活动可以划分为以下三类:

(1)利率衍生产品。国内商业银行主要参与的利率衍生产品交易有利率掉期、远期利率协议和利率期权等。

(2)外汇衍生产品。国内商业银行主要参与的外汇衍生产品交易有远期外汇买卖、外汇掉期、外汇期权和货币掉期等。

(3)其他衍生产品。国内商业银行参与的主要有债券期权和信用违约掉期等。

2. 主要风险点

衍生产品交易业务的风险点主要涉及市场风险、信用风险、操作风险和流动性风险。

3. 监管要求

商业银行开办衍生产品交易业务,应当根据"制度先行"的原则,制定内部管理规章制度。

在进行衍生产品交易时,必须严格执行分级授权和敞口风险管理制度,任何重大交易或新的衍生产品业务都应当经由董事会或其授权的专业委员会或高级管理层审批。在因市场变化或决策失误出现账面浮亏时,应当严格执行止损制度。

商业银行从事非套期保值类衍生产品交易,其标准法下市场风险资本不得超过商业银行核心资本的3%。监管部门可根据商业银行的经营情况在该资本比例上限要求内实施动态差异化管理。

(十一)外汇业务

1. 外汇的基本概念

外汇是指外币表示的可以用作国际清偿的支付手段和资产,主要有外币现钞,包括纸币、铸币;外币支付凭证或者支付工具,包括票据、银行存款凭证、银行卡等;外币有价证券,包括债券、股票等;特别提款权;其他外汇资产。

人民币汇率实行以市场供求为基础的、有管理的浮动汇率制度。外汇管理主要包括经常项目外汇管理和资本项目外汇管理。

2. 银行的主要外汇业务

银行的主要外汇业务包括结售汇、贸易融资、国际结算、外汇理财等。

3. 主要风险点

在外汇经营活动中,银行除了面临与前述业务相同的风险,例如信用风险、流动性风险和利率风险等,还会面临外汇风险,这是外汇业务中较独特的风险类型。外汇风险是指由汇率的变动而导致银行收益的不确定性。

真题精练

【导学例题5】下列属于商业银行资产业务的是(　　)。

A. 汇兑　　B. 信用证

C. 银行卡　　D. 贷款

D　【解析】商业银行的资产业务大体可分为现金资产、贷款、证券投资、固定资产和其他资产等。其中,贷款是商业银行最主要的资产,也是其最主要的资金运用。

第四节　商业银行资产负债管理

一、资产负债管理的对象

对于商业银行而言,传统资产负债管理的对象即是银行的资产负债表。资产负债管理体现了商业银行经营管理的最基本原则,即以安全性、流动性为基本前提,通过盈利性实现银行价值的最大化。

在新的社会经济环境、新金融市场环境以及新的全球监管要求下,随着商业银行综合化经营范围的拓宽和国际化业务的推进,商业银行资产负债管理的对象和内涵也不断扩充,呈现出"**表内外、本外币、集团化**"的趋势。在管理内容上,从资产负债表内管理转变为资产负债表内外项目全方位综合管理;在管理范畴上,从单一本币口径的资产负债管理转变为本外币资产负债的全面管理,从单一法人视角的资产负债管理转变为从集团战略角度加强子公司和境外机构统一、全局性的资产负债管理;在管理思路上,由对表内资产负债规模被动管理转变为对资产负债表内外项目规模、结构、风险的积极主动管理。总体而言,当前商业银行资产负债管理已经越来越强调全面、动态和前瞻的综合平衡管理。

二、资产负债管理的目标与原则

(一)资产负债管理的目标

商业银行资产负债管理的整体目标是,在承受合理的缺口与流动性风险的前提下,追求银行价值的最大化。

1. 短期目标

衡量短期资产负债效率的核心指标是净利息收益率(净利息收入与生息资产平均余额之比)。结合管理内涵和职能,资产负债管理短期目标可概括为:顺应当前经济形势、市场变革和监管要求的变化,坚持稳健审慎的风险偏好,以提升净利息收益率(NIM)和股权收益率(ROE)水平为核心,统筹表内外资产负债管理,做好规模、风险、收益的平衡协调发展。

2. 长期目标

经济资本回报率(RAROC)成为现代商业银行普遍采用的一种新型的以风险为基础的价值创造能力考察指标。结合管理内涵和职能,资产负债管理长期目标可概括为:从银行整体战略出发,建立符合现代商业银行要求的资产负债管理体系,强化资本约束,提高风险控制水平,加强业务经营引导和调控能力,统筹把握资产负债的总量和结构,促进流动性、安全性和效益性的协调统一,实现经济资本回报率最大化,进而持续提升股东价值回报。

(二)资产负债管理的原则

为了确保实现管理目标,资产负债管理通常需要遵循以下四项管理原则:

(1)**战略导向原则**。

(2)**资本约束原则**。

(3)**综合平衡原则**。

(4)**价值回报原则**。

三、资产负债管理的构成内容

(一)资本管理

商业银行资本管理的范畴一般包括监管资本管理、经济资本管理和账面资本管理三个方面。商业银行资本管理的内容主要包括开展资本规划、筹集、配置、监控、评价和应用等管理活动,建立资本管理框架及机制，制订资本规划及年度计划，确定资本管理工具和流程，实施资本分配和考核等。

（二）资产负债组合管理

资产负债组合管理包括资产组合管理、负债组合管理和资产负债匹配管理三个部分。

(1)资产组合管理以资本约束为前提，在测算资产组合风险回报与优化资本配比结构的基础上，综合运用量价工具，调控资产总量和结构，构建以资本和收息率为中心的价值传导机制，确保经风险调整后的资产收益率最大化。

(2)负债组合管理以平衡资金来源和运用为前提，通过加强主动负债管理，优化负债的品种、期限及利率结构，降低负债成本，保持负债成本与流动性的平衡，确保负债总量适度，提高市场竞争力，有效支撑资产业务的发展。

(3)资产负债匹配管理立足资产负债管理，以流动性指标、资本充足率和资产负债相关项目的关联关系等为约束条件，进行资产负债匹配管理，持续优化资产负债组合配置的成本收益结构和期限结构。

（三）资产负债计划管理

资产负债计划是资产负债管理的重要手段，主要包括资产负债总量计划和结构计划。通常，商业银行主要根据全行资本总量和资本充足率水平来确定资产负债总量计划。资产负债结构计划主要包括资本计划、信贷计划、投资计划、同业及金融机构往来融资计划、存款计划及资产负债期限控制计划等。

（四）定价管理

定价管理可分为外部产品定价和内部资金转移定价管理。商业银行以促进业务发展和盈利增长为目标，加强资产、负债产品的外部定价管理，提升定价水平和经营效益，并通过内部资金转移定价（FTP）完善内部价格管理，优化银行内部经营机制和全系统资源配置，增强市场竞争力。

（五）银行账户利率风险管理

银行账户利率风险是指因利率水平、期限结构等要素发生不利变动，导致银行账户整体收益和经济价值遭受损失的风险。

（六）资金管理

资金管理的核心是建设内部资金转移定价机制和全额资金管理体制，建成以总行为中心，自下而上集中资金和自上而下配置资金的收支两条线、全额计价、集中调控、实时监测和控制全行资金流的现代商业银行司库体系。

（七）流动性风险管理

流动性状况反映商业银行从宏观到微观所有层面的运营状况及市场声誉，良好的流动性状况是商业银行安全稳健运营的基础。

（八）投融资业务管理

投融资和票据转贴现业务管理要坚持科学规划、统一管理、集约经营、综合发展的原则，构建符合现代商业银行要求的投融资和票据转贴现业务管理体制和经营机制，实现对银行投融资和票据转贴现业务的制度规范、流程合规、价格引导、授权管理、计划管理和实时监督控制。

投融资和票据转贴现业务是商业银行一项重要的、不可或缺的资产业务，不仅具有盈利功能，还具有资金调控蓄水池和信贷规模调节器的作用。

（九）汇率风险管理

商业银行面临的汇率风险主要是指由汇率波动造成以基准计价的资产遭受价值损失和财务损失的可能性。商业银行需要密切关注汇率变化及其对外币资产负债的影响，需要及时对银行账户外币资产、负债和表外项目的汇率风险敞口进行监测、分析和防范。

四、资产负债管理的工具

（一）缺口管理

缺口管理又称利率敏感性缺口管理，是利率风险管理的重要工具。当预期利率会上升时，增加缺口；反之亦然。这里所指的缺口是指浮动利率资产和负债之间的差额。

（二）久期管理

久期是用于衡量资产负债价值对于利率水平变化的敏感度的一项指标，可表示为利率变动1%时，

导致资产负债净值变动的百分比。久期管理是商业银行资产负债管理的重要工具,具体指以银行资产久期和负债久期分析为基础,通过对利率敏感性资产和负债的结构进行积极调整,从而实现在利率变动时,银行收益的稳定或增长。在商业银行资产负债管理过程中,利用久期管理可以采用以下两种方法:一是风险免疫管理策略;二是久期缺口风险管理策略。

(三)内部资金转移定价

内部资金转移定价是指商业银行内部资金中心与业务经营单位按照一定规则全额有偿转移资金,达到核算业务资金成本或收益等目的的一种内部经营管理模式。FTP 作为商业银行资产负债管理的重要工具,其作用主要在于以下两个方面:一是公平绩效考核;二是剥离利率风险。

(四)经济资本

在商业银行资产负债管理中,经济资本作为一项重要工具,主要用于绩效考核和风险定价两个方面。

(五)收益率曲线

收益率曲线一般有四种典型形状:水平收益率曲线基本呈一条水平线,表示长期利率与短期利率相等;正向收益率曲线向上倾斜,表示长期利率高于短期利率;反转收益率曲线向下倾斜,表示长期利率低于短期利率;驼峰收益率曲线表示期限相对较短的债券,利率与期限呈正向相关,期限较长的债券,利率与期限呈反向相关。

收益率曲线是分析利率走势和进行市场定价的基本工具,是商业银行资产负债管理的重要工具。

(六)资产证券化

证券化是指银行发现资产负债表中资产的额外价值并将其从资产负债表中全部移除,以便为信贷业务腾挪空间的过程。

五、资产负债管理的策略

(一)表内资产负债匹配

表内资产负债匹配是资产负债综合管理的核心策略。商业银行执行该策略,即通过资产和负债的共同调整,协调表内资产和负债项目在期限、利率、风险和流动性等方面的搭配,尽可能使资产与负债达到规模对称、结构对称、期限对称,从而实现安全性、流动性和盈利性的统一。

(二)表外工具规避表内风险

商业银行利用衍生金融工具为主的表外工具来规避表内风险,是对表内资产负债综合管理的重要补充。对于发达国家的国际大型商业银行,利用表外工具规避风险已成为其风险管理的重要组成部分,一方面,其利用利率、汇率衍生工具来对冲市场风险,另一方面,其利用信用违约互换(CDS)等信用衍生工具来对冲信用风险。

(三)利用证券化剥离表内风险

资产证券化不是一项普通的新业务,也不单是一种新的融资形式,而是协调表内与表外、优化资源跨期配置的资产负债管理工具。从风险管理的视角看,在资产证券化过程中,商业银行将相关信贷资产从表内剥离的同时,也实现了对相应信用风险的剥离,从流量经营的视角看,资产证券化盘活了存量信贷资产,从表内和表外两个方向扩大信用投放的覆盖面,提高表内外资产的周转率和收益率。

真题精练

【导学例题 6】(　　)表示期限相对较短的债券,利率与期限呈正向相关,期限较长的债券,利率与期限呈反向相关。

A. 驼峰收益率曲线　　B. 正向收益率曲线

C. 水平收益率曲线　　D. 反转收益率曲线

A 【解析】收益率曲线一般有四种典型形状:水平收益率曲线基本呈一条水平线,表示长期利率与短期利率相等;正向收益率曲线向上倾斜,表示长期利率高于短期利率;反转收益率曲线向下倾斜,表示长期利率低于短期利率;驼峰收益率曲线表示期限相对较短的债券,利率与期限呈正向相关,期限较长的债券,利率与期限呈反向相关。

第五节 银行自律组织

一、协会的宗旨

中国银行业协会以促进会员单位实现共同利益为宗旨，履行自律、维权、协调、服务职能，维护银行业合法权益，维护银行业市场秩序，提高银行业从业人员素质，提高为会员服务的水平，促进银行业的健康发展。

要点点拨

中国银行业协会是我国的银行业自律组织，成立于2000年，是在民政部登记注册的全国性非营利社会团体，主管单位为国务院银行业监督管理机构。

二、协会的运行机制

中国银行业协会的最高权力机构为会员大会，由参加协会的全体会员单位组成。会员大会的执行机构为理事会，对会员大会负责。理事会在会员大会闭会期间负责领导协会开展日常工作。理事会闭会期间，常务理事会行使理事会职责。常务理事会由会长1名、专职副会长1名、副会长若干名、秘书长1名组成。协会设监事会，由监事长1名、监事若干名组成。

三、协会的职责

1. 行业自律职责

(1)组织会员签订自律公约及其实施细则，建立自律公约执行情况检查和披露制度，受理会员单位和社会公众的投诉，依法采取自律惩戒措施，督促会员依法合规经营，共同维护公平竞争的市场环境。

(2)受政府有关部门委托，组织制定行业标准、业务规范及银行从业人员资格考试，推动实施并监督会员执行，提高行业服务水平。

(3)建立健全银行业诚信制度以及银行机构和从业人员信用信息体系，加强诚信监督，协助推进银行业信用体系建设。

(4)制定银行从业人员道德和行为准则，对从业人员进行自律管理，组织银行从业人员的相关培训，提高从业人员素质。

(5)对于违反银行业协会章程、自律公约、管理制度等致使行业利益受损的会员，可按有关规定实施自律性处罚，并及时报告业务主管单位。

(6)对涉嫌银行业金融机构和从业人员违法违规的投诉件和发现的业内涉嫌违法违规的行为，要及时报告业务主管单位，并做好业务主管单位批转投诉件的调查处理工作。

2. 行业维权职责

(1)组织会员制定维权公约，通过开展区域信用环境评级，发布诚实守信客户或违约客户名单，实施行业联合制裁等措施，制止各种侵权行为，维护银行业合法权益。

(2)参与业务主管单位等部门组织的有关银行业改革发展以及与行业权益相关的决策论证，提出银行业有关政策、立法和行业规划等方面的建议。

(3)向业务主管单位等部门反映涉及银行业改革和发展的问题，建立与有关部门的沟通机制，争取有利于银行业健康发展的外部环境。

(4)组织会员开展行业维权调查，及时向会员进行风险提示，促进会员加强债权维护和风险管理。

3. 行业协调职责

(1)接受会员委托，协调与政府及其有关部门之间的关系，协助业务主管单位等部门落实有关政策、措施。

(2)协调会员之间的关系，建立和完善行业内部争议调解处理机制，公正、合理解决各种矛盾争端，营造良好的业内环境。

(3)协调会员与社会公众的关系，加强会员与社会公众的沟通，维护会员与客户的合法权益；提高社会公众的金融意识和风险意识。

(4)加强与新闻媒体的沟通和联系，制定实施银行业舆情监测、引导及应对机制，正确引导社会舆论，自觉接受舆论监督，维护银行业声誉和经营秩序。

4. 行业服务职责

(1)建立会员间信息沟通机制,组织开展会员间的业务、技术、信息等方面的交流与合作,为会员提供信息服务。

(2)按照相关规定,组织开展银行业国际交流与合作,参加相关国际组织,推动和其他国家及地区的相关资质互认工作。

(3)加强与证券业、保险业等行业协会的沟通和协调。

(4)发挥行业整体宣传功能,协调、组织会员共同开展新业务、新政策的宣传和咨询活动,大力普及金融知识,提高公众的金融意识。

(5)组织开展内部业务竞技活动,增进会员间的了解和友谊,培育健康向上的行业文化。

四、协会的外部关系环境

协会的外部关系环境主要包括银行业协会与会员单位的关系、银行业协会与政府的关系、银行业协会与消费者的关系。

根据《中国银行业协会章程》的规定,中国银行业协会依据有关法律、法规,制定银行业同业公约和自律规则;督促会员贯彻执行国家法律、法规和各项政策;维护会员的合法权益,对侵害会员合法权益的行为,向有关部门提出申诉或要求;加强会员与中国人民银行及其他政府部门的联系;加强会员之间的交流,协调会员之间在业务方面发生的争议;促进国内银行业与国外银行业间的交往与合作;组织和促进会员间的职员业务培训和与业务有关的调查研究,为会员提供咨询服务等。

真题精练

【导学例题7】下列不属于银行业协会职责的是(　　)。

A. 建立会员间信息沟通机制,组织开展会员间的业务、技术、信息等方面的交流与合作,为会员提供信息服务

B. 制定银行从业人员道德和行为准则,对从业人员进行自律管理,组织银行从业人员的相关培训,提高从业人员素质

C. 加强与证券业、保险业等行业协会的沟通和协调

D. 参加金融业相关国际组织与国际监管规则制定,开展对外交流与国际合作

D 【解析】A、C项属于银行业协会的服务职责,B项属于银行业协会的自律职责。D项属于国家金融监督管理总局的监管职责。

第六节　银行监管体制

一、金融监管理论基础

金融监管基础理论中,最成熟和规范的理论是社会公共利益论,其主要从金融体系存在垄断、负外部性、市场失灵、信息不对称、金融产品具有公共品特征等方面论证实施金融监管的必要性。

首先,金融市场存在信息不充分、不对称、委托—代理及有关利益冲突问题、搭便车等导致的市场失灵。监管要求金融机构应根据消费者的不同风险偏好水平向其提供不同风险程度的产品,降低信息不对称,减少搭便车行为,并不得存在虚假宣传。

其次,道德风险的存在。最后贷款人和存款保险制度可能激励金融机构和消费者产生道德风险,主要体现为金融消费者选择高风险金融机构、金融机构从事高风险投资、存款人不再追求适当的风险升水、金融机构保持较低的资本水平四种形式。

再次,银行业市场失灵的外部性具有特殊性,可能导致系统性风险。银行在金融体系特别是清算和支付体系中占据重要的地位,但是,银行业的严重的期限错配、准备金不足等容易导致银行危机,银行危机的外部性和传染效应会引发系统性风险,破坏巨大。

最后,金融监管是维护广大金融消费者权益的重要保证。特别是在金融机构面前,广大人民群众作为普通金融消费者弱小且分散,面对大型金融机构处于弱势地位,如果没有监管机构代表和维护广大人民群众的利益,分散的金融消费者将要投入大量重复成本。金融监管部门的监管具有规模效应,可以集中纠正和打击金融机构侵害消费者权益的行为,是保护普通金融消费者权益的必要安排。

二、监管价值观

监管价值观主要包括监管目标、监管理念和监管标准。正确的监管价值观有助于监管人员明确方向、突出重点、把握尺度，特别是在我国银行业飞速发展、创新与有限的监管资源不相匹配的阶段，监管人员和银行业从业人员都应当掌握监管的目标、理念和标准。

（一）监管目标

银行业监督管理的目标是促进银行业的合法、稳健运行，维护公众对银行业的信心。原银监会在此基础上提出了我国银行业监管的四个具体目标，分别如下。

1. **通过审慎有效的监管，保护广大存款人和消费者的利益**

银行依靠吸收公众存款经营，自有资本金少，杠杆率高。当银行倒闭时，股东仅损失资本金，大部分损失将由存款人承担。存款人作为银行风险的主要承担者，应当有权利和义务对银行经营进行监督，防止银行不审慎经营而损害存款人的利益。但是，存款人数量众多又很分散，监督银行的成本很高，由于“搭便车”问题的存在，他们也没有动力去监督银行。金融监管机构作为公共管理部门，代表存款人监督管理银行经营活动，保护存款人的利益，这是市场经济体制下的必然选择，也是政府为民服务的重要体现。加强银行业监管，有利于保护存款人和其他客户的合法权益，有利于形成公平的市场环境，培育存款人和其他客户对银行体系的信任和信心，有利于银行体系的稳定和健康发展。因此，原银监会在确定银行业监管目标时，将“保护广大存款人和金融消费者的利益”作为银行业监管的首要目标。

同时，保护存款人和金融消费者利益并不意味着忽视股东、员工、社会公众等利益相关者的权益。各类市场主体的权益都应得到依法保护，只不过保护方式不同，如《中华人民共和国银行业监督管理法》强调对存款人利益的保护，《中华人民共和国公司法》强调股东利益的保护，《中华人民共和国证券法》注重投资者权益特别是对小股东权益的保护。不同主体间利益也并不是完全对立和矛盾的，在大部分情况下，股东利益和存款人、消费者利益是一致的。原银监会促使银行业金融机构稳健经营，防范和控制风险，实现存款人利益保护的同时，也保护了股东和其他利益相关者的权益。

2. **通过审慎有效的监管，增进市场信心**

金融机构作为信用中介，具有克服信息不对称的功能，能将零散的、短期的储蓄转化为大量、长期的投资资金。但这种功能实现的前提是，社会公众对中介机构和市场有信心。当公众对银行体系失去信心，就会发生挤提。受从众心理和行为相互模仿等因素影响，银行业风险具有传染性，一家银行出现挤提，会导致与其相关的其他银行的流动性困难，进而波及更多银行，对整个国家的银行体系和金融安全产生影响。因此，增进市场信心对维护金融市场的平稳运行、发挥金融中介的重要作用至关重要。各国金融监管当局都十分重视维护金融市场的信心，都将维持公众对金融体系的信心作为银行业监管的一项重要目标。

监管者维护市场信心，主要是通过以下措施：通过实施审慎有效的监管，及时预警、控制和处置风险，有效防范金融系统性风险；通过信息披露，提高银行业金融机构经营的透明度，增强社会公众对银行体系的信心，防止出现挤提；通过保护存款人利益，增强社会公众对银行监管机构的信任和对银行体系的信心，维护银行业的安全和稳定；通过处罚违法违规经营行为，减少银行犯罪，维护正常的金融秩序和公平的竞争环境。

3. **通过宣传教育工作和相关信息的披露，增进公众对现代金融的了解**

我国市场经济发展的历史很短，金融业发展水平总体不高，银行业金融机构及其客户的市场意识、法律意识、信用意识淡薄，对市场规则的理解和认识不够深入。特别是广大居民金融风险意识不强，自我识别风险和保护能力较弱。作为银行业监管机构，很有必要从保护存款人及广大消费者权益出发，加强宣传教育或推动信息披露，增进公众对现代金融产品、服务和相应风险的识别和了解，增强公众的金融意识、风险意识。同时，通过教育，引导和培育全社会的信用意识，推动建立良好的信用文化和银行信贷文化。

为提高公众信用意识、风险防范意识，有必要对社会公众提供更好的金融教育，增加公众金融知识，培养公众的信用意识和风险意识。一是银行业监管机构方面，开通公众信息服务网，及时发布银行业相关政策信息，利用网站和其他新闻媒体宣讲银行业改革开放、发展和监管方面的信息，为公众了解金融知识提供平台。二是银行业金融机构方面，进一步提高经营透明度，特别要披露涉及客户利益的市场及金融产品信息，让公众清楚地了解金融产品的成本、收益与风险特征。

4. **努力减少金融犯罪，维护金融稳定**

我国银行业金融机构的公司治理和内控机制还不完善，市场经济体系还不健全，法律制度环境有待改善，银行业金融机构违规违法经营现象时有发生，特别是随着改革和监管力度的加大，银行业金融机构大案、要案频发。究其原因，从外部看，是经济下行、旧体制弊端、法律法规制度建设滞后以及社会信用环境较差等多种因素相互交织、相互作用的结果。经济转型时期，银行业所处的社会经济环境更加复杂，社会上犯罪分子甚至国际犯罪团伙也一直把银行业作为作案目标和对象，这些都是银行业案件多发的外因。从内部看，是银行业自身管理体制不完善、基本制度执行不力、内控制度不落实、对基层机构的管控不到位造成的，案件反映出银行业体制和机制方面存在的一些深层次矛盾和问题。金融违法犯罪会放大金融风险，冲击金融体系的安全，危害巨大，所以，必须标本兼治，吸取教训，严格管理，堵塞漏洞，努力减少金融犯罪。

（二）监管理念

原银监会成立后，在认真总结我国经验，并借鉴国际标准的基础上，提出了我国银行业监管的四项新理念，即“管法人、管风险、管内控、提高透明度”。

1. 管法人

所谓“管法人”，就是实施法人监管，注重对银行业金融机构总体风险的把握、防范和化解。首先，银行业金融机构的主要监管指标集中于法人，银行内控制度及其执行效果取决于法人，各类风险最终由法人承担，因此，必须做好法人监管。其次，“管法人”是防范系统性风险的需要。要防止发生系统性风险，就要预防和控制银行业金融机构整体风险，通过并表监管和上下配合监管，加强对每个银行业金融机构整体风险的监测、预警和控制。如果银行业金融机构法人整体经营方向出现偏差，即使一些分支机构经营不错，也难免全局性的灾难。只有管好法人，才能促进银行业金融机构加强管理，提高监管效率，实现银行业监管目标。

“管法人”必须做到两点：一是按照法人机构整体风险情况来分配监管资源，高风险高密度监管，低风险低密度监管。二是强化银行业金融机构总部对各级分支机构的管控能力。监管只需要集中精力督促银行业金融机构法人完善公司治理架构，强化合规意识、提高风险管理意识和经营能力，提升银行业金融机构自我管控能力。

2. 管风险

所谓“管风险”，就是以风险作为银行监管的重点，围绕信用风险、市场风险、操作风险等风险的识别、计量、监测和控制，促使银行体系稳健经营。

“管风险”，主要基于三方面原因：一是银行风险的外部性。银行业金融机构资金主要来自公众存款，一旦发生风险，存款人对银行失去信心，会发生支付危机，甚至影响金融体系的稳定。二是监管资源的稀缺性。面对各种各样的银行业金融机构，及其种类繁多的业务品种，如果管得太多太细，既管银行业金融机构的经营业绩，又管干部任免等问题，势必分散监管人员的注意力，难以抓住银行监管的核心问题。三是风险监管的前瞻性。监管者长期以来重视对银行合规情况的监管，但合规监管在风险防范方面有一定的局限性，而风险监管是主动的、事前的和动态的，强调对风险的识别、计量、监测和控制，并在此基础上对风险进行预警，有利于将风险消灭在萌芽阶段，避免引发系统性、区域性风险。总之，监管者应着眼于维护银行体系的稳定，关注银行业金融机构风险状况和风险管理能力，将合规监管与风险监管有机结合，并逐步代替以风险为基础的持续监管。

3. 管内控

所谓“管内控”，就是要求银行业金融机构本身要建立起有效的内部管控机制，在此基础上，监管者负责督促银行业金融机构不断完善内控制度，提高风险管控能力。

银行业风险源于社会经济运行中的不确定性，但风险控制的关键在于银行内部。银行内部各项业务的实际操作人员，事先对风险的评估、过程中的控制、事后相机性的灵活调整等，都是影响风险的关键因素。外部监管必须通过银行内部的积极管理才能起到有效作用，银行监管不能也不应该代替银行内部管理，而在于指导和监督银行不断完善其公司治理和内控机制。如果被监管机构不配合，设法敷衍逃避，那么外部监管也难以收到预期的效果。受信息不对称影响，银行监管仍然具有事后的特征，如果银行业金融机构没有建立起风险防范的第一道防线即内控机制，外部监管即使再全面及时也不能解决根本问题。

4. 提高透明度

所谓“提高透明度”，是指要求银行业金融机构披露相关信息，提高信息披露质量，让公众方便地获取有关资本充足率、风险状况等重要信息，以加大市场约束力度。同时，要求银行业监管部门提高履行职责的透明度，规范监管行为，接受公众监督。

“提高透明度”主要基于三方面原因：一是便于市场约束。提高银行业金融机构经营透明度是新资本协议三大支柱之一，逐渐成为国际上银行业监管的基本原则，其真正意义在于借此强化对银行业金融机构的市场监督。二是与银行业监管相得益彰。市场约束能够形成对银行业的激励和约束，促使商业银行自觉约束自我行为，适应市场竞争，以高效而审慎的方式开展业务，特别是上市公司信息透明度高，市场约束更为严格。三是有助于增进市场信心。只有良好的信息披露，才能使社会公众对银行业经营和风险情况有较深的了解，为其决策提供必要的信息支持，也有助于对监管部门依法履职情况进行市场监督，从而有助于促进银行业稳健运行。

（三）监管标准

为规范监管行为，检验监管工作成效，国务院银行业监督管理机构借鉴国际同业实践，同时提出了良好监管的六条标准，包括：促进金融稳定和金融创新共同发展；努力提升我国银行业在国际金融服务中的竞争力；对各类监管设限科学合理，有所为，有所不为，减少一切不必要的限制；鼓励公平竞争，反对无序竞争；对监管者和被监管者都要实施严格、明确的问责制；高效、节约地使用一切监管资源。

三、银行监管机构

（一）监管概况

2023 年 3 月，根据中共中央、国务院印发的《党和国家机构改革方案》，明确在中国银行保险监督管理委员会基础上**组建国家金融监督管理总局，统一负责除证券业之外的金融业监管**，强化机构监管、行为监管、功能监管、穿透式监管、持续监管，统筹负责金融消费者权益保护，加强风险管理和防范处置，依法查处违法违规行为。中国人民银行履行对金融控股公司等金融集团的日常监管职责、有关金融消费者保护职责，中国证券监督管理委员会的投资者保护职责划入国家金融监督管理总局。2018 年 3 月组建的中国银行保险监督管理委员会不再保留。

2023 年 3 月，中共中央、国务院印发《党和国家机构改革方案》，决定组建中央金融委员会，加强党中央对金融工作的集中统一领导，负责金融稳定和发展的顶层设计、统筹协调、整体推进、督促落实，研究审议金融领域重大政策、重大问题等，作为党中央决策议事协调机构。设立中央金融委员会办公室，作为中央金融委员会的办事机构，列入党中央机构序列。不再保留国务院金融稳定发展委员会及其办事机构。将国务院金融稳定发展委员会办公室职责划入中央金融委员会办公室。深化地方金融监管体制改革。建立以中央金融管理部门地方派出机构为主的地方金融监管体制，统筹优化中央金融管理部门地方派出机构设置和力量配备。地方政府设立的金融监管机构专司监管职责，不再加挂金融工作局、金融办公室等牌子。

党中央、国务院和地方政府金融管理机构改革标志着党中央加强对金融工作集中统一领导迈出了重要一步。

（二）监管职责

国家金融监督管理总局负责贯彻落实党中央关于金融工作的方针政策和决策部署，把坚持和加强党中央对金融工作的集中统一领导落实到履行职责过程中。主要职责是：

（1）依法对除证券业之外的金融业实行统一监督管理，强化机构监管、行为监管、功能监管、穿透式监管、持续监管，维护金融业合法、稳健运行。

（2）对金融业改革开放和监管有效性相关问题开展系统性研究，参与拟订金融业改革发展战略规划。拟订银行业、保险业、金融控股公司等有关法律法规草案，提出制定和修改建议。制定银行业机构、保险业机构、金融控股公司等有关监管制度。

(3)统筹金融消费者权益保护工作。制定金融消费者权益保护发展规划,建立健全金融消费者权益保护制度,研究金融消费者权益保护重大问题,开展金融消费者教育工作,构建金融消费者投诉处理机制和金融消费纠纷多元化解机制。

(4)依法对银行业机构、保险业机构、金融控股公司等实行准入管理,对其公司治理、风险管理、内部控制、资本充足状况、偿付能力、经营行为、信息披露等实施监管。

(5)依法对银行业机构、保险业机构、金融控股公司等实行现场检查与非现场监管,开展风险与合规评估,查处违法违规行为。

(6)统一编制银行业机构、保险业机构、金融控股公司等的监管数据报表,按照国家有关规定予以发布,履行金融业综合统计相关工作职责。

(7)负责银行业机构、保险业机构、金融控股公司等的科技监管,建立科技监管体系,制定科技监管政策,构建监管大数据平台,开展风险监测、分析、评价、预警,充分利用科技手段加强监管、防范风险。

(8)对银行业机构、保险业机构、金融控股公司等实行穿透式监管,制定股权监管制度,依法审查批准股东、实际控制人及股权变更,依法对股东、实际控制人以及一致行动人、最终受益人等开展调查,对违法违规行为采取相关措施或进行处罚。

(9)建立除货币、支付、征信、反洗钱、外汇和证券期货等领域之外的金融稽查体系,建立行政执法与刑事司法衔接机制,依法对违法违规金融活动相关主体进行调查、取证、处理,涉嫌犯罪的,移送司法机关。

(10)建立银行业机构、保险业机构、金融控股公司等的恢复和处置制度,会同相关部门研究提出有关金融机构恢复和处置意见建议并组织实施。

(11)牵头打击非法金融活动,组织建立非法金融活动监测预警体系,组织协调、指导督促有关部门和地方政府依法开展非法金融活动防范和处置工作。对涉及跨部门跨地区和新业态新产品等非法金融活动,研究提出相关工作建议,按要求组织实施。

(12)按照建立以中央金融管理部门地方派出机构为主的地方金融监管体制要求,指导和监督地方金融监管相关业务工作,指导协调地方政府履行相关金融风险处置属地责任。

(13)负责对银行业机构、保险业机构、金融控股公司等与信息技术服务机构等中介机构的信息科技外包等合作行为进行监管,依法对违法违规行为开展调查,并对金融机构采取相关措施。

(14)参加金融业相关国际组织与国际监管规则制定,开展对外交流与国际合作。

(15)完成党中央、国务院交办的其他任务。

(三)银行监管的流程

1. 市场准入

市场准入是金融机构获得许可证的过程,各国对金融机构实行监管都是从实行市场准入管制开始的。实行市场准入管制是为了防止不合格的金融机构进入金融市场,保持金融市场主体秩序的合理性。**市场准入监管的最直接表现体现为金融机构开业登记、审批的管制**。

2. 非现场监管

非现场监管是指监管部门对金融机构报送的数据、报表和有关资料,以及通过其他渠道(如媒体、定期会谈等)取得的信息,进行整理和综合分析,并通过一系列风险监测和评价指标,对金融机构的经营风险作出初步评价和早期预警。

非现场监管的基本流程如下:

(1)**采集数据**。被监管对象按监管部门统一规定的格式和口径报送基础报表和数据,形成金融监管基础数据库;各级监管部门从数据库中采集所需要的数据,以进行非现场分析。

(2)**对有关数据进行核对、整理**。监管部门在对金融机构所报送数据口径、连续性和准确性进行初步核对的基础上,按照非现场监管指标及风险分析的要求,进行分类和归并。

(3)**生成风险监管指标值**。将基础数据加以分类、归并后,按照事先已经设计出的软件系统和一套风险监测、控制指标,自动生成资产质量、流动性、资本充足率、盈利(亏损)水平和市场风险水平等一系列指标值。

(4)**风险监测分析**。非现场风险监测分析的基本方法包括水平比较分析法、历史比较分析法、行业比较分析法。

(5)**风险初步评价与早期预警**。监管者要对水平分析、历史分析和行业分析的结果、差异,以及导致上述结果与差异的原因进行综合分析,最后得出对该金融机构风险水平及发展趋势的初步综合评价,并及时向金融机构发出早期预警信号,同时启动和指导现场检查,对其风险进行确认和评估。

(6)**指导现场检查**。根据非现场监管发现的主要风险信号和存在的疑问,制定现场检查计划,确定现场检查的对象、时间、范围和重点,并合理分配监管力量,从而提高现场检查的效率和质量。

知识拓展

非现场风险分析的主要内容包括资产质量分析、资本充足性分析、流动性分析、市场风险的分析和盈亏分析等方面。

3. 现场检查

现场检查是指监管人员直接深入金融机构进行业务检查和风险判断分析。现场检查是金融监管的重要手段和方式。通过实施现场检查,有助于全面、深入了解金融机构的经营和风险状况;核实和查清非现场监管中发现的问题和疑点;有助于对金融机构的风险作出客观、全面的判断和评价。

根据检查的目的、范围和重点,现场检查分为常规全面检查和专项检查。全面现场检查要涵盖被检查机构的各项主要业务及风险,以及管理内控的各个领域,要对金融机构的总体经营和风险状况作出判断。专项检查是指对金融机构的一项或几项业务进行的重点检查,具有较强的针对性和目的性。**对金融机构的常规性全面检查应至少一年或一年半进行一次**。对关注的高风险或有问题的金融机构,对其现场检查的频率应更高。

常规性的现场检查,应主要包括以下内容:资产质量和资产损失准备金充足程度,实际资本充足水平,资产负债结构及流动性状况,收益结构及真实盈利水平,市场风险水平及管理能力,管理与内控完善程度,以及遵守法律、法规情况。

真题精练

【导学例题8】我国银行业的监管理念是(　　)。

A. 管市场、管风险、管机构、提高公平性　　B. 管法人、管风险、管内控、提高透明度

C. 管风险、管法人、管内控、提高公正性　　D. 管市场、管机构、管内控、提高公开性

B　【解析】我国银行业监管的四项新理念,即"管法人、管风险、管内控、提高透明度"。

第七节　银行风险管理

一、银行风险的定义与分类

(一)银行风险的定义

可以把风险简单定义为银行在经营过程中,由于一系列不确定因素的影响,导致资产和收益损失的可能性。对银行风险的定义,可以从两个角度理解:一是强调结果的不确定性;二是强调不确定性带来的不利后果。

风险不等同于损失本身,风险是一个事前概念,损失是一个事后概念。

(二)银行风险的分类

按照遭受风险的范围划分,银行风险可以分为系统性风险和非系统性风险;按照银行业务结构划分,银行风险可以分为资产风险、负债风险、中间业务风险;按照风险主体划分,银行风险可以分为公司风险、个人风险、国家风险等。结合银行经营的特征及诱发风险的原因,巴塞尔委员会将商业银行面临的风险分为信用风险、市场风险、操作风险、流动性风险、国家风险、声誉风险、法律风险和战略风险八个主要类型,这也是业界较为通用的风险分类方法。

(1)信用风险。**商业银行面临的主要风险是信用风险，即借款人或交易对手不能按照事先达成的协议履行义务的可能性**。这些风险不仅存在于银行的贷款业务中,也存在于其他表内和表外业务中。

(2)市场风险。**市场风险是指因市场价格（利率、汇率、股票价格和商品价格）的不利变动而使银行表内和表外业务发生损失的风险**。目前我国商业银行市场风险主要表现为利率风险和汇率风险。

(3)操作风险。**操作风险是指由不完善或有问题的内部程序、人员和信息科技系统，以及外部事件所造成损失的风险，包括法律风险，但不包括战略风险和声誉风险**。

(4)流动性风险。流动性风险是指商业银行无法及时获得或以合理成本获得充足资金,用于偿付到期债务、履行其他支付义务或满足正常业务开展需要的风险。流动性风险通常被视为一种综合性风险。

(5)国家风险。国家风险是指在与非本国国民进行国际经贸与金融往来中,由于他国(或地区)经济、政治、社会变化及事件而遭受损失的可能性。**国家风险通常是由债务人所在国家（或地区）的行为引起的，超出了债权人控制范围**。

(6)声誉风险。声誉风险是指由商业银行经营、管理及其他行为或外部事件导致利益相关者对商业银行负面评价的风险。

(7)法律风险。法律风险是指商业银行在日常经营活动中,由于无法满足或违反法律要求,不能履行合同、发生争议/诉讼或其他法律纠纷而可能给商业银行造成经济损失的风险。法律风险是一种特殊类型的操作风险。

(8)战略风险。战略风险是指商业银行在追求短期商业目的和长期发展目标的系统化管理过程中,不适当的发展规划和战略决策可能威胁商业银行未来发展的潜在风险。**战略风险主要来源于四个方面：一是商业银行战略目标缺乏整体兼容性；二是为实现这些目标而制定的经营战略存在缺陷；三是为实现目标所需要的资源匮乏；四是整个战略实施过程中的质量难以保证**。

知识拓展

国家风险有两个特点:一是国家风险发生在国际经济金融活动中,在同一个国家范围内的经济金融活动不存在国家风险;二是在国际经济金融活动中,不论是政府、银行、企业还是个人,都可能遭受国家风险所带来的损失。

真题精练

【导学例题9】国家风险通常是由(　　)所在国家(或地区)的行为引起的,超出了(　　)控制范围。

A. 债权人;债权人　　B. 债务人;债务人

C. 债权人;债务人　　D. 债务人;债权人

D　【解析】国家风险通常是由债务人所在国家(或地区)的行为引起的,超出了债权人控制范围。

二、全面风险管理

(一)全面风险管理的原则

全面风险管理的原则包括:

(1)**匹配性原则**。全面风险管理体系应当与风险状况和系统重要性等相适应,并根据环境变化进行调整。

(2)**全覆盖原则**。覆盖各个业务条线,包括本外币、表内外、境内外业务;覆盖所有分支机构、附属机构,部门、岗位和人员;覆盖所有风险种类和不同风险之间的相互影响;贯穿决策、执行和监督全部管理环节。

(3)**独立性原则**。建立独立的全面风险管理组织架构,赋予风险管理条线足够的授权、人力资源及其他资源配置,建立科学合理的报告渠道,与业务条线之间形成相互制衡的运行机制。

(4)**有效性原则**。将全面风险管理的结果应用于经营管理,根据风险状况、市场和宏观经济情况评估资本和流动性的充足性,有效抵御所承担的总体风险和各类风险。

（二）风险策略

1. **风险分散**

风险分散是指通过多样化的投资来分散和降低风险的策略性选择。“不要将所有的鸡蛋放在一个篮子里”的古老投资格言形象地说明了这一方法。**马柯维茨的现代投资组合理论认为，只要两种资产收益率的相关系数不为1（即不完全正相关），分散投资于两种资产就具有降低风险的作用。**

2. **风险对冲**

风险对冲是指通过投资或购买与标的资产收益波动负相关的某种资产或衍生产品，来冲销标的资产潜在损失的一种策略性选择。风险对冲对管理市场风险（利率风险、汇率风险、股票风险和商品风险）非常有效，可以分为：

（1）自我对冲。自我对冲是指商业银行利用资产负债表或某些具有收益负相关性质的业务组合本身所具有的对冲特性进行风险对冲。

（2）市场对冲。市场对冲是指商业银行对于无法通过资产负债表和相关业务调整进行自我对冲的风险，通过衍生产品市场进行对冲。

3. **风险转移**

风险转移是指通过购买某种金融产品或采取其他合法的经济措施将风险转移给其他经济主体的一种策略性选择。风险转移可分为：

（1）保险转移。保险转移是指商业银行购买保险，以缴纳保险费为代价，将风险转移给承保人。当商业银行发生风险损失时，承保人按照保险合同的约定责任给予商业银行一定的经济补偿。

（2）非保险转移。担保、备用信用证等能够将信用风险转移给第三方。

此外，在金融市场中，某些衍生产品（如期权合约）可看作特殊形式的保单，为投资者提供了转移利率、汇率、股票和商品价格风险的工具。

4. **风险规避**

风险规避是指商业银行拒绝或退出某一业务或市场，以避免承担该业务或市场风险的策略性选择。风险规避策略在规避风险的同时自然也失去了在这一业务领域获得收益的机会。风险规避策略是一种消极的风险管理策略，不宜成为风险管理的主导策略。

5. **风险补偿**

风险补偿是指商业银行在所从事的业务活动造成实质性损失之前，对所承担的风险进行价格补偿的策略性选择。

（三）风险管理流程

1. 风险识别

风险识别包括感知风险和分析风险两个环节。良好的风险识别应具有全面性和前瞻性，既要尽可能识别出银行所面临的风险类别，确保覆盖银行面临的所有实质性风险，又能够前瞻性地考察风险变化趋势以及可能出现的新的风险类别和性质。

2. 风险计量

风险计量是在风险识别的基础上，对风险发生的可能性、后果及严重程度进行充分分析和评估，从而确定风险水平的过程。风险计量是提升银行精细化管理水平、优化资源配置的基础。目前，我国商业银行业开始逐渐采取资本计量的高级方法，提高风险计量的科学性和准确性。

3. 风险监测

风险监测是指通过对一些关键的风险指标和环节进行监测，关注银行风险变化的程度，建立风险预警机制；同时，向内外部不同层级的主体报告对风险的定性、定量评估结果，以及所采取的风险管控措施及其质量和效果。

4. 风险控制

风险控制是对经过识别和计量的风险采取分散、对冲、转移、规避、补偿等策略和措施，进行有效管理和控制的过程。

三、信用风险管理

（一）信用风险的分类

（1）**按照风险能否分散，信用风险可分为系统性信用风险和非系统性信用风险**。

（2）按照风险发生的形式，信用风险可分为结算前风险和结算风险。其中，结算风险在外汇交易中较为常见，涉及在不同的时间以不同的货币进行结算交易。

（3）按照风险暴露特征和引起风险主体不同，信用风险可分为主权信用风险暴露、金融机构信用风险暴露、零售信用风险暴露、公司信用风险暴露、股权信用风险暴露和其他信用风险暴露六大类。其中，主权信用风险暴露、金融机构信用风险暴露、公司信用风险暴露统称为非零售信用风险暴露。

（二）信用风险的计量

1. 信用风险参数

（1）**违约概率（PD）**。违约概率是债务人在未来一段时间内（一般是 1 年）发生违约的可能性。

（2）**违约损失率（LGD）**。违约损失率是指某一债项违约导致的损失金额占该违约债项风险暴露的比例，即损失占风险暴露总额的百分比。

（3）**违约风险暴露（EAD）**。违约风险暴露是指债务人发生违约时预期表内和表外项目风险暴露总额，反映了可能发生损失的总额度。

（4）**有效期限（M）**。有效期限是指某一债项的剩余有效期限。

（5）**预期损失**。通过上述风险参数，可以按照如下公式计算预期损失：

预期损失＝违约概率 ×违约损失率 ×违约风险暴露

（6）**非预期损失**。对非预期损失的计量比预期损失要复杂得多，且组合的非预期损失并不是单笔债项非预期损失简单相加，而是与各债项之间的相关性密切相关。

2. 信用风险加权资产的计量

信用风险加权资产等于信用风险暴露与风险权重的乘积，综合反映了银行信贷资产的风险水平。**商业银行可以采用权重法或内部评级法计量信用风险加权资产**。商业银行采用内部评级法计量信用风险加权资产的，应符合《商业银行资本管理办法》的规定，并经国家金融监督管理总局或其派出机构验收通过。内部评级法未覆盖的风险暴露应采用权重法计量信用风险加权资产。

（三）信用风险的管控手段

常用的信用风险控制手段包括明确信贷准入和退出政策、限额管理、风险缓释、风险定价等。

1. 信贷准入和退出

（1）信贷准入。信贷准入是指银行通过制定信贷政策，明确银行意愿对客户开办某项信贷业务或产品的最低要求。常见的信贷准入策略考虑的因素包括客户的信用等级、客户的财务与经营状况、风险调整后收益（RAROC）等。

（2）信贷退出。信贷退出是指银行在对存量信贷资产进行风险收益评估的基础上，收回对超出其风险容忍度的贷款，以达到降低风险总量、优化信贷结构的目的。

2. 限额管理

限额是指银行根据自身风险偏好、风险承担能力和风险管理策略，对银行承担的风险设定的上限，防止银行过度承担风险。一般来说，银行既可对单个客户设定风险限额（授信额度），也可从国别或区域、行业、产品类型等组合维度设定限额。

3. 风险缓释

信用风险缓释是指银行运用合格的抵质押品、净额结算、保证和信用衍生工具等方式转移或降低信用风险。**信用风险缓释功能可以体现为违约概率、违约损失率或违约风险暴露的下降**。

（1）抵质押品。常见的抵质押品包括金融质押品、应收账款、商用房地产和居住用房地产、土地使用权等。

（2）保证。保证是指保证人和债权人约定，当债务人不履行债务时，保证人按照约定履行债务或者承担责任的行为。

(3)信用衍生工具。信用衍生工具是用来分离和转移信用风险的各种工具和技术的统称,比较常见的衍生工具有信用违约互换、总收益互换、信用联系票据和信用利差期权等。

(4)净额结算。净额结算是指参与交易的机构以交易参与方为单位,对其买入和卖出交易的余额进行轧差,以轧差得到的净额组织交易参与方进行交割的制度。净额结算的缓释作用主要体现为降低违约风险暴露。

4. 风险定价

信用风险也是银行面临的一种成本,银行需要通过风险定价加以覆盖,并计提相应的风险准备金,以便在实际遭受损失时进行抵补。

四、市场风险管理

(一)市场风险的分类

1. 利率风险

利率风险是指市场利率变动的不确定对银行造成损失的风险。利率风险是银行面临的主要市场风险。**利率风险按照来源的不同,可以分为重新定价风险、收益率曲线风险、基准风险和期权性风险**。

2. 汇率风险

汇率风险是指汇率的不利变动导致银行业务发生损失的风险。根据产生的原因,汇率风险可以分为两类:

(1)外汇交易风险。它主要来自两个方面:一是为客户提供外汇交易服务时未能立即进行对冲的外汇敞口头寸;二是银行对外币走势有某种预期而持有的外汇敞口头寸。

(2)外汇结构性风险。它是因银行结构性资产与负债之间币种的不匹配而产生的。

3. 股票价格风险

股票价格风险是指由于商业银行持有的股票价格发生不利变动而给商业银行带来损失的风险。目前,我国商业银行不能从事证券经营业务。

4. 商品价格风险

商品价格风险是指商业银行所持有的各类商品的价格发生不利变动而给商业银行带来损失的风险。

(二)市场风险的计量

1. 市场风险的计量方法

(1)缺口分析。缺口分析是衡量利率变动对银行当期收益影响的一种方法。

(2)久期分析。久期分析也称持续期分析或期限弹性分析,是衡量利率变动对银行经济价值影响的一种方法。

(3)外汇敞口分析。外汇敞口分析是衡量汇率变动对银行当期收益影响的一种方法。

(4)风险价值法。**目前常用的风险价值模型技术主要有三种:方差—协方差法、历史模拟法和蒙特卡洛模拟法**。风险价值是计量市场风险的一种较为先进的做法,其主要优点是可以将不同业务、不同类别的市场风险用一个确切的数值(VaR 值)表示出来,有利于进行风险的监测、管理和控制。

(5)敏感性分析与情景分析。敏感性分析是指在保持其他条件不变的前提下,研究单个市场风险要素(利率、汇率、股票价格和商品价格)的变化可能会对金融工具或资产组合的收益或经济价值产生的影响。与敏感性分析对单一因素进行分析不同,情景分析是一种多因素分析方法,研究多种因素同时作用时可能产生的影响。

(6)压力测试。银行不仅应采用各种市场风险计量方法对在一般市场情况下所承受的市场风险进行分析,还应当通过压力测试来估算突发的小概率事件等极端不利情况可能对其造成的潜在损失,评估银行在极端不利情况下的亏损承受能力。

2. 市场风险资本要求的计量

《商业银行资本管理办法》规定,商业银行可以采用标准法、内部模型法或简化标准法计量市场风险资本要求。商业银行市场风险加权资产为市场风险资本要求的 12.5 倍,即市场风险加权资产 = 市场风险资本要求 ×12.5。

(1)**标准法**。商业银行采用标准法,应分别计量基于敏感度方法的资本要求、违约风险资本要求和剩余风险附加资本要求。基于敏感度方法的资本要求为德尔塔、维伽和曲度三项风险资本要求之和。风险类别包括一般利率风险、非证券化信用利差风险、非相关性交易组合证券化信用利差风险、相关性交易组合证券化信用利差风险、股票风险、商品风险和汇率风险。违约风险资本要求的风险类别包括非证券化违约风险、非相关性交易组合证券化违约风险和相关性交易组合证券化违约风险。标的为奇异性资产的工具和承担其他剩余风险的工具应计量剩余风险附加资本要求。

(2)**内部模型法**。内部模型法的核心是以风险价值为指标来度量市场风险,并在此基础上确定资本要求。内部模型法应涵盖的风险因子包括一般利率风险、信用利差风险、股票风险、汇率风险、商品风险,以及与上述五大类别市场风险相关的期权性风险、基差风险和相关性风险等风险因子。

(3)**简化标准法**。简化标准法市场风险资本要求为利率风险、汇率风险、商品风险、股票风险和以各类风险为基础的期权风险的资本要求经相应的调整后加总,公式如下:

市场风险资本要求=利率风险资本要求(含利率类期权风险资本要求)×1.3+汇率风险资本要求(含汇率类期权风险资本要求)×1.2+商品风险资本要求(含商品类期权风险资本要求)×1.9+股票风险资本要求(含股票类期权风险资本要求)×3.5

利率风险资本要求和股票风险资本要求为一般市场风险资本要求和特定市场风险资本要求之和。期权风险资本要求纳入其标的对应风险类别进行资本要求汇总。

(三)市场风险的管控手段

1. 限额管理

常用的市场风险限额包括交易限额、风险限额和止损限额。

(1)交易限额。交易限额是指对总交易头寸或净交易头寸设定的限额。

(2)风险限额。风险限额是指对采用一定的计量方法获得的市场风险规模设置限额。

(3)止损限额。止损限额是指所允许的最大损失额。

2. 风险对冲

市场风险对冲是指通过投资或购买与管理基础资产收益波动负相关的某种资产或金融衍生产品来冲销风险的一种风险管理策略。

五、操作风险管理

(一)操作风险的分类

根据操作风险引起原因的不同,可以分为由人员、流程、系统和外部事件所引发的四类风险。

(1)人员因素。人员因素主要是因银行内部员工发生内部欺诈、失职违规以及因员工的知识/技能匮乏、关键人员流失、违反用工法、劳动力中断等造成损失或者不良影响的风险。

(2)内部流程。内部流程是指由于商业银行业务流程缺失、流程设计不合理,或者没有被严格执行而造成损失的风险,主要包括财务/会计错误、文件/合同缺陷、产品设计缺陷、结算/支付错误、错误监控/报告、交易/定价错误六个方面。

(3)系统因素。系统因素是指由IT系统开发不完善、系统(软硬件)失灵或瘫痪、系统功能漏洞等导致银行不能正常提供服务或业务中断,以及系统数据风险影响业务正常运行而导致损失的风险。

(4)外部事件。外部事件是指由外部主观或客观的破坏性因素导致损失的风险。外部事件引起银行损失的范围非常广泛,包括自然灾害、政治风险、外部欺诈、外部人员犯罪等。

此外,根据巴塞尔资本协议,操作风险损失事件可以分为以下七类:内部欺诈事件,外部欺诈事件,就业制度和工作场所安全事件,客户、产品和业务活动事件,实物资产的损坏事件,信息科技系统事件,执行、交割和流程管理事件。

(二)操作风险的计量

《商业银行资本管理办法》规定,商业银行可以采用标准法或基本指标法计量操作风险资本要求。操作风险加权资产为操作风险资本要求的12.5倍,即:操作风险加权资产=操作风险资本要求×12.5。

1. 标准法

标准法以业务指标为基础，基于内部损失乘数进行调整，《商业银行资本管理办法》考虑我国银行业操作风险管理水平，对银行使用自行估计的内部损失乘数设置了底线。商业银行应按照以下公式计量操作风险资本要求：$K_{TSA}=BIC\times ILM$。其中，K_{TSA} 为按标准法计量的操作风险资本要求，BIC 为业务指标部分，ILM 为内部损失乘数。

业务指标部分（BIC）等于商业银行的业务指标（BI）乘以对应的边际资本系数 α_i。

《商业银行资本管理办法》以更具风险敏感性的业务指标（BI）取代总收入（GI）作为银行业务规模的替代性指标，业务指标（BI）为利息、租赁和股利部分（ILDC），服务部分（SC）及金融部分（FC）之和，即 $BI=ILDC+SC+FC$。其中，BI 划分为 80 亿元（含）以下、80 亿～2 400 亿元（含）和 2 400 亿元以上三个区间，对应设置三个累进层级的边际资本系数 12%、15%、18%，反映操作风险资本占用与银行规模的非线性关系。

内部损失乘数（ILM）是基于商业银行操作风险平均历史损失数据与业务指标部分的调整因子。

2. 基本指标法

银行采用基本指标法，应当以总收入为基础计量操作风险资本要求，总收入为净利息收入与净非利息收入之和。操作风险资本要求等于银行前三年总收入的平均值与一个固定比例（为 15%）的乘积。操作风险资本要求计量公式如下：

$$K_{BIA}=\frac{\sum_{i=1}^{n}(GI_i\times\alpha)}{n}$$

其中，K_{BIA} 为按基本指标法计量的操作风险资本要求，GI 为近三年中每年正的总收入，n 为近三年中总收入为正的年数，α 为 15%。

总体上看，基本指标法计算方法较为简单，资本与收入呈线性关系，银行收入越高、资本要求越大。

（三）操作风险的管控手段

1. 操作风险管理工具

操作风险管理工具包括：

（1）操作风险与控制自评估。操作风险与控制自评估主要包括风险评估和控制评价两个方面内容。

（2）关键风险指标。

（3）损失数据库。

2. 业务连续性管理

业务连续性管理是指为有效应对突发事件导致的重要业务运营中断，建设应急响应、恢复机制和管理能力框架，保障重要业务持续运营的一整套管理过程，包括组织架构、策略、预案体系、资源保障、演练和应急处置等。

六、流动性风险管理

（一）流动性风险的分类

1. 市场流动性风险

市场流动性风险是指由于市场深度不足或市场动荡，商业银行无法以合理的市场价格出售资产以获得资金的风险，反映了商业银行在无损失或微小损失情况下迅速变现的能力。资产变现能力越强，银行流动性状况越佳，其流动性风险也相应越低。

2. 融资流动性风险

融资流动性风险是指商业银行在不影响日常经营或财务状况的情况下，无法及时有效满足资金需求的风险，反映了商业银行在合理的时间、成本条件下迅速获取资金的能力。

（二）流动性风险的计量

商业银行应当在法人和集团层面，分别计算未并表和并表的流动性风险状况。**用于反映银行流动性风险状况的指标包括流动性覆盖率、净稳定资金比例、流动性比例、流动性匹配率和优质流动性资产充足率**。其中，资产规模不小于 2 000 亿元人民币的商业银行应当持续达到流动性覆盖率、净稳定资金比例、流动性比例和流动性匹配率的最低监管标准；资产规模小于2 000亿元人民币的商业银行应当持续达到优质流动性资产充足率、流动性比例和流动性匹配率的最低监管标准。

（三）流动性风险的管控手段

1. 现金流量管理

银行应以其融资能力和风险承受能力为基础设定现金流期限错配限额，并保证每一期限内的现金流错配净额低于现金流期限错配限额。期限错配情况的分析和监测可以涵盖隔夜、7天、14天、1个月、2个月、3个月、6个月、9个月、1年、2年、3年、5年和5年以上等多个时间段。相关参考指标包括但不限于各个时间段的流动性缺口和流动性缺口率。

2. 限额管理

流动性风险限额包括但不限于现金流缺口限额、负债集中度限额、集团内部交易和融资限额。

3. 融资管理

商业银行融资管理的目的是提高融资来源的多元化和稳定程度。融资管理主要包括以下几个方面的内容：

(1)分析正常和压力情景下未来不同时间段的融资需求和来源。

(2)加强负债品种、期限、交易对手、币种、融资抵(质)押品和融资市场等的集中度管理，适当设置集中度限额，对于同业批发融资，应按总量和主要期限分别设定限额。

(3)加强融资渠道管理，积极维护与主要融资交易对手的关系，保持在市场上的适当活跃程度，并定期评估市场融资与资产变现能力。

(4)密切监测主要金融市场的交易量和价格等变动情况，评估市场流动性对商业银行融资能力的影响。

4. 压力测试

压力测试频率应当与商业银行的规模、风险水平及市场影响力相适应，但至少每季度应进行一次常规压力测试，出现市场剧烈波动等情况时，应当提高压力测试频率。

5. 应急计划

商业银行要制订有效的流动性风险应急计划，确保其可以应对紧急情况下的流动性需求。

七、声誉风险管理

（一）声誉风险管理概述

1. 含义

声誉风险是指由商业银行行为、从业人员行为或外部事件等，导致利益相关方、社会公众、媒体等对商业银行形成负面评价，从而损害其品牌价值，不利其正常经营，甚至影响到市场稳定和社会稳定的风险。

2. 基本原则

(1)前瞻性原则。

(2)匹配性原则。

(3)全覆盖原则。

(4)有效性原则。

（二）声誉风险治理架构

董事会、监事会和高级管理层分别承担声誉风险管理的最终责任、监督责任和管理责任，董事长或主要负责人为第一责任人。

(1)董事会负责确定声誉风险管理策略和总体目标，掌握声誉风险状况，监督高级管理层开展声誉风险管理。

(2)监事会负责监督董事会和高级管理层在声誉风险管理方面的履职尽责情况，并将相关情况纳入监事会工作报告。

(3)高级管理层负责建立健全声誉风险管理制度，完善工作机制，制定重大事项的声誉风险应对预案和处置方案，安排并推进声誉事件处置。每年至少进行一次声誉风险管理评估。

知识拓展

银行业从业人员应当自觉遵守法律法规、行业自律规范和所在机构的各种规章制度，保护所在机构的商业秘密、知识产权和专有技术，自觉维护所在机构的形象和声誉。

（三）声誉风险管理的流程

1. 风险评估

建立声誉风险事前评估机制，在进行重大战略调整、参与重大项目、实施重大金融创新及展业、重大营销活动及媒体推广、披露重要信息、涉及重大法律诉讼或行政处罚、面临群体性事件、遇到行业规则或外部环境发生重大变化等容易产生声誉风险的情形时，应进行声誉风险评估，根据评估结果制定应对预案。

2. 风险监测

建立声誉风险监测机制，充分考虑与信用风险、保险风险、市场风险、流动性风险、操作风险、国别风险、利率风险、战略风险、信息科技风险以及其他风险的关联性，及时发现和识别声誉风险。

3. 风险分级

建立声誉事件分级机制，结合本机构实际，对声誉事件的性质、严重程度、传播速度、影响范围和发展趋势等进行研判评估，科学分类，分级应对。

4. 风险处置

加强声誉风险应对处置，按照声誉事件的不同级别，灵活采取相应措施。

5. 风险报告

建立声誉事件报告机制，明确报告要求、路径和时限。对于符合突发事件信息报告有关规定的，按要求向监管部门报告。

6. 考核问责

强化考核问责，将声誉事件的防范处置情况纳入考核范围，对引发声誉事件或预防及处置不当造成重大损失或严重不良影响的相关人员和声誉风险管理部门、其他职能部门、分支机构等应依法依规进行问责追责。

（四）声誉风险管理的常态化建设

声誉风险管理的常态化建设的具体内容如下：

（1）持续开展声誉风险隐患排查，定期开展声誉风险情景模拟和应急演练，将声誉风险管理纳入内部审计范畴。

（2）建立与投诉、举报、调解、诉讼等联动的声誉风险防范机制。

（3）主动接受社会舆论监督，建立统一管理的采访接待和信息发布机制，及时准确公开信息。

（4）做好声誉资本积累，加强品牌建设，承担社会责任，诚实守信经营，提供优质高效服务。

真题精练

【导学例题 10】（　　）是衡量利率变动对银行经济价值影响的一种方法。

A. 缺口分析　　B. 久期分析

C. 外汇敞口分析　　D. 风险价值法

B　【解析】缺口分析是衡量利率变动对银行当期收益影响的一种方法。久期分析也称持续期分析或期限弹性分析，是衡量利率变动对银行经济价值影响的一种方法。外汇敞口分析是衡量汇率变动对银行当期收益影响的一种方法。风险价值是计量市场风险的一种较为先进的做法。

全国银行招聘考试导学教材

02

第二部分 公共基础知识

第一章　经济学基础知识

导学教案

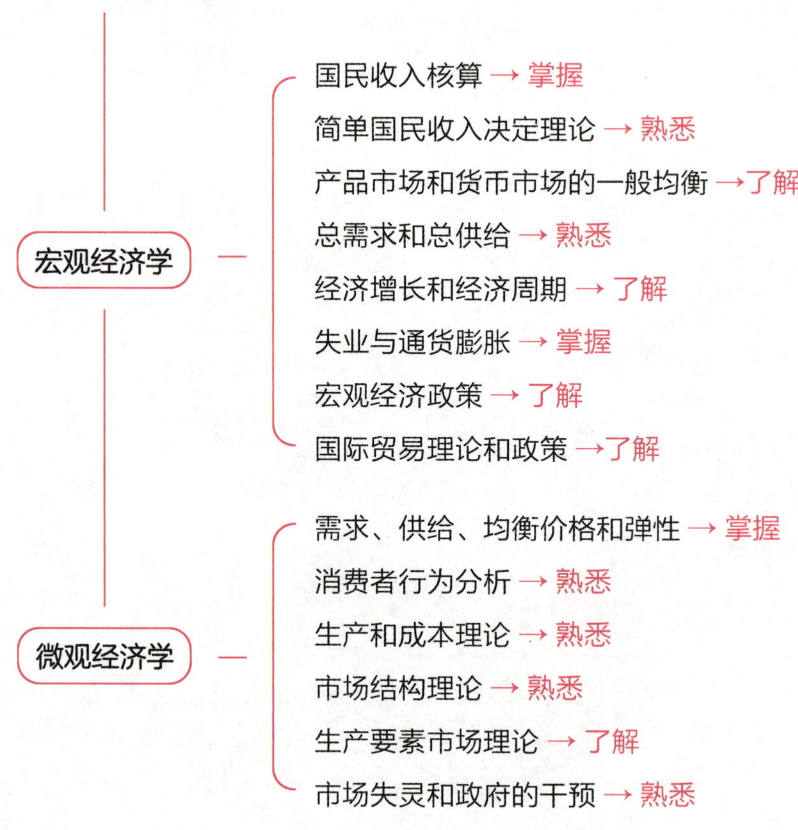

导学课程

第一节　宏观经济学

一、国民收入核算

宏观经济学研究的是社会总体的经济行为及其后果。研究社会总体经济行为就是研究国民收入,即研究如何使国民收入稳定地(没有通胀和衰退)以较合适的速度增长。这表明,宏观经济运行中的主要问题有:经济波动及与此相联系的就业与失业问题;价格水平及与此相联系的通胀问题;经济增长问题等。

宏观经济学研究整个社会的经济活动,首先要有定义和计量总产出或总收入的一套方法,国民收入核算就是在研究这套方法。核算国民经济活动的核心指标是国内生产总值(GDP)。

(一)国内生产总值概述

国内生产总值(GDP)是指经济社会(即一国或一地区)在一定时期内(通常是 1 年)运用生产要素所生产的全部最终产品(物品和劳务)的市场价值。该指标是目前世界各国(或地区)普遍使用的衡量经济活动总量的基本指标。

从以下几个方面可以更好地理解 GDP:

（1）GDP 是一个市场价值的概念，各种最终产品的市场价值都是用货币加以衡量的。

（2）GDP 测度的是最终产品的价值，中间产品价值不计入 GDP，否则会造成重复计算。

（3）GDP 是一定时期内（往往为 1 年）所生产而不是所售卖掉的最终产品价值。

（4）GDP 是计算期内生产的最终产品价值，因而是流量而不是存量。流量是一定时期内发生的变量，存量是一定时点上存在的变量。

（5）GDP 是一国范围内生产的最终产品的市场价值，从而是一个地域概念，而与此相联系的国民生产总值（GNP）则是个国民概念，乃指某国国民所拥有的全部生产要素在一定时期内所生产的最终产品的市场价值。

（6）GDP 一般仅指市场活动导致的价值。家务劳动、自给自足生产等非市场活动不计入 GDP 中。

国内生产总值有三种形态，即价值形态、收入形态和产品形态。

真题精练

【导学例题 1】GDP 是衡量经济发展状况的重要指标，那么下列表述中不会计入 GDP 的是（　　）。

A. 某家庭在春节时购买了 500 元人民币的烟花

B. 节假日家庭外出旅游支出的费用是 2 万元人民币

C. 家庭雇佣小时工每月支出 3 000 元人民币

D. 甲请假一天，粉刷自家新房节省了 300 元人工费

D 【解析】GDP 是指一个国家或地区在一定时期内所生产的全部最终产品和服务的市场价值。GDP 一般仅指市场活动导致的价值。家务劳动、自给自足生产等非市场活动不计入 GDP。D 项甲粉刷自有房屋，不应被计入 GDP。

（二）国民收入的其他衡量指标

（1）国内生产净值（NDP）：从 GDP 中扣除资本折旧，就得到国内生产净值。"总"和"净"对于投资也具有类似意义。总投资是一定时期内的全部投资，即建设的全部厂房、设备和住宅等，而净投资是总投资中扣除了资本消耗或者说重置投资的部分。

（2）国民收入（NI）：从国内生产净值中扣除间接税和企业转移支付加政府补助金，就得到一国生产要素在一定时期内提供生产性服务所得报酬即工资、利息、租金和利润的总和意义上的国民收入。

（3）个人收入（PI）：从国民收入中减去公司未分配利润、公司所得税及社会保险税（费），加上政府给个人的转移支付，大体上就得到个人收入。

（4）个人可支配收入（DPI）：个人收入不能全归个人支配，因为要缴纳个人所得税，税后的个人收入才是个人可支配收入，即人们可用来消费或储蓄的收入。

（三）国内生产总值的计算方法

在实际核算中，国内生产总值的计算方法主要有收入法和支出法两种。其中，收入法就是从收入的角度核算整个社会在一定时期内获得的收入来求得 GDP；支出法就是从支出的角度，通过核算整个社会在一定时期内购买最终产品的支付总和来核算国内生产总值。

1. 收入法

收入法是从生产过程中创造原始收入的角度计算的国内生产总值。因此用收入法核算的国内生产总值应包括以下一些项目：

（1）工资、利息和租金等生产要素的报酬。

（2）非公司企业主收入，如医生、律师、农民和小店铺主的收入。

（3）公司税前利润，包括公司所得税、社会保险税、股东红利及公司未分配利润等。

（4）企业转移支付及企业间接税。

（5）资本折旧。它虽不是要素收入，但包括在应回收的投资成本中，故也应计入 GDP。

按收入法计得的国民总收入 = 工资 + 利息 + 利润 + 租金 + 间接税和企业转移支付 + 折旧。它和支出法计得的国内生产总值从理论上说是相等的。但实际核算中常有误差，因而还要加上一个统计误差。

2. 支出法

支出法国内生产总值是从社会最终使用的角度计算的国内生产总值。国内生产总值是一定时期内生产的可供最终使用的产品价值，这些产品最终使用的去向，一是用于最终消费，二是用于投资即资本形

成，三是用于出口。将一定时期内这三项最终使用价值相加，就是支出法国内生产总值，公式为：

支出法国内生产总值 = 最终消费 + 资本形成总额 + 净出口

(1)最终消费。最终消费包括居民消费和政府消费。前者是一定时期内城乡居民为满足个人的物质和文化生活需要所消费的全部货物和服务，后者是政府为全社会提供公共服务的支出，以及政府免费或低于市价向居民提供的货物和服务的净支出。

(2)资本形成总额。资本形成总额包括固定资本形成和存货变动。固定资本形成是常住单位建造、购置和转入的固定资产扣除销售和转出固定资产后的价值。存货变动包括原材料、燃料库存，生产单位产成品、半成品、在制品库存，销售单位商品库存期末价值减期初价值的差额。

(3)净出口。净出口是一定时期货物和服务出口总值减进口总值后的差额。出口是本国(常住单位)向国外(非常住单位)销售和无偿转让货物和服务，进口是本国从国外购买和无偿得到的货物和服务。

要点点拨

运用支出法核算国内生产总值，可以计算资本形成率和最终消费率。资本形成率是指资本形成总额占国内生产总值的比重；最终消费率指最终消费支出占国内生产总值的比重。

如果对居民和政府的支出再分开核算，则支出法国内生产总值可以分为四个部分：居民消费支出；固定投资支出；政府购买；净出口。

上述四个项目构成了国内生产总值。如果用字母 C 表示居民消费，用 I 表示投资，用 G 表示政府购买，用(X－M)表示净出口，用支出法计算 GDP 的公式可以表示为：

$$GDP = C + I + G + (X - M)$$

(四)国民收入构成的基本公式

1. 两部门经济中的储蓄—投资恒等式

假设一个社会只有消费者(居民)和企业两个部门，没有政府部门和进出口部门，因此就没有企业间接税等税收项目，也没有政府购买和进出口贸易。为了分析简便起见，先不考虑折旧。我们把这样的经济体系模型称为两部门经济。

在两部门经济中，从支出的角度来看，国内生产总值等于总支出，即消费支出的总和，所以有 GDP = Y = C + I；从收入的角度来看，国内生产总值等于国民总收入，总收入的一部分用来消费，剩余的一部分用来进行储蓄，用字母 S 表示，这样国民收入就为 Y = C + S，即 GDP = Y = C + S。由前面的分析可以看出，从这两种角度核算的国内生产总值应该相等，故有：

$$GDP = C + I = Y = C + S$$

进而有：

$$C + I = C + S$$

公式两边同时消去 C 就得到 I = S，即得到储蓄—投资恒等式。其含义是：消费者未用于购买消费品的那部分收入(即储蓄 S)等于未归于消费者手中的产品的价值(即投资 I)。

需要指出的是，上述储蓄—投资恒等式是根据国内生产总值核算方法的定义得出。根据定义，从支出角度看，国内生产总值等于消费加上投资，即 Y = C + I；从收入角度看，国民总收入又等于消费加储蓄，即 Y = C + S。而国内生产总值又等于国民总收入，这样得出恒等关系，这种恒等关系就是两部门经济的总供给(C + S)和总需求(C + I)的恒等关系。

2. 三部门经济中的储蓄—投资恒等式

在两部门经济的基础上加上政府部门的活动，就构成了三部门经济。政府支出主要包括政府购买(政府用于购买物品和服务的支出)和转移支付(政府给予居民的转移支付)。用 G 表示政府购买，用 T 表示政府税收。**把政府考虑进来，从支出角度来看，国内生产总值就等于居民消费支出、投资支出和政府购买支出的总和，即 GDP = Y = C + I + G；从收入角度看，国民收入仍是所有要素所得的收入之和，即工资、利息、租金和利润的总和**。国民收入除了用于消费和储蓄，还要有一部分用来交纳税金。但是，居民一方面交纳税金，另一方面又获得政府给予的转移支付，政府的净收入就要去掉这部分支出。用 T_0 表示政府的全部税收收入，用 T_r 表示政府转移支付，T 表示政府净收入，那么 $T = T_0 - T_r$。所以，从收入方面来看国民收入则为 Y = C + S + T。

从前面分析，总支出等于总收入，国内生产总值等于国民收入。因此有：

$$GDP = C + I + G = C + S + T = Y$$

得：

$$I = S + (T - G)$$

上式的(T－G)可以看作是政府部门的储蓄，可以是正值，也可以是负值。S为家庭储蓄和企业储蓄之和，可以统称为私人储蓄。这样，S＋(T－G)可以表示整个社会的总储蓄。因此公式 $I = S + (T - G)$，也就表示整个社会的储蓄(私人储蓄和政府储蓄之和)和整个社会的投资的恒等关系。

3. 四部门经济中的储蓄—投资恒等式

四部门经济就是在三部门经济中引入一个国外部门(境外部门)，国外部门的经济活动分为对外贸易和资本流动。这里只考虑对外贸易，此时，从支出角度看，国内生产总值是消费支出、投资支出、政府购买支出和净出口的总和，即 $GDP = C + I + G + (X - M)$。从收入角度看，国民收入构成的公式为 $Y = C + S + T + K_r$，K_r 代表本国居民对外国人的转移支付。这样，四部门经济中，国民收入构成的基本公式为：

$$C + I + G + (X - M) = C + S + T + K_r$$

公式两边同时消去C，就得到：

$$I + G + (X - M) = S + T + K_r$$

可以简化为：

$$I = S + (T - G) + (M - X + K_r)$$

上式中，$(M - X + K_r)$ 可以代表外国对本国的储蓄。因为从本国来看，进口代表其他国家向本国出口的产品，从而是这些国家获得的收入，出口代表其他国家从本国购买产品和劳务，从而是这些国家需要的支出，K_r 也代表其他国家从本国得到的收入。该储蓄可以为正值，也可以为负值。这样，$I = S + (T - G) + (M - X + K_r)$ 的等式就代表了四部门经济中总储蓄和投资的恒等关系。

二、简单国民收入决定理论

(一)均衡产出

1. 均衡产出的概念

在上述情况下，经济社会的产量或者说国民收入就决定于总需求。和总需求相等的产出被称为均衡产出或收入。均衡是指一种不再变动的情况。当产出水平等于总需求水平时，企业生产就会稳定下来。若生产(供给)超过需求，企业所不愿意有的过多的存货会增加，企业就会减少生产；若生产低于需求，企业库存会减少，企业就会增加生产。总之，由于企业要根据产品销路来安排生产，一定会把生产定在和产品需求相一致的水平上。由于两部门经济中没有政府和对外贸易，总需求就只由居民消费和企业投资构成。于是，均衡产出可用公式表示为：

$$y = c + i$$

此处，y、c、i 都用小写字母表示，分别代表剔除了价格变动的实际产出或收入、实际消费和实际投资。还要指出的是，公式中的 c 和 i，代表的是居民和企业实际想要有的消费和投资，即意愿消费和投资的数量，而不是国民收入构成公式中实际发生的消费和投资。

知识拓展

均衡产出是和总需求相一致的产出，也就是经济社会的收入正好等于全体居民和企业想要有的支出。

2. 投资等于储蓄

均衡产出或收入的条件 $E = y$，也可用 $i = s$ 表示，因为这里的计划支出等于计划消费加投资，即 $E = c + i$，而生产创造的收入等于计划消费加计划储蓄，即 $y = c + s$(这里，y、c、s 也都是剔除了价格变动的实际收入、实际消费和实际储蓄)，因此，$E = y$，就是 $c + i = c + s$，等式两边消去 c，则得：

$$i = s$$

需再次说明，**这里的投资等于储蓄，是指经济要达到均衡，计划投资必须等于计划储蓄。**而国民收入核算中的 $i = s$，则是指实际发生的投资(包括计划和非计划存货投资在内)始终等于储蓄。前者为均衡的条件，即计划投资不一定等于计划储蓄，只有两者相等时，收入才处于均衡状态；而后者所指的实际投资和实际储蓄是根据定义而得到的实际数字，从而必然相等。

（二）凯恩斯的消费理论

1. 消费函数

关于收入和消费的关系，凯恩斯认为，存在一条基本心理规律：随着收入的增加，消费也会增加，但是消费的增加不及收入的增加多。消费和收入的这种关系被称作消费函数或消费倾向,用公式表示是：

$$c = c(y)$$

增加的消费与增加的收入之比率,也就是增加的1单位收入中用于增加消费部分的比率,被称为边际消费倾向(MPC)。边际消费倾向的公式是：

$$MPC = \frac{\Delta c}{\Delta y} \text{ 或 } \beta = \frac{\Delta c}{\Delta y}$$

平均消费倾向指任一收入水平上消费支出在收入中的比率,平均消费倾向(APC)的公式是：

$$APC = \frac{c}{y}$$

消费曲线如图2-1-1所示,横轴表示收入 y,纵轴表示消费 c,45°线上任一点到纵横轴的垂直距离都相等,表示收入全部用于消费。$c = c(y)$ 曲线是消费曲线,表示消费和收入之间的函数关系。B点是消费曲线和45°线交点,表示这时候消费支出和收入相等。B点左方,表示消费大于收入;B点右方,表示消费小于收入。随着消费曲线向右延伸,这条曲线和45°线的距离越来越大,表示消费随收入增加而增加,但增加的幅度越来越小于收入增加的幅度。消费曲线上任一点的斜率,都是与这一点相对应的边际消费倾向,而消费曲线上任一点与原点相连而成的射线的斜率,则是与这一点相对应的平均消费倾向。由于消费增量只是收入增量的一部分,因此边际消费倾向总大于零而小于1,但平均消费倾向则可能大于、等于或小于1,因为消费可能大于、等于或小于收入。

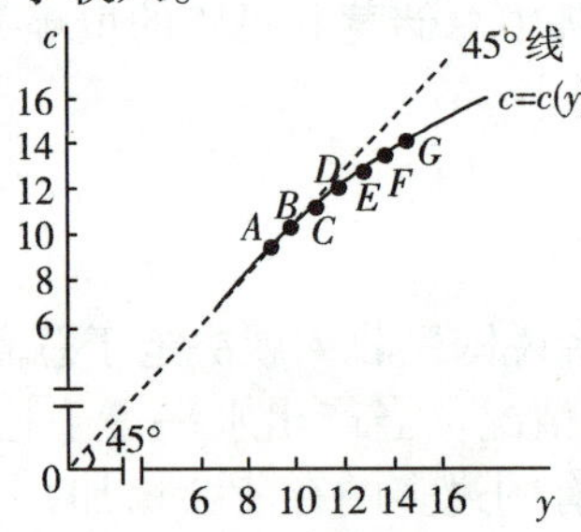

图2-1-1 消费曲线

如果消费和收入之间存在线性关系,则边际消费倾向为一常数,这时消费函数可用下列方程表示：

$$c = \alpha + \beta y$$

式中,α 为必不可少的自发消费部分,即收入为0时举债或动用过去的储蓄也必须要有的基本生活消费;β 为边际消费倾向;β 和 y 的乘积表示收入引致的消费。因此,$c = \alpha + \beta y$ 的经济含义是:消费等于自发消费与引致消费之和。例如,若已知 $\alpha = 300$,$\beta = 0.75$,则 $c = 300 + 0.75y$,这就是说,若收入增加1单位,其中就有75%用于增加消费,只要 y 为已知,就可算出全部消费支出量。

当消费和收入之间呈线性关系时，消费函数就是一条向右上方倾斜的直线，消费函数上每一点的斜率都相等，并且大于0而小于1,如图2-1-2所示。

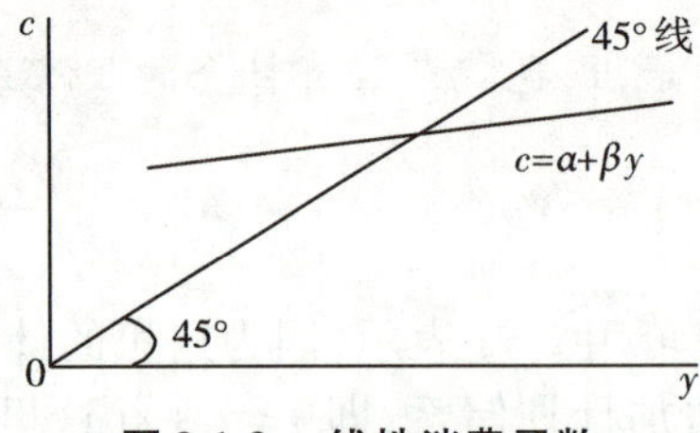

图2-1-2 线性消费函数

当消费函数为线性的时,APC > MPC这一点更易看清,因为消费函数上任一点与原点相连所成射线的斜率都大于消费曲线(这里是直线)的斜率,而且从公式看,$APC = \frac{c}{y} = \frac{\alpha + \beta y}{y} = \frac{\alpha}{y} + \beta$,在这里,$\beta$ 是MPC,由于 α 和 y 都是正数,因此,$\frac{\alpha}{y} > 0$,所以,APC > MPC。随着收入增加,$\frac{\alpha}{y}$ 越来越小,说明APC逐渐趋近于MPC。

2. 储蓄函数

与消费函数相联系的还有一个储蓄函数的概念。储蓄是收入中未被消费的部分。既然消费随收入增加而增加的比率是递减的，则可知储蓄随收入增加而增加的比率递增。储蓄与收入的这种关系就是储蓄函数，其公式是：

$$s = s(y)$$

储蓄曲线如图 2-1-3 所示，$s = s(y)$ 曲线表示储蓄和收入之间的函数关系。B 点是储蓄曲线和横轴的交点，表示这时消费和收入相等即收支平衡，B 点以右有正储蓄，B 点以左有负储蓄。随着储蓄曲线向右延伸，它和横轴的距离越来越大，表示储蓄随收入而增加，且增加的幅度越来越大。储蓄曲线上任一点的斜率是边际储蓄倾向（MPS），它是该点上的储蓄增量对收入增量的比率。储蓄曲线上任一点与原点相连而成射线的斜率，则是平均储蓄倾向（APS）。平均储蓄倾向是指任一收入水平上储蓄在收入中所占的比率。

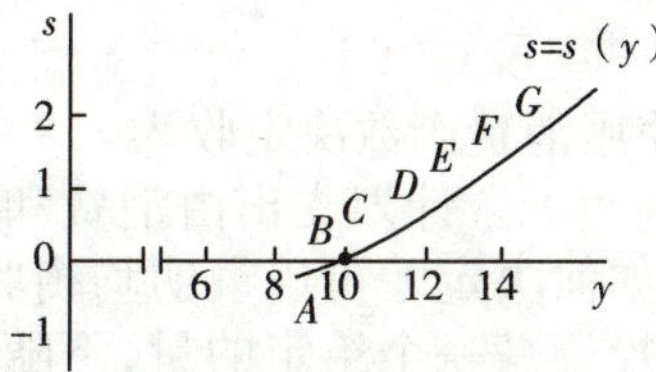

图 2-1-3 储蓄曲线

3. 消费函数和储蓄函数的关系

由于储蓄被定义为收入和消费之差，因此：第一，消费函数和储蓄函数互为补数，两者之和总等于收入；第二，若 APC 和 MPC 都随收入增加而递减，但 APC > MPC，则 APS 和 MPS 都随收入增加而递增，但 APS < MPS，表示储蓄曲线上任一点与原点连成的射线的斜率总小于储蓄曲线上该点的斜率；第三，APC 和 APS 之和恒等于 1，MPC 和 MPS 之和也恒等于 1。

（三）关于消费函数的其他理论

1. **相对收入消费理论**

相对收入消费理论由美国经济学家杜森贝利提出。他认为消费者会受自己过去的消费习惯以及周围消费水准的影响来决定消费，从而消费是相对地决定的，因此得名。按他的看法，消费与所得在长时期维持一个固定比率，故长期消费函数是从原点出发的直线，但短期消费函数则为有正截距的曲线。这不论从时间数列或从横断面观察都是如此。

（1）杜森贝利理论的核心是消费者易于随收入的提高增加消费，但不易随收入之降低而减少消费，以致产生有正截距的短期消费函数。这种特点被称为“棘轮效应”，即上去容易下来难。

（2）杜森贝利的相对收入消费理论的另一方面内容是指消费者的消费行为要受周围人们消费水准的影响，这就是所谓“示范效应”。

2. **生命周期的消费理论**

美国经济学家弗兰科・莫迪利安尼的生命周期消费理论与凯恩斯消费理论的不同之处在于，后者假定人们在特定时期的消费是与他们在该时期的可支配收入相关的，而前者强调人们会在更长时间范围内计划他们的生活消费开支，以达到他们在整个生命周期内消费的最佳配置。

根据生命周期的消费理论，如果社会上年轻人和老年人比例增大，则消费倾向会提高；如果社会上中年人比例增大，则消费倾向会下降。因此，总储蓄和总消费会部分地依赖于人口的年龄分布，当有更多人处于储蓄年龄时净储蓄就会上升。

3. **永久收入的消费理论**

美国经济学家米尔顿・弗里德曼的永久收入的消费理论认为，消费者的消费支出主要不是由他的现期收入决定，而是由他的永久收入决定。永久收入是指消费者可以预计到的长期收入。永久收入大致可以根据所观察到的若干年收入数值的加权平均数计得，距现在的时间越近，权数越大；反之，则越小。

知识拓展

上述生命周期理论和永久收入理论有联系也有区别。就区别而言，前者偏重对储蓄动机的分析，从而提出以财富作为消费函数的变量的重要理由；而永久收入理论则偏重于个人如何预测自己未来收入的问题。就联系而言，不管两者强调重点有何差别，它们都体现一个基本思想：单个消费者是前向预期决策者。因而在以下几点上都是相同的：

第一,消费不只同现期收入相关,而是以一生或永久的收入作为消费决策的依据。

第二,一次性暂时收入变化引起的消费支出变动很小,即其边际消费倾向很低,甚至近于零,但来自永久收入变动的边际消费倾向很大,甚至近于1。

第三,当政府想用税收政策影响消费时,如果减税或增税只是临时性的,则消费并不会受到很大影响,只有永久性税收变动,政策才会有明显效果。

4. 影响消费的其他因素

(1)利率。

(2)价格水平。

(3)收入分配。

(4)社会保障制度。

(四)两部门经济中国民收入的决定及乘数

1. 两部门经济中收入的决定——使用消费函数决定收入

均衡收入是指与计划总支出相等的收入。计划支出由消费和投资构成,即 $y=c+i$。消费问题已经在前面分析过了,按理说还要分析投资如何决定才可以说明均衡收入的决定。但为使分析简化,在收入决定的简单模型中,总是先假定计划净投资是一个给定的量,不随利率和国民收入水平而变化。根据这一假定,只要把收入恒等式和消费函数结合起来就可求得均衡收入:

$$y=c+i$$
$$c=\alpha+\beta y$$

解联立方程,就得到均衡收入:

$$y=\frac{\alpha+i}{1-\beta}$$

可见,如果知道了消费函数和投资量,就可得到均衡的国民收入。

2. 使用储蓄函数决定收入

上面说明使用总支出等于总收入(总供给)的方法决定均衡收入,下面再用计划投资等于计划储蓄的方法求得均衡收入。计划投资等于计划储蓄,即 $i=y-c=s$,而储蓄函数为 $s=-\alpha+(1-\beta)y$。

将此二式联立:

$$i=s=y-c$$
$$s=-\alpha+(1-\beta)y$$

求解同样可得(均衡)收入:

$$y=\frac{\alpha+i}{1-\beta}$$

以上两种方法,其实是从同一关系中引申出来的,因为储蓄函数本来就是从消费函数中派生出来的。因此,无论使用消费函数还是使用储蓄函数,求得的均衡收入都一样。

3. 乘数

乘数也叫倍数,即一个因素或变量的变化对整个社会经济活动的影响程度。决定收入的各种因素变化都会对国民收入产生乘数作用,例如,投资乘数、政府购买支出乘数、税收乘数、政府转移支付乘数、平衡预算乘数、对外贸易乘数等。以投资乘数为例,投资乘数是指收入的变化与带来这种变化的投资支出的变化的比率。表达的公式为:乘数 $=1/(1-$边际消费倾向$)$。

三、产品市场和货币市场的一般均衡

(一)投资理论

投资是购置物质资本(如厂房、设备和存货,以及住房建筑物)的活动,即形成固定资产的活动。一般不包括金融投资在内。决定投资的因素有很多,主要因素有实际利率、预期收益率和投资风险等。预期的通货膨胀率和折旧等也在一定程度上影响投资。

凯恩斯认为,实际利率越低,投资量越大。企业有时以贷款进行投资,有时以自有资本进行投资。

如果企业用贷款进行投资,则投资的成本就是利息;如果企业用自有资本投资,利息是投资的机会成本,因此仍可认为投资的成本是利息。决定利息的直接因素即为实际利率。因此,投资的成本取决于实际利率。如果投资的预期收益率既定,则实际利率越高,利息越多,投资成本越高,投资就会减少。反之,实际利率越低,利息越少,投资成本越低,投资就会增加。因此,投资是利率的减函数,如果假设投资和利率之间呈线性关系,则投资函数可以写成:

$$i = i(r) = e - dr$$

式中,i 表示投资,r 表示利率,e 表示自发投资,d 为投资对利率反应程度的参数。

(二)IS 曲线

1. IS 曲线的含义

所谓产品市场的均衡,是指产品市场上总供给和总需求相等。**在两部门经济中总需求等于总供给是指 $c+i=c+s$,均衡的条件是 $i=s$**。假定消费函数为 $c=\alpha+\beta y$,则无论从总需求等于总供给分析,还是从投资等于储蓄分析,两部门经济中均衡收入决定的公式都是 $y=(\alpha+i)/(1-\beta)$。在这里,投资(i)作为外生变量参与均衡收入决定。现在把投资作为利率的函数,即 $i=e-dr$,则均衡收入的公式就要变为:

$$y = (\alpha + e - dr)/(1-\beta)$$

从该公式可以看出,要使产品市场保持均衡,即储蓄等于投资,则均衡的国民收入与利率之间存在着反方向的变化关系。

如果画一个坐标图形,以纵轴代表利率,以横轴代表收入,则可以得到一条反映利率和收入间相互关系的曲线。这条曲线上任何一点都代表一定的利率和收入的组合,在这样组合下,投资和储蓄都是相等的,即 $i=s$,从而产品市场是均衡的,因此这条曲线被称为 IS 曲线,如图 2-1-4 所示。

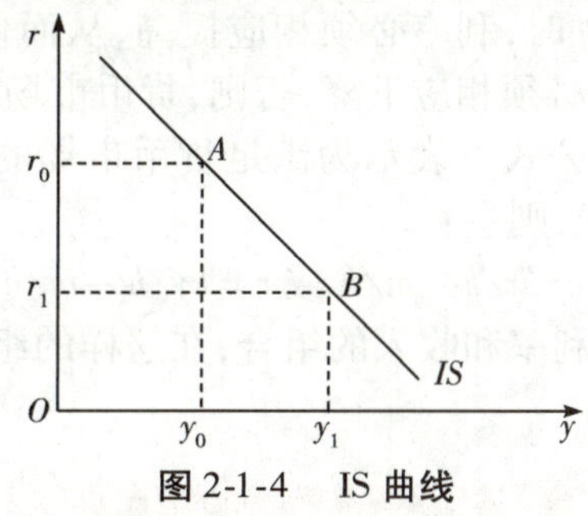

图 2-1-4 IS 曲线

2. IS 曲线的水平移动

一切自发支出量都会使 IS 曲线移动,外生变量的冲击也会使其水平移动。

(1)**投资需求的变动使 IS 曲线移动**。投资需求增加,IS 曲线就会向右移动;若投资需求下降,IS 曲线向左移动。

(2)**储蓄需求的变动使 IS 曲线移动**。储蓄增加,IS 曲线就要向左移动;反之,就要向右移动。

(3)**政府支出的变动使 IS 曲线移动**。增加政府购买性支出,会使 IS 曲线向右移动;反之则会使 IS 曲线向左移动。

(4)**税收的变动使 IS 曲线的移动**。增加税收,会使 IS 曲线向左移动;反之,则会使 IS 曲线向右移动。

(三)利率的决定

1. 利率决定货币的需求和供给

凯恩斯以前的所谓古典学派认为:投资与储蓄都只与利率相关,投资是利率的减函数,储蓄是利率的增函数,当投资与储蓄相等时,利率就得以决定。**凯恩斯认为:利率不是由储蓄和投资决定的,而是由货币的供给量和对货币的需求量决定的**。货币的实际供给量一般由国家加以控制,是一个外生变量,因此,需要分析的主要是货币的需求。

2. 流动性偏好与货币需求动机

所谓流动性偏好是指由于货币具有使用上的灵活性,人们宁肯牺牲利息收入而持有不生息的货币来保持财富的心理倾向。

货币使用上的灵活性可以满足人们以下三类不同动机:

(1)**交易动机,指个人和企业需要货币是为了进行正常的交易活动**。

(2)**谨慎动机或称预防动机,指为预防意外支出而持有一部分货币的动机,如个人或企业为应对事故、失业、疾病等意外事件而需要事先持有一定数量的货币**。

(3)**投机动机,指人们为了抓住有利的购买有价证券的机会而持有一部分货币的动机**。

3. 流动性偏好陷阱

当利率极低时,人们会认为这时利率不大可能再下降,或者说有价证券市场价格不大可能再上升,而只会跌落,因而会将所持有的有价证券全部换成货币。人们有了货币也绝不肯再去购买有价证券,以避免证券价格下跌时遭受损失。人们不管有多少货币都愿意持在手中,这种情况被称为“凯恩斯陷阱”或“流动偏好陷阱”。

4. 货币需求函数

对货币的总需求是人们对货币的交易需求、预防需求和投机需求的总和。货币的交易需求和预防需求决定于收入,而货币的投机需求决定于利率,因此,对货币的总需求函数可描述为:

$$L = L_1 + L_2 = L_1(y) + L_2(r) = ky - hr$$

在该表述式中的 L、L_1 和 L_2 都是代表对货币的实际需求,即具有不变购买力的实际货币需求量。名义货币量和实际货币量是有区别的。名义货币量是不管货币购买力如何而仅计算其票面值的货币量。把名义货币量折算成具有不变购买力的实际货币量,必须用价格指数加以调整。如用 M、m 和 P 依次代表名义货币量、实际货币量和价格指数,则有:

$$m = M/P \text{ 或 } M = Pm$$

(四) LM 曲线

假定 m 代表实际货币供给量,则货币市场的均衡就是 $m = L = L_1(y) + L_2(r) = ky - hr$。从这个等式中可知,当 m 为一定量时,L_1 增加,L_2 必须减少,否则不能保持货币市场的均衡。L_1 是货币的交易需求(由交易动机和谨慎动机引起),它随收入增加而增加。L_2 是货币的投机需求,它随利率上升而减少。因此,国民收入增加使货币交易需求增加时,利率必须相应提高,从而使货币投机需求减少,才能维持货币市场的均衡。反之,收入减少时,利率必须相应下降,否则,货币市场就不能保持均衡。

总之,当 m 给定时,$m = ky - hr$ 的公式可表示为满足货币市场的均衡条件下的收入 y 与利率 r 的关系,这一关系的图形就被称为 LM 曲线,则有:

$$y = hr/k + m/k \text{ 或 } r = ky/h - m/h$$

在 LM 曲线上任一点都代表一定利率和收入的组合,在这样的组合下,货币需求和供给都是相等的,即货币市场是均衡的。

真题精练

【导学例题 2】下列关于 LM 曲线的表述中,不正确的是( )。

A. LM 曲线是一条用来描述在货币市场均衡状态下国民收入和利率之间相互关系的曲线

B. LM 曲线表示在货币市场中,货币供给等于货币需求时收入和利率的各种组合的点的轨迹

C. 在 LM 曲线上,每一点都表示收入与利息率的组合,这些组合点恰好使得货币市场处于均衡

D. 在 LM 曲线的表述式为 $M/P = ky - hr$,它的斜率为负,这表明 LM 曲线一般是向左上方倾斜的曲线

D 【解析】LM 曲线的数学表达式为 $M/P = ky - hr$,它的斜率为正,这表明 LM 曲线一般是向右上方倾斜的曲线。D 项不正确。

(五) IS—LM 模型

IS 曲线表明在产品市场均衡条件下,存在着一系列利率与收入的组合;LM 曲线表明在货币市场均衡条件下,也存在着一系列利率与收入的组合。产品市场与货币市场的同时均衡,表现在 IS 曲线与 LM 曲线相交的交点上,这个交点表示产品市场与货币市场同时实现了均衡,但这一均衡只是与意愿的需求相一致的均衡,并不一定是充分就业的均衡。从与意愿的需求相一致的均衡走向充分就业的均衡,需要政府运用财政政策、货币政策来调整与解决。

(1)**IS 曲线不变、LM 曲线向右移动,利率会下降、收入会增加**。

(2)**LM 曲线不变、IS 曲线向右移动,收入会增加、利率会上升**。

(3)**IS 曲线与 LM 曲线同时移动时,收入与利率也会发生变化,其变化取决于两条曲线的最终交点**。

四、总需求和总供给

(一) 总需求

总需求是指在其他条件不变的情况下,在某一给定的价格水平上,一个国家或地区各种经济主体愿意购买的产品总量。影响总需求的因素主要有:

(1)**利率**。在其他条件不变的情况下,利率上升会引起企业投资和居民购买住宅和耐用消费品的数量的减少,从而使总需求减少;而利率下降则会导致企业投资和居民购买住宅和耐用消费品数量的增加,从而使总需求增加。

(2)货币供给量。在其他条件不变的情况下,货币供给量增加,会导致总需求增加;货币供给量减少,则会导致总需求减少。

(3)政府购买。在其他条件不变的情况下,政府购买增加,会促使总需求增加;反之,则会使总需求减少。

(4)税收。在其他条件不变的情况下,税收减少会增加企业和居民的收入,从而导致总需求增加;反之,则会使总需求减少。

(5)预期。预期包括企业对利润的预期、居民对收入的预期。如果企业对未来利润的预期是增长的,则会扩大投资。如果居民对未来收入的预期是增长的,也会增加消费。这都会导致总需求增加。反之,如果企业和居民对未来利润和收入的预期是悲观的,则会使总需求减少。

(6)价格总水平。在其他条件不变的情况下,价格总水平下降,会导致总需求上升,而价格总水平上升,则会导致总需求下降。

(二)总需求曲线

在宏观经济学中,为了说明价格总水平的变化,假定其他因素不变,只分析价格总水平与总需求的关系,就形成了总需求曲线。当价格总水平下降时,总需求扩大,当价格总水平上升时,总需求减少,价格总水平和总需求呈反方向变动。

总需求曲线具有向右下方倾斜的特征,可以通过分析价格总水平对总需求的各个组成部分的影响,即价格总水平对消费、投资和出口的需求的影响来说明总需求曲线向右下方倾斜的原因。

(三)总供给

总供给是指在其他条件不变的情况下,一定时期内在一定价格水平上,一个国家或地区的生产者愿意向市场提供的产品总量。

总供给的变动主要取决于企业的利润水平,而利润水平又取决于市场价格与生产成本,因而,决定总供给的基本因素就是价格与成本。其他因素,如技术进步、工资水平变动、能源及原材料价格变动等所谓的"外部冲击"因素都是通过影响成本而影响企业利润水平,从而影响总供给的。除了这两个基本因素,企业的预期也是一个重要因素。如果企业对未来利润的预期是下降的,企业就会减少生产,从而使总供给减少。同总需求曲线一样,总供给曲线反映的是在其他因素不变的条件下,总供给与价格总水平变动的关系。但是,由于决定供给的价格和成本中的工资在长期具有灵活性,在短期具有黏性或缺乏弹性。因而总供给曲线分为长期与短期两种形式,即长期总供给曲线与短期总供给曲线。

要点点拨

从长期来看,总供给变动与价格总水平无关,不论价格总水平P如何变化,总产出不变。这就意味着,长期总供给只取决于劳动、资本与技术,以及经济体制等因素。

从短期来看,总供给曲线一般应是一条向右上方倾斜的曲线。

真题精练

【导学例题3】假设经济已实现充分就业,且总供给曲线是垂直线,下列选项中,符合扩张性货币政策效应的是( )。

A. 对价格水平和产出均无影响
B. 提高实际产出但不影响价格水平
C. 提高价格水平但不影响实际产出
D. 提高价格水平和实际产出

C 【解析】如果经济已经实现充分就业,若实行扩张性货币政策,会导致总需求的增加,表现为总需求曲线向右移动,对于垂直的总供给曲线而言,此时只会带来价格水平的上升,而产出是不变的,故C项正确。

五、经济增长和经济周期

(一)经济增长

1. 经济增长的含义

经济增长是指一个国家或地区在一定时期内的总产出与前期相比所实现的增长。通常用国内生产总值(GDP)或人均国内生产总值来衡量。**对一国经济增长速度的度量,通常用经济增长率来表示。**

2. 决定经济增长的基本因素

一般来说,决定经济增长的因素包括科学技术进步、自然资源状况、社会制度、经济体制与经济政策以及人口的增长情况等。**具体来看,决定经济增长的基本因素主要有:劳动的投入数量、资本的投入数量、劳动生产率、资本的效率。**

3. 经济增长因素分解

为了分析影响经济增长的具体因素的作用,一些经济学家通过生产函数建立了经济增长的分解公式,对劳动、资本的投入以及要素的生产效率在经济增长中所发挥的作用进行了分解。

(1)两因素分解法。这种方法就是假定其他因素不变,把经济增长看作某一项生产要素——劳动(或资本)与其生产率的作用的结果,把经济增长率按照劳动和劳动生产率两项因素进行分解。

假定经济增长取决于两个因素——工作小时数(即劳动时间)的增加率和每小时产出的增加率(即劳动生产率的增长率),那么:

经济增长率 = 工作小时数的增加率 + 每小时产出的增加率

如以 G_Q 表示经济增长率,G_H 表示工作小时数的增加率,G_P表示每小时产出的增加率,就有:

$$G_Q = G_H + G_P$$

(2)三因素分解法。这种方法就是运用生产函数,把经济增长按照劳动投入、资本投入和全要素生产率三个因素进行分解,计算这三项因素对经济增长的贡献份额。

我们知道,生产函数为:

$$Y_t = A_t F(L_t, K_t)$$

式中,Y_t 为 t 时期总产出(GDP),A_t 是 t 时期的技术进步程度,L_t 是 t 时期投入的劳动量,K_t 是 t 时期投入的资本量。

如果用 $\Delta Y/Y$ 表示 t 时期的经济增长率,用 $\Delta A/A$ 表示 t 时期的技术进步增长率,用 $\Delta L/L$ 表示 t 时期的劳动增长率,用 $\Delta K/K$ 表示 t 时期的资本增长率,用 α 表示 t 时期的劳动产出弹性,用 β 表示 t 时期的资本产出弹性,并且 α、β 都是大于 0 小于 1 的,且 $\alpha + \beta = 1$,那么,就有经济增长率分解式:

$$\Delta Y/Y = \Delta A/A + \alpha \Delta L/L + \beta \Delta K/K$$

如果 $G_Y = \Delta Y/Y, G_A = \Delta A/A, G_L = \Delta L/L, G_K = \Delta K/K$,

那么,上式就可写成:

$$G_Y = G_A + \alpha G_L + \beta G_K$$

即:

经济增长率 = 技术进步率 +(劳动份额 × 劳动增加率)+(资本份额 × 资本增长率)

利用经济增长核算方程,我们还可以计算技术进步对经济增长的贡献率,或者说计算技术进步程度在经济增长率中所占份额或比重,这就是所谓的全要素生产率,即扣除劳动、资本等要素投入数量等因素对经济增长率的贡献之后的余值。由于是由美国经济学家罗伯特·索洛首先提出的,因此也叫索洛余值。如果以 G_A表示全要素生产率,其计算公式为:

$$G_A = G_Y - \alpha G_L - \beta G_K$$

真题精练

【导学例题 4】假设某个国家 2016—2018 年,GDP 年均增长 8%,资本存量年均增长 5%,劳动力年均增长 2%,如果资本在 GDP 增长中的份额为 60%,劳动力为 40%,这一时期全要素生产率增长率为(　　)。

A. 3.0%　　B. 4.2%

C. 4.0%　　D. 7.0%

B　【解析】经济增长率 = 技术进步率 +(劳动份额 × 劳动增加率)+(资本份额 × 资本增长率),即:8% = 技术进步率 +(40% ×2%)+(60% ×5%),技术进步率为 4.2%。计算技术进步程度在经济增长率中所占份额或比重,就是所谓的全要素生产率。

(二)经济周期

1. 经济周期的含义和类型

经济周期又称商业循环,是指总体经济活动沿着经济增长的总体趋势而出现的有规律的扩张和收缩。要理解这个定义需要注意,经济周期指的是总体经济活动,而不是个别部门或个别经济总量指标。

有人认为，即使是最重要的经济总量指标 GDP 的单独波动也不能反映经济周期。一般认为，经济周期需要通过一组经济总量指标来反映，包括 GDP、就业和金融市场指标等。

按照周期波动的时间长短划分，经济周期主要有三种类型，即长周期、中周期和短周期。其中，长周期又称长波循环或康德拉耶夫周期，每个周期的平均长度为 50～60 年。中周期又称大循环或朱格拉周期，每个周期的平均长度约为 8 年。短周期又称小循环或基钦周期，它的平均长度为 3～5 年。

按照经济总量绝对下降或相对下降的不同情况，经济周期又可分为古典型周期和增长型周期。如果经济运行处在低谷时的经济增长为负增长，即经济总量绝对减少，通常将其称为古典型周期；如果处在低谷时的经济增长率为正值，即经济总量只是相对减少而非绝对减少，则为增长型周期。

2. 经济周期的阶段划分和阶段特征

一般来说，可以把经济周期首先划分为两个阶段，即扩张阶段和收缩或衰退阶段，如果衰退特别严重，则可称为萧条。扩张阶段又可以再细分为复苏阶段和繁荣阶段，复苏是扩张阶段的初期，繁荣是扩张阶段的后期。

收缩阶段的最低点叫作谷底，扩张阶段的最高点叫作峰顶。谷底和峰顶也叫转折点或拐点。

在经济周期中的复苏和繁荣阶段，可能出现的一般特征是，伴随着经济增长速度的持续提高，投资持续增长，产量不断扩大，市场需求旺盛，就业机会增多，企业利润、居民收入和消费水平都有不同程度的提高，但也常常伴随着通货膨胀。相反，在经济的衰退或萧条时期，伴随着经济增长速度的持续下滑，投资活动萎缩，生产发展缓慢，甚至出现停滞或下降，产品滞销，就业机会减少，失业率提高，企业利润水平下降，亏损、破产企业的数量增多，居民收入和消费水平呈不同程度的下降趋势。

3. 导致经济周期性波动的主要因素

导致经济运行出现周期性波动的因素很多，主要的有投资率的变动、消费需求的波动、技术进步的状况、预期的变化、经济体制的变动、国际经济因素的冲击、大规模疫情等因素的冲击。

六、失业与通货膨胀

（一）失业

1. 失业的概念

失业是指有劳动能力并愿意就业但目前没有从事有报酬或收入的工作的现象。按照国际劳工组织的统计标准，凡是规定年龄内在一定期间内（如一周或一天）存在下列情况的均属于失业人口：

（1）**没有工作，即在调查期间内没有从事有报酬的劳动或自我雇佣。**

（2）**当前可以工作，即当前如果有就业机会，就可以工作。**

（3）正**在寻找工作，即在最近的期间采取了具体的寻找工作的步骤**，例如，到公共的或私营的就业服务机构登记、到企业求职或刊登求职广告等方式寻找工作。

知识拓展

失业率是指劳动力中没有工作而又在寻找工作的人所占的比例，失业率的波动反映了就业的波动情况。

2. 失业的分类

宏观经济学通常将失业分为三种类型，即摩擦性失业、结构性失业以及周期性失业。

除了上述三种失业类型，在宏观经济学中还有一种关于失业的分类，即所谓的自愿失业和非自愿失业。前者指工人不愿接受现行工资水平而形成的失业。后者指愿意接受现行工资但仍找不到工作的失业。

3. 自然失业率和自然就业率

由于摩擦性失业的普遍性和不可避免性，宏观经济学认为，经济社会在任何时期总存在着一定比率的失业人口。为此，定义自然失业率为经济社会在正常情况下的失业率，它是劳动市场处于供求稳定状态时的失业率，这里的稳定状态被认为是，既不会造成通货膨胀也不会导致通货紧缩的状态。

与自然失业率相联系的一个概念是自然就业率，其含义是与自然失业率相对应的就业率，即充分就业量除以劳动力总量所得到的比率。按照这一界定，显然，一个经济的自然失业率与自然就业率之和为 100%。这意味着知道两者中的一个，就可以推知另一个。从这个意义上说，自然失业率和自然就业率两者是一回事。在一些西方文献中，在不会产生混淆的情况下，就将它们统称为自然率。

自然失业率不仅在理解充分就业和潜在产量（或充分就业产量）方面发挥作用，也在理解宏观经济学和宏观经济政策方面发挥着重要作用。

真题精练

【导学例题 5】下列关于自然失业率的说法，错误的是(　　)。

A. 经济波动会导致自然失业率的变动　　B. 失业津贴延长会降低自然失业率

C. 就职率升高会降低自然失业率　　D. 自然失业率与部门转移正相关

B　【解析】失业津贴延长，自愿失业增加，不会降低自然失业率。

(二)通货膨胀概述

1. 通货膨胀的衡量

当一个经济中的大多数产品和劳务的价格连续在一段时间内普遍上涨时，宏观经济学就称这个经济经历着通货膨胀。按照这一说明，如果仅有一种商品的价格上升，这不是通货膨胀。只有大多数产品和劳务的价格持续上升才是通货膨胀。

那么，如何理解大多数产品和劳务的价格上升呢？考虑到现实经济当中成千上万种不同商品价格加总的实际情况，以及经济当中一些商品价格上涨的同时，另一些商品的价格却可能在下降，而且各种商品价格涨跌幅度也不尽相同这种复杂情况，宏观经济学运用价格指数这一概念进行说明。

宏观经济学中常涉及的价格指数主要有 GDP 折算指数、消费价格指数(简记为 CPI)和生产者价格指数(简记为 PPI)。

有了价格水平(价格指数)这一概念，就可以将通货膨胀更为精确地描述为经济社会在一定时期价格水平持续地和显著地上涨。通货膨胀的程度通常用通货膨胀率来衡量。通货膨胀率被定义为从一个时期到另一个时期价格水平变动的百分比。用公式表示就是：

$$\pi_t = \frac{P_t - P_{t-1}}{P_{t-1}} \times 100\%$$

式中，π_t 为 t 时期的通货膨胀率；P_t，P_{t-1} 分别为 t 时期和 $t-1$ 时期的价格水平。如果用上面介绍的消费价格指数来衡量价格水平，则通货膨胀率就是不同时期的消费价格指数变动的百分比。假定一个经济的消费价格指数从去年的 100 增加到今年的 127，那么这一时期的通货膨胀率就为：$(127-100)/100\times100\%=27\%$。

2. 通货膨胀的分类

对于通货膨胀，西方学者从不同角度进行了分类，如表 2-1-1 所示。

表 2-1-1　通货膨胀的分类

分类标准	类别
按照价格上升的速度进行分类	按照价格上升的速度，西方学者认为存在着三种类型的通货膨胀： (1) **温和的通货膨胀，指每年物价上升的比例在 10% 以内。** (2) **奔腾的通货膨胀，指年通货膨胀率在 10% ~ 100%。** (3) **超级通货膨胀，指通货膨胀率在 100% 以上**
按照对价格影响的差别分类	按照对不同商品的价格影响的大小加以区分，存在着两种通货膨胀的类型： (1) 平衡的通货膨胀，即每种商品的价格都按相同比例上升。 (2) 非平衡的通货膨胀，即各种商品价格上升的比例并不完全相同
按照人们的预期程度加以区分	按照人们的预期程度，可以分为两种通货膨胀类型： (1) 未预期到的通货膨胀，即价格上升的速度超出人们的预料，或者人们根本没有想到价格会上涨。 (2) 预期到的通货膨胀。预期到的通货膨胀有时又被称为惯性的通货膨胀

(三)通货膨胀的原因

1. 作为货币现象的通货膨胀

货币数量论在解释通货膨胀方面的基本思想是，每一次通货膨胀背后都有货币供给的迅速增长。这一理论的出发点是如下所示的交易方程：

$$MV = Py$$

式中，M 为货币供给量；V 为货币流通速度，它被定义为名义收入与货币量之比，即一定时期(如一年)平均一元钱用于购买最终产品与劳务的次数；P 为价格水平；y 为实际收入水平。

方程式左边的 MV 反映的是经济中的总支出，而右边的 Py 为名义收入水平。由于经济中对商品与劳务支出的货币额即为产品和劳务的总销售价值，因此方程的两边相等。由方程式，可以得到如下关系式：

$$\pi = \hat{m} - \hat{y} + \hat{v}$$

式中，π 为通货膨胀率，$\hat{m}$ 为货币增长率，$\hat{y}$ 为产量增长率，$\hat{v}$ 为货币流通速度变化率。

根据方程式，通货膨胀来源于三个方面，即货币流通速度、货币增长和产量增长。如果货币流通速度不变且收入处于其潜在的水平上，则显然可以得出，通货膨胀的产生主要是货币供给增加的结果。换句话说，货币供给的增加是通货膨胀的基本原因。

2. 需求拉动的通货膨胀

需求拉动的通货膨胀，又称超额需求通货膨胀，是指总需求超过总供给所引起的一般价格水平的持续、显著的上涨。需求拉动的通货膨胀理论把通货膨胀解释为“过多的货币追求过少的商品”。

西方经济学家认为，不论总需求的过度增长是来自消费需求、投资需求，或是来自政府需求、国外需求，都会导致需求拉动的通货膨胀。需求方面的原因或冲击主要包括财政政策、货币政策、消费习惯的突然改变，国际市场的需求变动等等。

3. 成本推动的通货膨胀

成本推动的通货膨胀理论，是西方学者企图从供给方面说明为什么发生一般价格水平上涨的一种理论。成本推动的通货膨胀，又称成本通货膨胀或供给通货膨胀，是指在没有超额需求的情况下由供给方面成本的提高所引起的一般价格水平持续和显著的上涨。

西方学者认为，成本推动的通货膨胀主要是由工资的提高造成的。他们把这种成本推动的通货膨胀叫作工资推动的通货膨胀，以区别于利润提高造成的成本推动的通货膨胀。

（1）**工资推动的通货膨胀是指不完全竞争的劳动市场造成的过高工资所导致的一般价格水平的上涨。**

（2）**利润推动的通货膨胀是指垄断企业和寡头企业利用市场势力谋取过高利润所导致的一般价格水平的上涨。**

4. 结构性通货膨胀

西方经济学家认为，在没有需求拉动和成本推动的情况下，只是由于经济结构因素的变动，也会出现一般价格水平的持续上涨。他们把这种价格水平的上涨叫作结构性通货膨胀。结构性通货膨胀理论把通货膨胀的起因归结为经济结构本身所具有的特点。

（四）失业与通货膨胀的关系——菲利普斯曲线

在以横轴表示失业率，纵轴表示货币工资增长率的坐标系中，画出一条向右下方倾斜的曲线，这就是最初的菲利普斯曲线。该曲线表明：**当失业率较低时，货币工资增长率较高；反之，当失业率较高时，货币工资增长率较低，甚至为负数。**

以萨缪尔森为代表的新古典综合派随后便把菲利普斯曲线改造为失业和通货膨胀之间的关系，并把它作为新古典综合理论的一个组成部分，用以解释通货膨胀。

新古典综合派对最初的菲利普斯曲线加以改造的出发点在于如下所示的货币工资增长率、劳动生产增长率和通货膨胀率之间的关系：

通货膨胀率 ＝ 货币工资增长率 － 劳动生产增长率

根据这一关系，若劳动生产增长率为零，则通货膨胀率就与货币工资增长率一致。因此，经改造的菲利普斯曲线就表示了失业率与通货膨胀率之间的替换关系，即：失业率高，则通货膨胀率低；失业率低，则通货膨胀率高。菲利普斯曲线如图 2-1-5 所示。

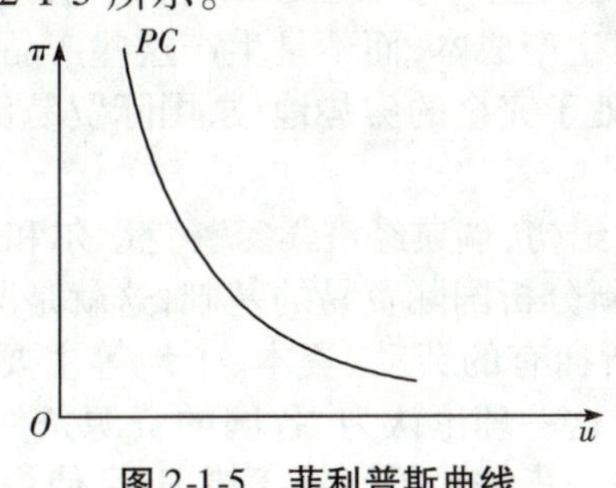

图 2-1-5 菲利普斯曲线

图中，横轴代表失业率 u，纵轴代表通货膨胀率 π，向右下方倾斜的曲线 PC 即为菲利普斯曲线。

七、宏观经济政策

（一）宏观经济政策目标

宏观经济政策是指政府为了增进整体经济福利、改善整体经济运行情况，以达到一定的政策目标而对宏观经济领域进行的有意识的干预。**宏观经济政策的目标有四种：充分就业、价格稳定、经济持续均衡增长和国际收支平衡**。宏观经济政策就是为了达到这些目标而制定的手段和措施。

（二）财政政策

财政政策是政府变动税收和支出以便影响总需求进而影响就业和国民收入的政策。

国家财政由政府收入和支出两个方面构成，其中政府支出包括政府购买和转移支付，而政府收入则包含税收和公债两个部分。

（1）政府购买是指政府对产品和劳务的购买。政府购买支出是决定国民收入大小的重要因素之一，其规模直接关系到社会总需求的增减。政府购买对整个社会总支出水平具有十分重要的调节作用。

（2）与政府购买不同，政府转移支付是指政府在社会福利、社会保险、贫困救济和补助、公债利息等方面的支出。转移支付不能算作国民收入的组成部分。它所作的仅仅是通过政府将收入在不同社会成员之间进行转移和重新分配，全社会的总收入并没有变动。

（3）税收是政府收入中最主要部分，它是国家为了实现其职能按照法律预先规定的标准，强制地、无偿地取得财政收入的一种手段，因此税收具有强制性、无偿性、固定性三个基本特征。正因为如此，税收可作为实行财政政策的有力手段之一。

（4）公债是政府对公众的债务，或公众对政府的债权。它不同于税收，是政府运用信用形式筹集财政资金的特殊形式，包括中央政府的债务和地方政府的债务。中央政府的债务称国债。政府借债一般有短期债、中期债和长期债三种形式。短期债一般通过出售国库券取得，主要进入短期资金市场（货币市场），利息率较低，期限一般为 3 个月、6 个月和 1 年三种。中期债一般通过发行中期债券取得，期限在 1 年以上 5 年以下的为中期债券，5 年以上的为长期债券。

（三）货币政策

中央银行通过控制货币供应量以及通过货币供应量来调节利率进而影响投资和整个经济以达到一定经济目标的行为就是货币政策。

货币政策一般也分为扩张性的和紧缩性的，前者是通过增加货币供给来带动总需求的增长。货币供给增加时，利率会降低，取得信贷更为容易，因此经济萧条时多采用扩张性货币政策。反之，紧缩性货币政策是通过削减货币供给来降低总需求水平，在这种情况下，取得信贷比较困难，利率也随之提高，因此，在通货膨胀严重时，多采用紧缩性货币政策。

八、国际贸易理论和政策

（一）国际贸易理论

1. 国际贸易理论的演变

（1）**绝对优势理论**。绝对优势理论是英国经济学家亚当·斯密在 18 世纪提出的。绝对优势理论认为，各国在生产技术上的绝对差异导致劳动生产率和生产成本的绝对差异，这是国际贸易和国际分工的基础。各国应该集中生产并出口具有绝对优势的产品，而进口其不具有绝对优势的产品，其结果是可以节约社会资源，提高产出水平。

（2）**比较优势理论**。英国经济学家大卫·李嘉图在 19 世纪初提出了比较优势理论。他认为，决定国际贸易的因素是两个国家产品的相对生产成本，而不是生产这些产品的绝对生产成本。只要两国之间存在生产成本上的差异，即使其中一方处于完全的劣势地位，国际贸易仍会发生，而且贸易会使双方均获得收益。

（3）赫克歇尔—俄林理论。20 世纪初，瑞典经济学家赫克歇尔和俄林开始从生产要素禀赋的差别来解释各国生产成本和价格的不同，重新分析国际贸易的基础，这就是所谓的要素禀赋理论。要素禀赋，在这里是指一个经济体（国家或地区）所拥有的劳动、资本、土地等主要生产要素的丰裕或稀缺程度，或者拥有这些主要生产要素的相对比例。这一理论认为，各国的资源条件不同，也就是生产要素的供给情况不同，是国际贸易产生的基础，从而进一步解释了比较优势理论，使得比较优势理论更加完善和更加具有说服力。

(4)规模经济贸易理论。20世纪60年代以来,国际贸易的发展出现了许多赫克歇尔—俄林理论无法解释的新的趋势。美国经济学家克鲁格曼等提出了规模经济的贸易学说,来解释相似资源储备国家之间和同类工业品之间的双向贸易现象,并形成了当代贸易理论。

2.影响国际贸易的因素

(1)影响一国出口贸易的因素。

①自然资源的丰裕程度。

②生产能力和技术水平的高低。

③汇率水平的高低。

④一国出口贸易水平的高低,不仅取决于本国的经济状况,还受国际市场需求水平和需求结构变动的影响。

(2)影响一国进口贸易的因素。

①**一国的经济总量或总产出水平**。在一般情况下,一国的经济总产出水平越高,经济总量(如GDP)的规模越大,其进口贸易额就越大。

②**汇率水平**。汇率水平不仅对出口贸易产生重要影响,也是影响一国进口贸易的重要因素。如果一国货币汇率上升即货币升值,以本币标示的进口商品价格就会下跌,本国居民对进口商品的需求就会增加,为满足这种需求,就要扩大进口贸易。当然,如果汇率下跌,则会导致进口贸易的缩减。

③一国进口贸易水平的高低同国际市场商品的供给情况和价格水平的高低也有直接的联系。在国际市场上,如果商品供给短缺,从而导致价格大幅度上升,就会使一国的进口贸易受到影响,反之亦然。

一国对外贸易的发展水平,不仅取决于本国的总体经济状况和经济实力、产品的竞争力以及世界市场的供求关系,而且与各国政府对进出口贸易的限制或贸易政策有关。

(二)国际贸易政策

1.政府对国际贸易干预的目的

政府对国际贸易进行干预或限制的目的主要是保护国内产业免受国外竞争者的损害,维持本国的经济增长和国际收支平衡。政府对国际贸易的干预包括对进口贸易的干预和对出口贸易的干预两个方面。

(1)**政府对进口贸易的干预主要采取关税限制和非关税限制两种方式,即关税壁垒和非关税壁垒**。关税壁垒是指国家通过征收高额进口关税来限制外国商品进口的一种外贸政策。这种政策可以提高进口货物的成本,从而削弱其竞争力,起到保护国内生产和国内市场的作用。非关税壁垒则是指采用关税以外的手段对外国商品进口设置障碍的各种措施,如进口配额制、自愿出口限制、歧视性公共采购、技术标准和卫生检疫标准等。

(2)政府除利用关税和非关税措施限制和调节进口贸易外,还常常采取各种鼓励出口的措施对出口贸易进行干预。政府干预出口贸易以刺激出口增加的主要措施是出口补贴。出口补贴分为直接补贴和间接补贴两种。直接补贴是政府直接以现金形式弥补出口企业国际市场价格与本国国内市场价格的差价;间接补贴是对出口企业在出口商品时给予财政上的优惠待遇,如出口退税、出口信贷等。实行出口补贴的目的是降低本国出口产品的价格,提高其在国际市场上的竞争力,扩大出口。

2.倾销的界定和反倾销措施分析

倾销是指出口商以低于正常价值的价格向进口国销售产品,并因此给进口国产业造成损害的行为。确认出口国企业低价销售行为是否为倾销行为的关键是关于产品正常价值的认定,世界贸易组织(WTO)规定,确定产品正常价值可依据的标准有:原产国标准;第三国标准;按照同类产品在原产国的生产成本,加合理销售费、管理费、一般费用和利润确定。

国际贸易中的倾销通常存在四种类型:掠夺性倾销;持续性倾销;隐蔽性倾销;偶然性倾销。

反倾销措施属于贸易救济措施,是指进口国针对价格倾销这种不公平的贸易行为而采取征收反倾销税等措施来抵消不利影响的行为。反倾销税是在正常海关税费之外,进口国主管机关对确认倾销产品征收的一种附加税。反倾销税的税额不得超过所裁定的倾销幅度,反倾销税的纳税义务人是倾销产品的进口商,出口商不得直接或间接替进口商承担反倾销税。世界贸易组织规定,对出口国某一产品征收反倾销税必须符合以下要求:该产品存在着以低于正常价值水平进入另一国市场的事实;倾销对某一成员国的相关产业造成重大损失;损害与低价倾销之间存在因果关系。

真题精练

【导学例题6】宏观调控需要财政政策和货币政策相互协调配合以达到预期效果。下列情况适合采用“双紧”政策类型的是(　　)。

A. 经济中出现了严重的通货紧缩　　B. 经济中出现了严重的通货膨胀

C. 控制通货紧缩的同时,保持经济的适度增长　D. 保持经济适度增长的同时,尽量避免通货紧缩

B　【解析】当经济中出现了严重的通货膨胀时,适合采用紧缩的财政政策+紧缩的货币政策,即“双紧”政策。

第二节　微观经济学

一、需求、供给、均衡价格和弹性

(一)微观经济学研究对象和基本假设

微观经济学的研究对象是个体经济单位。个体经济单位指单个消费者、单个生产者和单个市场等。

在经济学里,“合乎理性的人”的假设条件也被简称为“理性人”或者“经济人”的假设条件。所谓的“理性人”或者“经济人”的假设是对在经济社会中从事经济活动的所有人的基本特征的一个一般性的抽象。这个被抽象出来的基本特征就是:每一个从事经济活动的人都是利己的。也可以说,每一个从事经济活动的人所采取的经济行为都是力图以自己的最小经济代价去获得自己的最大经济利益。**“合乎理性的人”的假设条件是微观经济分析的基本前提,它存在于微观经济学的所有不同的理论之中**。

(二)市场需求

1. 市场需求的含义

需求是指在一定时间内和一定价格条件下,消费者对某种商品或服务愿意而且能够购买的数量。需要注意的是,需求与通常所说的需要是不同的。**需求的构成要素有两个:一是消费者愿意购买,即有购买的欲望;二是消费者能够购买,即有支付能力,两者缺一不可**。

市场需求是指在一定的时间内、一定价格条件下和一定的市场上,所有的消费者对某种商品或服务愿意而且能够购买的数量。可见,市场需求就是所有消费者需求的总和。

2. 影响需求的主要因素

影响需求的主要因素有:

(1)消费者偏好。

(2)消费者的个人收入。

(3)产品价格。

(4)替代品的价格。

(5)互补品的价格。

(6)预期。

(7)其他因素。如商品的品种、质量、广告宣传,地理位置,季节,国家政策等。

其中,影响需求最关键的因素还是该商品本身的价格。

3. 需求函数、需求规律和需求曲线

需求函数表示一种商品的需求量与影响该需求量的各种因素之间的相互关系。在假定价格之外的其他各种因素不变的情况下,需求函数表明某商品的消费者随价格变化愿意购买的数量。具体表示为如下方程形式:

$$Q_D = Q_D(P)$$

式中,Q_D为需求量,P为该商品的价格。

在一般情况下,需求与价格的变动相反,即商品价格提高,则消费者对它的购买量就会减少。反之,商品价格降低,则消费者对它的购买量就会增加。需求与价格之间这种呈反方向变化的关系,就叫作需求规律。

我们把需求和价格的关系用曲线表示出来，这条曲线被称为需求曲线，如图 2-1-6 所示。

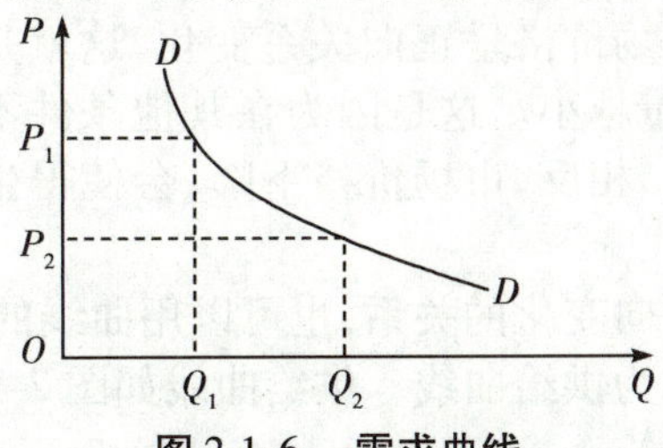

图 2-1-6 需求曲线

图中，横轴表示需求量，纵轴表示价格，两轴之间的曲线 DD 就是一条需求曲线。从图中可以看到，当市场价格为 P_1 时，需求量为 Q_1；当价格从 P_1 降到 P_2 时，需求量从 Q_1 增加到 Q_2。可见，曲线 DD 反映了需求量与价格之间的对应关系。以上所分析的需求规律，是假定影响需求的其他因素不变，只考虑需求和价格的关系，即如果价格发生变化，需求可能发生什么变化。但是，在现实生活中，需求的变动是多种因素共同作用的结果。为了区分开这两种情形，可以把第一种情形称为需求数量的变动，把第二种情形称为需求的变动。

在第一种情形下，假定其他因素不变，只考虑需求和价格的关系，需求量的变化是沿着既定的需求曲线进行的，价格上升，需求量减小；价格下降，需求量扩大。

在第二种情形下，假定价格不变，由消费者收入或消费者偏好以及预期等因素的变化引起需求的相应变化，这种变化表现为需求曲线的位移。

如图 2-1-7 所示，当价格由 P_1 降到 P_2 时，从 DD 上可以看到，需求量从 Q_1 提高到 Q_2。这属于需求数量的变动。而由于消费者收入的增加扩大了需求，需求曲线因此向右上方移动，从 DD 到 $D'D'$。当价格为 P_1 时，需求量从 Q_1 上升到 Q_1'；当价格为 P_2 时，需求量从 Q_2 上升到 Q_2'，这属于需求的变动。

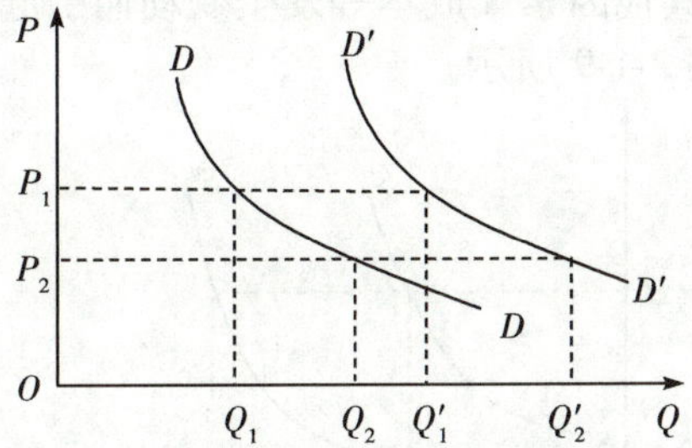

图 2-1-7 需求数量变动和需求变动的区别

如前所述，需求有个人需求与市场需求之分，需求曲线也就有单个消费者的需求曲线和市场需求曲线之分。某种商品的市场需求量一定是每一价格水平上所有个别消费者需求量之和；而某种商品的市场需求就是所有消费者个人对该种商品的需求之和，因此市场需求曲线也就是所有个别消费者需求曲线的水平加总。

（三）市场供给

1. 供给的含义

供给是指某一时间内和一定的价格水平下，生产者愿意并可能为市场提供某种商品或服务的数量。市场供给是在每一个可能的价格下，生产同一种商品的所有生产者供给的总和。

一种商品或服务的供给数量受一系列因素的影响和制约，我们可以用供给函数来表示供给与这些因素的关系。供给函数表示一种商品的供给量和影响该供给量的各种因素之间的相互关系。

假定其他因素不变，只考虑某种商品的供给量和该商品价格之间的关系，这时供给函数可表示为：

$$Q_S = Q_S(P)$$

式中，Q_S 为供给量，P 仍为该商品的价格。

影响供给的因素主要有：

（1）**产品价格**。

（2）**生产成本**。

（3）**生产技术**。

（4）**预期**。

（5）**相关产品的价格**。

（6）**其他因素，包括生产要素的价格以及国家政策等**。

2. 供给曲线

市场上商品或服务的供给量与市场价格呈正向关系变化，这就是供给规律。一般来说，市场价格越高，供给量越大；市场价格越低，供给量越小。这是因为在其他条件不变的情况下，价格的上升可以使生产者利润率提高，使生产者增加产量。相反，市场价格下降，会使得生产者的利润率降低，生产者向市场上提供商品的数量也会减少。

对于供给量和价格之间呈相同方向变化的关系，也可以用曲线的形式直观地表现出来。用于描述供给量和价格之间关系的曲线通常被称为供给曲线。供给曲线如图 2-1-8 所示。

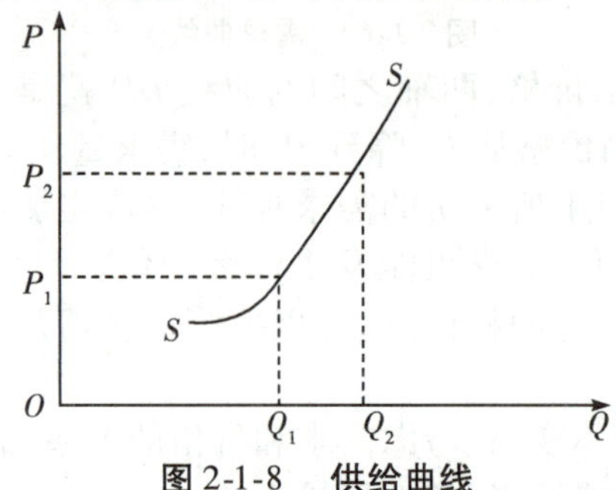

图 2-1-8　供给曲线

图中，P 代表价格，Q 代表供给量，分别用纵轴和横轴表示，两轴之间的曲线 SS 即供给曲线。从图中可以看到，当价格从 P_1 上升到 P_2 时，供给量从 Q_1 增加到 Q_2。

同需求分析一样，供给分析也要区分两种情形。第一种情形是假定其他因素不变，单纯分析供给和价格之间的关系，即价格变动时，供给如何变动。这种变动表现为供给沿着既定供给曲线变动：价格上升，供给增加；价格下降，供给减少。我们把这种情形称为供给数量的变动，如图 2-1-8 所示。第二种情形是，假定价格不变，由价格以外的其他因素如成本等发生变动而引起供给的变动，称为供给的变动。这种情形表现为供给曲线的位移，如图 2-1-9 所示。

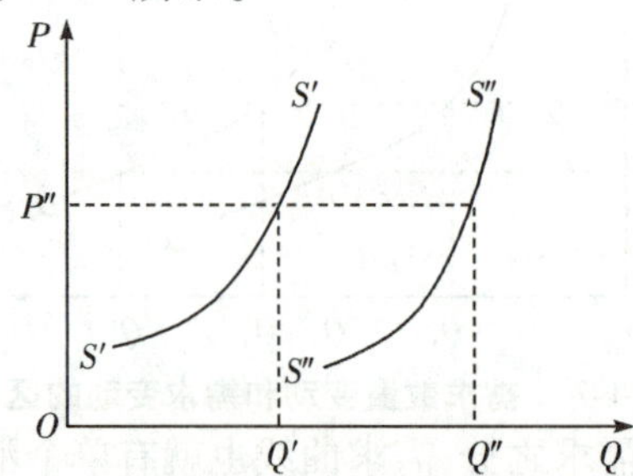

图 2-1-9　供给数量变动和供给变动的区别

由于成本水平上升，供给曲线从 $S''S''$ 向左移到 $S'S'$。对于价格 P'' 来说，供给量从 Q'' 减小到 Q'。在进行经济分析时，要注意把价格变化引起的供给的变动和因其他因素的作用引起的供给的变动两者区分开来。

（四）均衡价格

1. 均衡价格和均衡数量的形成和变动

在现实经济生活中，需求和供给都不是孤立地和市场价格发生关系，市场价格是在需求和供给相互影响、共同作用下形成的。

现在，让我们把前文所述的需求曲线和供给曲线合在一起，这样就得到一个新图，形状如图 2-1-10 所示。

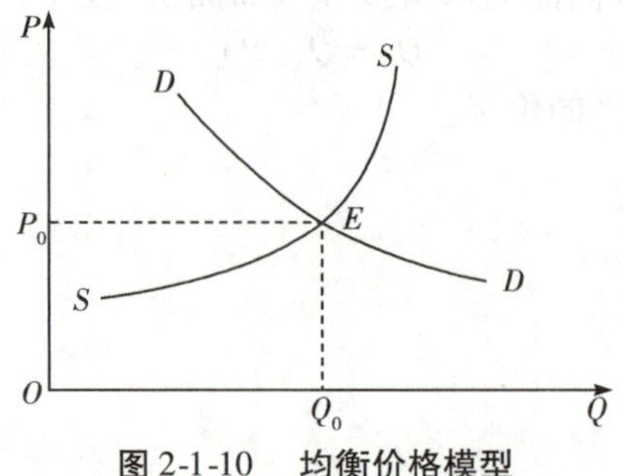

图 2-1-10　均衡价格模型

用纵轴表示价格，横轴表示需求量和供给量。需求曲线 DD 与供给曲线 SS 相交于 E 点。在 E 点，供给量和需求量相等，其数量为 Q_0，Q_0 通常被称为均衡数量或均衡产量，此时的市场价格为 P_0，P_0 通常被称为均衡价格，均衡价格就是市场供给力量和需求力量相互抵消时所达到的价格水平。

由于市场供给和需求受到一系列因素的影响，每一个因素的变化都可能引起供求关系的变化，而市场供求关系的变化又会引起价格的变化。实际经济生活中，供求十分活跃，经常发生变化，所以任何市场上的供求平衡都是偶然的、暂时的、相对的，每当旧的平衡被破坏之后，买卖双方总会千方百计地设法适应新的形势，从而形成新的均衡数量和新的市场价格。

2. 均衡价格模型的运用

(1) **最高限价分析**。所谓最高限价，就是由政府为某种产品规定一个具体的价格，市场交易只能在这一价格之下进行。其目标是保护消费者利益或降低某些生产者的生产成本。在我国，最高限价属于政府对市场价格的干预措施。当某种或某些产品价格上涨幅度过大有可能影响居民的基本生活需要或影响生产的正常进行时，政府可以采取这种方式进行干预。

运用均衡价格模型可以比较具体地对最高限价的效应进行分析，如图 2-1-11 所示。

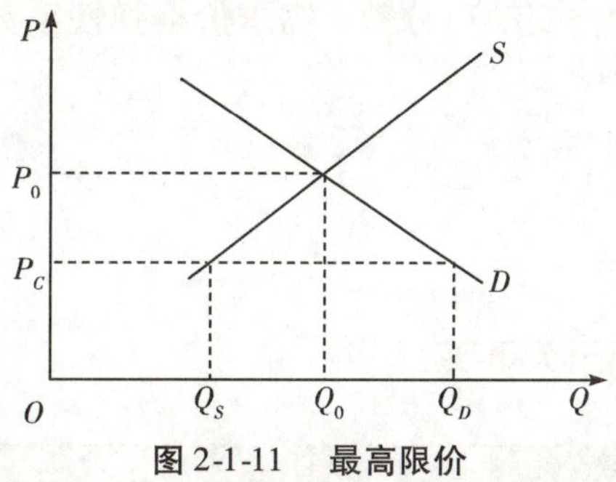

图 2-1-11 最高限价

图中，P_0 为均衡价格，P_C 为最高限价，Q_S 为最高限价下的市场供给量，Q_D 为最高限价下的市场需求量，Q_0 为均衡产量。从图中可以看到，由于最高限价低于均衡价格，因此，会刺激消费，限制生产，导致供给减少和需求增加，结果就是市场供给短缺，并且短缺量 $=Q_D-Q_S$。

在一般情况下，当实施最高限价而出现短缺现象时，市场就会出现严重的排队现象。当政府监管不力时，就会出现黑市交易和黑市高价，就是买卖双方违反政府的最高限价进行交易。显然这种交易价格一定会高于最高限价，有时还会高于均衡价格。如果管理不当，还会出现所谓的“走后门”现象，就是有人利用特殊的权力和便利，不需要排队就可以买到实施限价的产品，或可以买到多于定量供应标准的产品。由于供应紧张，生产者或卖方会在交易中处于优势地位，因此，可能出现以次充好、缺斤短两等变相涨价的现象。如果实施最高限价的是粮食等重要民生消费品，政府为了满足人们的基本需要，往往会实施按照某种标准如家庭人口或职业进行定量供应或凭证供应，这就是配给制。

因此，要保证最高限价的顺利实施，必须有强有力的行政措施或分配措施，否则就会流于形式。但是，由于最高限价严重地影响了市场机制或价格机制的正常运行，只宜短期或在局部地区实行，不应长期化。

(2) **保护价格分析**。所谓保护价格，也叫支持价格或最低限价，就是由政府规定一个具体的价格，市场交易只能在这一价格之上进行，其目的是保护生产者利益或支持某一产业的发展。在我国，保护价格属于政府对市场价格的干预措施。当某种或某些产品价格下降幅度过大，生产者收入过少，有可能影响生产的正常进行时，政府可以采取这种方式进行干预。

真题精练

【导学例题 7】市场供给力量与需求力量相互抵消时所达到的价格水平被称为(　　)。

A. 平均价格　　B. 理论价格

C. 平准价格　　D. 均衡价格

D 【解析】均衡价格是市场供给力量和需求力量相互抵消时所达到的价格水平。

(五) 弹性

1. 需求价格弹性

(1) 需求价格弹性的定义。需求价格弹性是指需求量对价格变动的反应程度，是需求量变动百分比与价格变动百分比的比率，即：

需求价格弹性系数 = 需求量的相对变动/价格的相对变动

如用 E_d 代表需求价格弹性系数,用 P 和 ΔP 分别表示价格和价格的变动量,用 Q 和 ΔQ 分别表示需求量和需求量的变动量,则有:

$$E_d = \frac{\Delta Q/Q}{\Delta P/P} = \frac{\Delta Q}{\Delta P} \cdot \frac{P}{Q}$$

由于需求规律的作用,价格和需求量是呈相反方向变化的,价格下跌,需求量增加;价格上升,需求量减少。因此,ΔQ 和 ΔP 符号相反,所以需求价格弹性系数总是负数。由于它的符号始终不变,为简便起见,我们通常把负号略去,采用其绝对值。需求价格弹性常被简称为需求弹性。

(2)需求价格弹性的基本类型:

①**当需求量变动百分数大于价格变动百分数,需求价格弹性系数大于 1 时,叫作需求富有弹性或高弹性**。

②**当需求量变动百分数等于价格变动百分数,需求价格弹性系数等于 1 时,叫作需求单一弹性**。

③**当需求量变动百分数小于价格变动百分数,需求价格弹性系数小于 1 时,叫作需求缺乏弹性或低弹性**。

(3)影响需求价格弹性的因素:

①**替代品的数量和相近程度**。

②**商品的重要性**。

③**商品用途的多少**。

④**时间与需求价格弹性的大小至关重要**。

知识拓展

如果需求价格弹性系数小于1,价格上升会使销售收入增加;如果需求价格弹性系数大于1,那么价格上升会使销售收入减少;如果需求价格弹性系数等于1,那么价格变动不会引起销售收入变动。

2. 需求交叉弹性

(1)需求交叉弹性的定义和公式。需求交叉弹性,也叫需求交叉价格弹性,是指一种商品价格的相对变化与由此引起的另一种商品需求量相对变动之间的比率。假如有 i、j 两种商品,那么,因商品 j 价格的相对变化而产生的交叉弹性系数为:

交叉弹性系数 = 商品 i 的需求量的相对变化/商品 j 的价格的相对变化

用公式表示为:

$$E_{ij} = \frac{\Delta Q_i/Q_i}{\Delta P_j/P_j}$$

式中:E_{ij}为需求交叉弹性系数;Q_i为商品 i 的需求量,ΔQ_i为商品 i 的需求量的变动量;P_j为商品 j 的价格,ΔP_j为商品 j 的价格的变动量。

(2)需求交叉弹性的类型。第一种类型是 i、j 两种商品为替代品,即 $E_{ij}>0$,这时的交叉弹性系数为正数。因为两种商品可以相互替代,商品 j 价格上升,就会有部分消费者不再购买商品 j,而去购买商品 i,商品 i 的需求量增加,价格变动和需求量变动是同一方向,所以 ΔP_j 和 ΔQ_i 都为正值,E_{ij}的符号为正。与此相反,商品 j 的价格下跌,就会有部分消费者放弃对商品 i 的购买而去购买商品 j,商品 i 的需求量减少,ΔP_j 和 ΔQ_i 都为负值,所以 E_{ij}的符号仍为正。E_{ij}越接近 1,则说明 i、j 两者的替代性越强。第二种类型是 i、j 两种商品为互补品,即 $E_{ij}<0$,其交叉弹性系数为负数。由于 i、j 为互补品,商品 j 的价格上涨,需求量下降,必然会引起商品 i 的需求量下降,ΔP_j 和 ΔQ_i 的符号相反,E_{ij}为负号。第三种类型是当 $E_{ij}=0$ 时,表明 i、j 两种商品是无关的,即商品 j 涨价不影响消费者对商品 i 的需求,商品 j 跌价也不影响对商品 i 的需求。可见,需求交叉弹性大小是确定两种商品是否具有替代关系或互补关系的标准。

3. 需求收入弹性

(1)需求收入弹性的含义和公式。需求收入弹性,是指需求量的变动和引起这一变动的消费者收入变动之比,它用以衡量需求变动对消费者收入变动的反应程度。其计算公式为:

$$E_y = \frac{\Delta Q/Q}{\Delta Y/Y} = \frac{Y}{Q} \cdot \frac{\Delta Q}{\Delta Y}$$

式中：E_y代表需求的收入弹性系数，Q 代表原需求量，ΔQ 代表需求量的变动量，Y 代表原消费者收入，ΔY 代表收入的变动量。

(2)需求收入弹性的类型。需求收入弹性有下列几种类型：

①**$E_y>1$，表明收入弹性高，即需求数量的相应增加大于收入的增加**。

②**$E_y=1$，表明收入变动和需求数量变动是成相同比例的**。

③**$0<E_y<1$，表明收入弹性低，即需求数量的相应增加小于收入的增加**。

④**$E_y=0$，表明不管收入如何变动，需求数量不变**。

⑤**$E_y<0$，表明收入增加时买得少，收入降低时买得多**。

上述五种需求收入弹性，除 $E_y=0$，$E_y<0$ 以外，其余三种需求收入弹性系数都是正的。

就一般商品而言，需求收入弹性的大小，可以作为划分“高档品”和“必需品”的标准。凡是需求收入弹性系数大于 1 的商品，都可以称为“高档品”，需求收入弹性系数大于 0 小于 1 的商品则称为“必需品”。“高档品”和“必需品”统称为“正常品”。需求收入弹性系数为负值的商品称为“低档品”，随着收入水平的提高，其需求量反而减少。

4. 供给价格弹性

(1)供给价格弹性的定义和公式。供给价格弹性是价格的相对变化与所引起的供给量的相对变化之间的比率。供给价格弹性常被简称为供给弹性。其计算公式为：

供给价格弹性系数＝供给量的相对变动/价格的相对变动

如用 E_S代表供给价格弹性系数，用 P 和 ΔP 分别表示价格和价格的变动量，用 Q_S和 ΔQ_S分别表示供给量和供给量的变动量，则：

$$E_S=\frac{\Delta Q_S/Q_S}{\Delta P/P}=\frac{\Delta Q_S}{\Delta P}\cdot\frac{P}{Q_S}$$

由于供给规律的作用，价格的变化和供给量的变化总是同方向的，所以，E_S的符号始终为正值。

(2)供给价格弹性的类型。按照供给量对价格变动反应程度大小，供给价格弹性可分为五种类型：当某种商品的 $E_S>1$ 时，则这种商品的供给价格弹性充足；当 $E_S<1$ 时，则供给价格弹性不充足；当 $E_S=1$ 时，则供给价格弹性系数为 1。此外，还有两种特殊情况，即 $E_S=0$ 时的供给完全无弹性和 $E_S=\infty$ 时的供给完全有弹性。当然，这两种情况在现实的市场供给中是很少见到的。

(3)影响供给价格弹性的因素：

①**时间是决定供给价格弹性的首要因素**。

②生产周期和自然条件的影响。

③投入品替代性大小和相似程度对供给价格弹性的影响也很大。

二、消费者行为分析

(一)无差异曲线

我们可以用无差异曲线来描述消费者偏好。所谓无差异曲线是一条表示能够给消费者带来相同满足程度的两种商品的所有组合的曲线，在这条曲线上的所有各点的两种商品的组合带给消费者的满足程度是完全相同的。**消费者对这条曲线上各个点的偏好程度是无差异的**，如图 2-1-12 所示。

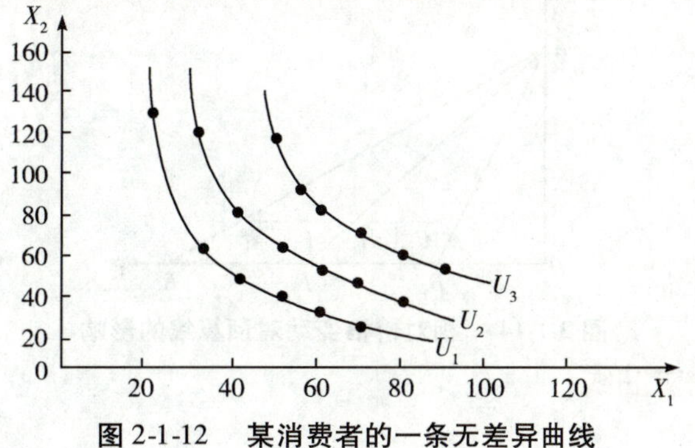

图 2-1-12 某消费者的一条无差异曲线

无差异曲线具有以下特征：

(1)**离原点越远的无差异曲线代表的效用水平越高，离原点越近的无差异曲线代表的效用水平越低**。

(2)**任意两条无差异曲线都不能相交**。

(3)**无差异曲线从左向右下倾斜，凸向原点**。

(二)预算约束

我们知道，消费者的选择不仅取决于消费者的偏好，还要受到消费者的支付能力和市场价格的限制。这种在既定价格下，消费者对各种商品和服务的支付能力的限制表现为一种预算约束。

假定只有两种商品 X_1 和 X_2 可供消费者选择，这两种商品的价格分别为 P_1 和 P_2，消费者可以支配的收入金额是 m，则这个消费者的预算约束就可以用以下公式表示：

$$P_1X_1+P_2X_2\leqslant m$$

我们可以用图 2-1-13 来表示。

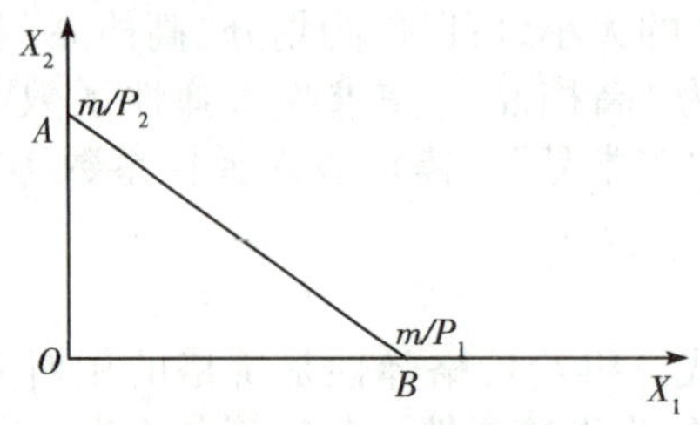

图 2-1-13 预算约束线

图中，横轴 X_1 表示商品 1 的消费数量，纵轴 X_2 表示商品 2 的消费数量。如果全部收入 m 都用于购买商品 1，则所能购买到的数量为 m/P_1，如果全部收入 m 都用于购买商品 2，则所能购买到的数量为 m/P_2。把这两个点，即 A 点和 B 点，连接起来就叫作预算线，表示在消费者的收入和商品的价格给定的条件下，消费者的全部收入所能购买到的两种商品的各种组合，又称为预算约束线。

可见，预算线上的点表示用尽所有收入所能购买的各种消费组合，预算线外的点是支付能力所达不到的购买选择，而预算线内的点，则表示在两种商品上的花费并未用尽全部收入。

我们把包括了预算线本身及其左下方的区域称为消费者预算可行集，或预算空间，表示消费者受到的支付能力的限制，是消费者决策时可以选择的区间。

1. 收入变动对预算线的影响

在相对价格不变的情况下，收入改变，会使预算线出现平行移动。**收入增加使预算线向右平移，收入减少使预算线向左平移**。

2. 相对价格变动对预算线的影响

如果只是其中一种商品，如 X_1 的价格上升，那么预算线中另一商品 X_2 的截距固定不变，而商品 X_1 截距缩小，表明随该商品价格上升，可购买的该种商品的数量减少。

如图 2-1-14 所示，表现为预算线在纵轴上的端点 A 不变，而横轴上的端点 B 发生移动。如价格下降则预算线向右旋转到 B_2 点，而价格上升则向左旋转到 B_1 点。两种商品的价格同比例同方向变化，会使预算线平移。同比例上升使预算线左移，相反则右移。两种商品的价格，以及收入都同比例同方向变化，那么预算线不动。

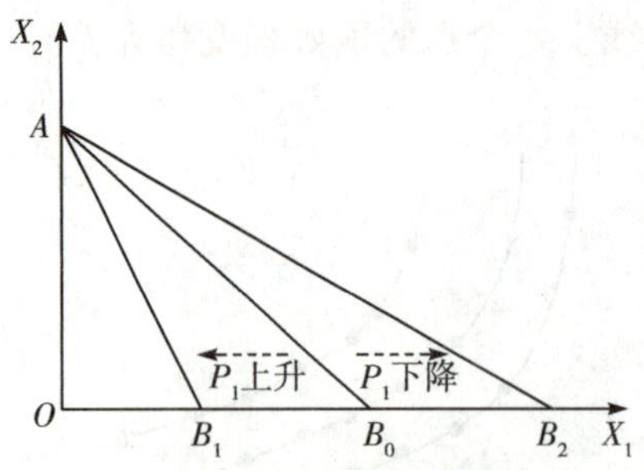

图 2-1-14 相对价格变动对预算线的影响

(三)消费者均衡和需求曲线

1. 消费者均衡

在收入和商品价格已知的条件下，一个消费者关于两种商品的预算线只能有一条，但该消费者关于两种商品的无差异曲线由于偏好的不同却有无数条。面对一条预算线和无数条无差异曲线，消费者应该如何选择才能实现效用最大化呢？

将预算线置于无差异曲线图中，预算线与无差异曲线的关系有三种情况，如图 2-1-15 所示。

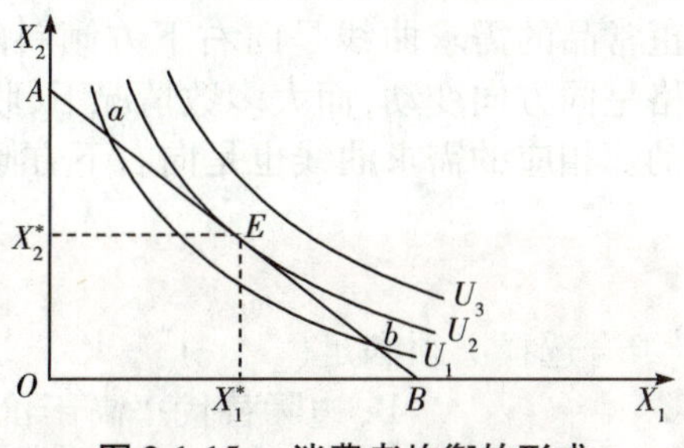

图 2-1-15 消费者均衡的形成

(1)预算线 AB 与无差异曲线 U_1 相交于 a 和 b 点。不难看出，虽然交点在预算线上，且可以满足消费者一定的需求，但却不是最受偏好的选择，因为消费者在不改变预算线的前提下，通过消费数量的调整，可以提高其满足程度。如将消费组合移动至 ab 点之间时，消费者花费同样的预算，却可以得到程度更高的满足。

(2)预算线 AB 与无差异曲线 U_3 既不相交，也不相切。虽然无差异曲线 U_3 的每一点都能给消费者带来更高的满足程度，但因超过了现有的购买能力而无法实现。

(3)预算线 AB 与无差异曲线 U_2 相切于 E 点。E 点既在预算线 AB 上，又在无差异曲线上，也就是说，E 点所代表的商品组合既是消费者用现有收入可以买到的，同时它又能给消费者带来最高程度的满足。可见，满足效用最大化的商品组合必定位于预算线与无差异曲线相切的切点上。

在切点 E，无差异曲线 U_2 的斜率恰好等于预算线的斜率。因此，消费者效用最大化的均衡条件可以表示为：商品边际替代率 = 商品的价格之比，即：

$$\text{MRS} = P_1/P_2$$

2. 消费者的需求曲线

消费者均衡的实现是以三个条件为前提的，即偏好不变、收入不变和价格不变。现在假定偏好不变和收入不变，用图形来分析价格变化对消费者均衡的影响，并从而说明需求曲线的形成。

如图 2-1-16(a)所示，假设消费者的偏好和收入不变，并假设只有商品 1 的价格发生变化而商品 2 的价格保持不变。开始，商品 1 的价格为 P_1 时，预算线 AB 与无差异曲线 U_1 相切于 E_1 点，E_1 点是消费者效用最大化的消费选择，此时商品 1 的消费量为 X_1^1。商品 1 的价格下降为 P_2，预算线移动为 AB'，AB'与无差异曲线 U_2 相切在 E_2 点，商品 1 的消费量为 X_1^2。同理，在商品 1 的价格为 P_3 时，预算线移动到 AB''，AB''与无差异曲线 U_3 相切在 E_3 点……将这些点连接起来，就得到商品 1 的价格—消费曲线。根据商品 1 的价格和消费量之间的对应关系，把每一个 P 的数值和相应的均衡点上的 X_1 数值绘制在商品的价格—数量坐标图上，就得到了单个消费者的需求曲线，如图 2-1-16(b)所示。

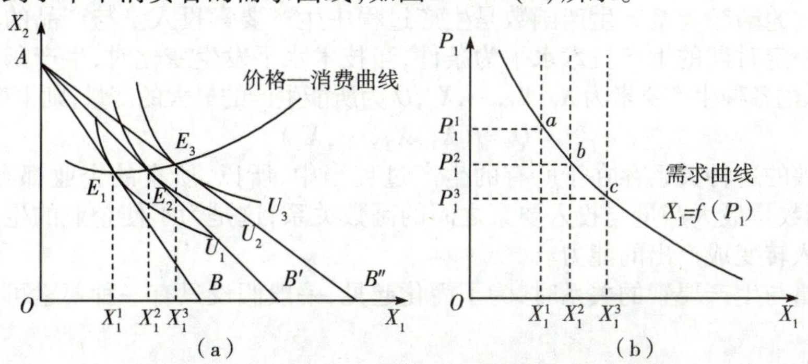

图 2-1-16 价格—消费曲线和消费者的需求曲线

商品价格的变化会产生两种效应，即收入效应和替代效应。收入效应是指在名义收入不变时，因为该商品价格的变化，而导致消费者实际收入水平发生变化，进而引起商品需求量的变动。替代效应是指，由商品的价格变动所引起的实际收入水平的变动，进而由实际收入水平变动所引起的商品需求量的变动。

对于替代效应，当一种商品变得相对便宜时，对它的购买量总会上升，因此替代效应与价格的变动总是呈反方向的。但是，对于收入效应，则比较复杂。我们知道，当价格下降，一个人的实际收入相对增加时，对商品的需求量可能上升，也可能下降。这取决于该种商品是正常品，还是低档品。

对于正常品而言，替代效应与价格呈反方向变动，收入效应也与价格呈反方向变动，从而总效应必定与价格呈反方向变动。因此,正常品的需求曲线是向右下方倾斜的。对于低档品而言,替代效应与价格呈反方向变动,收入效应与价格呈同方向变动,而大多数情况下,收入效应的作用小于替代效应的作用,从而总效应与价格呈反方向变动。相应的需求曲线也是向右下方倾斜的。

真题精练

【导学例题8】消费者的最优消费组合选择必须满足(　　)。

A. 边际替代率等于价格之比　　B. 边际替代率高于价格之比

C. 边际替代率小于价格之比　　D. 与边际替代率和价格之比无关

A　【解析】在一定的预算约束下,为了实现效用最大化,消费者应该选择商品的最优组合,使得两种商品边际替代率等于两种商品的价格之比。

三、生产和成本理论

(一)生产者的组织形式和企业形成的理论

1. 生产者及其组织形式

生产者是指能够做出统一的生产决策的单个经济单位,即企业或厂商。企业是产品生产过程中的主要组织形式,主要包括个人独资企业、合伙制企业和公司制企业。

在生产者行为的分析中,一般假设生产者或企业的目标是追求利润最大化。这一基本假定是"经济人假设"在生产和企业理论中的具体化。

2. 企业形成的理论

美国经济学家科斯在1937年发表的《企业的本质》一文中,对企业本质属性问题进行了开创性的探讨,他认为企业是为了节约市场交易费用或交易成本而产生的,企业的本质或者显著特征是作为市场机制或价格机制的替代物。

从历史上看,企业产生以后,企业与市场机制就是两种不同的协调生产和配置资源的方式,同时社会上就形成了两种交易,即企业外部的市场交易和企业内部的交易。企业外部的交易,是平等协商基础上的市场交易,每完成一笔交易,都是谈判双方不断磋商、协调,通过讨价还价的谈判而实现的。而企业内部的交易,则是通过一个组织和企业家用行政命令方式在内部进行的交易。两种交易方式都要支付交易费用或成本。当企业交易方式的交易费用小于市场交易方式的交易费用时,企业就应运而生了。

(二)生产函数和生产曲线

1. 生产函数

生产函数表示在一定时期内,在技术不变的情况下,生产中所使用的各种生产要素的数量与所能生产的最大产量之间的函数关系。生产函数是生产过程中生产要素投入量与产品的产出量之间的关系,任何生产函数都以一定时期的生产技术水平为条件,当技术水平发生变化时,生产函数也会发生变化。

假定生产中投入的各种生产要素为 $X_1, X_2, \cdots, X_n$, Q 为所能生产的最大的产量,则生产函数可以表示为:

$$Q=f(X_1,X_2,\cdots,X_n)$$

生产函数所反映的这种关系存在于所有的生产过程当中,所以,所有的企业都有其生产函数。这里要注意的是,生产函数是最大产量与投入要素之间的函数关系,这是为了使企业的生产函数具有可靠性,体现企业将一定投入转变成产出的能力。

在具体分析产量与生产要素的关系时,为了简化起见,一般假设只有一种要素可变,或者两种生产要素可变。

2. 生产曲线

(1)一种可变要素的生产函数。一种可变要素的生产函数假设只有一种投入可以改变,而其他投入不可以改变,这是对企业短期行为的分析。一般假设劳动投入可变,而其他要素,如资本等不可变,实际是要分析基本投资一定,即厂房、机器设备等在某一时期内不能变化,只能改变使用的劳动力数量来调整企业的产量时,企业的选择及其合理性。一种可变要素的生产函数也称短期生产函数,其基本形式为:

$$Q=f(L,\overline{K})$$

其中,$\overline{K}$ 表示资本量固定不变,这时总产量的变化只取决于劳动量 L。随着劳动量的连续变化,会引起总产量、平均产量和边际产量的变动。

(2)总产量、平均产量和边际产量。根据一种可变要素的生产函数的函数公式,企业的最大产量随可变要素投入 L 的数量的变化而变化。因此,可以得到一定数量劳动的总产量 TP、平均产量 AP 和边际产量 MP。

总产量是指生产出来的用实物单位衡量的产出总量,如多少吨水泥等。

平均产量是指总产量除以总投入的单位数,或者说是每单位投入生产的产出。用公式表示就是:

$$AP = TP/L$$

边际产量是指在其他投入保持不变的条件下,由于新增一单位的投入而多生产出来的产量或产出。用公式表示就是:

$$MP = \Delta TP/\Delta L$$

(3)总产量、平均产量和边际产量曲线及其位置关系。我们将总产量、平均产量和边际产量曲线的图形分别给出其解释,并说明曲线的位置关系,如图 2-1-17 所示。

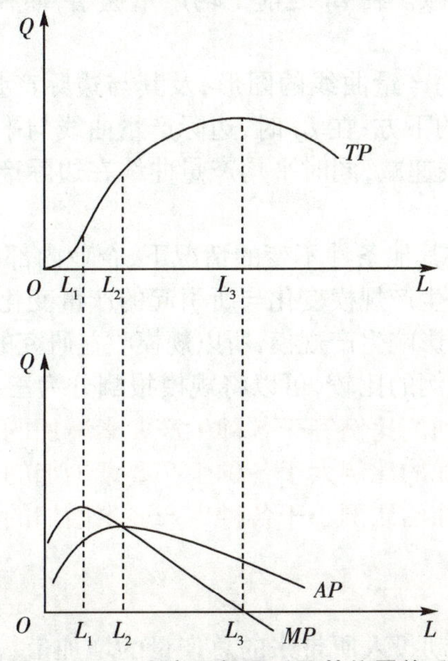

图 2-1-17 生产函数图形及其位置关系

①边际产量曲线的图形及边际产量递减规律。从图中可以看出,劳动的边际产量先递增,劳动投入达到 L_1 时,MP 最大,然后递减,继续增加劳动投入到 L_3 时,$MP=0$。如果再增加劳动投入,边际产量为负。

在资本等投入一定时,开始增加劳动投入的过程中,企业一般处于资本过剩而劳动不足的状态,机器设备的作用不能充分发挥,这时增加劳动投入,可以实现劳动分工与协作的效率,劳动的边际产量递增。

但是,劳动的分工与协作的效率是有限度的。当劳动投入增加到一定程度,如 L_1 时,人均资本数量达到最优状态,劳动的边际产量达到最大;如果继续增加劳动投入,人均资本进一步减少,就会出现劳动相对过剩,而资本不足的情况,劳动的边际产量开始递减。当劳动投入量增加到 L_3 时,增加单位劳动带来的边际产量为 0,劳动量继续增加就必然出现人浮于事的现象,劳动的边际产量为负值,即增加劳动投入不仅不能增加产出,反而会导致总产量的下降。

其他可变要素投入的边际产量曲线的图形与劳动的边际产量曲线的图形是一样的,也可以同样进行解释。

可见,边际产量是说明产量变化的一个非常重要的概念,如果确定边际产量的图形,就可以得到总产量和平均产量的图形。经济学家据此提出了边际产量递减规律。边际产量递减规律也称为边际报酬递减规律,其基本含义是:在技术水平和其他投入保持不变的条件下,连续追加一种生产要素的投入量,总是存在着一个临界点,在这一点之前,边际产量递增,超过这一点之后,边际产量将出现递减的趋势,直到出现负值。

②总产量曲线的图形。根据 MP 曲线的图形可以给出 TP 曲线,在劳动投入达到 L_1 之前,劳动的边际产量为正数,并且递增,所以总产量以递增的速度增加,从图形上看,总产量曲线向上倾斜,并且斜率递增,即凸向 L 轴。

当劳动投入在 L_1 和 L_3 之间时,劳动的边际产量递减,但为正数,所以总产量是以递减的速度增加。从图形上看,总产量曲线向上倾斜,但斜率递减,即凸向 Q 轴。

当劳动投入量为 L_3 时，劳动的边际产量为0，总产量达到最大值。继续增加劳动投入，劳动的边际产量为负数，所以总产量开始递减。

③平均产量曲线的图形。*AP* 曲线的图形与 *MP* 和 *TP* 的图形紧密相关。我们知道，当劳动投入量比较少时，比如 $L=1$，此时劳动的边际产量、总产量和平均产量都相等，而此时劳动的边际产量是递增的，所以会带动平均产量递增，但是显然边际产量会大于平均产量，即边际产量曲线在平均产量曲线的上方。

可以证明，只要边际产量大于平均产量，即边际产量曲线在平均产量曲线的上方，平均产量就是递增的，即在劳动投入达到 L_1 后，边际产量开始递减，但边际产量会大于平均产量，所以平均产量仍是递增的。边际产量递减，而平均产量递增，可以知道边际产量曲线和平均产量曲线最终会相交，如在 L_2 时相交，此时边际产量等于平均产量。

由于边际产量曲线和平均产量曲线最终相交时，边际产量是递减的，如果继续增加劳动投入，边际产量的递减会使得平均产量也开始递减。在 L_2 之前平均产量递增，而在 L_2 之后平均产量递减，所以 L_2 是平均产量的最大值。

根据上面的说明，可以得到平均产量曲线的图形，及其与边际产量曲线的位置关系。在 L_2 之前，平均产量递增，同时在边际产量曲线的下方；在 L_2 时，边际产量曲线与平均产量曲线相交，同时平均产量达到最大值；在 L_2 之后，平均产量曲线递减，同时平均产量曲线在边际产量曲线的上方。

3. 规模报酬

规模报酬也称规模收益，是指在其他条件不变的情况下，企业内部各种生产要素按照相同比例变化时所带来的产量的变化，也就是企业的生产规模变化与所引起的产量变化之间的关系。企业只有在长时期中才能改变全部生产要素的投入，进而影响生产规模，所以规模收益研究的是企业的长期生产决策问题。

根据生产规模和产量的变化比例的比较，可以将规模报酬分为三类：

(1)**规模报酬不变，即产量增加的比例等于各种生产要素增加的比例。**

(2)**规模报酬递增，即产量增加的比例大于各种生产要素增加的比例。**

(3)**规模报酬递减，即产量增加的比例小于各种生产要素增加的比例。**

真题精练

【导学例题9】增加一个单位的劳动投入所带来的总产量的增加量，被称为(　　)。

A. 边际收入　　B. 边际产出

C. 边际效益　　D. 边际产量

D　【解析】边际产量是指增加一单位可变要素的投入量所增加的产量。

(三)成本函数和成本曲线

1. 成本的含义

成本又称生产费用，是生产过程中企业对所购买的各种生产要素的货币支出，也可以说是企业在生产经营过程中所支付的物质费用和人工费用。为了更好地理解成本的含义，需要对以下概念有所了解。

(1)**机会成本**。机会成本是指当一种生产要素被用于生产单位某产品时所放弃的使用相同要素在其他生产用途中所得到的最高收入。

(2)**显成本与隐成本**。生产成本可以分为显成本和隐成本两部分。显成本是指企业购买或租用的生产要素所实际支付的货币支出。隐成本是指企业本身所拥有的并且被用于该企业生产过程的那些生产要素的总价格。隐成本是企业自己拥有并使用的资源的成本，它实际上也是一种机会成本，应该从机会成本的角度按照企业自有生产要素在其他用途中所得到的最高收入来支付和计算。

(3)**经济利润**。企业的所有显成本和隐成本共同构成了企业的总成本。企业的经济利润是指企业的总收益和总成本的差额，简称企业的利润。企业所追求的最大利润，指的就是最大的经济利润。经济利润也可称为超额利润。和经济利润相对的是正常利润，通常是指企业对自己所提供的企业家才能的报酬支付。正常利润是生产成本的一部分，是作为隐成本的一部分计入成本的。因此经济利润中不包括正常利润。

2. 成本函数

(1)成本函数的含义和类型。成本函数就是表示企业总成本与产量之间关系的公式。由于考察的时期不同，分为短期成本函数和长期成本函数。所谓短期，是指生产时间很短，总有一种或几种生产要素的数量固定不变，因而就有了固定成本和可变成本之分。所谓长期，是指这样一个时期：企业在这段时间内可以调整生产要素，从而一切生产要素都是可变的，这样，长期成本中就没有什么固定成本，一切成本都是可变的。因此，短期成本函数就可写成：

$$C=b+f(q)$$

式中，C 为总成本，q 为产量，b 为固定成本。

长期成本函数可写成：

$$C=f(q)$$

可见，**短期成本函数和长期成本函数的区别就在于是否有固定成本和可变成本之分**。

(2)短期成本函数分析。首先来看几个概念：短期总成本就是企业在短期内生产一定量产品所需要的成本总和。短期总成本可以分为固定成本和可变成本。固定成本是指在短期内不随产量增减而变动的那部分成本，其中主要包括厂房和设备的折旧，以及管理人员的工资费用等。可变成本是指随着产量变动而变动的那部分成本，其中主要包括原材料、燃料和动力以及生产工人的工资费用等。

如果以 TC 代表短期总成本，TFC 代表总固定成本，TVC 代表总可变成本，则有：

$$TC=TFC+TVC$$

平均成本也叫平均总成本，也即我们常说的单位产品成本，是生产每一单位产品的成本，是总成本除以总产量所得之商。平均成本分为平均固定成本与平均可变成本。平均固定成本是平均每一单位产品所消耗的固定成本。平均可变成本是平均每一单位产品所消耗的可变成本。如以 Q 代表总产量，ATC 代表平均成本，AFC 代表平均固定成本，AVC 代表平均可变成本，则有：

$$ATC=TC/Q$$

$$AFC=TFC/Q$$

$$AVC=TVC/Q$$

边际成本是增加一个单位产量时总成本的增加额。如以 MC 代表边际成本，ΔTC 代表总成本的增加额，ΔQ 代表总产量的增加额，则有：

$$MC=\Delta TC/\Delta Q$$

由于短期内固定成本为一常数，不受产量的影响，因此边际成本也就是产量变动引起的可变成本的变动。

3. 短期成本曲线

根据成本函数，可以画出总成本（TC）曲线、总固定成本（TFC）曲线和总可变成本（TVC）曲线，如图 2-1-18 所示。

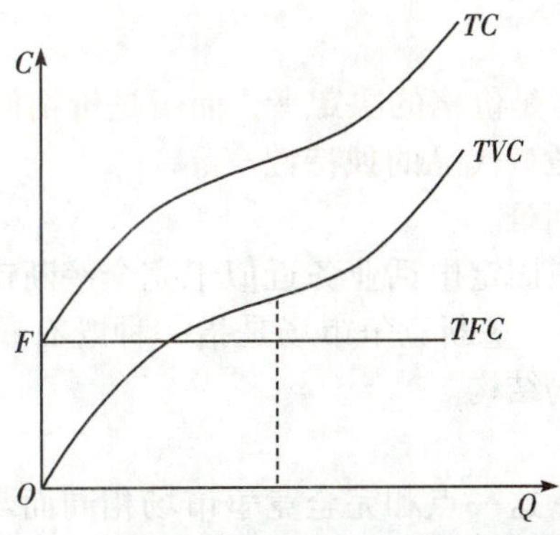

图 2-1-18 总固定成本、总可变成本与总成本曲线

从图中可以看出，总成本曲线是从纵轴一个截点即产量为零时总成本等于固定成本的那个点F开始，随产量的增加而逐步上升，开始时是以递减的增长率上升，当产量达到一定水平后，便以递增的增长率上升。总固定成本曲线是平行于横轴的一条直线。产量为零时，总可变成本为零，随着产量的增加，总可变成本逐步上升，开始以递减的增长率上升，产量达到一定水平后，便以递增的增长率上升。总可变成本曲线上升的速度和总成本曲线上升的速度之间存在着对应的关系，说明两者的变动规律是一致的。

四、市场结构理论

1. 市场结构的含义和划分市场结构的标准

所谓市场结构，是指一个行业内部买方和卖方的数量及其规模分布、产品差别的程度和新企业进入该行业的难易程度的综合状态。也可以说,市场结构就是指某种产品或服务的竞争状况和竞争程度。

市场结构类型划分的标准是市场的竞争程度或垄断程度。竞争程度高,则垄断程度就低;而竞争程度低,则垄断程度就高。划分一个行业属于什么类型的市场结构,主要依据以下三个方面:

(1)本行业内部的生产者数目或企业数目。如果本行业只有一家企业,那就可划为完全垄断市场;如果只有少数几家大企业,那就属于寡头垄断市场;如果企业数目很多,则可以划入完全竞争市场或垄断竞争市场。一个行业内企业数目越多,则其竞争程度就越激烈;反之,一个行业内企业数目越少,其垄断程度就越高。

(2)本行业内各企业生产的产品的差别程度。这是区分垄断竞争市场和完全竞争市场的主要判断依据。

(3)进入障碍的大小。所谓进入障碍,是指一个新的企业要进入某一行业所遇到的阻力,也可以说是资源流动的难易程度。一个行业的进入障碍越小,其竞争程度就越高。反之,一个行业的进入障碍越大,则其垄断程度就越高。

根据这三个方面因素的不同特点,将市场分为完全竞争市场、完全垄断市场、垄断竞争市场和寡头垄断市场等四种类型。

2. 各种市场结构的特征

(1)完全竞争市场的含义和特征。完全竞争市场又叫纯粹竞争市场,是一种竞争不受任何阻碍和干扰的市场结构,完全竞争市场具有以下特征:

①**市场上有很多生产者与消费者,或买者和卖者,而且这些生产者规模都很小,没有任何一个买者或卖者能够影响市场价格,每个生产者或消费者都只能是市场价格的接受者,而不是价格的决定者。**

②**企业生产的产品是同质的,即不存在产品差别。**

③**资源可以自由流动、企业可以自由进入或退出市场。**

④**买卖双方对市场信息都有充分的了解。**

(2)完全垄断市场的含义、成因和特征。完全垄断市场是指整个行业只有唯一供给者的市场结构。完全垄断是一个十分特殊的情况,形成完全垄断的条件包括:

①政府垄断,即政府凭借其特殊地位,为了实现特定的社会经济目的,而对某一行业实行完全垄断。

②对某些特殊的原材料的单独控制而形成的对这些资源和产品的完全垄断。

③对某些产品的专利权形成的完全垄断。

④自然垄断。

完全垄断市场具有如下特征:

①**只有一个生产者,因而生产者是价格的决定者,而不是价格的接受者。**

②**完全垄断者的产品是没有合适替代品的独特性产品。**

③**其他企业进入这一市场非常困难。**

在实际生活中,公用事业如电力、固定电话业务近似于完全垄断市场。

(3)垄断竞争市场的含义和特征。垄断竞争市场是指一种既有垄断又有竞争,既不是完全竞争又不是完全垄断而接近于完全竞争的市场结构。

垄断竞争市场的主要特征有:

①**具有很多的生产者和消费者**。这一点和完全竞争市场相同而与完全垄断市场不同。

②**产品具有差别性**。这是与完全竞争市场的主要区别。

③**进入或退出市场比较容易,不存在什么进入障碍。**

(4)寡头垄断市场的含义和特征。寡头垄断市场是指少数几个企业控制一个行业的供给的市场结构。其主要特征是:

①在一个行业中,只有很少几个企业进行生产。

②它们所生产的产品有一定的差别或者完全无差别。

③它们对价格有较大程度的控制权。

④其他企业进入这一行业比较困难。

在西方发达国家,寡头垄断市场在国民经济中占有十分重要的地位。在美国,石油工业就是典型的寡头垄断市场。在其他国家,汽车、钢铁等工业部门也都可划入寡头垄断市场。

真题精练

【导学例题 10】以下特点中不属于完全竞争市场的是(　　)。

A. 产品同质性　　B. 信息有限性

C. 资源流动性　　D. 大量买者和卖者

B　【解析】完全竞争市场有四个特点,分别是市场上有大量的买者和卖者、产品的同质性、信息的完全性和资源的流动性,故 B 项不符合题意。

五、生产要素市场理论

(一)生产者使用生产要素的原则

1. 生产者对生产要素的需求是一种引致需求

生产要素市场与产品市场非常相似,都是由生产者和消费者的行为共同决定价格,在价格形成过程中发挥市场"看不见的手"的调节功能,使资源得到有效配置。不同的是在生产要素市场上,需求者是生产者或厂商,供给者是消费者或居民,生产者对劳动、土地等生产要素的需求是从消费者对最终消费品的需求中间接派生出来的。我们把这种对生产要素的需求称为"引致需求"或者"派生需求",也就是说,当追求利润最大化的生产者需要一种生产要素时,其原因在于该生产要素可以使他们生产出消费者现在或将来愿意购买的商品。

引致需求的概念反映了生产要素市场和产品市场之间的联系。生产者对生产要素的需求量在很大程度上取决于消费者对产品的需求量。因此,不但消费者的需求曲线会影响生产要素的价格,生产者在产品市场和生产要素市场上所处的市场状态也会影响生产要素的需求,并最终影响生产要素的价格。

2. 生产者使用生产要素的原则

为了分析生产者如何使用生产要素(简称要素)的问题,首先要引入几个相关概念:

(1)边际物质产品(MPP):边际物质产品也称边际产量,表示增加单位要素投入所带来的产量增量。如以 MPP 代表边际物质产品,ΔL 代表要素投入的增加量,ΔQ 代表总产量的增加量,则有:

$$MPP=\Delta Q/\Delta L$$

(2)边际收益产品(MRP):表示增加单位要素使用所带来的收益的增量,如以 MRP 代表边际收益产品,ΔL 代表要素投入的增加量,ΔR 代表总收益的增加量,则有:

$$MRP=\Delta R/\Delta L=MPP\cdot MR$$

也就是说边际收益产品等于边际物质产品乘以边际收益。

(3)边际产品价值(VMP):表示每增加一单位的要素投入所增加的价值,即边际物质产品乘以产品价格。如用 VMP 表示边际产品价值,用公式表示:

$$VMP=MPP\cdot P$$

(4)边际要素成本(MFC):表示增加单位要素投入所带来的成本增量,等于边际物质产品乘以边际成本。如用 MFC 表示边际要素成本,ΔC 代表成本的增加量,则有:

$$MFC=\Delta C/\Delta L=MPP\cdot MC$$

(5)平均要素成本(AFC):表示平均每单位要素投入的成本,用公式表示为:

$$AFC=C/L$$

生产者的要素需求是引致需求,生产者使用要素的目的是生产出消费者需要的产品,以获取最大利润。因此所谓生产者使用要素的原则,就是在一定时间内,在一定条件下,根据企业内部的生产状况和市场情况,确定要素的使用量,以实现利润最大化,即边际要素成本等于边际收益产品,MFC = MRP。

(二)完全竞争生产者对生产要素的需求

1. 完全竞争生产者的要素需求曲线

完全竞争生产者在购买要素时是完全竞争的,即生产者完全是要素市场价格的接受者。所以,**生产者面临的要素供给曲线是一条水平线**,如图 2-1-19(a)所示。

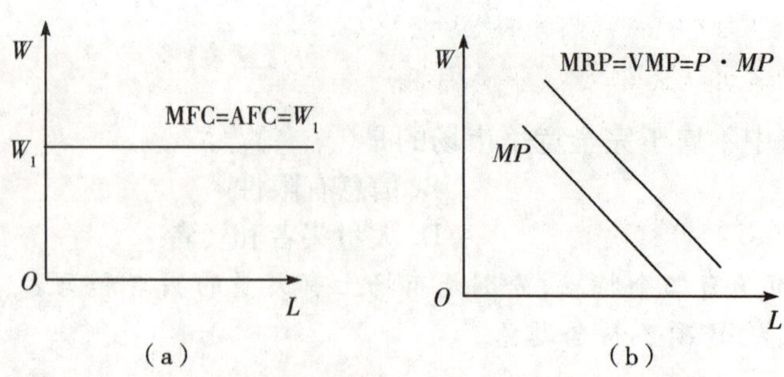

图 2-1-19　完全竞争生产者的要素供给曲线和要素需求曲线

图 2-1-19(a)中，W_1 是要素市场的价格，生产者面临的要素供给曲线为水平线，就是说生产者可以按现行市场价格购买到其想要的生产要素。由于要素价格为常数，因此有：MFC = AFC = W_1，即完全竞争生产者的边际要素成本曲线及平均要素成本曲线与要素供给曲线重合。

由于完全竞争生产者在销售产品时是完全竞争的，生产者是产品价格的接受者，因此产品价格为常数 P，即生产者的边际收益和平均收益都等于产品的价格 P。所以有 MRP = VMP = $P \cdot MP$，即生产者的边际产品价值等于边际收益产品。由于 MP 曲线向下倾斜，而 P 为常数，因此 MRP = VMP 曲线也向下倾斜，如图 2-1-19(b)所示。

由于生产者使用要素的原则是 MRP = MFC，因此对于完全竞争生产者而言，在每一给定的市场要素价格下，为了实现利润最大化的要素使用量必须满足 MRP = MFC，即生产者是沿着 MRP 曲线确定要素使用量的，所以 MRP = VMP 曲线也是完全竞争厂商的要素需求曲线。

2. 完全竞争市场的要素需求曲线

完全竞争市场上有大量的生产者，在某一价格下的市场要素需求量，一般应该是在该价格下所有生产者需求量之和。但是，当整个市场上的所有生产者都根据要素价格的变化调整产量时，产品价格就会发生变化，所以生产者的要素需求曲线会变得更陡峭。

（三）劳动供给曲线和均衡工资的决定

1. 生产要素供给的一般分析

经济学分析的要素包括劳动、资本、土地和企业家才能。这些要素分别属于不同的所有者，要素的所有者既可以是消费者，也可以是生产者。由于要素所有者的身份不同，因此要素供给行为的目的就有差别。可以假定，生产者和消费者的目的分别是利润最大化和效用最大化。

当要素供给者局限在消费者时，要素供给问题就有一个基本特点，即要素数量在一定时期内是固定不变的。例如，每个人每天只有 24 小时可以利用，但显然没有一个人可以每天提供 24 小时的劳动。由于要素资源是既定的，消费者只能将其中的一部分作为生产要素提供给市场，剩下的部分可称为“保留自用”的资源。因此，要素供给问题是消费者在一定要素价格下，将其全部资源在要素供给和保留自用两种用途上进行分配以实现效用最大化。下面将以劳动为例，说明消费者如何将其全部时间在要素供给和保留自用两种用途上进行分配以实现效用最大化。

2. 劳动和闲暇

劳动的供给和时间的保留自用实际是每个人都必须在工作与闲暇之间做出某种组合的选择：既可以选择较多工作以增加货币收入的决策，也可以选择较多的闲暇以增加可自由支配时间的决策。在这里，闲暇指时间的非市场性质的使用，不仅包括吃饭、睡觉、娱乐等，也包括所有的家务劳动。经济学认为劳动的供给和闲暇对于消费者都具有效用和边际效用。

劳动的效用体现在劳动可以给消费者带来收入，而收入有效用。所以，劳动的效用实际是收入的效用。假设劳动增加 ΔL，其引起的收入增量为 ΔY，而由收入的增加所引起的效用增量为 ΔU，则：

$$\Delta U/\Delta L = (\Delta U/\Delta Y) \times (\Delta Y/\Delta L)$$

在这个公式中，我们可以视 $\Delta U/\Delta L$ 为劳动的边际效用，表示增加单位劳动所带来的效用；$\Delta U/\Delta Y$ 和 $\Delta Y/\Delta L$ 分别为收入的边际效用和劳动的边际收入，因此，劳动的边际效用等于劳动的边际收入与收入的边际效用的乘积。

与劳动的效用和边际效用相比，闲暇的情况比较复杂，闲暇既可以带来直接效用，也可以带来间接效用。如果消费者不把时间用于劳动，则可以做家务，或者休息、娱乐。从事家务劳动可以节省相关开支，带来间接效用。其他情况下，闲暇一般直接带来消费者的满足，即直接效用。为了简化起见，假定闲暇的效用是直接的。若用 l 表示闲暇的时间，则闲暇的边际效用就是 $\Delta U/\Delta l$。

3. 劳动的供给原则

消费者的要素供给的目标是实现效用最大化。显然，为获得最大效用必须满足的条件是劳动的边际效用等于闲暇的边际效用。如果劳动的边际效用小于闲暇的边际效用，则可以通过增加闲暇、减少劳动来增加消费者的总效用；反之，如果劳动的边际效用大于闲暇的边际效用，则可以通过减少闲暇、增加劳动来增加总效用。劳动的供给原则即劳动的边际效用等于闲暇的边际效用，可以表示为：

$$\Delta U/\Delta L=\Delta U/\Delta l$$

4. 劳动的供给曲线

在劳动的供给问题上，消费者的效用来自劳动的收入和闲暇，即消费者的效用是收入和闲暇的函数。通过消费者的效用函数建立无差异曲线，来分析消费者的劳动供给曲线。其结论是劳动的供给曲线是图 2-1-20 中所示的后弯曲线。

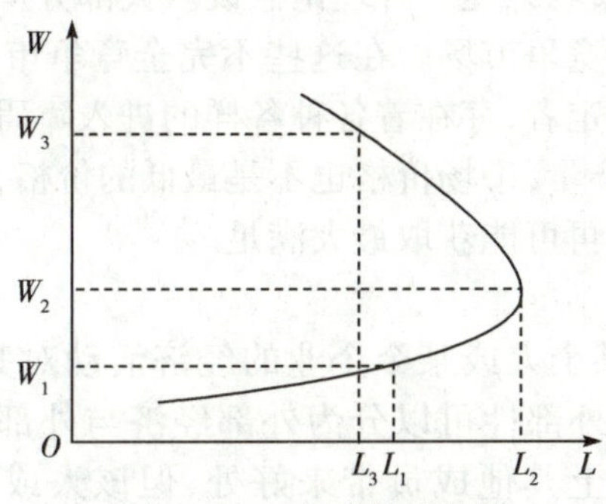

图 2-1-20 劳动供给曲线

在图中，横轴为劳动时间，纵轴为工资。劳动供给曲线表明，当工资较低时，提高工资，则劳动供给增加；当工资提高到一定程度超过 W_2 时，劳动供给减少。我们可以用收入效应和替代效应来解释劳动供给曲线为何后弯。

工资增加的替代效应是指，由于工资上升，收入增加，消费者用劳动替代闲暇，劳动供给增加。工资增加的收入效应是指，因为工资上升，收入增加，消费者相对更加富有而追求闲暇，从而会减少劳动的供给。

一般地，当工资低而收入少时，如工资为图中的 W_1 时，工资上升，其替代效应大于收入效应，消费者的劳动供给会增加。劳动的供给曲线向上倾斜。而当工资提高到一定程度超过 W_2 时，消费者相对比较富有，工资增加的替代效应小于收入效应，劳动供给减少，劳动供给曲线向后弯曲。

另外，需要指出，由于土地的数量一般不会变化，所以土地的供给曲线是一条垂直线。而资本的供给在短期内是垂直线，从长期来看是一条后弯曲线。

真题精练

【导学例题 11】关于劳动、土地、资本的供给曲线，下列说法中不正确的是（　　）。

A. 劳动的供给曲线向后弯曲

B. 土地的供给曲线是一条垂直线

C. 资本的供给曲线在短期内是水平线

D. 资本的供给曲线在长期中是一条后弯曲线

C 【解析】C 项错误，资本的供给曲线在短期内是垂直线，而在长期中也是一条后弯曲线。

六、市场失灵和政府的干预

（一）帕累托最优状态

如果资源在某种配置下，不可能由重新组合生产和分配来使一个人或多个人的福利增加，也不使其他任何人的福利减少，那么社会就实现了资源的最优配置，这种状态称为“帕累托最优”状态。反之，如果既定的资源配置状态能够在其他人福利水平不下降的情况下，通过重新配置资源，使得至少有一个人的福利水平有所提高，则称这种资源重新配置为“帕累托改进”。所以帕累托最优状态是不存在帕累托改进的资源配置状态。换言之，如果对于某种既定的资源配置状态，还存在帕累托改进，即在该状态下还存在某些改变可以至少使一个人的境况变好而不使任何人的境况变坏，则这种状态就不是帕累托最优状态。帕累托最优状态又被称作经济效率。**满足帕累托最优状态就是具有经济效率的，而不满足帕累托最优状态就是缺乏经济效率的**。

（二）市场失灵

市场失灵就是指由市场机制不能充分地发挥作用而导致的资源配置缺乏效率或资源配置失当的情况。

导致市场失灵的原因主要有垄断、外部性、公共物品和信息不对称等，下面我们对市场失灵主要原因进行较具体的分析。

1. 垄断与市场失灵

一般认为，只有在完全竞争市场上，企业的生产成本从长期来看才是最低的，市场机制才能实现资源的有效配置，资源得到充分利用，产量最大，价格最低，消费者获取最大满足。

但是，在现实生活中，完全竞争市场只是一种理论假设。大部分产品都是处于不完全竞争市场，或完全垄断市场，或寡头垄断市场和垄断竞争市场。在这些不完全竞争市场上，生产者不再是完全的价格接受者，而是完全的或不完全的价格决定者，存在着各种各样的进入障碍，资源已不可能在部门之间自由流动。生产者生产的产量不是最大的产量，市场价格也不是最低的价格，长期来看，成本也比完全竞争市场条件下的生产成本要高，消费者将不再可能获取最大满足。

2. 外部性与市场失灵

所谓外部性或外部影响，是指某个人或某个企业的经济活动对其他人或其他企业造成了影响，但却没有为此付出代价或得到收益。外部性可以分为外部经济与外部不经济两种。所谓外部经济就是某人或某企业的经济活动会给社会上其他成员带来好处，但该人或该企业却不能由此得到补偿。所谓外部不经济，就是某人或某企业的经济活动会给社会上其他人带来损害，但该人或该企业却不必为这种损害进行补偿。根据经济活动的主体是生产者还是消费者，外部性可以分为生产的外部性和消费的外部性。

由于外部性或外部影响的存在，市场机制就不能有效地进行资源配置。对于产生外部经济的生产者来说，由于其私人收益小于社会收益（因为社会收益等于私人收益与外部收益之和，而外部收益却不能为生产者通过市场价格获得），因此他们缺乏生产积极性，其产出水平就会低于社会最优产出水平。而对于那些产生外部不经济的生产者来说，由于其边际私人成本低于边际社会成本（社会成本等于私人成本与外部成本之和），于是他们倾向于扩大生产，其产出水平就会大于社会最优产出水平。外部性可能导致资源配置失当。即使是在完全竞争条件下，由于存在外部性的影响，整个经济的资源配置也不可能达到帕累托最优状态。

3. 公共物品与市场失灵

公共物品是满足社会公共需要的物品。公共物品是和私人物品相对应的。**私人物品具有两个明显的特征，一是竞争性，二是排他性**。所谓竞争性是指在其他条件不变的情况下，对于既定的可供消费的产品而言，增加一个人的消费就必然减少另一个人的消费；所谓排他性，是指私人物品在财产所有权上的独占性。某人合法地占有了某种商品，别人就不能同时占有它。私人物品可明确产权上的归属，而产权必然具有排他性。因此，可以说具有竞争性和排他性的商品就叫作私人物品。

公共物品有如下特点：

（1）**非竞争性**。

（2）**非排他性**。

上述公共物品的这些基本特征决定了在绝大多数的公共物品消费中必然经常出现“搭便车”现象。搭便车是指某个人不进行购买而消费某种物品。私人物品的消费具有竞争性和排他性，不购买就无法消费，所以不存在搭便车问题。公共物品非竞争性和非排他性的存在，导致公共物品无须购买就能消费，而且一个人的消费并不减少其他人的消费，所以就存在搭便车问题。之所以产生搭便车问题，是因为如果一个人支付多少费用对他能消费的物品量没有影响，那么就会刺激这个人不为这种物品付费。换言之，如果一个人不用购买就可以消费某种物品，他就不会去购买。

公共物品可分为两大类，即纯公共物品和准公共物品。

与私人物品不同,公共物品在消费上不具有排他性,因此决定了公共物品的市场需求曲线的形成不同于私人物品的市场需求曲线。

真题精练

【导学例题12】一般来说,社会自发状态下,公共物品的生产往往低于社会理想的水平,其根本原因在于( )。

A. 公共物品成本过高,无法均摊

B. 公共产品生产较为困难

C. 社会文明程度低

D. 社会成员存在搭便车的倾向

D 【解析】由于公共物品具有非竞争性和非排他性,在生产之后无法阻止他人的使用,因此,社会成员往往更倾向于搭便车,即不承担任何成本就可以消费或使用公共物品。

4. 信息不对称与市场失灵

(1)信息不对称的定义。完全竞争的市场中,作为经济活动参与者的生产者和消费者对影响其选择的相关经济变量都拥有充分的并且是完全相同的信息。但现实经济中,往往存在这样一种情况:在某项经济活动中,某一参与者比对方拥有更多影响其决策的信息,这就是信息不对称现象。信息不对称的存在必然影响经济活动参与者对真实的供给曲线和需求曲线的了解,从而影响资源的有效配置。

(2)信息不对称对资源配置效率的影响。在论证完全竞争的市场能够实现资源帕累托最优配置时,我们假定信息是完全的,这意味着不存在上述信息不对称问题。因此,当现实经济中出现信息不对称时,市场机制实现资源帕累托最优配置的功能必然受到影响,进而导致市场失灵。信息不对称的具体表现形式多种多样。旧车市场、保险市场、劳动力市场等都会出现信息不对称的情况。但这些不同的表现形式可以归结为两大类:逆向选择和道德风险。

(三)政府对市场的干预

为了克服市场失灵,弥补市场机制的缺陷或不足,优化资源配置,政府需要对市场进行干预和调控,用“看得见的手”来弥补“看不见的手”。政府应对某些微观经济活动进行干预,主要有以下几个方面:

(1)为了限制和消除垄断,保护和促进竞争,提高资源配置的效率,政府可以通过法律手段来限制垄断和反对不正当竞争。

(2)消除外部性的传统方法,包括使用税收和补贴、将相关企业合并从而使外部性内部化等手段。首先,政府可以使用税收的手段对那些产生外部不经济的企业进行干预。其次,政府也可以通过合并相关企业的方法使外部性得以“内部化”。

(3)为了提供适当水平的公共物品,政府承担了主要提供者的职责,例如国防、治安、消防和公共卫生。

(4)为了解决因信息不对称所造成的市场失灵,政府对许多商品的说明、质量标准和广告都作出了具体的法律规定。此外,政府还通过各种方式为消费者提供信息服务。

政府通过制定正确的微观经济政策,在很大程度上能够消除市场失灵对经济运行的影响,从而提高资源的配置效率。但是,如果政府不能有效地承担或有效地履行这一责任,那么在存在市场失灵的同时,还会出现“政府失灵”,也会导致资源配置无效。

第二章　金融学基础知识

导学教案

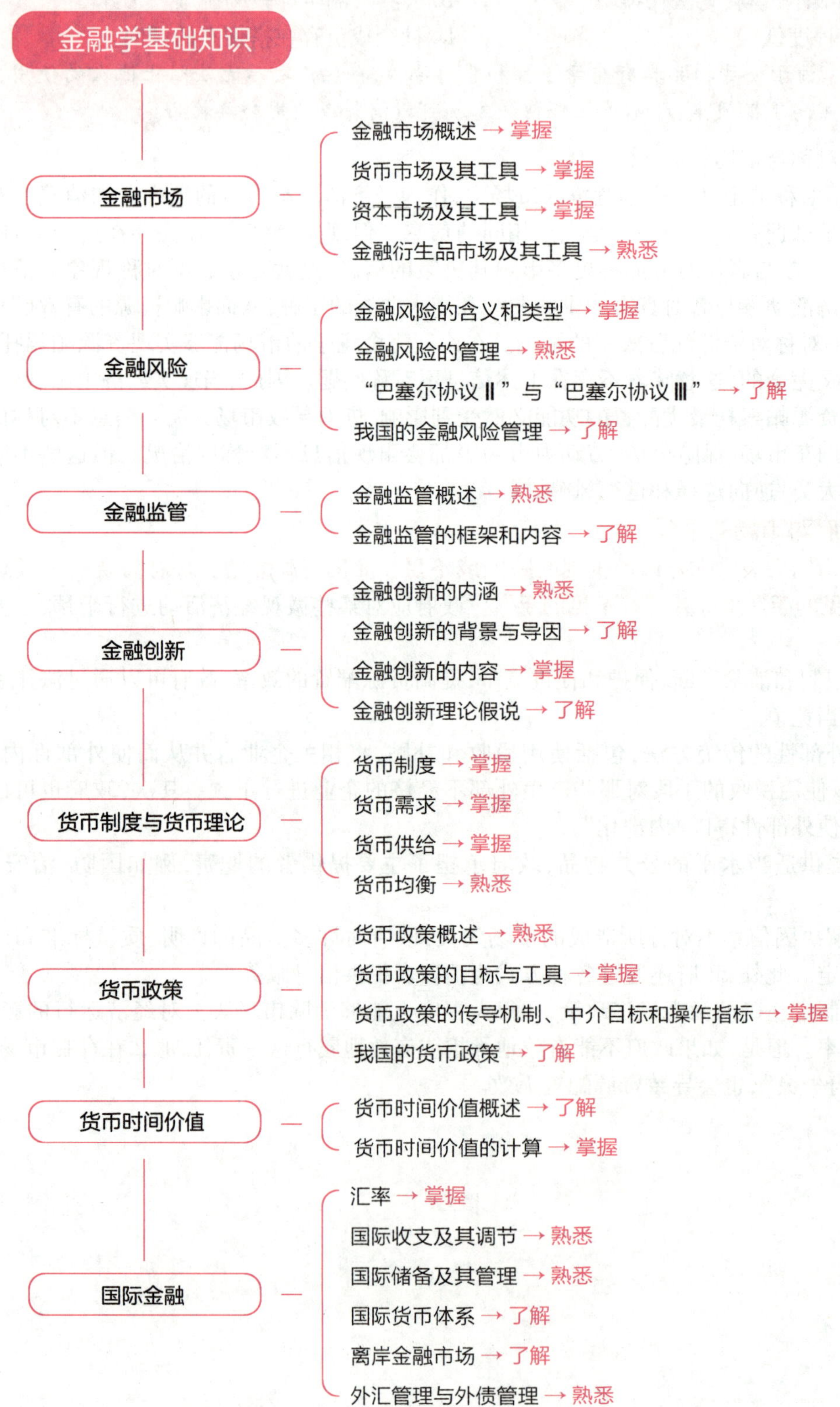

导学课程

第一节 金融市场

一、金融市场概述

（一）金融市场的含义与构成要素

1. 金融市场的含义

金融市场是资金融通的市场，是以金融资产为交易对象而形成的供求关系及其机制的总和。这个表述包含三层含义：

（1）**金融市场是进行金融资产交易的场所**。这个场所有时是有形的，如证券交易所；有时则是无形的，如很多交易都是通过电信网络构成的看不见的市场进行的。

（2）金融市场反映了金融资产的供给者与需求者之间的供求关系，揭示了资金的归集与传递过程。

（3）**金融市场包含金融资产交易过程中所产生的各种运行机制，其中最主要的是价格机制**。

金融市场的存在为资金供给方和资金需求方提供了重要的融资渠道。金融市场为家庭、企业以及政府机构的融资和投资活动提供了便利。

2. 金融市场的构成要素

尽管各国各地区金融市场的组织形式和发达程度有所不同，但都包含三个基本的构成要素，即金融市场主体、金融市场客体和金融市场价格。

（1）金融市场主体。金融市场主体是指在金融市场上交易的参与者。在这些参与者中，既有资金的供给者，又有资金的需求者。**一般来说，金融市场的主体包括家庭、企业、政府、金融机构、金融监管机构和服务中介**。

①家庭。家庭是金融市场上主要的资金供应者。

②企业。企业是金融市场运行的基础，是重要的资金需求者和供给者。

③政府。政府部门是一国金融市场上主要的资金需求者。

④金融机构。金融机构是金融市场上最活跃的交易者，扮演着多重角色。首先，它是金融市场上最重要的中介机构，是储蓄转化为投资的重要渠道。其次，金融机构在金融市场上充当资金供给者、需求者和中介等多重角色，它既发行、创造金融工具，又在市场上购买各类金融工具；既是金融市场的中介人，也是金融市场的投资者、货币政策的传递者和承受者。因此，金融机构作为机构投资者在金融市场上具有支配性的作用。

⑤金融监管机构。从参与金融市场交易的角度来看，中央银行作为银行的银行，充当最后的贷款人，从而成为金融市场资金的供给者。此外，为了执行货币政策，调节货币供应量，中央银行以公开市场操作的方式参与金融市场交易。中央银行的公开市场操作不以营利为目的，但会影响到金融市场上资金供求双方的行为和金融工具的价格。同时，中央银行还与其他监管机构一起，代表政府对金融市场上交易者的行为进行监督和管理，以防范金融风险，确保金融市场平稳运行。

⑥服务中介。服务中介虽然不是金融机构，但却是金融市场上不可或缺的服务机构，如会计师事务所、律师事务所和证券评级机构等。

真题精练

【导学例题 1】金融市场主体中，扮演资金需求者和资金供给者的双重角色，同时是最活跃的交易者的是（　　）。

A. 企业　　B. 政府

C. 家庭　　D. 金融机构

D　【解析】金融机构既是资金需求者又是资金供给者，是金融市场上最为活跃的交易者。

（2）金融市场客体。金融市场客体即金融工具，是指金融市场上的交易对象或交易标的物。根据期限、性质，以及与实际金融活动关系的不同，可以对金融工具进行以下分类：

①**按期限不同，金融工具可分为货币市场工具和资本市场工具**。货币市场工具是期限在1年以内的金融工具,包括商业票据、短期政府债券、银行承兑汇票、大额可转让定期存单、同业拆借、回购协议等。资本市场工具是期限在1年以上,代表债权或股权关系的金融工具,包括中长期国债、企业债券、股票等。

②**按性质不同，金融工具可分为债权凭证与所有权凭证**。债权凭证是发行人依法定程序发行并约定在一定期限内还本付息的有价证券,它反映了证券发行人与持有人之间的债权债务关系。所有权凭证主要是指股票,是股份有限公司发行的、用以证明投资者的股东身份和权益、并据以取得股息红利的有价证券,它反映的是股票持有人对公司的所有权。

③**按与实际金融活动关系的不同，金融工具可分为基础金融工具和金融衍生工具**。前者是指商业票据、股票、债券、基金等金融工具。后者是一种金融交易合约,这种合约的价值从前者的价值中派生出来,包括期货合约、期权合约和互换合约等。投资者可以利用金融衍生工具进行投机和风险管理。

金融工具的性质包括期限性、流动性、收益性和风险性。

①期限性。期限性是指金融工具中的债权凭证一般有约定的偿还期,即规定发行人到期必须履行还本付息义务。债券一般有明确的还本付息期限,以满足不同筹资者和投资者对融资期限和收益率的要求。债券的期限具有法律约束力,是对融资双方权利的保障和责任的约束。

②流动性。流动性是指金融工具在金融市场上能够迅速地转化为现金而不致遭受损失的能力。它主要通过买卖、承兑、贴现与再贴现等交易来实现。金融工具的收益率高低和发行人的资信程度也是决定流动性高低的重要因素。

③收益性。收益性是指金融工具的持有者可以获得一定的报酬和价值增值。它包括两个方面:一是金融工具定期的股息或利息收益;二是投资者出售金融工具时获得的价差收益。

④风险性。风险性是指金融工具的持有人面临的预定收益甚至本金遭受损失的可能性。金融工具的风险一般来源于两个方面:一是信用风险,是指因一方不能履行责任而导致另一方发生损失的风险;二是市场风险,是指金融工具的价值因汇率、利率或股价变化而发生变动的风险。

金融工具的上述四个性质之间存在着一定的联系。一般而言,金融工具的期限性与收益性、风险性成正比,与流动性成反比。而流动性与收益性成反比,即流动性越强的金融工具,越容易在金融市场上迅速变现,所要求的风险溢价就越小,其收益水平往往也越低。同时,收益性与风险性成正比,高收益的金融工具往往风险也高,低收益的金融工具往往风险也低。

(3)金融市场价格。金融市场的价格也是金融市场的基本构成要素之一,它通常表现为各种金融工具的价格。金融市场价格与投资者的利益密切相关,因而受到广泛的关注。不同的金融工具有着不同的价格,且影响其变动的因素十分广泛,这也使金融市场价格的形成变得更加复杂。

价格机制在金融市场中发挥着极为关键的作用,是金融市场高速运行的基础。在一个有效的金融市场中,金融工具的价格能及时、准确、全面地体现该工具所反映的资产的价值,反映各种公开信息,引导市场资金的流向。

要点点拨

金融市场的三个要素相互联系、相互影响。其中,金融市场主体和金融市场客体是构成金融市场最基本的要素,是金融市场形成的基础。金融市场价格则是伴随金融市场交易产生的,也是金融市场中不可或缺的构成要素。

(二)金融市场的类型

金融市场是一个由许多子市场构成的庞大的市场体系,种类丰富。各种类型的子市场的组成和关系就是通常所说的金融市场结构。研究金融市场的类型及其结构,对于判断一国金融市场的发展程度,确定金融市场的发展特点,以及完善对金融市场的管理都具有重要的意义。按照交易标的物、融资方式、交易性质、交易场所、交易期限、地域范围、成交与定价方式、交易交割时间等多个维度,金融市场可分为不同的类型,如表2-2-1所示。

表 2-2-1 金融市场的类型

分类标准	内容
按交易标的物划分	**按照市场中交易标的物的不同，金融市场划分为货币市场、债券市场、股票市场、外汇市场、衍生品市场和商品市场等**
按融资方式划分	按照融资方式的不同,金融市场可以划分为直接金融市场和间接金融市场。 (1)直接金融市场是指资金需求者直接向资金供给者融通资金的市场,一般是指政府、企业等通过发行债券或股票的方式在金融市场上筹集资金。 (2)间接金融市场则是指以银行等信用中介机构作为媒介来进行资金融通的市场。在间接金融市场上,资金供给者将闲置资金贷放给银行等中介机构,再由这些信用中介机构转贷给资金需求者
按交易性质划分	按照金融交易的性质,金融市场可以划分为发行市场和流通市场。 (1)发行市场又称一级市场或初级市场,是指新发行的证券或票据等金融工具最初从发行者手中出售到投资者手中的市场,包括筹资规划、创设证券及推销证券等一系列活动。 (2)**流通市场又称二级市场，是指对已经发行的证券或票据等金融工具进行转让交易的市场**
按有无固定场所划分	按照金融交易是否有固定场所,金融市场可划分为场内市场和场外市场。 (1)场内市场又称证券交易所市场。证券交易所是证券买卖双方公开交易的场所,是一个高度组织化、集中进行证券交易的市场,是整个证券市场的核心。证券交易所本身并不买卖证券,也不决定证券价格。 (2)场外市场又称柜台市场(OTC)或店头市场,指在交易所市场外由证券买卖双方当面议价成交的市场
按交易期限划分	按照交易期限的不同,金融市场可划分为货币市场和资本市场。 (1)**货币市场是指期限在一年以内，以短期金融工具为媒介进行资金融通和借贷的交易市场**。 (2)**资本市场是指以期限在一年以上的金融资产为交易标的物的金融市场**
按地域范围划分	按照地域范围的不同,金融市场可分为国内金融市场和国际金融市场。 (1)国内金融市场是指金融交易的范围仅限于一国之内的市场。它在一国内部,交易以本币计价,受本国法律制度的规范和保护。国内金融市场又包括全国性金融市场和地区性金融市场。 (2)国际金融市场是金融工具在国际进行交易并引起资本在国际流动的市场。大多数国际金融市场没有固定的交易场所,属于无形市场
按成交与定价方式划分	按照成交与定价方式的不同,金融市场可分为公开市场和议价市场。 (1)公开市场是指众多的买主和卖主公开竞价形成金融资产的交易价格的市场。金融资产在到期偿付之前可以自由交易,一般在有组织的证券交易所进行。 (2)议价市场是指买卖双方通过协商形成金融资产交易价格的市场,该市场没有固定场所,相对分散
按交割时间划分	按照金融交易的交割时间,金融市场可分为即期市场和远期市场。 (1)即期市场是指交易双方在成交后即时进行清算交割的交易市场。 (2)远期市场是指交易双方达成成交协议后,不立即交割,而是约定在一定时期后,按照合同规定的数量和价格进行清算和交割的市场

二、货币市场及其工具

货币市场是专门服务于短期资金融通的金融市场,主要包括同业拆借市场、回购协议市场、商业票据市场、银行承兑汇票市场、短期政府债券市场和大额可转让定期存单市场等。货币市场中交易的金融工具一般都具有期限短、流动性高、对利率敏感等特点,具有"准货币"特性。货币市场活动的主要目的是保持资金的流动性:一方面,满足资金需求者的短期资金需求;另一方面,为资金充裕者的闲置资金提供短期盈利机会。

1. 同业拆借市场

同业拆借市场是指具有法人资格的金融机构或经过法人授权的金融分支机构之间进行短期资金头寸调节、融通的市场。

同业拆借市场有以下特点：

(1)期限短。**同业拆借市场的期限最长不得超过一年，这其中又以隔夜头寸拆借为主。**

(2)参与者广泛。现代同业拆借市场的参与者相当广泛，商业银行、非银行金融机构和中介机构都是同业拆借市场的主要参与者。

(3)信用拆借。同业拆借活动都是在金融机构之间进行的，市场准入条件比较严格，金融机构主要以其信誉参加拆借活动。也就是说，同业拆借市场基本上都是信用拆借。

同业拆借市场有以下功能：

(1)调剂金融机构间资金，提高资金使用效率。

(2)同业拆借市场是中央银行实施货币政策，进行金融宏观调控的重要载体。

(3)同业拆借市场可及时反映资金供求变化及货币市场的利率变化。

真题精练

【导学例题2】2018年以来，银行理财资金主要投向债券、存款、货币市场工具等标准化资产，占比约为70%。从理论上分析，一般而言，货币市场工具的特点不包括(　　)。

A. 对利率敏感　　B. 单一化投资

C. 流动性强　　D. 期限短

B　【解析】货币市场是短期资金市场，是指融资期限在1年以内的金融市场，是金融市场的重要组成部分。货币市场工具具有期限短、流动性强、风险小、收益较低、对利率敏感等特点。

2. 回购协议市场

回购协议市场又称证券购回协议市场，是指通过回购协议进行短期资金融通交易的场所，市场活动由正回购与逆回购组成。回购协议是指资金融入方在出售或出质证券的同时，和资金融出方签订的、在一定期限内按原定价格或约定价格购回所卖证券的协议。

在证券回购协议中，作为标的物的主要是国债等政府债券或其他可质押债券，也可以是银行承兑汇票、大额可转让定期存单等金融工具。

知识拓展

证券回购作为一种重要的短期融资工具，在货币市场中发挥着重要作用：证券回购交易增加了证券的运用途径和闲置资金的灵活性；回购协议是中央银行进行公开市场操作的重要工具；回购交易有助于降低交易者的交易成本；发展回购协议市场有助于推动银行间同业拆借行为规范化，提高货币市场活跃度及证券的流动性。

3. 商业票据市场

商业票据是公司为了筹措资金，以贴现的方式出售给投资者的一种短期无担保的信用凭证。由于商业票据没有担保，完全依靠公司的信用发行，因此，其发行者一般都是规模较大、信誉良好的公司。商业票据市场就是这些公司发行商业票据并进行交易的市场。

一般来说，商业票据的发行期限较短，面额较大，**具有融资成本低、融资方式灵活等特点**。

4. 银行承兑汇票市场

由银行作为汇票的承兑人，承诺在汇票到期日支付汇票金额的票据，称为银行承兑汇票，以此为交易对象的市场就是银行承兑汇票市场。

银行承兑汇票市场主要由一级市场和二级市场构成。一级市场即发行市场，主要涉及汇票的出票和承兑行为；二级市场相当于流通市场，涉及汇票的贴现与再贴现过程。

银行承兑汇票具有以下特点：

(1)**安全性高**。由于汇票的主债务人是银行，因此相对于商业票据而言，银行承兑汇票的信用度较高，投资者的收益能够得到更好的保障。

(2)**流动性强**。银行承兑汇票以银行信用为付款保证，在市场上易于转让或贴现，变现能力强。

(3)**灵活性强**。银行承兑汇票的持有人既可以选择在二级市场上出售票据或办理贴现，也可以持有汇票到期获得收益。

5. 短期政府债券市场

短期政府债券是指一国政府部门为满足短期资金需求而发行的一种期限在1年以内的债券凭证。广义的短期政府债券不仅包括国家财政部门发行的债券,还包括地方政府及政府代理机构发行的债券;狭义的短期政府债券则仅指国库券。一般所说的短期政府债券市场指的就是国库券市场。

短期政府债券以国家信用为担保,几乎不存在违约风险,也极易在市场上变现,具有较高的流动性。同时,政府债券的收益免缴所得税,这也成为其吸引投资者的一个重要因素。政府发行短期政府债券,通常是为了满足短期资金周转的需要。除此之外,它也为中央银行的公开市场业务提供了一种可操作的工具。

6. 大额可转让定期存单市场

大额可转让定期存单(CDs)是银行发行的有固定面额、可转让流通的定期存款凭证。它产生于美国,由花旗银行首先推出。

与传统的定期存单相比,大额可转让定期存单具有以下特点:

(1)**传统定期存单记名且不可流通转让;大额可转让定期存单不记名,且可在市场上流通并转让。**

(2)**传统定期存单的金额是不固定的,由存款人意愿决定;大额可转让定期存单一般面额固定且较大。**

(3)**传统定期存单可提前支取,但会损失一些利息收入;大额可转让定期存单不可提前支取,只能在二级市场上流通转让。**

(4)**传统定期存款依照期限长短有不同的固定利率;大额可转让定期存单的利率既有固定的,也有浮动的,一般高于同期限的定期存款利率。**

三、资本市场及其工具

资本市场是指以期限在1年以上的金融资产为交易标的物的金融市场。一般来说,资本市场主要是指债券市场、股票市场和证券投资基金市场。

1. 债券市场

(1)债券的概念与特征。债券是债务人依照法定程序发行,承诺按约定的利率和日期支付利息,并在约定日期偿还本金的书面债务凭证。它反映了筹资者和投资者之间的债权债务关系。债券的分类与特征如表2-2-2所示。

表2-2-2 债券的分类与特征

要点	内容
债券的分类	①根据发行主体的不同,债券可分为政府债券、公司债券和金融债券。 ②根据偿还期限的不同,债券可分为短期债券、中期债券和长期债券。 ③根据利率是否固定,债券可分为固定利率债券和浮动利率债券。 ④根据利息支付方式的不同,债券可分为附息债券、贴现债券和息票累积债券。 ⑤根据信用结构的不同,债券可分为信用债券、抵押债券和担保债券等。 ⑥根据募集方式的不同,债券可分为公募债券和私募债券。 ⑦**根据债券券面形态的不同,债券可分为实物债券、凭证式债券和记账式债券。** ⑧**根据是否可以转换,债券可分为可转换债券和不可转换债券**
债券的特征	①偿还性。债券有规定的偿还期限,债务人必须按期向债权人支付利息和偿还本金。 ②流动性。在到期日之前,债券一般都可在流通市场上自由转让变现,具有较强的流动性。一般来说,债券市场越发达,债券发行人的信用程度越高,债券期限越短时,债券的流动性就越强。 ③收益性。债券能够为投资者带来一定的收入,这种收入主要来源于投资者获得的定期利息收入以及在二级市场上出售债券时获得的买卖价差。 ④安全性。与股票等其他有价证券相比,债券的投资风险较小,安全性较高

(2)债券市场的含义及功能。债券市场是发行和买卖债券的市场。根据债券的运行过程和市场的基本功能,可将债券市场分为发行市场和流通市场。债券发行市场又称一级市场,是发行单位初次出售新债券的市场。债券发行市场的作用是将政府、金融机构以及工商企业等为筹集资金向社会发行的债券,销售到投资者手中。债券流通市场又称二级市场,是指已发行债券买卖转让的市场。债券一经认购,即确立了一定期限的债权债务关系,但通过债券流通市场,投资者可以转让债权,把债权变现。根据市场组织形式,债券流通市场可进一步分为场内交易市场和场外交易市场。场内交易市场是指在证券交易所内买卖债券所形成的市场。场外交易市场是在证券交易所以外进行证券交易的市场。

债券市场的功能包括:

①债券市场作为金融市场的一个重要组成部分，具有调剂闲散资金、为资金不足者筹集资金的功能。

②债券是资本市场上不可或缺的金融工具，吸引了众多的投资者。

③债券市场能够较为准确地反映发行企业的经营实力和财务状况。同时，债券市场上的国债利率通常被视为无风险资产的利率，成为其他资产和衍生品定价的基础。

④债券市场是中央银行实施货币政策的重要载体。中央银行通过在证券市场上买卖国债或发行中央银行票据进行公开市场操作，对经济进行宏观调控。

真题精练

【导学例题3】国债是国家信用的主要形式，政府发行债券的首要动因是(　　)。

A. 弥补财政赤字　　B. 增加政府收入

C. 缩小贫富差距　　D. 增加国家储备

A　【解析】通过发行国债以弥补财政赤字，是国债产生的主要动因，也是现代国家的普遍做法。

2. 股票市场

股票是由股份有限公司签发的用以证明股东所持股份的凭证，是一种有价证券。**股份有限公司将其资本划分为金额相等的股份，而公司股份采取股票的形式**。《中华人民共和国公司法》规定，股票采用纸面形式或者国务院证券监督管理机构规定的其他形式。**股票是一种所有权凭证，实质上代表了股东对股份公司净资产的所有权，股东依法享有资产收益、重大决策、选择管理者等权利，同时也承担相应的责任与风险**。

股票有普通股和优先股之分。普通股是最常见的一种股票，其持有者享有股东的基本权利和义务。通常，只有普通股股东有权参与投票决定公司的重大事务，如董事会的选举、批准发行新股、修改公司章程以及采纳新的公司章程等。普通股的股利完全随公司盈利的高低而变化，普通股股东在公司盈利和剩余财产的分配顺序上列在债权人和优先股股东之后，故其承担的风险也相应较高。优先股是指股东享有某些优先权利(如优先分配公司盈利和剩余财产)的股票。优先股股东享有公司的股息，但通常没有投票权。优先股股东与普通股股东一样分享公司所有权，但只有在公司有收益时才能得到补偿。

根据记名与否，股票可分为记名股票与不记名股票。记名股票是指在股东名册上登记了持有人的姓名或名称及住址，并在股票上同时注明持有人姓名或名称的股票。不记名股票是指股票票面和股份公司股东名册上均不记载股东姓名的股票。

根据是否在股票上标明金额，股票可分为有面额股票与无面额股票。有面额股票是指在股票票面上记载一定金额的股票。无面额股票是指股票票面上不记载金额的股票。

股票市场是股票发行和流通的市场，可分为一级市场和二级市场。一级市场就是股票的发行市场，是股份公司发行新股票筹集资本的市场。二级市场即股票的流通市场，是指对已发行的股票进行买卖和转让的市场。股票的发行是流通的基础，流通市场的存在又保证了股票的流动性，为投资者提供了交易变现的途径，保证了股票发行市场的正常运行。

3. 证券投资基金市场

证券投资基金通过发售基金份额或受益凭证，将众多投资者分散的资金集中起来，由专业管理人员投资于股票、债券或其他金融资产，并将投资收益按投资份额分配给基金持有者。它是一种利益共享、风险共担的集合投资方式，其本质是股票、债券和其他证券投资的组合化管理。

由于基金产品的不断创新，基金的分类也日益复杂。根据不同标准可将证券投资基金划分为不同的种类。

(1)从基金的运作方式来看，根据基金份额是否可增加或减少，可分为开放式基金和封闭式基金。**开放式基金设立后，投资者可以随时申购或赎回基金份额，因此基金规模不固定；封闭式基金的规模在发行前已确定，在发行完毕后的规定期限内，基金规模固定不变**。

(2)根据组织形态的不同，证券投资基金主要分为公司型基金和契约型基金。公司型基金依据公司章程设立，基金投资者是公司的股东，按照其所持股份分享投资收益，承担有限责任。公司型基金具有独立的“法人”地位，一般设有董事会，代表投资者的利益行使职权。公司型基金虽在形式上类似一般的股份公司，但不设经营管理层，而委托投资顾问(基金管理公司)管理基金资产。契约型基金依据投资者、基金管理人、托管人之间所签署的基金合同而设立，基金投资者的权利主要体现在基金合同的条款上。

(3)根据投资对象的不同,基金可分为股票基金、债券基金、货币市场基金、混合基金等。股票基金是指主要以股票为投资对象的基金;债券基金是指主要以债券为投资对象的基金;货币市场基金是指以现金、期限在1年以内(含1年)的银行存款、债券回购、中央银行票据、同业存单、剩余期限在397天以内(含397天)的债券、非金融企业债务融资工具、资产支持证券等货币市场短期有价证券为投资对象的基金;混合基金是指同时投资股票、债券或者其他投资品种且每一品种均未超过80%的基金。

(4)按照投资理念的不同,基金可分为主动型基金和被动型基金。主动型基金是力图超过业绩比较基准的基金;被动型基金则不主动寻求超越市场的表现,一般选取特定的指数作为跟踪的对象,通过试图复制指数来跟踪市场的表现,因此通常被称为指数型基金。

(5)按照基金的资金来源和用途的不同,可将基金分为在岸基金和离岸基金。在岸基金是指在本国募集资金并投资于本国证券市场的基金,在岸基金的投资者、基金管理人、基金托管人及其他当事人均在本国境内,因此监管比较容易;离岸基金是指在一国发行基金,并将募集的资金投资于其他国家市场的基金。

(6)按照募集方式不同,基金可分为公募基金和私募基金。公募基金是指面向社会公众公开发售的基金;私募基金是指以非公开方式向特定投资者募集资金设立的投资基金。

知识拓展

证券投资基金体现了基金持有人与管理人之间的一种信托关系,是一种间接投资工具。具体来看,它有以下特征:

①集合理财,专业管理。

②组合投资,分散风险。

③利益共享,风险共担。

④严格监管,信息透明。

⑤独立托管,保障安全。

四、金融衍生品市场及其工具

(一)金融衍生品市场概述

1. 金融衍生品的概念与特征

金融衍生品又称金融衍生工具,是指建立在基础产品或基础变量之上,其价格取决于基础金融产品价格(或数值)变动的派生金融产品。作为一个相对的概念,基础产品不仅包括现货金融产品(如股票、债券、存单、货币等),也包括金融衍生工具。金融衍生工具的基础变量种类繁多,主要有利率、汇率、通货膨胀率、价格指数、各类资产价格及信用等级等。金融衍生品在形式上表现为一系列的合约,合约中载明交易品种、价格、数量、交割时间及地点等。

金融衍生品具有以下基本特征:

(1)**跨期性**。金融衍生品是交易双方通过对利率、汇率、股价等因素变动趋势的预测,约定在未来某一时间按照一定条件进行交易或选择是否交易的合约。金融衍生品会影响交易者在未来一段时间内或某时点上的现金流,体现跨期交易特点。

(2)**杠杆性**。金融衍生品交易一般只需要支付少量的保证金或权利金就可签订远期大额合约或互换不同的金融工具。同时,交易者承担的风险与损失也会成倍放大,基础工具的轻微变动也许就会带来交易者的大盈大亏。

(3)**联动性**。金融衍生品的价值与基础产品或基础变量紧密联系。通常金融衍生品与基础变量相联系的支付特征由衍生工具合约规定,其联动关系既可以是简单的线性关系,也可以表达为非线性函数或分段函数。

(4)**高风险性**。金融衍生品交易的后果取决于交易者对基础工具未来价格的预测和判断的准确程度。基础工具价格的变幻莫测决定了金融衍生品交易盈亏的不稳定性。

(5)**零和性**。金融衍生品交易双方盈亏完全负相关,且净损益为零。

2. 金融衍生品市场的交易机制

金融衍生品市场也是资本市场的重要组成部分。近年来,由于场外交易的便捷性和规则的相对简单,场外交易逐渐成为衍生品交易的主要形式。

根据交易目的的不同,金融衍生品市场上的交易主体分为四类:套期保值者、投机者、套利者和经纪人。套期保值者又称风险对冲者,他们从事衍生品交易是为了减少未来的不确定性,降低甚至消除风险。投机者是利用不同市场上的定价差异,同时在两个或两个以上的市场中进行交易,以获取利润的投资者。套利者利用不同市场的价格差异,同时在两个或两个以上的市场进行衍生品交易,以获取无风险收益。经纪人作为交易的中介,以促成交易、收取佣金为目的。

真题精练

【导学例题 4】我国金融衍生品市场作为新生事物历经了 20 多年的发展,逐步驶入健康稳定发展、经济功能日渐显现的良性轨道。关于金融衍生品,下列说法错误的是(　　)。

A. 金融衍生品具有杠杆性、联动性、高风险性及跨期性等特征

B. 金融衍生品的基础变量种类繁多,主要包括利率、汇率、价格指数、各类资产价格等

C. 金融衍生品合约中需载明交易品种、价格、数量、交割时间及地点等

D. 金融衍生品又称金融衍生工具,其价格决定基础金融产品的价格

D　【解析】金融衍生品又称金融衍生工具,是与基础金融产品相对应的一个概念,是指建立在基础产品或基础变量之上,其价格取决于基础金融产品价格(或数值)变动的派生金融产品。

(二)主要的金融衍生品

1. 金融远期

金融远期合约是指交易双方约定在未来某一确定时间,按照事先商定的价格(如汇率、利率或股票价格等),以预先确定的方式买卖一定数量的某种金融资产的合约。在合约有效期内,合约的价值随标的资产市场价格的波动而变化。远期合约是一种非标准化的合约类型,没有固定的交易场所。这既使得远期合约拥有自由灵活的优点,又降低了远期合约的流动性,加大了投资者的交易风险。目前比较常见的远期合约主要有远期利率协议、远期外汇合约和远期股票合约。远期利率协议是指买卖双方同意在未来一定时间内,以商定的名义本金和期限为基础,由一方将协定利率与参照利率之间差额的贴现额度付给另一方的协议。远期外汇合约是指约定未来按照预先约定的汇率进行外汇交割的合约。远期股票合约是指在将来某一特定日期,按照特定价格交付一定数量单个股票或一篮子股票的协议。

2. 金融期货

金融期货合约就是协议双方同意在未来某一约定日期,按约定的条件买入或卖出一定标准数量的金融工具的标准化协议。金融期货合约的买者按既定价格买入金融工具,而金融期货合约的卖者则按既定价格卖出金融工具。

金融期货交易可用来进行投机或对冲价格波动风险。投机者在金融期货市场上根据对一定时期内期货合约价格变化的预期进行期货交易以获取利润;套期保值者通过金融期货交易控制汇率、利率和股票价格等变动带来的风险。

主要的金融期货合约有货币期货、利率期货、股指期货等。货币期货是依赖于外汇或本币的金融期货合约,标的资产为外汇或本币;利率期货是依赖于债务证券的金融期货合约,标的资产主要为国债;股指期货依赖于股票价格指数,标的资产为股票价格指数,这种合约允许交易双方在约定日期以约定价格买入或卖出股票价格指数。

3. 金融期权

金融期权是 20 世纪 70 年代以来国际金融创新发展的最主要产品。金融期权是指合约买方向卖方支付一定费用(称为期权费),在约定日期内享有按事先确定的价格向合约卖方买卖某种金融工具的权利的契约。

按照金融期权合约的标的物不同,金融期权合约分为货币期权、利率期权和股指期权等。

按照买方权利的不同,期权合约可分为看涨期权和看跌期权两种类型。看涨期权的买方有权在某一确定的时间或确定的时间之内,以确定的价格购买相关资产;看跌期权的买方则有权在某一确定时间或确定的时间之内,以确定的价格出售相关资产。对于看涨期权的买方来说,当市场价格高于合约的执行价格时,他会行使期权,取得收益;当市场价格低于执行价格时,他会放弃期权,亏损金额即为期权费。对于看跌期权的买方来说,情况则恰好相反。因此,期权合约的买方可以实现有限的损失和无限的收益。

知识拓展

购买金融期权与购买金融期货合约之间主要有两点区别：购买期权时，除了支付标的产品价格外还须支付期权费；期权的持有者在到期日时可以选择放弃执行期权。看涨期权赋予持有者买入金融工具的权利，而期货的持有者必须在指定的日期买入金融工具。如果期权持有者执行期权，看涨期权的卖方必须按照合约确定的价格提供指定的金融工具。如果期权持有者不执行期权，看涨期权的卖方则可以从买方手中得到一笔期权费作为补偿。

4. 金融互换

金融互换是两个或两个以上的交易者按事先商定的条件，在约定的时间内交换一系列现金流的交易形式。**金融互换分为货币互换、利率互换和交叉互换三种类型**。

(1)货币互换是一种以约定的价格将一种货币定期兑换为另一种货币的协议，其本质上代表一系列远期合约。商业银行作为中介，通过为供求双方服务使货币互换更为便利，有时商业银行也会为了促成另一方的交易而持有相反的头寸。因此，除非商业银行持有足以规避风险的头寸，否则他们自身也将面临较大的汇率风险。

(2)利率互换是交易双方同意交换利息支付的协议。**最普遍的利率互换有普通互换、远期互换、可赎回互换、可退卖互换、可延期互换、零息互换、利率上限互换和股权互换等**。普通互换指固定利率支付与浮动利率支付之间的定期互换，有时也称之为固定－浮动利率互换。远期互换是指以未来某一确定的时点作为起始时点的互换交易，它适用于在未来某时点面临利率风险的金融机构或者其他公司。可赎回互换规定支付固定利率的一方有权在到期日前终止互换。如果固定利率的支付者愿意，可以避免未来利率的互换支付。可退卖互换给予浮动利率支付的一方终止合约的权利。可延期互换具有可延期的特征，允许固定－浮动利率互换双方延长互换期限。零息互换是指固定利率支付方在互换协议的到期日一次性支付，而浮动利率的支付方可以在互换期间内进行定期支付。利率上限互换是指固定利率支付与浮动利率支付设定上限的互换。股权互换是指将利息支付与股票指数变动的程度联系起来的一种互换。每种互换分别可以满足金融机构或公司面临利率风险时的不同需要。

(3)交叉互换是利率互换和货币互换的结合，在一笔交易中既有不同货币支付的互换，又有不同种类利率的互换。

教你一招

互换合约实质上可以分解为一系列远期合约组合。例如，在最常见的利率互换中，交易双方约定一方按期根据本金额和某一固定利率计算的金额向对方支付，另一方按期根据本金额和浮动利率计算的金额向对方支付。当交易终止时，只需交易的一方支付差额即可。

第二节 金融风险

一、金融风险的含义和类型

(一)金融风险的含义

金融风险是指有关主体在从事金融活动中，因某些因素发生意外的变动，而蒙受经济损失的可能性。因从事金融活动，而承受金融风险的主体包括政府、法人和自然人。其中，以法人为主体的金融机构特别是商业银行所承受的金融风险最为典型、多样和复杂。基于这种现实，以下对金融风险及其管理的考察，有关主体均以金融机构特别是商业银行作为分析重点。

(二)金融风险的类型

从不同的角度，可以将金融风险划分为不同的类型。**按金融风险的成因分类，金融风险分为信用风险、市场风险、流动性风险、操作风险、法律风险与合规风险、国别风险、声誉风险和战略风险**。

1. 信用风险

信用风险是指债务人或交易对手未能履行合约所规定的义务，或信用质量发生改变而影响金融产品价值，从而给债权人或金融产品持有人造成经济损失的风险。

狭义的信用风险是指因交易对手无力履行合约而造成经济损失的风险,即违约风险。广义的信用风险则是指由于各种不确定因素对金融机构的影响,金融机构的实际收益结果与预期目标发生背离,从而导致金融机构在经营活动中遭受损失或获取额外收益的一种可能性。

2. 市场风险

广义的市场风险是指金融机构在金融市场的交易头寸由于市场价格因素的变动而可能带来的收益或损失。狭义的市场风险是指金融机构在金融市场的交易头寸由于市场价格因素的不利变动而可能遭受的损失。

市场风险包括汇率风险、利率风险、股票风险和商品风险四种类型。

(1)汇率风险。汇率风险是指有关主体在不同币别货币的相互兑换或折算中,因汇率在一定时间内发生意外变动,而蒙受经济损失的可能性。汇率风险细分为以下三种类型:

①交易风险,是指有关主体在因实质性经济交易而引致的不同货币的相互兑换中,因汇率在一定时间内发生意外变动,而蒙受实际经济损失的可能性。

②折算风险,有时称为会计风险,是为了合并母子公司的财务报表,在用外币记账的外国子公司的财务报表转变为用母公司所在国货币重新做账时,导致账户上股东权益项目的潜在变化所造成的风险。

③经济风险,又称经营风险,是指意料之外的汇率变动引起公司或企业未来一定时期的收益或现金流量变化的一种潜在风险。

(2)利率风险。利率风险是指有关主体在货币资金借贷中,因利率在借贷有效期中发生意外变动,而蒙受经济损失的可能性。

(3)股票风险。股票风险是指由于股票价格发生不利变动而给银行带来损失的风险。

(4)商品风险。商品风险是指商业银行所持有的各类商品及其衍生头寸由于商品价格发生不利变动而给商业银行造成经济损失的风险。

3. 流动性风险

流动性风险是指商业银行无法以合理成本及时获得充足资金,用于偿付到期债务、履行其他支付义务和满足正常业务开展的其他资金需求的风险。

流动性风险表现为流动性短缺,主要现象是金融机构所持有的现金资产不足、其他资产不能在不蒙受损失的情况下迅速变现、不能以合理成本迅速借入资金等。在这种情况下,金融机构不能正常履行已存在的对外支付义务或满足新增的客户资金需求,从而导致违约或信誉下降,蒙受财务损失。

4. 操作风险

巴塞尔新资本协议将操作风险定义为,由不完善或有问题的内部程序、人员及系统或外部事件所造成直接或间接损失的风险。

操作风险可进一步分为以下七大类:

(1)内部欺诈事件。它是指故意骗取、盗用财产或违反监管规章、法律或公司政策导致的损失事件,此类事件至少涉及内部一方,但不包括歧视及差别待遇事件。

(2)外部欺诈事件。它是指第三方故意骗取、盗用、抢劫财产,伪造要件,攻击商业银行信息科技系统或逃避法律监管导致的损失事件。

(3)就业制度和工作场所安全事件。它是指违反就业、健康或安全方面的法律或协议,个人工伤赔付或者因歧视及差别待遇导致的损失事件。

(4)客户、产品和业务活动事件。它是指因未按有关规定造成未对特定客户履行分内义务(如诚信责任和适当性要求)或产品性质或设计缺陷导致的损失事件。

(5)实物资产的损坏事件。它是指因自然灾害或其他事件(如恐怖袭击)导致实物资产丢失或毁坏的损失事件。

(6)信息科技系统事件。它是指因信息科技系统生产运行、应用开发、安全管理以及由于软件产品、硬件设备、服务提供商等第三方因素,造成系统无法正常办理业务或系统速度异常所导致的损失事件。

(7)执行、交割和流程管理事件。它是指因交易处理或流程管理失败,以及与交易对手方、外部供应商及销售商发生纠纷导致的损失事件。

5. 法律风险与合规风险

法律风险是一种特殊的操作风险,法律风险是指金融机构因日常经营和业务活动无法满足或违反法律规定,导致不能履行合同,发生争议、诉讼或其他法律纠纷而造成经济损失的风险。

2005年4月,巴塞尔银行监管委员会发布了《合规与银行内部合规部门》。该文件给出了合规风险的定义,合规风险是指银行因未能遵循法律、监管规定、规则、自律性组织制定的有关准则,以及适用于银行自身业务活动的行为准则,而可能遭受法律制裁或监管处罚、重大财务损失或声誉损失的风险。

6. 国别风险

国别风险是指某一国家或地区经济、政治、社会变化及事件,导致该国家或地区借款人或债务人没有能力或者拒绝偿付金融机构债务,或使金融机构在该国家或地区的商业存在遭受损失,或使金融机构遭受其他损失的风险。

7. 声誉风险

声誉风险是指金融机构因受公众的负面评价,而出现客户流失、股东流失、业务机遇丧失、业务成本提高等情况,从而蒙受相应经济损失的可能性。

声誉风险一般是受其他风险影响所产生的风险,它对金融机构的影响是巨大而深远的。2009年1月,巴塞尔银行监管委员会在巴塞尔新资本协议中明确将声誉风险列入第二支柱,指出:银行应将声誉风险纳入其风险管理程序中,并在内部资本充足评估程序和流动性应急预案中适当涵盖声誉风险。

8. 战略风险

战略风险是指金融机构在追求短期商业目的和长期发展目标的过程中,不适当的发展规划和战略决策给金融机构造成损失或不利影响的风险。战略风险主要体现在四个方面:

(1)金融机构战略目标缺乏整体兼容性。

(2)为实现战略目标而制定的经营策略存在缺陷。

(3)为实现战略目标所需要的资源匮乏。

(4)整个战略实施过程的质量难以保证。

真题精练

【导学例题5】商业银行无法以合理成本及时获得充足资金,用于偿付到期债务的风险被称为( )。

A. 市场风险　　B. 流动性风险

C. 系统性风险　　D. 道德风险

B 【解析】流动性风险是指商业银行无法以合理成本及时获得充足资金,用于偿付到期债务、履行其他支付义务和满足正常业务开展的其他资金需求的风险。

二、金融风险的管理

(一)全面风险管理

(1)全面风险管理的含义。COSO在《企业风险管理——整合框架》文件中认为:全面风险管理是一个过程,它由一个主体的董事会、管理层和其他人员实施,应用于战略制定并贯穿于主体之中,用于识别那些可能影响主体的潜在事件,管理风险以使其在该主体的风险偏好之内,并为主体目标的实现提供合理的保证。

(2)全面风险管理的架构。COSO在《企业风险管理——整合框架》文件中认为:全面风险管理是三个维度的立体系统。这三个维度是:

①企业目标,包括战略目标、经营目标、报告目标和合规目标等四个目标。

②风险管理的要素,包括内部环境、目标设定、事件识别、风险评估、风险对策、控制活动、信息与沟通和监控八个要素。

③企业层级,包括整个企业、各职能部门、各条业务线及下属子公司。全面风险管理的八个要素都为实现目标服务;八个要素的管理活动在每个层级上展开。

(二)金融风险管理的流程

(1)**风险识别**。风险识别就是要辨明所面临的风险属于何种类型。用于风险识别的方法主要是“筛选—监测—诊断法”和风险树搜寻法等。

(2)**风险评估**。风险评估就是采用有关定量分析的方法,对风险进行量化,度量和评价所面临的风险在量上的大小。风险评估的内容包括估计经济损失发生的频率和测算经济损失的严重程度。

(3)**风险分类**。风险分类就是根据风险识别和评估的结果,按照所面临的每种风险发生的频率和严重性,将其分别归入不同的“风险级别”。

(4)**风险控制**。风险控制就是根据风险分类的结果、风险策略和对收益与成本的权衡,针对确需管理的风险,在诸多的风险管理政策措施中做出选择,并具体实施与之相应的管理方法。

(5)**风险监控**。风险监控就是按照风险政策和程序,对风险控制的运作进行监督和控制,具体包括对风险政策的建议、对是否超过经济资本限额的监督、对违反风险政策的调查、对风险政策是否适当适时的监测和确认等。

(6)**风险报告**。风险报告就是定期通过管理信息系统,将风险及其管理情况报告给董事会、股东和监管机构。

(三)信用风险的管理

1. 机制管理

机制管理就是建立起针对信用风险的管理机制。对商业银行而言,信用风险的管理机制主要有:

(1)审贷分离机制,即在内部控制机制的框架下建立起贷款的审查与贷款的决策相分离机制,避免将贷款的审查与决策集中于一个职能部门或人员。

(2)授权管理机制,即总行对所属的职能部门、下属的分支机构,根据层级和管理水平的高低等因素,分别授予具体的最高信贷权限。

(3)额度管理机制,即总行对全行系统给予某一特定客户在某一特定时期的授信规定最高限额。

2. 过程管理

过程管理就是针对信用由提供到收回的全过程,在不同的阶段采取不同的管理方法。对商业银行而言,主要有以下三个方面:

(1)事前管理。**事前管理在于商业银行在贷款的审查与决策阶段的管理**。在此阶段,商业银行审查的核心是借款人的信用状况,决策的核心是贷与不贷、以什么利率水平贷。

要分析借款人的信用状况,商业银行一方面可以直接利用社会上独立评级机构对借款人的信用评级结果,另一方面可以自己单独对借款人进行信用的“5C”“3C”分析。“5C”“3C”分析主要围绕两个方面,即借款人的还款意愿和还款能力。“5C”分析是分析借款人的偿还能力、资本、品格、担保品和经营环境。“3C”分析是分析借款人的现金流、管理和业务的连续性。

(2)事中管理。**事中管理在于商业银行在贷款的发放与回收阶段的管理**。在此阶段,商业银行关注的重点是贷款是否被挪用、贷款是否被有效使用、跟踪借款人信用状况的变化、出现异常及时采取应对措施。

在事中管理阶段,商业银行要进行贷款风险分类。目前采用的是贷款五级分类方法,即把已经发放的贷款分为正常、关注、次级、可疑和损失五个等级。

(3)事后管理。**事后管理在于商业银行在贷款完全回收以后的管理**。在此阶段,商业银行要回顾与反思贷款过程中的经验教训,固化经验,融入制度,形成长效机制;吸取教训,亡羊补牢,填补和加强制度中的空白点和薄弱环节。如此循环往复,螺旋式上升,不断提高信用风险的管理水平。

3. 风险控制方法

(1)信用风险缓释。信用风险缓释是指商业银行运用合格的抵质押品、净额结算、保证和信用衍生工具等方式转移或降低信用风险。商业银行采用内部评级法计量信用风险监管资本,信用风险缓释功能体现为违约概率、违约损失率或违约风险敞口的下降。在巴塞尔新资本协议下,认可的风险缓释工具包括:抵质押交易、表内净额结算、保证与担保、信用衍生工具等。

(2)信用风险转移。信用风险转移是指金融机构,一般是指商业银行,通过使用各种金融工具把信用风险转移到其他银行或其他金融机构。在信用风险转移市场出现以前,商业银行在发放贷款以后只能持有至贷款违约或到期日,信用风险管理方式主要是贷前审查、贷后监管和降低信贷集中度等手段,而信用风险转移市场的出现使得商业银行可以根据自身资产组合管理的需要对信用风险进行转移,从而更加主动灵活地进行信用风险管理。

真题精练

【导学例题6】下列关于借款人“3C”分析的内容，说法错误的是（   ）。

A. 现金流的连续性　　B. 管理的连续性

C. 信用的连续性　　D. 业务的连续性

C 【解析】“3C”分析是分析借款人的现金流、管理和业务的连续性。

（四）市场风险的管理

市场风险控制的基本方法包括：限额管理、市场风险对冲及经济资本配置。

常用的市场风险限额包括交易限额，即对总交易头寸或净交易头寸设定的限额；风险限额，即对按照一定的计量方法所计量的市场风险设定的限额；止损限额，即允许的最大损失额；敏感度限额，即保持其他条件不变的前提下，对单个市场风险要素（利率、汇率、股票价格和商品价格）的微小变化对金融工具和资产组合收益或经济价值影响程度所设定的限额。

除了运用限额管理来控制市场风险，金融机构还可以有效地使用相关金融工具，在一定程度上实现对冲市场风险，即当原风险敞口出现亏损时，新风险敞口能够盈利，并且尽量使盈利能够弥补全部亏损，使金融机构处于一种免疫状态。市场风险对冲有两种方法：表内对冲——配对管理、表外对冲——利用金融衍生品对冲。表内对冲通过资产负债结构的有效搭配，使金融机构处于风险免疫状态（表内套期保值）。表外对冲也可理解为市场对冲。

经济资本配置通常采取自上而下法或自下而上法。前者通常用于制定市场风险管理战略规划，后者通常用于当期绩效考核。

1. 利率风险的管理

利率风险的管理方法主要有：

（1）选择有利的利率，即基于对利率未来走势的预测，债权人或债务人选择有利于自己的固定利率或浮动利率。

（2）调整借贷期限，即当预测到利率正朝着不利于自己的方向变动时，债权人或债务人可以选择提前收回债权或提前偿还债务。

（3）缺口管理，即商业银行在资产与负债中分别区分出利率敏感性资产与利率敏感性负债，并计算出利率敏感性资产减去利率敏感性负债后的缺口，在预测到利率上升或下降时，将缺口调为正值或负值，以提高或稳定银行的净利息收益。

（4）久期管理，即商业银行分别计算和预测出利率敏感性资产和利率敏感性负债的久期，再计算出利率敏感性资产的久期减去利率敏感性负债的久期后的久期缺口，当利率上升或下降时，将久期缺口调为负值或正值，以增加或稳定银行净值。

（5）利用利率衍生品交易，即通过做利率期货交易或利率期权交易进行套期保值，通过做利率互换交易把不利于自己的固定利率或浮动利率转换为对自己有利的浮动利率或固定利率，通过做远期利率协议提前锁定自己的借款利率水平。

2. 汇率风险的管理

汇率风险的管理方法主要有：

（1）选择有利的货币，即基于对汇率未来走势的预测，外币债权人或债务人选择有利于自己的货币组合。

（2）提前或推迟收付外币，即当预测到汇率正朝着不利于或有利于自己的方向变动时，外币债权人提前或推迟收入外币，外币债务人提前或推迟偿付外币。

（3）进行结构性套期保值，即对方向相反的风险敞口进行货币的匹配和对冲，例如针对交易风险将同种货币的收入和支出相抵，针对折算风险将同种货币的资产和负债相抵，针对经济风险在收入的货币和支出的货币之间建立长期的匹配关系。

（4）做远期外汇交易，提前锁定外币兑换为本币的收入或本币兑换为外币的成本。

（5）做货币衍生品交易，例如通过做货币期货交易或货币期权交易进行套期保值，通过做货币互换交易把不利于自己的货币转换为对自己有利的货币。

3. 商品风险的管理

在商品风险管理方面，通常采用各类商品期货对冲未来商品价格波动风险的方式。在操作上，风险对冲是通过投资或购买与标的资产收益波动负相关的某种资产或衍生产品，来抵销标的资产潜在损失的一种策略性选择，风险对冲对商品风险管理非常有效。

（五）操作风险的管理

“为了进行操作风险的有效管理，必须建立起操作风险管理框架”，这已成为国际银行界的共识。原中国银行业监督管理委员会于2007年印发的《商业银行操作风险管理指引》中要求，操作风险管理框架至少应包括以下基本要素：董事会的监督控制，高级管理层的职责，适当的组织架构，操作风险管理政策、方法和程序以及计提操作风险所需资本的规定。

操作风险管理应当在风险管理战略的指引下进行，风险管理战略为银行设定了包括业务目标、风险容忍度和操作风险管理政策在内的最终目标和基本方法。银行的风险管理战略与业务目标应是一致的。风险容忍度是风险管理战略的核心内容，它是银行的风险承受水平。操作风险管理政策则是在坚持遵循商业银行总体目标的前提下，对操作风险管理过程中各相关部门所负有的职责、所采用的技术和方法等问题的具体规定。操作风险管理政策是商业银行操作风险管理的总纲领，主要内容应包括：操作风险的定义；适当的操作风险管理组织架构、权限和责任；操作风险的识别、评估、监测和控制/缓释程序；操作风险报告程序，其中包括报告的责任、路径、频率，以及对各部门的其他具体要求；应针对现有的和新推出的重要产品、业务活动、业务创新、信息科技系统、人员管理、外部因素及其变动，及时评估操作风险的各项要求。

（六）其他风险的管理

1. 流动性风险的管理

流动性风险管理的主要着眼点是：

（1）保持资产的流动性，如建立现金资产的一级准备和短期证券的二级准备；提高存量资产的流动性，将抵押贷款、信用卡应收账款等资产证券化，出售固定资产再回租等。

（2）保持负债的流动性，如增加大额存单、债券、拆借、回购、转贴现、再贴现等主动型负债，创新存款品种，通过开展其他业务带动存款等。

（3）进行资产和负债流动性的综合管理，实现资产与负债在期限或流动性上的匹配。

2. 法律风险与合规风险的管理

金融机构应建立与其经营范围、组织结构和业务规模相适应的合规风险管理体系。**在全面风险管理体系下，完整的合规风险管理体系应包括合规风险管理环境、合规风险管理目标与政策制定、合规风险监测与识别、合规风险评估、合规风险应对、内部控制与管理、合规风险信息处理与报告、评价与持续改进八个互相联系的要素。**

法律风险与合规风险管理的办法包括：政策层面确立合规基调，建立合规文化，识别、评估、报告合规风险，建立合规风险预警与整改机制，将合规纳入考核范畴并实行问责机制，持续改进等。

3. 国别风险的管理

（1）国家层面的管理方法。由于国别风险牵涉到其他国家，因此，国家层面应当运用经济、政治、外交等多种手段，为本国居民管理其所承受的国别风险创造良好的条件和环境。例如，与他国签订双边投资促进与保护协定，设立官方的保险或担保公司对国别风险提供保险或担保；积极参与各国际组织、区域性组织的多边投资保护协定的谈判活动，将对外投资保护工作纳入国际保护体系；加强外交对对外经贸活动的支持；金融监管机构在金融监管中要求商业银行对有关国家的债权保持最低准备金等。

（2）企业层面的管理方法。金融机构及其他企业管理国别风险的主要方法有：将国别风险管理纳入全面风险管理体系；建立国别风险评级与报告制度；建立国别风险预警机制；设定科学的国际贷款审贷程序，在贷款决策中必须评估借款人的国别风险；对国际贷款实行国别限额管理、国别差异化的信贷政策、辛迪加形式的联合贷款和寻求第三者保证等；在二级市场上转让国际债权；实行经济金融交易的国别多样化；与东道国政府签订“特许协定”，投保国别风险保险；实行跨国联合的股份化投资，发展当地举足轻重的战略投资者或合作者等。

4. 战略风险的管理

战略风险涵盖了商业银行的发展愿景、战略目标以及当前和未来的资源制约等诸多方面的内容。因此，有效的战略风险管理应当定期采取从上至下的方式，全面评估商业银行的愿景、短期目标以及长期目标，并据此制定切实可行的实施方案，体现在商业银行的日常风险管理活动中。传统上，商业银行战略管理的做法是根据既定的长期战略和发展目标，制定相关政策和流程来逐步实现。战略风险管理则是在战略管理的基础上，进一步考虑商业银行的战略规划和战略实施方案中的潜在风险，预测这些风险可能造成的影响并提前做好准备。在整个管理过程中，保持风险管理、战略规划和实施方案相互促进、统一协调，在实现战略发展目标的同时，将风险损失降到最低。

5. 声誉风险的管理

有效的声誉风险管理是具备资质的管理人员、高效的风险管理流程以及先进的信息系统共同作用的结果。国内外金融机构普遍认为，声誉风险管理的最佳实践操作是推行全面风险管理理念、改善公司治理结构，并预先做好防范危机的准备，确保各类风险被正确识别、有效排序，并得到有效管理，具体包括：强化声誉风险管理培训；加强操作风险、合规风险管理，增强对客户、公众的透明度，减少操作失误及违规违纪行为；制定危机管理规划，保持与媒体的良好接触，确保及时处理投诉和批评，应对声誉危机事件发生；尽量保持大多数利益持有者的期望与金融机构的发展战略相一致，将金融机构社会责任感和经营目标结合起来等。

三、“巴塞尔协议Ⅱ”与“巴塞尔协议Ⅲ”

（一）巴塞尔协议Ⅱ

1988 年实施《关于统一国际银行的资本计算和资本标准的协议》（简称巴塞尔协议Ⅰ）后，为了适应国际金融和金融风险管理领域出现的新变化、新挑战和新要求，巴塞尔银行监管委员会在 2004 年 6 月通过并公布了《统一资本计量和资本标准的国际协议：修订框架》（简称巴塞尔协议Ⅱ）。巴塞尔协议Ⅱ的核心在于全面提高商业银行的风险管理水平，准确识别、计量和控制风险。

巴塞尔协议Ⅱ的内容体现在三大支柱上：

（1）最低资本要求。最低资本充足率要达到 8%，核心资本充足率最低要求为 4%，并将最低资本要求由涵盖信用风险拓展到全面涵盖信用风险、市场风险和操作风险。对信用风险的计量提出了标准法和内部评级法；对市场风险的计量提出了标准法和内部模型法；对操作风险的计量提出了基本指标法、高级计量法和标准法。

（2）监管部门的监督检查。明确和强化了各国金融监管机构的三大职责：全面监管银行资本充足状况；培育银行的内部信用评估体系；加快制度化进程。监管方法是现场检查与非现场检查并用。

（3）市场约束。从公众公司的角度看待银行，对银行提出信息披露要求，信息披露的内容包括资本结构、资本充足率、信用风险、市场风险和操作风险等，使市场参与者更好地了解银行的财务状况和风险管理状况，从而能对银行施以更为有效的外部监督。

（二）巴塞尔协议Ⅲ

2008 年爆发的金融危机暴露了巴塞尔协议Ⅱ的诸多不足，在银行监管的核心价值观上，安全超越了效率，进一步强化银行的资本监管成为国际社会的共识。巴塞尔委员会于 2010 年正式公布了《巴塞尔协议Ⅲ：流动性风险计量、标准和监测的国际框架》和《巴塞尔协议Ⅲ：增强银行及银行体系稳健性的全球监管框架》（简称巴塞尔协议Ⅲ）。

巴塞尔协议Ⅲ对巴塞尔协议Ⅱ的发展和完善主要体现在以下方面：

（1）重新界定监管资本。**协议Ⅲ将原来的核心资本和附属资本重新界定，并区分为核心一级资本（主要包括普通股及留存收益）、其他一级资本和二级资本；限定一级资本只包括普通股和永久优先股**。核心资本要求被大大提升，原来的附属资本概念被弱化。

（2）提高资本充足率。巴塞尔协议Ⅲ规定，全球各商业银行必须将一级资本充足率的下限由 4% 提高到 6%。另外，巴塞尔协议Ⅲ维持目前资本充足率 8% 不变。

（3）设立“资本防护缓冲资金”。巴塞尔协议Ⅲ规定，建立 2.5% 的资本留存缓冲和 0 ~ 2.5% 的逆周期资本缓冲。要求资本充足率加资本缓冲比率在 2019 年以前从 8% 逐步升至 10.5%，普通股最低比例加资本留存缓冲比率在 2019 年以前由 3.5% 逐步升至 7%。

（4）引入杠杆率监管标准。2008 年的金融危机之前，金融工具创新以及低利率的市场环境导致银行体系积累了过高的杠杆率，使得资本充足率与杠杆率的背离程度不断扩大。危机期间商业银行的去杠杆化过程显著放大了金融体系脆弱性的负面影响。为此,巴塞尔协议Ⅲ引入基于规模、与具体资产风险无关的杠杆率监管指标,作为资本充足率的补充。

(5)增加流动性要求。巴塞尔协议Ⅲ引入流动性覆盖比率(LCR)和净稳定融资比例(NSFR),以强化对银行流动性的监管。其中,流动性覆盖比率用来计量在短期极端压力情景下,银行所持有的无变现障碍的、优质的流动性资产的数量,用来衡量其是否足以应对此情景下的资金净流出;净稳定融资比例用来计量银行是否具有与其流动性风险状况相匹配的、确保各项资产和业务融资要求的稳定资金来源。

(6)安排充裕的过渡期。根据巴塞尔协议Ⅲ,所有成员方执行期从2013年1月1日开始,且须在该日期前将巴塞尔协议Ⅲ规则转化为国家或地区法规。巴塞尔协议Ⅲ的各项要求将于不同的过渡期分阶段执行。各项要求最终达成一致的落实期限虽然有所不同,但最晚至2019年1月1日。

要点点拨

巴塞尔协议Ⅲ突出体现了风险敏感性的资本要求与非风险敏感性的杠杆率要求相结合,资本监管与流动性监管相结合,微观审慎监管与宏观审慎监管相结合,其目的在于确保银行经营的稳健性,进而保障整个金融体系的安全。

四、我国的金融风险管理

在金融风险管理的制度层面,我国作出了在金融机构和一般企业建立科学的公司治理结构的制度安排;在金融机构和一般企业组织结构的再造中要求有机融入风险管理组织体系的构建;在金融机构和一般企业建立内部控制制度。

在金融风险管理的技术层面,主要举措有:

(1)在信用风险管理上,借鉴西方商业银行的科学做法,结合我国实际,推出了贷款的五级分类和相应的不良资产管理机制;建立了综合授信制度;建立了贷前、贷中和贷后管理的信用风险管理流程;建立了审贷分离的内部控制机制;进行了国有商业银行不良资产的剥离和集中处置。

(2)在市场风险管理上,对突出的汇率风险和投资风险加强了管理,通过创新,推出了远期外汇交易、掉期和互换交易,以及股指期货交易;金融监管机构对金融机构的市场风险敞口提出了若干指标、比例性要求。

(3)在操作风险管理上,集中推出了系统的内部控制措施。

(4)在其他风险管理上,目前已经推出了对合规风险的管理要求。

在金融风险的量化管理中,注重引进西方国家先进的风险量化模型,并对引进的模型予以本土化,同时也注重独立开发适合我国国情的风险量化模型;在巴塞尔协议Ⅱ公布以后,我国积极研究和推进有关信用风险、市场风险和操作风险量化模型在我国的应用。

真题精练

【导学例题7】下列不属于我国在金融风险管理的技术层面采取的措施是(　　)。

A. 推出了贷款的五级分类和相应的不良资产管理机制

B. 建立了贷前、贷中和贷后管理的信用风险管理流程

C. 进行了国有商业银行不良资产的剥离和分散处置

D. 建立了综合授信制度

C　【解析】我国在金融风险管理的技术层面,主要举措有:在信用风险管理上,借鉴西方商业银行的科学做法,结合我国实际,推出了贷款的五级分类和相应的不良资产管理机制;建立了综合授信制度;建立了贷前、贷中和贷后管理的信用风险管理流程;建立了审贷分离的内部控制机制;进行了国有商业银行不良资产的剥离和集中处置。故C项错误。

第三节 金融监管

一、金融监管概述

（一）金融监管的含义

金融监管属于管制的范畴。管制一般是指国家以经济管理的名义进行干预。但是，到目前为止，经济学界对管制的认识尚未形成一致的看法。本节所说的金融监管，倾向于一般意义上的管制定义，是指金融监管机构通过制定市场准入、市场运营和市场退出等标准，对金融机构的经营行为实施有效约束，确保金融机构和金融体系安全稳健运行的行为。

（二）金融监管的基本原则

金融监管的基本原则是指能够全面、充分地反映金融法所调整的金融监管关系的客观要求，并对监管关系的各个方面和全过程都具有普遍意义的基本准则。金融监管的基本原则主要有以下六个方面：

(1)监管主体独立性原则。监管主体的独立性是金融监管机构实施有效金融监管的基本前提。金融监管是政策性、专业性、技术性很强的活动，涉及面较广且复杂，如果不是独立性很强的专门机构，其监管过程和目标容易受到来自不同方面利益主体的干扰，难以公正、公平、有效地进行金融监管，达到所需监管目标。

(2)依法监管原则。在市场经济条件下，金融机构依法经营，金融监管机构依法监管是金融体系正常运行的保证。金融依法监管包含三层含义：一是国家必须以法律的形式确定金融监管机构的法定地位和职责等；二是金融监管机构必须依据有关法律、法规和规定实施金融监管，即金融监管必须有明确的法律授权，通过立法赋予监管机构必要的监管权力，并为其提供有效行使这些权力的法律保证，从而体现金融监管的公正性、权威性、强制性；三是金融机构应合法经营，依法接受监管当局的监督，确保监管的有效性。总之，金融监管必须按照法律规定和法定程序实施，以避免金融监管的随意性，保证监管的权威性、强制性和公正性，增强监管实效，维护金融业的稳定运行与健康发展。

(3)外部监管与自律并重原则。在现代市场经济中，金融监管不仅仅是金融监管机构的责任，同时也是与金融机构内部控制以及社会外部监督密切联系的管理活动。金融监管机构从社会公众利益出发，对金融机构、金融业务、金融市场进行监管，只有与金融机构的内部控制有机结合，才能将监管措施转化为金融机构内部控制的要素，同时结合必要的社会外部监督，才能最大限度地发挥出金融监管作用，维护金融业稳健运行。

(4)安全稳健与经营效率结合原则。保证金融机构安全稳健经营与发展是金融监管的基本目标。要实现金融机构的稳健运行，金融监管机构对金融机构加强风险监测和管理十分必要。风险监管就是通过对风险的识别、计量、监测和控制等风险管理程序，达到以最小的成本将风险导致的各种不利后果降低到最低限度。然而，金融监管不应是消极地单纯防范风险，而应当在金融监管中促使金融机构将积极防范风险同提高金融经营效率相协调，才是达到了有效的监管。因为金融监管就是要为金融业的发展提供良好的环境，使金融业在防范风险的同时，为社会提供更加优质高效的服务，从而促进经济与社会发展，金融业自身也增加盈利。

(5)适度竞争原则。在市场经济条件下，必须保持金融机构间的适度竞争，使金融体系能以合理的成本提供良好的金融服务以满足社会公众的需要。促进金融机构间的适度竞争有两层含义：一是防止不计任何代价的过度竞争，避免出现金融市场上的垄断行为；二是防止不计任何手段的恶劣竞争，避免出现危及金融体系安全稳定的行为。适度竞争原则要求既不能限制过死，又不能放松过宽，使各机构在一个适度的基础上追求利润最大化。

(6)统一性原则。统一性原则指金融监管要做到使微观金融和宏观金融相统一，以及国内金融和国际金融相统一。

此外，随着金融全球化的迅速发展，各国金融监管机构必须认真探索国内金融与国际金融监管的统一协调问题，以加强金融监管的国际合作，形成全球统一协调的金融监管体系，维护全球金融稳定。

真题精练

【导学例题8】下列有关金融监管的依法监管原则，说法错误的是(　　)。

A. 金融机构应合法经营，依法接受监管当局的监督，确保监管的有效性

B. 监管主体的独立性是金融监管机构实施依法金融监管的基本前提

C. 金融监管机构必须依据有关法律、法规和规定实施金融监管

D. 国家必须以法律的形式确定金融监管机构的法定地位和职责等

B　【解析】B项属于监管主体独立性原则。

(三)金融监管的理论

金融监管的理论基础是管制理论。目前管制理论主要有以下三种：

(1)**公共利益论**。公共利益论源于20世纪30年代美国经济危机，并且一直到20世纪60年代都是经济学家们所接受的有关管制的正统理论。该理论认为，管制是政府对公众要求纠正某些社会个体和社会组织的不公正、不公平和无效率或低效率的一种回应。该理论认为，自由的市场机制不能带来资源的最优配置，甚至由于自然垄断、外部效应和不对称信息的存在，将导致自由市场的破产。在这种情况下就需要作为社会公共利益代表的政府在不同程度上介入经济过程，通过实施管制以纠正市场缺陷，避免市场破产。

(2)**特殊利益论**。特殊利益论认为政府管制为被管制者留下了“猫鼠追逐”的余地，从而仅仅保护主宰了管制机关的一个或几个特殊利益集团的利益，对整个社会并无助益。政府在施行管制的过程中为特殊利益集团所“俘虏”了。

(3)**社会选择论**。社会选择论是从公共选择的角度来解释政府管制的，即政府管制作为政府职能的一部分，是否应该管制，对什么进行管制，如何进行管制等，都属于公共选择问题。管制制度作为产品，同样存在着供给和需求的问题，但其作为一种公共产品，则只能由代表社会利益的政府来供给和安排，各种利益主体则是管制制度的需求者。管制者并不只是被动地反映任何利益集团对管制的需求，它应该坚持独立性，努力通过实现自己的目标来促进一般社会福利。

二、金融监管的框架和内容

(一)银行业监管的主要内容与基本方法

1. 银行业监管的主要内容

银行业监管的内容主要包括市场准入监管、市场运营监管、处置有问题银行和市场退出监管。

(1)市场准入监管。市场准入监管是指银行监管机构根据法律法规，对银行机构市场准入、银行业务范围和银行从业人员素质实施管制的一种行为。银行监管机构对要求设立的新银行机构，主要是对其存在的必要性及其生存能力两个方面进行审查。具体要求银行必须有符合法律规定的章程，有符合规定的最低额注册资本，有具备任职专业知识和业务工作经验的高级管理人员，有健全的组织机构和管理制度，有符合要求的营业场所、安全防范措施和与业务有关的其他设施等。

市场准入监管应当全面涵盖以下几个环节：一是审批注册机构；二是审批注册资本；三是审批董事和高级管理人员的任职资格；四是审批业务范围。

知识拓展

在我国，根据《中华人民共和国商业银行法》的规定，设立商业银行必须具备以下条件：有符合规定的银行章程；有符合规定的注册资本最低限额；有具备任职专业知识和业务工作经验的董事、高级管理人员；有健全的组织机构和管理制度；有符合要求的营业场所、安全防范措施和与业务有关的其他设施；符合其他审慎性条件。

(2)市场运营监管。市场运营监管是指对银行机构日常经营进行监督管理的活动。虽然市场准入监管在准入控制环节进行了严格的审核，但并不能保证银行机构在日常经营中稳健运行，银行机构的风险是在日常经营中逐步累积的，因此，市场运营监管任务更重，责任更大。

(3)处置有问题银行及市场退出监管。从微观上讲，单个银行机构经营的好坏并不重要，但从整体

上讲，银行机构经营状况的恶化会导致连锁反应。一个或多个银行机构出现问题甚至倒闭，容易引起存款人挤提存款，产生银行恐慌，其后果将直接威胁银行业乃至金融业的稳定，个别的、局部的金融风险演变为系统的、区域性的金融危机。因此，处置有问题银行及市场退出监管是银行监管的重要内容。

2. 银行业监管的基本方法

银行业监管的基本方法有三种，即市场准入、非现场监管和现场检查。如果从银行的整体风险考虑，还应包括并表监管。在进行现场检查后，监管当局一般要对银行进行评级。

（1）市场准入。市场准入是银行业监管的第一关。巴塞尔银行监管委员会发布的《有效银行监管核心原则》提出了良好银行与银行体系审慎监管的最低标准，其中明确了市场准入监管应遵循的具体要求，要求监管当局应具有与履行监管职责相适应的充分法律授权，有权制定以审慎监管原则为基础的发照标准，有足够的监管能力实施充分、有效的审查，并做出审慎决定。

（2）非现场监管。非现场监管是银行监管机构针对单个银行，在并表的基础上收集、分析其经营稳健性和安全性的一种方式。**非现场监管包括审查和分析各种报告和统计报表，包括银行机构的管理报告、资产负债表、损益表、现金流量表及各种业务报告和统计报表等。**非现场监管有三个主要目的：

①评估银行机构的总体状况。通过一系列指标和情况的分析，判断银行经营状况的好坏，对银行风险进行预警，以便及时采取措施防范和化解银行风险。

②对有问题的银行机构进行密切跟踪，以使银行监管机构在不同情况下采取有效监管措施，防止出现系统的和区域的金融危机。

③通过对同组银行机构的比较，关注整个银行业的经营状况，促进银行业安全稳健运行。

（3）现场检查。现场检查是指通过银行监管机构的实地作业来评估银行机构经营稳健性和安全性的一种方式。**现场检查内容一般包括合规性检查和风险性检查两个大的方面。**

①合规性是指商业银行在业务经营和管理活动中执行中央银行、银行监管机构和国家制定的政策、法律的情况。合规性检查永远都是现场检查的基础，任何银行都必须在合规范围和轨道上经营，任何违规行为在任何国家都是不被允许的，合规性内容的检查在银行存在大量违规经营，甚至存在恶意经营的情况下，显得尤为重要或不可缺少。

②风险性检查一般包括其资本的真实状况和充足程度、资产质量、负债的来源、结构和质量，资产负债的期限匹配和流动性、管理层的能力和管理水平，银行的盈利水平和质量，风险集中的控制情况，各种交易风险的控制情况，表外风险的控制水平和能力，内部控制的质量和充分性等。

（4）并表监管。商业银行应当对银行集团及其附属机构的公司治理、资本和财务等进行全面持续的管控，并有效识别、计量、监测和控制银行集团总体风险状况。商业银行并表管理要素一般包括并表管理范围、业务协同、公司治理、全面风险管理、资本管理、集中度管理、内部交易管理和风险隔离等。

（5）监管评级。银行机构评级是用统一的标准来识别和度量风险，是为了实现银行监管目标，进行有效监管的基础。目前，国际上通行的是银行统一评级制度，即“骆驼评级制度”。这一制度是美国金融监管当局为了统一对商业银行的评级标准而制定和使用的对商业银行的全面状况进行检查、评价的一种管理制度。目前，世界上有很多国家的银行监管机构采用了该制度，围绕资本充足性、资产质量、经营管理能力、盈利水平、流动性及市场敏感性来对银行的经营状况进行检查和评价。

（二）证券业监管的主要内容

1. 证券发行监管

为了使证券发行既有利于经济的发展，又能保障投资者和发行人的利益，对证券发行的监管成为证券业监管的重要内容。证券的发行监管主要体现在证券的发行审核制度方面。证券发行的审核制度分为两种：一种是注册制，即所谓的公开原则，证券发行者在公开发行债券或股票前，需向证券监管部门按照法定程序申请注册登记，同时提交相关资料，并对其所提供的资料之真实性和可靠性承担法律责任；另一种是核准制，即所谓的实质管理原则，证券监管部门需要对发行人及发行证券的实质内容加以审查，符合既定标准才能批准发行。

境外成熟市场证券发行普遍实行注册制，美国是采用注册制最为典型的国家。**2023 年 2 月 17 日，中国证监会发布全面实行股票发行注册制相关制度规则，自公布之日起施行。**

2. 证券交易监管

证券交易活动全过程的监管是证券业监管的主要内容，证券交易监管的主要目标包括：

（1）提供低成本的、安全迅速和适度流动性的交易及清算场所。

(2)消除垄断、操纵、内幕交易及各种欺诈行为,保证投资者的信心和利益。

(3)增强市场透明度,提高交易市场的信息完全性和信息效率。

(4)抑制过度投机,防止市场瓦解,并减少证券市场不稳定所导致的负面外部效应。

(5)构建富有效率的证券市场组织结构,提高证券市场营运效率。

(6)提供有效的价格发现机制。

(7)促进各类交易市场主体间的公平竞争。

中国证监会及其派出机构、证券交易所按照分工协作的原则共同负责证券交易的监管,重点打击内幕交易和市场操纵等违法违规行为。

3. 上市公司监管

上市公司监管主要包括上市公司信息披露、上市公司治理和并购重组三个方面。

信息披露制度是上市公司及其信息披露义务人按照法律规定必须将其自身的财务变化、经营状况等信息和资料向社会公开或公告,以便使投资者充分了解情况的制度。它既包括发行前的披露,也包括上市后的持续信息公开。中国证券市场已基本建立了以《中华人民共和国证券法》《中华人民共和国公司法》和《上市公司信息披露管理办法》等为主体,相关规范性文件为补充的全方位、多层次的上市公司信息披露制度。**上市公司披露的信息包括证券募集说明书(发行信息)、定期报告和临时报告、招股说明书等**。

4. 证券公司监管

我国对于证券公司的监管框架主要包括证券公司市场准入、经营风险防范、退出、从业人员监管等机制。其主要的依据为 2008 年 6 月 1 日起施行的《证券公司监督管理条例》。该条例分别就证券公司的设立与变更、组织机构、业务规则和风险控制、客户资产的保护、监督管理措施以及法律责任做了详细规定。具体表现为:一是对市场准入监管;二是对证券公司的分类监管;三是对证券公司业务许可的监管;四是对证券公司风险控制的监管;五是对证券公司高管人员的监管;六是对证券公司市场退出的监管;七是对证券公司的股权管理。

真题精练

【导学例题 9】证券业监管的主要内容不包括(　　)。

A. 证券发行监管　　B. 证券交易监管

C. 上市公司监管　　D. 市场运营监管

D　【解析】市场运营监管属于银行业监管内容。

(三)保险业监管的主要内容

我国关于保险业监管的法律法规包括《中华人民共和国保险法》《保险资金运用管理办法》和《关于加强保险资金风险管理的意见》等,通过这些不同层次的法律、法规、规章及规范性文件,国家金融监督管理总局坚持把防范风险作为保险业健康发展的生命线,不断完善以偿付能力、公司治理结构和市场行为监管为支柱的现代保险监管制度。

1. 偿付能力监管

偿付能力是保险公司的灵魂,也是保险监管的一个最为重要的方面。从国际保险业监管的发展趋势看,越来越多的国家都已经或者正在向以偿付能力监管为核心的模式发展。我国目前对偿付能力的监管标准使用的是最低偿付能力原则,国家金融监督管理总局的干预界限是以保险公司的实际偿付能力与此标准的比较来确定。监管机构主要通过要求保险公司定期上报会计报表、现场检查或有针对性委托中介机构审计等手段对各保险公司的资本额、保证金和保险保障基金、准备金、保险投资以及其他主要财务指标进行合规性监管,以达到对各保险公司的偿付能力监管。

(1)**保险公司开业之前对其最低资本加以规定(全国性公司为 5 亿元人民币,区域性公司为 2 亿元人民币),这是偿付能力监管的基石**。在公司成立后,必须将其注册资本的 20% 作为法定保证金存入国家金融监督管理总局指定银行,专用于公司清算时清偿债务,同时规定财产保险、人身意外伤害险、短期健康保险、再保险业务按当年自留保费收入的 1% 提取保险保障基金,直至达到总资产的 6%。保证金和保险保障基金是最基本的风险缓冲基金。

(2)准备金规定。保险公司是典型的负债经营型企业,对保险公司保险准备金的真实性和充足性监管是保证偿付能力监管的又一道防线。国际上的普遍做法是由各保险公司将其准备金的计算方法报保险监管部门备案。由于精算水平等技术力量方面的限制,我国准备金的提取比例由《中华人民共和国保险法》统一规定,经营人寿保险业务的保险公司按有效人寿保单的全部净值提取未到期责任准备金;经营非寿险业务的,从当年自留保费中按照相当于当年自留保费的50%提取未到期责任准备金。我国对准备金的监管特别是寿险准备金的监管基础比较薄弱,主要体现在未能建立起适当公允的寿险准备金计算方法。

(3)投资监管。保险投资收益是增强保险公司偿付能力的重要途径。投资监管的目的是通过对保险资金来源和保险资金运用方式与投资限额的监管,在确保投资收益的稳定和安全的基础上,增强保险公司的偿付能力,以保护投保人的利益。

2. 公司治理结构

根据《中华人民共和国公司法》《中华人民共和国保险法》,保险公司应当建立股东大会、董事会、监事会和经理层的组织架构,形成公司治理结构的基本框架。原中国银行保险监督管理委员会2019年发布《银行保险机构公司治理监管评估办法(试行)》(已失效)、2020年发布《健全银行业保险业公司治理三年行动方案(2020—2022年)》、2021年发布《银行保险机构公司治理准则》,针对保险公司治理薄弱环节,明确了通过建立常态化的公司治理评估工作机制,通过评估推动保险公司改进,提升公司治理质效,并通过以下6项措施完善公司治理:一是推动党的领导与公司治理有机融合;二是规范股东行为;三是提升董事会等治理主体的履职质效;四是健全激励约束机制;五是加强利益相关者权益保护;六是强化外部市场约束。

3. 市场行为监管

保险市场主体是指保险市场交易活动的买方、卖方和中介等参与者,不仅包括保险公司、保险代理人、保险经纪人、保险资产管理公司、外国保险机构的代表机构,而且包括相关的会计师事务所、资产评估机构、资信评级机构等中介服务机构。根据《中华人民共和国保险法》,保险公司的业务范围如下:人身保险业务,包括人寿保险、健康保险、意外伤害保险等保险业务;财产保险业务,包括财产损失保险、责任保险、信用保险、保证保险等保险业务;国务院保险监督管理机构批准的与保险有关的其他业务。国务院保险监督管理机构按照法律、行政法规、规章等规定,对保险公司、保险中介服务机构等在销售、承保、理赔以及客户服务等各个环节进行监督管理,查处违法违规行为,维护市场公平竞争。市场行为监管是偿付能力监管的重要基础,在保险市场发育不够成熟、保险企业内控机制尚不完善、行业自律仍不成熟的条件下,市场行为监管的重要性尤为突出。

第四节 金融创新

一、金融创新的内涵

所谓金融创新,是指金融领域内各种金融要素实行新的组合。具体而言,是指金融机构为生存、发展和迎合客户的需要而创造的新的金融产品、新的金融交易方式,以及新的金融市场和新的金融机构。这个概念包括四方面的内容:**金融创新的主体是金融机构;金融创新的目的是营利和效率;金融创新的本质是金融要素的重要组合,即流动性、收益性、风险性的重新组合;金融创新的表现形式是金融业务的创新,金融机构的创新,金融工具的创新和金融制度的创新**。

金融创新可以分为狭义的金融创新和广义的金融创新。

(1)狭义的金融创新是以1961年美国花旗银行首次推出的大额可转让定期存单(CDs)为典型标志,特别是20世纪70年代西方发达国家在放松金融管制之后而引发的一系列金融业务的创新。放松金融管制的措施包括放宽设立银行的条件、放松或取消利率管制、放松对商业银行的资产负债管理、允许银行和非银行机构实行业务交叉等,这种制度上和观念上的创新直接导致了国际金融市场不断向深度和广度发展,也使高收益的流动性金融资产得以产生。同时,放松金融管制还增强了金融中介机构之间的竞争,使其负债对利率的弹性大大提高,负债管理的创新理论也由此而产生。

(2)广义的金融创新不仅包括微观意义上的金融创新,还包括宏观意义上的金融创新;包括金融发展史上曾经发生的所有的金融创新。可以说,金融创新是一个历史范畴,自从现代银行业诞生那天起,无论是银行传统的三大业务、银行的支付和清算系统、银行的资产负债管理,还是金融机构、金融市场,乃至整个金融体系、国际货币制度,都经历了一轮又一轮的金融创新。整个金融业的发展史就是一部不断创新的历史,这种金融创新是生产力发展后,反过来又对生产关系组成部分的金融结构进行调整而产生的。

因此,从某种意义上讲,金融创新也是金融体系基本功能的建设,是一个不断创新的金融体系的成长过程。

二、金融创新的背景与导因

金融创新属于历史范畴,其发生和发展的轨迹与特定历史时期的经济发展背景密切相关。第二次世界大战以后,世界经济形势和格局发生了巨大的变化,经济高速增长,高新技术日新月异,所有这一切正日益深刻地影响和改变着公众的生存方式和经济行为;同时,金融业发展的制度环境也已经发生了很大的变化,正是这些因素促成了国际金融领域创新浪潮的涌起。

1. 金融创新的国际背景

从当代经济发展史来看,对金融创新有较大影响的经济事件主要有:欧洲货币市场的兴起、国际货币体系的转变、石油危机与石油美元的回流、国际债务危机等。

2. 金融创新的直接导因

(1)金融管制的放松。

(2)市场竞争的日益尖锐化。

(3)追求利润的最大化。

(4)科学技术的进步。

知识拓展

金融电子化给金融业的运作带来的变革主要体现在两方面:

①以自动化处理方式代替了人工处理方式,从而降低了信息管理的费用,如信息的收集、贮存、处理和传递等一系列过程。

②以自动渠道(如远程、网络银行、电子银行、手机银行等)来改变客户享受金融服务和金融产品的方式。新技术革命提供的技术支持,为金融业务和金融工具的创新创造了必要条件。

三、金融创新的内容

(一)金融业务的创新

1. 负债业务的创新

商业银行负债业务的创新主要发生在20世纪的60年代以后,主要表现在商业银行的存款业务上。

(1)商业银行存款业务的创新体现在对传统业务的改造、新兴存款方式的创设与拓展上,其发展趋势表现在以下四方面:

①存款工具功能的多样化,即存款工具由单一功能向多功能方向发展。

②存款证券化,即改变存款过去那种固定的债权债务形式,取而代之的是可以在二级市场上流通转让的有价证券形式,如大额可转让存单等。

③存款业务操作电算化,如开户、存取款、计息、转账等业务均有计算机操作。

④存款结构发生变化,即活期存款比重下降,定期及储蓄存款比重上升。

(2)商业银行的新型存款账户的创新迎合了市场不同客户的不同需求,这些新型存款账户主要有:**可转让支付指令账户(NOW);超级可转让支付指令账户(Super NOW);电话转账服务和自动转账服务(ATS);股金汇票账户;货币市场互助基金;协议账户;个人退休金账户;定活两便存款账户(TDA);远距离遥控业务(RSU)等**。

(3)商业银行负债的范围、用途扩大化。过去,商业银行的借入款一般适用于临时、短期的资金调剂,而现在却日益成为弥补商业银行资产流动性、提高收入、降低风险的重要工具,筹资范围也从国内市场扩大到全球市场。

2. 资产业务的创新

商业银行资产业务的创新主要表现在贷款业务上,具体表现在以下四方面:

(1)贷款结构的变化。

(2)贷款证券化。

(3)与市场利率联系紧密的贷款形式不断出现。

(4)商业银行贷款业务"表外化"。

另外，证券投资业务上的创新主要有：股指期权、股票期权等形式。

3. 中间业务的创新

商业银行中间业务的创新，彻底改变了商业银行传统的业务结构，极大地增强了商业银行的竞争力，为商业银行的发展找到了巨大的、新的利润增长点，对商业银行的发展产生了极大的影响。商业银行中间业务创新的内容主要有以下几个方面：

(1)结算业务日益向电子转账发展。资金划转或结算不再使用现金、支票、汇票、报单等票据或凭证，而是通过电子计算机及其网络办理转账。

(2)信托业务的创新与私人银行的兴起。随着金融管制的放松和金融自由化的发展，商业银行信托业务与传统的存、贷、投资业务等逐步融为一体，并大力拓展市场潜力巨大的私人银行业务。

(3)现金管理业务的创新。

(4)商业银行自动化服务的创新。

(5)与中间业务联系密切的表外业务，是商业银行业务创新的重要内容，它们当中有很多都可以在一定的条件下转化为表内业务，商业银行发展、创新表外业务的直接动机是规避金融监管当局对资本金的特殊要求，通过保持资产负债表的良好外观来维持自身稳健经营的形象。

(二)金融机构的创新

与金融其他领域的创新有所不同的是，金融机构创新本身既是作为与各种金融业务创新相适应的形式而出现的，同时也是各国金融制度创新的有机组成部分。各国的金融制度不尽相同，因而对金融机构的设置分工等方面的要求也不同，金融机构创新的形式也不可能完全一致。不过，综合起来，世界各国的金融机构纵有千差万别的原因，大都离不开以下两个基本原因：

(1)金融自由化的进展促使金融机构从“专业化”向“综合化”方向发展，从而为各种新型金融机构的诞生创造了条件。

(2)西方各国在第二次世界大战之后根据经济发展的需要对金融体制进行了改组和整编，也使得其金融体制中金融机构由“专业化”向“综合化”转化，其实质是战后经济活动实际内容发生变化并进而诱使各金融机构突破原有的业务分工，在较大范围内开始综合经营，实行多种金融业务的业务交叉，因而出现了大批新型金融机构。

20 世纪 30 年代资本主义经济危机以后，各国加强了金融管制，防止经济危机对金融业的影响。特别是第二次世界大战以后，世界各国金融体系专业化程度大大加强，同时，对金融业的管理法规也更加严格。80 年代新技术革命的进展和资本国际化的趋势等因素，使金融交易逐渐趋向自由化。这些使金融法规也相应地发生改变，朝着放松管制和促进金融自由化方向不断发展，其结果是促进了金融机构的创新。金融机构创新主要集中在以下三方面：

(1)**金融机构正在从传统的单一结构向集团化方向发展**。银行持股公司是银行集团化的重要形式之一，所谓银行持股公司是指一家公司控制了一定比例的银行股票，从而有权决定该银行的重要人事、营业政策和往来关系等事宜。目前，银行持股公司已成为现代银行的主要组织形式。

(2)“金融联合体”的出现，它是一种能向顾客提供几乎任何金融服务的“金融超级市场”。

(3)金融业正在从提供单一金融服务向综合性金融服务方向发展。例如，商业银行已经涉足信托和抵押、保险以及公司股票债券的承销业务。

(三)金融工具的创新

1. 基本存款工具的创新

基本的存款工具有活期存款、定期存款、储蓄存款等，但是，在金融工具的创新过程中，这些基本存款工具的界限早已被打破，形成了一些新的存款工具，主要包括：可转让支付指令、自动转账服务账户、货币市场存款账户、个人退休金账户等。这些账户的特点是既能灵活方便地支取，又能给客户计付利息，这些新型存款账户的出现，为客户提供了更多的选择，充分满足了存款人对安全、流动和盈利的多重需求，从而吸引了更多的客户，扩大了商业银行的资金来源。

2. 大额可转让定期存单(CDs)

商业银行的定期存款以其较高的利率而吸引资金，但其最大的弱点在于其流动性差。1961 年由美国花旗银行发行的第一张大额可转让定期存单，则既可以使客户获得高于储蓄账户的利息，又可以在二级市场上流通、转让而变现，使客户原本闲置在账上的资金找到了短期高利投资的对象，所以一经面世就大受欢迎。随着金融机构竞争的加剧，CDs 也出现了许多新的变种。

(1)可变利率定期存单(Variable rate CD)。该种存单在存期内被分成几个结转期,在每一个结转期,银行根据当地的市场利率水平重新设定存单利率。

(2)牛市定期存单(Bull CD)。该种存单与美国标准普尔公司的500种股票相联系,虽然存单的投资者没有固定的利息收益,但可根据定期存单的时限长短而获取股票指数增长额的37%~70%的利率上升受益。

(3)扬基定期存单(Yankee CD)。该种存单是外国银行在美国发行的可转让定期存单,大多由位于纽约的外国著名银行发行。

(4)欧洲或亚洲美元存单(Eurodollar or Asia dollar CD)。该种存单是美国银行在欧洲或亚洲的金融市场上发行的定期存单,以吸引国外资金,因此不必向美联储交存准备金和存款保证金。

3. 衍生金融工具的创新

衍生金融工具是伴随着金融创新而兴起和发展起来的。它的出现,可以说给当代金融市场带来了划时代的贡献,它除了可以让人们重新认识金融资产保值和规避风险的方式手段,还具有很强的杠杆作用。同时,衍生金融工具也是一把"双刃剑",如果运用得当,可给金融业带来很多好处,能起到传统避险工具无法起到的保值、创收作用;但如果运用不当,也会使市场参与者遭受严重损失,甚至危及整个金融市场的稳定与安全。

衍生金融工具的内容主要包括以下几个方面:

(1)远期合约。**远期合约是一种最简单的衍生金融工具**。它是交易双方在合约中规定在未来某一确定时间以约定价格购买或出售一定数量的某种资产。它常发生在两个金融机构或金融机构与客户之间,是一种场外交易产品,以其中的远期利率协议发展最快。远期合约的最大功能在于转嫁风险。

(2)金融期货。**期货合约是一种标准化的合约,是买卖双方分别向对方承诺在合约规定的未来某时间按约定价格买进或卖出一定数量的某种金融资产的书面协议,是一种由交易所发行的、用独特的结算制度进行结算的标准化合约,可以说,是远期合约的标准化**。其主要有利率期货、货币期货和股指期货,金融期货的最主要的功能就是风险转移和价格发现。

(3)互换。互换(Swaps)也称为掉期,是交易双方根据预先约定的规则,在未来的一段时期内,互相交换一系列现金流量(本金、利息、价差等)的交易。交易双方通过签订互换协议来体现双方的权利,约束双方的义务。据此,互换其实可以视为一系列远期合约的组合,对于互换的研究也是对远期合约和期货合约研究的延伸。**根据基本产品的不同,互换可以分为利率互换、货币互换、股票互换和商品互换等**。

(4)金融期权。期权(Option)又称选择权,是一种权利合约,给予其持有者在约定的时间内,或在此事件之前的任何交易时刻,按约定价格买进或卖出一定数量的某种资产的权利,分为看涨期权和看跌期权。在这份合约中,买卖双方的权利与义务并不平等,期权的买方是有权利而无义务(只需缴纳期权费),而卖方则只有义务却无自由选择的权利。这与远期、期货的买卖双方到期时都必须履约是完全不同的。也就是说,期权与其他衍生金融工具的主要区别在于其他衍生金融工具所产生的风险格局是对称的,即交易双方共同面临和承担几乎等量的风险;而期权交易的风险在买卖双方之间的分布却不对称,期权买方的损失是有限的,不会超过期权费,而获利的机会从理论上讲却是无限的;期权的卖方则正好相反。

(四)金融市场的创新

(1)欧洲货币市场的金融工具创新。在欧洲货币市场上的创新金融工具主要是贷款工具,如多种货币贷款、平行贷款、背对背贷款、浮动利率债券、票据发行便利、远期利率协定等。

(2)衍生金融市场上的金融创新。衍生金融市场上的金融工具称为衍生金融工具,它们是一种双边合约,其价值取决于基础市场商品或资产的价格及其变化,按合约买方是否有选择权,分为远期类衍生工具和期权类衍生工具。此外,在衍生金融市场上,还存在着其他类型的工具,如商品派生证券、指数货币期权凭证、弹性远期合约等。

四、金融创新理论假说

1. 希尔伯的约束诱导型金融创新理论

该理论由美国的经济学家W. 希尔伯于1983年提出。该假说认为:**金融创新是微观金融组织为了寻求利润的最大化,减轻外部对其造成的金融压制而采取的自卫行为,是在努力消除和减轻施加给微观金融企业的经营约束中,实现金融工具和金融交易的创新**。对于金融机构的金融压制来自两个方面:一是来自政府的金融管制和市场竞争的外部压力，这种因外部条件变化而导致的金融创新要付出很大的代价；二是来自金融机构内部强加的压制，为了保障金融资产具有流动性的同时，还有一定的收益率，以避免经营风险，金融机构必须制定一系列的规章管理制度，这些规章制度一方面保障了金融机构运营的稳定，但同时也形成了内部的金融压制。当上述因素制约金融机构获取利润最大化时，金融机构就会创新、发明新的金融工具，增加新的服务品种、完善管理办法，以增强其竞争力。

希尔伯从供给方面，从微观金融企业的角度探讨金融创新，从金融机构的金融业务和工具创新中来分析金融创新的成因有一定的创建性；此外，约束诱导理论是探讨金融创新成因的一般性理论，因而系统性更强。当然约束诱导理论也有其局限性，主要表现在：

（1）该理论关于金融创新成因的探讨太过一般化，它同样适用于普通企业的创新，不能充分体验金融创新的特征和个性。

（2）过分强调“逆境创新”，即强调金融企业主要是为了寻求利润最大化而在摆脱限制和约束的过程中产生创新，因而是金融创新的内涵过窄，如20世纪70年代的转嫁风险的创新就无法归纳进去。

（3）过分强调金融企业在金融创新中的作用，对与金融企业相关联的市场创新及宏观经济环境下引发的金融创新避而不谈。事实上，金融创新并非金融业的孤立行为，它是金融领域内诸多要素的全新组合和创造。

2. 希克斯和尼汉斯的交易成本创新理论

交易成本理论的代表人物是J·R. 希克斯和J. 尼汉斯，于1976年提出了金融创新的交易成本理论。希克斯把交易成本、货币需求与金融创新联系在一起加以考虑：交易成本是作用于货币需求的重要因素，不同的需求产生对不同类型金融工具的要求，交易成本的大小使经济主体对需求预期发生变化。交易成本降低的趋势使货币向更高级的形势演变和发展，产生新的交换媒介和金融工具。不断地降低交易成本就会刺激金融创新，改善金融服务。交易成本理论认为降低交易成本是金融创新的主要动因，表现在：

（1）**交易成本的高低决定了金融业务和金融工具的创新是否具有实际价值**。

（2）**金融创新实质上是对科技进步导致交易成本降低的反应**。对于交易成本的界定，一种观点认为，交易成本是买卖金融资产的直接费用，包括各方面转移金融资产所有权的成本、经纪人佣金以及借入和支出的非利率成本；另一种观点认为，投资风险、资产的预期净收益、投资者的收入和财产、货币替代的供给等因素都应加以考虑。

交易成本理论从微观经济结构变化的角度来研究金融创新，并把金融创新的动因归结为交易成本的降低，从另一个角度说明了金融创新的根本原因在于微观金融机构的逐利动机。这种理论有其一定的合理性，但其局限性也是显而易见的：该理论把金融创新的源泉完全归因于金融微观经济结构的变化而引起的交易成本的下降。实际上，科技进步并非是交易成本下降的唯一决定因素，竞争也会降低交易成本，促使金融创新工具产生。

3. 凯恩的规避型金融创新理论

规避型金融创新理论认为，金融创新主要是金融机构为了获取利润而规避政府的管制所引发的。各种形式的政府管制与控制，性质上等于隐含的税收，阻碍了金融机构从事已有的盈利性活动和利用管制以外的利润机会。因此，金融机构会通过创新来规避政府管制。

这一理论的代表人物是美国的经济学家E·凯恩，他把市场创新和制度创新视为相互独立的经济力量与政治力量不断斗争的过程和结果。他认为：作为金融控制的各种形式的经济立法和规章制度，是保持宏观经济均衡和稳定的基本措施；而经济个体规避这些措施的各种活动实际上反映了代表公众利益的国家和以寻求利益最大化为基本原则的经济个体之间的矛盾关系；经济个体为了追求自身利益最大化，通过有意识地寻求绕开政府管制的方法来对政府的限制做出反应。

金融机构对政府管制所造成的利润下降和经营不力等局面做出的反应就是不断创新，以此来规避管制，从而把约束以及由此造成的潜在损失减少到最低限度。然而，当微观金融机构的创新可能又危及宏观的金融、货币政策和金融秩序的稳定时，金融管制当局对市场创新的反应就是再次修改管制的手段和规则，又会加强监管，以便重新在宏观上取得对金融活动的控制权。不过，这又会使金融创新朝着加强管制的方向运行，从而使新的管制诱发新的创新，即是说，金融的管制和因此而产生的规避行为，两者不断交替、循环往复地不断出现、上升、发展。

所以，凯恩认为，对金融的控制和因此而产生的规避行为，是以政府和微观金融主体之间的博弈方式来进行的。

4. 制度学派的金融创新理论

制度学派认为，金融创新是一种与经济制度相互影响、互为因果的制度改革，金融体系任何因制度改革而引起的变动都可以视为金融创新，金融创新的成因可能是降低成本以增加收入，也可能是稳定金融体系以防止收入不均的恶化。

该学派的一些学者如诺斯、戴维斯、塞拉、韦斯特等持有这一观点。他们主张从经济发展史的角度来研究金融创新，认为金融创新并不是20世纪电子时代的产物，而是与社会制度紧密相关的。

一方面，在计划经济体制下，虽然也存在科技发展、内外制约、财富增长、通货膨胀等可以诱发金融创新的因素，但高度的集中统一和严格的计划管理使金融创新不是无法开展就是受到极大的限制。因此，在计划经济制度下，金融工具的种类较少，金融服务和管理比较落后，金融活动的规模和范围很小，很难形成真正自由的金融市场和国际金融中心。

另一方面，在自由放任的市场经济制度下，那些为回避官方限制与管理的金融创新也无产生的必要，因而不可能产生全方位的金融创新。即使有某种程度的金融创新出现，其范围也大大缩小了。因此该理论认为，全方位的金融创新只能在受管制的市场经济中出现，如在英美等国的混合经济制度下就可能有必要进行金融创新。当政府的干预和管理阻碍了金融活动时，就会出现各种相应的回避或摆脱管制的金融创新；当这些金融创新对货币当局的货币政策目标构成威胁时，货币当局又会采取新的干预和管制措施即制度创新，于是又引发了新的有针对性的金融创新。

从上述制度学派的观点来看，政府行为也是金融创新的成因，实际上将金融创新的内涵扩大到包括金融业务创新与制度创新两个方面，较之其他理论探讨的金融创新的范围更广，但对该理论，也存在着较大的争议。有学者认为，将制度创新与金融创新紧密相连，并视为金融创新的一个组成部分，特别是将带有金融管制色彩的规章制度也视为金融创新，是令人难以接受的。因为金融管制本身就是金融创新的阻力和障碍，作为金融管制象征的规章制度无疑应是金融改革的对象。

第五节　货币制度与货币理论

一、货币制度

（一）货币概述

1. 货币的本质

在经济学说中，自古至今，一直存在着从货币职能来界定货币的种种说法。现在西方教科书中通常的概括是：货币是普遍被大家接受作为偿付货款和服务的手段；货币是在交换中被普遍接受的任何东西，等等。更简化的说法，如交易的媒介、支付的工具等都可用来表述货币。

马克思从职能角度给货币所做的界定既简明，又完整。那就是：货币是固定充当一般等价物的特殊商品，是价值尺度与流通手段的统一。

2. 货币的职能

货币的职能主要有以下几种：价值尺度、流通手段、支付手段、贮藏手段和世界货币。其中，价值尺度和流通手段是货币最基本的两大职能。

(1)价值尺度。货币的第一个职能是可以作为价值尺度，也就是说，它可以作为经济社会当中衡量价值的手段。就如同我们用公斤来称重，用公里来测距一样，我们用货币来衡量产品和服务的价值，餐馆的价目表或菜单便是例证。

(2)流通手段。在经济社会当中，几乎所有的市场交易都是以货币作为交易媒介的，也就是说，货币可以被用来购买产品和服务。运用货币作为交易媒介，节省了产品和服务交易的时间，促进了经济效率。

(3)支付手段。这是货币作为独立的价值形式进行单方面运动（如清偿债务、缴纳税款、支付工资和租金等）时所执行的职能。

(4)贮藏手段。货币还可以发挥价值储藏的功能，即跨越时间的购买力储藏。价值储藏可以将购买力从获得收入之日起储蓄到支出之日。

(5)世界货币。货币跨出国门，到世界上执行以上几种职能，此时货币执行的是世界货币的职能。

真题精练

【导学例题10】下列货币职能中,( )可以没有真实货币。

A. 世界货币　　B. 支付手段

C. 贮藏手段　　D. 价值尺度

D 【解析】货币职能包括价值尺度、流通手段、支付手段、贮藏手段和世界货币。作为价值尺度,可以是观念上的货币。

3. 货币的分类

(1)按照交易支付的历史演进,货币主要包括以下几类:

①商品货币。由金、银等贵金属或其他有价值的商品构成的货币就被称为“商品货币”。

②纸币。最初,纸币附有可以转化为硬币或一定数量贵金属的承诺。然而,之后纸币发展成不兑现纸币,即政府以其信用为担保将纸币宣布为法定流通货币,不能转化成硬币或者贵金属。现在的纸币是一种信用货币。

③电子货币。电子支付技术的发展将使得电子货币(电子形式的货币)取代支票和现金。电子货币最初是以借记卡的形式出现的,储值卡是电子货币的更高级形式,第三种电子货币是电子现金。

(2)按照货币的本质,货币主要分为以下几种:

①**债务货币**。债务货币就是当今主要发达国家所通行的法币系统,它的主要部分是由政府、公司以及私人的“货币化”的债务所构成。

②**非债务货币**。非债务货币,以全国综合国力为锚,这种货币不是任何人的债务,它是一个国家以其国内的人民已经完成的劳动成果和全国资源为锚的信用货币,国家发出这种货币并许可持有该种货币者,在其国内可以这种货币做各种合法的交易。另外,以实体黄金白银为货币,是货币中的最终支付手段,它不需要任何政府力量的强制,它可以跨越时代与国界,是从人类数千年社会实践自然进化而来的。

(二)货币制度的内容与演变

一般来说,建立一个有秩序的、稳定的,从而能为发展商品经济提供有利客观条件的货币制度,是各个政府共同追求的目标。

1. 货币制度的内容

货币制度大体涉及这样一些方面:货币材料的确定,货币单位的确定,流通中货币种类的确定,对不同种类货币的铸造和发行的管理,对不同种类货币的支付能力的规定,等等。

2. 货币制度的演变

(1)**银本位制度**。规定以白银为货币金属,享有购买和法偿能力;规定银铸币的重量、成色、形状和货币单位;银铸币可以自由铸造和熔化。

(2)**金银复本位制度**:

①平行本位制。两者之间的交换比率完全由金币和银币的市场价格确定,法律上不对其作出任何规定。

②双本位制。国家用法律规定金、银两种铸币的固定比价,两种铸币按照国家比价流通,而不随金、银市场比价的变动而变动。

教你一招

格雷欣法则,亦称劣币驱逐良币规律,指在双本位货币制度下,两种实际价值不同而名义价值相同的铸币同时流通时,必然出现实际价值高的良币被贮藏、熔化或者输出国外,而实际价值较为低的劣币充斥市场的现象。

③跛行本位制。金币和银币仍然同为本位币,仍然按照法定比价同时流通,两者均具有无限法偿能力,但是只有金币可以自由铸造,而银币不得自由铸造。

(3)金本位制度:

①**金币本位制**。以一定量的黄金为货币单位铸造金币,作为本位币;金币可以自由铸造,自由熔化,具有无限法偿能力,同时限制其他铸币的铸造和偿付能力。

②**金块本位制**。金块本位制是一种以金块办理国际结算的变相金本位制度，亦称金条本位制。在该制度下，由国家储存金块作为储备；流通中各种货币与黄金的兑换关系受到限制，不再实行自由兑换，但在需要时，可以按照规定的限制数量以纸币向本国中央银行无限制兑换金块。

③**金汇兑本位制**。这是一种在金块本位制或金币本位制国家保持外汇，准许本国货币无限制地兑换外汇的金本位制。在该制度下，国内只流通银行券，银行券不能兑换黄金，只能兑换实行金块或金本位制国家的货币。

(4)不兑现的信用货币制度。纸币为本位货币，黄金非货币化；纸币不能兑换金银；纸币通过信用渠道发行，由法律强制流通；纸币发行可以自由变动，不受一国所拥有的贵金属数量的限制。

二、货币需求

(一)货币需求概述

货币需求是指经济主体对执行流通手段和价值储藏手段的货币需求。货币需求发端于商品交换，随着商品经济以及信用的发展而发展。个人购买商品和服务，企业支付生产和流通费用，银行开展信用活动，社会进行各种方式的积累，政府调节经济，都需要货币这一价值量工具。在产品经济以及半货币化经济条件下，货币需求强度(货币在经济社会中的作用程度，以及社会公众对持有货币的要求程度)较低，在市场经济条件下，社会公众(包括居民、企业和政府部门)的货币需求强度较高。

(二)货币需求理论

货币需求理论主要分析经济中哪些因素会影响到社会各个部门的货币需求量，这些因素又是如何对社会各个部门的货币需求产生影响的。

1. 货币数量论的货币需求理论

美国经济学家欧文·费雪于1911年出版的《货币的购买力》一书，是货币数量论的代表作，在该书中，费雪提出了著名的交易方程式，也被称为费雪方程式，表示为：

$$MV = PT$$

其中，M是一定时期内流通货币的平均数量；V是货币平均流通速度，它代表了单位时间内货币的平均周转次数；P为平均价格水平；T为商品和服务的交易总量。交易方程式将产出销售值和用于交易的货币量联系起来。它表明在交易中发生的货币支付总额(等于货币存量乘以它的流通速度，即MV)等于被交易的商品和服务总价值(即PT)。

上式还可以表示为：

$$P = MV/T$$

这一方程式表明，物价水平的变动与流通中的货币数量的变动和货币的流通速度变动成正比，而与商品交易量的变动成反比。

按照西方学者的解释，V是由一些“如公众的支付习惯，使用信用范围的大小，交通和通信的方便与否等制度上的因素”决定的，而这些因素在短期内不会有大的变化，因而在短期内V不会迅速变化。T取决于资源、技术条件，而在充分就业的状态下，不可能发生大的变化，短期里V和T保持不变，所以M的变化决定了价格水平。

费雪方程式没有考虑微观主体的动机对货币需求的影响，以马歇尔和庇古为代表的剑桥学派，在研究货币需求问题时，重视微观主体的行为。与费雪方程式不同，剑桥学派认为，处于经济体系中的个人对货币的需求，实质是选择以怎样的方式保持自己的资产。每个人决定持有货币的多少，有种种原因，但在名义货币需求与名义收入水平之间总是保持一个较为稳定的比例关系。因此有：

$$M_d = kPY$$

其中，M_d为名义货币需求量；Y代表总收入；P代表一般价格水平；k为以货币形式拥有的财富占名义总收入的比例，即为剑桥方程式。

费雪方程式和剑桥方程式是两个意义大体相同的模型，但两个方程式存在显著的差异。

(1)对货币需求分析的侧重点不同。费雪方程式强调货币的交易手段功能，侧重于商品交易量对货币的需求，而剑桥方程式强调货币作为一种资产的功能，侧重于收入的需求。

(2)费雪方程式把货币需求和支出流量联系在一起，重视货币支出的数量和速度，侧重于货币流量分析，而剑桥方程式则是从用货币形式保有资产存量的角度考虑货币需求，重视存量占收入的比例。所以费雪方程式也被称为现金交易说，而剑桥方程式则被称为现金余额说。

(3)两个方程式对货币需求的分析角度和所强调的决定货币需求因素有所不同。费雪方程式是对货币需求的宏观分析,是从宏观角度用货币数量的变动来解释价格,而剑桥方程式则是从微观角度进行分析,认为人们对保有货币有一个满足程度的问题。

真题精练

【导学例题 11】在其他条件不变的前提下,对每个人来说,名义货币需求与名义收入之间保持着一个较稳定的比例关系,对于整个经济体系来说也是如此。这是(　　)提出的观点。

A. 凯恩斯　　B. 庇古

C. 鲍莫尔　　D. 弗里德曼

B 【解析】在其他条件不变的前提下,对每个人来说,名义货币需求与名义收入之间保持着一个较稳定的比例关系。这种说法是以马歇尔和庇古为代表的剑桥学派的观点。

2. 凯恩斯的货币需求函数

1936 年,凯恩斯发表《就业、利息与货币通论》,分析了资本主义社会存在有效需求不足的各种原因,提出了流动性偏好即灵活偏好的概念。凯恩斯用流动性偏好解释人们持有货币的需求,他认为货币流动性偏好是人们喜欢以货币形式保持一部分财富的愿望或动机。流动性偏好实际上表示了在不同利率下,人们对货币需求量的大小。

凯恩斯认为,人们的货币需求行为往往是由交易动机、预防动机和投机动机三种动机决定的,由交易动机和预防动机决定的货币需求取决于收入水平;基于投机动机的货币需求则取决于利率水平。所谓投机动机,指人们为了抓住购买有价证券的有利机会而持有一部分货币的动机。

凯恩斯以灵活偏好为基础提出的货币需求函数为:

$$M_d = M_1 + M_2 = L_1(\overset{+}{Y}) + L_2(\overset{-}{r})$$

其中,M_d为货币需求总量;M_1 为消费性货币需求量;M_2 为投机性货币需求量;L_1、L_2 为“流动性偏好”函数;Y 为国民收入水平;r 为实际利率水平;+、- 分别代表正比和反比。西方经济学家认为,凯恩斯的货币需求函数,特别是其中的货币投机需求,发展了庇古的思想观点。因为庇古的剑桥方程式虽然暗含着关注利率的想法,但是利率一般只是对货币需求发生影响,而凯恩斯的货币需求方程则由于明确指出投机动机而突出了利率的作用。

凯恩斯主义把可用于储存财富的资产分为货币与债券,认为货币是不能产生收入的资产,债券是能产生收入的资产,把人们持有货币的三个动机划分为两类需求。**一是交易动机与预防动机构成对消费品的需求,人们对消费品的需求取决于“边际消费倾向”;二是投机动机构成对投资品的需求,主要由利率水平决定,是指人们为抓住购买生利资产的有利机会而持有一部分货币的动机**。生利资产如债券等有价证券的价格随利率升降而向相反方向变化,因此,利率低,人们对货币的需求量大;利率高,人们对货币的需求量小。

凯恩斯认为,在利率极高时,投机动机引起的货币需求量等于零;而当利率极低时,投机动机引起的货币需求量将是无限的。也就是说,由于利息是人们在一定时期放弃手中货币流动性的报酬,因此利率不能过低,否则人们宁愿持有货币而不再储蓄,也不愿再去买有价证券,以免证券价格下跌时遭受损失。当利率极低,人们会认为这种利率不大可能上升而只会跌落时,人们不管有多少货币都愿意持在手中。这种情况被称为“凯恩斯陷阱”或“流动偏好陷阱”。

3. 弗里德曼的货币需求函数

弗里德曼是沿着剑桥方程式来表达他的货币需求思想的,同时,吸收和修正了凯恩斯主义灵活偏好论的思想,被誉为现代货币主义。他认为,在剑桥方程式 $M_d = kPY$ 中,P、Y 是影响货币需求众多变量中的两个变量,k 代表其他变量,实际上是货币流通速度的倒数 $1/V$。而影响货币流通速度的因素是相当复杂的,如财产总量、财产构成、各种财产所得在总收入中的比例,以及各种金融资产的预期收益率等。人们的资产选择范围并不限于凯恩斯主义货币需求理论中的二元资产选择即货币与债券,人们对财富的持有量也是决定货币需求的重要因素。基于上述认识,弗里德曼提出了自己的货币需求函数模型:

$$M_d = f\left(y, w, r_m, r_b, r_e, \frac{1}{P} \cdot \frac{dp}{dt}, u\right)P$$

其中,M_d为名义货币需求量;y 为恒久性收入;w 为非人力财富占个人总财富的比例;r_m为货币的预期收益率；r_b为债券的预期收益率；r_e为股票的预期收益率；$(1/P)\cdot(dp/dt)$为价格的预期变动率；u 为影响货币需求的其他变量；P 为一般价格水平。

弗里德曼的货币需求理论认为货币需求函数是稳定的，这是因为：在货币需求中，利率的影响很小，因为利率变化后，各类资产的预期收益和机会成本若发生相应的变动，相互之间有抵消作用，或者说，货币需求函数中的恒久性收入是货币需求的决定因素。弗里德曼提出“恒久性收入假说”，认为消费者的消费支出主要不是由他的现期收入决定，而是由他的恒久性收入决定。所谓恒久性收入意指预期未来年度的平均收入，它是一个相对稳定的变量，在很大程度上不受短期经济周期波动的影响。因此，弗里德曼认为货币需求函数也是相对稳定的。

弗里德曼的货币需求函数与凯恩斯的货币需求函数主要区别在于：

(1)两者强调的侧重点不同。凯恩斯的货币需求函数非常重视利率的主导作用。凯恩斯认为，利率的变动直接影响就业和国民收入的变动，最终必然影响货币需求量。而弗里德曼则强调恒久性收入对货币需求量的重要影响，认为利率对货币需求量的影响是微不足道的。

(2)上述分歧，导致凯恩斯主义与现代货币主义在货币政策传导变量的选择上产生分歧。凯恩斯主义认为应是利率，现代货币主义坚持是货币供应量。

(3)凯恩斯认为货币需求量受未来利率不确定性的影响，因而不稳定，货币政策应“相机行事”。而弗里德曼认为，货币需求量是稳定的，可以预测的，因而“单一规则”可行。以货币供给量作为货币政策的唯一控制指标，而排除利率、信贷流量、准备金等因素的政策建议被称为单一货币政策规则。

三、货币供给

（一）货币供给过程

货币供给是指一国或货币区的银行体系向经济体中投入、创造、扩张(或收缩)货币的金融过程。**货币供给是相对于货币需求而言的，它包括货币供给行为和货币供应量两个方面**。

货币供给行为是指银行体系通过自己的业务活动向社会生产生活领域提供货币的全过程，包括商业银行通过派生存款机制向流通领域供给货币的过程和中央银行通过调节基础货币量而影响货币供给的过程，研究的是货币供给的原理和机制。货币供应量是指金融系统根据货币需求量，通过其资金运用，注入流通中的货币量，它研究金融系统向流通中供应了多少货币，货币流通与商品流通是否相适应等问题。

决定货币供给的因素包括中央银行增加货币发行量、中央银行调节商业银行的可运用资金量、商业银行派生资金能力以及经济发展状况、企业和居民的货币需求状况等因素。货币供给过程中的参与者包括中央银行、存款机构和储户。中央银行负责发行货币、制定和实施货币政策；存款机构是从个人和机构手中吸收存款并发放贷款的金融中介机构，包括商业银行、储蓄机构、信用合作社；储户是持有存款的机构和个人。

在货币供给过程中，中央银行的作用最重要，中央银行的货币政策操作会影响其资产负债表。中央银行改变基础货币主要有三种途径：第一，变动其储备资产，在外汇市场买卖外汇或贵金属；第二，变动对政府的债权，进行公开市场操作，买卖政府债券；第三，变动对商业银行的债权，对商业银行办理再贴现业务或发放再贷款。

如果把中央银行的资产负债表进行简化，中央银行的资产是：政府债券、贴现贷款；负债是流通中的现金和准备金。**通常把流通中现金和准备金称为中央银行的货币负债，也称之为基础货币或储备货币**。

基础货币又称高能货币、强力货币或储备货币，是非银行公众所持有的通货与银行的存款准备金之和。流通中现金和准备金是货币供给的重要组成部分，因为其中任何一个科目的变化，都会引起基础货币的变化。其中，准备金又可以划分为两类：一是中央银行要求银行必须持有的准备金称为法定准备金；二是银行自愿持有的额外的准备金，称为超额准备金。之所以称其为高能货币，是因为一定量的这类货币被银行作为准备金而持有后可引致数倍的存款货币。弗里德曼和施瓦茨认为，高能货币的一个典型特征就是能随时转化为存款准备金，不具备这一特征就不是高能货币。

基础货币是整个商业银行体系借以创造存款货币的基础，是整个银行体系的存款得以倍数扩张的源泉。从本质上看，基础货币具有几个最基本的特征：

(1)基础货币是中央银行的货币性负债，而不是中央银行资产或非货币性负债，是中央银行通过自身的资产业务供给出来的。

(2)通过由中央银行直接控制和调节的变量对它的影响，达到调节和控制供给量的目的。

(3)它是支撑商业银行负债的基础,商业银行不持有基础货币就不能创造信用。

(4)在实行部分准备金制度下,基础货币被整个银行体系运用的结果是能产生数倍于它自身的量。从来源上看,基础货币是中央银行通过其资产业务供给产生的。

要点点拨

基础货币量、银行存款与其准备金的比率,存款与通货的比率都会引起货币存量的同方向变化。一般来说,公众、银行、货币当局三个经济主体的行为决定货币存量的变化。在信用货币制度下,基础货币量取决于中央银行的行为;银行存款与其准备金的比率取决于银行体系;存款与通货的比率既取决于公众的行为,同时也受到银行存款服务水平和利率的影响。

如果用 R 表示准备金,用 C 表示流通中现金,基础货币 B 可表示为:$B = C + R$ = 流通中的现金 + 准备金,而 R 又包括活期存款准备金 R_r、定期存款准备金 R_t 和超额准备金 R_e。所以,全部基础货币方程式可表示为:

$$B = C + R_r + R_t + R_e$$

基础货币的构成虽然比较复杂,但都是由中央银行的资产业务创造的,可以由中央银行直接控制。中央银行投放基础货币的渠道主要包括:对商业银行等金融机构的再贷款和再贴现;收购黄金、外汇等储备资产投放的货币;通过公开市场业务等投放货币。如果中央银行能够有效控制基础货币 B 的投放量,那么,控制货币供应量的关键,就在于中央银行能否准确测定和调控货币乘数。

(二)货币层次

1. 国际货币基金组织的货币层次划分

国际货币基金组织(IMF)在 1997 年修订的《货币与金融统计手册》中提出,各层次货币的构成为:

M_0 = 流通中的现金

$M_1 = M_0$ + 可转让本币存款和在国内可直接支付的外币存款

$M_2 = M_1$ + 单位定期存款和储蓄存款 + 外汇存款 + 大额可转让定期存单(CDs)

$M_3 = M_2$ + 外汇定期存款 + 商业票据 + 互助金存款 + 旅行支票

2. 我国的货币层次划分

1994 年 10 月,中国人民银行正式编制并向社会公布"货币供应量统计表",将我国的货币供应量划分为以下层次:

M_0 = 流通中的现金

$M_1 = M_0$ + 单位活期存款

$M_2 = M_1$ + 储蓄存款 + 单位定期存款 + 单位其他存款

$M_3 = M_2$ + 金融债券 + 商业票据 + 大额可转让定期存单等

2001 年 6 月,中国人民银行第一次修订货币供应量口径,将证券公司客户保证金计入 M_2。

2002 年年初,中国人民银行第二次修订货币供应量口径,将外资、合资金融机构的人民币存款,分别计入不同层次的货币供应量。

2006 年,中国人民银行第三次修订货币供应量口径,将信托投资公司和金融租赁公司的存款不计入相应层次的货币供应量。

2011 年 10 月,中国人民银行再次修订货币供应量口径,将住房公积金中心存款和非存款类金融机构在存款类金融机构的存款计入 M_2。

真题精练

【导学例题 12】我国划分货币层次的基本标准是(　　)。

A. 统计工作的可行性　　B. 货币资金的安全性

C. 货币的流动性　　D. 金融资产的可控性

C 【解析】我国货币层次划分依据为货币的流动性。通常流动性越强的货币层次包括的货币范围越小。

（三）多倍存款创造

当中央银行向银行体系供给 1 元准备金时，存款的增加是准备金的数倍，这是银行通过运用中央银行发放的货币和准备金使得货币供给量增加的行为，这个过程被称为多倍存款创造。多倍存款创造需要具备两个基本条件：部分准备金制度和非现金结算制度。

存款创造主要是银行通过吸收存款、发放贷款、办理结算等业务活动的开展，为社会提供更多的支付手段和交易媒介的一种功能。具体表现为商业银行以原始存款为基础、在银行体系中繁衍出数倍于原始存款的派生存款。

（1）**原始存款**。原始存款是指商业银行吸收的、能增加其准备金的存款，可以理解成从商业银行体系之外进入商业银行的存款。它包括商业银行吸收的现金存款或中央银行投放基础货币所形成的存款。

（2）**派生存款**。派生存款是相对于原始存款而言的。它是指由商业银行以原始存款为基础、运用信用流通工具和转账结算的方式发放贷款或进行其他资产业务时所衍生出来的，也可以理解成是从商业银行到商业银行的存款，而非从商业银行体系外进入的存款。

（3）**存款创造**。商业银行存款创造的基本原理对各类存款来说都是成立的，在部分准备金制度和非现金结算制度下，一笔原始存款在整个银行体系存款扩张原理的作用下，可以产生出大于原始存款若干倍的派生存款来。这个派生存款的大小，主要决定于两个因素：一个是原始存款数量的大小；另一个是法定存款准备金率的高低。派生出来的存款同原始存款的数量成正比、同法定存款准备金率成反比，即法定存款准备金率越高，存款扩张倍数越小；法定存款准备金率越低，存款扩张倍数越大。

存款乘数是指存款总额与原始存款的倍数，即在银行存款创造机制下存款最大扩张的倍数（也称派生倍数），是法定存款准备金率的倒数，其含义为每一元法定存款准备金的变动，所能引起的存款变动。如果排除其他影响存款创造倍数的因素，整个银行体系创造存款货币的数量会受到法定存款准备金率的限制，其倍数同法定存款准备金率呈现一种倒数关系。

上述存款创造的实现要基于两个假设：一是部分准备金制度，如果是全额准备金，商业银行就没有可贷放的资金，存款创造就无法进行；二是非现金结算制度，如果商业银行与储户之间实行全额现金结算，存款创造也无法进行。因此，部分准备金制度和非现金结算制度，是存款创造的两个前提条件。现金漏损率、存款准备金率以及存款结构比例的变化，都会对存款创造产生影响，也是影响存款创造的重要因素。

（四）货币乘数

现代信用制度下货币供应量的决定因素主要有两个：一是基础货币（MB），二是货币乘数（m）。它们之间的关系可用公式表示为 $M_s = m \cdot MB$，即货币供应量等于基础货币与货币乘数的乘积。货币乘数是指在货币供给过程中，中央银行的基础货币供给量与社会货币最终形成量之间的扩张倍数。

假定储户愿意持有的现金水平 C 和超额存款准备金 ER 与支票存款 D 呈同比例增长，假定这些项目与存款的比率在均衡状态下不变：

$$\text{现金漏损率（现金比率）} c = C/D$$
$$\text{超额存款准备金率 } e = ER/D$$
$$\text{法定存款准备金率 } r = RR/D$$
$$\text{基础货币 } MB = C + RR + ER$$

其中，C 为现金漏损，RR 为法定存款准备金，ER 为超额存款准备金。

则有

$$MB = cD + rD + eD = (c + r + e)D$$
$$D = MB \cdot \frac{1}{c + r + e}$$

上式说明，基础货币 MB 增加一个单位，存款增加（$\frac{1}{c+r+e}$）个单位。

由 M_2 定义可得

$$M_2 = C + D$$
$$M_2 = cD + D$$
$$M_2 = (c + 1)D$$

因为 $D = MB \cdot \frac{1}{c + r + e}$，

所以 $M_2 = MB \cdot \frac{1+c}{c+r+e}$。

可以看出，货币乘数反映了基础货币（高能货币）的变动所引起的货币供给变动的倍数。货币乘数的大小决定了货币供给扩张能力的大小。M_2 的货币乘数 m 可表示为：

$$m = \frac{1+c}{c+r+e}$$

上式表示基础货币增加一个单位，货币供给 M_2 增加 m 个单位，即$\frac{1+c}{c+r+e}$个单位。

假定 r = 法定存款准备金率 = 0.10，流通中的现金为 400 亿元，存款为 8 000 亿元，超额存款准备金为 160 亿元。根据这些数值，我们可以计算出现金比率 c 和超额存款准备金率 e。$c = 400 \div 8\,000 = 0.05$，$e = 160 \div 8\,000 = 0.02$，则货币乘数 $m = (1+0.05) \div (0.05+0.1+0.02) \approx 6.18$。货币乘数等于 6.18 说明，基础货币增长 1 元所引起的货币供给（M_2）增量为 6.18 元。

教你一招

值得注意的是，这里的 MB 是基础货币，即流通中的现金和准备金，而不是原始存款，应特别注意与上述计算存款乘数时的原始存款区别开来。

中央银行不但可以通过再贴现政策、公开市场业务、法定存款准备金率等政策手段，有效调控基础货币和货币乘数，改变货币供应量，而且还可以利用差别利率等政策，调节或改变货币供应量在各个层次的分布结构，实现货币流通正常化。

从理论上说，中央银行对基础货币与货币乘数都有相当的控制能力。但是，从货币供应量的形成过程来讲，它是由中央银行、商业银行和非银行经济部门等经济主体的行为共同决定的，他们的行为在不同经济条件下又受各种不同因素的制约。因此，货币供应量并不能由中央银行加以绝对控制。通过对影响货币乘数的诸因素分析，中央银行和商业银行决定存款准备金率。其中，**中央银行决定法定存款准备金率 r 和影响超额存款准备金率 e，商业银行决定超额存款准备金率 e，储户决定现金漏损率 c。**

四、货币均衡

（一）货币均衡的实现机制

市场经济条件下货币均衡的实现主要取决于三个条件，即健全的利率机制、发达的金融市场以及有效的中央银行调控机制。

在市场机制作用下，利率不仅是货币供求是否均衡的重要信号，而且对货币供求具有明显的调节功能。因此，货币均衡便可以通过利率机制的调节作用而实现。就货币供给而言，当市场利率升高时，一方面，社会公众因持币机会成本加大而减少现金提取，这样形成现金比率缩小，货币乘数加大，货币供给增加；另一方面，银行因贷款收益增加而减少超额存款准备金来扩大贷款规模，这样就使超额存款准备金率下降，货币乘数变大，相应货币供给增加。所以，利率与货币供给量之间存在着同方向变动关系。就货币需求来说，当市场利率升高时，人们的持币机会成本加大，必然导致人们对金融生息资产需求的增加以及对货币需求的减少。所以利率同货币需求量之间存在反方向的变动关系。

当货币市场上出现均衡利率水平时，货币供给量与货币需求量相等，货币均衡状态便得以实现。当市场均衡利率变化时，货币供给量与货币需求量也会随之变化，最终在新的均衡货币量上实现新的货币均衡。在完全市场经济条件下，货币均衡最主要的实现机制是利率机制。除利率机制之外，还需要有发达的金融市场以及有效的中央银行调控机制。

真题精练

【导学例题 13】在市场经济制度下，货币均衡主要取决于（　　）。

A. 健全的利率机制　　B. 发达的金融市场

C. 有效的中央银行调控机制　　D. 稳定的物价水平

ABC 【解析】市场经济条件下货币均衡的实现主要取决于三个条件，即健全的利率机制、发达的金融市场以及有效的中央银行调控机制。

(二)通货紧缩及其治理

1. 通货紧缩的含义

通货紧缩是与通货膨胀完全相反的一种宏观经济现象。其含义是指物价水平的全面持续下跌,表明单位货币所代表的商品价值在增加,货币在不断地升值。

由于引起通货紧缩的原因不同,通货紧缩还有狭义与广义之分。狭义的通货紧缩是指货币供应量的减少或货币供应量的增幅滞后于生产的增幅,致使对商品和劳务的总需求小于总供给,从而出现一般物价水平的下降。此种通货紧缩出现时,市场银根趋紧,货币流通速度减慢,最终引起经济增长率下降。广义的通货紧缩除包括货币因素外,还包括许多非货币因素,如生产能力过剩、有效需求不足、资产泡沫破坏、新技术的普及和市场开放度的不断加快等,使商品和劳务价格下降的压力不断增大,从而可能形成物价的普遍持续下跌。

判断某个时期的物价下降是否是通货紧缩,一要看通货膨胀率是否由正变负;二要看这种下降是否持续了一定的时期。在国外,有的观点认为以一年为界,有的观点认为以半年为界。

知识拓展

关于通货紧缩的含义,大体有三种观点。第一种观点认为,通货紧缩指物价的普遍持续下降;第二种观点认为,通货紧缩是物价持续下跌,货币供应量持续下降,并与经济衰退伴随;第三种观点认为,通货紧缩是经济衰退的货币表现,因而必须具备三个特征:物价持续下跌,货币供应量不断下降;有效需求不足,失业率上升;经济全面衰退。以上三种观点,尤其是后面两种说法,只是揭示了通货紧缩的程度与后果,但我们不能倒果为因,把经济是否下滑或衰退作为判断通货紧缩是否存在的标准,更不能把通货紧缩当作经济衰退的唯一原因。

2. 通货紧缩的标志

通货紧缩的基本标志应当是一般物价水平的持续下降,但由于物价水平的持续下降有一定时限(一年或半年以上),且通货紧缩还有轻度、中度和严重的程度之分,因此,通货紧缩的标志可以从以下两个方面把握:价格总水平持续下降,这是通货紧缩的基本标志;经济增长率持续下降。通货紧缩虽然不是经济衰退的唯一原因,但是,通货紧缩对经济增长的影响是显而易见的。通货紧缩使商品和劳务价格变得越来越便宜,但由于这种价格下降并非源于生产效率的提高以及生产成本的降低,因此,势必减少企业和经营单位的收入;企业单位被迫压缩生产规模,又会导致失业;由于通货紧缩,人们对经济前景看淡,反过来又影响投资;投资消费缩减最终会使经济陷入衰退。

3. 通货紧缩治理的政策措施

(1)扩张性的财政政策。**扩张性的财政政策主要包括减税和增加财政支出两种方法**。减税涉及税法和税收制度的改变,不是一种经常性的调控手段,但在对付较严重的通货紧缩时也会被采用。财政支出是指在市场经济条件下,政府为提供公共产品和服务,满足社会共同需要而进行的财政资金的支付。财政支出是总需求的重要组成部分,因此,增加财政支出可以直接增加总需求。同时,财政支出增加还可能通过投资的乘数效应带动私人投资的增加。政府既可增加基础设施的投资和加强技术改造投资,以扩大投资需求,又可通过增发国家机关和企事业单位职工及退休人员的工资,以扩大消费需求。

当然,增加财政支出只是弥补总需求缺口的临时性应急措施:一方面,政府举债能力有限,在国民经济中存在闲置资源时,财政支出虽可以扩大,但社会闲置资源毕竟有限,实行扩张的财政政策也要适度,否则财政赤字会超过承受能力,引发通货膨胀;另一方面,扩张的财政政策对经济的带动作用也有限。如果通货紧缩的根本原因是缺乏有利可图的机会,那么用赤字财政政策来对付通货紧缩,也不能从根本上解决问题,长期扩大低效率和无效率的投资,会导致经济衰退和通货膨胀并存。

(2)扩张性的货币政策。**扩张性的货币政策有多种方式,如扩大中央银行基础货币的投放、增加对中小金融机构的再贷款、加大公开市场操作的力度、适当下调利率和存款准备金率等**。适当增加货币供应,促进信用的进一步扩张,从而使货币供应量与经济正常增长对货币的客观需求基本平衡。在保持币值稳定的基础上,对经济增长所必需的货币给予足够供应。

(3)加快产业结构的调整。无论是扩张性的财政政策还是扩张性的货币政策,其作用都是有限的,因为作为需求管理的宏观经济政策工具,它们的着眼点都是短期的。对于因生产能力过剩等长期因素造成的通货紧缩,短期性的需求管理政策难以从根本上解决问题,当供需矛盾突出时,供需矛盾的背后往往存在结构性的矛盾。因此,要治理通货紧缩,必须对产业结构进行调整,主要是推进产业结构的升级,全面提升产业技术水平,培育新的经济增长点,同时形成新的消费热点。对于生产过剩的部门或行业要控制其生产,减少产量。同时,对其他新兴行业或有发展前景的行业应采取措施鼓励其发展,以增加就业机会。政府通过各种宣传手段增加公众对未来经济发展趋势的信心。

(4)其他措施。除了以上措施,对工资和物价的管制政策也是治理通货紧缩的手段之一。例如,可以在通货紧缩时期制订工资增长计划或限制价格下降,这与通货膨胀时期的工资-物价指导线措施的作用方向是相反的,但作用机理是相同的。另外,通过对股票市场的干预也可以起到一定的作用,如果股票市场呈现牛市走势,则有利于形成乐观的未来预期,同时股票价格的上升使居民金融资产的账面价值上升,产生财富增加效应,也有利于提高居民的边际消费倾向。此外,要完善社会保障体系,建立健全社会保障体系,适当改善国民收入的分配格局,提高中下层居民的收入水平和消费水平,以增加消费需求。

第六节 货币政策

一、货币政策概述

1. 货币政策的含义

货币政策是中央银行为实现特定的经济目标而采取的各种控制、调节货币供应量或信用量的方针、政策、措施的总称。其构成要素主要有货币政策目标、实现目标所运用的政策工具和预期达到的政策效果等。

2. 货币政策的基本特征

(1)**货币政策是宏观经济政策**。货币政策一般涉及的是国民经济运行中的货币供应量、信用总量、利率、汇率等宏观经济总量问题,而不是银行或厂商等微观经济个体问题。

(2)货币政策是调节社会总需求的政策。在市场经济条件下,社会总需求是指有货币支付能力的总需求。货币政策正是通过货币的供给来调节社会总需求中的投资需求、消费需求、出口需求,并间接地影响社会总供给的变动,从而促进社会总需求与总供给的平衡。

(3)货币政策主要是间接调控政策。货币政策一般不采用或少采用直接的行政手段来调控经济,而主要运用经济手段、法律手段调整“经济人”的经济行为,进而调控经济。

(4)货币政策是长期连续的经济政策。货币政策的最终目标一般为稳定物价、经济增长、充分就业和国际收支平衡,这些都是长期性的政策目标。而货币政策的具体操作和调节措施又具有短期性、实效性的特点。因此,货币政策的各种具体措施是短期的,需要连续操作才能逼近或达到货币政策的最终目标。

3. 货币政策的类型

(1)扩张性货币政策。这是指中央银行通过降低利率,扩大信贷,增加货币供给,从而增加投资,扩大总需求,刺激经济增长的货币政策。主要措施包括:降低法定准备金率,以提高货币乘数,增加货币供应量;降低再贴现利率,以促使商业银行增加再贴现,增强对客户的贷款和投资能力,增加货币供应量;公开市场业务,通过多购进证券,增加货币供应。除以上措施外,中央银行也可用“道义劝告”等方式来影响商业银行及其他金融机构增加放款,以增加货币供应。

(2)紧缩的货币政策。这是指中央银行通过提高利率,紧缩信贷,减少货币供给,从而抑制投资,压缩总需求,防止经济过热的货币政策。措施是积极的货币政策中所采用措施的反向操作。

(3)稳健的货币政策。我国稳健的货币政策是在1997年亚洲金融危机爆发、1998年年初我国出现有效需求不足和通货紧缩趋势的特殊背景下提出并付诸实施的。从实际运作来看,“稳健”体现的是对货币政策所做的原则性规定和对总体趋势的把握,是一种指导思想、方针和理念,而不是针对货币政策操作层面(如积极或紧缩)的提法。稳健的货币政策所注重和强调的是货币信贷增长要与国民经济增长大体保持协调关系,但在不同的时期和不同的条件下(如通货膨胀或通货紧缩)可以有不同的操作特点和操作方式。也就是说,坚持货币政策的“稳健”,并不排斥根据经济形势的变化在操作层面灵活地实行适时适度放松或收紧银根的货币政策措施。

真题精练

【导学例题 14】中央银行提高再贴现率,会使(　　)。

A. 货币供应量增加　　B. 货币供应量减少

C. 货币供应量不变　　D. 利率水平降低

B 【解析】再贴现率政策是中央银行规定的商业银行或其他金融机构到央行抵押贷款的利率,影响商业银行等金融机构的货币供给成本。中央银行提高再贴现率时,贷款量相应减少,货币供给量减少。

二、货币政策的目标与工具

(一)货币政策的最终目标

1. 最终目标体系

制定和实施货币政策的目的是通过调控货币供给来影响社会经济生活,货币政策的作用范围是宏观经济领域,货币政策的目标应该是解决宏观经济问题。一般将货币政策的最终目标确定为以下四个方面:

(1)物价稳定。物价稳定是指在经济运行中物价总水平在短期内不发生显著的波动,进而维持国内币值的稳定。物价稳定一般是中央银行货币政策的首要目标,一般都认为物价上涨率在4%以下是比较合理的。

(2)充分就业。充分就业是指有能力并愿意参加工作者,都能在较合理的条件下,随时找到适当的工作。在经济学中的充分就业并不等于社会劳动力的100%就业,通常是将两种失业排除在外:一是摩擦性失业,即由短期内劳动力供求失调或季节性原因而造成的失业;二是自愿失业,即工人不愿意接受现行的工资水平而造成的失业。充分就业作为货币政策最终目标的重要性主要表现在两个方面:一是严重的失业意味着生产资源的闲置和浪费,意味着产出的损失;二是严重的失业是一种社会灾难,必将导致严重的社会不公正,进而危及社会的稳定。

(3)经济增长。经济增长是针对国民经济发展状况而设置的宏观经济目标,其含义是国民生产总值要保持一定的增长速度,不要停滞,更不能出现负增长。这个目标与充分就业目标之间关系密切。因为越接近充分就业,就意味着生产资源越能被充分利用。各国通常将国民生产总值增长率、国民收入增长率、人均国民生产总值增长率、人均国民收入增长率作为衡量经济增长的主要指标。

(4)国际收支平衡。国际收支平衡是一国国际收支中的收入和支出处于基本持平的状态。国际收支平衡可分为静态平衡和动态平衡。静态平衡是指以一个年度周期内的国际收支平衡为目标的平衡,只要年度末的国际收支数额基本持平,就称之为平衡。动态平衡是指以一定时期(如3年、5年等)的国际收支平衡为目标的平衡。

2. 货币政策最终目标之间的矛盾性

四个政策目标之间既存在一致性,也存在不协调的方面。其矛盾性主要表现在以下方面:

(1)物价稳定与充分就业之间的矛盾。一般而言,存在较高失业率的国家,中央银行有可能通过增加货币供给量、扩大信用投放等途径,刺激社会总需求,以减少失业或实现充分就业。但这样做往往在一定程度上导致一般物价水平上涨,诱发或加剧通货膨胀。

(2)物价稳定与经济增长之间的矛盾。经济增长无疑能为稳定物价提供物质基础。但在现实经济生活中,经济增长与物价稳定之间却存在着一定的矛盾:物价稳定要求收紧银根、压缩投资需求、控制货币供应量与信用量;而要使经济有较高的增长速度,则要求增加投资,充分就业也要求增加投资量以吸收更多的劳动力。所以,中央银行难以兼顾经济增长与物价稳定。

(3)物价稳定与国际收支平衡之间的矛盾。在开放经济条件下,一个国家的币值和国际收支都会受到其他国家宏观经济状况的影响。处于通货膨胀中的国家,国内利率往往比较高,容易引起外国资本流入。这样,一方面由于平衡了外汇市场的供求关系,而有利于保持汇率的稳定;另一方面由于资本大量流入弥补了可能发生的贸易逆差,有利于维持国际收支的基本平衡。因此,尽管通货膨胀不利于稳定物价目标,却有利于平衡国际收支目标。

(4)经济增长与国际收支平衡之间的矛盾。由于经济增长带动了进口增加,出口产品面临由于国民收入增加带来的需求,如果进口的增长快于出口的增长,就有可能导致贸易差额的恶化。同时,为了促进经济增长,就需要增加投资,在国内资金来源不足的情况下,外资流入可能会造成资本项目出现顺差。虽然这在一定程度上可以弥补国际收支失衡,但不能确保经济增长与国际收支平衡共存。吸收外资、由资本流入来弥补贸易逆差毕竟是有限的，并且还存在着偿付外债本息的问题。依靠资本流入来弥补经常项目逆差的方式，只能是暂时的，并且所实现的均衡也是非实质性的均衡。

真题精练

【导学例题 15】下列不属于货币政策目标的是（　　）。

A. 物价稳定　　B. 利率稳定

C. 经济增长　　D. 充分就业

B　【解析】一般将货币政策的最终目标确定为以下四个方面：(1)物价稳定。(2)充分就业。(3)经济增长。(4)国际收支平衡。B 项错误。

（二）货币政策工具

货币政策工具是指中央银行所采取的、能够通过金融途径影响各经济主体的经济活动，进而实现货币政策目标的经济手段。货币政策工具主要有一般性货币政策工具和选择性货币政策工具。一般性货币政策工具也称货币政策的总量调节工具，是常规性质货币政策工具。它通过调节货币和信贷的供给影响货币供应的总量，进而对于经济活动的各个方面都产生影响，**主要包括被称为中央银行"三大法宝"的存款准备金政策、再贴现政策和公开市场操作**。

1. 存款准备金政策

存款准备金政策是指中央银行在法律赋予的权力范围内，规定或调整商业银行缴存中央银行的存款准备金比率，以控制商业银行的信用创造能力，改变货币乘数，间接控制货币供应量的政策。存款准备金政策的主要内容是：规定存款准备金计提的基础，即需要提交准备金的存款的种类和数额；规定法定存款准备金率，即中央银行依据法律规定对商业银行的存款提取准备金的比例；规定存款准备金的构成，只能是在中央银行的存款，商业银行持有的其他资产不能充作存款准备金；规定存款准备金提取的时间。

存款准备金政策作为货币政策工具的优缺点如表 2-2-3 所示。

表 2-2-3　存款准备金政策的优缺点

项目	内容
优点	(1)中央银行具有完全的自主权，在三大货币政策工具中最易实施。 (2)对货币供应量的作用迅速，一旦确定，各商业银行及其他金融机构必须立即执行。 (3)对松紧信用较公平，一旦变动，能同时影响所有的金融机构
缺点	(1)作用猛烈，缺乏弹性，不宜作为中央银行日常调控货币供给的工具。 (2)政策效果在很大程度上受超额准备金的影响。如果商业银行有大量超额准备金，当中央银行提高法定存款准备金率时，商业银行可将部分超额准备金充抵法定准备金，而不必收缩信贷

知识拓展

存款准备金率通常被认为是货币政策最猛烈的工具之一。其作用于经济的途径有：

(1)对货币乘数的影响。根据存款创造原理，货币乘数随法定存款准备金率做反向变化，即法定存款准备金率高，货币乘数则小，银行原始存款创造的派生存款也少；反之则相反。

(2)对超额准备金的影响。当降低法定存款准备金率时，即使基础货币和准备金总额不发生变化，也等于解冻了一部分存款准备金，转化为超额准备金，超额准备金的增加使商业银行的信用扩张能力增强；反之则相反。

(3)宣示效果。法定存款准备金率上升，说明信用即将收缩，利率随之上升，公众会自动紧缩对信用的需求；反之则相反。

2. 再贴现政策

再贴现是指商业银行及其他金融机构以未到期、合格的客户贴现票据再向中央银行贴现。对中央银行而言，再贴现是买进票据，让渡资金；对商业银行及其他金融机构而言，再贴现是卖出票据，获得资金。再贴现政策是中央银行最早拥有的也是现在一项主要的货币政策工具。再贴现政策的主要内容有：调整再贴现率，影响商业银行及其他金融机构借贷中央银行资金的成本；规定向中央银行申请再贴现的资格，即对再贴现的票据种类和申请机构区别对待，或抑制或扶持，以影响金融机构借入资金的流向。

再贴现作用于经济的途径有：

(1)**借款成本效果**。中央银行通过提高或降低再贴现率来影响金融机构向中央银行借款的成本，从而影响基础货币投放量，进而影响货币供应量和其他经济变量。

(2)**宣示效果**。中央银行提高再贴现率，表示货币供应量将趋于减少，市场利率将会提高，人们为了避免因利率上升所造成的收益减少，可能会自动紧缩所需信用，减少投资和消费需求；反之则相反。

(3)**结构调节效果**。中央银行不仅可用再贴现影响货币供应量，还可用区别对待的再贴现政策影响信贷结构，贯彻产业政策。一是规定再贴现票据的种类，以支持或限制不同用途的信贷，促进经济“短线”部门发展，抑制经济“长线”部门扩张；二是按国家产业政策对不同种类的再贴现制定差别再贴现率，以影响各类再贴现的数额，使货币供给结构符合中央银行的政策意图。

要点点拨

再贴现政策的优点主要有：有利于中央银行发挥最后贷款人的作用；比存款准备金率的调节更机动、灵活，可调节货币供应量，还可以调节货币供给结构；以票据融资，风险较小。再贴现的主要缺点是：再贴现的主动权在金融机构，而不在中央银行。例如，金融机构可通过其他途径筹资而不依赖于再贴现，这样中央银行就无法运用再贴现调节货币供应总量及其结构。

3. 公开市场操作

公开市场操作是指中央银行在金融市场上买卖国债或中央银行票据等有价证券，影响货币供应量和市场利率的行为，即：当金融市场资金缺乏时，中央银行通过公开市场操作买进有价证券，从而投放基础货币，引起货币供应量的增加和利率的下降；当金融市场上资金过多时，中央银行通过公开市场操作卖出有价证券，从而收回基础货币，引起货币供应量的减少和利率的提高。中央银行正是以这种操作来扩张或收缩信用，调节货币供应量，它是目前发达国家运用得最多的货币政策工具。

公开市场操作作用于经济的途径有：

(1)通过影响利率来影响经济。中央银行在公开市场上买进证券，形成多头市场，证券价格上升。随之，货币供应扩大，利率下降，刺激投资增加，对经济产生扩张性影响。相反，中央银行在公开市场上卖出证券，则货币供应缩小，利率上升，抑制投资，对经济产生收缩性影响。

(2)通过影响银行存款准备金来影响经济。中央银行若买进了商业银行的证券，则直接增加商业银行在中央银行的超额准备金，商业银行运用这些超额准备金则使货币供应按乘数扩张，刺激经济增长；反之则相反。中央银行若买进了一般公众的证券，则增加公众在商业银行的存款，商业银行按所增存款计提法定准备金后运用剩余部分，货币供应再按乘数扩张；反之则相反。这两种情况都会导致基础货币增加，从而扩大货币供应量，不过前者作用更大。

公开市场操作的优缺点如表2-2-4所示。

表2-2-4 公开市场操作的优缺点

项目	内容
优点	公开市场操作对买卖证券的时间、地点、种类、数量及对象可以自主、灵活地选择，因此具有以下优点： (1)主动权在中央银行，不像再贴现政策那样被动。 (2)富有弹性，可对货币进行微调，也可大调，但不会像存款准备金政策那样作用猛烈。 (3)中央银行买卖证券可同时交叉进行，故很容易逆向修正货币政策，可以连续进行，能补充存款准备金率、再贴现这两个非连续性政策工具实施前后的效果不足。 (4)根据证券市场供求波动，主动买卖证券，可以起到稳定证券市场的作用
缺点	(1)从政策实施到影响最终目标，时滞较长。 (2)干扰其实施效果的因素比存款准备金政策、再贴现政策多，往往带来政策效果的不确定性

4. 其他货币政策工具

(1)选择性货币政策工具。选择性货币政策工具是中央银行对于某些特殊领域实施调控所采取的措施或手段，可作为一般性货币政策工具的补充，根据需要选择运用。这类工具主要有以下几种：

①**消费者信用控制**。中央银行对不动产以外的各种耐用消费品的销售融资予以控制，以抑制或刺激消费需求，进而影响经济。

②不动产信用控制。中央银行就金融机构对客户购买房地产等方面放款的限制措施，抑制房地产及其他不动产的交易投机。

③优惠利率。中央银行对国家重点发展的经济部门或产业，如对农业、能源、交通和出口加工业等所采取的优惠措施。

真题精练

【导学例题 16】为坚持"房住不炒"的基本原则，我国多地提高了二套房款的首付款比率，此措施属于(　　)货币政策工具。

A. 一般性控制工具　　B. 选择性控制工具

C. 间接信用控制　　D. 直接信用控制

B　【解析】中央银行对金融机构在房地产方面贷款的限制性措施，包括房地产的最高限额、最长期限、首付款和最低还款金额等。题干中的措施属于选择性货币政策工具。

(2)直接信用控制的货币政策工具。直接信用控制是指中央银行以行政命令或其他方式，直接控制金融机构尤其是商业银行的信用活动。具体包括：

①贷款限额。中央银行可以对各商业银行规定贷款的最高限额，以控制信贷规模和货币供应量；也可规定商业银行某类贷款的最高限额，以控制某些部门发展过热。

②利率限制。中央银行规定存款利率的上限，规定贷款利率的下限，以限制商业银行恶性竞争，避免造成金融混乱、经营不善而破产倒闭。

③流动性比率。中央银行规定商业银行全部资产中流动性资产所占的比重。商业银行为了达到流动性比率要求，必须缩减长期放款，扩大短期放款和增加应付提现的资产。这样虽然会降低收益率，但提高了安全性，也起到了限制信用扩张、保护存款人利益的作用。

④直接干预。中央银行直接对商业银行的信贷业务进行合理干预。如限制放款的额度和范围，干涉吸收活期存款，对经营管理不当者拒绝再贴现或采取较高的惩罚性利率等。

(3)间接信用指导的货币政策工具。间接信用指导是指中央银行利用道义劝告、窗口指导等办法间接影响商业银行的信用创造。具体包括：

①道义劝告。中央银行利用其在金融体系中的特殊地位和作用，以口头或书面的形式对商业银行和其他金融机构发出通告、指示，劝其遵守政策，主动合作。如在国际收支出现赤字时劝告金融机构减少对国外贷款；在房地产与证券市场投机盛行时要求商业银行缩减对这两个市场的信贷等。

②窗口指导。中央银行根据产业行情、物价趋势和金融市场动向，规定商业银行季度贷款的增减额，并"指导"执行。如果商业银行不接受"指导"进行贷款，中央银行可削减对其贷款的额度，甚至采取停止提供信用等制裁措施。

教你一招

间接信用指导的优点是比较灵活，节省费用；但若要充分发挥作用，中央银行必须在金融体系中具有较高的地位、作用和足够的控制信用的法律权力和手段。

三、货币政策的传导机制、中介目标和操作指标

(一)货币政策传导机制的理论

1. 凯恩斯学派的货币政策传导机制理论

其最初的思路为：货币政策的作用首先是改变货币市场的均衡，然后改变利率，进而改变实体经济领域的均衡。这个过程可以归纳为：中央银行通过改变货币供给 M，改变利率 r，而利率的变化则通过资本边际效率的影响使投资 I 以乘数方式变化，而投资的增减则会进一步影响总支出 E 和总收入 Y。这个过程可以直观地用符号表示为：

$$M \to r \to I \to E \to Y$$

在这个传导机制发挥作用的过程中，关键环节是利率。货币供应量的变动必须首先影响利率的升降，然后通过利率的升降才能使投资、总支出和总收入发生变化。但上述分析是凯恩斯学派最初的分析，仅仅从局部均衡的角度，显示了货币市场对商品市场的初始影响。而并没有考察商品市场对货币市场的

影响，没有反映出两个市场之间循环往复的反馈作用。考虑到货币市场与商品市场的相互作用，凯恩斯学派后来又进行了进一步的分析，即一般均衡分析。其主要内容如下：

(1)假定货币供给增加，如果产出水平不变，利率会相应下降；下降的利率会刺激投资，引起总需求增加，进而推动了产出和收入的相应增加。这是货币市场对商品市场的作用，也是局部均衡分析。

(2)产出和收入的增加，必将引起货币需求的增加，这时如果没有新增加的货币供给，则货币供求中需求相对上升将导致下降的利率回升。这是商品市场对货币市场的作用。

(3)利率的回升，会使总需求减少，产量下降，收入减少。收入的减少引起对货币的需求下降，则利率又会回落。这就是货币市场和商品市场之间往复不断的相互作用。

(4)以上的循环往复最终会逼近一个均衡点，这个点同时满足了货币市场均衡和商品市场均衡两方面的均衡要求。在这个点上，可能是利率较原先的均衡水平低，而产出量较原先的均衡水平高。

凯恩斯学派在货币传导机制的问题上，最大的特点就是非常强调利率的作用，认为货币政策在增加国民收入的效果上，主要取决于投资的利率弹性和货币需求的利率弹性。如果投资的利率弹性大，货币需求的利率弹性小，则增加货币供给所能导致的收入增长就会比较大。

2. 货币学派的货币政策传导机制理论

与凯恩斯学派不同，弗里德曼的现代货币数量论则强调货币供应量变动直接影响名义国民收入。用符号表示就是：

$$M \to E \to I \to y$$

货币学派认为，利率在货币传导机制中不起主导作用，而是货币供应量在整个传导机制中发挥着直接作用。

（二）货币政策的中介目标和操作指标

1. 货币政策的中介目标

通常而言，货币政策的中介目标体系一般包括利率、货币供应量。这些中介目标对货币政策工具反应的先后和作用于最终目标的过程各不相同，中央银行对它们的控制力度也不一样。

(1)利率。利率作为货币政策的中介目标已经有相当长的历史，因为中央银行能够直接影响利率的变动，而利率的变动又能直接、迅速地对经济产生影响，利率资料也容易获取。

(2)货币供应量。货币供应量也称总量目标，这是以弗里德曼为代表的现代货币主义者所推崇的中介目标。货币供应量就是流通中的货币量，广义上可分为流通中的现金和银行存款，在世界银行公布的《货币概览》中被分为 M_0、M_1、M_2 和 M_3 等。

2. 货币政策的操作指标

操作指标也称近期目标，介于货币政策工具和中介目标之间。从货币政策发挥作用的全过程来看，操作指标离货币政策工具最近，是货币政策工具直接作用的对象，随工具变量的改变而迅速改变。中央银行正是借助货币政策工具作用于操作指标，进而影响中介目标并实现货币政策的最终目标。

操作指标的选择同样要符合可测性、可控性和相关性三个标准。除此之外，操作指标的选择在很大程度上还取决于中介目标的选择。具体而言，如果以总量指标为中介目标，则操作指标也应该选取总量指标；如果以利率为中介目标，则操作指标的选择就应该以利率指标为宜。从主要工业化国家中央银行的操作实践来看，被选作操作指标的主要有短期利率、基础货币和银行体系的存款准备金率。

(1)短期利率。短期的市场利率即能够反映市场短期资金供求状况、变动灵活的利率。在具体操作中，主要使用银行间同业拆借利率。中央银行将其作为货币政策的操作指标，主要是因为银行同业拆借利率的水平和变动情况很容易就可以得到，因此它的可测性很好。中央银行调控短期利率的手段是公开市场操作和再贴现，具有较强的灵活性。但其作为操作指标存在的最大问题是，利率对经济产生作用存在时滞，同时因为其是顺经济周期的，容易形成货币供给的周期性膨胀和紧缩。

(2)基础货币。基础货币(或称高能货币)是指处于流通领域为公众所持有的现金和金融机构所持有的准备金总和。从数量关系上说，货币供应量等于基础货币与货币乘数之积。因此，基础货币的增加或减少，是货币供应量倍数伸缩的基础。

(3)存款准备金率。银行体系的存款准备金由银行体系的库存现金与其在中央银行的准备金存款组成，存款准备金率也可以当作货币政策的操作指标，因为存款准备金率的变动一般较容易为中央银行测度、控制，并对货币政策的最终目标的实现产生影响。

真题精练

【导学例题17】现阶段,我国货币政策的操作目标和中介目标分别是(　　)。

A. 货币供应量;基础货币　　　B. 基础货币;高能货币

C. 基础货币;流通中现金　　　D. 基础货币;货币供应量

D　【解析】现阶段我国货币政策的操作目标是基础货币,中介目标是货币供应量。

四、我国的货币政策

(一)我国的货币政策目标

在我国金融界,关于货币政策目标选择曾存在单一目标论、双重目标论和多元目标论等多种观点。

(1)单一目标论又分为两派意见:一派主张单一经济增长,一派主张单一稳定币值。但多数学者主张将稳定币值作为货币政策的唯一目标,并且从不同角度对此进行了论证。有的学者从历史的角度论证,认为世界各国的经济历史证明,只有在通货稳定的环境中才能使整个社会经济正常运行并保持经济的长期持续增长,因此货币政策的多重目标向稳定通货的单一目标转变,已成为当今世界各国的共同趋势。

(2)双重目标论认为,货币政策应同时兼顾发展经济和稳定币值的要求,不能偏废。有学者认为,单一目标在中国目前条件下很难做到,央行在以稳定币值为首要目标的同时,不得不兼顾经济发展目标,而且稳定币值和稳定价格也不完全相同和一致,所以两者不能偏废。

(3)多元目标论认为,随着我国改革的深化和开放的扩大,失业问题越来越严重,国际收支对经济的影响也越来越大,因此,货币政策的最终目标除物价稳定、经济增长外,还应包括充分就业和国际收支平衡。由于多重目标之间的矛盾是显而易见的,这种理论在学者中响应者极少,相反,很多学者对此提出了反驳。事实上,大部分国家都避免推行多重目标的货币政策,以免影响政策的公信力。

(二)我国的货币政策工具

我国货币政策工具主要有存款准备金、再贴现与再贷款、公开市场操作和利率工具等。除以上外,近年还创设了新的货币政策工具。

(1)存款准备金。存款准备金是指金融机构为保证客户提取存款和资金清算需要而准备的资金,金融机构按规定向中央银行缴纳的存款准备金占其存款总额的比例就是存款准备金率。

(2)再贴现与再贷款。中国人民银行通过适时调整再贴现总量及利率,明确再贴现票据选择,达到吞吐基础货币和实施金融宏观调控的目的,同时发挥调整信贷结构的功能。

再贷款是中国人民银行对金融机构贷款的基本形式。中国人民银行通过适时调整再贷款的总量及利率,吞吐基础货币,促进实现货币信贷总量调控目标,合理引导资金流向和信贷投向。

(3)公开市场操作。我国公开市场操作包括人民币操作和外汇操作两部分。

从交易品种看,中国人民银行公开市场操作债券交易主要包括回购交易、现券交易和发行中央银行票据。其中,回购交易分为正回购和逆回购两种;正回购是指中国人民银行向一级交易商卖出有价证券,并约定在未来特定日期买回有价证券的交易行为,是从市场收回流动性的操作,正回购到期则为向市场投放流动性的操作;逆回购是指中国人民银行向一级交易商购买有价证券,并约定在未来特定日期将有价证券卖给原一级交易商的交易行为,为向市场上投放流动性的操作,逆回购到期则为从市场收回流动性的操作。现券交易分为现券买断和现券卖断两种,前者为中国人民银行直接从二级市场买入债券,一次性地投放基础货币;后者为中国人民银行直接卖出持有债券,一次性地回笼基础货币。中央银行票据即中国人民银行发行的短期债券,通过发行中央银行票据可以回笼基础货币,中央银行票据到期则体现为投放基础货币。

(4)常备借贷便利。从国际经验看,中央银行通常综合运用常备借贷便利(SLF)和公开市场操作两大类货币政策工具管理流动性。常备借贷便利的主要特点:一是由金融机构主动发起,金融机构可根据自身流动性需求申请常备借贷便利;二是常备借贷便利是中央银行与金融机构"一对一"交易,针对性强;三是常备借贷便利的交易对手覆盖面广,通常覆盖存款金融机构。

(5)中期借贷便利。中期借贷便利以质押方式发放,合格质押品包括国债、央行票据、政策性金融债、高等级信用债等优质债券。

(6)临时流动性便利。

(7)临时准备金动用安排。

第七节 货币时间价值

一、货币时间价值概述

货币的时间价值是指在不考虑风险和通货膨胀的情况下，货币经过一定时间的投资和再投资所增加的价值，也称资金的时间价值。

时间价值应该有两种表现形式:

(1)以绝对数表现的时间价值——时间价值额,是资金在生产经营过程中带来的真实增值额,即一定数额的资金与时间价值率的乘积。

(2)以相对数表现的时间价值——时间价值率,是指扣除风险报酬和通货膨胀贴水后的社会平均资金利润率或社会平均报酬率等。在没有通货膨胀和风险的特定情况(静态)下,银行存款利率、贷款利率、各种债券的利率以及股票的股利,都是投资报酬率,它们就相当于时间价值率。

二、货币时间价值的计算

为了研究问题的方便,假设没有风险和通货膨胀的条件下,单独考虑时间价值的问题。在这种情况下,时间价值 = 利率。时间价值的计算主要包括复利的计算和年金的计算。

(一)一次性收付款项时间价值的计算

利息的计算有单利和复利两种方法。单利是指一定期间内只根据本金计算利息,当期产生的利息在下一期不作为本金,不重复计算利息。**而复利则是不仅本金要计算利息，利息也要计算利息，即通常所说的“利滚利”**。

1. 复利终值

复利终值又称复利值,是指若干期以后包括本金和利息在内的未来价值,又称本利和。复利终值的计算公式表示为:

$$FV = P(1+i)^n$$

式中,FV 表示本利和,P 表示本金,i 表示利率,n 表示计算期数。

其中,$(1+i)^n$ 称复利终值系数,又称 1 元的复利终值。

2. 复利现值

复利现值是指未来某期的一定量货币(本利和)，按复利折算成的现在价值(本金)。它是复利终值的逆运算。复利现值的计算公式为:

$$PV = FV \times \frac{1}{(1+i)^n}$$

式中,$\frac{1}{(1+i)^n}$ 称为复利现值系数,也称 1 元的复利现值。

复利终值系数与复利现值系数,两者互为倒数关系。复利终值表明一定量的货币的未来价值,复利现值表明未来一定量的货币的现在价值。

在财务管理实务中,习惯上把现金流量往前计算,即已知现值求终值称为复利计算,其中的“i”称为利率;把现金流量往回计算,即已知终值求现值称为贴现计算,其中的“i”称为贴现率。

(二)年金的计算

年金是指一定时期内每期相等金额的收付款项。简单地说,年金就是等额定期的系列收支。**年金按照收付款方式和支付时间可划分为普通年金(也称后付年金)、预付年金(也称先付年金)、递延年金(也称延期年金)和永续年金四种**。

普通年金又称后付年金,指每期期末有等额的收付款项的年金。在现实经济生活中由于这种年金最常见,因此称为普通年金,又由于它发生在每期的期末,因此又称为后付年金。普通年金的计算分为年金终值和年金现值两种。

(1)普通年金终值。**普通年金终值，简称年金终值，是指一定时期内每期期末收付款项的复利终值之和**。它相当于银行储蓄中定期零存整取的本利和。

设年金为 A,收付期数为 n,利率为 i,则普通年金终值计算公式如下:

$$FVA_n = A \cdot \frac{(1+i)^n - 1}{i}$$

式中，FVA_n 为年金终值，A 为年金，i 为利率，n 为计息期。

其中，$\frac{(1+i)^n-1}{i}$ 称为年金终值系数，又称 1 元年金终值。

(2)普通年金现值。普通年金现值，简称年金现值，是指一定期间内每期期末等额的系列收支款项的复利现值之和。计算公式为：

$$PVA_n = A \cdot \frac{1-(1+i)^{-n}}{i}$$

利用年金现值系数，可以解决投资回收资金的问题，投资回收资金，是指在一定期间内为收回初始投资额每期期末收回的相等金额。

真题精练

【导学例题 18】按每年 5% 的利率计算，每年支付 2 000 美元的 10 年期期末年金的现值为 15 443.47。以相同的利率和年金数额计算的 10 年期期初年金的现值最接近(　　)。

A. 17 026　　B. 17 443

C. 16 216　　D. 14 708

C　【解析】本题中给出的 15 443.47 是 10 年期、利率 5% 的普通年金现值，以相同的利率和年金数额计算的 10 年期期初年金的现值等于期末年金现值的 $(1+r)$ 倍。期初年金现值 = 普通年金现值 × $(1+i)$ = 15 443.47 × (1 + 5%) ≈ 16 216。故本题选 C。

第八节　国际金融

一、汇率

(一)汇率的概念

汇率又称汇价，是指一种货币与另一种货币之间兑换或折算的比率，也称一种货币用另一种货币所表示的价格。

汇率有**直接标价法和间接标价法**两种标价方法。直接标价法又称应付标价法，是以一定整数单位(1、100、10 000 等)的外国货币为标准，折算为若干单位的本国货币。这种标价法是以本国货币表示外国货币的价格，因此可以称为外汇汇率，目前，我国和世界其他绝大多数国家和地区都采用直接标价法。间接标价法又称应收标价法，是以一定整数单位(1、100、10 000 等)的本国货币为标准，折算为若干单位的外国货币。这种标价法是以外国货币表示本国货币的价格，因此可以称为本币汇率。目前，世界上只有英国、美国等少数几个国家采用间接标价法。

从不同的角度可以将汇率划分为不同的种类：根据汇率的制定方法，可以将汇率划分为基本汇率与套算汇率；根据商业银行对外汇的买卖，可以将汇率划分为买入汇率与卖出汇率；根据外汇交易的交割期限，可以将汇率划分为即期汇率与远期汇率；根据汇率形成的机制，可以将汇率划分为官方汇率与市场汇率；根据商业银行报出汇率的时间，可以将汇率划分为开盘汇率与收盘汇率；根据外汇交易的支付通知方式，可以将汇率划分为电汇汇率、信汇汇率与票汇汇率；根据汇率制度的性质，可以将汇率划分为固定汇率与浮动汇率；根据衡量货币价值的需要，可以将汇率划分为名义汇率、实际汇率和有效汇率。

真题精练

【导学例题 19】确定两种不同货币之间的比价，先要确定用哪个国家的货币作为标准，以一定单位(1,100,1 000,10 000)的外国货币为标准来计算应付多少单位本国货币的方法被称为(　　)。

A. 纽约标价法　　B. 间接标价法

C. 应付标价法　　D. 应收标价法

C　【解析】直接标价法，又叫应付标价法，是以一定单位(1,100,1 000,10 000)的外国货币为标准来计算应付出多少单位本国货币。就相当于计算购买一定单位外币所应付多少本币，所以叫应付标价法。

（二）汇率的决定与变动

1. 汇率的决定基础

(1)金本位制下汇率的决定基础。在金本位制下,各国以金币作为本位货币,黄金是价值的“天然实体”,单位金币都有含金量,黄金可以自由输出和输入。这种货币制度下汇率的决定基础,从本质上是各国单位货币所具有的价值量;从现象上看是各国单位货币的含金量。

汇率决定的标准是铸币平价,即两国单位货币的含金量之比。市场汇率受供求关系变动的影响而围绕铸币平价波动,波动的范围被限制在由黄金输出点和黄金输入点构成的黄金输送点内。

(2)纸币制度下汇率的决定基础。在纸币制度下,各国以纸币作为本位货币,纸币是本身没有价值的价值符号,单位纸币所代表的价值量往往以国家规定的法定含金量来表示。这种货币制度下汇率的决定基础,从本质上来说是各国单位货币所代表的价值量;从现象上看是各国单位货币的法定含金量或购买力。

在第二次世界大战以后建立的布雷顿森林货币体系下,按照《国际货币基金协定》的要求,均衡汇率就是法定平价,即一国单位货币的法定含金量与另一国单位货币的法定含金量之比。根据“购买力平价理论”,均衡汇率就是购买力平价。市场汇率的波动在布雷顿森林货币体系下受制于《国际货币基金协定》规定的上下限,而在该货币体系崩溃以后则没有统一的界限。

2. 汇率变动的形式

(1)**官方汇率的变动:法定升值与法定贬值**。法定升值是指一国货币当局以法令的形式公开宣布提高本国货币的法定含金量或币值,降低外汇汇率。法定贬值是指一国货币当局以法令的形式公开宣布降低本国货币的法定含金量或币值,提高外汇汇率。

(2)**市场汇率的变动:升值与贬值**。升值是指在外汇市场上,一定量的一国货币可以兑换到比以前更多的外汇,相应是外汇汇率下跌。贬值是指在外汇市场上,一定量的一国货币只能兑换到比以前更少的外汇,相应是外汇汇率上涨。

3. 汇率变动的影响因素

(1)物价水平的相对变动。**根据购买力平价理论,反映货币购买力的物价水平变动是决定汇率长期变动的根本因素**。如果一国的物价水平与其他国家的物价水平相比相对上涨,即该国相对通货膨胀,则该国货币对其他国家货币贬值;反之,如果一国的物价水平与其他国家的物价水平相比相对下跌,即该国相对通货紧缩,则该国货币对其他国家货币升值。

在长期中,物价水平变动最终导致汇率变动是通过国际商品和劳务的套购机制实现的,是通过国际收支中经常项目收支变化传导的。

(2)国际收支差额的变化。市场汇率的变动是直接由外汇市场上的外汇供求变动所决定的。如果外汇供不应求,则外汇汇率上升,本币贬值;反之,如果外汇供过于求,则外汇汇率下跌,本币升值。

外汇市场上的外汇供求关系基本是由国际收支决定的,国际收支差额的变动决定外汇供求的变动。如果国际收支逆差,则外汇供不应求,外汇汇率上升;反之,如果国际收支顺差,则外汇供过于求,外汇汇率下跌。

进一步来说,国际收支又是由物价、国民收入、利率等因素决定的。如果一国与其他国家相比,物价水平相对上涨,则会限制出口,刺激进口;国民收入相对增长,则会扩大进口;利率水平相对下降,则会刺激资本流出,阻碍资本流入。这些都是导致该国国际收支出现逆差,从而造成外汇供不应求、外汇汇率上升的原因。反之,如果一国与其他国家相比,物价水平相对下降,则会刺激出口,限制进口;国民收入相对萎缩,则会减少进口;利率水平相对上升,则会限制资本流出,刺激资本流入。这些都是导致该国国际收支出现顺差,从而造成外汇供过于求、外汇汇率下跌的原因。

(3)市场预期的变化。**市场预期变化是导致市场汇率短期变动的主要因素**。市场预期变化决定市场汇率变动的基本机理是:如果人们预期未来本币贬值,就会在外汇市场上抛售本币,导致本币现在的实际贬值;反之,如果人们预期未来本币升值,就会在外汇市场上抢购本币,导致本币现在的实际升值。

(4)政府干预汇率。世界各国赋予货币当局(主要是中央银行)干预外汇市场、稳定汇率的职责。有的国家为此还专门设立了“外汇平准基金”。当外汇市场上因外汇供不应求、外汇汇率上涨的幅度超出规定的界限或心理大关时,货币当局就会向外汇市场投放外汇,收购本币,使外汇汇率回调;反之,当外汇市场上因外汇供过于求、外汇汇率下跌的幅度超出规定的界限或心理大关时,货币当局就会向外汇市场投放本币,收购外汇,使外汇汇率反弹。

在某些非常情况下，当通过干预外汇市场的措施难以达到预期目的时，如果认为必要，货币当局还会采取外汇管制等行政手段直接管制汇率，促成汇率的稳定。

4. 汇率变动的经济影响

(1)汇率变动的直接经济影响。汇率变动产生的直接经济影响体现在以下两个方面：

①汇率变动影响国际收支。

②汇率变动影响外汇储备。

(2)汇率变动的间接经济影响。汇率变动产生的间接经济影响主要是通过国际收支传导，体现在以下两个方面：

①汇率变动影响经济增长。

②汇率变动影响产业竞争力和产业结构。

(三)汇率制度

汇率制度是指一国货币当局对本国货币汇率确定与变动的基本模式所做的一系列安排。这些制度性安排包括中心汇率水平、汇率的波动幅度、影响和干预汇率变动的机制和方式等。

1. 固定汇率制与浮动汇率制

一般而言，按照汇率变动的幅度，汇率制度分为两大类型：固定汇率制与浮动汇率制。

(1)固定汇率制。固定汇率制是指汇率平价保持基本不变，市场汇率波动被约束在一个狭小的界限内的汇率制度。历史上，固定汇率制曾分别出现在国际金本位制和布雷顿森林货币体系两种国家货币制度下。

(2)浮动汇率制。浮动汇率制是指没有汇率平价和波动幅度约束，市场汇率可以随外汇市场供求关系的变化而自由波动的汇率制度。

根据官方是否干预，浮动汇率制分为自由浮动与管理浮动。自由浮动是指官方不干预外汇市场，完全听凭市场汇率在外汇供求关系的自发作用下波动的汇率制度；管理浮动是官方或明或暗地干预外汇市场，使市场汇率在经过操纵的外汇供求关系作用下相对平稳波动的汇率制度。

根据汇率浮动是否结成国际联合，浮动汇率制分为单独浮动与联合浮动。单独浮动是指本币不与任何外币建立固定联系，其汇率单独进行浮动的汇率制度；联合浮动是若干国家的货币彼此建立固定联系，对此外其他国家货币的汇率共同进行浮动的汇率制度。

2. 国际货币基金组织对现行汇率制度的划分

在现行国际货币体系下，各国可以自行安排其汇率制度，从而形成了多种汇率制度并存的格局。根据国际货币基金组织的划分，按照汇率弹性由小到大，目前的汇率制度安排主要有：

(1)货币局制，官方通过立法明确规定本币与某一关键货币保持固定汇率，同时对本币发行作特殊限制，以确保履行法定义务。

(2)**传统的钉住汇率制**。官方将本币实际或公开地按照固定汇率钉住一种主要国际货币或一篮子货币，汇率波动幅度不超过±1%。

(3)水平区间内钉住汇率制。它类似于传统的钉住汇率制，不同的是汇率波动幅度大于±1%。

(4)**爬行钉住汇率制**。官方按照预先宣布的固定汇率，根据若干量化指标的变动，定期小幅度调整汇率。

(5)**爬行区间内钉住汇率制**。它是水平区间内钉住汇率制与爬行钉住汇率制的结合，与爬行钉住汇率制不同的是汇率波动的幅度要大。

(6)事先不公布汇率目标的管理浮动。官方在不特别指明或事先承诺汇率目标的情况下，通过积极干预外汇市场来影响汇率变动。

(7)单独浮动。汇率由市场决定，官方即使干预外汇市场，目的也只是缩小汇率的波动幅度，防止汇率过度波动，而不是确立一个汇率水平。

3. 影响汇率制度选择的主要因素

对汇率制度的选择应当主要根据何种因素的研究分析，国际社会出现了“经济论”和“依附论”两种理论观点。

汇率制度选择的“经济论”认为，一国汇率制度的选择主要受经济因素决定。这些经济因素是：经济开放程度；经济规模；进出口贸易的商品结构和地域分布；国内金融市场的发达程度及其与国际金融市场的一体化程度；相对的通货膨胀率。

汇率制度选择的“依附论”认为，一国汇率制度的选择主要取决于其对外经济、政治、军事等方面的特征。

二、国际收支及其调节

（一）国际收支的含义

国际收支是一个宏观的经济范畴。伴随历史的演进和国际经济交易的发展,国际社会对国际收支的界定经历了由狭义到广义的发展。

在狭义上,国际收支是指在一定时期内(通常1年),一国居民与非居民所发生的全部货币或外汇的收入和支出。该定义是以支付为基础的,即判断是否是国际收支,核心是看是否发生了货币或外汇的支付。

在广义上,国际收支是指在一定时期内,一国居民与非居民所进行的全部经济交易系统的货币记录。该定义是以交易为基础的,即判断是否是国际收支,核心是看是否发生了经济交易。在此,被狭义国际收支定义所不能涵盖的易货贸易、物品捐赠、以实物投入的直接投资等都被纳入广义国际收支。

无论是狭义还是广义的国际收支,都具有这样的本质特征:

(1)**国际收支是一个流量概念，不是存量概念**。

(2)**国际收支记载的是一个经济体居民与非居民之间发生的经济交易**。

(3)**国际收支是在特定时期内经济交易的系统的货币记录**。

（二）国际收支均衡与不均衡

1. 国际收支均衡与不均衡的含义

引致国际收支的经济交易,根据其交易动机,可以区分为自主性交易与补偿性交易。自主性交易又称事前交易,是指有关交易主体出于获取利润、利息等经济动机或其他动机,根据本国与他国在价格、利率、利润率等方面存在的差异或其他考虑,而于事前主动进行的经济交易。补偿性交易又称事后交易,是指有关交易主体为了平衡自主性交易发生的收支差额,而于事后被动进行的经济交易。

基于自主性交易与补偿性交易的区分和自主性交易的本原性,就以自主性交易来界定国际收支均衡与不均衡。

国际收支均衡是指自主性交易的收入和支出的均衡。国际收支不均衡是指自主性交易的收入和支出的不均衡。其中,如果自主性交易的收入大于支出,则是国际收支顺差;如果自主性交易的收入小于支出,则是国际收支逆差。

2. 国际收支不均衡的类型

从不同的角度划分,可以将国际收支不均衡划分为不同的类型。

(1)**根据差额的性质，国际收支不均衡分为顺差与逆差**。

(2)**根据产生的原因，国际收支不均衡分为偶然性不均衡、收入性不均衡、货币性不均衡、周期性不均衡与结构性不均衡**。偶然性不均衡是指由地震、疫情、自然灾害等偶然因素造成的国际收支不均衡。收入性不均衡是由一国的国民收入增长超过他国的国民收入增长,引起本国进口需求增长超过出口增长而导致的国际收支不均衡。货币性不均衡是由一国的货币供求失衡引起本国通货膨胀率高于他国通货膨胀率,进而刺激进口、限制出口而导致的国际收支不均衡。周期性不均衡是由一个国家的经济周期性波动而导致的国际收支不均衡。结构性不均衡是由一个国家的经济结构及其决定性的进出口结构不能适应国际分工结构的变化所导致的国际收支不均衡。

(3)**根据不同账户的状况，国际收支不均衡分为经常账户不均衡、资本与金融账户（剔除储备资产科目）不均衡与综合性不均衡**。经常账户不均衡是经常账户出现顺差或逆差。资本与金融账户不均衡是资本与金融账户出现顺差或逆差。综合性不均衡是经常账户差额同资本与金融账户差额相抵后出现顺差或逆差。

（三）国际收支不均衡的调节

1. 国际收支不均衡调节的宏观经济政策

(1)财政政策。**在国际收支逆差时，可以采用紧缩性财政政策**。紧缩性财政政策对国际收支的调节作用主要有两个方面:一是产生需求效应,即实施紧缩性财政政策导致进口需求减少,进口下降;二是产生价格效应,即实施紧缩性财政政策导致价格下跌,从而刺激出口,限制进口。而在国际收支顺差时,可以采用扩张性财政政策。扩张性财政政策能对国际收支产生进口需求扩大的需求效应和价格上涨限制出口、刺激进口的价格效应。

(2)货币政策。在国际收支逆差时,可以采用紧缩性货币政策。紧缩性货币政策对国际收支的调节作用主要有三个方面：一是产生需求效应，即实施紧缩性货币政策导致有支付能力的进口需求减少，进口下降；二是产生价格效应，即实施紧缩性货币政策导致价格下跌，从而刺激出口，限制进口；三是产生利率效应，即实施紧缩性货币政策导致利率提升，从而刺激资本流入，阻碍资本流出。

而在国际收支顺差时，可以采用扩张性货币政策。扩张性货币政策能对国际收支产生进口需求扩大的需求效应，价格上涨限制出口、刺激进口的价格效应，以及利率降低阻碍资本流入、刺激资本流出的利率效应。

(3)汇率政策。汇率政策就是货币当局实行本币法定贬值或法定升值，或有意在外汇市场上让本币贬值或升值。

汇率政策能够产生相对价格效应。这里的相对价格是指以外币标价的本国出口价格，以本币标价的本国进口价格。

在国际收支逆差时，可以采用本币法定贬值或贬值的政策。这样，以外币标价的本国出口价格下降，从而刺激出口，而以本币标价的本国进口价格上涨，从而限制进口。而在国际收支顺差时，可以采用本币法定升值或升值的政策，这会使以外币标价的本国出口价格上涨，从而限制出口，而以本币标价的本国进口价格下跌，从而刺激进口。

教你一招

财政政策主要调节经常账户收支。货币政策既调节经常账户收支，也调节资本账户收支。汇率政策主要调节经常账户收支。

2. 国际收支不均衡调节的微观政策措施

当国际收支出现严重不均衡时，为了迅速扭转局面，收到立竿见影的调节效果，政府和货币当局还可以采取外贸管制和外汇管制的措施。在国际收支逆差时，就加强外贸管制和外汇管制；而在国际收支顺差时，就放宽乃至取消外贸管制和外汇管制。

此外，在国际收支逆差时，还可以采取向国际货币基金组织或其他国家争取短期信用融资的措施或直接动用本国的国际储备。

（四）我国的国际收支不均衡及其调节

(1)逐步放宽和取消经常项目下的外汇管制。

(2)逐步放宽资本项目下的外汇管制。在实施我国企业“走出去”的战略框架下，放宽对企业对外直接投资的外汇管制。推出合格境内机构投资者制度，允许国内机构和居民的部分外汇通过符合条件的机构对外进行证券投资。

(3)降低对出口的激励范围和力度，改变外贸增长方式，调整外贸出口结构。

(4)优化利用外资结构，限制高耗能、重污染、附加值低的直接投资流入。

(5)对国外投机性的热钱流入采取密切监控的高压政策。

三、国际储备及其管理

（一）国际储备的概念

国际储备是指一国政府所持有的、备用于弥补国际收支赤字、维持本币汇率等的国际普遍接受的一切资产。该定义表明，国际储备具有四个本质特征：

(1)**国际储备是官方储备，为货币当局所持有，不包括民间持有的黄金、外汇等资产**。

(2)国际储备是货币资产，不包括实物资产，即使某些实物资产(如文物等)价值昂贵。

(3)国际储备是为世界各国普遍接受的货币资产，只有如此才能够实现国际储备的目的，即用于国际支付等，因此不能将他国不可兑换货币等用作国际储备。

(4)**国际储备是一个存量的概念，一般以截至某一时点的余额来表示或计量国际储备总量**。

国际储备包括黄金储备、外汇储备、在国际货币基金组织的储备头寸和特别提款权。后两项国际储备，只有国际货币基金组织的成员方才拥有。

（二）国际储备的功能

(1)**弥补国际收支逆差**。这是国际储备的基本功能。当出现暂时性国际收支逆差时，通过动用国际储备来弥补逆差，可以不必采取其他可能影响内部均衡的调节政策和措施。

(2)**稳定本币汇率**。当出现国际收支逆差或投机性冲击，外汇供不应求，外汇汇率急剧上升，本币剧烈贬值时，为了稳定汇率，避免对内部均衡产生负面影响，或为了履行在固定汇率制下承担的义务，可以动用外汇储备，向外汇市场投放外汇，缓解和平衡外汇供求。

(3)**维持国际资信和投资环境**。当向国外举债时，国外债权人在进行信用评估时，要把债务国的国际储备数量和增减趋势作为重要的因素；在吸引国际直接投资的场合，国外投资者在评价投资环境时，也要把投资对象国的国际储备数量和增减趋势作为重要的考量。因此，为维持一个良好的国际资信和良好的投资环境，需要保有足够的国际储备。

(三)国际储备的管理

1. 国际储备的总量管理

国际储备总量管理的目标是使国际储备总量适度，既不能少也不能多。如果国际储备少，会在动用国际储备实现其功能时捉襟见肘，力不从心；如果国际储备多，会造成资源闲置，产生的机会成本较高。在确定国际储备总量时应依据的因素是：

(1)是否是储备货币发行国。如果是，则对国际储备需求少，反之则多。

(2)经济规模与对外开放程度。该因素与国际储备需求量成正比。

(3)国际支出的流量。该因素与国际储备需求量正相关。

(4)外债规模。该因素也与国际储备需求量正相关。

(5)短期国际融资能力。在国际收支逆差时，如果在国际上获得短期融资的能力强，则可以不动用或少动用国际储备，从而对国际储备的需求就少；反之则多。

(6)其他国际收支调节政策措施的可用性与有效性。在国际收支逆差时，如果可供选择的其他国际收支调节政策措施较多，实施后见效的时滞短，效果好，则可以不动用或少动用国际储备，从而对国际储备的需求就少；反之则多。

(7)汇率制度。如果实行固定汇率制度或其他弹性低的汇率制度，则对干预外汇市场、稳定汇率所需要的国际储备就多；反之则少。

在实践中，测度国际储备总量是否适度的经验指标是：

(1)**国际储备额与国民生产总值之比，一般为10%**。

(2)**国际储备额与外债总额之比，一般为30%～50%**。

(3)**国际储备额与进口额之比，一般为25%；如果以月来计量，国际储备额应能满足3个月的进口需求**。

2. 国际储备的结构管理

国际储备结构管理的目标是使国际储备结构最优，在安全性、流动性和盈利性之间找到最佳均衡点。国际储备结构管理的内容是：

(1)国际储备资产结构的优化。由于在国际货币基金组织的储备头寸和特别提款权的数量是由国际货币基金组织给定的，因此，国际储备资产结构的优化集中在黄金储备和外汇储备结构的优化上。要根据黄金和外汇在安全性、流动性和盈利性上的不同特征及其变化，在黄金储备与外汇储备之间动态地建立最佳比例。

(2)外汇储备货币结构的优化。不同储备货币的安全性(与汇率风险相对应)和盈利性(与升值和贬值相对应)是不同的。因此，为了追求安全性，需要将外汇储备的货币结构与未来外汇支出的货币结构相匹配，从而在未来的外汇支出中，将不同储备货币之间的兑换降低到最低程度；为了追求盈利性，需要尽量提高储备货币中硬币(币值稳定的货币)的比重，降低储备货币中软币(币值不稳定的货币)的比重。

(3)外汇储备资产结构的优化。在活期存款、支付凭证和有价证券三种资产形式上，外汇储备的流动性和盈利性是不同的。需要根据先满足即时支付需要、再实现保值增值需要的优先顺序，对三种资产结构做出统筹安排。

真题精练

【导学例题20】下列有关特别提款权的说法中，错误的是(　　)。

A. 它可以直接用于支付

B. 限定在成员国政府与IMF及各成员国之间发挥作用

C. 它没有商品贸易和金融贸易基础

D. 它的价格根据主要发达国家货币汇率加权平均计算得出

A 【解析】特别提款权是IMF根据成员国所认缴的份额给予的一种账面资产，不能直接用于支付。

四、国际货币体系

（一）国际金本位制

国际金本位制的主要内容是：

(1)**铸币平价构成各国货币的中心汇率**。在国际金本位制下，银行券代替黄金流通，可以自由兑换黄金，黄金和银行券都可以对外支付，因此决定两国货币汇率的直接基础是两国单位货币的含金量，含金量之比的铸币平价是中心汇率。

(2)市场汇率受外汇市场供求关系的影响而围绕铸币平价上下波动，波动幅度为黄金输送点之内。在国际金本位制下，黄金可以自由输出、输入，当汇率对一国不利时，人们就不直接用银行券对外支付或直接收入外国银行券，而改用黄金，因而各国货币汇率波动很小，被有效地限制在黄金输送点之内。黄金输送点包括黄金输出点和黄金输入点，等于铸币平价加减运送黄金的运费。因此，国际金本位制下的汇率制度是自发形成的固定汇率制。

国际金本位制的特征是：

(1)**黄金是主要的国际储备资产**。

(2)汇率制度是固定汇率制，避免了由汇率剧烈波动所引致的风险。

(3)国际收支不均衡的调节，存在"物价—现金流动机制"的自动调节机制。

（二）布雷顿森林体系

1.布雷顿森林体系的主要内容

(1)建立一个永久性的国际金融机构，即国际货币基金组织，目的是加强国际货币金融合作。

(2)**实行"双挂钩"的固定汇率制度**。一是美元同黄金挂钩，即其他各国认可美元的法定含金量，黄金官价为每盎司黄金35美元，在其他各国中央银行以持有的美元向美国兑换黄金时，美国保证按照该法定含金量兑换；二是其他各国的货币与美元挂钩，人为规定本国货币与美元的法定平价，市场汇率围绕法定平价在上下各1%的幅度内波动，实行可调整的有明确汇率波动幅度限制的固定汇率制度。

(3)取消对经常账户交易的外汇管制，但是对国际资金流动做出了一定的限制。

(4)制定了稀缺货币条款。

2.布雷顿森林体系的特征

(1)美元与黄金挂钩，取得了等同于黄金的地位，因此成为最核心的国际储备货币。

(2)实行以美元为中心的、可调整的固定汇率制度。但是，美国以外的国家需要承担本国货币与美元汇率保持稳定的义务。

(3)国际货币基金组织作为一个新兴机构成为国际货币体系的核心。

真题精练

【导学例题21】维持布雷顿森林体系运转的基本条件不包括（　　）。

A.美国国际收支保持顺差，美元对外价值稳定

B.世界各国有充足平衡的黄金储备，以维持对黄金的充分兑换

C.美国有充足的黄金储备，以保持美元对黄金的有限兑换性

D.黄金价格维持在官价水平上

B　【解析】布雷顿森林体系实行"美元同黄金挂钩，其他各国货币同美元挂钩"的双挂钩机制，所以世界其他各国没有将其货币兑换成黄金的义务，故不需要有充足平衡的黄金储备。

（三）牙买加体系

1.牙买加体系的内容

(1)浮动汇率合法化。各成员可以自由做出汇率制度方面的安排，国际货币基金组织允许其采取浮动汇率制度或其他形式的固定汇率制度。

(2)黄金非货币化。废除黄金官价，取消成员之间或与国际货币基金组织之间以黄金清偿债务的义务。

(3)扩大特别提款权的作用。成员之间可以使用特别提款权来偿还债务以及接受贷款。

(4)扩大对发展中国家的资金融通且增加各成员的基金份额。以优惠条件向最贫穷的发展中国家提供贷款，扩大国际货币基金组织的信用贷款限额。各成员所缴纳的基本份额都有所增加。

2. 牙买加体系的特征

(1)国际储备多样化。美元仍是主导货币,执行国际支付手段和储藏手段的职能。欧元的诞生推动了国际储备货币的多样化。

(2)汇率制度安排多元化。牙买加体系认可浮动汇率制度与固定汇率制度的暂时并存。

(3)黄金非货币化。黄金不再是各国货币平价的基础,也不能用于官方之间的国际偿付。

(4)通过多种国际收支调节机制解决国际收支困难。例如,通过宏观经济政策平衡国际收支失衡、通过对贸易和资本流动施加管制平衡国际收支失衡、通过选择不同的汇率机制平衡国际收支失衡等。

五、离岸金融市场

(一)离岸金融市场概述

1. 离岸金融市场的含义

离岸金融市场是指在非居民与非居民之间从事离岸货币(也称境外货币)借贷的市场。

离岸金融市场起源于英国伦敦,最初的离岸货币是欧洲美元。伴随离岸金融市场的发展,在地域上逐步延展到欧洲其他国家和世界其他洲,在货币上逐步拓展到其他西方主要货币,在业务上由单纯的以商业银行为媒介的借贷逐步扩展到欧洲债券的发行与流通转让。

2. 离岸金融中心

从离岸金融业务与国内金融业务的关系来看,离岸金融中心有以下三种类型:

(1)**伦敦型中心**。伦敦型中心的特点是:交易的货币币种是不包括市场所在国货币的其他货币;经营范围比较宽泛,市场的参与者可以同时经营在岸金融业务和欧洲货币等离岸金融业务;对经营离岸业务没有严格的申请程序。这些特点使得各种金融业务融为一体,非居民之间的交易和居民与非居民之间的交易没有严格的界限,所以又被称为一体型中心。伦敦和中国香港特别行政区即属于这一类型。

(2)**纽约型中心**。纽约型中心的特点是:欧洲货币业务包括市场所在国货币的非居民之间的交易;管理上对境外货币和境内货币严格分账;纽约型中心不开设证券业务。在纽约型中心,对居民的存放业务与对非居民的业务分开,离岸金融业务与国内金融业务分开,所以又称分离型中心。美国纽约的国际银行便利,日本东京的海外特别账户,以及新加坡的亚洲货币单位,均属于这种类型。

(3)**避税港型中心**。避税港型中心的特点是:资金流动几乎不受任何限制,且免征有关税收;资金来源于非居民,也运用于非居民;市场上几乎没有实际的交易,而只是起着其他金融中心资金交易的记账和转账作用,所以又被称为走账型或簿记型中心。一些国际性大银行在这些地方的分行甚至没有一个工作人员,有的仅仅是一个牌子。实际上就是建立一个走账的账户,即所谓的空壳分行,旨在逃避税收和管制。巴哈马、开曼、百慕大、巴拿马以及马恩岛等,均属于这种类型。

真题精练

【导学例题 22】某离岸金融中心将离岸金融业务与国内金融业务分开,对居民的存放业务与对非居民的业务分开,该中心属于(　　)。

A. 伦敦型中心　　B. 纽约型中心

C. 开曼型中心　　D. 避税港型中心

B　【解析】纽约型中心是指对居民的存放业务与对非居民的业务分开,离岸金融业务与国内金融业务分开,又称为分离型中心。

(二)欧洲货币市场

1. 欧洲货币市场的特点

欧洲货币市场有特定的交易客体、交易主体和交易中介等,形成了区别于其他国际金融市场的独特性质。

(1)**欧洲货币市场的交易客体是欧洲货币**。

(2)**欧洲货币市场的交易主体主要是市场所在地的非居民**。

(3)**欧洲货币市场的交易中介是欧洲银行**。

2. 欧洲货币市场的构成

(1)欧洲银行同业拆借市场。在欧洲货币市场中存在一个庞大的银行同业拆借市场,银行同业间的资金拆借占整个市场总额的比重很大。

欧洲货币市场存在发达的银行同业拆借市场的原因有：

①各国商业银行常常在欧洲货币市场上借款以满足本国对准备金的要求。

②资金由拥有过剩存款的欧洲银行流向最终客户,需要经过一系列的银行中介。

③商业银行在各货币间进行短期套利。事实上,大多数套利资本的运动都是通过欧洲货币市场,而且欧洲货币市场上大多数存款资金也是短期的。

在这个市场上,银行同业之间拆借欧洲货币的定期存款,标准的期限有 1 个月、2 个月、3 个月、6 个月、9 个月和 12 个月,也有一些 1 天、1 周和 2 周的定期存款。这些定期存款的交割日(起息日)规定与外汇交易相同,一般在交易后的第二个营业日进行。其他存款还有：

①**隔夜存款，即在交易日当天交割的期限只有 1 天的存款**。

②**隔日存款，即期限也只有 1 天，但在交易日的次日交割的存款**。这两种存款是通过掉期交易实现的。

(2)欧洲中长期信贷市场。按传统惯例,1 ~ 5 年期的贷款为中期贷款,5 年期以上的贷款为长期贷款。第二次世界大战以后,不再严格加以区分,而是统称为中长期贷款。中长期贷款的主要形式有银团贷款和双边贷款。

①银团贷款。**银团贷款是向非银行借款人提供欧洲中长期贷款的主要形式**。银团贷款有两种形式：一是直接银团贷款,即参加贷款银团的各成员银行直接向借款人提供贷款,贷款的具体工作由贷款协议中指定的代理银行统一进行;二是间接银团贷款,即由一家或几家大银行为牵头银行向借款人做出贷款安排,具体方式是由牵头银行将贷款分别转售给其他参与银行,他们按各自承担的份额提供贷款,贷款工作由牵头银行负责管理。

②双边贷款。除银团贷款这种典型形式外,金额较低、期限较短的中期贷款一般只由一家银行提供,这种形式的贷款被称为双边贷款,或独家银行贷款。除利率结构与银团贷款相同之外,其他费用较低,有时甚至全免。

(3)欧洲债券市场。欧洲债券是国际债券的一种。国际债券是相对于国内债券而言的。从债券发行人的身份来看,债券分为国内债券和国际债券两大类。国内债券是指市场所在地的本国发行人发行的债券;国际债券是指市场所在地的非居民发行人发行的债券。国际债券包括外国债券和欧洲债券。

外国债券是指非居民在异国债券市场上以市场所在地货币为面值发行的国际债券。例如,中国政府在日本东京发行的日元债券、日本公司在纽约发行的美元债券就属于外国债券。外国债券的发行主要集中于世界上几个主要国家的金融中心,最主要的有瑞士的苏黎世、美国的纽约、日本的东京、英国的伦敦和荷兰的阿姆斯特丹等。在每个金融中心发行的外国债券一般都有一个共同的名称,如在美国发行的外国债券称为扬基债券,在日本发行的外国债券称为武士债券,在英国发行的外国债券称为猛犬债券,在荷兰发行的外国债券称为伦勃朗债券,在中国发行的外国债券称为熊猫债券。

欧洲债券是指借款人在本国以外市场发行的以第三国货币为面值货币的国际债券。欧洲债券的发行人、发行地以及面值货币分别属于三个不同的国家。例如,墨西哥政府在东京发行的美元债券就属于欧洲债券。特别提款权不是任何国家的法定货币,因此以其为面值货币的国际债券都是欧洲债券。

欧洲债券市场主要由以下三类参与者组成：

①发行人。欧洲债券发行人主要有国际金融机构、各国政府和政府机构、跨国公司、银行与非银行金融机构、国有企业等,其中大多数发行人来自发达国家。

②投资者。欧洲债券的投资者包括个人投资者和机构投资者。其中机构投资者的力量已远远超过个人投资者而起主要作用,主要有国际组织、各国政府、中央银行、养老金、投资基金、跨国公司和国际性大银行等。在欧洲债券市场上,投资的主要动机是获得高收益,减少甚至逃避税收也是一个重要动机。

③中介机构。中介机构是指债券承销和买卖中介的金融机构,其中承销是其主要职能。欧洲债券的发行一般没有固定的场所,主要由中介机构代理发行。中介机构大多是来自发达国家的信誉卓著的金融机构,包括证券公司和商业银行的投资银行分支机构。

六、外汇管理与外债管理

(一)外汇管理

1. 外汇管理的含义

外汇管理有狭义和广义之分。狭义的外汇管理又称外汇管制,是指对外汇兑换等施加限制,主要表现为对外汇可得性和价格的限制。广义的外汇管理既包括外汇管制,也包括为实施外汇管制或其他管制措施而采取的配套管理措施。

行使外汇管理职能的机构,可以是中央银行、财政部或专门设立的机构。在我国,具体的外汇管理由国家外汇管理局这一专门机构负责。

2. 汇管理的目的与弊端

外汇管理是政府干预经济生活的一种政策工具。一般来说,各国进行外汇管理的目的包括:促进国际收支平衡或改善国际收支状况;稳定本币汇率,控制涉外经济活动中的汇率风险;防止资本外逃或大规模投机性资本冲击,维护金融市场的稳定和金融安全;增加外汇储备;保护国内市场,集中和有效利用外汇资源,保护和推动本国产业发展,促进内部均衡;增强商品的国际竞争力。

外汇管理是一把"双刃剑",在发挥积极作用的同时,也会带来诸多消极影响:扭曲汇率,造成资源配置低效率;导致寻租和腐败行为;导致非法地下金融蔓延;导致收入分配不公;不利于经济的长远发展。正因为外汇管理存在不容忽视的消极影响,国际货币基金组织一直要求各国取消外汇管理,经济实力较强的国家也在放松甚至取消外汇管理。

真题精练

【导学例题 23】下列有关外汇管理的目的,描述错误的是(　　)。

A. 促进国际收支平衡或改善国际收支状况

B. 稳定本币汇率,控制涉外经济活动中的汇率风险

C. 增加外汇储备

D. 促使收入公平分配

D 【解析】D 项属于外汇管理的弊端。

(二)货币可兑换

货币可兑换是相对于外汇管制而言的,在纸币流通条件下,是指一国货币的持有者可以不受该国政府或货币当局的限制、为了任何目的而将所持有的该国货币按照一定汇率兑换为外国货币,用于对外支付或作为资产来持有。

货币可兑换程度主要取决于一个国家的经济实力,同时也是一个国家外汇管理制度和政策的选择结果。实际上,由于国际经济环境不同,经济发达程度和社会经济金融条件不一样,不同国家或同一国家不同时期都采取了各种各样的措施和手段限制货币可兑换,致使货币可兑换性不同,出现了各种不同类型的货币可兑换形式。

依据可兑换程度划分,货币可兑换分为完全可兑换和部分可兑换。完全可兑换是指一国货币的持有者可以在国际收支的所有项目下,自由地将本国货币与外国货币相兑换。到 20 世纪 90 年代,几乎所有发达国家都实现了货币的完全可兑换。部分可兑换是指一国货币的持有者可以在部分国际收支项目下,如经常项目下,为支付国际货物、服务交易的目的而自由地将本国货币与外国货币相兑换,此时并不必对其他项目实行货币可兑换。理论上的部分可兑换有经常项目可兑换或资本项目可兑换,但在现实中,部分可兑换一般是指经常项目可兑换,这是因为,一国实现本国货币在经常项目下可兑换的难度小于资本项目下可兑换,从而经常项目可兑换的实现要先于资本项目可兑换,而当资本项目可兑换实现后,经常项目可兑换和资本项目可兑换已经并存,就实现了货币完全可兑换。

(三)外债管理

1. 外债与外债管理的概念

根据国际货币基金组织和世界银行的定义,外债是指在任何特定时间内,一国居民对非居民承担的具有契约性偿还责任的债务,包括本金的偿还和利息的支付。

根据我国国家外汇管理局的定义,外债是指在我国境内的机关、团体、企业、事业单位、金融机构或其他机构对我国境外的国际金融组织、外国政府、金融机构、企业或其他机构用外国货币承担的具有契约性偿还义务的债务,包括:国际金融组织贷款;外国政府贷款;外国银行和金融机构贷款;买方信贷;外国企业贷款;发行外币债券;国际金融租赁;延期付款;补偿贸易中直接以现汇偿还的债务;其他形式的对外债务。由此看出,外国的股权投资如外商直接投资和股票投资就不属于外债。

外债管理是指一国政府对外债及其运行加以控制和监督。同样,外债管理是由外债管理主体运用外债管理方法作用于外债管理客体的运行系统。

2. 外债总量管理与结构管理

(1)外债总量管理。外债总量管理的核心是使外债总量适度,不超过债务国的吸收能力。外债的吸收能力取决于债务国的负债能力和偿债能力两个方面。前者决定债务国能否将借入的外债消化得了,使用得起;后者决定债务国对外债能否偿还得起。

目前,世界各国用来监测外债总量是否适度的指标主要有:

①负债率,即当年未清偿外债余额与当年国民生产总值的比率。其公式为:

负债率 = 当年未清偿外债余额/当年国民生产总值 ×100%

②债务率,即当年未清偿外债余额与当年货物和服务出口总额的比率。其公式为:

债务率 = 当年未清偿外债余额/当年货物和服务出口总额 ×100%

③偿债率,即当年外债还本付息总额与当年货物和服务出口总额的比率。其公式为:

偿债率 = 当年外债还本付息总额/当年货物和服务出口总额 ×100%

④短期债务率,即当年外债余额中,一年和一年以下期限的短期债务所占的比重。其公式为:

短期债务率 = 短期外债余额/当年未清偿外债余额 ×100%

根据国际上通行的标准,20%的负债率、100%的债务率、25%的偿债率和25%的短期债务率是债务国控制外债总量的警戒线。也就是说,当有关外债指标处于警戒线以下时,外债总量是适度和安全的;反之,当有关指标超过警戒线时,则外债总量超过吸收能力,需要进行调整。

(2)外债结构管理。外债结构管理的核心是优化外债结构。外债结构是指外债的各构成部分在外债总体中的排列组合与相应地位。外债结构的优化具体包括以下几个方面:外债种类结构的优化;外债期限结构的优化;外债利率结构的优化;外债币种结构的优化;外债国别结构的优化;外债投向结构的优化。

第三章 管理基础知识

导学教案

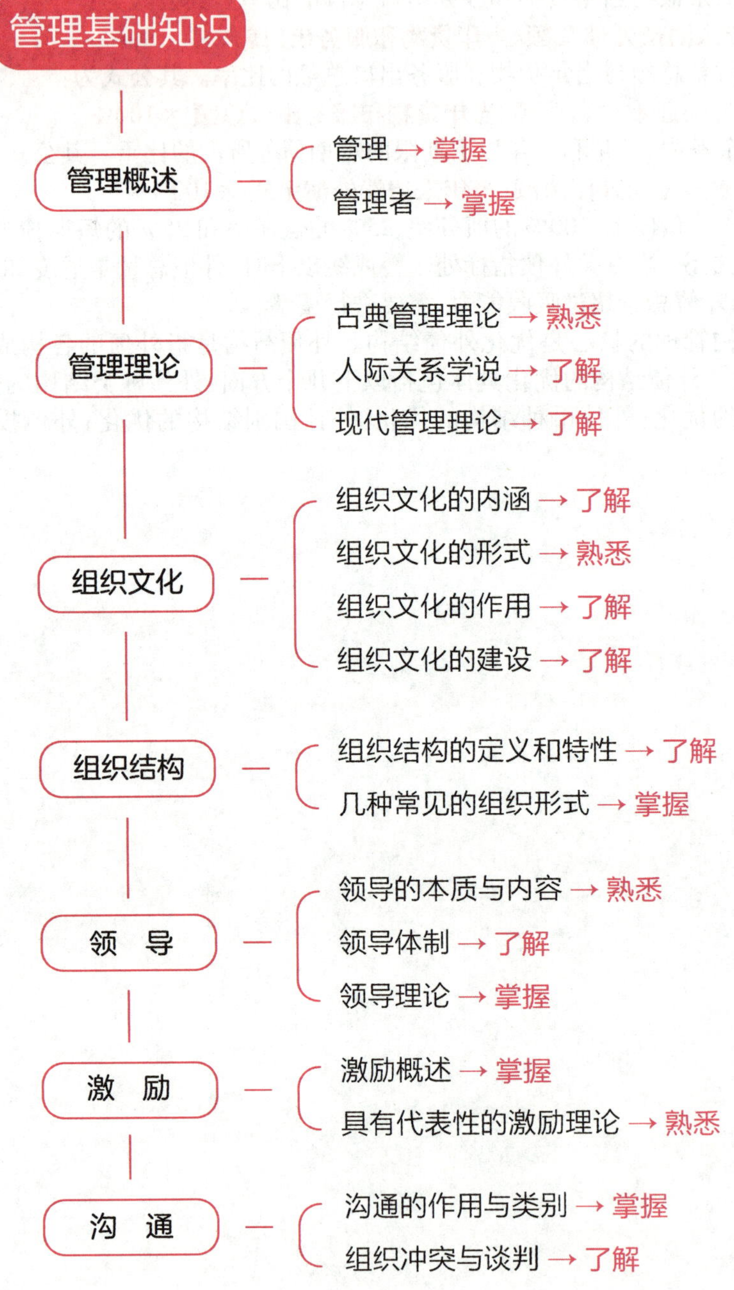

导学课程

第一节 管理概述

一、管理

（一）管理的概念

管理活动自人类社会诞生以来就已经存在，那么什么是“管理”呢？以不同的视角去看，可以有不同的理解。字面上看，管理是管辖、治理、控制的意思，即对一定范围的人员及事务进行安排和处理，但是，这种字面的解释并不能严密地表达出管理本身所具有的完整含义。长期以来，许多中外学者各自的出发点不一样，看待问题的方法不一样，所强调的重点不一样，个人的经历及社会地位不一样，导致他们从不同的研究角度出发，对管理做出了不同的解释，其中较有代表性的解释如下。

(1)现代经营管理之父，法国的法约尔认为管理就是实行计划、组织、指挥、协调和控制。

(2)美国管理学家哈罗德·孔茨把管理看作是一种“技术”，管理是一种在正式团体中通过别人或同别人一道完成工作任务的技能。

(3)美国著名管理学者穆尼认为管理就是领导，这是一种强调管理者个人作用的观念。

(4)决策理论学派的代表人物赫伯特·西蒙认为管理就是决策，决策贯穿管理的全过程，它是管理的核心，组织中经理人员的重要职能就是做出决策。

(5)科学管理的鼻祖泰勒提出了科学管理理论，这一理论改变了管理企业的传统方式，其倡导运用标准化等方法，这大大提高了生产效率，这种通过标准化分析来提高生产效率的方法很快地推广到了社会的其他部门。

(6)美国著名管理学家彼得·德鲁克认为，“管理就是谋取剩余”，这主要是强调管理的作用。

(7)美国管理学家西里尔·奥唐奈认为，管理是一个国家最重要的经济资源。

尽管众多学者对管理的定义给出了多样化的答案，但从总体上看它们还是有相同之处的，即通过协调组织的资源来达到组织的目标，管理就是一个实现目标的过程。

（二）管理的性质

管理的定义是：各级管理者在执行计划、组织、领导和控制的过程中，通过优化配置来协调组织内的人力、物力、财力及信息等各种资源，进而达到组织目标的过程。

1. 管理的艺术性和科学性

管理的艺术性是指在掌握一定理论和方法的基础上，灵活运用这些知识和技能的诀窍和技巧。管理的艺术性即强调其实践性，没有实践就没有所谓的艺术。

2. 管理的二重性

管理的二重性，是建立社会主义管理科学的理论基础和基本出发点。马克思认为，任何社会的管理都具有二重属性即社会属性和自然属性。马克思关于管理二重性的理论，是指导人们认识和掌握管理的特点和规律，实现管理目标的有力武器。

真题精练

【导学例题1】下列有关管理的特性，说法错误的是(　　)。

A. 管理具有不确定性　　B. 管理具有二重性

C. 管理具有科学性　　D. 管理具有艺术性

A　【解析】管理的性质包括：(1)管理的艺术性和科学性。(2)管理的二重性。A项说法错误。

（三）管理的基本职能和分类

1. 管理的职能

管理的职能是管理过程中各项活动的基本功能，又称管理的要素，是管理原则、管理方法的具体体现。**一般将管理职能分为四项：计划、组织、领导、控制**。管理职能循序完成，并形成周而复始的循环往复，其中每项职能之间是相互联系、相互影响的，以构成统一的有机整体。

2. 管理的分类

对管理的分类有助于从外延上了解管理，从不同的研究角度可以将管理进行不同的分类：

(1)按不同的历史阶段划分，管理可以分为古代管理、现代管理、当代管理及管理的未来发展。

(2)按管理的职能划分，管理可以分为计划、组织、指挥、协调、控制、领导、激励、沟通、创新等。管理作为一个过程，管理者在其中发挥的作用，就是管理者的职能，也就是通常说的管理职能。

(3)按管理的层次划分，管理可以分为高层管理、中层管理和基层管理，不同层次的管理者在行使管理基本职能时的侧重点不同。

(四)管理的原则

企业生存于社会中，要同周围的人和社会团体发生联系。企业管理要遵循一定的原则，主要体现如下。

1. **效益原则**

效益原则是指在企业内部管理中，评价绩效的基本标准是企业效益。效益是企业优先考虑的关键因素，是以盈利为目的的经济性组织的本质要求。企业具有经济和理性的特征，必须优先考虑是否能够盈利。企业效益的本质是企业对经济利益的追求和实现。强调效益原则的同时也要考虑效益和其他因素之间的关系。

知识拓展

(1)效率与效益。效率和效益都是企业追求的目标，两者之间既有联系又有区别。效率是单位时间内完成的工作量，强调的是数量、产量。效益是完成工作所取得的效果和利益，强调的是结果，包括多方面的因素，如经济效益、社会效益等。

有效率不一定会有效益。例如，企业员工工作效率很高，但耗费很多或做的根本就是错误的事情时，其经济效益就无法保证。从经济学角度看，只有当一个企业正常进行生产和扩大再生产，在提高效率的同时，考虑各方面因素，才能保证其效益，因此，企业应当处理好两者的关系，实现高效率和高效益发展的有效结合。

(2)经济效益和社会效益。企业是以追求利润最大化为终极目标。企业在朝这个目标奋进的过程中，即在实现经济效益的过程中，主动或被动地实现了社会效益。好的社会效益包括科技创新、吸收就业、促进区域经济发展等。然而，社会效益与经济效益有时候又是互相矛盾的，社会效益的高低与经济效益的大小在许多情况下并不成正比，有时甚至出现严重背离。比如，当一个企业的经济效益很高，但对社会产生了不好的影响时(如大量排污等)，其社会效益就很低。长期来看，其经济效益也必然受到影响，可见经济效益和社会效益也不一定是同步的。总之，经济效益与社会效益之间是对立统一的关系，企业应既重视社会效益，也重视经济效益，实现两个效益的统一。

2. **人本原则**

人本原则即以人为中心，要求在具体的管理活动中重视人的因素，把人放在根本的位置上来突出其作用，从而充分发挥人的主观能动性和提高管理效率。

现代管理是管理者与被管理者通过相互协调的活动来改善自身的生活环境与生活方式的活动。管理者与被管理者之间及成员之间的相互平等、相互尊重，是最能够充分调动出人的积极性的。从“以物为中心”的管理到“以人为中心”的管理，则是人类管理活动长期发展的结果。做好人本管理，要从以下几个方面出发：

(1)员工参与管理。尊重人的权利、人与人之间的相互平等，体现在管理中就是广泛的民主参与。民主管理方式的具体做法是：让员工通过正常的渠道，对社会、本单位的活动目标、计划、管理干部的任免提出合理化的建议，参加企业大事的决策；通过自己的代表或群众组织，直接参加管理工作；对社会及本单位的活动进行广泛的监督，同时监督管理机构和管理者的工作。

(2)重视人的需要。以人为中心的管理要求管理者重视人的需要，针对被管理者的经济、文化生活加以合理关怀，帮助他们选择自己的社会角色，并创造条件，使之掌握必要的知识、技能，出色地扮演所担负的社会角色。从本质上来说，重视人的需要是尊重人、理解人、关心人、爱护人的体现。

总之，企业必须将人本理念当成一种管理工具来应用，开发和树立企业人本理念的根本目的在于激发企业员工的积极性和创造性，树立以人为中心的管理思想，是做好现代管理工作的最根本保障，是发挥人的主观能动性的前提。

3. 责任原则

责任是管理的核心之一，没有责任，管理就失去了保障。可以从两个方面来理解责任：一是指分内应做的事，如职责等；二是指没有做好自己的工作而应承担的不利后果。

成功的管理者一定是负责任的管理者。在实际工作中，管理者必须弄清楚对谁负责，为何事负责。同时，赋予责任必须是以信任为基础的。在一个充满信任的氛围中，责任感才容易产生。对于企业来说，对顾客、企业、员工的责任感是至关重要的。

要点点拨

(1)对顾客的责任感，体现在为顾客创造价值和提高顾客忠诚度方面。也就是了解顾客的需求，并致力于让顾客满意的结果。

(2)对企业的责任感，是一种企业文化的行为体现。因此，应该做到让每名员工都能深刻地了解公司的愿景、价值观和经营理念。

(3)对员工的责任感，主要体现在员工的成长和收获方面，切实考虑到员工的切身利益。

（五）管理的方法及基础工作

1. 管理的方法

管理的方法是指为达到企业管理目标所采取的方式、手段、措施、途径等。**管理的方法很多，一般可分为行政方法、经济方法、法律方法、教育方法和技术方法等几大类**。

(1)行政方法。行政方法是指依靠行政机构和领导者的权威，通过行政组织系统，采用命令、指示、规定、指令性计划、制定规章制度等行政手段，对管理对象发生影响和进行控制的管理方法。行政方法以权威和服从为基本原则。

(2)经济方法。经济方法是指依靠利益驱动，利用经济手段，通过调节和影响被管理者的物质需要而促进管理目标实现的方法。经济方法的实质是围绕着物质利益，运用各种经济手段正确处理好国家、集体与劳动者个人三者之间的经济关系，最大限度地调动各方面的积极性、主动性、创造性和责任感，促进经济的发展与社会的进步。

(3)法律方法。法律方法是指通过各种法律、法令、条例和司法、仲裁工作，调整社会经济的总体活动和各企业、单位在微观活动中所发生的各种关系，以保证和促进社会经济发展的管理方法。在管理的法律方法中，既包括国家正式颁布的法律，也包括各级政府机构和各个管理系统所制定的具有法律效力的各种社会规范。法律方法的内容不仅包括建立和健全各种法规，而且包括相应的司法工作和仲裁工作。这两个环节是相辅相成、缺一不可的。

(4)教育方法。教育方法是指在一定的教育思想指导下形成的实现其教育思想的策略性途径，是通过对企业职工进行思想、科学文化、生产技能和经营管理等方面的教育，提高职工素质，从而增强企业生存和发展能力的管理企业的方法。

(5)技术方法。技术方法是管理者将现代科学技术的成果应用于生产、经营过程，以提高企业适应市场环境能力的方法。技术方法可以使生产经营活动中许多复杂问题的处理变得高效、快捷。目前广泛应用于企业信息化工作。

2. 管理的基础工作

管理的基础工作是为企业生产经营管理活动提供资料数据、共同准则、基本手段和前提条件的基础性工作。**管理的基础工作包括标准化工作、定额工作、计量工作、信息工作、规章制度和员工教育培训**。

(1)标准化工作。标准化工作是指对技术标准、管理标准和工作标准等各类标准的制定、执行和日常管理工作。标准的确立是有效管理的前提。管理可以说是从标准的制定和标准的执行开始的。每一种产品、每一项服务、每一个工作岗位、每一个管理职位都必须有标准。而且标准应该是先进的、可行的、可量化的、稳定的。企业的标准主要有技术标准和管理标准。

知识拓展

①技术标准。技术标准包括基础技术标准、产品标准、工艺标准、检测试验方法标准,及安全、卫生、环保标准等。

②管理标准。管理标准是对企业中重复性的管理工作的任务、程序、内容、方法和要求及考核奖惩办法所做的统一规定。制定管理标准的目的是合理组织、利用和发展生产力,正确处理生产、交换、分配和消费中的相互关系及科学地行使计划、监督、指挥、调整、控制等行政与管理机构的职能。

(2)定额工作。定额是对各类资源的消耗和占用标准所做的规定,是标准的具体化。

(3)计量工作。计量就是标准化的测量,是通过技术和法制相结合的手段,对量值统一地测量,以保证量值的准确、一致。统一是核心,技术和法制是手段,目的是实现量值的准确、一致。计量工作是指测试、检查、化验分析等方面的计量技术和计量管理工作。

要点点拨

计量技术是指计量标准的建立到量值的传递以及生产过程中的实际测量,它包括测量方法和测量手段两个方面。计量技术按使用需要分为标准测量技术、工业测量技术和计量测量技术三种。

计量管理是指对量值传递系统的技术手段和法制手段进行协调。计量管理是计量工作不可缺少的组成部分,有好的计量标准而无好的管理,也不可能使量值统一。因此,企业必须重视和加强计量管理工作,要建立、健全计量机构,根据需要合理选择和配备计量器具,建立量值传递系统和做好计量检定工作,建立、健全计量管理制度等。

(4)信息工作。信息工作一般是指对组织活动所必需的各种资料数据的收集、处理、传递、储存、检索、输出等管理工作,它一般包括以下几项:

①**原始记录工作**。它是对组织的每一个要素的使用、占有、获得、耗费,每一项活动的进行都有一个及时、真实的原始记录。它表现为台账、记账单、领料单、入库单、考勤表、报表、合同书、总结报告等。

②**统计分析工作**。它是对原始记录提供的原始数据,用特定的方法进行收集、整理和分析的工作。

③技术、经济情报工作。它是对与组织目标实现有关的各种经济情报和科技情报的收集、分析和研究工作。

④科技档案工作。它是将组织活动中有保存价值的图纸、文字材料、照片、录音、录像等作为历史记录保存起来以备考查的工作。

(5)规章制度。规章制度是用文字的形式对各项管理工作和劳动操作的要求所做的规定,是全体职工行动的规范和准则。它一般由基本制度(如组织的领导制度)、工作制度(如计划、技术、劳动、财务等各项专业制度)和责任制度(职位责任制和岗位责任制,使人人有专责、事事有人管、严格考核、赏罚分明)组成。作为企业管理基础工作,企业规章制度主要指专业管理制度和岗位责任制。专业管理制度是为了保证生产、技术、经营活动正常进行,对企业各项专业管理工作的内容、程序、方法和要求所做的规定。岗位责任制是对企业内部各级组织、各类人员所承担的工作任务、应负的责任和工作中拥有的权力的规定。

专业管理制度和岗位责任制是紧密相连的。专业管理制度的内容要分解到有关的岗位责任制中去,而岗位责任制又是落实各种专业制度的基础。有岗位责任制而无专业管理制度,岗位责任制则无所遵行;只有专业管理制度而无岗位责任制,则各项专业管理制度就无法落实。其中岗位责任制处于核心的地位,因此,企业必须建立、健全以岗位责任制为核心的规章制度。

(6)员工教育培训。通过教育培训能大大提高员工的素质,有助于企业留住人、用好人;有助于减少企业的管理层次和管理人员;有助于员工快速理解和接受企业的管理理念和管理方式。员工教育培训是对员工进行思想品德、科学文化知识、业务和生产技能的教育。它是适应科学技术发展、增强企业竞争力的需要,是提高劳动生产率和经济效益的可靠保证,也是社会主义精神文明建设的重要组成部分。

员工教育培训的关键是使这项工作制度化,并采取各种各样的形式来培训员工,使他们适应不断变化的新形势。

二、管理者

（一）管理者的定义

管理者是开展管理活动的主体，任何组织的管理活动都与管理者密不可分。我们可以将组织中的成员分为两类，即操作者和管理者。操作者是指在组织中直接从事具体的业务，且对他人的工作不承担监督职责的人。管理者是指在组织中指挥他人完成具体任务的人，如工厂的厂长、餐厅的经理等。

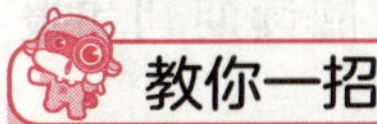

管理者可定义为：负责对组织的资源（人、财、物等）实施计划、组织、领导和控制等管理行为的有关人员。

（二）管理者的分类

1. 按管理者所处层次来分类

（1）高层管理者。组织的高层管理者是站在组织的立场上，对整个组织实行综合指挥和统一管理的人员。

（2）中层管理者。中层管理者的职责主要是执行高层管理者所作出的决策，并使高层管理者制定的战略目标获得实现。

（3）基层管理者。基层管理者的职责主要是按中层管理者指示的程序，去组织、指挥和从事具体的管理活动，给下级人员分配工作，检查下级人员的工作情况等。

2. 按所从事的业务来分类

管理者在实际工作中，所从事的管理工作的性质和业务内容是不同的，按从事的业务来划分，管理者可分为行政管理人员、人事管理人员、财务管理人员、业务管理人员和其他管理人员。

（1）行政管理人员主要负责后勤保障工作，以保证其他部门各项工作的正常运转。

（2）人事管理人员的主要职责是从事人力资源的管理，具体地说，其任务是制定人力资源的计划，招聘和选择组织所需要的合格人才，并对这些人才进行有效的培训和合理的使用，建立合理而有效的业绩评估、晋升、奖励、惩罚等制度。

（3）财务管理人员主要从事与资金的筹备、预算、核算、投资及使用等有关活动的管理。

（4）**业务管理人员对组织目标的实现负有直接责任，负责组织和控制组织内日常业务活动的开展，企业中的生产部、技术设计部、市场经营部等部门的负责人都属于业务管理人员**。

（5）其他管理人员是指除上述管理人员以外的各类管理人员。如公共关系人员，其负责处理与外部媒介之间的关系等工作。

（三）管理者的角色

20 世纪 60 年代末期，亨利·明茨伯格对 5 位总经理工作进行了仔细的研究，他发现，许多对管理者工作的研究或看法与实际有很大差距。通常人们认为，管理者是深思熟虑的思考者，在经营决策的过程中，他们总是认真地思考和系统地权衡。但明茨伯格却发现，所调查的经理们几乎很少有时间能坐下来认真地思考，他们经常陷入变化很快、无一定模式和短时活动中，甚至有半数管理者的活动持续时间不多于 9 分钟。明茨伯格在观察的基础上，创建了他的管理者角色理论。**明茨伯格认为，管理者扮演着十种角色，这十种角色可被归纳为三大类，即人际角色、信息角色和决策角色**。

1. 人际角色

人际角色直接产生于管理者的正式权力基础，管理者在处理与组织成员和其他利益相关者的关系时，他们就在扮演人际角色。**它包括头面人物角色、领导者角色和联络者角色**。

（1）头面人物。作为一个组织的头面人物，管理者必须行使一些具有礼仪性质的职责。例如，迎接来访客人，参加剪彩颁奖仪式，签署法律文件等。在这些场合，管理者扮演的就是头面人物的角色。

（2）领导者。由于管理者对一个组织的行政负有重要责任，他们有领导下属的任务，并要使下属的需求与组织目标相配合。例如，领导激励和动员下属、配备人员、培训员工等。

（3）联络者。管理者还必须扮演组织联络者的角色。他们在工作中，要与外部利益相关者进行联系，建立良好的人际关系和联系网络，向人们提供恩惠和有用信息，例如，送贺年卡、发感谢信、参与外部人员参加的各种集会等。

2. 信息角色

在信息角色中，管理者负责确保和其一起工作的人具有足够的信息，从而能够顺利完成任务。由于管理者拥有职权，管理者享有与其地位相符合的信息渠道。整个组织的运行有赖于组织结构及管理者获取或传递必要的信息，以便更好地完成组织任务。**它包括监督者、传播者和发言人这三类角色**。

(1)监督者。管理者作为监督者，要审视环境，不断地向他(她)的联络人及下属提出问题、收集信息，通过分析收集来的信息，管理者可以判断出组织中存在的潜在机会和威胁。例如经常阅读期刊和报告、保持私人接触等。

(2)传播者。在作为传播者的角色中，管理者将从外部人员和下级那里获得的信息传递给组织的其他成员，与他人分享部分或全部享有特权的信息。例如，举行信息交流会，用打电话的方式传达信息等。

(3)发言人。在扮演发言人角色时，管理者必须把信息传递给其他部门、组织外部的人员或向上级汇报等。例如，必须向董事和股东说明组织的财务状况与战略方向，向消费者保证切实履行社会义务，让政府官员对组织遵守法律感到满意等。

3. 决策角色

在决策角色中，管理者对获得的信息进行处理并得出结论，负责作出组织的决策，让工作小组按既定的方向行事，并对组织资源进行合理配置以保证小组计划目标的实施。它包括企业家、冲突管理者、资源分配者和谈判者等角色。

(1)企业家。管理者扮演企业家角色，就是不断分析环境变化，发掘企业存在的问题，寻找机会，制订出行动方案，以使企业持续不断地向前发展。例如，制定战略，检查会议决议执行情况，开发新产品、提供新服务和发明新工艺等。

(2)冲突管理者。在扮演冲突管理者角色中，管理者要对组织运行中遇到的冲突事件进行处理。例如，平息客户的怒气，解决合同纠纷，对下属之间的争端进行处理等。

(3)资源分配者。作为资源分配者，管理者要对组织资源及自己的时间进行有效分配。例如，调度、询问、授权，从事涉及预约的各种活动和安排下级的工作。

(4)谈判者。作为谈判者，管理者为了组织的利益，与组织有关的利益集团进行谈判，确定成交的条件。例如，与员工、供应商、客户和其他小组成员等的谈判。管理者如何在不同的场合、工作岗位扮演不同的角色，受管理者所在组织层次，组织规模，管理者个人因素等因素的影响。

要点点拨

从管理者所处的层次看：对于高层管理者，他(她)所担负的代表人、联络者、发言人、传播者、决策者、谈判者的角色较多；对于低层管理者来看，他(她)所担负的领导者的角色更多。

从管理者所在的组织规模看，小企业管理者最重要的角色是发言人。他(她)需要花大量的时间处理外部事务，如接待来访者，会晤银行家融通资金，寻找新的机会促进变革。大企业的管理者主要关心企业的内部事务，如企业内部的资源分配。相比之下，小企业的管理者更有可能成为一个多面手，他(她)的工作内容将可能上至最高领导层的角色，下至基层管理者的工作。而大企业管理者分工很细，趋向于结构化和规范化的工作，控制更多地依赖于制度、信息监控系统和文化。从管理者个人因素来看，管理者个人的价值观、思想品德、工作作风、习惯思维、潜意识以及工作经历等都会影响管理者的工作。

(四)管理者的技能

1. 管理者的三种基本技能

管理者需要三种基本的技能(素质)，即技术技能、人际技能和概念技能。

(1)技术技能。技术技能是指从事自身管理范围内的工作所需的基本技术和具体方法。例如，高校教研室主任必须熟练掌握本专业的教学内容与教学方法；企业的部门经理，必须熟悉本企业所生产的各种设备的性能、使用方法、操作程序，各种生产材料的用途、加工工序，各种成品或半成品的指标要求等。

(2)人际技能。人际技能是指把握与处理人际关系的有关技能，即理解、动员、激励他人并与他人共事的能力。“世事洞明皆学问，人情练达即文章。”要成为一个好的管理者，离不开良好的人际关系，包括同上级、下级、同级、他人的关系等。

(3)概念技能。概念技能是指管理者对复杂情况进行抽象和概念化的技能。运用这种技能,管理者必须能够将组织看作一个整体,理解各部分之间的关系,想象组织如何适应它所处的广泛复杂的环境。

2. 管理技能的特征

管理技能是指管理者行使有效的管理职能所需要的知识、技能、态度。管理技能的特征主要体现在以下几个方面:

(1)管理技能体现在管理者行为的各个方面。管理者通过进行各种活动可以产生出某种结果,这些结果体现出管理者能力的高低。

(2)管理技能是可控的。管理技能处在管理者的控制之下,可以被管理者有意识地表现、实践、改善或者抑制。

(3)管理技能是可发展的。管理技能是可以改进的,管理技能与人的智力、特定人格或气质这些相对稳定的特质不同,通过实践和反馈,各级管理者可以改善他们的管理技能。

(4)管理技能是相互联系、相互重合的。把某项管理技能从其他技能中完全分离出来是不可能的。技能不是简单的、重复性的行为,它们存在于一个复杂的系统中。有效的管理必须依靠多种技能的有机结合以达到特定结果。

真题精练

【导学例题2】某旅游公司总经理在市场不景气的情况下,以过人的职业洞察力发现海外度假旅游项目与25~35岁新婚家庭消费群体之间的关联性,并针对这部分群体快速设计出一套新的旅游路线和体验项目,在广泛宣传后收到丰硕的订单。但由于涉及与交通管理、签证、保险等机构的协调,新项目一直未能批准,造成该公司丧失大量的市场机会,公司经营每况愈下。下列说法中,最能概括该总经理的管理能力的是(　　)。

A. 技术技能和人际技能强,概念技能弱

B. 人际技能和概念技能强,技术技能弱

C. 技术技能和概念技能强,人际技能弱

D. 技术技能、人际技能和概念技能都弱

C　【解析】根据题干,总经理拥有超高的洞察力,发现关联性,这体现了其概念技能;迅速设计出路线和体验项目,体现了其高超的技术技能;由于欠缺协调,而使项目搁置,这体现了其人际技能较弱。

(五)管理者的作用

不同层次的管理者,在管理过程中所发挥的作用并不相同,主要表现在信息、人际关系和决策三个方面。

1. 信息方面

管理者在信息方面除了要向周围传递信息,进行沟通,还要起以下作用:

(1)**发现信息**。管理者在组织中要接受他人传递来的信息,更重要的是去发现、收集有关自己工作范围内的各种信息。

(2)**加工信息**。管理者收集到的信息可能有虚假成分,也有可能是竞争对手放出的假消息,或是信息在传递过程中受到了传递者的主观因素影响等,这些都会使信息出现失真,那么,作为一个管理者,必须有对收集的信息进行加工的能力,要对信息进行适当的分析整理,最大限度提高所掌握信息的准确性。

(3)**保持信息渠道的畅通**。首先,信息的传递是双向的,发送者除了要将信息传递给接收者,还应能及时收到反馈信息;其次,要保证信息正确地传递到需要的一方。

2. 人际关系方面

(1)代表性。任何层次的管理者都具有一定的代表性,高层管理者代表整个组织,中层管理者代表一个部门,基层管理者代表一个基层单位。

(2)沟通。管理者在管理过程中的主要工作是和人打交道,要向自己的上级汇报任务执行情况,要与同级的管理者交换信息,要向下级布置工作。除此之外,人与人之间也需要交流思想感情。任何一个管理者都要在组织内部和外部与其他人进行沟通。

(3)指挥和激励下级有效地完成任务。作为一个管理者,在与下级进行的双向沟通中要发挥主导作用,但沟通并不是目的,真正的目的是要通过沟通更好地带领大家去完成组织交给的任务。

3. 决策方面

一个管理者在自己的职责范围内总会面对很多问题，总是需要做出各种各样的决定，所以说，管理者将在决策方面发挥至关重要的作用。主要体现在：提出可供决策使用的方案；调配资源，实施计划；协调好各方面的关系，解决好内部的矛盾和分歧。

（六）优秀管理者的三种素质和六项能力

要成为一名优秀的管理者，不仅要有扎实的理论功底和丰富的实践经验，还需要具备以下三种素质和六项能力。

1. 三种素质

（1）**品德**。品德体现了一个人的世界观、人生观、价值观、道德观和法制观，其持续有力地指导着个人对现实的态度和行为方式。作为一名管理者，应具有强烈的管理意愿和良好的精神素质。

（2）**知识**。知识是提高管理水平和管理艺术的基础。由于管理是一门综合性科学，涉及的学科知识很广，管理工作要求管理者掌握专业知识的同时，还应掌握多个方面的知识。

（3）**重视实践**。管理者要把各种管理理论与业务知识应用于实践，运用“理论联系实际”的原理来进行具体管理工作和解决实际问题。能力与知识是相互联系、相互依赖的，基本理论和专业知识的不断积累与丰富，有助于潜能的开发与实际才能的提高，而实际能力的增长与发展，又能促进管理者对基本理论知识的学习、消化和具体运用。

2. 六项能力

（1）**沟通能力**。为了了解组织内部员工互动的状况，倾听员工心声，管理者需要具备良好的沟通能力，其中又以“善于倾听”最为重要。

（2）**协调能力**。管理者要能敏锐地觉察部属的情绪，并建立疏通、宣泄的渠道，切勿等到对立加深、矛盾扩大后，才急于着手处理与排解。

（3）**规划与统筹能力**。管理者的规划能力，既指短期的策略规划能力，又指长期计划的制定能力。卓越的管理者必须深谋远虑，不能目光短浅，只看得见现在而看不到未来，要适时让员工了解公司的愿景，才不会让员工迷失方向。

（4）**决策与执行能力**。在民主时代，虽然有许多事情以集体决策为宜，但是管理者仍须经常独立决策，包括分派工作、人力协调、化解员工纷争，等等，这些都考验着管理者的决断能力。

（5）**培训能力**。管理者必然渴望拥有一个实力雄厚的工作团队，因此，培养优秀人才，也就成为管理者的重要任务。

（6）**统驭能力**。当好一个管理者的先决条件，就是要有建立团队的能力。

第二节　管理理论

一、古典管理理论

1. 泰勒科学管理理论

（1）**科学管理的中心问题是提高劳动生产效率**。泰勒认为，科学管理的根本就在于提高劳动生产效率，因为科学管理如同节省劳动的机器一样，其目的在于提高每一单位劳动力的产量。他认为，企业提高劳动生产率的潜力非常大，在当时的条件下，每个工人的能力在工作中只发挥了三分之一。泰勒在一项工人搬运生铁的实验中，使工人每天搬运铁的数量普遍从 12.5 吨提高到 47.5 吨，增加了 3.8 倍，工人工资由每天 1.15 美元增加到 1.85 美元，可是，当时无论是雇主还是工人，对于一个工人一天到底能干多少工作、该干多少工作都心中无数。

（2）为了提高劳动生产效率必须为工作挑选第一流的工人。泰勒认为，所谓第一流工人包括两个方面：一是该工人的能力最适合他所从事的工作，二是该工人从内心愿意从事这项工作。因为每个人的天赋与才能不同，他们所适宜做的工作也各异，身强力壮的人干体力活可能是第一流的，心灵手巧的人干精细活可能是第一流的，所以要根据人的不同能力和天赋把他们分配到相适应的工作岗位，使之成为第一流的工人。对那些不适合所从事工作的工人，应加以培训，使之适合工作需要，或把他们重新安排到其他适宜的工作岗位上去。培训工人成为第一流的工人，是领导的职责。

（3）为了提高劳动生产效率必须研究工时与标准化。泰勒通过改变不同的因素来观察哪些因素与日工作量变化有关。例如，工人搬运生铁时有时弯曲膝盖，有时不弯曲膝盖而是弯腰。泰勒测试了休息时间、行走速度、搬运位置及其他各种变量。在长时期对各种过程、技术、工具等的组合进行科学测试之后，泰勒成功地找到了相关的规律。通过挑选合适的工人，使用正确的工具设备，加上让工人严格地按规定的方法劳动，以及通过采用高工资激励工人，就能达到预设的工作量目标。

(4) **在制定标准定额的基础上实行差别计件工资制**。制定标准定额是泰勒科学管理理论的基础。通过大量的工时与动作研究，他把每一项工作都分成尽可能多的简单基本动作，把其中无效动作去掉，并通过对熟练工人操作过程的观察和记录，寻找出每一个基本动作的最好、最快的操作方法，这构成了他确定日工作定额的基础。

(5)设置计划层，实行职能工长制。泰勒认为一位"全面"的工长应具备九种品质：智力、专门的知识、手脚灵活、机智老练、有干劲、刚毅不屈、忠诚老实、判断力和一般常识、身体健康。泰勒认为要找到一个具备上述三种品质的人并不太困难，找到一个具备上述五种或六种品质的人就比较困难，而要找到一个具备七八种上述品质的人，那几乎是不可能的。为了解决这种矛盾，泰勒提出了分阶段的职能工长的主张，因为把工长的工作专业化后，对任职者的体力和脑力的要求也就相应降低了。

(6)对组织机构的管理控制实行"例外原理"。泰勒强调了企业中经理人员的特殊作用，经理人员应避免处理管理中的细小问题，而应把这些日常例行事务留给专门人员去处理，其只需关心"例外的问题"。这个"例外原理"能够检查究竟谁履行了他承担的责任及谁没有做到这一点。"例外原理"对于帮助经理人员摆脱日常具体事务，集中精力对重大问题进行决策，是必要且有利的。执行这一原理不仅要授权给下级，而且应当使日常业务工作标准化、制度化，使下级人员有章可循。

(7)为实现科学管理应开展一场"心理革命"。泰勒认为，通过开展一场"心理革命"，变劳资对立为互相协作，共同为提高劳动生产率而努力，这才是科学管理理论的真谛。泰勒的管理理论倡导在管理中运用科学的方法和科学的实践精神，从而用调查研究和科学知识代替管理者个人的主观判断与经验。泰勒理论的出现，使人类的管理由经验走向科学。正是在泰勒的科学管理理论的基础上，创造和发展出了一系列有助于提高劳动生产率的技术和方法，而这些技术和方法又反过来成为近代以来系统、合理组织生产的基础。

2. 法约尔一般管理理论

法约尔一般管理理论的主要内容如下：

(1)区分了经营与管理的概念并论述了人员能力的相对重要性。

(2)概括并详细分析了管理的五项职能，即计划、组织、指挥、协调与控制。

(3)提出了管理中具有普遍意义的十四项原则。

3. 韦伯管理组织理论

(1)该理论揭示了组织与权威的关系并划分了权威的类型。韦伯认为，任何组织都必须以某种权威为基础，才能实现目标，只有权威才能变混乱为有序，但不同组织赖以建立的权威不同。

(2)该理论归纳了官僚制组织的基本特征。韦伯认为，官僚制组织的基本特征有：

①实现劳动分工，明确规定每一位成员的权力与责任，并作为正式职责使之合法化。

②各种公职或职位按权力等级严密组织起来，形成指挥体系。

③通过正式考试的成绩或在培训中取得的技术资格来挑选组织的所有成员。

④实行任命制，只有个别职位才实行选举制。

⑤公职人员都必须是专职的，并有固定薪金保证。

⑥职务活动被认为是私人事务以外的事情，受规则和制度制约，而且毫无例外地适用于各种情况。

(3)该理论概括了官僚制组织的结构。韦伯认为，官僚制组织体系的结构可分为三个层次，即最高领导层、行政官员层和一般工作人员层。**在官僚制组织架构下，最高领导人员相当于现代组织的高级管理层，其主要职能是决策；行政官员相当于中间管理层，其主要职能是贯彻最高领导层的决策；一般工作人员相当于直接操作层，其主要职能是从事各项具体的实际工作**。

4. 穆尼和赖莱的组织效率原则

(1) **协调原则**。这个原则是指"有秩序地安排团体力量，以便在对一个共同目标的追求中能有统一的行动。"贯彻协调原则要以权威为基础，同时要求组织成员对组织所要达到的目标要有明确的理解。

(2) **等级原则**。这个原则是指在每个组织中都应有一个权力和相应职责的等级系列。通过对这个等级系列，上级领导把权力授予下级，同时确定和安排等级系列中的每一个下级的工作任务并明确他们的职责。

(3)**职能原则**。这个原则指的是“各种不同职务之间的区分。”这个原则的意思是指在组织中要通过对各种职务的区分,使人们在组织中担任各种不同的职务,从而履行各种不同的职能,这些职能在组织中既相互分工又相互制约形成一个整体,为组织目标的实现而发挥作用。

5. 古典管理理论的意义

(1)古典管理理论确立了管理学是一门科学。通过科学研究的方法能发现管理学的普遍规律,古典管理理论的建立使管理者摆脱了用传统的经验和凭感觉来进行管理的方式。

(2)古典管理理论建立了一套与管理相关的原理、原则、方法等理论。古典管理理论提出了一些管理原则、管理职能和管理方法,并且主张这些原则、职能和方法是管理工作的基础,对企业管理有着很大的指导意义。

(3)古典管理学家同时也建立了关于组织的理论。韦伯提出的官僚组织理论是组织理论的基石,因此他被人们称为组织理论之父。韦伯提出了一种官僚管理体制的设想,而且,他还就组织的结构设计,以及维护这种组织结构的正常运行,提出了一系列的原则。今天企业的组织结构虽然变得更加复杂,但是,古典组织理论设计的基本框架仍未失去其存在的意义。

(4)古典管理理论为后来的行为科学和现代管理学派奠定了理论的基础,当代许多管理技术与管理方法皆来源于古典管理理论。古典管理学派所研究的一些问题仍然是当今管理领域所要研究的问题。许多新的管理思想也是对古典管理思想的继承和发展。

6. 古典管理理论的特点

在管理思想的发展进程中,相对于后面的管理理论和流派,古典管理理论有以下两个显著的特点。

第一,**效率主义是古典管理最强劲的主旋律**。管理学诞生之初,所要解决的问题相当现实,就是通过寻找和运用科学的管理手段与方法,全力提高生产效率,降低企业社会必要劳动量。无论是泰勒及其追随者,还是法约尔和韦伯,尽管理论视野各有侧重,学术观点也有差异,但他们皆视科学管理为提高工作效率的方法和手段。

第二,古典管理理论有浓郁的经验论、技术论的色彩。古典管理理论乃至整个管理学,就其理论源泉来说,主要有两条:一条是通过其他学科的渗透,吸取思想资源;另一条是对实践经验的总结提升。很显然,古典管理理论的形成是实践经验的结晶。

二、人际关系学说

1. 梅奥的人际关系理论的主要观点

现代管理理论的代表理论是人际关系理论,其代表人物是梅奥。梅奥在其代表作《工业文明的人类问题》中,总结了他的人际关系理论的主要思想,其主要观点如下:

(1)**工人是“社会人”而不是“经济人”**。以前泰勒的科学管理理论假定工人是追求最大限度的工资收入、雇主是追求最大限度的利润的“经济人”,而霍桑实验的研究发现,工人作为集体的一员,不但追求最大限度的工资收入,而且追求多方面的需求和满足,还要受到社会和心理等多方面因素的影响,因而其不仅是“经济人”还是“社会人”。所以影响工人积极性的因素,不但有经济方面的因素,而且还有社会和心理方面的因素。

(2)**工人的工作态度与士气是影响工作效率的关键因素**。泰勒的科学管理理论说明生产效率、作业条件与作业方法三者之间存在着因果关系。但是,梅奥通过研究表明,作业条件与作业方法并不是影响生产效率的决定性因素,影响生产效率的决定性因素应该是工人的工作态度与士气。从上述意义上说,提高生产效率的主要途径是提高工人的满足度。通过提高满足度来提高工人的士气,当然可以把途径更具体化,例如了解并满足工人的复杂需要;善于处理人际关系;创造良好的工作气氛等。

(3)**企业中存在着“非正式组织”,而且非正式组织影响工人的工作效率**。企业的主管人员既要能够发现企业中的各种“非正式组织”,也要善于利用各种“非正式组织”来提高工人的劳动生产率与组织的效率。

上述结论虽然开创了在管理中重视人的因素的时代,为行为科学的发展奠定了基础,但是,在管理过程中应考虑的因素较多,并不仅仅是要建立良好的人际关系。由于人也绝非是在任何情况下都感情用事的,在许多方面人都是有理性的,因此,梅奥的结论也有一定的局限性。

2. 梅奥的主要贡献

梅奥的人际关系理论克服了古典管理理论的不足，导致了管理的一系列变革，其中许多措施到现在仍然是管理者所遵循的原则，其贡献主要有以下几点：

(1)激起了管理层对人的因素的研究兴趣。

(2)改变了人与机器没有差别的观点，恢复了人有“社会人”属性的本来面目。

(3)为行为科学奠定了基础。

(4)为管理思想的发展开辟了新的领域。

(5)为管理方法的变革指明了方向。

三、现代管理理论

随着人类社会的不断发展，之前的管理理论也逐渐表现出一定的局限性，于是管理理论逐渐转向科学化与人际化的结合，而在结合的过程中，由于研究侧重点等方面的不同，出现了一系列的学派，下面分别进行简单介绍。

1. 管理过程学派

管理过程学派又称管理职能学派，是美国加利福尼亚大学的教授孔茨和奥唐奈里奇提出的。该学派主张按管理职能建立一个作为研究管理问题的概念框架。法约尔被认为是这个学派的创始人。

管理过程学派的主要观点如下：

(1)管理是一个过程，即让别人同自己一同去实现既定目标的过程。

(2)**管理的职能有五个：计划工作、组织工作、人员配备、指挥、控制**。

(3)管理职能有普遍性，即各级管理人员都执行着管理职能，但侧重点则因管理级别的不同而不同。

(4)管理应具有灵活性，要因地制宜，灵活运用。

管理过程学派也存在明显的缺陷，具体缺陷表现在以下方面：

(1)管理被看成是一些静态的不含人性的程序，忽略了管理中人的因素。

(2)归纳出的管理原则适用性有限，对静态、稳定的生产环境较为合适，对动态、多变的生产环境难以适应。

(3)管理程序的通用性值得怀疑，管理职能并不是普遍一致的，不仅因职位的高低和下级的情况而异，也因组织的性质和结构的不同而发生变化。

2. 管理科学学派

所谓管理科学学派，又被称作管理中的数量学派。这个学派认为，解决复杂系统的管理决策问题，可以用电子计算机作为工具，寻求最佳计划方案，以达到管理企业的目标。管理科学其实就是管理中的一种数量分析方法，它主要用于解决能以数量形式表现的管理问题，其作用在于通过管理科学的方法，减少决策中的风险，提高决策的质量，保证投入的资源发挥最大的经济效益。

这一学派的主要代表人物有布莱克特等人。**管理科学学派的主要研究内容有：运筹学、系统分析与决策科学化**。

管理科学学派认为管理就是设计数学模型和程序进行定量分析，并在此基础上选择最优方案，该学派的特点主要表现在以下六个方面：

(1)注重运用科学的方法。

(2)通过建立数学模型来解决管理中存在的问题。

(3)注重系统分析方法在管理实践中的应用，强调系统性。

(4)注重决策的科学化。

(5)强调的是经济与技术问题，而不注重社会心理问题。

(6)注重计算机在企业管理实践中的应用。

从一定意义上说，这一学派注重对技术经济问题的定量的、系统的分析。基于管理科学的特征，大多数管理学家认为管理科学只是一种有效的管理方法，而不是一种宏观的管理思想，它仅适用于解决特定的管理问题。

管理科学学派理论的优点与局限性如表 2-3-1 所示。

表 2-3-1 管理科学学派理论的优点与局限性

项目	内容
优点	(1)使复杂的、大型的问题有可能分解为较小的问题,以便于诊断、处理。 (2)制作与分析模型必须重视细节并遵循逻辑程序,这样就把决策置于系统研究的基础上,加强了决策的科学性。 (3)有助于管理人员估算不同选择的结果,如果明确了各种方案包含的风险与机会,便有可能做出正确的选择
局限性	(1)管理科学学派理论的适用范围有限,并不是所有管理问题都能够定量,这就影响了它的使用范围。 (2)使用数量分析的方法解决实际问题的过程中存在许多困难。管理人员与管理科学专家之间容易产生隔阂,大多数实际的管理人员无法掌握复杂、精密的数学方法,也就无法做出正确评价,而管理科学专家一般又不了解企业经营的实际情况,提供的方案不能切中要害,难以解决实际问题,这样,双方就难以进行协同。 (3)采用管理科学学派的方法大都需要耗费相当数量的费用和时间。考虑到费用问题,管理科学学派的方法往往只是用于那些大规模的复杂项目,这使它的应用范围受到限制

3. 组织管理学派

组织管理学派的突出特征是将组织作为一个合作的社会系统进行研究,试图对人际关系理论的观点做出修正。

组织管理学派认为组织作为一个社会协作系统,其状态取决于三个方面:一是协作效果,即组织目标的达成;二是协作效率,即在实现目标的过程中,协作的成员付出最少而心理满足较高;三是组织目标应和环境相适应。在一个正式组织中建立这种协作关系需具备三个条件:共同的目标、组织成员有协作意向、组织中有一个能彼此沟通的信息系统。要具备以上三个条件,作为一个管理者或经理人员,必须完成以下三项职能:一是设定组织目标;二是筹集所需的资源,使组织成员能为实现组织目标作出贡献,为此作为管理者应带头工作,以使其权威为员工所接受;三是建立并维持一个信息联系系统。

此后,有不少的管理学者把有关概念扩大应用于各种合作性的、有目的的群体关系和行为,并将这些理论笼统地纳入组织理论的范畴。组织管理学派对管理的分析确实非常中肯,但此学派的研究领域过于宽泛,有的已经超出了管理学的范畴;同时,也有一些对管理者来说很重要的概念、原理和方法却又被组织管理学派所忽视。

4. 行为科学学派

行为科学根据其研究侧重点的不同,总体上可分为两个分支:人际行为学派和群体行为学派。

对行为科学有重大贡献的代表人物很多,其中主要有马斯洛的“需求层次理论”,赫茨伯格的“双因素理论”、卢因的“群体力学理论”、斯金纳的“强化理论”、亚当斯的“公平理论”等。

(1)马斯洛的“需求层次理论”。**马斯洛认为,人类的五种需求由低到高依次为:生理的需求、安全的需求、社会交往的需求、尊重的需求与自我实现的需求**。

(2)赫茨伯格的“双因素理论”。**“双因素理论”认为人们的积极性影响的因素主要有两类,即保健因素和激励因素**。其中,保健因素是对人们的积极性起保持与维持作用的因素;激励因素是对人们的积极性起激发和促进作用的因素。激励因素主要是指与工作本身有关的因素;保健因素主要是指与工作环境有关的因素。同时,两种因素对人们的工作行为的激励作用是不同的,其中激励因素在激励人们工作的积极性方面占主导地位。

实际上,行为科学研究的主要领域有:人性的假设;有关需求、动机和激励的问题;组织中非正式组织及人与人之间的关系;群体行为;领导模式等。

行为科学对管理学的贡献主要表现在以下两个方面:

第一,行为科学引起了管理对象重心的转变。传统的古典管理理论把重点放在对事和物的管理上,忽视了人的主动性和创造性。行为科学与此相反,它强调要重视人这一因素的作用。它把管理的重点放在人及其行为的管理上。这样,管理者就可以通过对人的行为的预测、激励和引导,来实现对人的有效控制,并通过对人的行为的有效控制,达到对事和物的有效控制,从而实现管理的预期目标。

第二,行为科学引起了管理方法的转变。传统的古典管理理论强调自上而下的严格的权力和规章制度的作用,把人看成是会说话的机器,忽视了人的社会关系和感情因素的作用及人的主动性和创造性。

与此相反，行为科学则强调人的欲望、感情、动机的作用，因而在管理的方法上强调满足人的需要和尊重人的个性，以及采用激励和诱导的方式来调动人的主动性和创造性，借以把人的潜力充分发挥出来。

5.经验主义学派

经验主义学派简称经验学派，以向大企业的经理提供管理企业所必需的经验和科学方法为目标，是通过研究一个组织或管理人员的实践经验来分析管理的。该学派的主要代表人物是德鲁克，其主要作品有《管理实践》《管理——任务、责任、实践》等。经验主义学派另一个代表人物是戴尔，其代表作是《伟大的组织者》。

经验主义学派理论的研究内容主要涉及以下几个方面：

(1)管理应侧重于实际应用，而不是纯粹理论的研究。管理学如同医学、法学和工程学一样，是一种应用学科，而不是纯知识的学科。管理又不是单纯的常识、领导能力或财务技巧的应用，管理的实际应用是以知识和责任为依据的。

(2)管理者的任务是了解本机构的特殊目的和使命，使工作富有活力并使职工有成就。

经验主义学派的方法可以说在管理理论的“丛林”中较具特色，但他们受到了许多管理学家的批评。经验主义学派由于强调经验而无法形成有效的原理和原则，无法形成统一完整的管理理论，管理者可以依靠自己的经验，而无经验的初学者则无所适从，而且，过去所依赖的经验未必能运用到将来的管理中。

真题精练

【导学例题3】下列不属于行为科学学派理论的是(　　)。

A. 马斯洛的“需求层次理论”　　B. 赫茨伯格的“双因素理论”

C. 卢因的“群体力学理论”　　D. 德鲁克的“管理实践”理论

D　【解析】德鲁克属于经验主义学派的代表人物。

第三节　组织文化

一、组织文化的内涵

所谓组织文化是指组织全体成员共同接受的价值观念、行为准则、团队意识、思维方式、工作作风、心理预期和团体归属感等群体意识的总称。它有广义和狭义之分，广义的组织文化是指企业在建设和发展中形成的物质文明和精神文明的总和，包括组织管理中的硬件和软件，即外显文化和内隐文化两部分。狭义的组织文化是组织在长期的生存和发展中所形成的为组织所特有的且为组织多数成员共同遵循的最高目标价值标准、基本信念和行为规范等的总和及其在组织中的反映。

知识拓展

组织文化，或称企业文化，是一个全新的企业管理理论，它发祥于日本，形成于美国，是继古典管理理论(又称科学管理)、行为科学管理理论、丛林学派管理理论(又称管理科学)之后，世界企业管理史上出现的第四个管理阶段的理论，也称世界企业管理史上的“第四次管理革命”。

企业文化认为，企业管理的基本原则是以人为本，即以尊重人的人格、促进人的发展为中心，成功企业之所以取得成功，不在于它们的资金、技术、设备、建筑物、销售网络等硬件，而在于有致力于人的发展的企业文化。

二、组织文化的形式

组织文化从内容上可以分为显性组织文化和隐性组织文化两大类。

(1)**显性组织文化**。所谓显性组织文化就是指那些以精神的物化产品和精神行为为表现形式的，人通过直观的视听器官能感受到的、又符合组织文化实质的内容。它包括组织标志、工作环境和经营管理行为等几部分。

①组织标志。指以标志性的外化形态，来表示本组织的组织文化特色，并且和其他组织明显地区别

开来的内容,包括厂牌、厂服、厂徽、厂旗、厂歌、商标、组织的标志性建筑等。

②工作环境。指职工在组织中办公、生产、休息的场所,包括办公楼、厂房、俱乐部、图书馆等。

③经营管理行为。组织在生产中以"质量第一"为核心的生产活动、在销售中以"顾客至上"为宗旨的推销活动、组织内部以"建立良好的人际关系"为目标的公共关系活动等,这些行为都是组织哲学、价值观念、道德规范的具体实施和直接体现。

(2)**隐性组织文化**。隐性组织文化是组织文化的根本,是最重要的部分。隐性组织文化包括组织哲学、价值观念、道德规范、组织精神几个方面。

①组织哲学。其是一个组织全体职工所共同拥有的对世界事物的一般看法。组织哲学是组织最高层次的文化,它主导、制约着组织文化其他内容的发展方向。

②价值观念。其是人们对客观事物的评价在头脑中的反映,是对客观事物是否具有价值以及价值大小的总的看法和根本观点,如组织存在的意义和目的,组织中人的各种行为和组织利益的关系等。

③道德规范。组织的道德规范是组织在长期的生产经营活动中形成的,是人们自觉遵守的道德风气和习俗,如是非的界限、善恶的标准和荣辱的观念等。

④组织精神。其是指组织群体的共同心理定势和价值取向。它是组织的组织哲学、价值观念、道德观念的综合体现和高度概括,反映了全体职工的共同追求和共同认识。组织精神是组织职工在长期的生产经营活动中,在组织哲学、价值观念和道德规范的影响下形成的。

三、组织文化的作用

由于组织文化涉及分享期望、价值观念和态度,它对个体、群体及组织都有影响。组织文化除了提供组织的身份感,还提供稳定感。具体来说有以下几个方面:

(1)整合作用。传统的科学管理法只能约束住员工的行为,但不能赢得员工的心。而强有力的组织文化,却能成为激发员工积极性、使员工全心全意工作的动力。在一个富有凝聚力的组织文化中,组织价值观念深入人心,员工把组织当成自己的家,愿意为了组织目标共同努力,贡献自己的力量,使得员工和组织融为一体。组织文化能从根本上改变员工的旧有价值观念,建立起新的价值观念,使之适应组织正常实践活动的需要。一旦组织文化所提倡的价值观念和行为规范被接受和认同,成员就会作出符合组织要求的行为选择,倘若违反了组织规范,就会感到内疚、不安或者自责,会自动修正自己的行为。从这个意义上说,组织文化具有很强的整合作用。

(2)提升绩效作用。组织文化在组织内部整合方面确实发挥着积极作用,同样,在提高企业的绩效方面也有着其独特的影响力。

(3)完善组织作用。组织在不断的发展过程中所形成的文化积淀,通过无数次的辐射、反馈和强化,会不断地随着实践的发展而更新和优化,推动组织文化从一个高度向另一个高度迈进。也就是说,组织文化的不断深化和完善一旦形成良性循环,就会持续地推动组织本身的上升发展,反过来,组织的进步和提高又会促进组织文化的丰富、完善和升华。

(4)塑造产品作用。组织文化作为一种人类的创造物,它最好的表现形态是企业的产品。当企业的产品都浸润了组织文化时,其产品的生命力将会是其他任何企业不可以相提并论的。组织文化对于塑造企业产品有极为重要的作用,企业依据组织文化进行产品设计、生产和销售,只有符合企业文化的产品才能在市场上立足立稳。反过来,企业产品的畅销则会使消费者进一步了解企业的组织文化,这是一种相互促进和发展的关系。

真题精练

【导学例题 4】下列关于组织文化的作用,说法错误的是(　　)。

A. 整合作用　　B. 提升绩效作用

C. 完善组织作用　　D. 提高产品价值的作用

D　【解析】组织文化的作用包括:(1)整合作用。(2)提升绩效作用。(3)完善组织作用。(4)塑造产品作用。D 项说法错误。

四、组织文化的建设

(1)制定组织文化系统的核心内容。一般来讲,组织文化系统的核心内容主要是指企业价值观和企业精神,因此,组织文化系统核心内容的制定工作也是紧紧围绕企业价值观和企业精神的确立来开展的。

(2)进行组织文化表层的建设。组织文化的表层主要包括两大方面,即组织文化的物质层和制度层。因此,组织文化的表层建设主要是从企业的硬件设施和环境因素方面入手,包括制定相应的规章制度、行为准则,设计公司旗帜、徽章、歌曲,建造一定的硬件设施等,为组织文化精神层的建设提供物质上的保证。

(3)组织文化核心观念的贯彻和渗透。思想、文化、意识的改变不是一蹴而就的,它需要组织的持久努力,在一点一滴中逐渐深入人心,让组织成员从心灵上去接纳和认同。正因如此,组织文化的建设是一个漫长的过程。

第四节　组织结构

一、组织结构的定义和特性

组织结构描述了组织的框架体系。就像人类由骨骼确定体型一样,组织也是由结构来决定其形状的。**组织结构有三种特性:复杂性、正规化和集权化**。

(1)复杂性。复杂性指的是组织的分化程度。一个组织越是进行细致的劳动分工,具有越多的纵向等级层次,组织单位的地理分布越是广泛,则协调起来就越困难。

(2)正规化。组织依靠规则和程序引导员工的行为就是正规化。一个组织使用的规章条例越多,其组织结构就越正规化。

(3)集权化。集权化考虑的是权力的分布。在一些组织中决策是高度集中的,问题自下而上传递给高级经理人员,由他们选择合适的行动方案,而另外一些组织,其决策制定权则授予下层人员。

二、几种常见的组织形式

尽管从理论上说,企业组织结构的形式可以有很多种,但是在现实组织中得到采用并占主导地位的组织结构则仅有其中的几种,即直线式组织结构、职能式组织结构、直线职能式组织结构、事业部式组织结构、矩阵式组织结构等。这些组织形式其实没有绝对的优劣之分。不同环境中的企业或同一企业中不同单位的管理者,都可根据实际情况选用其中某种最合适的组织形式。

1. 直线式组织结构

直线式组织结构是一种古老的组织形式,最初广泛在军事系统中得到应用,后推广到企业管理工作中来。直线式组织结构的突出特点是企业的一切生产经营活动均由企业的各级主管人员直接进行指挥和管理,不设专门的参谋人员和机构,至多只有几名助理协助厂长(或经理)工作。企业日常生产经营任务的分配与运作,都是在厂长(或经理)的直接指挥下完成的。

直线式组织结构的优缺点如表 2-3-2 所示。

表 2-3-2　直线式组织结构的优缺点

项目	内容
优点	(1)权力集中,职权和职责分明。 (2)信息沟通简捷方便,便于统一指挥,集中管理
缺点	(1)各职能单位自成体系,往往不重视工作中的横向信息沟通。 (2)狭窄的视野和注重局部利益的本位主义思想,可能引起组织中的各种矛盾和不协调现象,对企业生产经营和管理效率造成不利的影响

真题精练

【导学例题5】直线型组织结构一般只适用于(　　)。

A. 需要按职能专业化管理的小型组织

B. 没有必要按职能实现专业化管理的小型组织

C. 需要按职能专业化管理的中型组织

D. 需要按职能专业化管理的大型组织

B　【解析】直线型组织结构是一种简单的组织结构形式,其特点是组织中的一切管理工作均由领导者直接指挥和管理,不设专门的职能结构,一般适用于小型组织或现场作业。

2. 职能式组织结构

职能式组织结构也是一种古老的组织形式。**职能式组织结构的特点是企业的生产经营活动均由生产、销售、财务、人力资源等职能部门来指挥。**

职能式组织结构的优缺点如表2-3-3所示。

表2-3-3　职能式组织结构的优缺点

项目	内容
优点	(1)企业在各职能领域的管理水平得到了加强。 (2)管理行为的可操作性强
缺点	(1)如果职能部门被授予的权力过大过宽,则容易干扰直线指挥命令系统的运行。 (2)按职能分工的组织通常弹性不足,对环境的变化反应比较迟钝。 (3)职能工作不利于培养综合管理人才

3. 直线职能式组织结构

直线职能式组织结构是运用得最为频繁的一种组织形式,被广泛应用于中小型企业和初创企业中。它把直线式组织结构与职能式组织结构有机地结合起来,是主管统一指挥与职能部门参谋、指导相结合的组织结构形式。

直线职能式组织结构在组织内部既有保证组织目标实现的直线部门,也有按专业分工设置的职能部门,但职能部门在这里的作用是作为该级直线领导者的参谋和助手,它不能对下级部门发布命令。一方面,直线职能式组织结构的各级行政负责人有相应的参谋机构作为助手,以充分发挥其专业管理的作用;另一方面,每一级管理机构又保持了集中统一的指挥,但在实际工作中,直线职能式组织结构有过多强调直线指挥,而对参谋职权重视不够的倾向,应该注意规避。

直线职能式组织结构的优缺点如表2-3-4所示。

表2-3-4　直线职能式组织结构的优缺点

项目	内容
优点	(1)把直线式组织结构和职能式组织结构的优点结合起来,既能保持统一指挥,又能发挥参谋人员的作用。 (2)分工精细,责任清楚,各部门仅对自己应做的工作负责,效率较高。 (3)组织稳定性较高,在外部环境变化不大的情况下,易于发挥组织的整体效率
缺点	(1)部门间缺乏信息交流,不利于集思广益地做出决策。 (2)直线部门与职能部门(参谋部门)之间目标不易统一,职能部门之间横向联系较差,信息传递路线较长,矛盾较多,上层主管的协调工作量大。 (3)难以从组织内部培养熟悉全面情况的管理人才。 (4)系统刚性大,适应性差,容易因循守旧,对新情况不易及时做出反应

要点点拨

直线职能式组织结构在各国的组织中被普遍地采用,目前我国大多数企业,甚至机关、学校、医院等也广泛采用直线职能式组织结构。

4. 事业部式组织结构

事业部式组织结构是一种常见的组织结构形式，最早起源、应用于美国通用公司。

事业部式组织结构又称分公司式组织结构。事业部式组织结构，就是按照企业所经营的事业，包括按产品、按地区、按顾客(市场)等来划分部门，设立若干事业部。事业部是在企业宏观领导下，拥有完全的经营自主权，实行独立经营、独立核算的部门。

事业部式组织结构的优缺点如表 2-3-5 所示。

表 2-3-5 事业部式组织结构的优缺点

项目	内容
优点	(1)每个事业部都有自己的产品和市场，能够规划未来的发展，也能灵活自主地对市场出现的新情况迅速做出反应，所以，这种组织结构既有高度的稳定性，又有良好的适应性。 (2)权力下放，有利于最高领导者摆脱日常行政事务和直接管理具体经营工作的束缚，成为专心致力于宏观决策的管理者，同时又能使各事业部发挥经营管理的积极性和创造性，从而提高企业的整体效益。 (3)事业部经理虽然只是负责领导一个事业部，但是，由于事业部自成系统，独立经营，相当于一个完整的企业，因此，他要经受企业高层管理者面临的各种考验，显然，这有利于培养综合型管理人才，为企业的未来发展储备干部。 (4)事业部作为利润中心，便于进行各种严格的考核，易于评价每种产品对公司总利润的贡献程度，方便企业进行战略决策。 (5)按产品划分事业部，便于组织专业化生产，形成经济规模优势，并能使个人的技术能力和专业知识在生产和销售领域得到最大限度发挥，因而有利于提高劳动生产率和企业经济效益。 (6)容易形成各事业部之间的竞争氛围，从而增强企业活力，促进企业的全面发展。 (7)各事业部自主经营，责任明确，使得目标管理能有效地开展，在这种情况下，高层领导的管理幅度便可以适当扩大
缺点	(1)由于各事业部利益的独立性，容易滋长本位主义。 (2)一定程度上增加了费用开支。 (3)对公司总部的管理能力要求较高，否则容易发生失控

5. 矩阵式组织结构

矩阵式组织结构即在一个职能式组织结构形态下，为某种特别任务，另外成立专案小组，此专案小组与原职能式组织配合，在形态上呈现出行列交叉的状态。在组织结构上，矩阵式组织结构是把按职能划分的部门和按产品(项目)划分的小组结合起来组成一个矩阵，一名管理人员既同原职能部门保持组织与业务上的联系，又参加项目小组的工作。职能部门是固定的组织，项目小组是临时性的组织，完成任务以后就自动解散，其成员回原部门工作。

矩阵式组织结构是为了改进直线职能式组织结构横向联系差，缺乏弹性的缺点而形成的一种组织形式。它的特点表现在围绕某项专门任务成立跨职能部门的专门机构上，例如组成一个专门的产品(项目)小组去从事新产品的开发工作，在研究、设计、试验、制造等各个不同阶段，由有关职能部门派人员参加，力图做到条块结合，以协调有关部门的活动，保证任务的完成。这种组织结构中的人员是变动的，需要谁，谁就来，任务完成后就可以离开。项目小组和负责人也是临时组织和委任的，因此，这种组织结构非常适合需横向协作和攻关的项目。

矩阵式组织结构的优缺点如表 2-3-6 所示。

表 2-3-6 矩阵式组织结构的优缺点

项目	内容
优点	(1)将企业的横向与纵向关系相结合，有利于协作生产。 (2)针对特定的任务进行人员配置，有利于发挥个体优势，集众家之长，提高项目完成的质量，提高劳动生产率。 (3)各部门人员不定期进行组合，有利于信息交流，增加了互相学习的机会，提高了专业管理的水平
缺点	(1)项目负责人的责任大于权力，由于参加项目的人员来自不同部门，隶属关系仍在原部门，只是为“会战”而来，因此项目负责人对他们的管理相对困难，没有足够的激励手段与惩治手段，这种人员上的双重管理是矩阵式组织结构的先天缺陷。 (2)由于项目组成人员来自各个职能部门，当任务完成以后，仍要回原部门，因而容易产生“临时”心态，工作责任心不强，这对项目工作有一定影响

第五节 领 导

一、领导的本质与内容

1. 领导的含义

领导是领导者作用于被领导者的一种活动，有效实行领导必须明确领导的本质和内涵。领导的本质是一种影响力，即领导是领导者为实现组织的目标而运用权力向其下级施加影响力的一种行为或行为过程。

2. 领导的原则

（1）**懂得沟通**。作为一个领导，最重要的是要懂得沟通，沟通包括语言的沟通和心灵的沟通。沟通能让员工更好地理解领导的想法，了解该想法的目的，以及该想法对工作的积极作用，让员工更好地理解领导的意图后，按照对应的思路去行动。

与语言沟通相比，心灵的沟通更为重要，它可以拉近领导者与员工之间的距离，使领导与员工更好地协作。心灵的沟通还可以化解一些尴尬和矛盾。心灵的沟通表现为心平气和，将心比心地去交流，多站在对方的立场去考虑问题，多关心员工平时的工作、生活。

（2）**愿景比管控更重要**。愿景就是公司对自身长远发展和终极目标的规划和描述。缺乏理想与愿景指引的企业或团队会在风险和挑战面前畏缩不前，他们对自己所从事的事业不可能拥有坚定的、持久的信心，也不可能在复杂的情况下，从大局、从长远出发，果断决策，从容应对。

（3）**信念比指标更重要**。正确的信念可以带给企业可持续发展的机会；反之，如果把全部精力放在追求短期指标上，虽然有机会获得一时的成绩，却可能导致企业发展方向的偏差，使企业很快丧失继续发展的动力。成功的企业总是能坚持自己的核心价值观。

（4）**团队比个人更重要**。在任何一家成功的企业中，团队利益总是高过个人利益。企业中的任何一级管理者都应当将全公司的利益放在第一位，部门利益其次，个人利益放在最后。

（5）**授权比命令更重要**。管理需要给员工更多的空间，只有这样才能更加充分地调动员工本人的积极性，最大限度地释放他们的潜力。授权最重要的就是权力和责任的统一。在向员工授权时，既定义好相关工作的权限范围，给予员工足够的信息和支持，也定义好它的责任范围，让被授权的员工能够在拥有权限的同时，可以独立负责和彼此负责，这样才不会出现管理上的混乱。

（6）**平等比权威更重要**。平等的第一个要求是重视和鼓励员工的参与，与员工共同制定团队的工作目标。这里所说的共同制定目标是指在制定目标的过程中，让员工尽量多地参与进来，允许他们提出不同的意见和建议，但最终仍然由管理者做出选择和决定。

3. 领导的权力

（1）权力的含义。所谓权力，就是处在领导岗位上的人，组织和上级授予他一定的指挥权，这种指挥权使领导者具有支配下级的力量，凭借权力可以左右被领导者的行为、处境、得失，甚至前途和命运，并使被领导者产生敬畏感。

（2）权力的分类。权力有着十分丰富的内容，也有多种多样的表现形式，权力的丰富性决定了它表现形式的多样性。按照不同的研究需要和观察角度对权力进行划分，权力被划分成不同的类型。依据权力使人服从的手段不同，权力可分为镇压的权力和非镇压的权力；依据权力的性质和结构的不同，权力可分为政治、军事、外交、宗教等权力；依据权力与权力主体的关系，又可将权力划分为组织权力和个人权力。

（3）权力的特性。

①**强制性**。强制性表现为领导者凭借权力强制别人按照自己的意愿来做事。

②**潜在性**。权力的潜在性是指权力要用在关键时刻，要用在影响力不起作用的地方，凡事都用权力，权力的效力就衰减了。

③与职务相关的特性。权力与职务相联，首先权力的大小受职务大小的限制，领导者不能超出职务行使某种权力，也不能在职务范围内不行使权力。

（4）权力观。领导的权力狭义上是职权，广义上是影响别人行为的能力，包括三个方面：一是领导者个人的专长权，即产生于领导者所拥有的专门知识或特殊技能；二是领导者个人的影响权，即来自于追随者认可的由个人经历，性格或榜样产生的力量；三是领导者担任的管理岗位所赋予的管理制度权力。前两种权力来自领导者个人的品德、知识和专长，是个人威信，主观性较强，领导者的权力若来自这两种，则组织的稳定性将受到不稳定因素的冲击。后一种权力来自领导者在组织中的地位，是一种组织权力、职位权力，具有稳定性。权力是组织权力和个人威信的综合，是领导者对他人行使影响，使被领导者的行为和态度发生变化，以达成组织目标的重要手段。

真题精练

【导学例题6】从心理学角度，影响力是指人在人际交往中影响和改变他人(　　)。

A. 心理与行为的能力　　B. 性格与素养的能力

C. 气质与状态的能力　　D. 情感与目标的能力

A　【解析】影响力一般指人在人际交往中影响和改变他人心理与行为的能力。

二、领导体制

1. 领导体制的定义

领导体制指独立的或相对独立的组织系统进行决策、指挥、监督等领导活动的具体制度或体系，它用严格的制度保证领导活动的完整性、一致性、稳定性和连贯性。它是领导者与被领导者之间建立关系、发生作用的桥梁与纽带，对于一个集体的发展具有重要意义。

领导体制的核心内容是用制度化的形式规定组织系统内的领导权限、领导机构、领导关系及领导活动方式，任何组织系统内的领导活动都不是个人随意进行的、杂乱无章的活动，而是一种遵循明确的管理层次、等级序列、指挥链条、沟通渠道等进行的规范化、制度化的活动。

2. 领导体制的特征

(1)系统性。领导体制作为一个系统，是一个包括各级各类领导机关职责与权限的划分、各级各类领导机构的设置、领导者的领导层次与幅度及领导者的管理制度在内的有机整体。

(2)根本性。任何社会的领导活动，其成败归根到底取决于领导者的思想与活动是否符合社会生产力发展的客观规律。

(3)全局性。领导者作为个体的人，其虽然在自身所属的单位或部门中起着统筹全局的关键性作用，但在总体上却必须接受领导体制的规范与制约。

(4)稳定性。领导者或领导集体是经常变动的，每一个领导者的思想作风与行为方式也因人、因时、因地而异。领导体制相对而言则是长期稳定的，它一旦形成，就会在较长时期内保持其基本内容不变。

3. 领导体制的作用

(1)领导体制是领导者与被领导者之间建立关系、发生作用的桥梁与纽带。

(2)领导体制是领导活动得以贯彻进行的载体。

(3)领导体制是领导者同社会发生联系与作用的合法化证明。

(4)领导体制是决定领导效能高低的重要变量。

三、领导理论

按理论产生的时间和逻辑顺序，现有的领导理论可以分为领导特性理论（传统领导特性理论和现代领导特性理论）、领导行为理论、管理方格理论、领导权变理论、路径—目标理论等。

1. 领导特性理论

领导特性理论侧重研究领导者的性格、品质方面的特征，将其作为描述和预测其领导成效的标准。通过研究，区分领导者与一般人的不同特点，以此来解释他们成为领导者的原因，并以此作为选拔领导者和预测其领导有效性的依据，这实际上就是研究什么样的人才能成为良好的、有效的领导者。

要点点拨

传统领导特性理论认为领导者的品质是与生俱来的；现代领导特性理论认为领导者的品质是在实践中形成的，是可以培养与训练的。

2. 领导行为理论

(1)**按领导的作风进行划分。领导行为按不同作风，划分为专制型、民主型、放任型三种基本类型。**

(2)按关怀和定规两个维度划分。**根据两个维度，领导者的行为可以分成四个基本类型，即高关怀—高定规型、高关怀—低定规型、低关怀—高定规型、低关怀—低定规型。**

3. 管理方格理论

管理方格理论是由美国德克萨斯大学的行为科学家布莱克和莫顿在1964年出版的《管理方格》一书中提出的。管理方格理论是研究企业的领导方式及其有效性的理论,这种理论倡导用方格图来研究领导方式。

4. 领导权变理论

领导权变理论是在考察领导者的特性、行为之后,认为不存在一种"普遍适用"的领导方式,强调领导的有效性取决于领导者特性、被领导者特性及两者所处的特定环境这三个因素的相互作用。

5. 路径—目标理论

路径—目标理论是美国管理学者豪斯对领导权变理论的一种发展。该理论认为领导者的工作是帮助下级达到他们的目标,并提供必要的指导和支持,以确保各自的目标与群体或组织的总目标一致。"路径—目标"是指有效的领导者能够明确地指明实现工作目标的方式来帮助下级,并为他们清除各种障碍和危险,从而使下级的相关工作容易进行。

真题精练

【导学例题7】权变理论是管理学中重要的理论,下列关于权变理论的说法错误的是(　　)。

A. 管理与其说是一门科学,不如说它是一门艺术

B. 一名高明的领导者应是一个以不变应万变的人

C. 管理与其说是一门理论,不如说是实操性极强的技术

D. 要根据环境的不同而及时变换自己的领导方式

B　【解析】权变就是在管理实践中要根据组织所处的环境和内部条件的发展变化随机应变,因此一个高明的领导者应该是一个善变的人,根据环境变化及时变换自己的领导方式,B项说法错误。

第六节　激　励

一、激励概述

1. 激励的含义与实质

所谓激励,是指人类的一种心理状态,它具有加强和激发的动机,通常认为,一切人类内心要争取的条件、欲望、需要等,都构成对人的激励。

激励作为一种内在的心理活动过程和状态,不具有我们可以观察的外部状态,但是,由于激励对人的行为具有驱动和导向作用,因此,可以通过人的行为表现及效果来对激励的程度加以推断和测定。

2. 激励在管理中的功能

(1)有助于激发和调动员工的工作积极性。

(2)有助于将员工的个人目标导入实现组织目标的轨道。

(3)有助于增强组织的凝聚力,促进组织内部各组成部分的协调统一。

3. 激励的心理机制

心理学的研究表明,人的行为具有目的性,而目的源于一定的动机,动机又产生于需要。需要引发动机,动机支配行为并指向预定目标,这是人类行为的一般模式,也是激励得以发挥作用的心理机制。

4. 激励的原则

(1)**物质利益原则**。人具有自然属性,是自然界的产物,又主宰自然界,人的需求是以物质需求为基础的。激励应给予激励对象合理的物质报酬。

(2)**公平原则**。公平原则要求组织在实施激励时,首先应做到组织内部公平,即个人的所得与付出相匹配,与组织内其他成员相协调;其次组织应尽可能从更广泛的领域和范围,追求激励中的公平。

(3)**差异化原则**。激励中的公平性并非要求对所有的激励对象一视同仁,而是针对具体的人和事,按贡献大小、重要性强弱和其他因素的情况,共同决定实施何种激励方案,体现出因人、因事而异的多样性和灵活性。

(4)**经济性原则**。实施有效的激励,要将激励的成本和有可能取得的收益结合起来,要有利于成本节约、组织效率的提高。

5. 激励的基本形式

根据美国著名的心理学家马斯洛提出的"需求层次理论",每个人都有五个层次的需求。

(1)**生理需求:包括食物、水、栖息之地、性及其他方面的身体需要**。
(2)**安全需求:保护自己免受身体和情感伤害,同时能保证生理需求得到持续满足的需要**。
(3)**社交需求:包括爱情、归属、接纳、友谊的需要**。
(4)**尊重需求:内部尊重需求包括自尊、自主和成就感等;外部尊重需求包括地位、认可和关注等**。
(5)**自我实现需求:成长与发展、发挥自身潜能、实现理想的需要**。

马斯洛认为:
(1)人的需求是有层次的,由低到高分为生理需求、安全需求、社交需求、尊重需求和自我实现需求。
(2)**需求的实现和满足具有顺序性,即由低到高逐级实现**。
(3)人的激励状态取决于其主导需求是否满足(主导需求是指在各种需求中占统治地位的需求)。
(4)不同的人,对各层次需求的渴望程度不一样。

知识拓展

管理实践中常用的激励形式如:金钱激励;目标激励;尊重激励;工作激励;培训和发展激励;荣誉和提升激励;负激励。

二、具有代表性的激励理论

1. 内容型激励理论
(1)需求层次理论,由美国心理学家马斯洛提出。
(2)双因素理论,由美国心理学家赫茨伯格提出。双因素理论的基本观点:在实际工作中,存在两类不同的因素(保健因素和激励因素),它们对激发员工的工作热情,提高劳动效率起着不同的作用。
(3)激励需求理论,由美国管理学家麦克利兰提出。激励需求理论的基本观点:
①人的需求主要有三类,成就、权力和社会交往。
②一般情况下,主管人员的成就需要比较强烈。
③一个组织的成败,取决于其拥有的高成就需求的人数。
④成就需求可以通过后天培养、训练而获得。
(4)需要理论,由美国学者阿德弗提出。需要理论的基本观点:
①人的需要有三种,基本的生存需要、相互关系和谐的需要、成长的需要。
②人的需要不一定是生来就有的,有的是通过后天学习产生的。
③人的三种需求并不严格按先后顺序发展,遇到挫折有可能倒退。

真题精练

【导学例题8】美国哈佛大学教授戴维·麦克利兰把人的高级需要分为三类,即(　　)。
A. 生存、交际和实际需要　　B. 权力、交往和成就需要
C. 生理、安全和社交需要　　D. 心理、独立和发展需要

B　【解析】麦克利兰通过试验研究,归纳出三大社会性需要:对成就的需要、对(社会)交往的需要和对权力的需要。

2. 过程型激励理论
(1)**期望理论,由美国心理学家伏隆提出**。期望理论的基本观点:人们在预期的行动将会有助于实现某个目标的情况下,才会被激励起来去做某些事情以实现这个目标。激励力=期望值×效价,激励力是指激励水平高低的衡量标准;期望值是指自己主观上估计实现目标、得到报酬的可能性;效价是指个人对某一目标的重视程度与评价高低。
(2)公平理论,由美国心理学家、管理学家亚当斯提出。公平理论的基本观点:人们总是要将自己所做的贡献和所得的报酬,与一个和自己条件相当的人的贡献与报酬进行比较,在比较的基础上,感受自己是否享受公平的待遇。如果一个人的内心感受是公平的,其工作积极性即激励水平就高,反之,激励水平则低。
(3)波特—劳勒模式,由美国管理学家波特和劳勒提出。波特—劳勒模式的基本观点:
①**个人努力的程度取决于报酬的价值、人们所理解的胜任工作的能力及实际得到报酬的可能性**。
②**激励分为内激励和外激励两种,内激励因素有劳动报酬、工作条件、企业政策等,外激励因素有社会期望、心理特征、人际关系**。

第七节 沟 通

一、沟通的作用与类别

沟通是指可理解的信息或思想在两个或两个以上人群中的传递或交换的过程,目的是激励或影响人的行为。

每个组织在每一天都要发生沟通,大部分沟通是与工作相关的。作为管理者,有效沟通是不容忽视的,因为管理者所做的每一件事都包含沟通:获得信息要沟通,作出决策后要进行沟通,制订好计划后要沟通落实,组织工作的开展要沟通。

1. 沟通的作用

(1)沟通是组织与外部环境之间建立联系的桥梁。

(2)沟通是组织协调各方面活动,实现科学管理的手段。

(3)沟通是领导者激励下属,履行领导职能的基本工具。

(4)沟通有利于满足员工的心理需要,改善人际关系。

2. 沟通的类别

(1)**正式沟通,是指组织中依据规章制度明文规定的原则进行的沟通**。例如组织间的公函来往、组织内部的文件传达、召开会议等。**按照信息流向的不同,正式沟通又可细分为下行沟通、上行沟通、横向沟通等几种形式**。其优点是沟通效果好,有较强的约束力;其缺点是沟通速度慢。

(2)**非正式沟通,是指在正式沟通渠道之外进行的信息传递和交流**。其优点是沟通方便,沟通速度快且能提供一些正式沟通中难以获得的信息;其缺点是容易失真。

除此之外,还有书面沟通、口头沟通、非语言沟通和电子媒介沟通等沟通方式。

二、组织冲突与谈判

1. 组织冲突的三种观点

(1)传统观点。早期的看法认为冲突是不利的,并且常常会给组织造成消极影响。冲突成为暴力、破坏和非理性的同义词。由于冲突是有害的,因此应尽可能避免。管理者有责任在组织中清除冲突。从19 世纪末开始到 20 世纪 40 年代中期,这一观点一直统治着管理学界。

(2)人际关系观点。人际关系的观点认为冲突必然而不可避免地存在于所有组织之中。由于冲突是不可避免的,因此应该接纳冲突。这一观点使冲突的存在合理化。冲突不可能被消除,有时它甚至会为组织带来好处。自 20 世纪 40 年代末至 70 年代中期,人际关系的观点在冲突理论中占据统治地位。

(3)相互作用观点。当今的冲突理论为相互作用的观点。人际关系观点接纳冲突,而相互作用的观点则鼓励冲突。这一理论观点认为,融洽、和平、安宁、合作的组织对变革和革新的需要容易表现出静止、冷漠和迟钝。因此,它的主要贡献在于:鼓励管理者维持一种冲突的最低水平,这能够使组织单位保持旺盛的生命力,善于自我批评和不断创新。

2. 谈判

谈判,就是有关组织或个人对涉及切身利益的分歧或冲突进行反复磋商,寻求解决途径和达成协议来满足各自需要的沟通协调活动。谈判是以满足自身的利益需要为目的的。

要点点拨

冲突的处理方法主要有五种:回避、迁就、强制、妥协、合作。

谈判有两种基本方法:

(1)分配型谈判,是指对一份固定数量的方案应如何分配,自愿进行协商,是一种赢—输谈判。

(2)综合型谈判,是指双方寻求一种或多种解决方案以达到双赢目标的谈判。谈判的基本规则主要包括:确定谈判策略、选择谈判风格等方式。

第四章 财会基础知识

导学教案

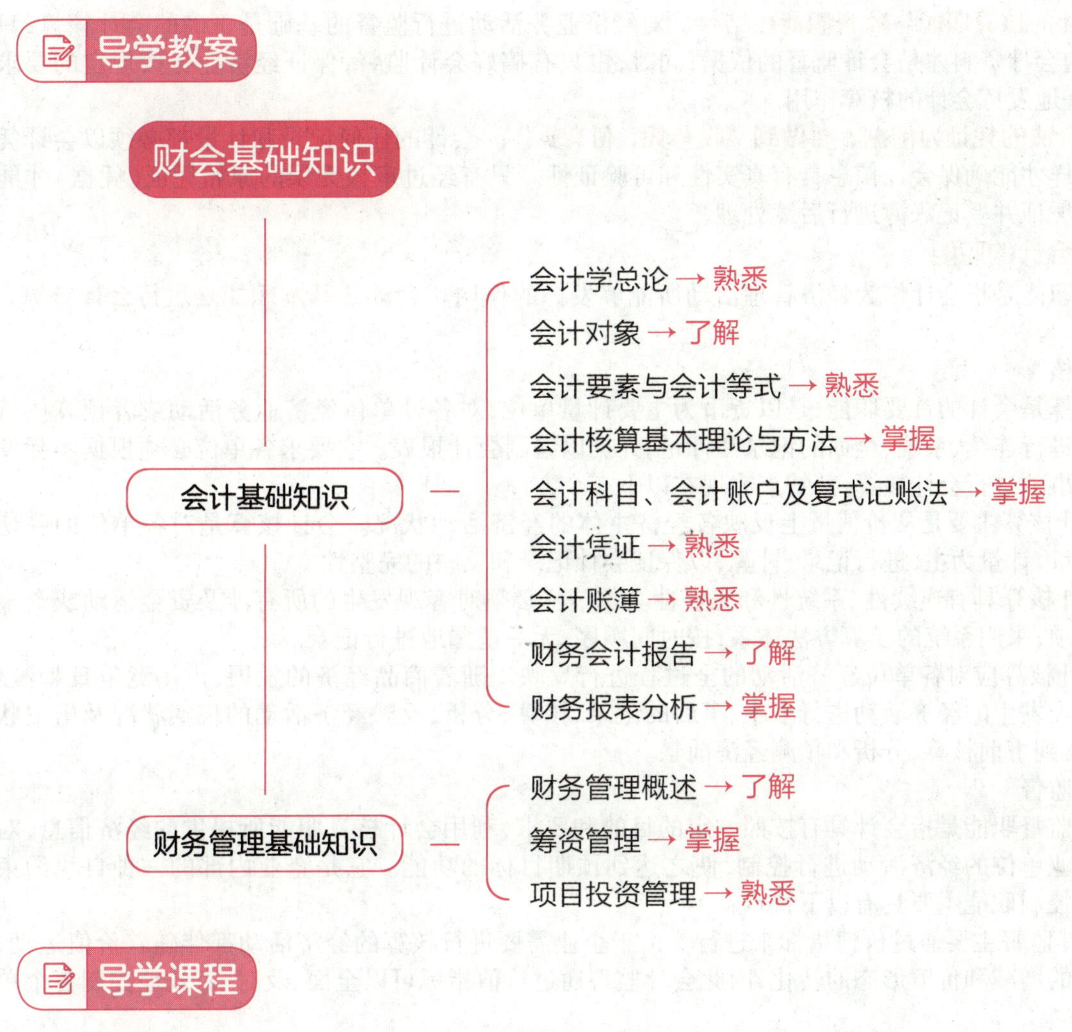

导学课程

第一节 会计基础知识

一、会计学总论

（一）会计的概念

对现代会计含义的理解，可以包含两个方面：一方面，会计是一种以货币为主要计量单位，以提高经济效益为主要目标，运用专门方法对企业、机关、事业单位和其他组织的经济活动进行全面、综合、连续、系统地核算和监督，是提供会计信息的信息系统；另一方面，随着社会经济的日益发展，会计已逐步成为开展预测、决策、控制和分析的一种经济管理活动。

根据会计的含义，会计具有如下几个特点：

（1）**以货币为主要计量单位**。原始的会计计量只是简单地用实物数量和劳动量对经营活动和财务收支进行计算和记录。随着社会生产的日益发展，会计从简单的计量和记录，演变为以货币为主要计量单位来综合核算与监督经济活动的过程。要想更好地计算和记录经济活动中的财产物资和劳动消耗，就需要有统一的量度。这种量度就是以货币形式体现的价值。需要注意的是，货币并不是唯一的计量单位。在实务中，核算有些项目时，不仅要计算其价值，还要借助实物指标予以计量，如企业拥有的存货等实物资产，既需要反映其总的价值，还要反映其实物数量。

（2）**按经济活动的时间顺序连续、系统、全面、综合地反映企业发生完成的经济活动**。要反映企业已经发生或者完成的各项经济活动，了解和考核经济活动的过程和结果，必须对经济活动进行顺序地、不间断地记录和计算，通过分类、汇总和加工整理，取得综合性的指标。随着社会生产的发展，经营规模的扩大和经济活动的日趋复杂，在经营管理上，除了要求提供反映现状的核算指标外，还要提供预测未来的会计信息，使会计从事后反映发展到预测未来，以便为实现预期效果而采取相应的措施。

(3)**会计的核算职能与监督职能相结合**。对经济业务活动进行监督的基础是正确的会计核算，只有真实、可靠的会计资料才是会计监督的依据；同时，也只有搞好会计监督，保证经济业务按规定的要求进行，才能更好地发挥会计的核算作用。

(4)**以合法的凭证为依据，要做到“收有凭，付有据”**。会计的任何记录和计量都必须以会计凭证为依据。这样才能确保会计信息具有真实性和可验证性。只有经过审核无误的原始凭证(凭据)才能据以编制记账凭证并登记账簿进行后续处理。

(二)会计的职能

会计的职能是指会计作为经济管理活动所能够发挥的作用。**会计的基本职能是进行会计核算，实行会计监督**。

1. 会计核算

会计核算是会计的首要职能，是以货币为主要计量单位，对各种单位经济业务活动或者预算执行情况及其结果进行连续、系统、全面的记录和计量，并据以编制会计报表。它要求各单位必须根据实际发生的经济业务事项进行会计核算，其特点表现在以下三个方面：

(1)会计核算主要是从价值量上反映各经济主体的经济活动状况。会计核算是对各单位的一切经济业务，以货币计量为主，进行记录、计算，以保证会计记录和反映的完整性。

(2)会计核算具有连续性、系统性和完整性。各单位必须对客观发生的所有涉及资金运动或资金增减变化的事项，采用系统的核算方法体系，按时间顺序，无一遗漏地进行记录。

(3)会计核算应对各单位经济活动的全过程进行反映。随着商品经济的发展，市场竞争日趋激烈，会计在对已经发生的经济活动进行事中、事后的记录、核算、分析，反映经济活动的现实状况及历史状况的同时，发展到事前核算、分析和预测经济前景。

2. 会计监督

会计的监督职能是指会计具有按照一定的目的和要求，利用会计核算职能所提供的经济信息，对企业和行政事业单位的经济活动进行控制，使之达到预期目标的功能。它是企业内部的一种自我约束机制。会计的控制职能主要具有以下特点：

(1)会计监督主要通过价值指标来进行。由于企业需要进行核算的经济活动都伴随着价值运动，表现为价值量的增减和价值形态的转化，因此会计监督通过价值指标可以全面、及时、有效地控制各个单位的经济活动。

(2)会计监督包括事前、事中和事后的全过程监督。事前监督是指在经济活动开始前进行的监督，即审查未来的经济活动是否符合有关法令、政策的规定，是否符合商品经济规律的要求，在经济上是否可行；事中监督是对正在发生的经济活动及取得的核算资料进行审查，并以此纠正经济活动进程中的偏差及失误；事后监督是对已经发生的经济活动以及相应的核算资料进行审查、分析。

(3)会计监督的依据有合法性和合理性两种。合法性的依据是国家颁布的各项法令及法规，合理性的依据是经济活动的客观规律及企业自身在经营管理方面的要求。

要点点拨

会计核算与会计监督是相互作用、相辅相成的。核算是监督的基础，没有对经济业务的正确核算，就没有可靠的监督依据；而监督是会计核算质量的保证，有效的监督可以保证经济业务按规定的要求进行，进而发挥会计核算的作用。

会计的基本职能是核算与监督(也有称为反映与控制)。除了核算与监督两大基本职能，会计还有预测经济前景、参与经济决策、分析评价经营业绩等职能。

(三)会计的目标

会计工作主要是以财务会计报告的形式提供会计信息，因此，会计的目标也可以称为财务会计报告的目标。我国企业会计准则规定，财务会计报告的目标是向财务会计报告使用者提供与企业财务状况、经营成果和现金流量等有关的会计信息，反映企业管理层受托责任履行情况，有助于财务会计报告使用者做出经济决策。会计的具体目标包括以下两个方面：

(1)从企业内部信息使用者来看，会计目标主要是反映企业受托责任的履行情况(受托责任)。在当今企业所有权与管理经营权分离的情况下，企业的管理者是受企业所有者所托对企业进行经营管理，管理者有责任妥善保管并合理、有效地运营由所有者投入的资金及向债权人借入的资金而形成的资产。所有者及债权人要及时了解企业的经营管理层保管、使用资产的情况，以便于评价企业管理层受托责任的履行情况和业绩情况，并决定是否需要更换管理层等。因此，会计的目标之一是反映企业管理层受托责任的履行情况，以有助于评价企业的经营管理责任和资源使用的有效性。

(2)从企业外部信息使用者来看，会计目标主要是向会计信息使用者提供决策有用的信息(决策有用)。会计通过一系列的核算方法，形成最终的成果即财务报表，向会计信息使用者提供财务信息。如果企业提供的财务信息对使用者的决策没有价值，那么编制财务报告就失去了应有的意义。

二、会计对象

(一)会计对象的含义

会计对象即会计核算和监督的内容。因为会计是以货币作为主要计量单位的，所以凡是能够以货币表现的经济活动，都是会计所要核算和监督的内容。换句话说，引起资金运动的经济业务活动就是会计对象。

真题精练

【导学例题1】会计对象是指(　　)的内容。

A. 会计核算　　B. 实物流转　　C. 会计监督　　D. 财务活动

AC　【解析】会计对象是指会计核算、会计监督的内容，这是由会计对象的定义所规定的。

(二)企业的资金运动

企业性质不同，资金运动的表现形式也会有所不同，资金运动包括各特定主体的资金筹集、资金运用和资金分配等过程，而具体到企业、事业、行政单位又有较大差异。

1. 资金的筹集

企业要进行生产经营活动首先要有相应的资金，因此企业首先要通过一定的渠道筹集资金。企业建立初期资金主要来源于：一是以股权方式筹资，又可以分为吸收直接投资和发行股票两种方式；二是以债权方式筹资，常见的是从银行及其他金融机构借款或者发行债券。另外，当企业正常运营之后，形成的未分配利润也是企业资金的一种内部积累方式。

2. 资金的运用

企业将筹集的资金投入生产经营活动当中用以获取收益。对于不同行业的企业运用资金的形式和活动也有所不同。

工业企业的交易或事项主要是制造产品、销售产品，因此，在其运营过程中，资金的运动从货币资金形态开始，依次通过采购、生产和销售阶段，形态不断发生改变，最后又回到货币资金形态。

商品流通企业主要是组织商品流通，主要业务可以分为购进和销售两类。在商品购进阶段，用货币资金购入商品，货币资金转换为商品资金；在销售阶段，取得销售收入，商品资金又转换为货币资金。此外，在经营过程中还会涉及人、财、物力的消耗。这些都表现为商品流通过程中的费用。

3. 资金的分配

企业通过上述经营活动形成一定的经营成果，实现的利润应按国家有关法律、法规和公司章程等规定的程序和内容进行分配，主要包括：弥补以前年度亏损，提取盈余公积，有限责任公司向投资者分配利润，股份有限公司向股东分派股利；若发生亏损则应按照规定的方法加以弥补。

同事物运动有相对静止和显著运动两种形态一样，企业资金运动也分为静态和动态。

(1)会计对象的静态表现是指一个企业在一定时点上的资产和权益的总额情况，对应内容反映在资产负债表中。

(2)会计对象的动态表现就是企业所拥有的资金的循环和周转过程。企业是以盈利为目的的，而要获取盈利，就需要运用举债以及吸收所有者投资获取的资金而形成资产，进而创造经济利益。在这个过程中，资金在生产经营各个阶段就会不断转变形态，具体表现为收入、费用和利润，对应的具体项目反映在利润表中。

三、会计要素与会计等式

（一）会计要素

对会计的核算对象所做的基本分类就是财务会计报告要素，即会计要素。它是用于反映企业财务状况、确定经营成果的基本单位。会计要素是从会计的角度解释构成企业经济活动的必要因素。

《企业会计准则》将会计要素分为六类，分别为资产、负债、所有者权益、收入、费用及利润。如前所述，会计对象有静态表现和动态表现，与此相对应，会计要素可以分为两类：一类是静态的，反映企业财务状况的，包括资产、负债、所有者权益，是资产负债表的基本项目；另一类是动态的，反映企业经营成果的，包括收入、费用和利润，构成了利润表的基本项目。

1. 静态会计要素

(1)资产。资产是指企业过去的交易或者事项形成的、由企业拥有或者控制的、预期会给企业带来经济利益的资源。如企业拥有的现金、银行存款、原材料、生产完工的产品、用于生产的机器设备等都属于企业的资产。

根据资产的定义，资产应具备以下基本特征：

①**企业过去的交易或者事项形成的**。一项资源要成为企业的资产，必须是现实的而不是预期的，即企业预期在未来购入、生产的资源都不属于企业的资产。

②**企业现在所拥有或者控制的资源**。

③**预期会给企业带来经济利益**。这是资产最本质的特征，是指此资源应该能直接或者间接导致经济利益流入企业，除此之外还要满足以下条件的资源才能确认为资产：与该资源有关的经济利益很可能流入企业、该资源的成本或价值能够可靠地计量。

(2)负债。负债是指企业过去的交易或者事项形成的、预期会导致经济利益流出企业的现时义务。负债应具备以下基本特征：

①**企业过去的交易或者事项形成的**。

②**企业的现时义务**。

③**预期会导致经济利益流出企业**。

(3)所有者权益。所有者权益又称股东权益，是指企业资产扣除负债后，由所有者享有的剩余权益，其金额取决于资产和负债的计量。所有者权益是所有者对企业资产的剩余索取权。

所有者权益的来源包括所有者投入的资本、直接计入所有者权益的利得和损失及留存收益等，通常由实收资本(股本)、资本公积(包括资本溢价或股本溢价、其他资本公积)、其他综合收益、盈余公积和未分配利润等构成。

知识拓展

所有者权益与负债的区别：

(1)资金提供者在企业中享有的权利不同。所有者享有企业经营决策权和剩余分配权，能够分享利润。债权人没有企业经营决策权和剩余分配权，只有按期收回本金和利息的权利。

(2)行使权利的优先次序不同。债权人对企业资产的要求权优先于投资人的要求权。企业破产清算时，负债一般优先得到清偿，只有在清偿所有的负债之后剩余的权益才返还给所有者。

(3)资金可使用期限不同。在企业持续经营的情况下，所有者除了可以按法律程序减资，一般不能提前撤回投资，也没约定的偿还期。而债权人提供的资金一般都有规定的偿还期限，必须按期归还。

所有者权益与负债的联系：

(1)两者都是企业经营所需资金的来源。

(2)两者都属于权益，其中，所有者权益是投资人(所有者)的权益，负债是债权人的权益。

2. 动态会计要素

(1)收入。收入是指企业在日常活动中形成的、会导致所有者权益增加的、与所有者投入资本无关的经济利益的总流入。收入具有如下特征：

①收入是在日常活动中形成的。所谓日常活动是指企业为完成其经营目标所从事的经常性活动，以及与其相关的活动。

②收入是与所有者投入资本无关的经济利益的总流入。收入会导致经济利益的流入，但是经济利益

的流入不都属于收入，投资者投入资本会导致经济利益流入，但是此项经济利益的流入不能确认为收入，而是属于所有者权益。

③收入会导致所有者权益增加。与收入相关的经济利益的流入应当会导致所有者权益的增加，不导致所有者权益增加的经济利益的流入不应确认为收入。

除此之外，收入的确认至少应当符合以下条件：与收入相关的经济利益应当很可能流入企业、经济利益流入企业的结果会导致企业资产的增加或者负债的减少、经济利益的流入额能够可靠地计量。

(2)费用。费用是指企业在日常活动中发生的、会导致所有者权益减少的、与向所有者分配利润无关的经济利益的总流出。费用具有如下特征：

①费用是在日常活动中发生。费用必须是企业在日常活动中所形成的。这里的"日常活动"的界定与收入定义中的"日常活动"是一致的。

②费用会导致所有者权益减少。与费用相关的经济利益的流出应当会导致所有者权益的减少，不导致所有者权益减少的经济利益的流出不符合费用的定义，不应确认为费用。

③费用是与向所有者分配利润无关的经济利益的总流出。向所有者分配利润也会导致经济利益流出企业，但是这种形式的经济利益的流出不属于费用的核算范围。

(3)利润。利润是指企业在一定会计期间的经营成果，反映的是企业的经营业绩情况，是业绩考核的重要指标。企业实现的利润归所有者享有，因此当企业实现利润时会导致所有者权益的增加，而企业发生亏损时(即利润为负)，则会导致所有者权益的减少。

在利润表中列示的利润分为营业利润、利润总额和净利润。

①**营业利润＝营业收入－营业成本－税金及附加－销售费用－管理费用－研发费用－财务费用＋其他收益＋投资收益（－投资损失）＋净敞口套期收益（－净敞口套期损失）＋公允价值变动收益（－公允价值变动损失）－信用减值损失－资产减值损失＋资产处置收益（－资产处置损失）**。

②**利润总额＝营业利润＋营业外收入－营业外支出**。

③**净利润＝利润总额－所得税费用**。

真题精练

【导学例题2】会计要素可分为动态要素和静态要素，以下属于静态要素的是(　　)。

A. 利润　　B. 费用　　C. 资产　　D. 收入

C　【解析】A、B、D三项属于动态要素，而静态会计要素包括资产、负债和所有者权益。

(二)会计等式

六项会计要素反映了资金运动的静态和动态两个方面，具有紧密的相关性，在数量上存在着特定的平衡关系。这种平衡关系用公式来表示，就是通常所说的会计等式。会计等式是反映会计要素之间平衡关系的计算公式，是各种会计核算方法的理论基础。目前，我们会计核算使用到的会计等式有以下几种：

(1)会计等式一：资产＝负债＋所有者权益。

(2)会计等式二：收入－费用＝利润。

会计等式是各会计要素之间的关系表达式，是复式记账、试算平衡及编制会计报表的重要依据。通过会计等式，可以反映企业的财务状况和经营业绩，揭示各会计要素之间的内在联系。

四、会计核算基本理论与方法

1. 会计假设

会计界公认的会计基本假设包括**会计主体、持续经营、会计分期和货币计量**。

(1)会计主体，又称会计实体，是会计为之服务的特定单位或组织，是企业会计确认、计量、记录和报告的空间范围。会计主体为了向财务信息使用者反映企业的财务状况、经营成果和现金流量，提供与其决策有用的信息。

(2)持续经营，是指在可以预见的将来，如果没有明显证据表明企业不能继续经营下去，则认为企业不会停业也不会大规模削减业务，将会按照既定目标持续不断地经营下去，企业所拥有的资产将能按照既定用途创造经济利益，企业所负担的债务将能够正常偿还。

(3)会计分期(也称会计期间)，是指将企业持续的生产经营活动划分为一个个连续的、长短相同的期间。分期的目的在于据以结算盈亏，按期编制财务报告，从而能够及时向财务报告使用者提供有关企业财务状况、经营成果和现金流量的信息。

(4)货币计量,是指会计主体在财务会计确认、计量、记录和报告时以货币作为计量单位,反映会计主体的生产经营活动。

2. 会计基础

会计核算基础是指会计确认、计量、记录和报告的基础。企业基本准则规定“企业应当以权责发生制为基础进行会计确认、计量、记录和报告”。

3. 会计信息质量要求

企业提供的会计信息质量应满足的基本要求包括可靠性、相关性、可理解性、可比性、实质重于形式、重要性、谨慎性、及时性等。这些要求都是为了保证会计信息的质量而提出的,是会计确认、计量和报告质量的保证。

(1)**可靠性**。可靠性也称真实性,要求企业应当以实际发生的交易或者事项为依据进行会计确认、计量、记录和报告,如实反映符合确认和计量要求的各项会计要素及其他相关信息,保证会计信息真实可靠、内容完整。这是对会计工作的最基本要求。

(2)**相关性**。相关性要求企业所提供的会计信息应与财务会计报告使用者的经济决策相关,有助于财务会计报告使用者对企业过去、现在或者未来的情况作出评价或预测。

(3)**可理解性**。可理解性也称明晰性,要求企业提供的会计信息应当清晰明了,便于财务会计报告使用者理解和使用。

(4)**可比性**。可比性要求企业提供的会计信息应当具有可对比性。这包括两个方面的质量要求:

①信息的横向可比,即企业之间的会计信息口径一致,相互可比。

②信息的纵向可比,即同一企业不同时期发生的相同或相似的交易或事项,应当采用一致的会计政策,不得随意改变,便于对不同时期的各项指标进行纵向比较。

(5)**实质重于形式**。实质重于形式要求企业应当按照交易或事项的经济实质进行会计确认、计量、记录和报告,而不应仅以交易或事项的法律形式为依据。

(6)**重要性**。重要性要求企业提供的会计信息应当全面反映企业的财务状况、经营成果和现金流量等有关的所有重要交易或事项。

(7)**谨慎性**。谨慎性也称稳健性,要求企业对交易或者事项进行会计确认、计量、记录和报告时应当保持应有的谨慎,不高估资产或收益、不低估负债或费用。

(8)**及时性**。及时性要求企业对于已经发生的交易或者事项,应当及时进行会计确认、计量、记录和报告,不得提前或者延后。

我国基本会计准则提出了五种计量属性,主要包括:**历史成本、重置成本、可变现净值、现值、公允价值**。

真题精练

【导学例题3】对会计核算的最基本要求是(　　)。

A. 谨慎性　　B. 及时性　　C. 可比性　　D. 真实性

D　【解析】会计信息质量的要求中,最基本的要求是可靠性要求,即真实性,要求会计信息客观真实,实际发生。故本题选D项。

4. 会计核算方法

会计核算的方法,是对会计对象进行连续、系统、全面地核算和监督所应用的方法。企业在日常经营活动中发生的每一项经济业务,都要按规定使用会计科目,通过复式记账,填制和审核凭证,并登记有关账簿,计算相关成本,最后通过财产清查加以核对,在账实相符的基础上,根据账簿记录,定期编制会计报表,并对报表提供的会计信息进行分析利用。这个过程就体现了会计核算的基本方法,具体如下:

(1)设置会计科目和账户。设置会计科目及账户是对会计对象具体内容进行分类反映和监督的方法。

(2)复式记账。复式记账是指对发生的任何一项经济业务,都必须用相等的金额同时在两个或两个以上的相关账户中进行登记,以反映会计对象具体内容增减变化的一种记账方式。复式记账一方面能全面地、系统地反映经济业务引起资金运动增减变化的来龙去脉,另一方面通过账户之间的一种平衡关系,检查会计记录的正确性。

(3)填制和审核会计凭证。填制和审核凭证是为了正确反映经济业务的执行和完成情况,发挥会计工作的监督作用,保证登记账簿记录正确、完整而采用的一种方法。会计凭证是记录经济业务和明确经济责任的书面证明，是登记账簿的依据，分为原始凭证和记账凭证。

（4）登记账簿。会计账簿是由一定格式账页组成的，以经过审核的会计凭证为依据，全面、系统、连续地记录各项经济业务的簿籍。

（5）成本计算。成本计算就是将经营过程中发生的全部费用，按照一定对象进行归集、计算，借以明确各核算对象的总成本和单位成本的专门方法。

（6）财产清查。财产清查是指定期或不定期地对财产物资、货币资金、往来结算款项进行清查盘点，以查明其实存数额和账面数额是否相符的一种专门方法。

（7）编制财务报表。编制财务会计报告是根据账簿记录的数据资料，概括、综合地反映各单位在一定时期内经济活动情况及其结果的一种书面报告。财务会计报告由会计报表、会计报表附注和财务情况说明书组成。

五、会计科目、会计账户及复式记账法

（一）会计科目

1. 会计科目的概念

会计科目是为了满足会计确认、计量、记录和报告的要求，适应企业内部经营管理和外部信息的需要，对会计要素的具体内容进行分类的项目。会计科目是对各项交易或者事项进行会计记录并及时提供会计信息的基础，在会计核算和管理中具有十分重要的意义。

（1）会计科目是复式记账的基础。

（2）会计科目是编制记账凭证的基础。

（3）会计科目为成本计算与财产清查提供了载体和依据。

（4）会计科目为会计确认、计量、记录与报告之间架起了桥梁。

真题精练

【导学例题 4】为了连续、系统、全面地核算和监督经济活动所引起的各项会计要素的增减变化，就有必要对会计要素的具体内容按照其不同的特点和经济管理要求进行科学的分类，对会计要素的具体内容进行分类核算的项目，被称为（　　）。

A. 会计条目　　B. 会计科目　　C. 会计项目　　D. 会计内容

B　【解析】会计科目是为了满足会计确认、计量、记录和报告的要求，适应企业内部经营管理和外部信息的需要，对会计要素的具体内容进行分类的项目。

2. 设置会计科目的原则

（1）合法性原则。为了保证会计信息的可比性，企业所设置的会计科目应当符合国家统一会计制度的规定。

（2）相关性原则。企业的会计科目应以提供有关各方所需要的会计信息服务为基础进行设置，并需要满足对外报告和对内管理的要求。

（3）实用性原则。企业所设置的会计科目应符合企业自身特点及满足企业的实际需要。

（4）相对稳定原则。为了保证会计信息的连贯性、可比性，便于在不同时期、不同行业间的会计核算指标的分析和比较，提高会计信息的有效性，会计科目的设置应在一定时期内保持稳定，不宜经常变更。

3. 会计科目的分类

会计科目的分类如表 2-4-1 所示。

表 2-4-1　会计科目的分类

分类标准	会计科目
按会计科目核算的经济内容分类	会计科目用于核算不同经济内容，属于不同的会计要素，因此，**会计科目分为资产类、负债类、所有者权益类、损益类、成本类和共同类**等六类。 （1）资产类科目。资产类科目按资产的流动性分为反映流动资产的科目，如“库存现金”“银行存款”“应收账款”“库存商品”“原材料”等，以及反映非流动资产的科目，如“固定资产”“无形资产”“长期股权投资”等。 （2）负债类科目。负债类科目按负债的偿还期限分为反映流动负债的科目，如“短期借款”“应付账款”“应付票据”“应交税费”“应付职工薪酬”等，以及反映非流动负债的科目，如“长期借款”“长期应付款”等。

（续表）

分类标准	会计科目
按会计科目核算的经济内容分类	(3)所有者权益类科目。所有者权益类科目包括“实收资本”“资本公积”“盈余公积”“本年利润”以及“利润分配”等。 (4)损益类科目。损益类科目可以分为反映收入的会计科目,如“主营业务收入”“其他业务收入”等,以及反映费用支出的会计科目,如“主营业务成本”“其他业务成本”“管理费用”“销售费用”“财务费用”“税金及附加”等。 (5)成本类科目。成本类科目用于核算正在生产、加工的在产品的成本、提供劳务发生的成本、研究与开发无形资产过程中发生的各项支出等,如“生产成本”“制造费用”“研发支出”“劳务成本”等,从性质上来看与资产类相似。 (6)共同类科目。共同类科目用来核算余额的借贷方向不固定的资产或负债项目,金融机构一般用共同类科目核算金融往来等业务,如“资金清算往来”“货币兑换”等
按提供信息的详细程度及其统驭关系分类	**会计科目按其所提供信息的详细程度及其统驭关系不同，可分为总分类科目和明细分类科目。** 总分类科目是对会计要素具体内容进行总括分类、提供总括信息的会计科目,如“应收账款”“应付账款”“原材料”等。 明细分类科目是对总分类科目做进一步分类,提供更详细、更具体会计信息的科目,如“应收账款”科目按债务人名称或姓名设置明细科目,进行明细核算,反映应收账款的具体对象;“应付账款”科目按债权人名称或姓名设置明细科目,进行明细核算,反映应付账款的具体对象;“原材料”科目按存放地点、材料品种等设置明细科目,进行明细核算,反映原材料的具体构成情况
按经济用途分类	经济用途指的是会计科目能够提供什么经济指标。会计科目按照经济用途可以分为盘存类科目、结算类科目、跨期摊配类科目、资本类科目、调整类科目、集合分配类科目、成本计算类科目、损益计算类科目和财务成果类科目等

（二）会计账户

1. 会计账户的概念

会计账户是根据会计科目设置的,具有一定格式和结构,用于分类反映会计要素增减变动情况及其结果的载体。

会计科目是设置会计账户的依据,是会计账户的名称,会计账户是会计科目的具体运用,会计科目所反映的经济内容,就是会计账户所要登记的内容。

2. 会计账户的分类

与会计科目的分类相似,会计账户也可以按照核算反映的经济内容、详细程度及其统驭关系以及经济用途进行分类,如表 2-4-2 所示。

表 2-4-2 会计账户的分类

分类标准	会计账户
按会计账户核算反映的经济内容分类	账户反映的经济内容即账户所核算和监督的会计对象的具体内容。账户按经济内容分类是对账户最基本的分类,根据核算的经济内容,账户分为**资产类账户、负债类账户、共同类账户、所有者权益类账户、成本类账户和损益类账户**
按照账户的详细程度及其统驭关系分类	账户按照提供指标的详细程度及其统驭关系分为总分类账户和明细分类账户。 (1)总分类账户是指对会计要素的具体内容进行总括反映的账户。总分类账户是根据总分类科目开设的账户,又称“总账账户”或“一级账户”,简称“总账”,如“库存商品”“应收账款”“应付账款”等。 (2)明细分类账户是根据明细分类科目设置的、用来对会计要素具体内容进行明细分类核算的账户,简称“明细账”。例如,“库存商品”下属的“A 商品”“B 商品”,“应收账款”下属的“甲公司”“乙公司”,“应付账款”下属的“丙公司”“丁公司”,都是明细分类账户
按照账户的经济用途和结构分类	账户按经济用途和结构的分类是在经济内容分类的基础上进一步分类,是对账户按经济内容分类的必要补充。账户按照核算内容的经济用途和结构可以分为以下几类: (1)盘存类账户。盘存类账户是指可以通过实物盘点进行核算和监督的各种资产类账户,用来核算和监督企业各种物资和货币资金增减变动及其结存情况,主要有:“库存现金”“银行存款”“原材料”“库存商品”“固定资产”等账户。盘存类账户期初如果有余额,余额在借方,本期发生额的增加数在借方,本期发生额的减少数在贷方,期末若有余额在借方。

（续表）

分类标准	会计账户
按照账户的经济用途和结构分类	(2)结算类账户。结算类账户是指用来核算和监督一个经济组织与其他经济组织或个人以及经济组织内部各单位之间债权债务往来结算关系的账户。按照其具体的经济用途和结构又可分为资产结算账户、负债结算账户和资产负债结算账户三类。 (3)调整类账户。调整类账户是指用来调整相关账户的账面金额并反映出被调整账户实际余额的账户。调整类账户按照调整方式的不同可以分为备抵调整账户、附加调整账户和备抵附加调整账户等三类。 (4)集合分配类账户。集合分配类账户是指用来归集和分配经济组织经营过程中某个阶段如生产或提供劳务过程中所发生的相关费用的账户,属于此类账户的有"制造费用"。集合分配类账户的结构和运用方法基本同于盘存类账户,借方登记费用的发生额,贷方登记费用的分配数额,区别在于它所记录的费用属于当期的开支,应当在当期分配完毕。因此,这类账户没有期末和期初余额。 (5)成本计算类账户。成本计算类账户是指用来归集经营过程中某个阶段所发生的全部费用,并据以计算和确定出相应核算对象实际成本的账户,主要有"生产成本""在途物资""在建工程"等。成本计算类账户借方登记应计入某一成本计算对象的全部费用数额,贷方登记转出的实际成本,期末借方余额反映尚未完成某个阶段的成本核算对象的实际成本。 (6)跨期摊配类账户。跨期摊配类账户是指用来核算和监督在某个会计期间一次支付费用,但是应由若干个会计期间共同负担的账户,主要有资产类跨期摊配账户和负债类跨期摊配账户。 资产类跨期摊配账户包括"待摊费用"和"长期待摊费用"账户。 负债类跨期摊配账户典型的是"预提费用"账户

3. 会计账户的结构

会计账户的结构是指账户的格式。账户的基本结构具体包括账户名称(会计科目)、记录经济业务的日期、所依据记账凭证的种类和编号、经济业务摘要、增减金额、余额等。在实际工作中,账户通常采用左右结构,将账户分为左右两方,一方记录增加额,另一方记录减少额。在复式记账法下,账户的左方被命名为"借方",账户的右方被命名为"贷方"。账户的两方分别用来记录增加数与减少数,具体到每个账户是借方表示增加还是贷方表示增加,取决于账户的性质。

在复式记账法下,不同性质的账户其结构内容是有差别的。

(1)资产类账户的结构。资产类账户的借方表示增加,贷方表示减少,期初期末如果有余额,余额一般在表示增加的方向即借方,表示资产的实有额。当资产增加时记入账户的借方,当资产减少时记入账户的贷方,如图 2-4-1 所示。

借方　　资产类账户名称	贷方
期初余额 资产增加额	资产减少额
本期借方发生额合计	本期贷方发生额合计
期末余额:资产余额	

图 2-4-1　资产类账户结构图

(2)负债类账户的结构。负债类账户的贷方表示增加,借方表示减少,期初期末如果有余额,余额一般在表示增加的方向即贷方,表示负债的实有额。当负债增加时记入账户的贷方,而当负债减少时记入账户的借方,如图 2-4-2 所示。

借方	负债类账户名称　　贷方
负债减少额	期初余额 负债增加额
本期借方发生额合计	本期贷方发生额合计
	期末余额:负债余额

图 2-4-2　负债类账户结构图

(3)所有者权益类账户的结构。所有者权益类账户的贷方表示增加,借方表示减少,期初期末如果有余额,余额在表示增加的方向即贷方,表示所有者权益的实有额。当所有者权益增加时记入账户的贷方,而当所有者权益减少时记入账户的借方,如图 2-4-3 所示。

借方	所有者权益类账户名称 贷方
所有者权益减少额	期初余额 所有者权益增加额
本期借方发生额合计	本期贷方发生额合计
	期末余额:所有者权益余额

图 2-4-3 所有者权益类账户结构图

(4)收入类账户的结构。此类账户的贷方表示增加,借方表示减少或转销,期末进行收入结转前余额在表示增加的方向即贷方,期末进行收入结转后此账户无余额。当收入增加时记入账户的贷方,而当收入减少时记入账户的借方,如图 2-4-4 所示。

借方	收入类账户名称 贷方
收入减少额或转销额	收入增加额
本期借方发生额合计	本期贷方发生额合计
	结转后一般无余额

图 2-4-4 收入类账户结构图

(5)费用(成本)类账户的结构。费用(成本)类账户的借方表示增加,贷方表示减少或转销,期末进行费用结转前余额在表示增加的方向即借方,期末进行费用结转后此账户无余额,**部分成本类账户可能会有余额**。当费用(或成本)增加时记入账户的借方,而当费用(或成本)减少时记入账户的贷方,如图 2-4-5 所示。

借方	费用(或成本)类账户名称 贷方
费用(或成本)增加额	费用(或成本)减少额或转销额
本期借方发生额合计	本期贷方发生额合计
结转后一般无余额	

图 2-4-5 费用(或成本)类账户结构图

(6)账户结构总结。对于收入、费用类账户,在期末结账后一般无余额。而对于有余额的账户而言,一般情况下,期初余额与期末余额的方向应相同,都在表示增加的一方,若期初余额与期末余额的方向相反,则说明账户的性质发生了改变。例如,"预付账款"属于资产类账户,正常情况下,余额在借方,表示企业实际预付的款项,如果余额出现在贷方,则反映企业尚未补付的款项,此时则有了负债的性质。与此类似的还有"应收账款""应付账款""预收账款"等反映往来款项的账户,如图 2-4-6 所示。

借方	账户名称 贷方
借: 资产增加 费用(成本)增加 负债及所有者权益减少 收益结转	贷: 资产减少 费用(成本)结转 负债及所有者权益增加 收益增加
期末余额:资产(或成本)余额	期末余额:负债及所有者权益余额

图 2-4-6 各类账户结构总结图

(三)复式记账法和会计循环

复式记账法是以会计等式"资产 = 负债 + 所有者权益"为理论依据,以"借"和"贷"为记账符号,以"有借必有贷,借贷必相等"为记账规则的一种复式记账法。

1. 复式记账法的特点

复式记账法对应于会计复式簿记系统,是指对发生的任何一项经济业务,都必须用相等的金额在经济业务涉及的两个或两个以上相互联系的账户中进行登记，以反映会计对象具体内容增减变化的一种记账方式。

复式记账法是以会计等式为依据建立的一种方法，其特点如下：

(1)对于发生的任何一项经济业务，都在两个或两个以上相互关联的账户中进行记录。不仅可以全面、清晰地反映出经济业务的来龙去脉，还能够全面、系统地反映经济活动的过程和结果。

(2)由于每项经济业务发生后，都是以相等的金额在有关账户中进行记录，因此可据此进行试算平衡，以检查账户记录是否正确。

2. 复式记账法的基本原理

我国会计准则规定，企业、行政单位和事业单位会计核算采用复式记账法记账。

复式记账法是以"借"和"贷"作为记账符号，以会计等式为理论依据，对每项经济业务都同时在两个或两个以上相互联系的账户中按照借、贷相等的金额进行反映。复式记账法的特点主要体现在记账符号、账户设置、记账规则和试算平衡等方面。

(1)记账符号。复式记账法中的"借""贷"两字，最初是按照其本来的字面含义记账的，反映的是"债权"和"债务"的关系。随着经济社会的发展，复式记账法也在不断发展和完善，"借""贷"两个字也逐渐失去其最初的含义，变成了纯粹的记账符号，分别代表账户的左方和右方，至于"借"表示增加还是"贷"表示增加，则取决于账户的性质和结构。

(2)记账规则。复式记账法的规则可以概括为一句话，即"有借必有贷，借贷必相等"。这一记账规则是由复式记账法的原理和账户结构确定的。根据复式记账法的原理，对于任何一项经济业务都必须以相等的金额在两个或两个以上相互联系的账户中予以登记。根据账户的结构，对每一项经济业务都需要做借贷相反的记录。具体来说，若在一个账户中登记借方，则须同时在另外一个或几个账户中登记贷方；或者在一个账户中登记贷方，必须同时在另外一个或几个账户中登记借方，最终记入借方的总额与记入贷方的总额必须相等。

以下举例说明：

例一：明光公司购入新机器设备10台，共计38 000元，已安装完毕，价款已开支票付讫。

分析：购入设备会导致固定资产(资产)增加；支付设备款导致货币资金减少，即资产减少。所涉及的都是资产类会计要素，增加记入借方，减少记入贷方。因此，借方登记固定资产，贷方登记银行存款，金额均为38 000元。应编制的会计分录如下。

借：固定资产　　38 000

　　贷：银行存款　　38 000

例二：明光公司用银行存款20 000元，归还短期银行借款。

分析：偿还借款会导致短期借款减少，即负债减少；同时，偿还借款，会导致企业所拥有的银行存款减少，即资产减少。负债减少应记入借方，资产减少应记入贷方。因此，借方登记短期借款，贷方登记银行存款，金额均为20 000元。应编制的会计分录如下。

借：短期借款　　20 000

　　贷：银行存款　　20 000

例三：明光公司销售产品取得销售收入95 000元，款项已经全部存入银行(不考虑相关税费)。

分析：收到货款已存入银行，会导致银行存款这项资产增加，同时，销售实现，导致收入增加。资产类增加记入借方，收入类增加记入贷方。此处，反映销售收入的会计科目为"主营业务收入"，因此，借方登记银行存款，贷方登记主营业务收入，金额均为95 000元。应编制的会计分录如下。

借：银行存款　　95 000

　　贷：主营业务收入　　95 000

(3)复式记账法的试算平衡。试算平衡是根据会计等式"资产 = 负债 + 所有者权益"的平衡关系，按照"有借必有贷，借贷必相等"记账规则的要求，通过汇总计算和比较，来检查记录的正确性、完整性的一种方法。所谓的平衡，包括期初、期末余额试算平衡和本期借贷方发生额试算平衡。因此，进行试算平衡时主要检查相关记录是否满足以下三个平衡关系：

全部账户期初借方余额合计数 = 全部账户期初贷方余额合计数

全部账户期末借方余额合计数 = 全部账户期末贷方余额合计数

全部账户本期借方发生额合计数 = 全部账户本期贷方发生额合计数

教你一招

试算平衡可根据需要在一个会计期间的任何一个时点进行，月末结账前必须进行。试算平衡的工作通过编制试算平衡表来进行。常见的试算平衡表的格式有三种：发生额试算平衡表、余额试算平衡表、发生额和余额试算平衡表。

3. 会计循环

企业在一个会计期间内，从发生经济业务、编制会计分录开始，到编成会计报表为止，要连续、完整、全面、综合地进行会计处理。这些程序和步骤在企业经济活动中周而复始地进行，因此被称为"会计循环"。一般认为，会计循环具体包括以下几个步骤：

(1)会计确认。以能否用货币计量为标准分析发生的经济业务，将能够以货币计量的经济业务纳入会计核算系统，并确定经济业务的发生对会计要素的具体影响。

(2)入账。通过审核原始凭证分析具体的经济业务，编制会计分录、填制记账凭证或登记日记账，将能够以货币表现的经济业务记录到会计信息的载体上。

(3)过账。根据已编制的记账凭证登记分类账簿，以便分类反映各类会计要素。

(4)结账。将各种收入账户和费用账户转到有关账户中，结清收入和费用账户，以便结出本期的经营成果。

(5)编制调整前的试算平衡表。根据账簿中记载的余额、发生额等编制试算平衡表，以检验账簿记录的正确性。

(6)编制调整分录并过账。依据权责发生制原则对分类账户的有关记录进行调整，以便正确计算当期损益；对未入账的经济业务编制调整分录，以使各账户反映企业最新的情况。

(7)编制调整后的试算平衡表。由于编制了期末调整分录并过账，因此需要再次编制调整后的试算平衡表，以检验账簿记录的正确性。

(8)编制财务会计报告。根据调整后的试算平衡表编制资产负债表和利润表。

六、会计凭证

(一)会计凭证概述

会计凭证简称凭证，是记录经济活动，明确经济责任的书面证明。会计凭证是登记账簿、进行会计监督的重要依据。

1. 会计凭证的作用

会计凭证具有以下几个作用：

(1)会计凭证是记录经济业务，提供记账的依据。

(2)监督经济活动，控制经济运行。

(3)明确经济责任，强化内部控制。

2. 会计凭证的分类

会计凭证根据填制程序和用途的不同，可以分为原始凭证和记账凭证。原始凭证是在经济业务发生或完成时由相关人员取得或填制的，用以记录或证明经济业务发生或完成情况并明确有关经济责任的一种原始凭据，如企业采购商品必须取得销售方开具的销售发票等票据。原始凭证是证明经济业务发生的原始依据，具有较强的法律效力，是一种很重要的会计凭证。

记账凭证就是由会计人员根据审核无误的原始凭证或汇总原始凭证，按照经济业务的内容加以归类，编制会计分录进而填制的直接作为登记账簿依据的具有规定格式的会计凭证。

知识拓展

原始凭证和记账凭证虽然同属于会计凭证，但两者在很多方面有明显不同：

(1)填制人员不同。原始凭证是由经办人员填制，记账凭证一律由会计人员填制。

(2)依据不同。原始凭证根据发生或完成的经济业务填制，记账凭证根据审核后的原始凭证填制。

(3)填制方式不同。原始凭证仅用以记录、证明经济业务已经发生或完成，记账凭证要依据会计科目对已经发生或完成的经济业务进行归类、整理。

(4)作用不同。原始凭证是填制记账凭证的依据，而记账凭证则是会计人员登记账簿的依据。

（二）原始凭证

1. 原始凭证的分类

(1)**原始凭证按其来源的不同，分为自制原始凭证和外来原始凭证。**

①自制原始凭证是指由本单位内部有关业务经办人员在经济业务发生时填制的原始凭证，如记录企业生产部门生产领用材料时的领料单、记录企业采购商品入库的入库单、月末计算应付员工工资数额的工资计算表等。

②外来原始凭证是指企业在同外单位经济组织发生经济业务往来时，从外单位取得的原始凭证，如企业购买办公用品取得的销货发票、反映员工出差路费的火车票、企业办理款项结算收到的银行结算凭证等。

(2)**原始凭证按其填制内容与方法的不同，分为一次凭证、累计凭证、汇总原始凭证和记账编制凭证。**

①一次凭证是指只记录一笔经济业务，一次完成填制手续且仅一次有效的原始凭证，如收据、银行结算凭证等。

②累计凭证是指对某些在一定时期内重复发生的同类经济业务，累计未超过限额的情况，在规定期限内可以多次、连续地加以记录的原始凭证。累计凭证属于自制原始凭证。如工业企业使用的限额领料单就是一种典型的自制累计凭证。

③汇总原始凭证是指将一定时期内反映同类经济业务的若干张同类原始凭证加以汇总编制而成的原始凭证，如发出材料汇总表、商品销货汇总表、工资结算汇总表、现金收入汇总表等。

④记账编制凭证是指会计人员根据账簿记录加以整理后重新编制的原始凭证。记账编制凭证属于自制原始凭证，如产品成本计算表、制造费用分配表、固定资产折旧计算表等。

(3)**原始凭证按照格式的不同，可分为通用凭证和专用凭证。**

①通用凭证，是指由有关部门统一印制、在一定范围内使用的具有统一格式和使用方法的原始凭证。如由中国人民银行制作的在全国通用的银行转账结算凭证、由国家税务总局统一印制的全国通用的增值税专用发票等。

②专用凭证，是指由单位自行印制的原始凭证，如领料单、差旅费报销单、折旧计算表、工资费用分配表等。

2. 原始凭证的填制

各种原始凭证，尽管名称和格式会有不同，但都应该具备一些共同的基本要素：凭证的名称、填制原始凭证的日期和凭证编号、接受凭证单位的名称、反映经济业务内容的摘要、经济业务内容，如品名、数量、单价、金额大小写、填制原始凭证的单位名称和填制人姓名、经办人员的签名或盖章。

原始凭证在填制时应满足以下几点要求：

(1)内容记录要真实。原始凭证上所填制的日期、经济业务内容和所涉及的单价、数量、金额等各项信息必须是经济业务实际发生或完成的情况，不得弄虚作假，不得以匡算数或估计数填入。

(2)填写内容要完整。原始凭证中应该填写的项目要逐项填写，不得遗漏。凭证、单位等名称要写全，不要简化。品名和用途要填写明确，不能含糊不清。有关部门和人员的签名和盖章必须齐全，符合内部牵制原则。

(3)手续要完备，责任要明确。企业内部自制的原始凭证必须有经办业务的部门和人员签名盖章。对外开出的凭证必须加盖本单位的公章、财务专用章或发票专用章。从外部取得的原始凭证必须有填制财务专用章等。总之，取得的原始凭证必须符合手续完备的要求，以明确经济责任，确保凭证的合法性、真实性。

(4)填制要及时。经济业务一旦实际发生或完成，经办业务的有关部门和人员，必须及时填写原始凭证，不能拖延或者事后补填，并应严格按规定的程序审核，以避免出现差错或舞弊，影响会计工作的正常有序进行。

(5)凭证编号要连续。原始凭证要按顺序连续编号或分类编号，在填制时要按照编号的顺序使用，跳号的凭证要加盖“作废”戳记，连同存根一起保管，不得随意撕毁、丢弃。

(6)书写要规范。原始凭证中的文字、数字的书写都要清晰、工整、规范，大小写金额要完全一致。复写的凭证要不串行、不串格、不模糊，一式几联的原始凭证，应当注明各联的用途。具体来说，数字和货币符号的书写要符合下列要求：

①数字要一个一个地写，不得连笔写。

②阿拉伯数字前面应该书写货币币种或者货币名称简写和币种符号。币种符号与阿拉伯数字之间不得留有空白。凡阿拉伯金额数字前写有货币币种符号的，数字后面不再写货币单位。如“￥900.00”不得写为“￥900.00元”。

③对于需要同时写汉字大写金额的凭证，书写汉字大写金额时，如零、壹、贰、叁、肆、伍、陆、柒、捌、玖、拾、佰、仟、万、亿、元(圆)、角、分、整(正)等，应一律用正楷或行书体填写。大写金额数字到元为止的，在“元”后必须要写“整”或“正”字，大写金额数字到角为止的，可以在“角”之后写“整”或“正”字，也可以不写。若大写金额后有分的，“分”后面则不能再写“整”或“正”字。例如，￥123.40的汉字大写金额应写为人民币壹佰贰拾叁元肆角整(正)，或者人民币壹佰贰拾叁元肆角。

④对于出票日期必须使用中文大写的凭证，如现金支票、转账支票等票据，书写汉字大写日期时，为防止变造票据的出票日期，在填写月、日时，月为壹、贰和壹拾的，日为壹至玖，以及壹拾、贰拾和叁拾的，应在其前加“零”；日为拾壹至拾玖的，应在其前加“壹”。

⑤原始凭证记载的各项内容均不得涂改。

3. 原始凭证的审核

《中华人民共和国会计法》第十四条规定：“会计机构、会计人员必须按照国家统一的会计制度的规定对原始凭证进行审核，对不真实、不合法的原始凭证有权不予接受，并向单位负责人报告；对记载不准确、不完整的原始凭证予以退回，并要求按照国家统一的会计制度的规定更正、补充。”

在对原始凭证进行审核时主要从以下两个方面来进行：

(1)**审核原始凭证的真实性、合法性和合理性**。真实性的审核包括凭证日期是否真实、业务内容是否真实、数据是否真实等。要以有关法律、法规、政策、制度和计划合同等为依据，审查凭证所记录的经济业务是否符合审批权限和手续，是否符合有关规定，是否反映真实的经济业务，有无贪污盗窃、虚报冒领、伪造凭证等违法乱纪现象。对于不合理、不合法及不真实的原始凭证，财会人员应拒绝受理。

(2)**审核原始凭证的完整性和正确性**。首先检查原始凭证应具备的各个要素是否齐全、是否填写齐备，是否有经办单位和经办人员签章；其次审查凭证上的数字是否完整，大、小写是否一致，是否与实际发生的经济业务相符；最后审查凭证上数字和文字是否有涂改、污损等不符合规定之处。

(三)记账凭证

1. 记账凭证的分类

(1)**记账凭证按其填制方式不同，可分为单式记账凭证和复式记账凭证。**

单式记账凭证是指按照一项经济业务所涉及的每个会计科目单独编制记账凭证，每张记账凭证中只登记一个会计科目。

复式记账凭证是指把一项经济业务完整地填列在一张记账凭证上，即该项经济业务所涉及的所有会计科目在一张记账凭证中集中反映。

(2)**记账凭证按用途不同可以分为通用记账凭证和专用记账凭证。**

通用记账凭证是对于不同类型的经济业务都采用同一种格式的凭证，不对经济业务进行分类，对于经济业务简单或收、付款业务不多的单位，可以选择使用通用格式的记账凭证。

专用记账凭证是指专门用来记录某一类经济业务的记账凭证。**专用记账凭证根据其反映的经济业务的内容不同又分为转账凭证、收款凭证以及付款凭证。**

要点点拨

转账凭证用以记录与货币资金收付无关的转账业务，即不涉及现金和银行存款收付的各项业务，其样式与通用记账凭证相似。

收款凭证是用以反映库存现金和银行存款收款业务的记账凭证，根据库存现金和银行存款收款业务的原始凭证填制而成。收款凭证是登记库存现金日记账和银行存款日记账以及有关明细账和总分类账等账簿的依据。

付款凭证是用以反映库存现金和银行存款付款业务的记账凭证，根据库存现金和银行存款支付业务的原始凭证填制而成。付款凭证是登记总账、库存现金日记账、银行存款日记账以及有关明细账和总分类账等账簿的依据。

此外，根据记账凭证所填列内容是否经过加工汇总，按填制内容和方法不同可以分为单一记账凭证、汇总记账凭证以及科目汇总表。

真题精练

【导学例题5】专用记账凭证根据其反映的经济业务的内容不同，可分为（　　）。

A. 单式记账凭证和复式记账凭证　　B. 转账凭证、收款凭证和付款凭证

C. 单一记账凭证、汇总记账凭证　　D. 一次凭证和累计凭证

B　【解析】专用记账凭证根据其反映的经济业务的内容不同又分为转账凭证、收款凭证以及付款凭证。

2. 记账凭证的填制

记账凭证必须具备以下内容：记账凭证的名称；填制凭证的日期、凭证编号；经济业务的内容摘要；经济业务应记入账户的名称（会计科目）、记账方向和金额；所附原始凭证的张数和其他附件资料；会计主管、记账、复核、出纳、制单等有关人员签名或盖章。

为了保证记账凭证的质量，便于登记账簿，记账凭证在填制时应满足以下几点要求：

（1）记账凭证填制依据要真实，必须附有原始凭证并如实填写所附原始凭证的张数。

（2）摘要应简明扼要。

（3）会计分录要正确。

（4）填写内容完整，责任明确。

（5）凭证连续编号。

3. 记账凭证的审核

对记账凭证进行审核主要是检查填制的记账凭证是否符合前述各项要求，重点对其一致性、完整性和正确性进行审核，具体表现在以下五个方面：

（1）内容是否真实。审核记账凭证是否有原始凭证为依据、所附原始凭证的内容是否与记账凭证的内容一致、记账凭证汇总表的内容与其所依据的记账凭证的内容是否一致等。

（2）项目是否齐全。审核记账凭证各项目的填写是否齐全，如日期、凭证编号、摘要、金额、所附原始凭证张数及有关人员签章等。

（3）科目是否正确。审核记账凭证的应借、应贷的科目是否正确、是否有明确的账户对应关系、所使用的会计科目是否符合国家统一的会计制度的规定等。

（4）金额是否正确。审核记账凭证所记录的金额与原始凭证的有关金额是否一致、计算是否正确，记账凭证汇总表的金额与记账凭证的金额合计是否相等。

（5）书写是否规范。审核记账凭证中的记录是否文字工整、数字清晰、是否按规定进行更正等。

4. 会计凭证的传递和保管

（1）会计凭证的传递。会计凭证的传递是指从会计凭证的取得或填制时起，至归档保管为止的过程中，在单位内部各有关部门和人员之间的传送程序。

会计凭证的传递要能够满足内部控制制度的要求，使传递程序合理、有效，同时应尽量节约传递时间，减少传递的工作量。

在制定会计凭证传递程序和时间时，通常考虑以下几点：

①要根据经济业务的特点、企业内部的机构设置和人员分工情况以及管理上的要求等，具体规定各种凭证的联数和传递程序，以利于及时办理相关手续，提高工作的效率。

②要根据各个环节有关部门和人员办理业务的必要时间，规定会计凭证在各个环节的停留时间，保证会计凭证能够及时传递。

③要通过调查研究和协商来制定会计凭证传递交接的签收制度，指定传递过程中各个环节的交接由专人负责，进而保证会计凭证的安全与完整。

（2）会计凭证的保管。《中华人民共和国会计法》第二十三条规定，各单位对会计凭证、会计账簿、财务会计报告和其他会计资料应当建立档案，妥善保管。会计凭证的保管是指会计凭证记账后的整理、装订、归档和存查工作。

会计凭证的保管方式和要求如下：

①定期装订成册，防止散失。每月记账完毕，要将本月的记账凭证按编号顺序整理，检查有无缺号、

附件是否齐全,然后加上封面封底,装订成册,以防散失。

②对于某些原始凭证过多,以及一些以后仍需要随时查阅的重要原始凭证,如合同等,也可另行装订或单独保管,但应在凭证封面注明所属记账凭证的日期、种类和编号,同时在所属的记账凭证上应注明"附件另订"及原始凭证的名称和编号。

③会计凭证不得外借,已装订成册的会计凭证不得抽出。其他单位和个人经单位领导批准调阅会计凭证的,要填写会计档案调阅表,详细填写借阅会计凭证名称、调阅日期、调阅人姓名和工作单位、调阅理由、归还日期。

④从外单位取得的原始凭证如有遗失,应当取得原开出单位盖有公章的证明,并注明原来凭证的号码、金额和内容等,由经办单位会计机构负责人、会计主管人员和单位领导人批准后,才能代作原始凭证。

⑤会计凭证要按照有关会计法规制度规定的期限进行保管。保管期满前不得任意销毁。《会计档案管理办法》规定,原始凭证、记账凭证以及汇总凭证等保管期限均为30年。保管期满后,要报经上级主管部门批准后,方能销毁。

七、会计账簿

(一)会计账簿概述

1. 会计账簿的概念及作用

会计账簿是指由一定格式的账页组成的,以经过审核的会计凭证为依据,全面、系统、连续地记录各项经济业务的工具。会计账簿记载的信息是进行企业财务分析和会计监督检查的主要依据。因此,设置和登记账簿对企业的经营管理具有重要意义。

2. 设置账簿的原则

一般来说,设置账簿时应遵循的原则如下:

(1)要以国家统一的会计法规为依据进行账簿的设置,不得违反相关规定私设账簿,即"账外账"。

(2)遵循成本效益原则,在满足实际需求的前提下,尽量节约人力、物力和财力。

(3)设置会计账簿要能够全面、系统地核算会计主体的经济活动,为经营管理提供系统、分类的会计信息,为编制会计报表提供数据资料。

3. 账簿的分类

(1)**会计账簿按其用途不同,可分为序时账簿、分类账簿和备查账簿**。

①序时账簿又称日记账,是按经济业务发生或完成的先后顺序逐日、逐笔进行登记的账簿。按记录的内容不同,序时账簿又分为普通日记账和特种日记账。

知识拓展

普通日记账是指用来序时逐笔登记企业发生的全部经济业务的序时账簿。把每天发生的各项经济业务逐日逐笔地登记在日记账中,然后据以登记分类账。

特种日记账是用来逐笔记录某些重要项目的序时账簿,反映特定项目的详细情况。目前在我国,大多数单位为了加强对货币资金的管理和监督,一般只设库存现金日记账和银行存款日记账。

②分类账簿是对全部经济业务按照分类账户进行分类登记的账簿。分类账簿按照核算记录项目的详细程度分为总分类账簿和明细分类账簿。按照总分类账户总括性地登记经济业务事项的是总分类账簿,简称总账。按照明细分类账户分类登记经济业务事项的是明细分类账簿,简称明细账。分类账簿提供的会计核算信息是编制财务报表的主要依据。

③备查账簿简称备查账,是对某些在序时账簿和分类账簿等主要账簿中不进行登记或者登记不够详细的经济业务事项进行补充登记时使用的账簿,属于辅助性账簿。常见的备查账簿有租入固定资产登记簿、应收票据备查簿、应付票据备查簿、出租出借包装物备查簿以及受托加工来料登记簿等。

(2)**会计账簿按账页格式不同,一般可分为三栏式账簿、多栏式账簿和数量金额式账簿**。

①三栏式账簿是设置借方、贷方和余额三个基本栏目的账簿。各种日记账、总账以及资本、债权、债务明细账等都可以采用三栏式账簿。三栏式账簿又分为设对方科目和不设对方科目两种。

②多栏式账簿是根据实际分类核算以及管理的需要,在设立借方、贷方、余额三栏的基础上,将账簿的借方或贷方按需要分设若干专栏以集中反映有关明细项目核算资料的账簿。管理费用、销售费用、主营业务收入、生产成本、制造费用等明细账一般采用这种格式的账簿。

③数量金额式账簿,是在账簿的借方、贷方和余额三个栏目内,每个栏目再分设数量、单价和金额三小栏,

借以反映财产物资的实物数量和价值量的账簿。原材料、库存商品等明细账一般采用数量金额式账簿。

(3)**会计账簿还可以按其外形特征的不同，分为订本式账簿、活页式账簿、卡片式账簿**。

①订本式账簿是指在启用之前就已将账页装订在一起,并对账页进行了连续编号的账簿。订本账的优点是能够避免账页散失和防止抽换账页;缺点是在同一时间内只能由一人登记,不利于分工记账,而且事先不能准确地为各账户预留账页,预留太多,会造成浪费,而预留太少,又会影响连续登记。这种账簿一般适用于总分类账、库存现金日记账和银行存款日记账。

②活页式账簿是在账簿登记完毕之前并不固定装订在一起,而是装在活页账夹中。在使用时要给各账页连续编号。各种明细分类账一般采用活页账形式。活页账的优点是可以根据记账时的实际需要,随时增加空白账页装入账簿,或抽去多余不用的账页,便于账页的增减和重新排列,也便于记账人员的分工记账,可以提高工作效率;但是如果对账簿的管理不善,就有可能会导致账页散乱丢失或被故意抽换账页的现象出现。

③卡片式账簿是将账户所需格式印刷在硬卡上。卡片账实质上也是一种活页账,只不过它是装在卡片箱内。在我国,企业一般只对固定资产的核算采用卡片账的形式,少数企业在材料核算中也使用材料卡片。

(二)会计账簿的内容、启用与登记

1. 会计账簿的内容

各种账簿所记录的经济内容不同,账簿的格式又多种多样,不同账簿的格式所包括的具体内容也不尽一致,但各种主要账簿都应具备以下基本内容:

(1)**封面**。封面主要用于标明账簿名称,如库存现金日记账、银行存款日记账、总分类账、原材料明细账等。

(2)**扉页**。扉页主要列明科目索引及账簿启用登记表。

(3)**账页**。账页是用来记录具体经济业务的载体,账页的格式因记录经济业务的内容及特点的不同而有所不同,但每张账页上都应载明的主要内容包括账户的名称(即会计科目);登账日期栏;凭证种类和号数栏;摘要栏;借、贷方金额及余额的方向、金额栏;总页次和分户页次。

2. 会计账簿的启用

启用会计账簿时,应当在账簿封面上写明单位名称和账簿名称,并在账簿扉页附启用登记表和账户目录。

《会计基础工作规范》第五十九条规定,启用会计账簿时,应当在账簿封面上写明单位名称和账簿名称。在账簿扉页上应当附启用表,内容包括启用日期、账簿页数、记账人员和会计机构负责人、会计主管人员姓名,并加盖名章和单位公章。记账人员或者会计机构负责人、会计主管人员调动工作时,应当注明交接日期、接办人员或者监交人员姓名,并由交接双方人员签名或者盖章。启用订本式账簿,应当从第一页到最后一页顺序编定页数,不得跳页、缺号。使用活页式账页,应当按账户顺序编号,并须定期装订成册。装订后再按实际使用的账页顺序编定页码。另加目录,记明每个账户的名称和页次。

3. 会计账簿的登记要求

依据《会计基础工作规范》第六十条的规定,登记会计账簿的基本要求如下:

(1)登记会计账簿时,应当将会计凭证日期、编号、业务内容摘要、金额和其他有关资料逐项记入账内,并做到数字准确、摘要清楚、登记及时、字迹工整。

(2)登记完毕后,要在记账凭证上签名或者盖章,并注明已经登账的符号,表示已经登记入账。

(3)账簿中书写的文字和数字上面要留有适当空格,不要写满格,一般应占格距的1/2。

(4)登记账簿要用蓝黑墨水或者碳素墨水书写,不得使用圆珠笔(银行的复写账簿除外)或者铅笔书写。

(5)下列情况,可以用红色墨水记账:

①按照红字冲账的记账凭证,冲销错误记录。

②在不设借贷等栏的多栏式账页中,登记减少数。

③在三栏式账户的余额栏前,如未印明余额方向的,在余额栏内登记负数余额。

④根据国家统一会计制度的规定可以用红字登记的其他会计记录。

(6)各种账簿按页次顺序连续登记,不得跳行、隔页。如果发生跳行、隔页,应当将空行、空页划线注销,或者注明“此行空白”“此页空白”字样,并由记账人员签名或者盖章。

(7)凡需要结出余额的账户,结出余额后。应当在“借或贷”等栏内写明“借”或者“贷”等字样。没

有余额的账户，应当在“借或贷”等栏内写“平”字，并在余额栏内用“Q”表示。现金日记账和银行存款日记账必须逐日结出余额。

(8)每一账页登记完毕结转下页时，应当结出本页合计数及余额，写在本页最后一行和下页第一行有关栏内，并在摘要栏内注明“过次页”和“承前页”字样；也可以将本页合计数及金额只写在下页第一行有关栏内，并在摘要栏内注明“承前页”字样。

对需要结计本月发生额的账户，结计“过次页”的本页合计数应当为自本月初起至本页末止的发生额合计数；对需要结计本年累计发生额的账户，结计“过次页”的本页合计数应当为自年初起至本页末止的累计数；对既不需要结计本月发生额也不需要结计本年累计发生额的账户，可以只将每页末的余额结转次页。

4. 会计账簿的登记方法

账簿登记的内容包括登记会计凭证的日期、编号、业务内容摘要、金额和其他相关资料，在登记时要做到数字准确、摘要清楚、登记及时、字迹工整。总账、日记账和明细账的登记方法又有所不同，如表 2-4-3 所示。

表 2-4-3 会计账簿的登记方式

会计账簿	格式及登记方法
总分类账	总分类账是按照会计科目的编码顺序分设账户，总括性地核算会计信息的账簿。总账最常采用的格式为三栏式，设置借方、贷方和余额三个基本金额栏目。为了避免账页散乱丢失或被随意抽换，总账采用订本式账簿。企业登记总账的依据和步骤取决于所选用的账务处理程序，可以直接根据记账凭证逐笔登记总账，也可以定期将各类记账凭证进行分类汇总编制汇总记账凭证，进而根据汇总记账凭证登记总账，或者定期将所有记账凭证进行汇总编制科目汇总表，以科目汇总表为依据登记总账
日记账	在我国，大多数单位一般只设库存现金日记账和银行存款日记账，分别用于逐日、逐笔、序时地核算库存现金和银行存款金额的增减变动及结余情况，以便于加强对货币资金的日常监督和管理。为了避免账页散乱丢失或被随意抽换，现金和银行存款日记账应采用订本式账簿。由于现金和银行存款日记账只核算金额的增减变动，因此通常也是采用只设置借方、贷方和余额的三栏式账页
明细账	登记明细账的依据有记账凭证，原始凭证和汇总原始凭证。固定资产、债权、债务类明细账需要逐日登记，库存商品、原材料、产成品、收入、费用类明细账可逐日登记也可定期汇总登记
总账与明细账的平行登记	总账与所属的明细分类账登记时在总金额上应当相等。总分类账与其所属明细分类账所反映的会计事项是相同的，因此在总账和明细账之间登记时就要遵循平行登记的原则。平行登记是指经济业务发生之后，要以原始凭证和记账凭证为依据，在同一期间，一方面登记反映会计事项总括情况的总账；另一方面登记对总账记录内容有补充说明作用的各个明细账

（三）错账的查找与更正

1. 错账的查找方法

通常，产生差错的原因可能是重复登记、漏记、数字颠倒、数字错位、数字记错、科目记错以及借贷方向记反等。根据不同类型的差错原因，可以采用不同的方法进行错账的查找。这样可以提高查错的效率。

(1)**差数法**。差数法是按照错账的差数查找错账的方法，主要适用于重复登记(或漏记)借方或贷方某一方的金额而导致的错误。进行试算平衡时，若借方漏记，则贷方合计数会大于借方合计数；若贷方漏记，则借方合计数会大于贷方合计数；若借方重记，则借方合计数会大于贷方合计数；若贷方重记，则贷方合计数会大于借方合计数。因此，当试算平衡中出现借贷方合计数不一致的情况时，可以首先根据差额数回忆是否有对应金额的业务，并检查是否有重记、漏记的情况。

(2)**尾数法**。尾数法是指对于发生的角、分有差错的情况，可以只查找小数部分，以提高查错的效率。

(3)**除 2 法**。当通过试算平衡对账发现账账、账证或账实不符，且差数为偶数时，应首先检查记账方向是否发生错误。在记账时，会计人员有时疏忽，会将金额方向记反，如将借方金额误记入贷方或将贷方金额误记入借方。这必然会出现一方合计数增多，而另一方合计数减少的情况，其差额恰是记错方向金额的两倍，差数即为偶数。对于这种错误的检查，可用差错数除以 2，得出的商数就是方向记反的金额，然后再去查找对应差错数字的账目。这样就可以使对差错的查找更有针对性，从而减少工作量。

(4)其他方法。如果用上述方法检查均未发现错误,而对账结果又确实不符,还可以采用顺查、逆查、抽查等方法检查是否有漏记和重记等现象。

①**顺查法**,又称正查法,是指按会计核算程序,从检查会计凭证开始,按顺序核对记账凭证、账簿、报表的一种检查方法。顺查法的优点是可以比较系统地了解核算的全过程,漏查的可能性较小。

②**逆查法**,又称"倒查法""溯源法",与顺查法的顺序正好相反,即从出现差错的总账科目入手,逆向地审查总账、明细账、记账凭证和原始凭证。

③**抽查法**,又称选查法,是对被查企业的会计凭证和账簿,有针对性地选择出现差错的相关凭证、账簿进行检查的一种方法。

2. 错账的更正方法

不同类型的错账要采用不同的更正方法。常见的错账更正方法有划线更正法、红字更正法以及补充登记法。

(1)**划线更正法**。划线更正法适用于记账凭证本身填制正确,在记账时账簿中文字或数字有错误的情况。具体更正方法是:先在错误的文字或数字上划一条红线,表示注销,划线时必须使原有字迹仍可辨认;然后将正确的文字或数字用蓝字写在划线处的上方,并由更正人员在更正处盖章,以明确责任。对于文字的错误,可以只划去错误的部分,并更正错误的部分;对于错误的数字,应当全部划红线更正,不能只更正其中的个别错误数字。

(2)**红字更正法**。红字更正法适用于更正两种情形的错误。

一是在记账以后,如果发现记账凭证中应借、应贷会计科目选用错误或者记账方向有错误时,可以用红字更正法进行更正。具体做法是:先用红字金额,填写一张与错误记账凭证内容完全相同的记账凭证,且在摘要栏注明"冲销某月某日第×号凭证",并据以用红字金额登记入账,以冲销账簿中原有的错误记录,然后再用蓝字重新填制一张正确的记账凭证,且在摘要栏注明"更正某月某日第×号凭证",登记入账。这样,原来的错误记录便得以更正。

二是记账后,发现记账凭证中应借、应贷会计科目、记账方向都没有错误,记账凭证和账簿记录的金额相吻合,只是所记金额大于应记金额。对于这种账簿记录的错误,更正的方法是:将多记的金额用红字填制一张与原错误记账凭证借贷方向相同,应借、应贷会计科目相同的记账凭证,并在摘要栏注明"冲减某月某日第×号凭证",并据以登记入账,以冲销多记的金额,使错账得以更正。

(3)**补充登记法**。补充登记法又称蓝字或黑字补记法。根据记账凭证所记录的内容记账以后,发现记账凭证中应借、应贷的会计科目和记账方向都没有错误,记账凭证和账簿记录的金额相吻合,只是所记金额小于应记的正确金额,这时应采用补充登记法。更正的方法是:将少记的金额用蓝字或黑字填制一张与原错误记账凭证所记载的借贷方向、应借应贷会计科目相同的记账凭证,并据以登记入账,以补记少记金额,求得正确金额。

错账更正的三种方法中,红字更正法和补充登记法都是用来更正因记账凭证错误而产生的记账错误。如果非因记账凭证的差错而产生的记账错误,则用划线更正法更正。

知识拓展

以上三种方法属于当年内发现填写记账凭证或者登账错误而采用的更正方法。如果发现以前年度记账凭证中有错误(指会计科目、金额有误)并导致账簿登记出现差错,应当用蓝字或黑字填制一张更正的记账凭证。因错误的账簿记录已经在以前会计年度终了进行结账或决算,不可能将已经决算的数字进行红字冲销,只能用蓝字或黑字凭证对除文字外的一切错误进行更正,并在更正凭证上特别注明"更正××年度错账"的字样。

真题精练

【导学例题6】更正错账时,划线更正法的适用范围是(　　)。

A. 记账凭证上会计科目或记账方向错误,导致账簿记录错误

B. 记账凭证正确,在记账时发生错误,导致账簿记录错误

C. 记账凭证上会计科目或记账方向正确,所记金额大于应记金额,导致账簿记录错误

D. 记账凭证上会计科目或记账方向正确,所记金额小于应记金额,导致账簿记录错误

B　【解析】A项和C项应该使用红字更正法,D项应该使用补充登记法。

（四）期末对账与结账

1. 期末对账

对账指的就是核对账目。对账工作一般在记账之后结账之前，即在月末进行。《会计基础工作规范》第六十二条规定，各单位应当定期对会计账簿记录的有关数字与库存实物、货币资金、有价证券、往来单位或者个人等进行相互核对，保证账证相符、账账相符、账实相符。为了保证账证相符、账账相符、账实相符而进行的账证核对、账账核对和账实核对就是对账工作的主要内容。

（1）账证核对。核对会计账簿记录与原始凭证、记账凭证的时间、凭证字号、内容、金额是否一致，记账方向是否相符。

（2）账账核对。核对不同会计账簿之间的账簿记录是否相符，包括：总账有关账户的余额核对，总账与明细账核对，总账与日记账核对，会计部门的财产物资明细账与财产物资保管和使用部门的有关明细账核对等。

（3）账实核对。核对会计账簿记录与财产等实有数额是否相符，包括：现金日记账账面余额与现金实际库存数相核对；银行存款日记账账面余额定期与银行对账单相核对；各种财物明细账账面余额与财物实存数额相核对；各种应收、应付款明细账账面余额与有关债务、债权单位或者个人核对等。

2. 期末结账

结账是指为总括一定时期内的全部经济业务，计算并结转各种账簿的本期发生额和期末余额，在会计期末进行的汇总、整理、总结工作。

结账通常包括两个方面的内容：一是结清各损益类账户，并据此计算本期利润；二是结清各资产、负债和所有者权益类账户，分别结出本期发生额和期末余额，并结转至下一会计期间。

《会计基础工作规范》第六十三条规定，各单位应当按照规定定期结账。

（1）结账前，必须将本期内所发生的各项经济业务全部登记入账。

（2）结账时，应当结出每个账户的期末余额。需要结出当月发生额的，应当在摘要栏内注明“本月合计”字样，并在下面通栏划单红线。需要结出本年累计发生额的，应当在摘要栏内注明“本年累计”字样，并在下面通栏划单红线。12 月末的“本年累计”就是全年累计发生额。全年累计发生额下面应当通栏划双红线。年度终了结账时，所有总账账户都应当结出全年发生额和年末余额。

（3）年度终了，要把各账户的余额结转到下一会计年度，并在摘要栏注明“结转下年”字样。在下一会计年度新建有关会计账簿的第一行余额栏内填写上年结转的余额，并在摘要栏注明“上年结转”字样。

（五）会计账簿的更换与保管

1. 会计账簿的更换

会计账簿的更换通常在新会计年度建账时进行。一般来说，总账、日记账和多数明细账应每年更换一次。各种备查簿可以连续使用。

2. 会计账簿的保管

年度终了，各种账户在结转下年、建立新账后，一般都要把旧账送交总账会计集中统一管理。会计账簿暂由本单位财务会计部门保管一年，期满之后，由财务会计部门编造清册移交本单位的档案部门保管。

（1）会计账簿的装订整理。

①各种账簿要分工明确，指定专人管理。

②会计账簿未经领导和会计负责人或者有关人员批准，非经管人员不能随意翻阅查看会计账簿。会计账簿除需要与外单位核对外，一般不能携带外出；对携带外出的账簿，一般应由经管人员或会计主管人员指定专人负责。

③会计账簿不能随意交与其他人员管理，以保证账簿安全和防止任意涂改账簿等问题发生。

④年度终了更换并启用新账后，对更换下来的旧账要整理装订，造册归档。

⑤实行会计电算化的单位，满足《会计档案管理办法》第八条有关规定的，可仅以电子形式保存会计账簿，无须定期打印会计账簿；确需打印的，打印的会计账簿必须连续编号，经审核无误后装订成册，并由记账人员和会计机构负责人、会计主管人员签字或者盖章。

（2）会计账簿的移交及归档。各种账簿同会计凭证和会计报表一样，都是重要的经济档案，必须按照《会计档案管理办法》规定的保存年限妥善保管，不得丢失和任意销毁。保管期满后，应当按照规定进行鉴定，经鉴定可以销毁的，方可按照审批程序报经批准后销毁。

八、财务会计报告

（一）财务会计报告概述

1. 财务会计报告的含义

财务会计报告是指企业对外提供的反映企业某一特定日期的财务状况和某一会计期间的经营成果、现金流量等会计信息的文件。财务会计报告包括财务报表和其他应当在财务报告中披露的相关信息和资料。

2. 财务会计报告的构成

财务会计报告包括财务报表及其附注和其他应当在财务会计报告中披露的相关信息和资料。财务报表由报表本身及其附注两部分构成，附注是财务报表的有机组成部分，而报表则至少应当包括资产负债表、利润表、现金流量表等报表。

(1)资产负债表是反映企业在某一特定日期的财务状况的报表。企业通过编制资产负债表，可以将企业的资产、负债、所有者权益的金额及构成情况予以反映，进而帮助信息使用者对企业的资产质量、资本权益结构、偿债能力等进行分析。

(2)利润表是反映企业在一定会计期间的经营成果的报表。企业通过编制利润表，可以将企业在一定会计期间实现的收入、发生的费用、应当计入当期损益的利得和损失以及其他综合收益予以反映，进而可以帮助信息使用者对企业利润的质量、企业的盈利能力等方面进行分析评价。

(3)现金流量表是反映企业在一定会计期间现金和现金等价物的流入和流出情况的报表。企业通过编制现金流量表，可以将企业经营活动、投资活动和筹资活动引起的现金及现金等价物的流入和流出情况予以反映，进而可以帮助信息使用者分析评价企业的现金流和资金周转情况。

(4)所有者权益变动表反映企业一定会计期间构成所有者权益的各组成部分的增减变动情况。企业通过编制所有者权益变动表，既可以为报表使用者提供所有者权益总量增减变动的信息，也能为其提供所有者权益增减变动的结构性信息，特别是能够让报表使用者理解所有者权益增减变动的根源。

(5)附注是对在财务报表中列示项目所作的进一步说明和对未能在这些报表中列示项目的说明等。

3. 财务报表的分类

财务会计报告的核心是财务报表，而财务报表依据不同的分类标准可以有不同的分类。

(1)**财务报表按照编报期间的不同，可以分为中期财务报表和年度财务报表**。中期财务报表包括月度、季度和半年度财务报表。年度财务报表是全面反映企业整个会计年度的经营成果、现金流量情况及年末财务状况的财务报表。

(2)**财务报表按编报的会计主体不同，分为个别财务报表和合并财务报表**。个别财务报表是指在以母公司和子公司组成的具有控股关系的企业集团中，由母公司和子公司各自为主体分别单独编制的报表，用以分别反映母公司和子公司本身各自的财务状况和经营成果。合并财务报表是以母公司和子公司组成的企业集团为会计主体，以母公司和子公司单独编制的个别财务报表为基础，由母公司编制的综合反映企业集团经营成果、财务状况及其资金变动情况的财务报表。

(3)**财务报表按反映的经济内容不同，可以分为反映企业财务状况的财务报表和反映企业经营成果的财务报表**。反映企业财务状况的财务报表是用来总括反映企业在某一特定日期或某一会计期间的财务状况的财务报表，如资产负债表、现金流量表、所有者权益变动表。反映企业经营成果的财务报表是总括反映企业在一定时期的经营成果情况的财务报表，如利润表。

4. 财务会计报告的编制要求

为确保财务会计报告质量，编制财务会计报表必须符合以下要求：

(1)数字真实。

(2)计算准确。

(3)内容完整。

(4)编报及时。

(5)指标可比。

（二）资产负债表

1. 资产负债表的概念

资产负债表是反映企业某一特定日期财务状况的报表。该表能提供企业在某一特定日期（会计期末）所掌握的经济资源、应偿付的债务、所有者在企业中所拥有的权益、企业的偿债能力、财务前景等重要资料。资产负债表的编制基础是“资产 = 负债 + 所有的权益”这一基本的会计等式。

2. 资产负债表的结构与内容

资产负债表的结构分为两类,即账户式和报告式。账户式结构下资产负债表分为左右两部分,左方列报企业所拥有的全部资产项目,右方列报企业的负债和所有者权益项目,左右两方项目合计数相等。报告式又被称为垂直式。此结构下资产负债表分为上下两部分,上方列报资产项目,下方列报负债和所有者权益项目,上下两方项目合计数相等。我国会计准则规定,企业编制资产负债表时应采用账户式结构。

资产负债表列报的内容包括资产、负债和所有者权益项目。

(1)**资产部分是根据资产的流动性由强到弱来列示,一般分为流动资产和非流动资产**。流动资产是指企业可以在一年或者超过一年的一个营业周期内变现或者运用的资产,是企业资产中必不可少的组成部分。流动资产主要包括货币资金、应收票据、应收账款、预付账款、其他应收款、存货、一年内到期的非流动资产等。非流动资产是指流动资产以外的资产,主要包括长期应收款、长期股权投资、投资性房地产、固定资产、在建工程、无形资产、长期待摊费用等。

(2)**负债部分是根据偿还期限由短到长来进行列示,一般分为流动负债和非流动负债**。流动负债是指资产负债表中,一年内或者超过一年的一个营业周期内需要偿还的债务合计。流动负债主要包括短期借款、应付票据、应付账款、预收款项、应付职工薪酬、应交税费、应付利息、应付股利、其他应付款、一年内到期的非流动负债等。非流动负债指偿还期在一年或超过一年的一个经营周期以上的债务,主要包括长期借款、应付债券、长期应付款等。

(3)**所有者权益部分包括实收资本(或股本)、资本公积、其他综合收益、盈余公积和未分配利润**。

3. 资产负债表的编制方法

资产负债表中项目填列时分为“期初余额”和“期末余额”两栏。“期初余额”栏各项的数字,应按上年年末资产负债表中“期末余额”栏中的数字填列。“期末余额”栏内各项数字根据会计期末各总账账户及所属明细账户余额填列。

真题精练

【导学例题7】H公司在2018年发生了以下事项,其中影响该公司当期损益的有(　　)。

A. 处置某固定资产获得400万元　　B. 其他权益工具投资公允价值的增加

C. 因产品质量保证确认的预计负债　　D. 收到某客户的违约金300万元

ACD　【解析】A项,处置固定资产所得应记入“资产处置损益”科目,影响当期损益。B项,其他权益工具投资公允价值的增加记入“其他综合收益”科目,不影响当期损益。C项,因产品质量保证确认的预计负债记入“销售费用”科目,影响当期损益。D项,收到某客户的违约金记入“营业外收入”科目,影响当期损益。

(三)利润表

1. 利润表的概念

利润表是指反映企业在一定会计期间内的经营成果的报表。利润表的编报基础是“利润 = 收入 - 费用”这一会计恒等式。

2. 利润表的编制方法

利润表各项目需填列“本期金额”和“上期金额”两栏。其中“上期金额”栏内各项数字,应根据上年该期利润表的“本期金额”栏内所列数字填列。“本期金额”栏内各期数字,除“基本每股收益”和“稀释每股收益”项目外,应当按照相关科目的发生额分析填列。如“营业收入”项目,根据“主营业务收入”“其他业务收入”科目的发生额分析计算填列;“营业成本”项目,根据“主营业务成本”“其他业务成本”科目的发生额分析计算填列。

(四)现金流量表

1. 现金流量表的概念

现金流量表反映企业在一定会计期间现金和现金等价物流入和流出的报表。现金流量表的编制基础是收付实现制。现金等价物是指企业持有的期限短、流动性强、易于转化为已知金额的现金、价值变动风险很小的投资。一般是指从购买之日起,3个月或更短时间内到期的债权投资。

2. 现金流量的分类

根据企业业务活动的性质和现金流量的来源,现金流量表在结构上将企业一定期间产生的现金流量分为以下三类:

(1)**经营活动产生的现金流量**。企业产生现金流的经营活动主要包括销售商品、提供劳务、税费返还、购买商品、支付工资、缴纳税费等。

(2)**投资活动产生的现金流量**。企业产生现金流的投资活动是指企业长期资产的购建和不包括在现金等价物范围内的投资及其处置活动。长期资产是指固定资产、无形资产、在建工程、其他资产等持有期限在一年或一个营业周期以上的资产。

(3)**筹资活动产生的现金流量**。企业产生现金流的筹资活动是指导致企业资本及债务规模和构成发生变化的活动,主要包括吸收投资、取得借款、发行债券、分配利润、偿还债务等。

3. 现金流量表的结构

我国企业现金流量表采用**报告式**结构,分类反映经营活动产生的现金流量、投资活动产生的现金流量和筹资活动产生的现金流量,最后汇总反映企业某一期间现金及现金等价物的净增加额。

(五)所有者权益变动表

所有者权益变动表是指反映构成所有者权益各组成部分当期增减变动情况的报表。所有者权益变动表应当全面反映一定时期所有者权益变动的情况。

所有者权益变动表既可以为报表使用者提供所有者权益总量增减变动的信息,也能提供所有者权益增减变动的结构性信息,特别是能够让报表使用者理解所有者权益增减变动的根源。

在所有者权益变动表上,企业至少应当单独列示反映下列信息的项目:综合收益总额;会计政策变更和差错更正的累积影响金额;所有者投入资本和向所有者分配利润等;提取的盈余公积;实收资本、其他权益工具、资本公积、其他综合收益、专项储备、盈余公积、未分配利润的期初和期末余额及其调节情况。

(六)财务报表附注

1. 财务报表附注的概念

财务报表附注是财务报表的重要组成部分,是对财务报表本身无法或难以充分表达的内容和项目所作的补充说明和详细解释。

2. 财务报表附注的内容

财务报表附注一般包括以下项目:

(1)企业的基本情况。

(2)财务报表的编制基础。企业一般是在持续经营基础上编制财务报表。

(3)遵循企业会计准则的声明。

(4)重要会计政策和会计估计。

(5)会计政策和会计估计变更以及差错更正的说明。

(6)报表重要项目的说明。

(7)或有事项和承诺事项、资产负债表日后非调整事项、关联方关系及其交易等需要说明的事项。

(8)有助于财务报表使用者评价企业管理资本的目标、政策及程序的信息。

九、财务报表分析

(一)财务报表分析概述

1. 财务报表分析的概念

财务报表分析又称财务分析,是公司利益相关者采用科学的分析方法,通过收集、整理企业财务会计报告中的有关数据,利用财务报告及会计、统计、市场等相关经济信息资料,对企业的财务状况、经营成果和现金流量情况进行综合比较和评价,以全面、客观地评价公司财务状况和经营成果,并为财务控制和财务决策提供基础的活动,为财务会计报告使用者提供管理决策和控制依据的一项管理工作。

2. 财务报表分析的目的

财务报表分析的目的是将财务报表数据转换成有用的信息,对企业的经营状况做出客观、公正和正确的评价,为决策提供科学的依据,帮助报表使用者改善决策。

3. 财务报表分析的主体

(1)企业所有者作为投资人,关心其资本的保值和增值状况,因此较为重视企业获利能力指标,主要进行企业盈利能力分析。

(2)企业债权人因不能参与企业剩余收益分享,首先关注的是其投资的安全性,因此更重视企业偿债能力指标,主要进行企业偿债能力分析,同时也关注企业盈利能力分析。

(3)企业经营决策者必须对企业经营理财的各个方面,包括运营能力、偿债能力、获利能力及发展能力的全部信息,予以详尽地了解和掌握,主要进行各方面综合分析,并关注企业财务风险和经营风险。

(4)政府部门进行财务分析的主要目的是更好地了解宏观经济的运行情况和企业的经营活动是否遵守法律法规,以便为其制定相关政策提供决策依据。

(5)注册会计师(审计师)。审计人员对企业的财务报表进行审计,其目的是在某种程序上确保财务报表的编制符合公认会计准则,没有重大错误和不规范的会计处理。

4. 财务报表分析的作用

(1)财务报表分析能合理评价企业经营者的经营业绩。

(2)财务报表分析是企业经营者实现理财目标的重要手段。

(3)财务报表分析能为不同视角的报表使用者做出决策提供有效依据。

(4)财务报表分析能为国家行政部制定宏观政策提供依据。

(二)财务报表分析的基本方法

财务报表分析的方法主要有比较分析法、比率分析法、因素分析法、趋势分析法。

1. 比较分析法

比较分析法是将相关数据进行比较,揭示差异并寻找差异原因的分析方法,是财务报表分析中最常用也是最基本的一种方法,是其他分析方法产生的基础。它通过对比两期或连续数期财务报表中的主要项目或指标数值的增减变动的方向、数额和幅度,说明企业财务状况、经营成果和现金流量变化的趋势。

知识拓展

常见的比较标准:

(1)经验标准。经验标准是依据大量且长期的实践经验总结而成,通常是指制造业企业的平均状况。

(2)历史标准。历史标准是以企业过去某一时间的实际业绩为标准,在分析评价企业财务状况和盈利水平是否得到改善方面具有不可替代的作用。

(3)行业标准。行业标准是行业的平均水平或同行业中某一先进企业水平。

(4)预算标准。预算标准是指企业制定的财务预算指标。预算标准通常适用于企业内部的财务分析与评价。

2. 比率分析法

比率分析法是通过计算各种比率指标来确定财务活动变动程度的方法。比率分析法主要分为构成比率分析、效率比率分析、相关比率分析。

(1)**构成比率分析**。构成比率又称结构比率,是反映某项财务指标的各个组成部分数值与总体数值之间关系的财务比率,如流动资产与资产总额的比率、流动负债与负债总额的比率。

(2)**效率比率分析**。效率比率是某项财务活动中所费与所得的比率,反映投入与产出的关系。利用效率比率指标,可以进行得失比较,考察经营成果,评价经济效益。比如,将利润项目与营业成本、营业收入、资本金等项目加以对比,可以计算出成本利润率、营业净利率和资本金利润率等利润率指标,从不同角度观察比较企业盈利能力的高低及其增减变化情况。

(3)**相关比率分析**。相关比率是以某个项目和与其有关但又不同的项目加以对比所得的比率,反映有关经济活动的相互关系。利用相关比率指标,可以考察企业相互关联的业务安排得是否合理,以保障经营活动顺畅进行。比如,将流动资产与流动负债进行对比,计算出流动比率,可以判断企业的短期偿债能力。

3. 因素分析法

因素分析法是指在财务指标对比分析确定差异的基础上,利用各种因素的顺序替代,从数值上测定各个相关因素对有关财务指标差异的影响程度的一种方法,包括财务的比率因素分解法和差异因素分解法。

(1)比率因素分解法。比率因素分解法是指把一个财务比率分解为若干个影响因素的方法。

(2)差异因素分解法。为了解释比较分析中所形成差异的原因,需要使用差异分解法。差异因素分解法又分为定基替代法和连环替代法两种。

①定基替代法是测定比较差异成因的一种定量方法。按照这种方法，需要分别用标准值替代实际值，以测定各因素对财务指标的影响。

②**连环替代法**是把综合指标分解后，顺序地把其中第一个因素作为可变量，其他因素暂作为不变量，依次逐项进行替换，逐步测定出各项因素的变化对综合指标的影响程度，从而可以掌握指标变动的原因，分清经济责任，找出关键问题，做出正确的财务评价。

4. 趋势分析法

趋势分析法又称水平分析法，是通过对不同时期财务报表的对比，揭示有关财务指标的增减差异和变动趋势的分析方法。以此来说明企业财务状况、经营成果和现金流量变动趋势的分析方法。

对不同时期财务指标的比较，可以有以下两种方法：

(1)**定基动态比率**。定基动态比率是以某一时期数额为固定基期数额而计算的动态比率。其计算公式为：

定基动态比率 =（分析期数额 ÷ 固定基期数额）×100%

(2)**环比动态比率**。环比动态比率是以每一分析期的前期数额为基期数额而计算的动态比率。其计算公式为：

环比动态比率 =（分析期数额 ÷ 前期数额）×100%

（三）财务报表分析的内容

财务报表分析的原则是各类报表使用人在进行财务分析时应遵循的一般规范，可以概括为：目的明确原则、实事求是原则、全面分析原则、系统分析原则、动态分析原则、定量分析与定性分析结合原则、成本效益原则等。财务分析的内容一般包括**偿债能力分析、营运能力分析、盈利能力分析**等。

1. 偿债能力分析

偿债能力是指企业用其资产偿还长期债务与短期债务的能力。企业偿债能力是反映企业财务状况和经营能力的重要标志。公司偿债能力常用的指标主要有流动比率、速动比率、现金比率和利息保障倍数等。

(1)短期偿债能力。短期偿债能力是指企业对流动负债及时足额偿还的保证程度，即企业偿还流动负债的能力。企业短期偿债能力的衡量指标主要有流动比率、速动比率和现金比率。

①流动比率是指流动资产总额和流动负债总额之比，用来衡量企业流动资产在短期债务到期以前，可以变为现金用于偿还负债的能力，其计算公式为：

流动比率 = 流动资产/流动负债

②速动比率是指速动资产对流动负债的比率。它是衡量企业流动资产中可以立即变现用于偿还流动负债的能力。速动资产即流动资产减去存货。速动比率的计算公式为：

速动比率 = 速动资产/流动负债

③现金比率是指公司在会计期末拥有的现金余额和同期各项流动负债总额的比率。现金比率的计算公式为：

现金比率 = 现金余额/流动负债

(2)长期偿债能力。长期偿债能力是指企业对债务的承担能力和对偿还债务的保障能力。长期偿债能力指标主要包括资产负债率、股东权益比率、产权比率、利息保障倍数。

①资产负债率是负债总额除以资产总额的百分比，也就是负债总额与资产总额的比例关系。资产负债率反映在总资产中有多大比例是通过借债来筹资的，也可以衡量企业在清算时保护债权人利益的程度，其计算公式为：

资产负债率 = 负债总额/资产总额 ×100%

②股东权益比率是股东权益与资产总额的比率。该比率反映企业资产中有多少是所有者投入的，股东权益比率应当适中，其公式为：

股东权益比率 = 所有者权益总额/资产总额 ×100%

如果权益比率过小，表明企业过度负债，容易削弱公司抵御外部冲击的能力。股东权益比率越大，负债比率就越小，企业的财务风险也越小，偿还长期债务的能力就越强，同样也意味着企业没有积极地利用财务杠杆作用来扩大经营规模。股东权益比率的倒数即为权益乘数，即资产总额是所有者权益的多少倍数。该乘数越大，说明股东投入的资本在资产中所占比重越小。特别注意以下两个特殊的等式关系。

股东权益比率+资产负债率=1

股东权益比率×权益乘数=1

③产权比率是负债总额与所有者权益总额的比率。其公式为：

产权比率=负债总额/所有者权益总额×100%

产权比率可以揭示企业财务风险以及股东权益对债务的保障程度。比率越低说明企业长期财务状况越好，自有资本占总资产的比重越大，从而其资产结构越合理，长期偿债能力越强，企业财务风险越小，债权人的债务越安全。

④利息保障倍数是指企业生产经营所获得的息税前利润与利息费用的比率，其是衡量企业支付负债利息能力的指标。利息保障倍数越大，说明企业支付利息费用的能力越强。因此，债权人要分析利息保障倍数指标，以此来衡量债权的安全程度。利息保障倍数的计算公式为：

利息保障倍数=息税前利润/利息费用

要维持正常偿债能力，利息保障倍数至少应大于1，且比值越高，企业长期偿债能力越强。如果利息保障倍数过低，企业将面临亏损、偿债的安全性与稳定性下降的风险。

真题精练

【导学例题8】企业下列经济业务中，影响其偿债能力的是（　　）。

A. 企业向投资者分配股票股利　　B. 企业提前支付某供应商货款

C. 企业用资本公积转增资本　　D. 企业用盈余公积弥补亏损

B　【解析】A、C、D三项均是所有者权益内部的增减变动，不影响偿债能力。B项，企业提前支付供应商货款，会使预付账款增加，导致速动比率和现金比率降低，影响短期偿债能力。故本题选B项。

2. 营运能力分析

营运能力分析是指通过计算企业资金周转的有关指标分析其资产利用的效率，是对企业管理层管理水平和资产运用能力的分析。资金周转得越快，说明资金利用效率越高，企业的经营管理水平越好。营运能力指标包括应收账款周转率、存货周转率、流动资产周转率和总资产周转率等。

（1）应收账款周转率又称应收账款周转次数，它是分析和评估企业应收账款的变现速度和企业流动资金周转状况的重要指标。相关计算公式为：

应收账款周转率=销售收入/应收账款平均余额（次）

应收账款周转天数=360/应收账款周转率（天）

=平均应收账款×360÷主营业务收入净额

（2）存货周转率也叫存货周转次数，是企业一定时期的主营业务成本与平均存货的比率。用时间表示的存货周转率就是存货周转天数，指企业的存货自入库登账之日起到发运出售之日止的平均天数。相关计算公式为：

存货周转率（次数）=主营业务成本/存货平均余额

存货平均余额=（期初存货+期末存货）/2

存货周转天数=存货平均余额×360/主营业务成本

一般而言，企业存货的周转速度越快，存货的资金占用水平就越低，流动性就越强，存货的变现速度越快。因此，提高存货周转率可以提高企业的变现能力。

（3）流动资产周转率又叫流动资产周转次数，是销售收入与全部流动资产平均余额的比率。它反映的是全部流动资产的利用效率。用时间表示流动资产周转速度的指标叫流动资产周转天数，表示流动资产平均周转一次所需的时间。相关计算公式为：

流动资产周转率（次数）=主营业务收入净额/流动资产平均余额

流动资产平均余额=（流动资产期初余额+流动资产期末余额）/2

流动资产周转天数=平均流动资产总额×360/主营业务收入净额

流动资产周转次数越多，表明以相同的流动资产完成的周转额越多，流动资产利用的效果越好。流动资产周转率用周转天数表示时，周转一次所需要的天数越少，表明流动资产在经历生产和销售各阶段时占用的时间越短，周转越快。

（4）固定资产周转率是指企业主营业务收入净额与固定资产平均净值的比率。它是反映企业固定资产周转情况，从而衡量固定资产利用效率的一项指标，其计算公式为：

固定资产周转率 = 主营业务收入净额/固定资产平均净值

固定资产周转率高，不仅表明企业充分利用了固定资产，同时也表明企业固定资产投资得当，固定资产结构合理，能够充分发挥其效率。固定资产周转率低，表明固定资产使用效率不高，提供的生产成果不多，企业的营运能力欠佳。

(5)总资产周转率是企业主营业务收入与平均资产总额的比率，反映企业用销售收入收回总资产的速度以及企业全部资产的利用效率，其计算公式为：

总资产周转率 = 主营业务收入/平均资产总额

平均资产总额 = (期初资产总额 + 期末资产总额)/2

一般来说，总资产周转率越高，总资产周转天数越短，说明企业所有资产周转得越快，同样的资产取得的收入越多，因而资产的管理水平越高。

3. 盈利能力分析

盈利能力是指企业获取利润的能力，反映公司盈利能力的指标主要有销售净利率、销售毛利率、资产净利率、净资产收益率等。

(1)销售利润率是企业利润总额与企业销售收入净额的比率。它反映企业销售收入中，职工为社会劳动新创价值所占的份额，其计算公式为：

销售利润率 = 利润总额/营业收入 ×100%

该项比率越高，表明企业为社会新创价值越多，贡献越大，也反映企业在增产的同时，为企业多创造了利润，实现了增产增收。

(2)营业利润率是指企业的营业利润与营业收入的比率。它是衡量企业经营效率的指标，反映了在考虑营业成本的情况下，企业管理者通过经营获取利润的能力，其计算公式为：

营业利润率 = 营业利润/营业收入 ×100%

营业利润率表明企业通过生产经营获得利润的能力。该比率越高表明企业的盈利能力越强。营业利润是企业最基本经营活动的成果，也是企业一定时期获得利润中最主要、最稳定的来源。

(3)主营业务净利率是企业净利润与主营业务收入净额的比率。该指标反映了单位销售收入的获利能力。相关计算公式为：

主营业务净利率 = 净利润/主营业务收入 ×100%

净利润 = 利润总额 - 所得税税额

主营业务净利率是反映企业盈利能力的一项重要指标。该指标越高，说明企业产品或商品定价科学，产品附加值高，营销策略得当，主营业务市场竞争力强，发展潜力大，获利水平高。

(4)总资产报酬率又叫资产净利润率、投资报酬率或资产收益率，是企业在一定时期内的净利润和资产平均总额的比率，其计算公式为：

总资产报酬率 = 净利润/资产平均总额 ×100%

总资产报酬率主要用来衡量企业利用资产获取利润的能力，反映了企业总资产的利用效率。这一比率越高，说明企业全部资产的盈利能力越强。

(5)净资产收益率又称股东权益报酬率，是净利润与股东权益的比率，反映了股东权益的收益水平。其计算公式为：

净资产收益率 = 净利润/股东权益 ×100%

一般来说，负债增加会导致净资产收益率上升。净资产收益率越高，说明企业所有者权益的盈利能力越强。

(6)普通股每股收益也称普通股每股利润或每股盈余，是衡量上市公司获利能力的重要财务指标，是股份有限公司实现的净利润总额减去优先股股利后与已发行在外的普通股股数的比率，其计算公式为：

普通股每股收益 = (净利润 - 优先股股利)/发行在外的普通股股数

该指标能反映普通股每股的盈利能力，便于对每股价值的计算，因此被广泛使用。每股收益越多，说明每股盈利能力越强。影响该指标的因素有两个方面，一是企业的获利水平，二是企业的股利发放政策。

(7)市盈率是普通股每股市价与每股收益的比率，也叫本益比，指在一个考察期(通常为 12 个月的时间)内，股票的价格和每股收益的比率，是最常用来评估股价水平是否合理的指标之一。投资者通常利用该比例值估量某股票的投资价值，或者用该指标在不同公司的股票之间进行比较。相关计算公式为：

市盈率 = 普通股每股市场价格/普通股每股收益

市盈率高,表明投资者对公司未来充满信心,愿意为每一元盈余多付买价。通常认为,市盈率在5～20是正常的。

(8)资本保值增值率是指企业本年末所有者权益扣除客观增减因素后同年初所有者权益的比率。该指标表示企业当年资本在企业自身的努力下的实际增减变动情况,是评价企业财务效益状况的辅助指标。反映了企业资本的运营效益与安全状况,其计算公式为:

资本保值增值率 = 年末所有者权益/年初所有者权益 ×100%

该指标越高,说明企业资本保全状况越好,所有者权益增长越快,债权人的权益越有保障,企业发展的潜力更强。

(四)财务报表综合分析

单独分析任何一项财务指标或一张会计报表,都难以全面评价企业的财务状况和经营成果,要想对企业财务状况和经营成果有一个总的评价,就必须进行相互关联的分析,采用适当的标准进行综合性的评价。财务报表综合分析的方法主要有两种:杜邦财务分析体系法和沃尔比重评分法。

1. 杜邦财务分析体系法

杜邦分析法又称杜邦财务分析体系法,简称杜邦体系。它是利用财务指标间的内在联系,对企业综合经营理财能力及经济效益进行系统的分析评价的方法。

在杜邦分析法的模型中,净资产收益率是核心。它具有综合性,能够表明企业财务管理的目标。杜邦分析模型所使用的权益乘数也叫杠杆率,杜邦体系各主要指标之间的关系如下:

净资产收益率 = 净利率 × 资产周转率 × 权益乘数

净利率 = 净利润/销售收入净额

资产周转率 = 销售收入净额/资产平均总额

权益乘数 = 资产平均总额/所有者权益总额 = 1/(1 - 资产负债率)

从公式中看,决定净资产收益率高低的因素有三个方面,分别为销售净利率、资产周转率和权益乘数。

通过杜邦分析体系自上而下地分析,可以了解企业财务状况的全貌以及各项财务指标间的结构关系,查明各项主要财务指标增减变动的影响因素及存在的问题。杜邦分析体系提供的上述财务信息,较好地解释了指标变动的原因和趋势。这为进一步采取具体措施指明了方向,而且还为决策者优化经营结构和理财结构,提高企业偿债能力和经营效益提供了基本思路,即要提高净资产收益率的根本途径在于扩大销售、改善经营结构、节约成本费用开支、合理资源配置、加速资金周转、优化资本结构等。

2. 沃尔比重评分法

沃尔比重评分法是指将选定的财务比率用线性关系结合起来,并分别给定各自的分数比重,然后通过与标准比率进行比较,确定各项指标的得分及总体指标的累计分数,从而对企业的信用水平做出评价的方法。

沃尔比重评分法的基本步骤如下:

(1)选定若干财务比率,按其重要程度给定一个分值,即重要性权数,其总和为100分。

(2)确定各个指标的标准值。财务指标的标准值,可以采用行业平均值、企业的历史先进数、国家有关标准或国际公认的基准等。

(3)计算出各指标的实际值,并与所确定的标准值进行比较,计算一个相对比率,将各项指标的相对比率与其重要性权数相乘,得出各项比率指标的指数。

(4)将各项比率指标的指数相加,最后得出企业的综合得分,即可以判明企业财务状况的优劣。

要点点拨

沃尔比重评分法的公式为:实际分数 = 实际值/标准值 × 权重。当实际值 > 标准值为理想时,此公式正确,但当实际值 < 标准值为理想时,实际值越小,得分应越高,用此公式计算的结果却恰恰相反。另外,当某一单项指标的实际值畸高时,会导致最后总分大幅度增加,掩盖了情况不良的指标,从而给管理者造成一种假象。因此,沃尔比重评分法有两个缺陷:一是选择的七个比率及给定的比重缺乏说服力;二是如果某一个指标严重异常时,会对总评分产生不合逻辑的重大影响。

（五）财务报表分析的局限

1.财务报表本身的局限性

(1)会计政策的选择使报表数据缺乏可比性。

(2)会计估计的存在直接影响报表数据的质量。

(3)通货膨胀的影响使报表数据不真实。

①通货膨胀影响企业资产负债表的可靠性。

②通货膨胀同样影响利润表的可靠性。

(4)报表数据信息量的限制。

2.财务分析方法的局限性

(1)比率分析法的局限性:

①比率分析法自身的局限性。

②比率分析法受财务报表局限性影响。

③比率分析法缺乏一定的相关性和预见性。

(2)比较分析法的局限性。比较分析法在实际操作时,数据是否可比则受众多条件的制约,如计算方法相同、计价标准一致、时间长度相等;在进行同行业比较时,要使其具有可比性,至少应具备三个条件:同行业的业务性质相同或相似;企业的经营规模较为接近;经营方式相近或相同。这些条件自然限制了比较分析法的应用范围。

3.财务指标分析的局限性

(1)财务指标分析的主观局限性。由于财务报表是由企业的财务人员根据有关的法规、制度、准则等编制,不可避免地会出现一些人为的差错和失误,甚至恶意隐瞒。不同的分析者对同一张报表可能得出不一样的结论,对报表分析的结果有直接影响。

(2)财务指标分析的客观局限性。主要是流动比率和速动比率的局限性。

第二节 财务管理基础知识

一、财务管理概述

（一）财务管理的概念

财务管理就是对企业财务活动及其体现的财务关系进行的管理。其中,财务活动是指资金的筹集、投放、使用、收回以及分配等一系列行为。从整体上讲,财务活动包括筹资活动、投资活动、经营活动和股利分配活动四个方面。

财务关系是指企业在组织财务活动过程中与有关各方发生的经济利益关系。企业的财务关系可概括为以下几个方面:一是企业与投资者之间的财务关系;二是企业与被投资单位之间的财务关系;三是企业与债权人之间的财务关系;四是企业与债务人之间的财务关系;五是企业与税务机关之间的财务关系;六是企业与职工之间的财务关系;七是企业内部各单位之间的财务关系。

（二）财务管理的主要特征

(1)**财务管理的综合性强**。

(2)**财务管理涉及面广**。

(3)**财务管理对企业的经营管理状况反应迅速**。

真题精练

【导学例题9】企业财务管理是企业管理的一个组成部分,区别于其他管理的特点在于它是一种(　　)。

A.劳动要素的管理　　B.劳动资料的管理

C.资金的管理　　D.人力资源的管理

C　【解析】财务管理是资金的管理,财务管理的内容紧紧围绕资金,包括筹集资金管理、投资管理、营运资金管理和股利分配管理。

（三）财务管理目标

财务管理目标又称理财目标，是指企业进行财务活动所要达到的根本目的，决定企业财务管理的基本方向。

企业财务管理目标有**利润最大化、股东财富最大化、企业价值最大化、相关者利益最大化**等。

（四）财务管理原则

财务管理原则也称理财原则，是人们对财务活动的共同的、理性的认识。

理财原则是财务管理理论和实务的结合部分。对于如何概括理财原则，人们的认识不完全相同。当前，管理学科中最具有代表性的理财原则如下。

1. 自利行为原则

自利行为原则是指人们在进行决策时按照自己的财务利益行事，在其他条件相同的情况下人们会选择对自己经济利益最大的行动。自利行为原则的依据是理性的经济人假设。

2. 双方交易原则

双方交易原则是指每一项交易至少存在两方，在一方根据自己的经济利益决策时，另一方也会按照自己的经济利益决策，并且对方和你一样聪明、勤奋和富有创造力。

3. 信号传递原则

信号传递原则是指行动可以传递信息，并且比企业的声明更有说服力。信号传递原则是自利行为原则的延伸。

4. 净增效益原则

净增效益原则是指财务决策建立在净增效益的基础上，一项决策的价值取决于它和替代方案相比所增加的净收益。

5. 风险—报酬权衡原则

风险—报酬权衡原则是指风险和报酬之间存在一个对等关系，投资人必须对报酬和风险作出权衡，为追求较高报酬而承担较大风险，或者为减少风险而接受较低的报酬。

6. 货币时间价值原则

货币时间价值原则是指在进行财务计量时要考虑货币时间价值因素。货币的时间价值是指货币在经过一定时间的投资和再投资所增加的价值。货币时间价值原则的首要应用是现值概念。

二、筹资管理

（一）筹资管理概述

企业筹资是指企业为了满足其经营活动、投资活动和资本结构调整等需要，运用一定的筹资方式，筹措和获取所需资金的一种行为。

1. 企业筹资的分类

（1）**按企业资金的来源渠道不同，企业筹资可分为股权筹资、债务筹资及衍生工具筹资三种类型**。这也是企业筹资方式最常见的分类方法。

①股权筹资。股权筹资形成股权资本，是企业依法长期拥有、能够自主调配运用的资本。股权资本在企业持续经营期间内，投资者不得抽回，故称为企业的自有资本、主权资本或股东权益资本。企业的股权资本通过吸收直接投资、发行股票和内部积累等方式取得。股权资本由于一般不用还本，形成了企业的永久性资本，故财务风险小，但付出的资金成本相对较高。

②债务筹资。债务筹资是企业通过借款、发行债券、融资租赁以及赊购商品或服务等方式取得的资金形成的在规定期限内需要清偿的债务。由于债务筹资到期要归还本金和支付利息，对企业的经营状况不承担责任，因此具有较大的财务风险，但付出的资本成本相对较低。

③衍生工具筹资。衍生工具筹资是包括兼具股权和债务特性的混合融资和其他衍生工具融资。它是以股权或债权为基础产生的新的融资方式，如我国上市公司目前最常见的可转换债券融资、认股权证融资。

（2）**按其是否以金融机构为媒介，企业筹资可分为直接筹资和间接筹资两种类型**。

①直接筹资。直接筹资是企业直接与资金供应者协商融通资本的一种筹资活动。直接筹资方式主要有吸收直接投资、发行股票和发行债券等。通过直接筹资既可筹集股权资金，也可筹集债务资金。**发行股票、债券属于直接向社会筹资**。

②间接筹资。间接筹资是企业通过银行和非银行金融机构筹集资金，主要有**银行借款、融资租赁**等方式。在这种方式下，银行等金融机构发挥了中介的作用，预先集聚资金，资金拥有者首先向银行等金融

机构让渡资金的使用权，然后由银行等金融机构将资金贷给企业。

(3) **按资金的来源范围不同，企业筹资可分为内部筹资和外部筹资两种类型**。

①内部筹资。内部筹资是指企业通过利润留存而形成的筹资来源。内部筹资数额的大小主要取决于企业可分配利润的多少和利润分配政策(股利政策)，一般无须花费筹资费用，从而降低了资本成本。

②外部筹资。外部筹资是指企业向外部筹措资金而形成的筹资来源。处于初创期的企业，内部筹资的可能性是有限的；处于成长期的企业，内部筹资往往难以满足需要。这就需要企业广泛地开展外部筹资，如发行股票、债券，取得商业信用、向银行借款等。企业向外部筹资大多需要花费一定的筹资费用，从而提高了筹资成本。因此，企业筹资时首先应利用内部筹资，然后再考虑外部筹资。

(4) **按所筹集资金的使用期限不同，企业筹资可分为长期筹资和短期筹资两种类型**。

①长期筹资。长期筹资是指企业筹集使用期限在1年以上的资金筹集活动。长期筹资通常采取发行股票、发行债券、取得长期借款及融资租赁等方式，所形成的长期资金主要用于购建固定资产、形成无形资产、进行对外长期投资、垫支流动资金、产品和技术研发等。从资金权益性质来看，长期资金可以是股权资金，也可以是债务资金。

②短期筹资。短期筹资是指企业筹集使用期限在1年以内的资金筹集活动。短期资金主要用于企业的流动资产和日常资金周转，一般在短期内需要偿还。短期筹资经常利用商业信用、短期借款和保理业务等方式来筹集。

2. 企业筹资的渠道和方式

(1) 筹资渠道。

①**国家财政资金**。国家财政资金是指国家以财政拨款形式投入企业的资本。它是国有企业自有资本的主要来源。从产权关系看，属于国家投入的资金，产权归国家所有。

②**银行信贷资金**。银行对企业的各种贷款是我国目前各类企业最为重要的资金来源。我国银行分为商业银行和政策性银行两类。商业银行是以营利为目的、从事信贷资金投放的金融机构，主要为企业提供各种商业性贷款；政策性银行是为特定企业提供政策性贷款的金融机构。

③**非银行金融机构资金**。非银行金融机构主要是指信托投资公司、租赁公司、证券公司及企业集团所属的财务公司等。它们所提供的各种金融服务，既包括信贷资金投放，也包括物资的融通，还包括为企业承销证券等金融服务。

④**其他企业资金**。企业在生产经营过程中，往往会形成部分暂时闲置的资金，并为一定的目的进行相互的投资。另外，企业间的购销业务可通过商业信用的方式来完成，从而形成企业间的债权债务关系，形成债务人对债权人的短期信用资金占用。企业之间的相互投资和商业信用的存在，使其他企业资金也成为企业资金的重要来源。

⑤**居民个人资金**。居民个人的结余货币作为游离于银行及非银行金融机构等之外的个人资金，可用于企业投资，形成民间资金来源渠道，为企业所用。

⑥**企业自留资金**。企业自留资金是指企业内部形成的资金，也称企业内部资金。它主要包括提取盈余公积金和未分配利润等。这些资金的重要特征之一是企业无须通过一定的方式去筹集，而直接由企业内部自动生成或转移。

(2) 企业筹资方式。筹资方式是指企业筹集资金所采用的具体形式。目前，**我国企业筹资方式主要有：吸收直接投资、发行股票、银行借款、商业信用、利用留存收益、发行债券、融资租赁**。

3. 筹资管理的原则

(1) 遵循国家法律法规，合法筹措资金。企业的筹资行为和筹资活动必须遵循国家的相关法律法规，依法履行法律法规和投资合同约定的责任，合法合规筹资，依法信息披露，维护各方的合法权益。

(2) 分析生产经营情况，正确预测资金需要量。企业筹集资金，首先要合理预测资金的需要量。筹资规模与资金需要量应匹配一致，既避免因筹资不足，影响生产经营的正常进行，又要防止筹资过多，造成资金闲置。

(3) 合理安排筹资时间，适时取得资金。要根据资金需求的具体情况，合理安排资金的筹集时间，适时获取所需资金。使筹资与用资在时间上相衔接，既避免过早筹集资金形成的资金投放前闲置，又防止取得资金的时间滞后，错过资金投放的最佳时间。

(4) 了解各种筹资渠道，选择资金来源。不同的筹资渠道和筹资方式所取得的资金，其资本成本各有差异。企业应在考虑筹资难易程度的基础上，针对不同来源资金的成本进行分析，尽可能选择经济、可行的筹资渠道与方式,力求降低筹资成本。

(5)研究各种筹资方式,优化资本结构。企业筹资要综合考虑股权资金与债务资金的关系、长期资金与短期资金的关系、内部筹资与外部筹资的关系,合理安排资本结构,保持适当偿债能力,防范企业财务危机,提高筹资效益。

(二)权益资金筹集

企业的全部资产由以下两部分构成:投资人提供的所有者权益和债权人提供的负债。所有者权益是企业资金的最主要来源,是企业筹集债务资金的前提与基础。所有者权益是指投资人对企业净资产的所有权,包括投资者投入企业的资本金及企业在经营过程中形成的积累,如盈余公积金、资本公积金和未分配利润等。企业通过吸收直接投资、发行股票、内部积累等方式筹集的资金都称为权益资金。权益资金不用还本,故称自有资金或主权资金。

1. 吸收直接投资

吸收直接投资是指非股份制企业按照“共同投资、共同经营、共担风险、共享收益”的原则直接吸收国家、法人、个人、外商投入资金的一种筹资方式。吸收直接投资不以股票为媒介,无须公开发行证券。吸收直接投资中的出资者都是企业的所有者,他们对企业拥有经营管理权,并按出资比例分享利润、承担损失。吸收直接投资中的投资者可采用现金、实物、无形资产等多种形式出资。主要出资方式如下:

(1)现金投资。现金投资是吸收直接投资中最重要的出资形式。企业有了现金,就可获取所需物资,就可支付各种费用,具有最大的灵活性。

(2)实物投资。实物投资是指以房屋、建筑物、设备等固定资产和原材料、商品等流动资产所进行的投资。实物投资应符合以下条件:适合企业生产经营、科研开发等的需要;技术性能良好;作价公平合理;实物不能涉及抵押、担保、诉讼冻结。投资实物的作价除由出资各方协商确定外,也可聘请各方都同意的专业资产评估机构评估确定。

(3)无形资产投资。无形资产投资是指以商标权、专利权、非专利技术、知识产权及土地使用权等所进行的投资。企业在吸收无形资产投资时应持谨慎态度,避免吸收短期内会贬值的无形资产,避免吸收对本企业利益不大及不适宜的无形资产,还应注意符合法定比例,即吸收无形资产的出资额一般不能超过注册资本的20%(不包括土地使用权),对于高新技术等特殊行业,经有关部门审批最高放宽至30%。

2. 发行股票

(1)股票的性质。股票是股份有限公司为筹集主权资金而发行的有价证券。它是持股人拥有公司股份的凭证,表示了持股人在股份公司中拥有的权利和应承担的义务。股票作为一种所有权凭证,代表着股东对发行公司净资产的所有权。股票具有以下性质:

①**股票是有价证券**。有价证券是财产价值和财产权利的统一表现形式。持有有价证券,一方面表示拥有一定价值量的财产,另一方面也表明有价证券持有人可以行使该证券所代表的权利。

②**股票是要式证券**。股票必须按法定形式记载重要事项:公司名称,公司设立方式,发行股数及每股金额,公司利润分配办法等。如果缺少规定的要件,股票就无法律效力。

③**股票是证权证券**。证券可以分为设权证券和证权证券。股票代表的是股东权利,它的发行是以股份的存在为条件的,股票只是把已存在的股东权利表现为证券的形式,它的作用不是创造股东的权利,而是证明股东的权利。所以,股票是证权证券。

④**股票是资本证券**。发行股票是股份公司筹措自有资本的手段,因此,股票是投入股份公司资本份额的证券化,属于资本证券。股票独立于真实资本之外,在股票市场上进行着独立的价值运动,是一种虚拟资本。

⑤**股票是综合权利证券**。股票不属于物权证券,也不属于债权证券,而是一种综合权利证券。股权是一种综合权利,股东依法享有资产收益、重大决策、选择管理者等权利。

(2)股票的种类。

①**按股东享有的权利不同,可分为普通股票和优先股票**。普通股票简称普通股,是指秉持“一股一权”规则之下收益权与表决权无差别、等比例配置的股票。普通股票是最基本、最常见的一种股票,其持有者享有股东的基本权利和义务。

优先股股票简称优先股,是公司发行的相对于普通股具有一定优先权的股票。其优先权利主要表现在股利分配优先权和分取剩余财产优先权上。优先股股东在股东大会上无表决权,在参与公司经营管理上受到一定限制,仅对涉及优先股权利的问题有表决权。

②**按票面有无记名，可分为记名股票和无记名股票**。记名股票是在股票票面上记载有股东姓名或将名称记入公司股东名册的股票。无记名股票不登记股东名称，公司只记载股票数量、编号及发行日期。《中华人民共和国公司法》规定，公司发行的股票，应当为记名股票。

③**按发行对象和上市地点，可分为A股、B股、H股、N股和S股等**。A股即人民币普通股，是指由中国境内公司发行、上市，境内机构和个人以人民币购买交易的股票。B股即人民币特种股票，是由中国境内注册、上市的公司发行，以人民币标明面值，但以其他货币认购和交易的股票。H股是注册地在内地、上市在香港的股票。在纽约和新加坡上市的股票，则分别称为N股和S股。

④**按是否在股票票面上标明金额，可以分为有面额股票和无面额股票**。有面额股票是指在股票票面上记载一定金额的股票。无面额股票也称为比例股票或份额股票，是指在股票票面上不记载股票面额，只注明它在公司总股本中所占比例的股票。

3. 留存收益

留存收益也是权益资金的一种，是指企业的盈余公积、未分配利润等。与其他权益资金相比，取得更为主动简便，它不需作筹资活动，又无筹资费用。因此，这种筹资方式既节约了成本，又增强了企业的信誉。留存收益的实质是投资者对企业的再投资。但是，这种筹资方式受制于企业盈利的多寡及企业的分配政策。

(1)留存收益筹资的优点。从公司的角度看，留存收益筹资的优点有：

①资金成本低。

②不会分散控制权。

③增强公司的信誉。

(2)留存收益的筹资途径：

①提取盈余公积金。盈余公积金是指有指定用途的留存净利润。盈余公积金是从当期企业净利润中提取的积累资金，其提取基数是本年度的净利润。盈余公积金主要用于企业未来的经营发展，经投资者审议后也可用于转增股本和弥补以前年度经营亏损，但不得用于以后年度的对外利润分配。

②未分配利润。未分配利润是指未限定用途的留存净利润。未分配利润有两层含义：一是这部分净利润本年没有分配给公司的股东投资者；二是这部分净利润未指定用途，可用于企业未来的经营发展、转增股本、弥补以前年度的经营亏损及以后年度的利润分配。

（三）短期负债筹资

负债是企业一项重要的资金来源，负债筹资是与普通股筹资性质不同的筹资方式。与普通股筹资相比，负债筹资的特点表现为：筹集的资金具有使用上的时间性，需到期偿还；不论企业经营好坏，需固定支付债务利息，从而形成企业固定的负担；其资本成本一般比普通股筹资成本低，且不会分散投资者对企业的控制权。按照所筹资金可使用时间的长短，负债筹资可分为长期负债筹资和短期负债筹资两类。

1. 短期负债筹资的特点

短期负债筹资所筹资金的可使用时间较短，一般不超过1年。短期负债筹资具有以下特点：

(1)**筹资速度快，容易取得**。长期负债的债权人为了保护自身利益，往往要对债务人进行全面的财务调查，筹资所需时间一般较长，且不易取得；而短期负债在较短时间内即可归还，故债权人顾虑较少，容易取得。

(2)**筹资富有弹性**。通过长期负债筹资，债权人或有关方面经常会向债务人提出很多限定性条件或管理规定；而短期负债的限制则相对宽松，使筹资企业的资金使用较为灵活、富有弹性。

(3)**筹资成本较低**。一般来讲，短期负债的利率低于长期负债，因此，短期负债筹资的成本也就较低。

(4)**筹资风险高**。短期负债需在短期内偿还，因而要求筹资企业在短期内拿出足够的资金偿还债务，若企业届时资金安排不当，就会陷入财务危机。此外，短期负债利率的波动比较大，有时高于长期负债的利率水平也是可能的。

2. 短期负债筹资的主要形式

短期负债筹资最主要的形式是短期借款和商业信用。

(1)短期借款。短期借款是指企业根据借款合同向银行或非银行金融机构借入的需要还本付息的款项。

①短期借款的种类。我国目前的短期借款按照目的和用途分为若干种，主要有流动资金借款、临时借款和结算借款等。按照国际通行做法，短期借款根据偿还方式的不同，可分为一次性偿还借款和分期偿还借款；根据有无担保，可分为抵押借款和信用借款，等等。

②短期借款的取得。企业举借短期借款,首先必须提出申请,经审查同意后借贷双方签订借款合同,注明借款的用途、金额、利率、期限、还款方式及违约责任等;然后根据借款合同办理借款手续;最后借款手续完毕,企业取得借款。

(2)商业信用。商业信用是指商品交易中的延期付款或延期交货而形成的借贷关系。它是企业之间的直接信用行为。企业之间商业信用的形式很多,主要有应付账款、应付票据、预收账款等。

(四)长期负债筹资

1. 长期负债筹资的特点

长期负债是指期限超过1年的负债。筹措长期负债资金,可解决企业长期资金不足的问题,如满足长期性固定资产的需要。另外,由于长期负债的归还期长,债务人可对债务的归还作长期安排,还债压力或风险相对较小。但长期负债筹资一般成本较高,即长期负债的利率一般会高于短期负债利率;负债的限制较多,即债权人经常会向债务人提出一些限制性的条件,以保证其能够及时、足额收回债务本金和利息,从而形成对债务人的种种约束。

2. 长期借款筹资

(1)长期借款的含义和种类。长期借款是企业向银行或其他非银行金融机构取得的期限在1年以上的借款。长期借款按照提供的机构,可分为政策性银行贷款、商业性银行贷款和其他金融机构贷款;按照有无抵押,可分为抵押贷款和信用贷款;按照用途,可分为固定资产投资贷款、更新改造贷款、科技开发和新产品试制贷款等。

(2)长期借款的保护性条款。银行为了降低贷款风险,在提供贷款的同时往往会提出一些保护性条款。主要包括以下内容:

①一般性保护条款。主要包括:对借款公司流动资本保持量的规定,其目的在于保持借款公司资本的流动性和偿债能力;对支付现金股利和再购入股票的限制,其目的在于限制现金流出;对资本支出规模的限制,其目的在于减少公司日后不得不变卖固定资产以偿还贷款的可能性,仍着眼于保持借款公司资本的流动性;限制其他长期债务,其目的在于防止其他贷款人取得对公司资产的优先求偿权。

②例行性保护条款。主要包括:借款公司定期向银行提交财务报表,其目的在于及时掌握公司的财务情况;不准在正常情况下出售较多资产,以保持公司正常的生产经营能力;如期缴纳税金和清偿其他到期债务,以防被罚款而造成额外的现金支出;不准以任何资产作为其他承诺的担保或抵押,以避免公司过重的负担;不准贴现应收票据或出售应收账款,以避免产生或有负债等;限制租赁固定资产的规模,其目的在于防止公司负担巨额租金以致削弱其偿债能力,同时防止公司以租赁固定资产的办法摆脱对资本支出和负债的约束。

③特殊性保护条款。主要包括:贷款专款专用;不准公司投资于短期内不能收回资本的项目;限制公司高级职员的薪金和奖金总额;要求公司主要领导者在合同有效期内担任领导职务;要求公司主要领导者购买人身保险等。

(3)长期借款筹资的优缺点,如表2-4-4所示。

表2-4-4 长期借款筹资的优缺点

项目	内容
优点	长期借款筹资的优点主要有**筹资速度快、借款弹性较大、借款成本较低**
缺点	长期借款筹资的缺点主要有**财务风险较高、限制性条件较多**

真题精练

【导学例题10】下列属于长期借款特殊性保护条款的是(　　)。

A. 贷款专款专用

B. 对借款公司流动资本保持量的规定

C. 对支付现金股利和再购入股票的限制

D. 不准以任何资产作为其他承诺的担保或抵押

A 【解析】特殊性保护条款主要包括:贷款专款专用;不准公司投资于短期内不能收回资本的项目;限制公司高级职员的薪金和奖金总额;要求公司主要领导者在合同有效期内担任领导职务;要求公司主要领导者购买人身保险等。

（五）资本成本

资本成本又称资金成本，是企业为筹集和使用长期资金而付出的代价。资本成本包括资金筹集费用和资金占用费用两部分。

(1)资金筹集费用。资金筹集费用是指企业为筹集资金而付出的代价。如向银行支付的借款手续费，向证券承销商支付的发行股票、债券的发行费等。筹资费用通常是在筹措资金时一次支付的，在用资过程中不再发生，可视为筹资总额的一项扣除。

(2)资金占用费用。资金占用费用主要包括资金时间价值和投资者要考虑的投资风险报酬两部分，如向银行借款所支付的利息，发放股票的股利等。资金占用费用与筹资金额的大小、资金占用时间的长短有直接联系。

资本成本可用绝对数表示，也可用相对数表示。资本成本用绝对数表示，即资本总成本，是筹资费用和用资费用之和。由于它不能反映用资多少，因此较少使用。资本成本用相对数表示，即资本成本率，是资金占用费与筹资净额的比率，一般资本成本多指资本成本率。其计算公式为：

资本成本率＝资金占用费/（筹资总额－资金筹集费）

由于资金筹集费一般以筹资总额的某一百分比计算，因此，上述计算公式也可表现为：

资本成本率＝资金占用费/[筹资总额×(1－筹资费率)]

企业以不同方式筹集的资金所付出的代价一般是不同的。企业总的资本成本是由各项个别资本成本及资金比重所决定的。因此，对资本成本的计算必须从个别资本成本开始。

(3)资本成本的作用。

①资本成本是评价投资决策可行性的主要经济标准。

②资本成本是选择筹资方式和拟定筹资方案的重要依据。

③资本成本是评价公司经营成果的依据。

三、项目投资管理

（一）项目投资概述

1. 项目投资的含义

项目投资是指以特定项目为对象，对企业内部各种生产经营资产的长期投资行为。

2. 投资的特点

与日常经营活动相比，投资的主要特点表现如下：

(1)属于企业的战略性决策。企业的投资活动一般涉及企业未来的经营发展方向、生产能力规模等问题，如厂房设备的新建与更新、新产品的研制与开发、对其他企业的股权控制等。企业的投资活动先于经营活动，这些投资活动往往需要一次性地投入大量的资金，并在一段较长的时期内发生作用，对企业经营活动的方向产生重大影响。

(2)属于企业的非程序化管理。企业的投资项目涉及的资金数额较大。这些项目的管理不仅是一个投资问题，也是一个资金筹集问题，特别是对设备和生产能力的购建、对其他关联企业的并购等，需要大量的资金。对于单个产品制造或商品流通的实体性企业而言，这种筹资和投资不会经常发生。因此，企业对于这类非重复性特定经济活动，应根据特定的影响因素、相关条件和具体要求来进行审查和抉择。

(3)投资价值的波动性大。投资项目的价值由投资的标的物资产的内在获利能力决定。这些标的物资产的形态是不断转换的，未来收益的获得具有较强的不确定性，其价值也具有较强的波动性。同时，各种外部因素，如市场利率、物价等的变化，也时刻影响着投资标的物的资产价值。因此，企业投资管理决策时，要充分考虑投资项目的时间价值和风险价值。

3. 企业投资的分类

(1)按投资活动与企业本身生产经营活动的关系，企业投资可以划分为**直接投资和间接投资**。直接投资是将资金直接投放于形成生产经营能力的实体性资产，直接谋取经营利润的企业投资。企业通过直接投资，可以购买并配置劳动力、劳动资料和劳动对象等具体生产要素，开展生产经营活动。

间接投资是将资金投放于股票、债券等权益性资产上的企业投资。之所以称为间接投资，是因为股票、债券的发行方，在筹集到资金后，再把这些资金投放于形成生产经营能力的实体性资产，获取经营利润。而间接投资方不直接介入具体生产经营过程，而是通过股票、债券约定的收益获取股利或利息收入，分享直接投资的经营利润。

(2)按投资对象的存在形态和性质，企业投资可以划分为**项目投资和证券投资**。企业可以通过投资，购买具有实质内涵的经营资产，包括有形资产和无形资产，形成具体的生产经营能力，开展实质性的生产经营活动，谋取经营利润，这类投资称为项目投资。项目投资属于直接投资。

企业可以通过投资，购买具有权益性的证券资产，通过证券资产赋予的权利间接控制被投资企业的生产经营活动，获取投资收益，这类投资称为证券投资。证券投资属于间接投资。

(3)按投资活动对企业未来生产经营前景的影响，企业投资可以划分为**发展性投资和维持性投资**。发展性投资是指对企业未来的生产经营发展全局有重大影响的企业投资。发展性投资也可以称为战略性投资，如企业间兼并或合并的投资、转换新行业和开发新产品的投资、大幅度扩大生产规模的投资等。

维持性投资是为了维持企业现有的生产经营正常顺利进行，不会改变企业本来生产经营发展全局的企业投资。维持性投资也可以称为战术性投资，如更新替换旧设备的投资、配套流动资金的投资、生产技术革新的投资等。

(4)按投资活动资金投出的方向，企业投资可以划分为**对内投资和对外投资**。对内投资是指在本企业范围内部的资金投放，用于购买和配置各种生产经营所需的经营性资产。

对外投资是指向本企业范围以外的其他单位的资金投放。对外投资多以现金、有形资产、无形资产等资产形式，通过联合投资、合作经营、换取股权、购买证券资产等投资方式，向企业外部其他单位投放资金。

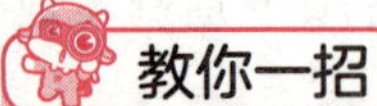

对内投资都是直接投资，对外投资主要是间接投资，也可能是直接投资。

(5)按投资项目之间的相互关联关系，企业投资可以划分为**独立投资和互斥投资**。独立投资是相容性投资，各个投资项目之间互不关联、互不影响，可以同时并存。独立投资项目决策考虑的是方案本身是否满足某种决策标准。

互斥投资是非相容性投资，各个投资项目之间相互关联、相互替代，不能同时并存。互斥投资项目决策考虑的是各方案之间的排斥性，也许每个方案都是可行方案，但互斥决策需要从中选择最优方案。

4. 投资的意义

(1)投资是企业生存与发展的基本前提。

(2)投资是获取利润的基本前提。

(3)投资是企业风险控制的重要手段。

5. 投资管理的原则

为了适应投资项目的特点和要求，实现投资管理的目标，做出合理的投资决策，企业需要制定投资管理的基本原则，以保证投资活动的顺利进行。

(1)**可行性分析原则**。投资项目的金额大，资金占用时间长，一旦投资后具有不可逆转性，对企业的财务状况和经营前景影响重大。因此，在进行投资决策之时，企业必须建立严密的投资决策程序，进行科学的可行性分析。

投资项目可行性分析是投资管理的重要组成部分，其主要任务是对投资项目实施的可行性进行科学的论证，主要包括环境可行性、技术可行性、市场可行性、财务可行性等方面。

财务可行性是在相关的环境、技术、市场可行性完成的前提下，着重围绕技术可行性和市场可行性而开展的专门的经济性评价。同时，财务可行性一般也包含资金筹集的可行性。

(2)**结构平衡原则**。投资项目在资金投放时，要遵循结构平衡的原则，合理分布资金，具体包括固定资金与流动资金的配套关系、生产能力与经营规模的平衡关系、资金来源与资金运用的匹配关系、投资进度和资金供应的协调关系、流动资产内部的资产结构关系、发展性投资与维持性投资的配合关系、对内投资与对外投资的顺序关系、直接投资与间接投资的分布关系等。

(3)**动态监控原则**。投资的动态监控是指对投资项目实施过程中的进程控制。特别是对于那些工程量大、工期长的建造项目来说，其有一个具体的投资过程，需要按工程预算实施有效的动态投资控制。

（二）现金流量分析

现金流量是投资项目财务可行性分析的主要分析对象，净现值、内含报酬率、回收期等财务评价指标，均是以现金流量为对象进行可行性评价的。

由一项长期投资方案引起的在未来一定期间发生的现金收支，称为现金流量。其中，现金收入称为现金流入量，现金支出称为现金流出量，现金流入量与现金流出量相抵后的余额，称为现金净流量。

在一般情况下，投资决策中的现金流量通常指现金净流量（NCF）。这里所谓的现金，既可以指库存现金、银行存款等货币性资产，也可以指相关非货币性资产（如原材料、设备等）的变现价值。投资项目从整个经济寿命周期来看，大致可以分为建设期、运营期、终结点三个阶段，现金流量的各个项目也可归属于各阶段之中。

(1)建设期现金流量。建设期现金流量主要是现金流出量，即在该投资项目上的原始投资，包括在长期资产上的投资和垫支的营运资金。在一般情况下，建设期固定资产的原始投资通常在年内一次性投入（如购买设备），如果原始投资不是一次性投入（如工程建造），则应把投资归属于不同投入年份之中。

①长期资产投资。长期资产投资包括在固定资产、无形资产等长期资产上的购入、建造、运输、安装、试运行等方面所需的现金支出，如购置成本、运输费、安装费等。对于投资实施后导致固定资产性能改进而发生的改良支出，属于固定资产的后期投资。

②营运资金垫支。营运资金垫支是指投资项目形成了生产能力，需要在流动资产上追加的投资。由于扩大了企业生产能力，原材料、在产品、产成品等流动资产规模也随之扩大，需要追加投入日常营运资金。同时，企业营业规模扩充后，应付账款等经营性流动负债也随之增加，自动补充了一部分日常营运资金的需要。因此，为该投资垫支的营运资金是追加的流动资产扩大量与经营性流动负债扩大量的净差额。

(2)运营期现金流量。运营期是投资项目的主要阶段，该期间既有现金流入量也有现金流出量。现金流入量主要是运营各年的营业收入，现金流出量主要是运营各年的付现营运成本。另外，运营期内某一年发生的大修理支出，如果会计处理在本年内一次性作为收益性支出，则直接作为该年付现成本；如果跨年摊销处理，则本年作为投资性的现金流出量，摊销年份以非付现成本形式处理。运营期内某一年发生的改良支出是一种投资，应作为该年的现金流出量，以后年份通过折旧收回。

投资项目正常营运阶段所获得的营业现金流量，可按下列公式进行测算：

营业现金净流量（NCF）＝营业收入－付现成本－所得税

＝税后经营净利润＋折旧

＝（营业收入－付现成本）×（1－所得税税率）＋折旧×所得税税率

其中，

付现成本＝营业成本－折旧

(3)终结点现金流量。终结点现金流量主要是现金流入量，包括固定资产变价净收入、固定资产变现对净损益的影响和垫支营运资金的收回。

①固定资产变价净收入。投资项目在终结阶段，原有固定资产将退出生产经营，企业对固定资产进行清理处置。固定资产变价净收入是指固定资产出售或报废时的出售价款或残值收入扣除清理费用后的净额。

②固定资产变现净损益。固定资产变现净损益对现金净流量的影响用公式表示如下：

固定资产变现净损益对现金净流量的影响＝（账面价值－变价净收入）×所得税税率

如果(账面价值－变价净收入)>0，则意味着发生了变现净损失，可以抵税，减少现金流出，增加现金净流量。

如果(账面价值－变价净收入)<0，则意味着实现了变现净收益，应该纳税，增加现金流出，减少现金净流量。

③垫支营运资金的收回。伴随着固定资产的出售或报废，投资项目的经济寿命结束，企业将与该项目相关的存货出售，应收账款收回，应付账款也随之偿付。营运资金恢复到原有水平，项目开始垫支的营运资金在项目结束时得以回收。

（三）现金流量指标

现金流量指标分为折现现金流量指标和非折现现金流量指标两大类。其中，折现现金流量指标也称为动态指标，即考虑了资金时间价值因素的指标，主要包括净现值、现值指数、内含报酬率等指标；非折现现金流量指标也称为静态指标，即没有考虑资金时间价值因素的指标，主要包括投资回收期、平均报酬率等指标。

1. 净现值

(1)基本原理。

净现值(NPV)是一个投资项目的未来现金净流量现值与原始投资额现值之间的差额。其计算公式为:

$$NPV=\frac{NCF_0}{(1+i)^0}+\frac{NCF_1}{(1+i)^1}+\frac{NCF_2}{(1+i)^2}+\cdots+\frac{NCF_n}{(1+i)^n}=\sum_{t=0}^{n}\frac{NCF_t}{(1+i)^t}$$

式中:

NPV——净现值;

NCF_t——第 t 年的净现金流量;

i——折现率(资本成本率或投资者要求的报酬率);

n——项目预计使用年限。

计算净现值时,要按预定的折现率对投资项目的未来现金流量和原始投资额进行折现。预定折现率是投资者期望的最低投资报酬率。**净现值为正,方案可行**,说明方案的实际报酬率高于所要求的报酬率;**净现值为负,方案不可取**,说明方案的实际投资报酬率低于所要求的报酬率。

当净现值为零时,说明方案的投资报酬刚好达到所要求的投资报酬,方案也可行。因此,净现值的经济含义是投资方案报酬超过基本报酬后的剩余收益。其他条件相同时,净现值越大,方案越好。采用净现值法来评价投资方案,一般有以下步骤:

①测定投资方案各年的现金流量,包括现金流出量和现金流入量。

②设定投资方案采用的折现率。

③按设定的折现率,分别将各年的现金流出量和现金流入量折算成现值。

④将未来的现金净流量现值与原始投资额现值进行比较,若前者大于或等于后者,方案可行;若前者小于后者,方案不可行,说明方案达不到投资者的预期投资报酬率。

(2)对净现值法的评价。净现值法简便易行,主要优点如下:

①适用性强,能基本满足项目年限相同的互斥投资方案的决策。

②能灵活地考虑投资风险。

净现值法也有明显的缺陷,主要表现如下:

①所采用的折现率不易确定。如果两个方案采用不同的折现率折现,采用净现值法不能够得出正确结论。同一方案中,如果要考虑投资风险,要求的风险报酬率不易确定。

②不适宜独立投资方案的比较决策。如果各方案的原始投资额现值不相等,有时无法做出正确决策。独立投资方案是指两个以上投资项目互不依赖,可以同时并存。

③净现值有时也不能对寿命期不同的互斥投资方案进行直接决策。某项目尽管净现值小,但其寿命期短;另一项目尽管净现值大,但其是在较长的寿命期内取得的。两个项目由于寿命期不同,净现值是不可比的。要采用净现值法对寿命期不同的投资方案进行决策,需要将各方案均转化为相等寿命期进行比较。

真题精练

【导学例题 11】现有 A、B、C、D 四个潜在的投资项目,初始投资额均为 1 000 万元,项目寿命分别为 1 年、2 年、3 年和 4 年,A 项目第一年末现金流入为 1 500 万元,B 项目每年末现金流入 800 万元,C 项目每年末现金流入 600 万元,D 项目每年末现金流入 400 万元,假如市场利率为 10%,根据净现值法则,应选择投资(　　)。

A. D 项目　　B. C 项目　　C. B 项目　　D. A 项目

B　【解析】A 项目净现值 $=1\,500\times(P/F,10\%,1)-1\,000=363.65$(万元);B 项目净现值 $=800\times(P/A,10\%,2)-1\,000=388.4$(万元);C 项目净现值 $=600\times(P/A,10\%,3)-1\,000=492.14$(万元);D 项目净现值 $=400\times(P/A,10\%,4)-1\,000=267.96$(万元)。经计算 C 项目的净现值最大。故本题选 B 项。

2. 现值指数

现值指数(PI)是投资项目的未来现金净流量现值与原始投资额现值之比。其计算公式为:

$$PI = \frac{\sum_{i=1}^{n} \frac{NCF_t}{(1+i)^t}}{C}$$

式中：

PI——现值指数；

NCF_t——第 t 年的净现金流量；

i——折现率(资本成本率或投资者要求的报酬率)；

n——项目预计使用年限；

C——项目原始投资额。

从现值指数的计算公式可见，现值指数的计算结果有三种：大于1，等于1，小于1。**若现值指数大于或等于1，说明方案可行**，方案实施后的投资报酬率高于或等于必要报酬率；**若现值指数小于1，说明方案不可行**，方案实施后的投资报酬率低于必要报酬率。现值指数越大，方案越好。

现值指数法是净现值法的辅助方法，在各方案原始投资额现值相同时，实质上就是净现值法。由于现值指数是未来现金净流量现值与所需投资额现值之比，是一个相对数指标，反映了投资效率，因此，用现值指数指标来评价独立投资方案，可以克服净现值指标不便于对原始投资额现值不同的独立投资方案进行比较和评价的缺点，从而使对方案的分析评价更加合理、客观。

3. 内含报酬率

内含报酬率(IRR)是指对投资方案未来的每年现金净流量进行折现，使所得的现值恰好与原始投资额现值相等，从而使净现值等于零的折现率。

内含报酬率实际上反映了投资项目的真实报酬，目前越来越多的企业使用该项指标对投资项目进行评价。内含报酬率的计算公式为：

$$NPV = \sum_{t=0}^{n} \frac{NCF_t}{(1+IRR)^t} = 0$$

式中：

NCF_t——第 t 年的净现金流量；

IRR——内含报酬率；

n——项目预计使用年限。

内含报酬率法的基本原理是在计算方案的净现值时，以必要投资报酬率作为折现率计算，净现值的结果往往是大于零或小于零，这就说明方案实际可能达到的投资报酬率大于或小于必要投资报酬率；而当净现值为零时，说明两种报酬率相等。根据这个原理，内含报酬率法就是要计算出使净现值等于零时的折现率，这个折现率就是投资方案实际可能达到的投资报酬率。内含报酬率的优缺点如表2-4-5所示。

表 2-4-5　内含报酬率的优缺点

项目	内容
优点	(1)内含报酬率反映了投资项目可能达到的报酬率，易于被高层决策人员理解。 (2)对于独立投资方案的比较决策，如果各方案原始投资额现值不同，可以通过计算各方案的内含报酬率，反映各独立投资方案的获利水平
缺点	(1)计算复杂，不易直接考虑投资风险大小。 (2)在互斥投资方案决策时，如果各方案的原始投资额现值不相等，有时无法做出正确的决策

4. 投资回收期

投资回收期(PP)是指投资项目的未来现金净流量与原始投资额相等时所经历的时间，即原始投资额通过未来现金流量回收所需要的时间。用投资回收期指标评价方案时，回收期越短越好。

(1)未来每年现金净流量相等时。

投资回收期=原始投资额/每年营业现金净流量

例如：B公司准备从甲、乙两种机床中选购一种。甲机床购价为35 000元，投入使用后，每年现金净流量为7 000元；乙机床购价为36 000元，投入使用后，每年现金流量为8 000元。

要求：用投资回收期指标决策B公司应选购哪种机床？

解答：

①甲机床投资回收期 $PP_{甲}$ =35 000/7 000 =5(年)。

②乙机床投资回收期 $PP_{乙}$ =36 000/8 000 =4.5(年)。

③由于 $PP_{乙} < PP_{甲}$，B 公司应当选择乙机床。

(2)未来每年现金净流量不相等时。

如果每年的现金净流量不相等，则投资回收期的计算要根据每年年末尚未回收的投资额加以确定。

投资回收期 = 累计现金净流量首次出现正值的年份 - 1 + （上年累计现金净流量绝对值/当年现金净流量）

投资回收期法的优点是能够直观地反映项目原始投资额的返本期限，计算简便、易于理解，可以直接利用投资回收期之前的净现金流量信息。其缺点是忽视了货币的时间价值，而且没有考虑回收期满后的现金流量状况，因此不能正确反映投资方式不同对项目的影响。

5. 平均报酬率

平均报酬率(ARR)是指投资项目寿命周期内平均的年投资报酬率，也称平均投资报酬率。平均报酬率的计算公式为：

平均报酬率 = 年平均现金流量/原始投资额 ×100%

采用平均报酬率这一指标时，应事先确定一个企业要求达到的平均报酬率，或称必要平均报酬率。在进行决策时，只有高于必要平均报酬率的方案才能入选，低于必要平均报酬率的方案则拒绝；而在有多个方案的互斥选择中，应在平均报酬率高于必要平均报酬率的方案中选择最高者。

平均报酬率法的优点是简明、易懂、计算简便。其主要缺点是：

(1)没有考虑资金的时间价值，第一年的现金流量与最后一年的现金流量被看作具有相同的价值，所以，有时会做出错误的决策。

(2)必要平均报酬率的确定具有很大的主观性。

（四）无风险项目投资决策

假设各投资项目未来各期的现金流量是已知的，没有任何不确定性因素的影响，项目投资寿命、投资支出金额和未来预期收益都能事先通过预测出来并且只有一种可能结果，这样的投资决策属于无风险项目投资决策问题，如固定资产更新问题、资本限量问题、投资开发时机问题、是否要缩短投资期问题等。

1. 固定资产更新决策

固定资产更新是指对技术上或经济上不宜继续使用的旧资产应该用新的资产来替换。

固定资产更新决策不同于一般投资决策。固定资产更新后，可能会提高企业的生产能力，提高企业的现金流入；也可能并不改变企业的生产能力，但会节约企业的付现成本。同时，所得税因素的存在，也会给更新决策的现金流量的估计带来一定的影响。在分析固定资产更新决策的现金流量时，应注意以下几个问题：

(1)更新决策的沉没成本问题。对固定资产更新决策的评价，应将旧固定资产与可能取代它的新固定资产放在同等地位，有关数据要用相同的方法进行处理，即无论是旧固定资产还是可能取代它的新固定资产，都要重点考虑其未来的有关数据，过去发生的沉没成本不予考虑。因此，在固定资产更新决策中，旧固定资产的价值应以其变现价值计算，而不是按原始成本进行计量。

(2)要有正确比较的局外观。进行固定资产更新决策分析时要有正确的局外观，即从“局外”的角度来考虑，把继续使用旧设备和购置新设备看成两个互斥的方案，而不是一个更新设备的特定方案。因此，旧设备的变价收入应视为继续使用旧设备的机会成本，也可以看成其初始现金流量。

(3)考虑所得税因素对现金流量的影响。企业出售旧设备的变现价值与其出售时的计税基础（账面净值或折余价值）有可能相同，也有可能不相同。如不相同时，便要考虑纳税影响额。旧设备变价收入所产生的现金流量为：

旧设备变价收入的现金流量 = 售价 -（售价 - 账面净值）× 所得税税率

同样，设备的最终残值若与税法规定的残值不同时，也要考虑所得税的影响。

(4)营业现金流量的计算。在固定资产的更新决策中，营业现金流量通常采用以下公式计算：

营业现金流量 =（营业收入 - 付现成本）×（1 - 所得税税率）+ 折旧 × 所得税税率

2. 资本限量决策

资本限量是指企业资金有一定限度，不能投资于所有可接受的项目。也就是说，有很多获利项目可供投资,但无法筹集到足够的资金。这种情况在许多公司都存在,特别是那些以内部融资为经营策略或外部融资受到限制的企业。

为了使企业获得最大的价值,应投资于一组使净现值最大的项目。要做到这一点,就不能简单地运用净现值法,还需要分析资本数额的限制。实现企业价值最大的一组项目必须用适当的方法进行选择,有两种方法可供使用,即**现值指数法和净现值法**。

(1)使用现值指数法的步骤:

①计算所有项目的现值指数,不能略掉任何项目,并列出每一个项目的原始投资。

②接受现值指数≥1 的项目,如果所有可接受的项目都有足够的资金,则说明资本没有限量,这一过程即可完成。

③如果资金不能满足现值指数≥1 的项目,那么就要对上一步骤进行修正。这一修正的过程是对所有项目在资本限量内进行各种可能的组合,然后计算出各种组合的加权平均现值指数。

④接受加权平均现值指数最大的一组项目。

(2)使用净现值法的步骤:

①计算所有项目的净现值,不能忽略掉任何项目,并列出每一个项目的原始投资。

②接受净现值≥0 的项目,如果所有可接受的项目都有足够的资金,则说明资本没有限量,这一过程即可完成。

③如果资金不能满足净现值≥0 的项目,那么就要对上一步骤进行修正。这一修正的过程是对所有项目在资本限量内进行各种可能的组合,然后计算出各种组合的净现值总额。

④接受净现值的合计数最大的一组项目。

3. 投资开发时机决策

企业拥有的某些自然资源,如采矿企业的矿藏、油田企业的油田等,大多是不可再生资源,它们的储量随着开采而逐渐减少,其价格也将随着储量下降而上升。在这种情况下,一方面,由于价格不断上升,早开发的收入少,而晚开发的收入多;另一方面,由于时间价值和风险因素的影响,必须研究开发时机问题。

在进行此类投资决策时,决策的基本规则也是寻求使净现值最大的方案,但由于两个方案的开发时间不一样,不能把净现值简单对比,而必须把晚开发所获得的净现值换算为早开发的第一年年初时的现值,然后进行对比。

(五)风险项目投资决策

1. 风险项目投资决策方法

(1)调整现金流量法。调整现金流量法是把不确定的现金流量调整为确定的现金流量,然后用无风险报酬率作为折现率计算净现值。

$$风险调整后净现值 = \sum_{t=0}^{n} \frac{a_t \times 现金流量期望值}{(1 + 无风险报酬率)^t}$$

式中:

a_t——第 t 年现金流量的肯定当量系数,在 0~1 之间。

肯定当量系数是指不肯定的 1 元现金流量期望值相当于使投资者满意的肯定金额的系数。它可以把各年不肯定的现金流量换算为肯定的现金流量。由于去掉了现金流量中有风险的部分,使之成为“安全”的现金流。去除的部分包含了全部风险,既有特殊风险也有系统风险,既有经营风险也有财务风险,剩下的是无风险的现金流量。

由于现金流中已经消除了全部风险,相应地,折现率应当为无风险报酬率。

(2)风险调整折现率法。风险调整折现率法是更为实际和常用的风险处置方法,这种方法的基本思路是对高风险的项目,应当采用较高的折现率计算净现值。

$$风险调整后净现值 = \sum_{t=0}^{n} \frac{预期现金流量}{(1 + 风险调整折现率)^t}$$

①资本资产定价模型法。风险调整折现率是风险项目应当满足的投资人要求的报酬率。项目的风险越大,要求的报酬率就越高。这种方法的理论根据是资本资产定价模型。

$$风险调整折现率 = 无风险报酬率 + \beta \times (市场平均报酬率 - 无风险报酬率)$$

根据β值计算的风险报酬率只包含系统风险，而非全部风险。市场只承认系统风险，只有系统风险才能得到补偿。

资本资产定价模型是在有效证券市场中建立的，实物资本市场不可能像证券市场那样有效，但是逻辑关系是一样的。因此，上面的公式可改写为：

项目要求的收益率 = 无风险报酬率 + 项目的β系数 ×（市场平均报酬率 - 无风险报酬率）

调整现金流量法在理论上受到好评。该方法对时间价值和风险价值分别进行调整，先调整风险，然后把肯定现金流量用无风险报酬率进行折现。对不同年份的现金流量，可以根据风险的差别使用不同的肯定当量系数进行调整。

风险调整折现率法在理论上受到批评，因其用单一的折现率同时完成风险调整和时间调整。这种做法意味着风险随时间推移而加大，可能与事实不符，夸大远期现金流量的风险。

从实务上看，经常应用的是风险调整折现率法，主要原因是风险调整折现率比肯定当量系数容易估计。此外，大部分财务决策都使用报酬率来决策，调整折现率更符合人们的习惯。

②按投资项目的类别调整折现率法。这种方法首先将投资项目分成若干类别，然后根据经验对每一类投资项目的折现率进行调整。

③按投资项目的风险等级调整折现率法。按投资项目的风险等级来调整折现率的方法是指对影响投资项目风险的各因素进行分析，根据评分来确定风险等级，并根据风险等级来调整折现率的一种方法。

2. 项目投资的敏感性分析

项目投资的敏感性分析是通过预测、分析固定资产投资方案主要的不确定因素发生变化对经济评价指标的影响，从中找出敏感因素，并确定其影响程度。通过敏感性分析可以使企业预测到不确定性因素在多大范围内变动，不致使企业的投资决策发生失误；同时，企业可以针对敏感程度高的不确定性因素，采取一定的预防性措施，提高投资方案决策的可靠性。

项目投资的敏感性分析主要有单因素敏感性分析和多因素敏感性分析。

(1)单因素敏感性分析。单因素敏感性分析是指假设只有一个因素是不确定的，而其他因素都是确定的情况下进行的一种敏感性分析。也就是说，该方法假设其他所有因素保持不变，只有某个因素发生变化时，测算该不确定性因素对投资决策评价指标的影响程度和敏感程度。

(2)多因素敏感性分析。多因素敏感性分析是假设两个或两个以上互相独立的不确定因素同时变化时，分析这些变化的因素对经济评价指标的影响程度和敏感程度。

多因素敏感性分析要考虑可能发生的各种因素不同变动情况的多种组合，其计算比单因素敏感性分析要复杂得多，一般采用解析法与作图法相结合的方法来进行敏感性分析。

(3)敏感性分析的作用及局限性。敏感性分析的作用：

①确定影响项目经济效益的敏感因素。

②计算主要变量因素的变化引起项目经济效益评价指标变动的范围，使决策者全面了解建设项目投资方案可能出现的经济效益变动情况，以减少和避免不利因素的影响，改善和提高项目的投资效果。

③通过各种方案敏感度大小的对比，区别敏感度大或敏感度小的方案，选择敏感度小的，即风险小的项目作投资方案。

④通过可能出现的最有利与最不利的经济效果变动范围的分析，为决策者预测可能出现的风险程度，并对原方案采取某些控制措施或寻找可替代方案，为最后确定可行的投资方案提供可靠的决策依据。

但是，敏感性分析并没有考虑各种不确定性因素在未来发生变化的概率是多少，这给正确做出固定资产投资决策带来了一定的困难。因为运用敏感性分析所得到的敏感性因素在未来发生变化的概率很小，而不太敏感的因素在未来发生变化的概率可能很大，所以实际给固定资产投资所带来的风险可能比最敏感的因素还大。

第五章　市场营销基础知识

导学教案

市场营销基础知识

- 市场营销概述
  - 市场营销的定义 → 了解
  - 市场营销学的定义 → 了解
  - 市场营销学的研究方法 → 熟悉
- 市场调研与预测
  - 市场调研的内容 → 了解
  - 市场调研的类型 → 掌握
  - 市场调研的核心步骤 → 熟悉
  - 市场调研的基本方法 → 掌握
  - 市场预测的步骤和方法 → 熟悉
- 市场营销环境与竞争分析
  - 市场营销环境 → 熟悉
  - 市场营销竞争分析 → 熟悉
- 购买行为和目标市场选择
  - 消费者购买行为的影响因素 → 掌握
  - 消费者购买决策的过程 → 了解
  - 选择目标市场营销策略的因素 → 了解
- 市场营销组合策略
  - 产品组合策略 → 熟悉
  - 产品差异化策略 → 熟悉
  - 品牌与包装策略 → 熟悉
  - 新产品定价策略 → 熟悉
  - 折扣与让利策略 → 熟悉
- 市场营销的组织和控制
  - 市场营销组织 → 了解
  - 市场营销执行→ 了解
  - 市场营销控制→ 了解

第一节 市场营销概述

一、市场营销的定义

市场营销的含义不是固定不变的,它随着企业市场营销实践的发展而发展。狭义的市场营销是指一个企业为将其产品以盈利的方式出售给它的顾客所采取的所有方法。广义的市场营销是指市场营销既是一种组织职能,又是组织为了自身及利益相关者的利益而创造、沟通、传递客户价值,管理客户关系的一系列过程。

总的来说,市场营销是为顾客、客户、委托人、合作者、非营利组织及各种利益相关者和社会,提供、创造、沟通、传递和交换的供给品(包括产品、服务、信息、观念、体验及其他)的决策、策略与方法的系列活动、职能和过程。

二、市场营销学的定义

市场营销学主要研究市场的规律以及与之相适应的生产和经营的策略与方法,即研究市场营销活动的科学管理与决策问题。

市场营销学是一门以哲学、数学、经济学、统计学、管理学、传播学、行为科学、信息科学和现代科学技术等为基础,研究以满足消费者需求为中心的企业市场营销活动谋划、策略、方法及规律的科学,是一门集技术、谋术、战术、艺术于一体的综合性应用学科。

三、市场营销学的研究方法

市场营销学的传统研究方法主要有**产品研究法、机构研究法和职能研究法**。现代市场营销学的研究方法多种多样,主要有**管理研究法、系统研究法和社会研究法**。

1. 产品研究法

产品研究法,即以产品为中心的研究方法,是以产品为主体,对某类产品诸如农产品、工业品、产品、消费品及劳务等进行分别研究,包括产品的设计、包装、压牌、商标、定价、分销、广告及市场开拓。这种研究方法可详细地分析研究各类产品市场营销中遇到的具体问题,但需耗费巨大的人力、物力和财力,而且工作的重复性很大。

2. 机构研究法

机构研究法,即以人为中心的一种研究方法。这种方法以研究市场营销制度为出发点,研究渠道制度中各个环节及各种类型的市场营销机构,诸如代理商、批发商、零售商等。

3. 职能研究法

职能研究法,即从市场营销的各种职能,诸如交换功能(购买与销售)、供给功能(运输与储存)、便利功能(资金融通、风险承担、市场信息等)以及企业执行各种功能中可能遇到的问题,来研究和认识市场营销问题。

4. 管理研究法

管理研究法是一种从管理决策的角度来分析、研究市场营销问题的方法,它综合了产品研究法、机构研究法和职能研究法。从管理决策的观点看,企业营销受两大因素的影响:一是企业不可控因素,诸如人口、经济、政治、法律、自然、社会文化等因素;二是企业可控因素,即产品、价格、分销及促销。企业营销管理的任务在于全面分析外部不可控因素的作用,针对目标市场需求的特点,结合企业的目标和资源,制定出最佳的营销组合策略,实现企业盈利目标。

5. 系统研究法

系统研究法是系统理论具体应用的一种研究方法,是从企业内部系统、外部系统,以及内部和外部系统如何协调来研究市场营销。企业内部系统主要是研究企业内部各职能部门,诸如生产部门、财务部门、人事部门、销售部门等如何协调,以及企业内部系统同外部系统的关系如何协调。企业外部系统主要研究企业同目标顾客外部环境的关系。内部与外部系统又是通过商品流程、货币流程、信息流程联结起来的。只有市场营销系统的各组成部分相互协调,才能产生高的营销效益。

6. 社会研究法

社会研究法主要是研究企业营销活动对社会利益的影响。市场营销活动,一方面带来了社会经济的繁荣,提高了社会及广大居民的福利;另一方面造成了某些负面效应,诸如污染社会及自然环境,破坏社会生态平衡等。因此,有必要通过社会研究方法,寻求使市场营销的负面效应减少到最低限度的途径。

真题精练

【导学例题1】现代市场营销学的研究方法不包括(　　)。

A. 机构研究法　　B. 系统研究法

C. 社会研究法　　D. 管理研究法

A 【解析】市场营销学的传统研究方法主要有产品研究法、机构研究法和职能研究法。现代市场营销学的研究方法较多种多样,主要有管理研究法、系统研究法和社会研究法。

第二节 市场调研与预测

一、市场调研的内容

市场营销调研是一种通过信息将消费者、顾客和公众与营销者联系起来的过程。这些信息用于识别和确定市场营销机会与问题,产生、提炼和评估营销活动,监督营销绩效,改进人们对营销过程的理解。营销调研明确了解决这些问题所需要的信息,设计了收集信息的方法,管理并实施信息收集过程,分析结果,最后要探讨所得出的结论及该结论具有的市场意义。

市场调研的核心内容集中在以下几个主要方面:

(1)宏观经济、行业与技术调查。经济环境主要是指一定时期社会生产的规模、动态、生产、流通、分配和消费的总体状况,具体内容包含:宏观经济运行态势,产业结构及其调整,市场总需求与总供给,货币流通,物价总水平,行业特征与趋势发展,本企业所需的设备、原材料的生产和科技状况及其发展趋势。通过对这些因素的调查分析,可以判断出一国或一个地区的市场规模、发展潜力、需求结构与特点等信息,有助于企业了解一个国家或一个地区的市场结构、市场容量及其发展趋势,掌握同行业的科技动态,便于确定本企业的发展方向,便于正确地进行产品决策,确定发展新产品的策略和具体方向。

(2)用户需求和消费者行为调查。对用户需求的调查,就是要了解用户和熟悉用户,对用户的类型和特点进行调查,把握用户需求的变化规律;调查影响用户需求的各种因素,对用户的现实需求和潜在需求进行定性和定量分析,千方百计地满足用户的需求;调查分析消费者的购买行为和决策类型,深入关注顾客体验和口碑传播,便于在战略、策略方面进行有针对性的营销方案设计,进一步进行营销创新。

(3)产品、销售与品牌调查。企业特别重视产品和销售调查,主要有:产品概念和市场反应调查、市场试销效果调查、包装研究设计和换装效果调查、竞争性产品研究、产品销量和潜力调查、企业的各种产品所处产品生命周期阶段调查、企业各种产品的价格在市场上竞争能力调查、企业的促销效果调查等。

二、市场调研的类型

(1)探测性调查。探测性调查是指当市场情况不十分明了时,为了发现问题,找出问题的症结,明确进一步深入调查的具体内容和重点而进行的非正式的调查。

(2)描述性调查。描述性调查是指对需要调查的客观现象的有关方面进行事实资料的收集、整理和分析的正式调查。

(3)因果关系调查。因果关系调查又称相关性调查,是指为了探测有关现象或市场变量之间的因果关系而进行的市场调查。

(4)预测性调查。预测性调查是指为了预测市场供求变化趋势或企业生产经营前景而进行的具有推断性的调查。

上述四种类型的调查设计并不是绝对相互独立进行的。有些调查项目需要涉及一种以上研究类型的方案设计。如何将不同类型的方案结合在一起完全取决于调查问题的性质。

要点点拨

市场调查类型的选择和设计的一般原则有以下四点：

(1)如果对调查问题的情况几乎一无所知，那么调查研究就要从探测性调查开始。

(2)在整个研究方案设计的框架中，探测性调查是最初的步骤。

(3)并不是每一个方案设计都要从探测性调查开始。

(4)预测性调查是以描述性调查和因果关系调查为基础的，是描述性调查或因果关系调查的进一步深化和拓展。

三、市场调研的核心步骤

市场调研是一种科学的工作方法，必须尊重科学、尊重客观规律。**市场调研一般分为调查准备、调查设计、调查实施、调查资料处理、撰写调查报告五个阶段**。

1. 调研准备阶段

调研准备阶段所要做的工作：界定市场调查问题，初步分析，编写市场调查方案。

(1)界定市场调查问题。界定市场调查问题主要是明确调查主题和调查范围。调查主题是市场调查所要说明或解决的具体问题，直接决定着调查方案的内容。

(2)初步分析。在调查准备阶段中，还必须围绕选定的主题进行一些初步的探索性调查。初步调查的主要目的不是直接回答调查主题所要解决的问题，而是回答调查主题的内容寻找方向，为设计调查方案提供可靠的客观依据。

(3)编写市场调查方案。市场调查方案(或市场调查计划书)的内容包括七个方面：

①调查主题、调查背景、调查目的。

②资料来源和评价：第一手资料，第二手资料，评价标准和原则。

③调查地点、调查时间进程安排、调查人员、调查对象、调查的具体内容。

④调查方法、样本设计、回访设计。

⑤调查数据的统计和分析方法。

⑥报告的形式和幻灯片演示。

⑦调查费用预算和责任。

⑧其他合作事项。

2. 调查设计阶段

调查设计阶段所要做的工作：确定调查项目、设计调查方法、设计调查问卷、非正式调查(预调查)。

(1)确定调查项目。调查项目是指对调查单位的哪些方面进行调查，这是调查问题的进一步细化和分解。调查项目的确定取决于调查的目的和任务，以及调查对象的特点与数据资料收集的可能性。

(2)设计调查方法。设计调查方法主要指选择适当的组织调查方式、采集资料的方法。

从样本角度，目前组织调查的方式有普查、重点调查、典型调查和抽样调查。抽样调查包括随机抽样和非随机抽样，调查方式的选择取决于调查的目的、内容以及时间、地点、费用等条件下市场的客观实际情况。从调研方法角度，采集资料的方法有询问法、观察法、实验法、网络调查。采集资料的方法主要考虑调查资料收集的难易程度、调查对象的特点、数据取得的源头、数据的质量要求等。

(3)设计调查问卷。调查项目确定以后，就可以设计调查问卷或者调查表。调查问卷既可作为书面调查的记载工具，也可作为口头询问的提纲。调查问卷设计应以调查项目为依据，力求科学、完整、系统和适用，能够确保调查数据和资料有效收集，提高调查质量。

(4)非正式调查(预调查)。非正式调查是指对初步设计出来的问卷在小范围内进行试验性调查，以便弄清问卷在初稿中存在的问题，了解被调查者是否对所有问题都乐意回答或能够回答，哪些是多余的，还有哪些不完善或遗漏的地方。如果发现问题，应立即修改，使问卷更加完善。

3. 调查实施阶段

这个阶段主要是开始全面广泛地收集与调查活动有关的信息资料。在实际调查中，要根据各种不同调查方法的要求，采用多种形式，由调查人员分头开展调查活动。调查可以采用一次性调查，也可以采用一个设计周期内的连续性调查；在调查队伍的组建和培训方面，认真培训和模拟调查人员，可以推动调查的顺利进行；在具体执行调查时，合理安排访问人员和督导人员的工作计量和监督模式，避免诚信问题导致的数据失真和误差。调查正式结束后,可以考虑采取一定比例的抽样复核,审核调查的真实性和准确度。

4. 调查资料处理阶段

调查资料处理阶段,调查人员将分头收集到的市场信息资料进行汇总、归纳、整理和审核,对信息资料进行分类编号和编码,然后对资料进行初步加工。

5. 撰写调研报告

这是市场调研的最后一个环节,是形成调研结论的环节。调研报告是整个调研工作的结晶,提交市场调研报告是完成调研的标志。对于商业性市场调研公司来说,调研报告也是其提交客户的有关工作的主要结果。调查报告应注意紧扣调研主题,突出重点。一般应该包括对调研活动的目的、范围和采用方法的简单说明、调研的结论性意见、供参考的对策建议等。

四、市场调研的基本方法

(1)**访问法**。该方法是由调查者先拟订出调查提纲,然后采用提问的方式请被调查者回答,来收集信息和资料。根据访问法使用的技术差异,访问法在具体实施中主要有四种类型:**面谈调查、邮寄调查、电话调查和留置调查**。

(2)**观察法**。观察法是社会调查和市场调查研究的最基本的方法。它是由调查人员根据调查研究的对象,既可以利用眼睛、耳朵等感官以直接观察的方式对其进行考察并收集资料,也可以安装仪器进行收录和拍摄被调查者的行为和语言。**观察法通常有以下具体的形式:实验观察和非实验观察、结构观察和无结构观察、直接观察和间接观察、公开观察和非公开观察、人工观察和仪器观察**。

(3)**实验法**。由调查人员根据调查的要求,对调查的对象控制在特定的环境条件下,用实验产品进行小规模销售或实验使用的方式,对其进行实验和观察以获得相应的信息。

五、市场预测的步骤和方法

市场预测是预测的重要组成部分,它是在调查研究的基础上,运用统计、定性分析等科学的预测方法,对影响市场供求变化的各因素进行分析研究,进而对商品生产、流通、销售的未来发展趋势进行科学推测与判断,掌握市场供求变化规律,为市场营销提供可靠决策依据的过程。

1. 市场预测步骤

(1)确定预测目标。确定预测的目标要求、时效要求、精度要求、应用要求。预测目标包括确定预测对象、预测范围和内容、预测方法的选择等一系列工作内容的安排。

(2)收集、整理资料。资料是预测的基础,必须做好资料的收集工作。收集什么资料,是由预测的目标所决定的。对所收集到的资料要进行认真的审核,对不完整和不适用的资料要进行必要的推算和调整,以保证资料的准确性、系统性、完整性和可比性。对经过审核和整理的资料还要进行初步分析,观察资料结构的性质,作为选择适当预测方法的依据。

(3)选择预测方法。市场预测的方法有很多种,各种方法都有自己的适应范围和局限性。要取得较为正确的预测值,必须正确选择预测方法。其选择的原则,主要考虑:预测的目的、预测时间的长短、占有历史统计资料的多少及完整程度、产品寿命周期和行业发展周期。

(4)提出预测模型。预测模型是对预测对象发展规律的近似模拟。因此,在资料的收集和处理阶段,应收集到足够的可供建立模型的资料,并采用一定的方法加以处理,尽量使它们能够反映出预测对象未来发展的规律性,然后利用选定的预测技术确定或建立可用于预测的模型。

(5)评价和修正预测结果。如果预测结果的误差是在可接受的范围之内,则通过对预测误差的进一步分析,来修正预测结果。预测误差是预测值与实际值之间的偏差。预测误差是客观存在的,因为预测值只是一个近似值,是在实际发生以前进行的,预测值与实际值之间有一定偏差。

(6)编写预测报告。通过上述各项工作后,预测者将不同预测方案的利弊得失进行比较,择优选定可靠且肯定的预测值,并写出预测结果报告。

2. 市场预测方法

市场预测的方法一般可以分为定性预测和定量预测两大类。

定性预测法也称为直观判断法,是市场预测中经常使用的方法。定性预测主要依靠预测人员所掌握的信息、经验和综合判断能力,预测市场未来的状况和发展趋势。这类预测方法简单易行,特别适用于那些难以获取全面的资料进行统计分析的问题。因此,定性预测方法在市场预测中得到广泛的应用。**定性**

预测方法又包括德尔菲专家法、集中意见法等。

定量预测是利用比较完备的历史资料，运用数学模型和计量方法，来预测未来的市场需求。定量预测基本上分为两类，一类是**时间序列法**；另一类是**回归模型法**。

第三节 市场营销环境与竞争分析

一、市场营销环境

（一）市场营销环境的概念

环境主要是指人类的生存环境，它不仅包括自然因素，还包括社会因素和经济因素。

美国著名市场营销学家菲利普·科特勒曾给出其对营销环境的解释："市场营销环境是由营销以外的那些能够影响与目标顾客建立和维持成功关系的营销管理能力的参与者和各种力量组成。"也就是说，市场营销环境是指与营销有潜在关系的所有外部力量和机构所构成的体系。企业离不开市场营销环境而独立存在，企业和市场营销环境各要素互相影响且互相作用。

（二）市场营销环境的分类

市场营销环境从不同的视角有不同的划分方法。

(1)从大类上划分有：一般环境、策略环境、科技环境、国际环境及市场总和环境。

(2)从层次上划分有：组织环境、市场环境、大环境及超环境。

(3)从对象上划分有：任务环境、竞争环境、大众环境及总体环境。

(4)从范畴上划分有：毗邻环境、社会环境、经济环境及公共利益环境。

(5)美国著名市场学家麦卡锡从整体角度划分有：公司目标资源环境、竞争环境、组织与技术环境、文化与社会环境。

(6)菲利普·科特勒则从纵观角度把市场营销环境概括为微观环境和宏观环境。

（三）市场营销环境的特点

(1)**差异性**。市场营销环境的差异性体现在不同企业受不同环境因素影响，以及同一环境因素的变化对不同企业可能产生不同的影响。如同样是金融危机，对某些企业来说是机会，但对另一些企业来说可能是致命的威胁。

(2)**客观性**。营销环境不以某个营销组织或个人的意志为转移，它有自己的运行规律和特点。企业的营销活动只能主动地适应和利用客观环境，不能改变或违背。

(3)**相关性**。市场营销环境不是由某一个单一的因素决定的，它要受到一系列相关因素的影响。

(4)**动态性**。市场营销环境会随着市场中的各种要素的变化而不断发生变化。

（四）市场营销环境分析方法

1.SWOT分析法

SWOT分析法是用来确定企业自身的竞争优势、竞争劣势、机会和威胁，从而将公司的战略与公司内部资源、外部环境有机地结合起来的一种科学定性分析方法。**S(Strength)是优势，W(Weakness)是劣势，O(Opportunity)是机会，T(Threat)是威胁**。

SWOT分析法常常被用于制定集团发展战略和分析竞争对手情况，在战略分析中，它是最常用的方法之一。通过运用各种调查研究方法，分析出公司所处的各种环境因素，即外部环境因素和内部环境因素。外部环境因素包括机会因素和威胁因素，它们是外部环境对公司发展直接有影响的有利和不利因素，属于客观因素。内部环境因素包括优势因素和劣势因素，它们是公司在其发展中自身存在的积极和消极因素，属于主观因素。在调查分析这些因素时，不仅要考虑到历史与现状，而且更要考虑未来发展问题。

要点点拨

(1)优势，是组织机构的内部因素，具体包括：有利的竞争态势、充足的财政来源、良好的企业形象、技术力量、规模经济、产品质量、市场份额、成本优势、广告攻势等。

(2)劣势，也是组织机构的内部因素，具体包括：设备老化、管理混乱、缺少关键技术、研究开发落后、资金短缺、经营不善、产品积压、竞争力差等。

(3)机会,是组织机构的外部因素,具体包括:新产品、新市场、新需求、市场壁垒解除、竞争对手失误等。

(4)威胁,也是组织机构的外部因素,具体包括:新的竞争对手、替代产品增多、市场紧缩、行业政策变化、经济衰退、客户偏好改变、突发事件等。

2. PEST 分析法

PEST 分析法是战略咨询顾问用来帮助企业检阅其外部宏观环境的一种方法。对宏观环境因素作分析,不同行业和企业根据自身特点和经营需要,分析的具体内容会有差异,但一般都应对政治(Political)、经济(Economic)、社会(Social)和技术(Technological)这四大类影响企业的主要外部环境因素进行分析。

真题精练

【导学例题 2】SWOT 是一种战略分析方法,用来确定企业本身的竞争优势、竞争劣势、机会和威胁,从而将公司的战略与公司的内部资源、外部环境有机结合。关于 SWOT 分析法,下列说法不正确的是( )。

A. SWOT 分析是一种严格的定量分析方法

B. SWOT 分析包括分析环境因素、构造 SWOT 矩阵、制订行动计划三项基本内容

C. SWOT 分析得出的战略是一个企业"能够做的"和"可能做的"之间的有机组合

D. SWOT 分析可以用于企业的人力资源、产品研发等各个方面

A 【解析】SWOT 分析又称态势分析法,是一种定性分析方法。故本题答案为 A。

二、市场营销竞争分析

(一)识别竞争者

企业的现实竞争者和潜在竞争者的范围很广,识别竞争者并不是容易的事。识别竞争者的不同角度如表 2-5-1 所示。

表 2-5-1 识别竞争者的不同角度

识别角度	竞争者类型
从市场方面分析企业的竞争者	(1)品牌竞争者。企业把同一行业中以相似的价格向相同的顾客提供类似产品或服务的品牌或其他企业称为品牌竞争者。品牌竞争者之间的产品相互替代性较高,因而竞争非常激烈,各企业均以培养顾客品牌忠诚度作为争夺顾客的重要手段。 (2)行业竞争者。企业把提供同种或同类产品,但规格、型号、款式不同的企业称为行业竞争者。所有同行业的企业之间存在彼此争夺市场的竞争关系。 (3)需要竞争者。提供不同种类的产品,但满足和实现消费者同种需要的企业称为需要竞争者。 (4)消费竞争者。提供不同产品,满足消费者的不同愿望,但目标消费者相同的企业称为消费竞争者
从行业的角度分析企业的竞争者	(1)现有企业。现有企业指本行业内现有的与企业生产同样产品的其他厂家,这些厂家是企业的直接竞争者。 (2)潜在加入者。当某一行业前景乐观、有利可图时,会引来新的竞争企业,使该行业增加新的生产能力,并要求重新瓜分市场份额和主要资源。另外,某些多元化经营的大型企业还经常利用其资源优势从一个行业侵入另一个行业。新企业的加入,将可能导致产品价格下降,利润减少。 (3)替代品企业。与某一产品具有相同功能、能满足同一需求的不同性质的其他产品,属于替代品。随着科学技术的发展,替代品将越来越多,某一行业的所有企业都将面临与生产替代品的其他行业的企业进行竞争的情形
从企业所处的竞争地位分析企业的竞争者	(1)市场领导者。市场领导者是指在某一行业的产品市场上占有最大市场份额的企业。市场领导者通常在产品开发、价格变动、分销渠道、促销力量等方面处于主宰地位。 (2)市场挑战者。市场挑战者是指在行业中处于次要地位(第二、三甚至更低地位)的企业。市场挑战者往往试图通过主动竞争扩大市场份额,提高市场地位。 (3)市场追随者。市场追随者是指在行业中居于次要地位,并安于次要地位,在战略上追随市场领导者的企业。市场追随者通过观察、学习、借鉴、模仿市场领导者的行为,不断提高自身技能,不断发展壮大。 (4)市场补缺者。市场补缺者多是行业中相对较弱小的一些中、小企业,它们专注于市场上被大企业忽略的某些细小部分,在这些小市场上通过专业化经营来获取最大限度的收益,在大企业的夹缝中求得生存和发展。市场补缺者通过生产和提供某种具有特色的产品和服务,赢得发展的空间,甚至可能发展成为"小市场中的巨人"

（二）分析竞争者的目标

竞争者的最终目标当然是追逐利润，但是每个企业对长期利润和短期利润重视程度不同，对利润满意水平的看法不同。有的企业追求利润“最大化”目标，不达目的决不罢休。了解竞争者的战略目标及其组合，可以判断他们对不同竞争者行为的反应；应该了解竞争者对目前盈利的可能性、市场占有率的增长、资金流动、技术领先、服务领先和其他目标的重要性权数；了解竞争者进入新的产品细分市场的目标，若发现竞争者开拓了一个新的细分市场，这对企业来说可能是一个发展机遇，若企业发现竞争者开始进入本公司经营的细分市场，这意味着企业将面临新的竞争与挑战。对于这些市场竞争动态，企业若了如指掌，就可以争取主动，有备无患。

（三）市场竞争相关战略

1. 市场领导者竞争战略

处于市场领导者地位的企业，往往在行业内有着比较大的市场占有率，在产品价格变动、新产品开发、市场覆盖率的变化、销售方式的选择等许多方面起着相对支配或者领先的作用。同时，领导者企业面临着众多其他企业的竞争威胁，因此，市场领导者企业必须保持着高度警惕，采取适当的竞争策略，以维护自己的竞争优势。

一般而言，市场领导者企业要维护竞争优势有以下三种竞争策略：

（1）**扩大市场需求总量**。当一种产品的市场需求总是在扩大，收益最大的往往是处于领导者地位的企业。可以通过**开发新用户、开辟新用途、增加使用量**等途径来促进产品总需求量不断增长，扩大整个市场容量，是领导者企业维护竞争优势的积极措施。

（2）**维护市场占有率**。在市场领导者企业面临的竞争对手中，总会有一个或几个实力雄厚者。防止和抵御其他企业的强攻，维护自己现有的市场占有率，是领导者企业守住阵地的有效竞争策略。主要的防御措施有阵地防御、侧翼防御、以攻为守、反击防御、机动防御和收缩防御。

（3）**扩大市场占有率**。市场占有率与投资报酬率密切相关，一般来说企业的市场占有率越高，其投资收益率相应就越大。许多企业把市场占有率作为自己的营销目标，领导者企业可以根据经济规模的优势，降低成本，扩大市场占有率。

2. 市场挑战者竞争战略

处于市场挑战者地位的企业，一般都具有相当的规模和实力，在竞争策略上有相当大的主动性，它们随时可以向市场领导者企业或其他企业发动进攻。然而，作为市场挑战者的企业，要使自己的挑战获得成功，必须明确企业营销目标和挑战对象，然后选择相当的进攻策略。

（1）**确定挑战目标**。明确企业的竞争对手和主攻方向，是市场挑战者企业成功与否的基础。

（2）**选择挑战竞争策略**。市场挑战者企业发起挑战是一种主动的攻击行为，进攻方向及具体运用的营销策略是经过认真选择的。可供选择的进攻战略有正面进攻、侧翼进攻、包围进攻、迂回进攻和游击进攻。

真题精练

【导学例题 3】下列不属于市场领导者竞争战略的是（　　）。

A. 扩大市场需求总量　　B. 维护市场占有率

C. 扩大市场占有率　　D. 明确企业的竞争对手和主攻方向

D　【解析】D 项属于市场挑战者竞争战略。

3. 市场追随者竞争战略

市场追随者是指那些在产品、技术、价格、渠道和促销等大多数营销战略上模仿或跟随市场领导者的企业。在实际营销活动中，许多企业采用追随策略，从事产品仿造或改良，在投资少、风险小的基础上，获取较高的利润，并保持企业相对有利的竞争地位。

（1）**紧密追随**。市场追随者企业在进行营销活动的所有市场范围内，都尽可能仿效市场领导者企业，以借助先行者的优势打开市场，并跟着获得一定的份额。

（2）**距离追随**。市场追随者企业在营销策略的主要方面紧跟市场领导者企业。比如选择同样的目标市场、提供类似的产品、模仿其分销渠道等。在企业营销策略的其他方面如包装、广告、价格上则发展自己的特色，争取和领导者企业保持一定的差异。

(3)**选择追随**。市场追随者企业根据自身的具体条件,部分地仿效市场领导者企业,择优追随。同时在其他方面坚持独创。比如,主动地细分和集中市场、有效地研究和开发等,尽量在别的企业想不到或者做不到的地方去争取一席之地。这类跟随者中有些可能发展成为挑战者。

4. 市场补缺者战略

市场补缺者又称市场利基者,是指精心服务于被大企业忽略的某些细小市场,不与主要企业竞争,通过专业化经营来占据有利市场地位的企业。

市场补缺者发展的关键是实现专业化,可供选择的专业化方案有最终用户专业化、垂直专业化、顾客规模专业化、特定顾客专业化、地理区域专业化、产品或产品线专业化、产品特色专业化、客户订单专业化、质量和价格专业化、服务专业化、分销渠道专业化。

市场补缺者的任务主要有**创造补缺市场、扩大补缺市场、保护补缺市场**。

第四节 购买行为和目标市场选择

一、消费者购买行为的影响因素

消费者购买行为是指消费者为获取、使用、处置消费物品或服务所采取的各种行动,包括先于且决定这些行动的决策过程。

1. 文化因素

(1)文化。文化是一个复合体,包括为某一社会或某一群体所共同拥有并代代相传的价值观、信念、道德、规范、习俗等。文化具有历史的继承性、阶段性、民族性、地区性、多样性、发展性等特征。

(2)亚文化。每种文化都包含小的亚文化,亚文化又称小文化、集体文化或副文化,是指某一文化群体所属的次级群体的成员共有的独特文化信念、价值观和生活习惯。

(3)社会阶层。社会阶层也称社会分层,是社会学家根据财富、职业、权力、知识、价值观和居住区域对人们进行的一种社会分类,是按层次排列、具有同质性和持久性的社会群体。

2. 社会因素

(1)参照群体。参照群体是指个体形成消费决策时,对其看法和行为有直接或间接影响的个人或群体。通常参照群体包括成员群体和非成员群体。成员群体指个人是其成员的参照群体。成员群体的成员一般对群体影响持有肯定态度。非成员群体指个人不是其成员的参照群体。非成员群体又包括热望群体和回避群体。

(2)家庭。家庭是社会上最重要的消费与购买单位,家庭成员对消费者的购买行为起着直接和潜意识的影响。从家庭权威中心点的角度来划分家庭类型,可分为四类:丈夫决定型、妻子决定型、各自做主型、共同决定型。

(3)社会角色与地位。社会角色是指个人在群体、组织及社会中的地位和作用。一个人在不同的场合担任不同的角色,具有不同的社会地位,因而有着不同的需要,购买不同的商品。

3. 个人因素

消费者购买决策也受其个人特性的影响,特别是受其年龄所处生命周期阶段、职业、经济状况、生活方式、个性以及自我观念的影响。

(1)年龄和生命周期阶段。消费者的年龄会对消费者行为产生明显的影响。不同的年龄有不同的需求和偏好,每个人的食、穿、住、行、娱等各方面的需求都是随年龄的变化而变化的。

(2)职业与经济状况。不同职业的消费者扮演着不同的社会角色,承担并履行着不同的责任和义务,对商品的需求和兴趣也各不相同。经济状况是人们购物的基础,它对人们的购买决策有着重大影响。因此,生产经营那些对于收入反应较敏感的产品的企业,应该经常注意消费者个人收入、储蓄及存款利率的变化。

(3)个性及自我概念。每个人的个性特征都会影响其购买行为。个性是一个人所特有的心理特征,它会导致一个人对其所处环境的相对一致和持续不断的反应。有关研究表明,个性与产品品牌的选择有着某种联系。自我概念是指人们由于自身特性而进行自我认知的一种方法,它们对公共消费品选择所产生的影响比对私人消费品的影响大。

(4)生活方式。生活方式是一个人在生活中表现出来的活动、兴趣和看法的模式。不同生活方式群体对产品和品牌有不同的需求。

4. 心理因素

消费者购买行为要受到**动机、知觉、学习以及信念和态度**等主要心理因素的影响。

(1)动机。动机是指人发动和维持其行动的一种内在动力,是一种升华到一定强度的需要,它能够及时引导人们去探求满足需要的目标。

(2)知觉。知觉是人脑对直接作用于感觉器官的客观事物各个部分或属性的整体反应。在营销中,知觉比实际情况更重要,因为知觉影响消费者的行为。知觉不仅取决于刺激物的特征,而且依赖于刺激物同周围环境的关系以及个人所处的状况。

(3)学习。学习是指由后天经验引起的个人知识结构和行为的改变。

(4)信念与态度。通过学习,人们获得了自己的信念与态度,而信念与态度又反过来影响人们的购买行为。

二、消费者购买决策的过程

(1)**确定需要**。当消费者感觉到一种需要并准备购买某种商品以满足这种需要时,购买决策过程就开始了。消费者的需要一般由两种刺激引起:一是内部刺激;二是外部刺激。

(2)**收集信息**。当消费者产生了购买动机之后,便会开始进行与购买动机相关联的活动。营销人员在这一阶段的主要任务有三个:了解消费者信息来源;了解不同信息来源对消费者购买行为的影响程度;设计信息传播策略。

(3)**评估方案**。消费者在获取足够的信息之后,就会根据这些信息和一定的评价方法对同类产品的不同品牌加以评估并决定选择。消费者对产品评估主要涉及产品属性、属性权重、品牌信念、效用要求四个问题。

(4)**购买决策**。消费者经过产品评估后会形成一种购买意向,但是不一定导致实际购买,从购买意向到实际购买还有一些干扰因素介入其中。主要包括他人态度、意外因素等。

(5)**购后行为**。产品在被购买之后,就进入买后阶段。这时,营销人员的工作并没有结束,他们必须监测消费者的购后满意度和购后产品的使用情况。

三、选择目标市场营销策略的因素

企业选择目标市场前,应考虑的因素主要有以下五个方面:

(1)企业的资源。如果企业在人力、物力、财力及信息方面资源不足,能力有限,无力把整个市场作为目标市场,可采用集中性营销策略。如果企业规模较大,技术力量和设备能力较强,资金雄厚,原材料供应条件好,则可采用差异性营销策略或无差异营销策略。实力雄厚的大企业,不仅可以采用差异化营销策略及无差异营销策略覆盖整个市场,也可根据需要采用其他各种模式。

(2)商品的同质性。商品的同质性是指这一类商品提供了类似的功效。对于同质性商品,虽然原材料和加工的不同使产品质量存在差别,但这些差别并不明显,只要价格适宜,消费者一般无特别的选择,无过分的要求,因而可以采用无差异营销策略。如果商品设计变化较多,如服装、食品等,价格有显著差别,消费者对产品的质量、价格、包装等,常常要反复评价比较,然后决定购买,这类产品就必须采用差异性营销策略或集中性营销策略。

(3)市场的同质性。市场的同质性是指所有购买者爱好相似,对市场营销刺激的反应也相同,在这种情况下企业可以采用无差异性营销策略。如果各消费者群体的需求、偏好相差甚远,则采用差异化营销策略、集中性营销策略或市场专门化,使不同消费者群体的需求得到更好的满足。

(4)商品所处的生命周期阶段。产品所处的寿命周期不同,采用的市场营销策略也是不同的。当企业把一种新的商品导入市场时,现实的做法是仅强调商品的特点,因此无差异营销策略最能奏效。当产品进入成长期或成熟期,无差异营销策略就完全无效,须采用差异化营销策略,才能延长成熟期,开拓市场,维持和扩大销售量。当产品进入衰退期,为保持原有市场,全力应对市场竞争,适宜采用集中性营销策略。

(5)竞争对手的目标市场选择策略。企业生存于竞争的市场环境中,对市场营销策略的选用也要受到竞争者的制约。竞争者采用了差异化营销策略,如本企业采用无差异营销策略,就往往无法有效地参与竞争,很难占有有利的地位,除非企业本身有极强的实力和较大的市场占有率。如果竞争者采用的是无差异营销策略,则无论企业本身的实力如何,采用差异化营销策略或集中性营销策略,都是有利可图、有优势可占的。

真题精练

【导学例题4】下列关于选择目标市场营销策略因素的说法中,错误的是(　　)。

A. 商品的同质性　　B. 市场的同质性

C. 市场所处的生命周期阶段　　D. 竞争对手的目标市场策略

C　【解析】C项错误,应该是商品所处的生命周期阶段。

第五节　市场营销组合策略

一、产品组合策略

产品组合是指一个企业生产或经营的全部产品结构。它包括产品组合的广度、深度、长度和关联性。产品组合广度又称为产品组合宽度,指企业拥有不同产品线的数量。产品线越多,说明企业的经营范围越广,反之越窄。产品组合深度是指企业经营的全部产品线中平均具有的产品项目数,即产品品种的平均数量。

产品组合策略就是企业根据市场需求、企业的经营目标和实力选择最适合本企业的产品组合结构的策略。

要点点拨

(1)扩大产品组合策略。扩大产品组合策略包括拓展产品组合的广度和加强产品组合的深度两方面的内容,即增加产品线或增加产品项目。

(2)产品线延伸策略。产品线延伸是指部分或全部改变企业原有产品线的市场定位,即把产品线延长超出原有的范围。产品线延伸可分为向下延伸、向上延伸和双向延伸三种类型。

(3)缩减产品组合策略。当市场不景气或供应紧张时,企业应积极主动合并、缩减不能为企业带来利润或利润很小的产品线或产品线中的某些产品项目,集中力量在获利大或经营前景看好的产品线和产品项目上。这时,采用缩减产品组合反而能使总利润上升。

二、产品差异化策略

产品差异化策略,就是企业为使自己的产品有别于竞争者而突出产品的一种或数种特征,使其与竞争者的同质产品有明显的差异,用以增强产品对消费者的吸引力,巩固产品的市场地位的一种策略。

产品差异化的内容,可以概括为两个方面:一是产品因素差异化,即产品差异化反映在产品的不同层次上,可以是实质产品的差异化,也可以是形式产品的差异化,还可以是延伸产品的差异化;二是市场营销组合因素差异化,如反映在定价、分销渠道及促销因素组合形态的变化上,也叫作产品外在因素差异化。

知识拓展

在实际的市场营销活动中,企业的产品差异化通常可以采用以下具体方法:

(1)通过产品质量形象化来实现产品差异化。由于消费品的购买基本上都属于非行家购买,因此,产品质量形象化是显示产品质量的一个重要的方法。质量形象化的具体做法有两种,即高价显示优质和高级包装显示优质。

(2)通过信息传递来实现产品差异化。通过声音、图像等各种传播手段,将有关产品特征的信息传达到目标市场,让顾客感到产品的差异,从而在顾客心目中树立此产品与众不同的形象。

(3)利用商标来实现产品差异化。商标是一种产品的质量、特性及效用的象征,产品的质量与商标的信誉通常是联系在一起的。

(4)通过分销渠道来实现产品差异化。选择哪些经销商来经销商品,也是树立产品形象的一个重要方面。经销商的规模大小和声誉好坏,不仅会造成产品质量形象的差异,也会给消费者带来产品整体形象的差别。

(5)通过向消费者提供良好的服务来实现产品差异化。良好的维修服务、免费送货、分期付款等,都可以形成整体产品的差异化。

三、品牌与包装策略

1. 品牌的概念

品牌也称牌子、厂牌，是企业给自己的产品规定的商业名称，是一种名称、标志、符号或设计，或它们的组合运用。其目的是把不同企业生产的产品区别开来，防止混淆，利于销售。品牌通常包括品牌名称、品牌标记、商标这三部分。

2. 品牌的设计

品牌的设计是艺术和技巧在企业营销活动中的展现，从市场营销的角度来看，品牌的设计应能给消费者留下深刻、良好的印象。设计时应注意遵循法律、利于企业销售、利于记忆和传播、适应国情等原则。

3. 品牌策略

品牌策略是指企业为了提升品牌价值、增强品牌影响力和扩大市场份额等目标而制定的一系列策略和计划。品牌策略已成为产品策略的重要组成部分，企业实施品牌策略是一项事关企业发展的长远之计。

4. 包装策略

包装策略是指企业对其生产的产品采用相同的图案、近似的色彩、相同的包装材料和相同的造型进行包装，便于顾客识别出本企业产品的策略。

四、新产品定价策略

新产品定价策略是定价策略中一个十分重要的策略。最初上市产品定价多少，将决定是否能在市场上站住脚，也将影响到产品的竞争能力。根据产品的特点和市场环境，企业有两种新产品的定价策略可选择，即撇脂定价策略与渗透定价策略。

五、折扣与让利策略

折扣与让利策略是企业对商品实行降价，降低部分价格，或加赠货品的一种定价策略。它给买方施以优惠，鼓励顾客购买，借以达到扩大销售的目的。折扣与让利策略主要有现金折扣、数量折扣、季节折扣、功能折扣和补贴等五种形式。

真题精练

【导学例题 5】企业为了鼓励顾客购买更多物品，给那些大量购买产品的顾客的一种减价称为(　　)。

A. 季节折扣　　B. 功能折扣

C. 现金折扣　　D. 数量折扣

D　【解析】数量折扣是企业为鼓励大量购买产品而给顾客以减价优惠。故本题答案为 D 项。

第六节　市场营销的组织和控制

一、市场营销组织

（一）市场营销组织的含义和分类

市场营销组织是指企业内部涉及营销活动的各项职位安排、组合及其组织结构模式。它是由从事市场营销活动的各个部门及其人员所构成的一个有机体系，旨在发挥市场营销职能，实现经营目标。

市场营销组织大体上可以分为以下几种：

(1)**职能型营销组织**。职能型营销组织是最常见的市场营销机构的组织形式。它由营销副总经理领导的各种营销职能专家构成。营销副总经理负责协调各营销职能专家的关系。

(2)**地区型营销组织**。业务涉及全国甚至更大范围的企业，可以按照地理区域组织、管理销售人员。如一个全国性市场经理下面，可设华东、华南、华北、西北等若干个大区市场经理，每个大区市场经理下面按省、自治区、市设置区域市场经理，再往下还可以设置若干地区市场经理或销售代表。

(3)**产品管理型营销组织**。产品管理型营销组织是在企业内部建立产品经理组织制度，以协调职能型组织中的部门冲突。如果企业生产的产品间差异很大，产品品种繁多，按职能设置的市场营销组织就无法应付和处理，这时建立产品经理组织制度是比较适宜的。

(4)**市场管理型营销组织**。当企业面临如下情况时，建立市场型组织是可行的：拥有单一的产品线；市场各种各样(不同偏好和消费群体)；不同的分销渠道。许多企业都在按照市场系统安排其市场营销机构,使市场成为企业各部门为之服务的中心。

(5)**矩阵型营销组织**。矩阵型营销组织是职能型组织与产品型组织相结合的产物,它是在原有的按直线指挥系统为职能部门组成的垂直领导系统的基础上,又建立一种横向的领导系统,两者结合起来就组成一个矩阵。

(二)市场营销组织的设计

市场营销组织设计的程序有以下步骤:

(1)分析组织环境。

(2)确定组织内部活动。

(3)建立组织职位。

(4)设计组织结构。

(5)配备组织人员。

(6)评价和调整营销组织。

二、市场营销执行

市场营销执行是将市场营销计划转化为行动方案的过程,以保证计划的完成,实现计划的既定目标。

一般来说,典型的市场营销执行过程包括以下几个步骤:

(1)制订行动方案。为了有效地实施市场营销策略,必须制订详细的行动方案。方案必须明确市场营销计划实施的关键性决策和任务,并将任务分解落实到具体的部门和个人。此外,还要建立相应的时间表以明确行动的具体时间,以便于此后进行进度检查和控制。

(2)建立组织结构。企业的组织结构对于计划的执行起到决定性的作用。组织结构根据职能分工的原则将计划实施的任务落实到具体的部门和人员,明确划分职权界限和信息沟通渠道,协调企业内部的各项决策和行动。组织结构要跟企业的战略规划和具体的营销计划相一致,尤其是反映营销在企业内部各职能中所处的地位。

(3)设计决策和报酬制度。作为成功执行市场营销计划的保障,需要制定完善的激励制度。这些制度需要明确对计划实施过程中涉及的营销人员工作评估、奖励、惩戒和管理措施,制定合理可行的考核指标,明确责、权、利;建立有良好效果的奖惩体系,充分调动员工积极性和主动性。

(4)营销团队建设。营销计划的执行除了需要制度的保障,更多的时候是靠有关人员去执行的,所以富有执行力的营销团队建设至关重要。执行力首先是员工能力,只有具备相应的能力才能执行给其分配的任务,因此首先要选拔合适的人才,安置到相应的岗位;其次,执行力要看员工的态度,具有积极乐观的态度和良好工作习惯的员工能更好地完成任务,因此要建立良好的激励制度以调动员工的积极性。同时要为员工设立任务目标,督促其制订工作计划,并进行良好的培训和工作检查。

要按照具体营销计划建设合适的营销团队,寻找具备相应专业特长、经验和性格特征的人才,并根据不同的人才类型进行管理和激励。

(5)建设企业文化。企业文化是指一个企业内部全体人员共同持有和遵循的价值标准、基本信念和行为准则。它对企业经营思想和领导风格,对员工的工作态度和作风,均起着决定性的作用。因此执行市场营销计划,常常伴随着企业文化的建设、灌输和调整。它包括其企业环境、价值观念、模范人物、仪式和文化网五个要素。

(6)确定管理风格。与企业文化相关联的,是企业的管理风格。有些管理者的管理风格属于“专权型”,另一种管理风格称为“参与型”。

(7)协调实施系统各要素间的关系。为了有效地实施市场营销战略,企业的行动方案、组织结构、决策和报酬制度、人力资源、企业文化和管理风格这五大要素必须协调一致,相互配合。

三、市场营销控制

市场营销计划确定了组织活动的目标,市场营销队伍建设确定了组织的运行方式,为了确保营销活动能够按照计划执行,必须对营销计划执行过程进行监控。另外,市场营销计划是在适当的预测和假设基础上制订的,由于预测和假设不等于客观事实,计划的实际运行环境与计划的预期运行环境之间必然存在着或大或小,或有利或不利的差别。因此,在计划执行过程中,需要监控环境变化对计划执行以及组织目标实现的影响,使组织目标水平与组织能力之间的关系更合理。

1. 市场营销控制的内容

市场营销控制是指为了实现营销目的，对市场营销计划执行过程进行监控，确保各项活动按计划进行，并对执行中出现的重要偏差进行修正的过程。

2. 市场营销控制的过程

市场营销控制是一个比较复杂的过程，在不同的组织中，市场营销控制的基本程序是相同的。市场营销控制过程基本上分为五步，即**确定控制对象、确定衡量标准、明确控制方法、按标准检查工作进度和采取改正措施**。市场营销控制的基本类型主要有**年度计划控制、盈利率控制、效率控制和战略控制**。

知识拓展

(1)年度计划控制，是指企业高管层负责的，旨在检查实际绩效与计划之间是否有偏差，并采取改进措施，以确保市场营销计划的实现与完成。

(2)盈利率控制，就是指企业衡量各种产品、地区、顾客群、分销渠道和订单规模等方面的获利能力，以帮助管理者决定哪些产品或者营销活动应该扩大、收缩或取消。

(3)效率控制，是指企业不断寻求更有效的方法来管理销售队伍、广告、促销和分销等绩效不佳的营销实体活动，效率控制的目的是提高销售人员推销、广告、销售促进和分销等市场营销活动的效率。

(4)战略控制，是指在企业经营战略的实施过程中，检查企业为达到目标所进行的各项活动的进展情况，评价实施企业战略后的企业绩效，把它与既定的战略目标与绩效标准相比较，发现战略差距，分析产生偏差的原因，纠正偏差，使企业战略的实施更好地与企业当前所处的内外环境、企业目标协调一致，使企业战略得以实现。

第六章　计算机基础知识

导学教案

计算机基础知识

- **计算机导论**
  - 概述 → 了解
  - 计算机中的数据表示与信息编码 → 掌握
  - 计算机系统组成 → 熟悉
- **计算机网络技术**
  - 计算机网络基本知识 → 熟悉
  - 计算机网络分层结构和协议 → 掌握
- **信息安全技术**
  - 信息安全的内容 → 了解
  - 信息安全的主要威胁 → 熟悉
  - 虹膜识别技术 → 掌握
  - 网络安全 → 熟悉
- **计算机新兴技术及应用**
  - 云计算 → 了解
  - 人工智能 → 掌握
  - 物联网 → 熟悉
  - 大数据 → 熟悉
  - 区块链 → 熟悉
  - 5G → 了解
- **数据库基础知识**
  - 数据模型 → 了解
  - 数据库管理系统 → 熟悉
  - 事务 → 熟悉
  - SQL基本操作 → 掌握
  - E-R图 → 熟悉
- **办公软件的使用**
  - OFFICE操作——Word → 熟悉
  - OFFICE操作——Excel → 熟悉
  - OFFICE操作——PPT → 熟悉

导学课程

第一节 计算机导论

一、概述

1. 计算机系统的组成

一个完整的计算机系统由硬件和软件组成。其中硬件是由运算器、控制器、存储器、输入设备、输出设备五部分组成。其中:**中央处理器(简称 CPU)= 运算器(算术逻辑运算单元 ALU)+ 控制器(控制单元 CU);主机 = 中央处理器 + 主存储器**。

计算机软件是指各类程序和数据,计算机软件包括计算机本身运行所需要的系统软件和用户完成任务所需要的应用软件。

2. 计算机的概念

计算机是一种由电子器件构成的、有计算能力和逻辑判断能力、具有自动控制和记忆功能的信息处理设备,它能按事先存储的程序,自动、高速进行大量数值计算和各种信息处理。第一台现代电子计算机是 1946 年诞生于美国宾夕法尼亚大学的 ENIAC。

3. 计算机的发展方向

计算机的发展方向为**巨型化、微型化、网络化、智能化**。

4. 计算机的应用领域

(1)数据处理。数据处理是目前最主要应用领域(最主要任务),包括办公自动化、管理信息系统、专家系统等,会计数据处理是数据处理的典型应用。发展阶段包括电子数据处理(EDP)、管理信息系统(MIS)、决策支持系统(DSS)。

(2)科学计算。科学计算是计算机最早的应用领域,如高速计算、大存储容量、连续运算、航天工程、气象预报等。

(3)过程控制。过程控制又称实时控制,特点是自动控制、自动调节、自动预报,是会计电算化中对某些指标的预警和控制。

(4)计算机辅助设计和辅助教学。计算机辅助设计(CAD),广泛应用于飞机、汽车、机械、电子等领域;计算机辅助教学(CAI)。

(5)计算机通信。计算机通信由计算机技术、通信技术结合而成;计算机网络是计算机通信应用的典型代表。

(6)人工智能(AI)。人工智能包括计算机模拟人类智能活动、智能机器人。

5. 信息与信息技术

信息是事物运动的状态和特征的反映。信息,是指音讯、消息、通信系统传输和处理的对象,泛指人类社会传播的一切内容。在一切通讯和控制系统中,信息是一种普遍联系的形式。信息的相关内容如表 2-6-1 所示。

表 2-6-1 信息的性质、特征和信息熵

要点	内容
信息的性质	(1)**普遍性**。凡有事物的地方,就必然存在信息,信息广泛存在。 (2)**动态性**。事物是在不断运动变化之中的,信息也必然随时间而改变。 (3)**时效性**。由于信息的动态性,信息的使用价值会随着时间而衰减。 (4)**多样性**。语言、文字、声音、图片等都是信息的表现形式(也称为信息的载体或媒体)。 (5)**可传递性**。信息可通过媒介在人—人,人—物,物—物之间传递,信息传递才能发挥信息的作用。 (6)**可共享性**。信息与物质、能量显著不同的是,同一信息在同一时间可被多个主体共有,信息能无限地进行复制和传递,不因使用而有损耗。 (7)**快速增长性**。随着社会的发展,信息在快速增长
信息的特征	**可识别性、可存储性、可扩充性、可压缩性、可传递性、可转换性、特定范围有效性**
信息熵	1948 年,香农提出了“信息熵”的概念,解决了对信息的量化度量问题。 信息熵是信息论中用于度量信息量的一个概念。一个系统越是有序,信息熵就越低;反之,一个系统越是混乱,信息熵就越高。所以,信息熵也可以说是系统有序化程度的一个度量

真题精练

【导学例题1】王某听说某银行有一款理财产品，当他赶到银行准备购买时，却因该理财产品已经过了购买期而无法购买，这事情主要体现了信息的（　　）。

A. 可处理性　　B. 载体依附性

C. 可扩充性　　D. 时效性

D　【解析】信息包含以下性质：普遍性、动态性、时效性、多样性、可传递性、可共享性、快速增长性，其中时效性表示由于信息的动态性，信息的使用价值会随着时间而衰减。因为时间过了期限，信息已经没有使用价值，所以选择时效性。故本题答案为D项。

6. 计算机系统主要技术指标

（1）字长。字长是指计算机能直接处理的二进制数据的位数。

（2）内存容量。内存容量反映内存储器存储二进制代码的能力。

（3）存取周期。存储器进行一次性读或写的操作所需的时间称为存储器的访问时间（或存取时间），而连续两次独立的读或写操作所需的最短时间称为存取周期，反映主存储器（内存储器）的速度性能。

（4）运算速度。运算速度是计算机进行数值计算、信息处理的快慢程度。

（5）外部设备的配置及扩展能力。如主机I/O的速度、磁盘的转速等。

（6）可靠性与兼容性。一般用微型计算机连续无故障运行的最长时间来衡量微型机的可靠性。

二、计算机中的数据表示与信息编码

（一）进位计数制

（1）数制。人类日常生活中使用最多的是十进制数，但计算机中还广泛使用二进制数、八进制数和十六进制数。它们的特点很相似，都是按进位的方式进行计数，不同位上的数字表示不同的值（即使数字相同）。

（2）基数。基数是指各种进位计数制中允许选用基本数码的个数。例如，十进制的数码有0,1,2,3,4,5,6,7,8,9；基数是10。

（3）权。每个数码所表示的数值等于该数码乘以一个与数码所在位置相关的常数，这个常数叫作权值。

要点点拨

二进制数的运算包括：

（1）二进制转换为十进制的方法：按权展开，然后相加求和。

（2）十进制转换为二进制的方法：整数部分：除以2取余逆序写。小数部分：乘2取整顺序写，直到乘到0为止，如果小数部分乘不尽，则按要求保留X位即可。

（二）计算机中字符的编码

1. ASCII码－美国信息交换标准代码

（1）组成。7位二进制码数，范围是0000000B～1111111B。

（2）用途。用于128个基本字符的编码。

（3）大小比较。同类字符ASCII码：前面<后面。

教你一招

对于ASCII码表，大家只需记住几个常用的码的十进制数是多少即可。不同类字符：数字(48)<大写字母(65)<小写字母(97)。

2. 汉字编码

计算机中汉字的表示也是用二进制编码，同样是人为编码的。**根据应用目的的不同，汉字编码分为外码、交换码、机内码和字形码。**

（1）汉字输入码。汉字输入计算机而编制的代码称为汉字输入码，也叫外码。常用的输入码有拼音码（音码）、五笔字型码、自然码等。

（2）汉字交换码。汉字交换码是用于汉字信息处理系统之间或者与通信系统之间进行信息交换的汉字代码，也称国标码。

（3）汉字机内码。汉字内部码是在计算机内部对汉字进行存储、处理时的汉字代码，又称内码。

（4）汉字字形码。汉字字形码是汉字字库中存储的汉字字形的数字化信息，用于汉字的显示和打印的编码，也叫输出码。

（三）计算机中数据的单位

（1）位（b）。计算机中，二进制数的每一个数，称为一个位（bit），是信息的最小单位，通常用 b 来表示。

（2）字节（B）。一个八位二进制数称为一个字节，是存储器的常用单位，通常用 B 来表示。常用的单位有：千字节（KB）、兆字节（MB）、吉字节（GB）、太字节（TB）。换算关系为：1KB = 1 024B，1MB = 1 024KB，1GB = 1 024MB，1TB = 1 024GB。一般内存大小或者硬盘大小均用 GB 或 TB 作为单位。

（3）字（Word）。字是计算机内部一次基本动作（存取、加工、运算和传输）可同时处理的一组二进制数。

三、计算机系统组成

（一）计算机硬件组成

硬件指构成计算机的物理设备，即具有输入、存储、计算、控制和输出功能的实体部分。硬件是由运算器、控制器、存储器、输入设备、输出设备五部分组成。

（1）运算器。运算器又称算术逻辑运算单元（ALU），它主要由寄存器、加法器和控制电路组成，它是完成计算机对各种算术运算和逻辑运算的装置，能进行加、减、乘、除等数学运算，也能作比较、判断、查找、逻辑等运算。

（2）控制器。控制器是计算机的指挥中心，用它来控制计算机各个部件的协调，充分发挥各部件的功能，使计算机的工作自动进行，其工作过程与人的大脑指挥和控制人的各个器官一样。

（3）存储器。存储器是计算机的记忆装置，用来存入计算机所需的原始数据、计算结果和程序，是用来存储数据的器件。**存储器分为外存储器和内存储器两种**。内存分为只读存储器（ROM，数据不会因断电而消失，也称为非易失的，在系统中通常用来存储和运行程序）和随机存储器（RAM，数据可读可写，断电后数据消失，在系统中通常用来存储变量）两大类。外存储器包括硬盘、磁盘、光盘等。为了解决内存与 CPU 速度不匹配的问题，出现了高速缓存存储器也就是 Cache。

（4）输入设备。输入设备是向计算机输入数据和信息的设备，是计算机与用户或其他设备通信的桥梁。输入设备是用户和计算机系统之间进行信息交换的主要装置之一。键盘、鼠标、摄像头、扫描仪、手写输入板、游戏杆、语音输入装置等都属于输入设备。

（5）输出设备。输出设备是计算机硬件系统的终端设备，用于接收计算机数据的输出显示、打印、声音、控制外围设备操作等，也可以把各种计算结果数据或信息以数字、字符、图像、声音等形式表现出来。常见的输出设备有显示器、打印机、绘图仪、影像输出系统、语音输出系统、磁记录设备等。

（二）计算机软件组成

软件是指系统中的程序以及开发、使用和维护程序所需的所有文档的集合。**计算机软件系统总体上可以分为系统软件和应用软件**。

1. 系统软件

系统软件是控制计算机系统并协调管理软硬件资源的程序，系统软件主要包括操作系统、语言处理程序、服务性程序、数据库管理系统等。

（1）操作系统。操作系统是对计算机全部软、硬件资源进行控制和管理的大型程序，是直接运行在裸机上的最基本的系统软件，其他软件必须在操作系统的支持下才能运行。它是系统软件的核心。**操作系统的主要特性为：并发性、共享性、异步性和虚拟性**。

（2）语言处理程序。程序设计语言按发展过程分为：

①机器语言。机器语言是以二进制代码表示的机器指令集合，是计算机唯一能直接识别和执行的语言。

②汇编语言。汇编语言是用助记符号来表示机器指令的语言。

③高级语言。它通用性强，要将其翻译成机器语言才能执行。

④非过程化语言（4GL）。非过程语言编写的程序可以不必遵循计算机执行的实际步骤，使人们无须关心问题的解法和计算过程的描述。

知识拓展

由于计算机不能直接识别和执行高级语言源程序,要用翻译的方法把高级语言源程序翻译成等价的机器语言程序(称为目标程序)才能执行。翻译的方法有两种:

①"解释"。不保留目标程序代码,"解释一句,执行一句"。

②"编译"。它调用相应语言的编译程序,把源程序变成目标程序(以.obj 为扩展名),然后再用连接程序,把目标程序与各类库文件相连接形成可执行文件;"全部编译之后再去执行"。

(3)服务性程序。服务程序能够提供一些常用的服务功能,它为用户开发程序和使用计算机提供了方便,如编辑程序、连接装配程序、测试、诊断程序等。

(4)数据库管理系统(DBMS)。数据库(DB)是指按照一定数据模型存储的数据集合。数据库管理系统则是能够对数据库进行加工、管理的系统软件。数据库系统(DBS)由数据库、数据库管理系统以及相应的应用程序组成。

2. 应用软件

为解决各类实际问题而设计的程序称为应用软件。

根据其服务对象,可分为**通用软件**和**专用软件**两类:

(1)通用软件。例如,文字处理软件有 Word、WPS2000;电子表格软件有 Excel、Lotus 1-2-3;绘图软件有 Auto CAD. 3DS;课件制作软件有 PowerPoint、Authorware;网络通信软件有 Outlook、Internet Mail。

(2)专用软件。上述的通用软件或软件包在市场上可以买到,但有些具有特殊要求的软件是无法直接买到的。用户为了自己特殊的需要开发的软件就是专用的应用软件。

按照软件权益分为商业软件、共享软件和自由软件:

①商业软件用户需要付费才可以使用。

②共享软件是一种买前免费使用的具有版权的软件,允许用户使用一段时间,过了试用期之后需要注册,支付注册费才可以使用。

③自由软件允许用户共享,可以随意拷贝修改使用,有利于技术共享。

第二节 计算机网络技术

一、计算机网络基本知识

计算机网络是按照网络协议,以共享资源为主要目的,将地理上分散且独立的计算机互相连接起来形成的集合。ARPANET 的成功标志着计算机网络的发展进入了一个新纪元。

1. 计算机网络的组成

计算机网络在逻辑上可以分为进行数据处理的资源子网和完成数据通信的通信子网两部分。

(1)资源子网。资源子网为用户提供了访问网络的能力,它由主机系统、终端控制器、请求服务的用户终端、通信子网的接口设备、提供共享的软件资源和数据资源构成。它负责网络的数据处理业务,向网络用户提供各种网络资源和网络服务。

(2)通信子网。通信子网提供网络通信功能,能完成网络主机之间的数据传输、交换、通信控制和信号变换等通信处理工作,由通信控制处理机 CCP、通信线路和其他通信设备组成数据通信系统。

2. 计算机网络的分类

(1)**按地理范围(或称作用范围)划分有局域网、城域网、广域网**。

①局域网(LAN)。局域网是在局部地区范围内的网络,它所覆盖的地区范围较小(小于 10 千米的范围)。配置容易,连接速度高。目前局域网最快的速率要算现今的 10G 以太网。

②城域网(MAN)。城域网覆盖范围是 10 千米~100 千米,介于 WAN、LAN 之间,适合大量企业、学校、公司的多个 LAN 的互联,实现大量用户之间的信息传递。

③广域网(WAN)。广域网覆盖范围是几十千米~几千千米,包含很多子网、局域网、个人计算机。典型代表有 Internet。

(2)**按物理连接方式(网络的拓扑结构)分类有总线型、星状、环状、网状拓扑结构**。

(3)**按照交换方式分类有线路交换网络、存储转发交换网络。存储转发交换又可以分为报文交换和分组交换**。

(4)**按服务方式分类有集中式系统和分布式系统**。

①集中式系统。服务器支配工作,独立性差,对信息处理集中,系统响应时间短,可靠性高,便于管理,但整个系统适用性差。

②分布式系统。既互联又独立,独立性强,用户使用方便、灵活。

(5)**按网络数据传输与交换系统的所有权分类有公用网与专用网**。

①公用网。由国家电信部门组建、经营管理、提供公众服务的网络。任何单位、部门,甚至个人的计算机和终端都可以接入公用网,利用公用网提供的数据通信服务设施来实现本行业或个人的业务。

②专用网。专用网往往是由一个政府部门或一个公司等组建经营,未经许可,其他部门和单位不得使用,其组网方式可以利用公用网提供的“虚拟网”功能或自行架设的通信线路。

(6)**按传输方式和传输带宽方式分类有基带网和宽带网**。

(7)**按通信媒体划分类有线网和无线网**。

①有线网:同轴电缆、双绞线、光纤。

②无线网:微波传输。

二、计算机网络分层结构和协议

1. 计算机网络体系结构

计算机网络体系结构是指网络的层次结构和协议集合。计算机网络体系有 OSI/ISO(开放系统互联)参考模型以及 TCP/IP(传输控制协议/网际协议)模型,如表 2-6-2 所示。

表 2-6-2 计算机网络体系

OSI/ISO 参考模型	TCP/IP 参考模型
应用层	应用层
表示层	
会话层	
传输层	传输层
网络层	网际层
数据链路层	网络接口层
物理层	

(1)OSI 七层网络模型:是一个逻辑上的定义,一个规范。它把网络从逻辑上分为七层,每一层都有相关的相对应的物理设备,比如路由器、交换机。

①**物理层**。主要定义物理设备标准,如网线的接口类型、光纤的接口类型、各种传输介质的传输速率等。这一层的数据叫作比特。

②**数据链路层**。定义了如何格式化数据以进行传输,以及如何控制对物理介质的访问。这一层通常还提供错误检测和纠正,以确保数据的可靠传输。这一层的数据叫作帧。

③**网络层**。在位于不同地理位置的网络中的两个主机系统之间提供连接和路径选择。Internet 的发展使得从世界各站点访问信息的用户数大大增加,而网络层正是管理这种连接的层。这一层的数据叫作包。

④**传输层**。定义了一些传输数据的协议和端口号。主要是将从下层接收的数据进行分段和传输,到达目的地址后再进行重组。常常把这一层数据叫作段。

⑤**会话层**。通过传输层(端口号:传输端口与接收端口)建立数据传输的通路。

⑥**表示层**。可确保一个系统的应用层所发送的信息可以被另一个系统的应用层读取。

⑦**应用层**。是最靠近用户的 OSI 层。这一层为用户的应用程序(例如电子邮件、文件传输和终端仿真)提供网络服务。

(2)TCP/IP 通信协议:采用了四层的层级结构,每一层都呼叫它的下一层所提供的网络来完成自己的需求。这四层分别为:

①应用层。应用层是应用程序间沟通的层,如简单的邮件传输协议(SMTP)、文件传输协议(FTP)、

网络远程访问协议(Telnet)等。

②传输层。在此层中,它提供了节点间的数据传送服务,如传输控制协议(TCP)、用户数据报协议(UDP)等,TCP 和 UDP 给数据包加入传输数据并把它传输到下一层中,这一层负责传送数据,并且确定数据已被送达并接收。

③网际层。网际层负责提供基本的数据封包传送功能,让每一块数据包都能够到达目的主机(但不检查是否被正确接收),如网际协议(IP)。

④网络接口层。对实际的网络媒体的管理,定义如何使用实际网络(如 Ethernet、Serial Line 等)来传送数据。

真题精练

【导学例题 2】在 TCP/IP 协议族中,FTP 是基于 TCP 的服务,它属于(　　)。

A. 网络接口层　　B. 网际层

C. 传输层　　D. 应用层

D 【解析】应用层是应用程序间沟通的层,如简单的邮件传输协议(SMTP)、文件传输协议(FTP)、网络远程访问协议(Telnet)等。

2. 计算机网络互联设备

(1)中继器。中继器是局域网环境下用来延长网络距离的最简单、最廉价的互联设备,它工作在 OSI 的**物理层**,作用是接收传输介质上传输的信号后经过放大和整形再发送到其他传输介质上。

(2)集线器。集线器(Hub)是局域网中使用的连接设备,它具有多个端口,可连接多台计算机。它工作在 OSI 的**物理层**,在局域网中常以集线器为中心,将所有分散的工作站与服务器连接在一起,形成星状拓扑结构的局域网系统。

(3)网桥。网桥也是局域网使用的连接设备,它工作在 OSI 的**数据链路层**,网桥的作用是扩展网络的距离,减轻网络的负载。

(4)交换机。交换机是一种低价位,高性能的多端口网络设备。它是一种独占带宽方式,每个结点都可以拥有和上游结点相同的带宽。交换机工作在**数据链路层**。

(5)路由器。路由器是互联网中使用的连接设备。它可以将两个网络连接在一起,组成更大的网络,被连接的网络可以是局域网也可以是互联网,连接后的网络都可以称为互联网。在互联网中,路由器的作用就是为数据包(或分组)选择一条合适的传送路径。用路由器隔开的网络属于不同的局域网,具有不同的网络地址。路由器工作在 OSI 体系结构中的网络层,具有判断网络地址和选择 IP 路径的功能,这意味着它可以在多个网段上交换路由数据包。路由器主要用于广域网之间或广域网与局域网的互联,在网络上将数据从发送者发送到接收者,能够确定数据的目的地址并能够确定传输数据的最佳路径,支持 TCP/IP 协议。

(6)网关。网关在互联网络中起到高层协议转换的作用,如 Internet 上用简单邮件传输协议(SMTP)传输电子邮件时,如果与微软的 Exchange 进行互通,需要电子邮件网关。网关工作在 OSI 体系结构中的**传输层及以上的层次**。

3. 计算机网络协议

网络协议是网络上所有设备(网络服务器、计算机及交换机、路由器、防火墙等)之间通信规则的集合,它规定了通信时信息必须采用的格式和这些格式的意义。网络协议有很多,包括 TCP/IP 协议、文件传输协议 FTP、简单邮件传输协议 SMTP、超文本传输协议 HTTP、域名系统服务 DNS 和远程登录协议 Telnet。其中,最核心的协议是 TCP/IP 协议。

(1)TCP/IP 协议。又名传输控制协议/网际协议,是 Internet 最基本的协议、国际互联网络的基础,由网络层的 IP 协议和传输层的 TCP 协议组成。TCP/IP 协议定义了电子设备如何连入因特网,以及数据在它们之间如何传输的标准。通俗而言,TCP 协议负责发现传输的问题,一有问题就发出信号,要求重新传输,直到所有数据安全正确地传输到目的地;而 IP 协议是给因特网的每一台联网设备分配的一个地址,即 IP 地址。

要点点拨

计算机的网络位置用 IP 地址进行描述：

①IP 地址（默认指代 IPv4）是一个 32 位的二进制数，采用“点分十进制表示法”，将 32 位二进制数分割为 4 组“8 位二进制数”，这 4 组数字，每一组的取值范围为 0～255。

②IPv6 是 IETF（互联网工程任务组）设计的用于替代现行版本 IP 协议（IPv4）的下一代 IP 协议，IPv6 地址共有 128 位二进制数，采用“冒分十六进制表示法”。

③子网掩码，它是一种用来指明一个 IP 地址的哪些位标识的是主机所在的子网，以及哪些位标识的是主机的位掩码，用于划分逻辑网段。子网掩码不能单独存在，它必须结合 IP 地址一起使用。子网掩码只有一个作用，就是将某个 IP 地址划分成网络地址和主机地址两部分。子网掩码的长度也是 32 位，由 1 和 0 组成，且 1 和 0 分别连续，左边是网络位，用二进制数字“1”表示，1 的数目等于网络位的长度；右边是主机位，用二进制数字“0”表示，0 的数目等于主机位的长度。

（2）FTP 协议。FTP 协议（文件传输协议）是 TCP/IP 协议簇中的协议之一。在开发网站的时候，通常利用 FTP 协议把网页或程序传到 Web 服务器上。此外，由于 FTP 传输效率非常高，在网络上传输大的文件时，一般也采用该协议。

（3）SMTP 协议。SMTP 协议（即简单邮件传输协议），是一组用于由源地址到目的地址传送邮件的规则，由它来控制信件的中转方式。SMTP 协议属于 TCP/IP 协议簇，它帮助每台计算机在发送或中转信件时找到下一个目的地。

需要注意的是，电子邮件（E－mail）地址是因特网上每个用户所拥有的、不与他人重复的唯一地址。对于同一台主机，可以有很多用户在其上注册，因此，电子邮件地址由用户名和主机名两部分构成，中间用@隔开，即 Username@hostname。

（4）HTTP 协议。HTTP 协议（超文本传输协议）是互联网上应用最为广泛的一种网络协议。所有的 WWW 文件都必须遵守这个标准。设计 HTTP 最初是为了提供一种发布和接收 HTML 页面的方法（HTML 为超文本标记语言）。

（5）Telnet。Telnet，即远程登录协议，实现用户的远程登录。

（6）DNS 服务。DNS 服务，即域名服务。IP 地址能够唯一地标识网上的主机，由于 IP 地址是由数字组成的，因此不形象、没有规律、难记忆、使用不方便。为方便记忆而为计算机进行命名，按照与 IP 地址一一对应的原则，又为每台主机分配了一个由字符组成的名字，称为“域名”。当用户访问网上某台计算机时，既可使用它的 IP 地址，也可使用域名。如一台计算机的 IP 地址为 202.113.144.65，我们给其一个域名为 scse.hebut.edu.cn，之后我们访问这台网络机器就可以使用后者来访问。

知识拓展

域名地址一般由四部分组成：主机名、主机所属单位名、网络名、最高层域名。

①主机名：根据需要由网络管理员自行定义。

②主机所属单位名：例如，Tsinghua－清华大学，pku－北京大学。

③网络名：第二级域名，反映组织机构的性质。

④最高层域名：代表主机所在的国家或地区，由两个字符构成。

第三节　信息安全技术

一、信息安全的内容

信息安全主要包括以下五方面的内容，即需保证信息的**保密性、真实性、完整性、未授权拷贝和所寄生系统的安全性**。信息安全本身包括的范围很大，其中包括如何防范商业企业机密泄露、防范青少年对不良信息的浏览、个人信息的泄露等。网络环境下的信息安全体系是保证信息安全的关键，包括计算机安全操作系统、各种安全协议、安全机制（数字签名、消息认证、数据加密等），直至安全系统，如 UniNAC、DLP 等，只要存在安全漏洞便可以威胁全局安全。信息安全是指信息系统（包括硬件、软件、数据、人、物理环境及其基础设施)受到保护,不受偶然的或者恶意的原因而遭到破坏、更改、泄露,系统连续可靠正常地运行,信息服务不中断,最终实现业务连续性。

二、信息安全的主要威胁

信息安全的主要威胁如下:

(1)**拒绝服务**。对信息或其他资源的合法访问被无条件地阻止。

(2)**非法使用(非授权访问)**。某一资源被某个非授权的人,或以非授权的方式使用。

(3)**窃听**。用各种可能的合法或非法的手段窃取系统中的信息资源和敏感信息。例如对通信线路中传输的信号搭线监听,或者利用通信设备在工作过程中产生的电磁泄露截取有用信息等。

(4)**授权侵犯**。被授权以某一目的使用某一系统或资源的某个人,却将此权限用于其他非授权的目的,也称作"内部攻击"。

(5)**特洛伊木马**。软件中含有一个觉察不出的有害的程序段,当它被执行时,会破坏用户的安全。这种应用程序称为特洛伊木马(Trojan Horse)。

(6)**抵赖**。这是一种来自用户的攻击,例如否认自己曾经发布过的某条消息、伪造一份对方来信等。

(7)**人员不慎**。一个授权的人为了某种利益,或由于粗心,将信息泄露给一个非授权的人。

(8)**业务欺骗**。某一伪系统或系统部件欺骗合法的用户或系统自愿地放弃敏感信息等。

此外,还包括**信息泄露、破坏信息的完整性、业务流分析、假冒、旁路控制、重放、陷阱门、计算机病毒、媒体废弃、物理侵入、窃取**等信息安全威胁。

真题精练

【导学例题3】国家计算机病毒应急处理中心近日发布《病毒监测周报》,发现10月4日至10月10日这一周的病毒数同比上周仍呈上升趋势,病毒疫情以蠕虫和木马为主,"网页木马"的数量呈上升态势,感染计算机的数量整体仍呈上升态势。下列有关计算机病毒的说法,不正确的是(　　)。

A. 计算机病毒中也有良性病毒

B. 计算机病毒实际是一种计算机程序

C. 计算机病毒是由于程序的错误编制而产生的

D. 计算机病毒有引导型病毒、文件型病毒、复合型病毒等

C　【解析】计算机病毒,是指编制者在计算机程序中插入的破坏计算机功能或者毁坏数据,影响计算机使用,并能自我复制的一组计算机指令或者程序代码。故本题答案为C。

三、虹膜识别技术

虹膜识别技术是基于眼睛中的虹膜进行身份识别,应用于安防设备(如门禁等),以及有高度保密需求的场所。虹膜识别属于模式识别这一范畴。虹膜自动识别原理是首先通过虹膜图像采集器对人眼图像进行采集并进行预处理;然后通过对预处理的虹膜图像进行定位、归一化、去噪和图像增强等,从而获得比较理想的虹膜图像;最后采用相应的图像特征提取算法对虹膜图像中感兴趣部分进行特征提取并编码;选择合适的虹膜分类器完成对虹膜图像特征的分类和模式匹配,达到识别的效果。虹膜识别技术的过程一般来说包含以下四个步骤:

(1)虹膜图像获取。使用特定的摄像器材对人的整个眼部进行拍摄,并将拍摄到的图像传输给虹膜识别系统的图像预处理软件。

(2)图像预处理。对获取到的虹膜图像进行虹膜定位,虹膜图像和图像增强归一化处理,使其满足提取虹膜特征的需求。

(3)特征提取。采用特定的算法从虹膜图像中提取出虹膜识别所需的特征点,并对其进行编码。

(4)特征匹配。将特征提取得到的特征编码与数据库中的虹膜图像特征编码逐一匹配,判断是否为相同虹膜,从而达到身份识别的目的。

四、网络安全

网络安全涉及数据加密、数字签名和身份鉴别等内容,如表2-6-3所示。

表2-6-3 网络安全的相关内容

数据加密	目的	即使被窃取,也能保证数据安全
	重要性	数据加密是其他信息安全措施的基础
	分类	根据加密采用的交换方法不同,分为对称密钥加密方法和非对称密钥加密方法
数字签名	数字签名	数字签名是与消息一起发送的一串代码,它能发现消息内容的任何变化
	消息认证	在电子商务和电子政务中必须对收到的消息进行认证,证实它来自声称的发送方,且未被修改过(认证消息的真实性和消息的完整性),消息认证常用的方法是数字签名
身份鉴别	含义	证实某人的真实身份是否与其所声称的身份相符,以防止欺诈和假冒。在用户登录某个系统,或者在访问/传送重要消息时进行
	依据(方法)	(1)鉴别对象本人才知道的信息(如口令、私钥、身份证号等)。 (2)鉴别对象本人才具有的信物(例如磁卡、IC卡、USB钥匙等)。 (3)鉴别对象本人才具有的生理特征(例如指纹、手纹等)。 (4)双因素认证(口令+磁卡,口令+U盾):比如网银身份认证过程(用户预先申请开通网银,经审核后发给USB key;采用密钥加密技术,密钥存在于USB key中,并作为一种特殊的文件存在,文件无法打开)

第四节 计算机新兴技术及应用

一、云计算

云计算是基于互联网的相关服务的增加、使用和交付模式,通常涉及通过互联网来提供动态易扩展且经常是虚拟化的资源。云是网络、互联网的一种比喻说法。

云计算特点有:**超大规模、虚拟化、高可靠性、通用性、高可扩展性、按需服务、价格低廉、潜在的危险性**。

云计算应用在**云物联、云安全、云存储、云游戏**等。

二、人工智能

人工智能(AI),是研究、开发用于模拟、延伸和扩展人的智能的理论、方法、技术及应用系统的一门新的技术科学。

人工智能在计算机上实现时有两种不同的方式:

(1)采用传统的编程技术,使系统呈现智能的效果,而不考虑所用方法是否与人或动物机体所用的方法相同。这种方法叫工程学方法,如文字识别、电脑下棋等。

(2)模拟法,它不仅要看效果,还要求实现方法也和人类或生物机体所用的方法相同或相类似。遗传算法(GA)和人工神经网络(ANN)均属这一类型。遗传算法模拟人类或生物的遗传—进化机制,人工神经网络则是模拟人类或动物大脑中神经细胞的活动方式。

知识拓展

人工智能的成果主要有:人机对弈、模式识别、自动工程、知识工程。

典型的自动工程:自动驾驶(OSO系统)。自动驾驶汽车又称无人驾驶汽车、电脑驾驶汽车或轮式移动机器人,是一种通过电脑系统实现无人驾驶的智能汽车,依靠人工智能、视觉计算、雷达、监控装置和全球定位系统协同合作,让电脑可以在没有任何人类主动的操作下,自动安全地操作机动车辆。

知识工程是以知识本身为处理对象,研究如何运用人工智能和软件技术,设计、构造和维护知识系统。比如专家系统、智能搜索引擎、计算机视觉和图像处理、机器翻译和自然语言理解、数据挖掘和知识发现。

三、物联网

物联网,顾名思义,就是物物相连的互联网。它有两层含义:

(1)物联网的核心和基础仍然是互联网,物联网是在互联网基础上延伸和扩展的网络。

(2)其用户端延伸和扩展到了任何物品与物品之间,进行信息交换和通信,也就是物物相连。

物联网的认识误区:

(1)把传感网或 RFID 网等同于物联网。

(2)把物联网当成互联网的无限延伸,把物联网当成所有物的完全开放、全部互连、全部共享的互联网平台。实际上物联网绝不是简单的全球共享互联网的无限延伸。

(3)认为物联网就是物物互联的无所不在的网络,因此认为物联网是空中楼阁,是很难实现的技术。

(4)基于自身认识,把仅仅能够互动、通信的产品都当成物联网应用。

四、大数据

大数据是指无法在一定时间范围内用常规软件工具进行捕捉、管理和处理的数据集合,是需要更新处理模式才能具有更强的决策力、洞察发现力和流程优化能力的海量、高增长率和多样化的信息资产。

大数据的 5V 特点:**Volume(大量)、Velocity(高速)、Variety(多样)、Value(低价值密度)、Veracity(真实性)**。

数据挖掘技术的目标是从大量数据中,发现隐藏于其后的不为人知的有用的知识、规律或关系,从而服务于决策。常见数据挖掘算法主要有聚类算法、关联算法、决策树算法和回归分析等。

五、区块链

区块链是分布式数据存储、点对点传输、共识机制、加密算法等计算机技术的新型应用模式。

区块链的特点是**去中心化、开放性、透明性、自治性、信息不可篡改、匿名性**。

根据去中心化程度,区块链分为**公有区块链、联合(行业)区块链和私有区块链**。

六、5G

5G,即第五代移动通信网络,是在 4G 网络的基础上发展而来的,其速度可达到数十 GB,比 4G 网络的传输速度快十倍以上。

5G 的特点是**高速度、泛在网、低功耗、低时延**等。其主要目标是让终端用户始终处于联网状态。

真题精练

【导学例题 4】下列关于 5G 网络,说法正确的是(   )。

A. 5G 是指第五代移动通信网络,其速率可达到数十 GB,比 4G 的传输速度快了三倍左右

B. 5G 的主要目标是给用户提供更高的传输速度

C. 5G 网络是 4G 网络的真正升级版,是在 4G 的基础上发展而来的

D. 5G 网络目前还处于测试完善阶段,未来极有可能实现不了

C 【解析】5G 网络是指第五代移动通信网络,是在 4G 网络的基础上发展而来的,其速度可达到数十 GB,比 4G 网络的传输速度快十倍以上,目前已经处于应用和推广阶段。5G 网络的主要目标是让终端用户始终处于联网状态。故本题答案为 C 项。

第五节 数据库基础知识

一、数据模型

使用计算机进行数据管理的系统称为计算机数据管理系统。计算机数据管理经历了人工管理阶段、文件系统管理阶段和数据库管理阶段三个阶段。

数据库系统(DBS)中的数据,不仅要描述客观事物,还要反映出客观事物之间的本质联系。各个数据对象以及它们之间存在的相互关系的集合,称为数据模型。采用什么样的数据模型构造数据库,决定了数据库的设计方法。当前较为流行的数据模型有三种,即层次模型、网状模型和关系模型。

二、数据库管理系统

数据库管理系统(DBMS),是一种操纵和管理数据库的大型软件,用于建立、使用和维护数据库。

DBMS 的技术特点：

(1)采用数据模型表示复杂的数据结构，数据冗余小，易扩充，实现了数据共享。

(2)具有较高的数据和程序独立性，数据库的独立性有物理独立性和逻辑独立性。

(3)数据库系统为用户提供了方便的用户接口。

(4)数据库系统提供四个方面的数据控制功能：并发控制、恢复、完整性和安全性。数据库中各个应用程序所使用的数据由数据库系统统一规定，按照一定的数据模型组织和建立，由系统统一管理和集中控制。

(5)增加了系统的灵活性。

三、事务

一组操作作为一个单元，按次序全部执行，称为事务。事务的特性(ACID)如下：

(1)原子性(Atomicity)。一个事务中的一组操作，要么全部执行成功，要么全部执行失败。

(2)一致性(Consistency)。事务执行后，数据库状态与其他业务规则保持一致。

(3)隔离性(Isolation)。多个事务并发运行时，作用效果相互分开。有一定隔离级别。

(4)持久性(Durability)。事务完成后，即使系统发生故障，事务的结果不丢失。通过加锁、日志和提交保持事务特性。

四、SQL 基本操作

1. SQL 语言

结构化查询语言 SQL 是最重要的关系数据库操作语言。SQL 语言包括数据定义、数据操纵和数据控制。

(1)数据定义：Create Table，Alter Table，Drop Table，Create/Drop Index 等。

(2)数据操纵：Select，Insert，Update，Delete。

(3)数据控制：Grant，Revoke。

要点点拨

任何语句不能与修改类语句 Update，Delete 同时进行，如(Update Update)，(Update Delete)，(Delete Delete)，(Update Select)，(Delete Select)同时运行会有冲突。

2. 数据查询(Select)

数据查询操作可分为选择，投影，连接，除，并，差，交，笛卡儿积等。

真题精练

【导学例题 5】在数据库关系模型中，常用的查询操作是(　　)。

A. 删除　　B. 增加　　C. 修改　　D. 连接

D　【解析】数据库关系模型中，常用的关系操作包括查询、插入、删除、修改，其中查询操作的表达能力最重要，包括选择、投影、连接、除、并、交、差等。故本题答案为 D 项。

五、E－R 图

E－R 图也称实体—联系图，提供了表示实体类型、属性和联系的方法，用来描述现实世界的概念模型。

E－R 图是描述现实世界关系概念模型的有效方法，是表示概念关系模型的一种方式。

在 E－R 图中有如下四个成分：

(1)矩形框：表示实体，在框中记入实体名。

(2)菱形框：表示联系，在框中记入联系名。

(3)椭圆形框：表示实体或联系的属性，将属性名记入框中。

(4)连线：实体与属性之间；实体与联系之间。

第六节 办公软件的使用

一、OFFICE 操作——Word

1. 文本的查找与替换

(1)查找文本:选择“编辑”→“查找”命令或按 Ctrl + F 键,打开“查找”对话框;在“查找内容”文本框中输入要查找的内容;单击“查找下一处”按钮,当 Word 第一次搜索到要查找的内容时,该内容呈高亮显示。如果该内容是需要的,单击“取消”按钮返回文档;如果还要继续查找,单击“查找下一处”按钮继续往下查找。

(2)替换文本:选择“编辑”→“替换”命令或按 Ctrl + H 键,打开“替换”对话框。在查找“内容”中输入被替换的内容,在“替换为”文本框中输入用来替换的新内容。如果未输入新内容,被替换的内容被删除。

2. 文本内容的选定

(1)小范围选定:鼠标拖动选定。

(2)选取矩形块:点矩形块左上角 + Alt + 点矩形块右下角。

(3)选一行或选多行全选:Ctrl + 单击或“编辑”→“全选”。

(4)使用键盘选取:Shift + 方向键。

(5)全选:Ctrl + A。

(6)取消选定:点击选定区域以外的任何一个区域。

二、OFFICE 操作——Excel

1. 工作表以及其操作

工作簿是一种由 Excel 创建的文件,而工作表则是工作簿的组成部分。操作和使用 Excel,绝大部分工作是在工作表中进行的。一张工作簿中,默认有 3 张工作表;一张工作簿最多可以容纳 255 张工作表。

(1)选择工作表:单击工作表标签可以选定一张工作表;配合 Shift 键可以选定连续的工作表;配合 Ctrl 键可以选定不连续的多张工作表。

(2)插入工作表:在工作表标签上右击,选择“插入”命令。如果需要同时添加多张工作表,应首先选定相等数量的工作表,然后在任意一张工作表标签上右击,执行“插入”命令,或者点击工作表上的“+”。若在工作表中插入一列,则一般插入在当前列的左侧;若是插入一行,一般插入在当前行的上方。

真题精练

【导学例题 6】在 Excel 中,若在工作表中插入一列,则一般插入在当前列的(　　)。

A. 左侧　　B. 右侧　　C. 上方　　D. 下方

A　【解析】在 Excel 中,若在工作表中插入一列,则一般插入在当前列的左侧;若是插入一行,一般插入在当前行的上方。

2. 多个单元格的选择

(1)框选:按住左键拖过需要选择的单元格即可。

(2)连选:Shift + 左键。

(3)间选:Ctrl + 左键。

3. 自动填充

利用填充柄拖动,可按照一定规则填充。如果按住 Ctrl 再拖动填充柄,则是复制的意思。

(1)等差序列的填充:选定已经输入数字的两个或两个以上的单元格,出现填充柄时再按住左键拖动。

(2)特殊代号(码)等差序列的填充:如 001 ~ 050 的生成,直接在一个单元格中输入 001,将鼠标指针放在单元格的右下角出现填充柄后,拖动左键即可。

4. 公式的引用

在公式中通过对单元格地址的引用来使用具体位置的数据。**根据引用情况的不同,将引用分为三**

种类型，即相对地址引用、绝对地址引用和混合地址引用。

(1)相对地址引用。当把一个含有单元格地址的公式复制到一个新位置时,公式中的单元格地址也会随着改变,这样的引用称为相对地址引用。例如,B2 单元格公式为“ = A1”,将 B2 单元格的相对引用复制到 B3,则会自动从“ = A1”调整为“ = A2”。

(2)绝对地址引用。把公式复制或填入到一个新位置时,公式中的固定单元格地址保持不变,这样的引用称为绝对地址引用。在 Excel 中,是通过对单元格地址的冻结来达到此目的的,即在列标和行标前面加上“ $ ”符号。例如,将 B2 单元格的绝对引用复制到 B3,那么两个单元格都是 $ A $ 1。

(3)混合地址引用。在某些情况下,如需要在复制公式只有行或只有列保持不变,这种情况下就要使用混合地址引用。所谓混合地址引用是指在一个单元格地址引用中,既有绝对地址引用,也有相对地址引用。

知识拓展

①列绝对,行相对:复制公式时,列标不会发生变化,行号会发生变化,单元格地址的列标前添加 $ 符号,如 $ A1, $ C10, $ B1, $ B4。

②行绝对,列相对:复制公式时,行号不会发生变化,列标会发生变化,单元格地址的行号前添加 $ 符号,如 A $ 1,C $ 10,B $ 1,B $ 4。

三、OFFICE 操作——PPT

1. PowerPoint 的基本元素

(1)演示文稿。把所有为某一目的(或某一个演示)而制作的幻灯片单独存放在一个 PowerPoint 文件中,这个文件就称为演示文稿。

(2)对象。插入幻灯片中的文字、图表、组织结构图及其他可插入元素,都是以一个个的对象的形式出现在幻灯片中。

(3)母版。母版是指一张具有特殊用途的幻灯片,其中已经设置了幻灯片的标题和文本的格式与位置,其作用是统一文稿中包含的幻灯片的版式。

2. PowerPoint 的视图

(1)**普通视图**。普通视图实际上是大纲视图、幻灯片视图和备注页视图三种模式的综合,在普通视图下,用户可以方便地在幻灯片编辑窗格中对幻灯片进行各种操作。

(2)**大纲视图**。在大纲视图下,窗口左边的“大纲”选项卡中列出了所有幻灯片的文字内容,而幻灯片编辑窗口中则呈现出当前已选中的一张幻灯片。

(3)**幻灯片视图**。在幻灯片视图下,窗口左边的“幻灯片”选项卡中列出了所有幻灯片。在“幻灯片”选项卡中不能对幻灯片的内容进行编辑,但是可以在“幻灯片”选项卡中通过选取幻灯片来实现幻灯片间的切换,还可以用鼠标拖动幻灯片以改变幻灯片的顺序。

(4)**幻灯片浏览视图**。在幻灯片浏览视图中,可以从整体上对幻灯片进行浏览,还可以同时对多个幻灯片进行移动、复制、删除等操作。

(5)**幻灯片放映视图**。幻灯片放映是制作演示文稿的最终目的,它以全屏方式显示演示文稿中的每张幻灯片。

全国银行招聘考试导学教材

一本通

第三部分
职业能力知识

第一章　言语理解

导学教案

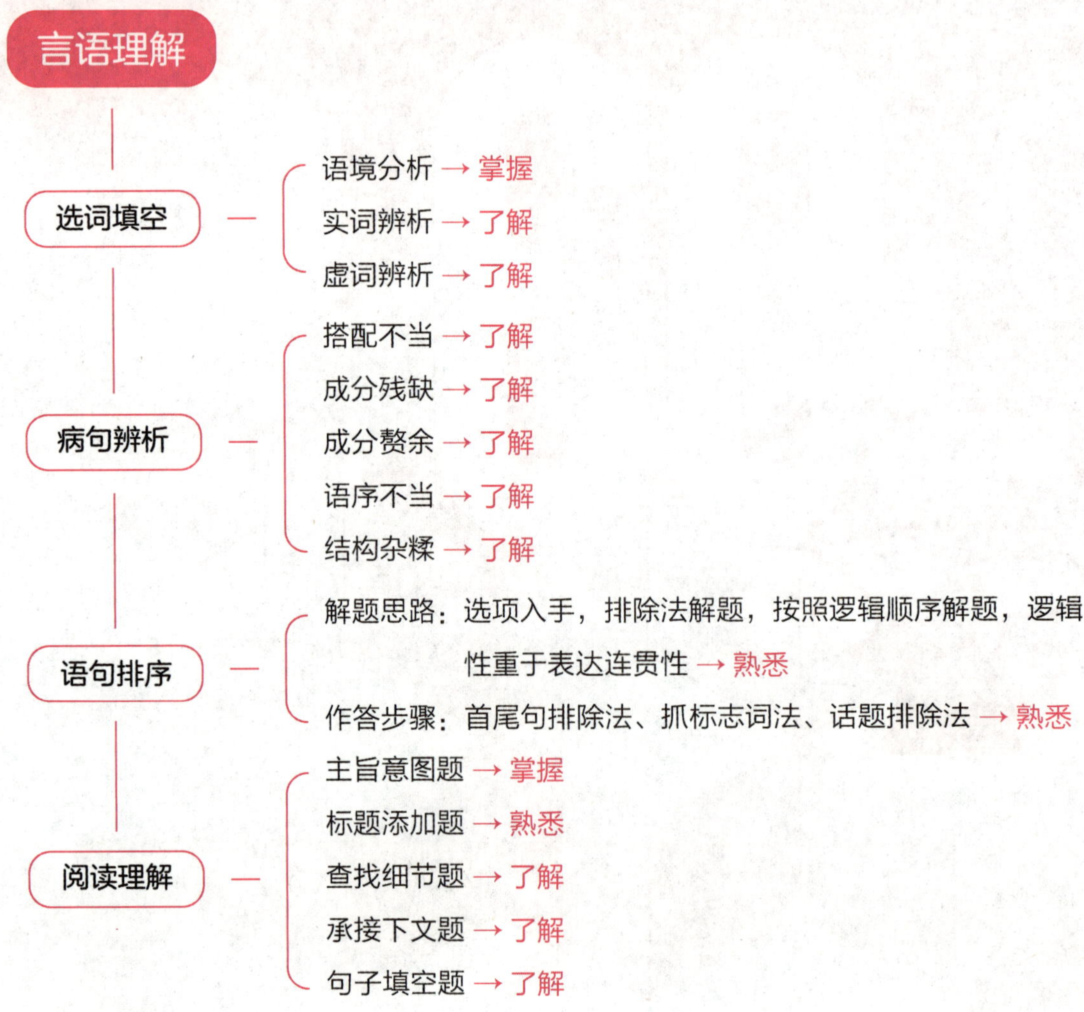

导学课程

第一节　选词填空

一、语境分析

(一)语境

(1)考查能力:侧重考查准确、得体地遣词用字的能力。

(2)语境:语境即使用语言的环境,一般分为上下文语境和情景语境。在考试中,选词填空重点考查上下文语境。

(3)语境分析的重要性:上下文语境对空缺处语义具有限定作用。

【示例】【世外桃源　点点星火】

万物有所生,而独知守其根。在中华民族广博深邃的文明历程中,传统村落犹如(　　),为人们开启寻“根”之旅，照亮前行之路。

【答案】根据下文“照亮前行之路”，可知答案为“点点星火”。

（二）上下文分析

常考的四种上下文关系：相反相对、并列、递进、解释说明。

1. 相反相对

(1)含义：上下文语义呈现出相反或相对的关系。

(2)判定标志如表 3-1-1 所示。

表 3-1-1 相反相对关系的判定标志

类别	判定标志
转折词	但是、然而、可是、其实、事实上、则、却、不过、只是等
对照词	不是……而是……、并非……而是……、多一些……少一些……、只见……不见……、过去……现在……、打破……建立……
变化词	变得、转化为、由……到……

【示例 1】【突飞猛进 江河日下】

在线教育资源和平台建设(　　)，但跨境在线教育的治理却明显滞后。

【答案】判定标志：“但”。提示答案的词句：“跨境在线教育的治理却明显滞后”。正确答案：“突飞猛进”。

【示例 2】【拒人千里 虚与委蛇】

当前，基层工作复杂繁重，需要基层工作者多一些推心置腹，少一些(　　)。

【答案】判定标志：“多一些……少一些……”。提示答案的词句：“多一些推心置腹”。正确答案：“虚与委蛇”。

【示例 3】【劣势 长处】

突发的新冠肺炎疫情让原来不同地域协同生产的优势转变为(　　)。

【答案】判定标志：“转变为”。提示答案的词句：“优势”。正确答案：“劣势”。

【示例 4】【善良 贫穷】

我很丑，但是我很(　　)。

【答案】判定标志：“但是”。提示答案的词句：“丑”。正确答案：“善良”。

注意：上下文语境的语义是相反或者有相反趋势的。

教你一招

通过标志词判断上下文为相反相对关系，从与空缺处相反相对的上下文中寻找提示信息，设空处所填词语与提示信息语义相反。

真题精练

【导学例题 1】一些技术能力不强、人才储备不足、管理水平不高的制造企业，不注重强根基，反而头脑一热，扎进智能科技的大潮中，投资不小却(　　)，这类走偏的发展倾向须警惕。

A. 事倍功半　　B. 收效甚微

C. 得不偿失　　D. 于事无补

B　【解析】括号前指出一些问题，企业不注重根基，反而头脑一热投资很大，故括号处应体现如此做的后果，且根据转折词“却”前后语义相反可知，括号处需体现这些企业收益小。B 项“收效甚微”指付出的努力基本没什么效果，符合文意，当选；A 项“事倍功半”形容做事的方法费力大，收效小，根据后文“这类走偏的发展倾向须警惕”可知，括号处所需词语应程度更重，对比之下，排除；C 项“得不偿失”意思是所得的利益抵偿不了所受的损失，文段并未提及损失，与前文“投资不小”无法构成转折，排除；D 项“于事无补”意思是指对事情没有什么益处，不符合文意，排除。

2. 并列

(1)含义：上下文形成平等并列、不分主次的关系。

(2)判定标志如表 3-1-2 所示。

表 3-1-2 并列关系的判定标志

类别	判定标志
并列词	和、且、与、并、同时等
标点	顿号、分号
句式	并列句式(排比句、对偶句)
选择词	是……还是……、或、要么……要么……

【示例 1】【彰显 保障】

在劳动者权益不断( )的当下,一些权利痛点也在日益凸显。

【答案】判定标志:“也”。提示答案的词句:“凸显”。正确答案:“彰显”。

【示例 2】【大言不惭 滔滔不绝】

会说话的人,纵然口若悬河、( ),听者也不以为苦;纵然片言只语、一字千金,也能绕梁三日。

【答案】判定标志:“、”。提示答案的词句:“口若悬河”。正确答案:“滔滔不绝”。

【示例 3】【承载 弘扬】

一座城市要想拥有自己独特的文化地标,不应盲目跟风,简单复制,而要深入挖掘和凝练与众不同的城市文化,让建筑( )文化,让文化光辉建筑。

【答案】判定标志:“并列句式”。提示答案的词句:“光辉”。正确答案:“弘扬”。

【示例 4】【平凡 可贵】

无论是一线城市还是二线城市抑或是安逸的老家,只要找到适合自己的舞台,都能舞动自己或精彩或( )的人生。

【答案】判定标志:“或”。提示答案的词句:“精彩”。正确答案:“平凡”。

注意:并列关系对应词语,词义可以是相近的,也可以是相对的。

教你一招

通过判定标志确定上下文为并列关系,从与空缺处并列的上下文中寻找提示信息,空缺处填入的词语为提示信息的一致词。

真题精练

【导学例题 2】形成坚定理想信念,既不是( )的,也不是一劳永逸的,而是要在斗争实践中不断砥砺、经受考验。

A. 一成不变 B. 一帆风顺 C. 一气呵成 D. 一蹴而就

D 【解析】根据“既不是( )的,也不是一劳永逸的”可知,括号部分所填成语意思与“一劳永逸”意思相近。“一劳永逸”指辛苦一次,把事情办好,以后就可以不再费力了,侧重短期、短时间完成。A 项,“一成不变”指一经形成,不再改变,亦泛指墨守成规,不知变通,不符合文意,排除。B 项,“一帆风顺”比喻做事非常顺利,没有阻碍,不符合文意,排除。C 项,“一气呵成”形容文章的气势首尾贯通,也形容完成整个工作的过程中不间断,不松懈,不符合文意,排除。D 项,“一蹴而就”形容事情轻而易举,一下子就能完成,侧重短期、短时间完成,符合文意,当选。

3. 递进

(1)含义:上下文之间语意上呈现出程度由轻到重、由浅入深的关系。

(2)判定标志如表 3-1-3 所示。

表 3-1-3 递进关系的判定标志

类别	判定标志
递进词	更、甚至、何况、况且、进而、不仅……而且……

【示例 1】【漠不关心 水火不容】

不同类型的人距离再怎么近,也会彼此( ),甚至相互排斥。

【答案】判定标志:“甚至”。提示答案的词句:“相互排斥”。正确答案:“漠不关心”。

【示例2】【世界 少数】

中华中医药学会某专家在发言中表示,中医药应对中华民族的健康乃至于(　　)人类健康作出更大的贡献。

【答案】判定标志:“乃至于”。提示答案的词句:“中华民族”。正确答案:“世界”。

注意:上下文语义之间,后文的程度或意义比前文更重。

要点点拨

通过标志词判断上下文为递进关系,从而进行解题。若空缺处的提示信息在空缺处之前,则前后语义相近,程度上有加重的趋势;若空缺处的提示信息在空缺处之后,前后语义相近,空缺处填入的词语比提示信息语义程度轻。

真题精练

【导学例题3】君子之德要求坚守正道、深明大义、矢志不移,乃至(　　),不为各种威逼利诱所降服。这就是孟子所谓“富贵不能淫,贫贱不能移,威武不能屈,此之谓大丈夫”。君子要讲和谐,但不能随波逐流,更不能(　　)。《中庸》所谓“君子和而不流”,就是指在大是大非面前不能有丝毫含糊。

A. 以身殉道;人云亦云　　　　B. 杀身成仁;口是心非

C. 视死如归;沆瀣一气　　　　D. 舍生取义;同流合污

D　【解析】第一步,分析第一空。“乃至”表递进,所填词要与“坚守正道、深明大义、矢志不移”语义相近且程度更重。C项“视死如归”指把死看得像回家一样平常,形容不怕牺牲生命,与“道义”无关,不符合语境,排除。A项“以身殉道”指为追求的道义牺牲自己的性命;B项“杀身成仁”指牺牲生命,以维护正义事业;D项“舍生取义”指为了正义事业不怕牺牲;三者均符合语境。第二步,分析第二空。“更”表递进,所填词要与“随波逐流”语义相近且程度更重。A项,“人云亦云”指人家怎么说,自己也跟着怎么说,形容没有主见,与“随波逐流”语义程度一致,无法构成递进,排除;B项,“口是心非”指嘴里说的是一套,心里想的又是一套,心口不一致,与“随波逐流”语义不一致,不能构成递进,排除;D项,“同流合污”指跟着坏人一起做坏事,与“随波逐流”语义相近且程度更重,符合语境。

4. 解释说明

(1)含义:上下文内容之间为解释说明或逻辑上对应的关系。

(2)判定标志如表3-1-4所示。

表3-1-4　解释说明关系的判定标志

类别	判定标志
指代词	这、那、它、此、这些、这样……
同义互换词	即、就像、就是、比如、例如、换言之、意思是、类似于、无异于、也就是说、举例来说……
标点符号	“:”“——”
比喻词	犹如、如、像、就像、如同
因果词	因此、因而、从而、于是、由于、因为……所以……、之所以……是因为……
假设词	如果……那么……、倘若……就……、若……则……
条件词	只要……就……、只有……才……、除非……否则……

【示例1】【精益求精　独辟蹊径】

对于高通、华为的理解,很多人认为研发高投入是为了创新。事实上,研发的很大一层意义不仅仅是创新,更不是颠覆式创新,而是夯实既有特点,即把原先的产品不断优化,不断打磨。这种(　　)的方式,虽然跟传统工匠背后的组织运作体系完全不一样,但是,两者背后的精神气质是非常一致的,那就是专注和执着。

【答案】判定标志:“这种”。提示答案的词句:“把原先的产品不断优化,不断打磨”。正确答案:“精益求精”。

【示例2】【回避 否定】

每个人都存在心理防御,这是最原始、最本能的心理防御方式,习惯性(　　)对自己不好的信息,比如面对别人的批评,你会本能地认为他说得不对,不认同他的观点,降低他在你心中的地位。

【答案】判定标志:比如。提示答案的词句:面对别人的批评,你会本能认为他说得不对,不认同他的观点,降低他在你心中的地位。正确答案:“否定”。

【示例3】【依附 互补】

有两个俗语,足以说明土地与人之间的(　　)关系:一方水土养一方人,皮之不存毛将焉附。

【答案】判定标志:冒号。提示答案的词句:“一方水土养一方人,皮之不存毛将焉附”。正确答案:“依附”。

【示例4】【转动 存在】

《别想摆脱书》里写道,书籍是一种“知识或想象的轮子”,任何技术革命都不能阻止它的(　　)。

【答案】判定标志:比喻句。提示答案的词句:“轮子”。正确答案:“转动”。

【示例5】【大谬不然 众望所归】

每一代科学家都发现了更多的能源为人类所用,旧能源还没用完,新的就出来了。所以,那些关于能源末日的议论和警告,很可能(　　)。

【答案】判定标志:所以。提示答案的词句:每一代科学家都发现了更多的能源为人类所用,旧能源还没用完,新的就出来了。正确答案:“大谬不然”。

【示例6】【疑惑 失望】

总的来说,朋友虽然是我们同甘共苦的伙伴,但他们也并不会特别擅长从我们的只言片语中找到线索,破解我们内心的真实想法。如果过分相信他人解读自己情绪的能力,在交流中就会更容易感到(　　),清晰地表达自己会是更好的选择。

【答案】判定标志:“如果……就……”。提示答案的词句:“如果过分相信他人解读自己情绪的能力”。正确答案:“失望”。

【示例7】【主动 努力 用心】

积极的学习兴趣和愉悦的学习体验是学习的内在动力,是健康人格的基础,更是创新型人才所必备的。兴趣是最好的老师,一个人一旦对某件事物有了浓厚的兴趣,他就会(　　)去求知、去探索、去实践。

【答案】判定标志:“一旦……就……”。提示答案的词句:“一旦对某件事物有了浓厚的兴趣”。正确答案:“主动”。

【示例8】【交相辉映 并驾齐驱】

唐诗的美学风范,是以丰华情韵为特征,而宋诗以平淡为美学追求,既是对唐诗的深刻变革,也是求新求变的终极目标。经过宋人的巨大努力,宋诗终于与唐诗(　　),成为古典诗歌史上双峰并峙的两大典范。

【答案】提示答案的词句:双峰并峙。正确答案:并驾齐驱。

注意:通过标志词或上下文分析判断上下文为解释说明的关系,从而进行解题。

真题精练

【导学例题4】我国是世界第一大能源消费国,原油对外依存度超过70%,能源安全问题愈发严峻,加大国内油气开发力度可谓(　　)。

A. 大势所趋　　B. 正当其时　　C. 迫在眉睫　　D. 应时而生

C　【解析】根据“能源安全问题愈发严峻,加大国内油气开发力度可谓(　　)”可知括号处要填写非常紧急的意思。A项,“大势所趋”指整个局势发展的趋向,没有紧急的意思,排除。B项,“正当其时”指正是恰当的时机,正好碰上那个机会,没有紧急的意思,排除。C项,“迫在眉睫”指比喻事情十分紧急,已到眼前,符合语境,保留。D项,“应时而生”指顺应时运而生,没有紧急的意思,排除。

二、实词辨析

(一)辨析方法

1. 语素分析法

语素是语言中最小的音义结合体。也就是说,一个语言单位必须同时满足“最小、有音、有义”三个条件才能被称作语素，尤其是“最小”和“有义”，才能被称作语素。

语素联想法：分析词语中不同的语素，找出词语的差别。

【示例】【不以为然　不以为意】

不以为然：然指是、对。不以为然的意思是，不认为是对的，表示不同意或否定。

不以为意：意指在意。不以为意的意思是，不在意，不把它放在心上，表示对人、对事抱轻视态度。

2. 遣词造句法

把词语放进熟悉的语境中，辨析差别。

【示例】【身不由己　情不自禁】

他为土匪煮饭，也是身不由己，不干不行。——侧重行为层面

看到球星的精彩射门，球迷们情不自禁地欢呼起来。——侧重感情层面

（二）差异角度

1. 含义侧重

选项中的词语有些十分“形似”或“意近”，但词语含义侧重点不同。

【示例1】【翻天覆地　日新月异】

翻天覆地：形容变化巨大而彻底。

日新月异：指发展或进步迅速，不断出现新事物、新气象。

【示例2】【衍生　涌现　催生】

衍生：侧重演变而产生。

涌现：侧重（人和事物）大量出现。

催生：侧重使快速产生。

【示例3】【表露　流露】

恩格斯曾说过：“作品的倾向不要特别地说出，而是让它自己从场面和情节中（　　）出来”。

【答案】流露。解析：“表”，显示、表现；“流”，像水那样流动不定。“表露”侧重主动表达；“流露”侧重不经意地表现。由“不要特别地说出”可知，括号处所填词语应表示不经意地显现的意思，填“流露”恰当。

【示例4】【浅尝辄止　半途而废】

主题教育开展得如何，最终得看效果。要把“改”字贯穿始终，坚持真改实改，不能（　　）、流于形式。

【答案】浅尝辄止。解析：“浅尝辄止”侧重略微尝试一下就停止；“半途而废”侧重做事情没有完成而终止。由“坚持真改实改，不能（　　）、流于形式”可知，空缺处成语应表示不深入的意思，故选“浅尝辄止”。

2. 程度轻重

选项中的某些词语含义相近，但语义的轻重程度存在一定差异。

【示例1】【努力　竭力】

努力：尽量将力量使出来。

竭力：用尽全力；尽力。

【示例2】【颇有微词　不屑一顾】

颇有微词：有很多（隐晦的）批评和不满的话语，表示对某人某事不满；程度较轻。

不屑一顾：不值得一看，形容极端轻视；程度较重。

【示例3】【遵守　恪守】

“政者，正也”。（　　）清正廉洁的为政底线，必须深入推进反腐败斗争，狠抓作风建设，努力营造风清气正的政治生态。

【答案】恪守。解析：“恪守”，严格遵守，程度较重；“遵守”，依照规定行动，不违背，程度较轻。由“为政底线”和“必须深入推进反腐败斗争，狠抓作风建设”可知，括号处所填词语应使用程度较重的词，填“恪守”恰当。

【示例4】【不容忽视　迫在眉睫】

根据第四次全国结核病流行病学抽样调查报告，我国结核菌感染率为44.5%，估算全国感染人口5.5亿，卫生部非常重视，结核病的防治已经（　　）。

【答案】迫在眉睫。解析：两者都表示事情或问题到了需要重视的地步，但是“迫在眉睫”的程度比“不容忽视”的语义更重。由文中的“卫生部非常重视”可知，所填词语语义较重，“迫在眉睫”的程度比“不容忽视”更能表示出结核病的防治工作到了非解决不可的地步。故选“迫在眉睫”。

教你一招

题干中有较重的程度词或语气较重，那么所选词语一般语义较重；当文段呈递进关系时，语义应前轻后重。

3. 感情色彩

常见词语的感情色彩主要分为褒义、贬义、中性三种类型。

【示例1】【成果　结果　后果】

成果：常用于指工作或事业方面的成就；感情色彩为褒义。

结果：某个阶段事物发展到最后时的情形、状态；感情色彩为中性。

后果：一般指有害的或不幸的结果；感情色彩为贬义。

【示例2】【弹冠相庆　额手相庆】

弹冠相庆：指官场中一人当了官或升了官，同伙就互相庆贺将有官可做；感情色彩为褒义。

额手相庆：把双手合掌放在额上，表示庆幸；感情色彩为中性。

【示例3】【沉浸　沉溺】

随着“剧本杀”的风靡，越来越多的年轻人(　　)于这种“社交＋游戏”的体验之中。现在的“剧本杀”已经不限于案件推理，而是发展为玩家通过文字剧本或其他信息载体来实时角色演绎的游戏。

【答案】沉浸。解析：“沉浸”，浸入水中，多比喻人处于某种气氛或思想活动中；“沉溺”，陷入不良的境地(多指生活习惯方面)，不能自拔。“沉浸”为中性词，“沉溺”为贬义词。句子不具有贬义色彩，只是客观陈述，选择“沉浸”恰当。

【示例4】【殚精竭虑　处心积虑】

即使是在纪念反法西斯战争胜利的庄严时刻，还有人(　　)地抛弃和平宪法，以求重掌发动战争之权杖。

【答案】处心积虑。解析：“殚精竭虑”形容用尽心思，多用于褒义。“处心积虑”形容蓄谋已久，多用于贬义。对“在纪念反法西斯战争胜利的庄严时刻，却还有人抛弃和平宪法，以求重掌发动战争之权杖”作者的态度显然是否定的，设空处应填一个偏贬义的词语，故用“处心积虑”恰当。

4. 固定搭配

有些词语有约定俗成的用法，搭配对象各有不同。在使用中应符合日常生活的习惯用法或应符合专业术语。

【示例1】【爱戴　爱护】

爱戴：往往适用于人，如爱戴长辈，爱戴伟人等。

爱护：可以适用于人，如爱护小朋友、爱护妇女儿童等，也可适用于物，如爱护花草树木，爱护环境等。

【示例2】【履行　执行】

履行：常搭配契约、职责、诺言、合同、手续。

执行：常搭配政策、法令、决议、计划。

【示例3】【微小　细小】

真幸福，不在过去，也不在未来，而在当下。过好每一天，品尝幸福滋味。让这些(　　)的幸福陪伴身边，如影随形。我们日复一日奔波在平凡的生活中，似乎忘了停下来感受一下生活中的点滴幸福。

【答案】微小。解析：“微小”指体积小或程度轻，既可形容具体事物，也可形容抽象事物，适用范围较宽；“细小”强调又细又小，多用于具体事物，适用范围较窄。括号处用于形容“幸福”，“幸福”属于抽象事物，“微小”合适，故本题答案选“微小”。

【示例4】【根深蒂固　积重难返】

相关专家认为，虐童事件与传统的教育陋习和父母的人格失范不无关系，“棍棒底下出孝子”“不打不成才”等传统观念在不少父母心中(　　)，一些父母容易将自身产生的负面情绪转移到孩子身上，将发泄的途径投向无力反抗的孩子。

【答案】根深蒂固。解析：“根深蒂固”指基础深厚，不容易动摇。常与“思想、观念、偏见、成见”等搭配。“积重难返”指长期形成的思想作风或习惯、问题很难改变,常与“风俗习惯、问题”搭配。文中要与“观念”搭配,选择“根深蒂固”恰当。

真题精练

【导学例题5】党的十八大以来,党中央创造性提出“铸牢中华民族共同体意识”,(　　)民族工作在创新发展中迈上新台阶,(　　)了马克思主义民族理论中国化新境界。

A. 领导;创造　　B. 引领;开辟

C. 带领;探索　　D. 指引;开创

B 【解析】第一空搭配“中华民族共同体意识”,文段体现的是思想对行动的指导作用。A项“领导”指率领并引导朝一定方向前进;C项“带领”指在前带头使后面的人跟随着,这两个词一般搭配“人”,搭配“中华民族共同体意识”不恰当,排除。B项“引领”指带动事物跟随他或他们向某一方向运动、发展,一般多用于人类社会;D项“指引”表示指点引导;“引领”和“指引”两个词用于文段均可搭配,但“指引”侧重指明方向,“引领”不仅包含指引方向,还含有带领的含义,语意更丰富,更符合文意。验证第二空,“开辟”搭配“新境界”,搭配得当,当选。

三、虚词辨析

虚词又称关联词,在考试中经常会涉及。虚词一般没有具体的词语含义,它的存在更能代表句间关系。

常见句间关系及常见虚词如表3-1-5所示。

表3-1-5　常见句间关系及常见虚词

类别	判定标志
并列关系	既……又……、有的……有的……、一方面……另一方面……、有时候……有时候……、以及、也、又、还、同时
递进关系	不但……而且……、不仅……还……、不但不……反而……、何况、甚至
选择关系	不是……就是……、宁可……也不……、与其……不如……、是……还是……、或者(或、或是)……或者(或、或是)……、要么……要么……
转折关系	虽然(虽是、虽说、尽管、固然)……但是(但、可是、然而、却)……,以及但是(但)、然而、可是(可)、却、不过、只是
承接关系	一……就(便)……、首先……然后……、……便……、……才……
假设关系	如果(假使、假如、要是、倘若、要是)……就(那么、那、便)……、假使……也……
条件关系	只要……就、只有……才……、无论(不论、不管、任凭)……都(总、总是、也)……、不管……也……
因果关系	因为……所以……、由于……因而……、既然……那么(就)……、因为(由于)……所以(因此、因而)……、之所以……是因为……、既然(既)……就(便、则、那么)……,以及因、因而

真题精练

【导学例题6】近年来,一些地区逐步降低了落户和公共服务的门槛,越来越多的地区为流动人口打开了窗口。但是,要想长期服务好流动人口,(　　)需要投入大量的人力,(　　)要更多的公共服务设施等支持。

A. 要么;要么　　B. 不是;而是

C. 不仅;还　　D. 如果;就

C 【解析】根据“(　　)需要投入大量的人力,(　　)要更多的公共服务设施等支持”可知,两个措施属于并列或者递进关系。A项“要么……要么……”属于选择关系,排除;B项“不是……而是……”属于反向并列关系,排除;C项“不仅……还……”属于递进关系,符合文意,保留;D项“如果……就……”属于假设关系,排除。

第二节 病句辨析

所谓病句，就是有毛病的句子，即违反语法结构规律或客观事理的句子，前者叫作语法错误，后者叫作逻辑错误。常见的病句类型主要有以下几种。

一、搭配不当

搭配不当就是指句子中相关的成分不能搭配。

句子有六大基本成分：**主语、谓语、宾语、定语、状语、补语**。这些成分是两两搭配的，如主语和谓语、谓语和宾语、修饰语（定语、状语、补语）和中心词都是密切相关的成分。而且每个成分都有某些语义上的要求，两个成分之间在语义上要相容。不注意它们的配合，就容易犯搭配不当的错误。

（一）主语和谓语搭配不当

【示例】乳腺增生平时要多吃白菜、豆制品、海带、鱼类、酸奶。

辨析：该句中的主语“乳腺增生”和谓语“多吃”不能搭配。应该改为“患有乳腺增生的人平时要多吃……”。

（二）谓语和宾语搭配不当

【示例】央行数据显示，截至5月末，金融机构中小企业贷款余额同比增长18.7%，银行业机构大力创造金融服务体系，不断加大对中小企业的支持力度。

辨析：“创造”与“体系”动宾搭配不当，可以修改为“创新金融服务体系”。

（三）主语和宾语搭配不当

【示例】中国戏曲是世界上历史最悠久、旋律最优美、表现最精致的国家之一，中国戏曲深受全世界人民的喜爱。

辨析：“戏曲是国家之一”主宾搭配不当，应删去“国家之一”和后一个“中国戏曲”。

（四）修饰语和中心词搭配不当

【示例】他渐渐爬起来，吃力地走着。

辨析：“渐渐”表示程度或数量的逐步增减，如“渐渐有了起色”“天色渐渐暗了下来”“渐渐地熟悉了环境”，但不能用于修饰人的各种动作，所以和“爬起来”搭配不当。

二、成分残缺

成分残缺就是指句子中缺少了必不可少的成分。句子的各个成分是互相配合的，如果缺少了某个必要成分，句子的结构就不完整了。

（一）主语残缺

【示例】在这个电影里，真实地反映了拐卖儿童的行为对孩子及其家人产生的巨大影响，很多情节催人泪下。

辨析：“在……里”是介宾短语，作为句首导致后文缺少主语。可以把“在”和“里”删掉，让“这个电影”作主语。

（二）谓语残缺

【示例】西藏解放后，达赖势力不甘心失败，在国际反华势力的支持下，伺机分裂破坏活动。

辨析：“分裂破坏活动”没有谓语，可以在“伺机”和“分裂破坏活动”之间加上“进行”。

（三）宾语残缺

【示例】社会结构发生重要变化之际，政府要关注留守儿童缺乏关注与教育造成的心理畸形。

辨析：该句缺少“关注”的宾语，应该修改为“政府要关注留守儿童缺乏关注与教育造成的心理畸形问题”。

（四）其他成分残缺或不完整

【示例1】今年的新春联欢晚会，相当的外国留学生上台表演了节目。

辨析：“相当”作定语不完整，应加上“多”后让“相当多”作定语。

【示例2】刘老师不仅具有较高的学术水平，深受学生们的爱戴。

辨析：“不仅……还……”或者“不仅……而且……”是一对表示递进关系的关联词语，因此应该在“深受”之前加上“还”或“而且”。

三、成分赘余

跟成分残缺相反，**成分赘余是指句子中的相关成分已经完备了，却重复添加了一些成分**，在结构和语意上显得累赘。

（一）谓语赘余

【示例】近视患者都应当接受专业医师的检查，选择合适的眼镜，切忌不要因为怕麻烦、爱漂亮而不戴眼镜。

辨析："切忌"和"不要"语意重复，放在一起使用导致语意与文段不符，应改为"不要因为怕麻烦、爱漂亮而不戴眼镜"。

（二）宾语赘余

【示例】我不能回答，因为我对这件事没有仔细想过，可是我想说几句话我的看法。

辨析："说"的宾语"几句话我的看法"中，"几句话"和"我的看法"语意上重复，句法上也不构成并列，因此可以改为"我想说几句话"或者"我想说说我的看法"。

（三）修饰成分赘余

【示例】这个"小小"的失误造成的经济损失严重，据初步估计，直接经济损失至少一千万元以上。

辨析："至少"和"以上"都是约数词，两词连用则语意重复，应将"至少"或"以上"删去。

四、语序不当

语序不当是指句子中词语的位置放得不合适，影响了句子意思的表达。语序不当大多跟修饰语的摆放位置有关。

（一）多重定语语序不当

【示例】南昌八一起义纪念馆里陈列着好多种当年周恩来使用过的东西。

辨析：这个句子中"东西"有多个定语，表数量的定语"好多种"应放在表领属的定语"周恩来使用过的"之后；"当年"限制"使用"，应放在"使用"前。

教你一招

多重定语的正确顺序一般是：
(1)表领属的或时间处所的词或短语。
(2)表指称或数量的短语。
(3)动词或动词短语。
(4)形容词或形容词短语。
(5)名词或名词短语。
例如：我们请来的演讲者是[北京大学的][一位][擅长做实验的][优秀][生物]教师。

（二）多重状语语序不当

【示例】这里，昔日开阔的湖面大部分已被填平，变成了宅基地，剩下的小部分也在以10%的速度每年缩减着，令人痛心。

辨析：此句最后一个分句中"缩减"有两个状语，表时间的"每年"应在表情态的介宾短语"以10%的速度"之前。

教你一招

如果一个句子有多个状语，它们的正确顺序一般是：
(1)表目的、原因等的介宾短语，常在句首，用逗号和主语隔开。
(2)表时间或处所的词语或短语。
(3)表范围程度的词语或短语。
(4)表情态的词语或短语。
另外，表对象的介宾短语一般紧挨在中心语前。
例如：我[昨天][已经][在图书馆里][仔细地][把这些材料]核查过了。

（三）定语和状语次序错位

【示例】请柬的封套上古色古香地印着青铜器。

辨析："古色古香"应修饰"青铜器"，是"青铜器"的定语，应该紧挨在"青铜器"前面，而不应放在状语的位置。

要点点拨

一般地，定语修饰主语或宾语，状语修饰谓语，否则，就会出现定语和状语次序错位的语病。

（四）关联词语序不当

【示例】他如果不能实事求是，事业就会受到巨大损失，长期以来所恪守的诚信待人的美好品德也会丧失。

辨析：该句中关联词两个分句的主语不一致，所以应将主语放在关联词之后；若两个分句的主语一致，则应将主语放在关联词之前。所以这句话应改为"如果他……"。

五、结构杂糅

结构杂糅是把两种不同的造句形式或格式糅合在一起，造成结构混乱，层次关系混杂不清。由于结构杂糅常常体现为将不同句式混杂在一起，因此常被称作句式杂糅。

第三节 语句排序

一、解题思路

从选项入手，用排除法解题。按照逻辑顺序解题，逻辑性重于表达连贯性。

(1)从选项差异处入手，如首句、关联句等。

(2)从句子特殊处入手，如指代、因果、转折、时间、重复话题等。

(3)从句间关系入手，如提出问题（在前）、解决问题（在后），引出话题（在前）、分析论述（在后）等。

二、作答步骤

1. 第一步，首尾句排除法

观察选项给出的首句，结合句子特征排除或确定首句。具体情形如表 3-1-6 所示。

表 3-1-6 不适合/适合做首句的情形

类型	情形
不适合做首句	(1)指代词：指代不明的句子。 (2)关联词：引出的后半句或有并列连词的句子。 (3)论述对象不明确的句子
适合做首句	(1)背景介绍。 (2)下定义、引出话题

2. 第二步，抓标志词法

通过标志性词语（关联词、指代词、顺序词、重复词）来确定句子与句子之间的先后顺序。

(1)关联词。关联词语通常配对使用，且有固定的搭配习惯，同时关联词连接的几句话之间会存在某种逻辑关系，可以借助关联词的作用确定句子之间的相对顺序。

使用方法：

①固定搭配成对出现，直接捆绑。

②单独出现，根据关联词提示的逻辑关系寻找另一半，转折词找相反，并列词找相同。

常见标志词：

①转折词："但是""然而""可是""却""实际上""事实上"。

②因果词："因此""所以""故"。

③并列词："也""还""一方面……另一方面……""既……又……"。

(2)指代词。指代词前面应有明确的指代对象，如果句子排序题中含有指代词且指代不明，可以通过寻找指代词指代的对象来确定句子之间的相对顺序。

使用方法:

①根据句子中的指代词可以确定其前句的内容,指代词所在的句子放在所指对象之后。

②多数情况下可将两句话捆绑,直接解题。

常见标志词:“他”“她”“它”“他们”“这”“那”。

(3)顺序词。句子中出现时间顺序或者事理逻辑顺序,相关句子应按顺序排列,可以此确定句子之间的相对顺序。

使用方法:

①给出多个时间词时,可按照先后顺序排序,快速排除干扰项。

②给出多个表示事理顺序的词时,按照先后确定相对顺序,排除干扰项。

常见标志词:

①时间类:年代、朝代等。

②事理类:“先”“再”“接着”“最后”“进而”“进一步”。

(4)重复词。题干中多个句子出现重复词,可从重复词的承启关系切入,确定句子之间的相对顺序。

使用方法:

①顶真手法的使用。顶真,是将上一句末尾的词或分句作为下一句的开头,使两个句子首尾相重合,形式上成为一种链式结构,产生上递下接的效果。当两个句子的句尾与开头用词相同时,可考虑此处使用了顶真手法,两句应相连。

②话题捆绑。含有重复词的语句,围绕同一话题展开,一般会捆绑在一起。

3. 第三步:话题排除法

当通过首句不好排除以及没有明显的标志时,需要按照语意归类语句,抓住其核心话题,话题一致的为一个句群,然后通过文意的逻辑判断其先后顺序。通过前面两个步骤可以确定答案时也可梳理逻辑顺序,确认正确选项。

使用方法:

①根据句意,归类语句,抓住其主要话题。

②根据一般行文逻辑判断先后关系,比如:提出观点——具体展开论述、提出话题——具体解释说明、提出问题——解决问题等。

注意:通过选项,利用首尾句来排除,是这类题目的首要技巧;如果首句无法确定,可继续抓中间标志词。

真题精练

【导学例题7】将下列句子重新排序,最恰当的是(　　)。

①一个人一旦有了对远大志向的追求,就会眼界开阔,凡事从利于长远发展的角度出发,从而获得强大的内生动力,以坚韧的毅力和不懈的努力成就事业

②事实证明,没有从长谋划、计天下利的抱负,没有定力如磐、不惧艰险的意志,没有滴水穿石、久久为功的执着,就难以铸就丰功伟业

③志不强者智不达,行不怠者事方成

④自此,灾害多发之地,变为“水旱从人”“沃野千里”的天府之国,不仅使当时的百姓丰收增产,而且历经2 000多年风雨侵蚀,至今仍福泽着人民群众

⑤战国时期,蜀郡太守李冰上任之初,见蜀郡灾情严重,群众苦不堪言,便立志治理水患,倾注一生的心血,建成了都江堰水利工程

A. ①②③④⑤　　B. ②③⑤①④

C. ③①⑤④②　　D. ⑤④③②①

C　【解析】本题考查语句排序。第一,先分析四个选项的首句,分别是:①句是道理观点的阐述,可以放在段首;②句“事实证明”,一般是事例之后得出的结果,不适合放段首;③句是观点援引,可以放在段首;⑤句是举例子,在排序题中,不能放在段首。因此,排除B、D项。第二,再分析A、C项。发现⑤句是例子,④句的“自此”,仍然是延续⑤句的水利工程,应放在⑤句之后,排除A项。第三,验证C项,⑤④句后面接②句,②句的“事实证明”恰好对应⑤④句的事例。

第四节　阅读理解

一、主旨意图题

（一）题型分析

（1）考查能力：概括归纳阅读材料的中心、主旨；判断作者的态度、意图、倾向、目的。

（2）常见问法：主要有“概括、主要介绍、主要论述、主要谈论、主要说的是、主要说明”等标志词，也会出现“主旨、意在、旨在、想要说明（论述、强调）、态度、观点”等标志词。

【示例】南京在历史上的名字变化或褒或贬，根本源头在于统治者的好恶。不惟南京，同样原因也引发了其他地名的变迁，宋廷平定方腊起义之后，深恨江南百姓造反，艺术修养最高的皇帝宋徽宗遂在地名上做文章：方腊的两个活动区域，歙州被改成徽州，取的是“徽”的本意“捆绑束缚”；睦州则被改成严州，意思更是不言自明的。相比之下，朱元璋为避国号讳，取“海定则波宁”之义，将明州改成宁波，已是很“友好”了。这段文字主要介绍了（　　）。

A. 地名变迁背后的政治因素　　B. 历史事件对地名的影响

C. 古代帝王在地名方面的偏好　　D. 统治者对某些地域的好恶

A　【解析】文段第一句列举“南京”的例子说明名字变化的根本源头在于统治者的好恶，第二、三句举例说明徽州、宁波地名的变化，三句话为并列结构，都在说统治者的好恶在地名变迁中的作用，所以要选一个和地名变迁、统治者的好恶有关的选项，A 项最为接近。

该类题目一部分侧重于概括，一部分侧重于主旨判断。

（1）概括类：首先材料分析，通过把握句义和句间关系，理顺文段的结构，然后分层次概括归纳文段的内容；接下来进行选项分析，将选项与原文比对，判断选项本身表述是否准确，再判断选项概括是否全面。

（2）意图类：通过理解句义和句间关系，分析出文段结构，进而对整个文段的意图进行准确判断；选项分析，将选项带入原文，分析选项表述和原文是否一致，再判断选项是否符合意图。

（二）主题词分析

（1）主题词：题干材料的主要论述对象或话题焦点。如杭州公务车“实名上路”，论述对象为“杭州公务车”，话题焦点为“实名上路”；再如诗歌“乡愁”的主要话题围绕“乡愁”展开。

（2）主题词特点：

①**高频词，出现次数较多**。

②**关键句子的主干成分**。

（3）**基本原则：正确选项应与原文主题词相一致，无主题词可排除**。

要点点拨

主题词是材料的核心概念，抓住了主题词就抓住了材料的“牛鼻子”，可以帮助我们快速解题。

真题精练

【导学例题 8】法国人谈起中国人心目中的法国文学，总忍不住用一种轻蔑的口吻说：“你们喜欢《茶花女》。”在法国人眼里，喜欢大仲马还算有些品位，毕竟他有一部《基督山伯爵》，有《三个火枪手》。小仲马有什么呢？只不过写了一个交际花而已。法国文学是法国人的骄傲，在世界文学中有着举足轻重的地位。仅喜欢《茶花女》，显而易见是对法国文学的不尊重。《茶花女》在中国成为一种流行，差不多是一百多年前的事情，当时正赶上戊戌变法失败，人心沮丧，改良的路行不通，大家只好将就着胡乱看小说。“茶花女”在中国本土的诞生，是生逢其时。这段文字意在说明（　　）。

A.《茶花女》在中国的流行有一定的社会背景

B. 对文学作品的喜好能反映出一个人的品位

C. 评价文学作品要结合其诞生的时代背景

D. 中国人和法国人的文学审美观存在区别

A 【解析】根据提问和选项可知此题是中心理解题。材料由法国人对中国人喜欢《茶花女》表示轻蔑,引出为何这部在法国人眼中并不能代表法国文学的作品在中国得以流行的原因。原因追溯到一百多年前,文段最后具体说明《茶花女》的流行是因为当时特殊的社会背景,其主题词为《茶花女》。因此,结合选项应该选择A项,A项符合文段意图。B项引申过度,材料并没有体现这点;C项"对文学作品的评价"在材料中也没有体现;D项仅为对材料前面部分的理解,过于片面,并非材料主旨。

(三)结构分析

1. 并列类

(1)常见标志:

①并列词,如"同时、另外、此外、一方面……另一方面……"。

②标点符号,如"分号、句号"。

(2)主旨:对题干进行分层次概括或者提炼共同的表达内容。

真题精练

【导学例题9】我国要坚决贯彻预防为主的卫生与健康工作方针,坚持常备不懈,将预防关口前移,避免小病酿成大疫。要强化风险意识,完善公共卫生重大风险研判、评估、决策、防控、协同机制。作者最可能同意的是(　　)。

A. 我国应改革完善疾病预防控制体系　　B. 我国应强化公共卫生法治保障

C. 我国应健全统一的应急物资保障体系　　D. 我国公共卫生存在的短板

A 【解析】第一句强调要贯彻预防为主的卫生与健康工作方针,第二句强调要强化风险意识,文段呈现两个对策,为并列结构,应整体概括,旨在强调对于疾病风险应该预防,对应A项。B项,"法制"文段未提及,无中生有,排除;C项,"物资保障"文段未提及,无中生有,排除;D项,"短板"为问题表述,而文段阐述的是对策,偏离文段核心,排除。

2. 顺承类

(1)主要特征:这类文段一般按照时间或逻辑事理顺序展开论述。

(2)常见标志:

①时间类,如年份、朝代等。

②事理类,如顺序词(先、再、接着、最后、进而、进一步)。

(3)主旨:抓住主题词,全面、精准地概括按照时间或事理顺序所论述的内容。

真题精练

【导学例题10】金鱼实际上是一类人工驯养的鲫鱼。大约2 000年以前,中国的古人就开始养殖银鲫,作为食物和观赏鱼。随着时间的推移,基因突变和人工选择使银鲫身上出现了橙、红、黄等颜色,改变了其沉闷乏味的形象,也造就了我们今天看到的多姿多彩的金鱼。17世纪的时候,金鱼传到欧洲,并于19世纪50年代传到美国。这段话主要介绍了(　　)。

A. 金鱼的演进　　B. 金鱼的特点　　C. 金鱼的用途　　D. 金鱼的养殖

A 【解析】由时间轴"大约2 000年以前,中国的古人开始养殖银鲫→随着时间的推移,基因突变和人工选择使银鲫身上出现橙、红、黄等颜色→17世纪,金鱼传到欧洲→19世纪50年代传到美国"可知,文段主要介绍的是金鱼由最初的银鲫演变为观赏性鱼类并流传的过程。

要点点拨

并列和顺承两种类型的文段,更多以全文概括为主,概括时一定要注意全面概括,避免过于片面,设错选项很多都是仅概括其中一方面。

3. 总分类

(1)主要特征:这种类型的题目会在开头提出观点,之后再从某一方面或多个方面对其进行展开、补充论述。

(2)常见标志:举例子、分层论述、原因表述等。

(3)主旨:把握开篇的观点,观点即为文段的意图。

真题精练

【导学例题11】领导留言板为普通老百姓反映诉求、提出建议提供了更加直接、方便快捷的渠道,也为地方领导干部体察民意为民解忧打开了新窗口。在这里,百姓反映问题有人回应,建言献策有人采纳;在这里,每个回帖都是负责的态度,庄严的承诺;领导干部们扑下身子与民众对话,超越了网友间的普通互动,展示了人民公仆甘为孺子牛的工作态度,折射出人民政府执政为民的精神风貌。上述文段主要说明了(　　)。

A. 领导留言板的内容　　B. 领导留言板的意义

C. 领导留言板的形式　　D. 领导留言板的背景

B　【解析】本题考查主旨概括。文段第一句先总述了领导留言板给老百姓带来的便利和作用。然后,第二句通过三个分句,分别论述了在领导留言板这里,老百姓的问题有人回应,回帖态度负责,领导干部们与民众对话,展示了为民服务的态度等。可以看出,文段第一句是观点论述,第二句是具体阐释。因此,文段行文脉络为"总分",第一句是文段重点。结合选项,与这个意思相近的是B项。

4. 分总类

(1)主要特征:此类题型一般先分析背景、原因或者问题,最后得出结论或者是提出建议,重点一般在最后;现在有些复杂文段也会把重点句放中间。

(2)常见标志:一般出现在最后几句时,即可判断这些句子为重点。

①同义互换词:也就是说、换句话说、相当于、无异于、换言之等。

②指代词:这、这些、其、这样一来、从这个角度看等。

③对策词:应该、应当、应、必须、需要、要、要求、亟须、亟待、通过、采取、按照。

④假设词:如果、假如、要是、倘若、若是……就……、那么、那就、便。

⑤条件词:只有……才……、除非……否则不……。

(3)主旨:一般为此类标志词引起的句子,在文段末尾;需抓住其主题词进行总结。

真题精练

【导学例题12】从神经心理学和神经语言学的研究成果看,拼音文字是偏向大脑左半球的"单脑文字",而汉字是大脑左、右两半球并用的"复脑文字";拼音文字认知中"语音编码"方式起主要作用,而汉字认知中则是利用"多重编码"方式,语音、字形和语义编码兼用。由此可见,学习汉字可以开发大脑左、右半球的潜力。这段文字意在说明(　　)。

A. 汉字学习与大脑半球机能的关系　　B. 汉字学习有利于大脑的发展

C. 拼音和汉字认知中的不同编码方式　　D. 拼音和汉字在大脑中的存储位置不同

B　【解析】本题考查主旨概括。文段开篇分别介绍神经心理学和神经语言学的研究成果,汉字与拼音文字的不同区别。最后通过结论词"由此可见"总结全文,强调汉字对大脑开发有重要作用,对应B项。A项,对应文段结论前其中一个分句的内容,片面且非重点,排除。C项,缺少主题词"大脑",排除。D项,表述属于解释说明部分,在结论词之前,非重点,排除。

5. 转折类

(1)常见标志词:然而、但是、却、但、其实、事实上、实际上等。

(2)常见材料类型:

①转折后直接亮明观点。

②提出观点,转折反驳。

(3)主旨:对于第①类,一般重点在转折后;对于第②类,一般否定传统观点即为主旨。

真题精练

【导学例题 13】传统的创新观念认为创新没有固定结构，不遵从规则和模式。想要成为创新者的人被告知要“跳出固有思维模式”，“尽情拓展思路，用与你的产品和服务毫不相关的东西做类比”。我们则主张一种截然不同的方法：在众所周知的框架内思考，不要跳出它的范围。人在专注于某个状况或问题的内部因素时，创造力才是最强的，通过对某个特定的创新任务进行界定，之后对其外延加以封闭，由此，我们大多数人才可能会更具持久的创造力。这段文字意在说明(　　)。

A. 专注是提升创造力的重要影响因素

B. 框架内的思维往往会更有助于创新

C. 忽视规则和模式的观念不利于激发创造力

D. 没有固定结构的创新会限制创新者的思维

B　【解析】文段由传统的创新观念引出另一种与之截然不同的创新观念，即创新可以不跳出框架，这样的创造力更强、更持久。选项中最能概括作者主张的创新的方法的为 B 项的“框架内的思维”。

6. 因果类

常见的因果文段为前文说明理由或依据，而后文的“果”是对前文的概括、评论或在前文基础上进行的推断；前文和后文之间为论据和论点的述说。文段重点在“果”。

(1)常见材料类型：

①“果”在尾句。

②“果”在中间。

(2)常见标志词：所以、因此、因而、可见、故、致使、使得、导致等。

注意：因果文段主要针对“原因—结果型”的材料，其实质是分总文段的一个分支，需要结合理解。

真题精练

【导学例题 14】随着现代化的推进，传统文化与当代人的距离正在拉大，恢复传统文化，绝不是简单地盖几座仿古建筑，或穿上汉服、行几个跪拜之礼就足矣。从历史角度来看，琴棋书画、诗香茶花都是日常生活的重要内容，是生活美学、生命态度与生活方式构筑而成的有机整体。因此，传统文化只有与现代生活相融合才能重新焕发，其复兴才有意义。这段文字意在强调(　　)。

A. 传统文化与现代生活相融合的必要性　　B. 传统文化与现代生活相融合的可能性

C. 传统文化与现代生活相融合的途径　　D. 传统文化与现代生活相融合的前景

A　【解析】第一步，分析文段。文段先论述了“传统文化与当代人的距离正在拉大”这一背景，并且进一步讲到要恢复传统文化而不应只注重形式，然后从历史的角度进行了解释，最后通过因果关联词“因此”引导出了结论。文段结构为“因—果”结构，重点在“因此”之后，即传统文化实现有意义的复兴关键在于与现代生活相融合。第二步，对比选项，A 项是对文段重点的同义替换。

二、标题添加题

(一)题型分析

(1)考查能力：测查考生对所给文段的概括归纳和判断意图能力，类似于主旨意图题，只不过形式上略有区别。

(2)常见问法：“最适合做这段文字标题的是”“请给下列文字选一个合适的标题”。

(二)解题原则

(1)紧扣主旨：正确选项首先应当紧扣文段主旨，未体现核心话题、核心内容的要果断排除。

(2)全面完整：对比选项是否概括文段主要内容，如果选项概括不够全面，要注意避开。

(3)形象生动：在全面概括文段主要内容的基础之上，一定记得优选更加形象生动的标题。

注意：标题添加实质是一种主旨意图题，阅读文段时，可以参照主旨类题型的解题思路。

真题精练

【导学例题15】民法典要实施好，就必须让民法典走到群众身边、走进群众心里。要广泛开展民法典普法工作，将其作为“十四五”时期普法工作的重点来抓，引导群众认识到民法典既是保护自身权益的法典，也是全体社会成员都必须遵循的规范，养成自觉守法的意识，形成遇事找法的习惯，培养解决问题靠法的意识和能力。要把民法典纳入国民教育体系，加强对青少年民法典教育。最适合做这段文字标题的是（　　）。

A. 民法典普法教育亟须加强　　B. 法律意识人人有

C. 民法典实施再深入　　D. 民法典“进”校园

A　【解析】本题考查标题添加。文段开篇引出话题——民法典，接着通过提出对策强调要想实施好民法典，必须走近群众，随后针对这一对策展开说明，强调要开展普法工作，要纳入教育体系，故整个文段都在围绕民法典的普及教育进行论述，对应A项。B项，选项缺少主题词“民法典”，排除。C项，“再深入”表述不明，如何实施文段有明确的论述，排除。D项，“‘进’校园”表述片面，文段中强调“普法教育”是让群众都接受的教育，而不仅仅只是“‘进’校园”，排除。

三、查找细节题

（一）题型分析

（1）考查能力：根据材料查找主要信息及重要细节，判断新组成的语句与阅读材料原意是否一致。

（2）常见问法：一般是“是否相符”“是否正确”“有没有涉及”“能不能推出”。

【示例】自海洋石油钻井平台、潜艇等超大型货物相继出现以来，半潜船才渐渐找寻到自己的用武之地。半潜船装运货物既可利用独特的沉浮方式，又能借助码头设施采用滚装、滑装、吊装等多种方式，具有很强的灵活性和方便性。此外，半潜船大多具有自航能力，航速可达到15节以上，能大大缩短重要设备的运输周期。同时，由于自身携带设备少，燃料消耗少，半潜船续航能力可达到数万公里。更为重要的是，半潜船是通过半潜方式在水中航行，吃水较深，甲板常常与水面一致，因而抗击大风大浪的稳定性极高。根据这段文字，以下说法正确的是（　　）。

A. 半潜船仅能采用沉浮方式装载货物　　B. 半潜船的主要不足是速度相对缓慢

C. 在超大型货物出现后半潜船才出现　　D. 半潜船较稳是由于航行时吃水较深

D　【解析】第一步，分析文段，将选项与原文一一对应。第二步，辨析选项。A项对应文段第二句话“半潜船装运货物既可利用独特的浮沉方式，又能借助码头设施采用滚装、滑装、吊装等多种方式”，半潜船能够用多种方式装载货物，“沉浮方式”仅是其中一种方式，属于曲解文意，错误。B项对应“半潜船大多具有自航能力，航速可达到15节以上，能大大缩短重要设备的运输周期”，得不出航速缓慢，属于曲解文意，错误。C项对应文段第一句话“自海洋石油钻井平台、潜艇等超大型货物相继出现以来，半潜船才渐渐找寻到自己的用武之地”，说明半潜船不是在超大型货物出现之后才出现的，属于曲解文意，错误。D项对应文段最后一句话“通过半潜方式在水中航行，吃水较深……因而抗击大风大浪的稳定性极高”，正确。

（3）解题思路：先看问法判断题型，接着看选项，注意其关键概念词和易错词，然后将选项带入原文，定位到相关内容，判断选项的表述与原文是否一致。

教你一招

此类题目区别于主旨类题目，不需要整体通读全文，把握全文，只需要对比选项和题干材料，相符即正确，不符即错误。

（二）常见选项易错词

常见选项易错词如表3-1-7所示。

表3-1-7　常见选项易错词

类别	判断标志
绝对化词语	最、第一、都、必须、绝对、一定、肯定等
因果词	使得、导致、令、因此、之所以、是因为、原因等

（续表）

类别	判断标志
比较词	比、更
条件词	只有……才……、只要……就……、基础、前提、必要条件
趋势词	上升、下降、变高(低、大、小、多、少)
范围词	所有、一些、有的或其他限制范围的词语
时态词	了、已、将、正在、过等

真题精练

【导学例题16】很多人希望，在任何情况下脸部信息的收集、使用，都应以“充分告知＋明示同意”为前提；企业或机构则担心，如果个人被过度赋权，会影响信息的合理收集和利用，有碍增进公共利益。事实上，从产业发展角度看，大数据时代的个人信息是国家基础性战略资源，综合考量社会、产业、个人等不同层面的诉求，求取最大公约数，才能与时俱进加强个人信息保护，同时促进相关产业健康发展。对本段文字理解最为准确的是（　　）。

A. 大数据时代个人信息面临着天然的泄露风险

B. 人脸识别技术的推广需要绝对尊重个人意愿

C. 国家在个人信息保护方面发挥着决定性作用

D. 不同主体对于个人信息的应用有着不同诉求

D　【解析】本题考查细节理解。A项，与原文对比，发现A项内容在原文中不存在，也无法推出，无中生有，排除。B项，对应文段“在任何情况下脸部信息的收集……”和“综合考量社会、产业、个人等不同层面的诉求，求取最大公约数”可知，人脸识别技术要综合考量，无法做到绝对尊重个人意愿，说法过于绝对，排除。C项，对应文段“大数据时代的个人信息是国家基础性战略资源”可知，文段只是强调了个人信息对国家基础战略资源的重要性，但没有说国家在这方面的保护发挥着决定性作用，排除。D项，对应文段“综合考量社会、产业、个人等不同层面的诉求”可知，不同主体对个人信息应用确实有不同诉求。

四、承接下文题

（一）题型分析

(1)考查能力：重点考查考生思维连贯性和梳理行文脉络的能力。

(2)常见问法：“这段文字接下来最可能讲的是”“这段文字接下来最可能介绍”“这段文字是一篇文章的引言，文章接下来最可能讲述的是”等。

注意：常见肯定问法，但也出现过否定问法。

教你一招

含有“接下来”三字，即可判定为承接下文题。

（二）解题思路

1. 关注尾句

分析文段的行文脉络，准确地判断出材料的重点，是解答推断下文题的前提。需要注意，绝大多数情况下，材料的行文脉络为分总、因果或转折等，重点往往在后，此时材料落脚点常为尾句，可结合尾句推断下文。

常见尾句特征及下文可能论述的内容：

(1)尾句提出新概念、新话题——具体论述此概念、此话题。

(2)尾句提出新问题——分析原因或给出对策。

(3)尾句含有隐含倾向——具体说明隐含倾向。

2. 关注整体或首句

有些材料落脚点不在尾句，需结合全文内容做整体分析，筛选出依据总句观点或者文段核心话题合理推断的选项。尤其典型的如总分文段，这种文段的总观点反而在首句，我们需要依据首句进行选择。

3. 选项分析

除了进行材料分析，我们还可以通过选项去进行分析，排除不太可能在下文展开论述的选项，最终确定正确答案。常见错误选项分析如下：

(1)前文已有话题，排除。

(2)与材料无关话题，排除。

(3)跟文段重点内容相关但逻辑跳跃的选项，慎选。

注意：这类题目多数关注尾句，是我们首要训练的思维；少数关注整体或全文。

真题精练

【导学例题 17】公众对知识视频的热捧意味着这是一个极为广阔的市场，也是一片蔚蓝的海洋，值得院士、专家学者和科学传播者去开拓、去耕耘、去创造。但是，从现在的情况看，院士、专家做视频做主播也还只是一种“副业”。如被百万粉丝亲切地称为“吴姥姥”的同济大学退休教授吴於人也只是在退休后做科普，汪品先院士同样如此。即便有在职的院士、专家做主播，也只是其研究工作之外的一种业余行为。根据前述文段，接下来作者最有可能说的是(   )。

A. 科普视频的主要类别及代表作品

B. 现在主要有哪些人参与制作科普视频

C. 公众对知识视频的热捧将引发这一领域的投资热潮

D. 在职院士、专家做科普视频主播较少的主要原因

D 【解析】本题考查下文推断。文段首先介绍知识视频市场广阔，值得专业人士发掘。紧接着，通过转折词“但是”引出现在专业人士只是将其作为副业这一话题。最后通过“如”，对上述话题进行举例论证。由此可见，上述文段核心话题是“院士、专家做视频做主播也还只是一种‘副业’”。A项，前文未提及“科普视频类别及代表作品”这一话题，排除。B项，偏离核心话题“院士、专家”这一话题主体，排除。C项，“公众对知识视频的热捧”为转折前的内容，非重点，排除。D项，“在职院士、专家做科普视频主播较少的主要原因”，可衔接“院士、专家做视频做主播也还只是一种‘副业’”这一话题，当选。

五、句子填空题

(一)解题思路

关注文段所讲的话题，尤其是空缺处前后的话题，分析清楚文段的行文脉络，并关注空缺处所在的位置，寻找对空缺处有提示信息的句子，进而判断设空处的话题和思路，最后分析选项筛选出正确答案。

(二)作答原则

1. 话题一致

所填句子与文段应是共同围绕着一个中心，集中地表现一个话题或观点。话题统一通常会考查主语、对象、领域或观点一致。

2. 思路一致

所填句子所在的位置、空缺处前后的关联词都会影响到句子与前后文之间的具体逻辑关系，可借此解题，具体如表 3-1-8 所示。

表 3-1-8 句子填空题的解题思路

位置	所起作用	解题思路
空缺处在段首	引出话题、总领全文等	可结合后文概括空缺处的语意
空缺处在段中	承上启下	可结合前后文内容概括空缺处的语意
空缺处在段尾	总结上文	可结合前文内容概括或推断空缺处的语意

注意：话题一致是这些题目最常用的解题方法，可以解决大部分的句子填空。

真题精练

【导学例题18】积极学习人类文明成果，充分借鉴其他国家的好经验、好做法，是推进国家治理体系和治理能力现代化的一个重要方法，但（　　）。学习外国不等于一切照搬，照抄照搬别国经验、别国模式，是从来都不会取得成功的。

A.“画虎不成反类犬”

B.“前事不忘，后事之师”

C.“依葫芦画瓢”

D.“橘生淮南则为橘，生于淮北则为枳”

D　【解析】本题考查句子填空。分析文段，空格前有“但”字，说明空格要填句子的意思要和上文相反，和下文相近。根据上文“充分借鉴其他国家的好经验”和下文“学习外国不等于一切照搬……不会取得成功”可知，空格处填的句子要能够起到承上启下的作用，表明国家治理不能盲目照搬别国经验。A项，“画虎不成反类犬”，比喻模仿不到家，反而不伦不类。文段中是不能照搬，没有模仿的意思，与要求不符，排除。B项，“前事不忘，后事之师”，意思是提醒人们记住过去的教训，以作后来的借鉴，与文段意思不符，排除。C项，“依葫芦画瓢”，比喻刻板地照着做，与空格下文无法直接衔接，排除。D项，“橘生淮南则为橘，生于淮北则为枳”，比喻环境变了，事物的性质也变了。如果填进去，可以表示我国国情与别国不同，别国的经验照搬过来会出现问题，可以起到引领下文不能盲目照搬的作用。

第二章　数量关系

导学教案

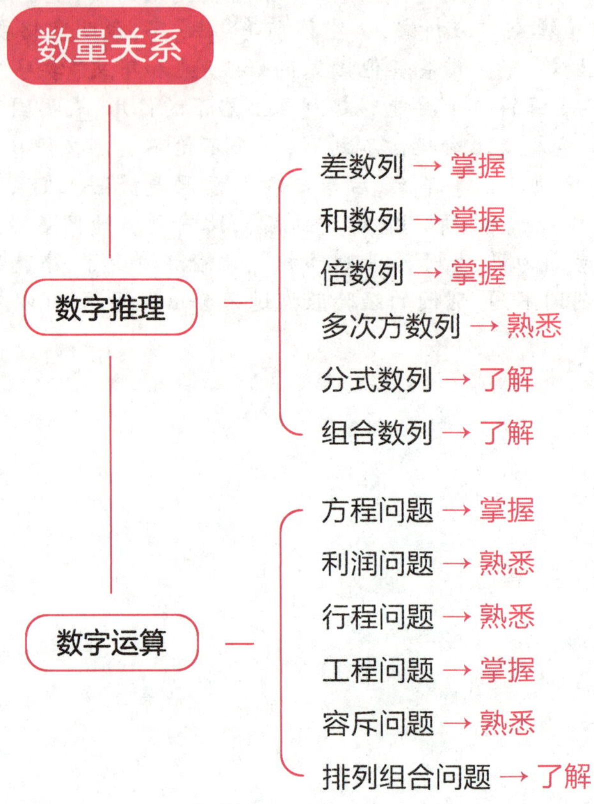

导学课程

第一节　数字推理

一、差数列

（一）差数列的概念

所谓差数列，就是通过相邻两项数字做差（或多次做差）从而将数字变化的规律显现出来，差为定值或者差有一定的规律。一般来说，一个数越大，则加减一个固定的数，占其比重就越小，变化幅度就小得多，所以差数列的数字间变化幅度不大；而固定加减一个数字，数字的变化方向也是固定的。数字“0”比较特殊，0 不能做除数，任何数乘 0，结果依旧还是 0，故出现数字“0”，一般出现了加减计算，而最容易出现的场景，则是两个相同的数做差。

（二）差数列的特征

(1) **数字之间变化幅度不大（从大数字角度看，一般为 2 倍以内）**。

(2) **数列整体呈单调性**。

(3) **出现数字“0”**。

（三）常见考法

(1) 等差数列：差为固定值。

【示例1】1,5,9,13,17,(　　)。

A. 20　　B. 21　　C. 22　　D. 23

B　【解析】第一步,数列单调增加,变化幅度不大,初步判定为差数列。第二步,相邻两项做差,结果均为4,故为等差数列,下一项(　　)－17＝4,解得(　　)＝21。

(2)二级等差数列:差再做差,结果为固定值。

【示例2】0,6,16,30,48,(　　),96。

A. 66　　B. 68　　C. 70　　D. 72

C　【解析】第一步,数列单调增加,变化幅度不大,初步判定为差数列。第二步,相邻两数之差依次为6,10,14,18,(　　),(　　),观察可得,是公差为4的等差数列。第三步,按照公差为4得相邻两数之差依次为6,10,14,18,(22),(26);题干原数列中,(　　)－48＝22,则(　　)应填入70。

(3)三级等差数列:做三层差,结果为固定值。

【示例3】0,2,8,20,40,(　　)。

A. 60　　B. 70　　C. 80　　D. 90

B　【解析】第一步,数列单调增加,大数字间的变化幅度不大,初步判定为差数列。第二步,相邻两数做差为2,6,12,20,(　　)。暂时看不出结果,但数列依旧单调增加,变化幅度不大,反复进行,可得以下结果:

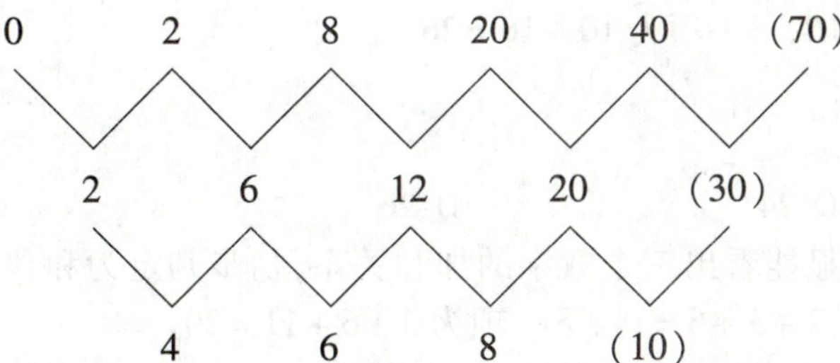

故本题选B项。

(4)二级/三级差数列:差呈现一定的规律。

【示例4】1,9,13,15,16,(　　)。

A. 16.5　　B. 17　　C. 17.5　　D. 18

A　【解析】第一步,数列单调增加,变化幅度不大,初步判定为差数列。第二步,相邻两数之差依次为8,4,2,1,(　　),经观察可猜测此数列为公比为$\frac{1}{2}$的等比数列,可得以下结果:

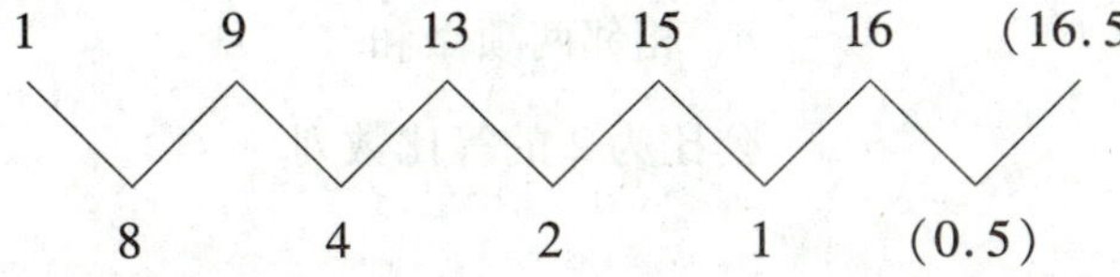

故本题选A项。

(四)总结

在看到一个数列没有任何头绪的时候,可以尝试直接做差,最多可以做三层,看规律能否显现。

真题精练

【导学例题1】10,11,13,16,20,(　　)。

A. 25　　B. 26　　C. 27　　D. 28

A　【解析】第一步,数列单调增加,变化幅度不大,初步判定为差数列。第二步,相邻两数之差依次为1,2,3,4,(　　),很明显为自然数列(公差为1的等差数列),下一个差为5。第三步,(　　)－20＝5,解得(　　)为25,故本题选A项。

二、和数列

（一）和数列的概念

所谓和数列，就是通过相邻两项数字做和（或多次做和）从而将数字变化的规律显现出来，有时也会出现相邻的多项数字做和。

相邻数字依次做和，则数列中的项一般比和要小，随着项数的增加，变化的幅度也逐渐变小。考试时，经常出现两项和或三项和的结果为下一项，故有时候，数列的项之间会有明显的加和关系。

（二）和数列的特征

(1)数字之间变化幅度不大（从大数字角度看，一般为 2 倍以内）。

(2)数列整体呈单调性。

(3)有明显加和关系（一般为 2 项和或 3 项和）。

（三）常见考法

(1)相邻两项之和为第三项。

【示例 1】2,4,6,10,16,(　　)。

A. 22　　B. 24　　C. 26　　D. 28

C　【解析】第一步，数列单调增加，变化幅度不大，且明显能看出数字间的加和关系，初步判定为和数列。第二步，验证：2 + 4 = 6，4 + 6 = 10，6 + 10 = 16，下一项为 10 + 16 = 26。

(2)相邻三项之和为第四项。

【示例 2】1,0,1,2,3,6,11,(　　)。

A. 20　　B. 22　　C. 24　　D. 26

A　【解析】第一步，数列变化幅度不大，且明显能看出三个数字的加和关系，初步判定为和数列。第二步，验证：1 + 0 + 1 = 2，0 + 1 + 2 = 3，1 + 2 + 3 = 6，2 + 3 + 6 = 11，下一项为 3 + 6 + 11 = 20。

(3)加和的结果形成新数列。

【示例 3】1,3,5,11,(　　),43。

A. 18　　B. 21　　C. 23　　D. 25

B　【解析】第一步，数列单调增加，变化幅度不大，初步猜测为差数列，简单验证后差无规律，验证是否为和数列。第二步，依次做和为 4,8,16,(　　)，观察猜测和是公比为 2 的等比数列，构造结果如下：

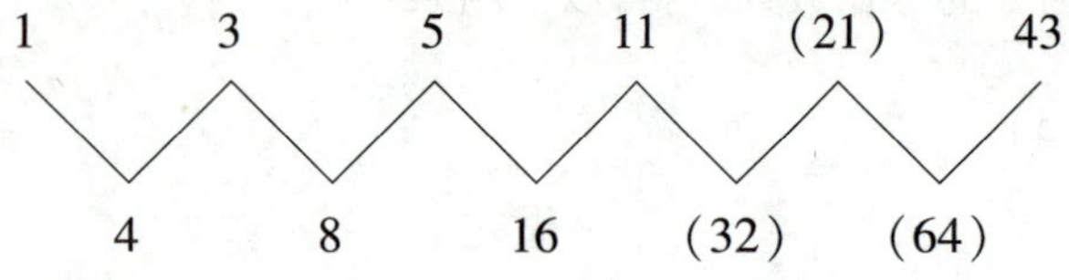

相邻两项做和

公比为 2 的等比数列

故本题选 B 项。

教你一招

一个数列同时符合差数列与和数列的特征，一般先验证是否为差数列。

(4)加和的结果与原数列对应。

【示例 4】4,5,6,9,11,15,(　　)。

A. 19　　B. 20　　C. 25　　D. 26

B　【解析】第一步，数列单调增加，变化幅度不大，初步猜测为差数列，简单验证后差无规律，验证是否为和数列。第二步，4 + 5 = 9，5 + 6 = 11，6 + 9 = 15，和也无明显规律。第三步，“9,11,15”在原数列均有出现，对应之后发现，前两项之和等于第四项，以此类推。所求项为 9 + 11 = 20。

（四）总结

在看到一个数列没有任何头绪的时候，若做差也无结果，可尝试做和，并将和数列与原数列对应。

真题精练

【导学例题2】2,3,5,10,20,40,(　　)。

A. 60　　B. 64　　C. 75　　D. 80

D 【解析】第一步,数列单调增加,变化幅度不大,开始几项有明显加和关系,进行验证。第二步,2+3=5,2+3+5=10,2+3+5+10=20,从第三项开始,每一项等于它前面的所有项之和,应填入2+3+5+10+20+40=80。

三、倍数列

(一)倍数列的概念

所谓倍数列,就是通过相邻两项数字做商从而将数字变化的规律显现出来,即前后项倍数为定值,或者倍数有一定的规律。

一般来说,倍数不会特别大,尤其是大数字之间,如果再有较大的倍数关系,就会造成数据计算量特别大,背离了推理的考查初衷。但是要注意的是,数据间的倍数关系不一定是整数倍,可能在倍数关系的基础上,还加有其他数或者前面的项。

(二)倍数列的常见特征

(1)**数字之间变化幅度较大(从大数字角度看,一般为2~6倍)**。

(2)**有明显倍数关系**。

(三)常见考法

(1)相邻两项间的倍数关系为定值。

【示例1】2,6,18,54,162,(　　)。

A. 324　　B. 456　　C. 486　　D. 524

C 【解析】第一步,数列中,变化幅度较大,相邻两项之间有明显倍数关系,为倍数列。第二步,验证:6÷2=3,18÷6=3,54÷18=3,162÷54=3,均为3倍关系,故(　　)÷162=3,解得(　　)=486。

(2)相邻两项间的倍数关系有规律。

【示例2】1,5,20,60,(　　),120。

A. 120　　B. 150　　C. 180　　D. 200

A 【解析】第一步,数列中,变化幅度较大,相邻两项之间有明显倍数关系,为倍数列。第二步,验证:5÷1=5,20÷5=4,60÷20=3,倍数关系依次为5,4,3,猜测下一个倍数关系为2,故(　　)÷60=2,解得(　　)=120。

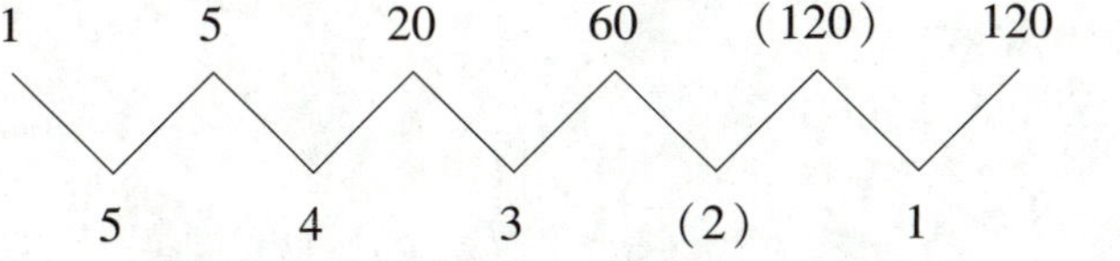

做商

自然数列

(3)相邻两项间的倍数关系为"倍数+数"。

【示例3】1,2,5,12,27,58,(　　)。

A. 121　　B. 57　　C. 55　　D. 49

A 【解析】第一步,数列中,变化幅度约2倍,相邻两项之间有明显倍数关系,为倍数列。第二步,验证:2÷1=2,5÷2=2……1,12÷5=2……2,27÷12=2……3,58÷27=2……4,均为2倍关系,余数依次为0,1,2,3,4,下一个余数应该为5,(　　)÷58=2……5,(　　)为121。有时候,为了便于观察规律,我们也会将倍数关系写成如下形式:

1×2+0=2　　2×2+1=5　　5×2+2=12

12×2+3=27　　27×2+4=58　　58×2+5=121

(4)相邻两项间的倍数关系为"倍数+项"。当数列中有倍数关系,但不是整数倍时,考虑倍数±数/项,直接写成倍数相乘的形式易于观察倍数间的关系和加减数/项的关系。

【示例4】13,9,31,71,173,(　　)。

A. 235　　B. 315　　C. 367　　D. 417

D 【解析】第一步，数列中，变化幅度约 2 倍，但从第四项起，相邻两项之间倍数关系显得比较稳定，为倍数列。第二步，验证：$31 \div 9 = 2 \cdots\cdots 13$，$71 \div 31 = 2 \cdots\cdots 9$，$173 \div 71 = 2 \cdots\cdots 31$，发现余数在项中均有出现，即余数为前一项。$(\quad) \div 173 = 2 \cdots\cdots 71$，解得$(\quad) = 417$。上述倍数形式也可以写成如下形式：

$9 \times 2 + 13 = 31$　　$31 \times 2 + 9 = 71$　　$71 \times 2 + 31 = 173$　　$173 \times 2 + 71 = 417$

(5)相邻两项间的倍数为项中的数(也称为乘积数列)。当数列中有明显倍数关系，且出现陡增/陡减时，可以优先考虑乘积数列。

【示例 5】2，3，6，18，108，(　　)。

A. 2 048　　B. 1 944　　C. 648　　D. 324

B 【解析】第一步，数列中，变化幅度越来越大，且倍数关系非常直接明显，为倍数列。第二步，验证倍数关系：$6 \div 3 = 2$，$18 \div 6 = 3$，$108 \div 18 = 6$，商为前一项，本质是前两项的积为第三项。$(\quad) \div 108 = 18$，解得$(\quad) = 1\ 944$。

真题精练

【导学例题 3】4，8，15，(　　)，53。

A. 27　　B. 28　　C. 29　　D. 30

B 【解析】第一步，观察数列发现，相邻两项均有明显近似 2 倍或者 2 倍关系，猜测为倍数列。第二步，将其直接写成倍数形式表示出来，观察规律：$4 \times 2 - 0 = 8$，$8 \times 2 - 1 = 15$，猜测下一项为 2 倍之后减 2，代入验证：$15 \times 2 - 2 = (28)$，$(28) \times 2 - 3 = 53$。

四、多次方数列

(一)多次方数列的概念

多次方数列并不像前面几种数列那样，规律通过对应的数学运算显现出来，而是通过项的本身数字特点体现。多次方数列中，每一项均可改写为多次方数或者多次方数 ± 数，改写之后，底数有一定的规律或者指数有一定的规律，有时候，也会出现底数和指数同时变化的情况，要想提高此类数列的做题速度和准确度，就需要对常见的多次方数有一定的敏感度。

(二)多次方数列的常见特征

(1)数列中有多次方数或附近的数。

(2)大数字之间的倍数关系大(6 倍以上)。

(3)出现 $A, 1, \frac{1}{C}$ 的情况。

(三)常见考法

(1)底数变化有规律。

【示例 1】4，9，25，49，121，(　　)。

A. 196　　B. 169　　C. 144　　D. 225

B 【解析】第一步，数列中每一项都是平方数，猜测为多次方数列。第二步，将数列中的项改写为多次方数形式：

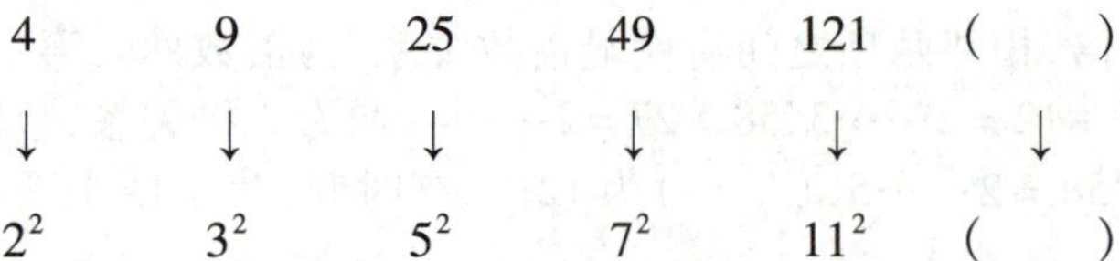

第三步，均为平方数，底数依次为 2，3，5，7，11，是质数列，下一项的底数为 13，$13^2 = 169$。

(2)指数变化有规律。

【示例 2】1，5，25，125，625，(　　)。

A. 1 125　　B. 2 000　　C. 2 500　　D. 3 125

D 【解析】第一步，数列中从第二项起，每一项都是多次方数，猜测为多次方数列。第二步，将数列中的项改写为多次方数形式：

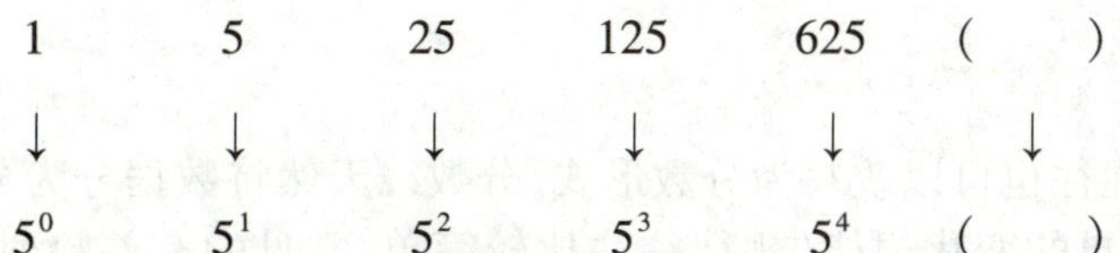

第三步，均为 5 的多次方，指数依次为 0，1，2，3，4，是自然数列，下一项的指数为 5，$5^5=3\ 125$。

（3）底数指数变化均有规律。

【示例 3】1，32，81，64，25，（ ），1。

A. 5　　B. 6　　C. 10　　D. 12

B 【解析】第一步，数列中从第二项起，每一项都是多次方数，猜测为多次方数列。第二步，将数列中的项改写为多次方数形式：

1	32	81	64	25	（ ）	1
↓	↓	↓	↓	↓	↓	↓
（ ）	2^5	$9^2=3^4$	$8^2=4^3=2^6$	5^2	（ ）	（ ）

第三步，1、81、64 均有不同的改写方法，但是 32 和 25 只有一种改写方法，按照这两个数字改写后呈现的规律，底数在变大，指数在变小，故原数列可改写为如下形式：

1	32	81	64	25	（6）	1
↓	↓	↓	↓	↓	↓	↓
1^6	2^5	3^4	4^3	5^2	（6^1）	7^0

观察发现，底数依次增加 1，指数依次减小 1，故（ ）为 $6^1=6$。

教你一招

当某项有多个改写方式时，可从相邻的改写方式较少的项入手，观察数字的变化趋势，选择合适的改写方式。

（4）多次方数 ± 数。

【示例 4】−1，10，25，66，123，（ ）。

A. 165　　B. 193　　C. 218　　D. 239

C 【解析】第一步，经观察可发现，从第 3 项起，均为多次方数附近的数，猜测为多次方数列。第二步，将每一项都改写为如下多次方数的形式，因为不是恰好的多次方数，需要加上或者减去一个数：

−1	10	25	66	123	（ ）
↓	↓	↓	↓	↓	↓
（ ）	（ ）	3^3-2	4^3+2	5^3-2	（ ）

第三步，从后三项的改写猜测，均为三次方形式，依次为 a^3-2 和 a^3+2，验证前两项，$-1=1^3-2$，$10=2^3+2$，所以下一项应该为 $6^3+2=218$。

真题精练

【导学例题 4】4，16，36，64，100，（ ）。

A. 374　　B. 256　　C. 156　　D. 144

D 【解析】第一步，经观察可发现，数列中每一项均为多次方数，猜测为多次方数列。第二步，原数列可改写成 2^2，4^2，6^2，8^2，10^2，底数是连续的偶数，所以下一项为 $12^2=144$。

五、分式数列

（一）分式数列的概念和特征

分式数列中，大多数项为分数形式，整数项往往也可以改写为分数形式，分数线天然将数据分为分子部分和分母部分。一般来说，分子和分母会有各自的变化规律（规律往往比较简单，常见的有差数列、和数列、倍数列、多次方数列等），但也会出现分子分母共同变化，从而构造出下一项。

需要注意的是，分数有个独特的性质：分子分母有公约数时，可以进行约分，在数列中显示的，往往是约分之后的最简结果，故在解答分式数列时，若无明显规律，可尝试将一些分数进行还原，使分子或分母呈现一定的变化趋势后再进行分析。

分式数列常见特征：**数列中有多个分数（小数、根式）**。

（二）常见考法

（1）分子分母各自变化。对于明显约分过的分数，在还原时，按照其他数的分子或分母部分呈现的变化趋势，先确定分子或分母的一项，验证是否有规律。

【示例 1】$\frac{2}{3}$，$\frac{1}{2}$，$\frac{2}{5}$，$\frac{1}{3}$，$\frac{2}{7}$，(　　)。

A. $\frac{1}{4}$　　B. $\frac{1}{6}$　　C. $\frac{2}{11}$　　D. $\frac{2}{9}$

A　【解析】第一步，数列每一项均为分数，是分式数列。第二步，分子多为 2，考虑将分子均改写为 2，寻找分母的规律。原数列依次可改写为$\frac{2}{3}$，$\frac{2}{4}$，$\frac{2}{5}$，$\frac{2}{6}$，$\frac{2}{7}$，分子都为 2，分母为自然数列。第三步，下一项的分子为 2，分母为 8，故(　　)为$\frac{2}{8}$，约分得$\frac{2}{8}=\frac{1}{4}$。

【示例 2】$\frac{1}{2}$，$\frac{3}{5}$，$\frac{7}{10}$，$\frac{4}{5}$，(　　)。

A. $\frac{2}{5}$　　B. $\frac{9}{10}$　　C. 1　　D. $\frac{11}{12}$

B　【解析】第一步，数列每一项均为分数，是分式数列。第二步，分子的趋势整体在变大，但$\frac{4}{5}$的分子比$\frac{7}{10}$的分子小，将其改写$\frac{4}{5}=\frac{8}{10}$，观察后两项分母均为 10，不妨将其他项也进行通分，分母通分后依次为$\frac{5}{10}$，$\frac{6}{10}$，$\frac{7}{10}$，$\frac{8}{10}$，下一项是$\frac{9}{10}$。

（2）分子分母共同构造下一项。

（3）以小数和根式呈现。根式形式时，若整数部分无规律，直接变成开根号形式，分析根号下的数的规律即可。

【示例 3】11.27，13.24，15.21，17.18，19.15，(　　)。

A. 21.12　　B. 21.13　　C. 22.12　　D. 22.13

A　【解析】第一步，数列每一项均为小数，是分式数列的变形。第二步，依次分析数列的小数部分和整数部分。整数部分 11，13，15，17，19，是连续奇数，下一项整数部分为 21。小数部分 27，24，21，18，15，是公差为 −3 的等差数列，下一项的小数部分为 12，故应填入 21.12。

【示例 4】$\sqrt{2}$，$\sqrt{2}$，2，$2\sqrt{3}$，$4\sqrt{3}$，(　　)。

A. $6\sqrt{5}$　　B. $4\sqrt{15}$　　C. $6\sqrt{3}$　　D. $7\sqrt{15}$

B　【解析】第一步，数列中除了第三项均为根式，是分式数列的变形。第二步，整数部分没有明显规律，考虑将其转化为开根形式，原数列变为$\sqrt{2}$，$\sqrt{2}$，$\sqrt{4}$，$\sqrt{12}$，$\sqrt{48}$，(　　)，根号下的数依次为 2，2，4，12，48，有明显的倍数关系，倍数依次为 1，2，3，4，下一项应为 48 的 5 倍，故下一个数是$\sqrt{240}=4\sqrt{15}$。

真题精练

【导学例题5】$\frac{1}{3}$,1,$\frac{9}{5}$,$\frac{8}{3}$,( )。

A. $\frac{29}{11}$ B. $\frac{29}{9}$ C. $\frac{25}{8}$ D. $\frac{25}{7}$

D 【解析】第一步,数列每一项均为分数,是分式数列。第二步,分子和分母的趋势整体在变大,但$\frac{8}{3}$分子和分母都变小了,不妨将其进行改写,3→5变化并不大,将$\frac{8}{3}$变化为$\frac{16}{6}$,则1可以变为$\frac{4}{4}$。第三步,原数列变为$\frac{1}{3}$,$\frac{4}{4}$,$\frac{9}{5}$,$\frac{16}{6}$,分母为3,4,5,6,是自然数列,下一项分母为7,分子为1,4,9,16,是平方数列,下一项分子为25,故下一项为$\frac{25}{7}$。

六、组合数列

(一)组合数列的概念和特征

两个数列相互交叉叠加在一起,就会显得比较长,项数比较多,但是分开来看,就是两个普通的数列,故看到项数多的数列,优先考虑进行拆分研究。一般来说,先隔项拆分,看奇数项和偶数项分别呈现哪些规律,若无明显规律,则考虑两两一组或三三一组(若总项数为9项或者12项,大概率三三一组)。此外,若每一项中的数字均较大,且大小无明显可见的趋势,有可能是组合数列的一种变形,称作数位拆分,将一个较大的数字项,拆分成2部分或者多部分,考虑拆分后数字间的关系。

组合数列的常见特征:长(项数较多,一般≥8项)。

(二)常见考法

(1)**间隔数列(奇数项和偶数项各自有规律)。**

【示例1】3,-3,9,-3,81,-3,( ),-3。

A. 3 187 B. 6 561 C. 4 198 D. 7 891

B 【解析】第一步,一共有8项,项数较多,考虑组合数列。第二步,奇数项部分为3,9,81,( );偶数项为-3,-3,-3,-3。第三步,偶数项均为-3,需要研究的是奇数项:3,9,81中,后项是前项的平方,故$81^2=6\ 561$。

【示例2】3,0,5,2,9,6,15,12,( ),( )。

A. 23,20 B. 17,23 C. 18,23 D. 25,30

A 【解析】第一步,一共有10项,项数较多,考虑组合数列。第二步,将数列的奇数项和偶数项分开来看。奇数项:3,5,9,15,( );偶数项:0,2,6,12,( )。第三步,奇数项中,数列单调增加,变化幅度不大,尝试做差:后一项与前一项的差值分别为"2,4,6",构成以2为公差的等差数列,那么下一项与15的差值为6+2=8,那么下一项为15+8=23。偶数项中,数列单调增加,变化幅度不大,尝试做差:后一项与前一项的差值为"2,4,6",构成以2为公差的等差数列,那么下一项与12的差值为6+2=8,那么下一项为12+8=20。

(2)**两两分组。**

【示例3】7,14,5,15,3,12,2,( )。

A. 4 B. 10 C. 5 D. 6

B 【解析】第一步,一共有8项,项数较多,考虑组合数列。第二步,将数列的奇数项和偶数项分开来看。奇数项:7,5,3,2;偶数项:14,15,12,( ),无明显规律。第三步,考虑分组,共8项,优先两两一组。(7,14),(5,15),(3,12),[2,( )],前几组中,有明显的倍数关系,后项依次是前项的2倍、3倍、4倍,所以下一后项应该是前项的5倍,即2×5=10。

(3)**三三分组。**

【示例4】18,-9,-27,3,-2,-5,2 010,( ),-2 101。

A. -99 B. -91 C. 81 D. 89

B 【解析】第一步，一共有 9 项，项数较多，考虑组合数列。第二步，将数列的奇数项和偶数项分开来看。奇数项：18，-27，-2，2 010，-2 101。偶数项：-9，3，-5，（ ），无明显规律。第三步，共 9 项，考虑三三分组，共分为三组，即（18，-9，-27），（3，-2，-5），[2 010，（ ），-2 101]。每组中有明显的和差关系，每组的第一项 = 第二项 - 第三项：18 = -9 -（-27），3 = -2 -（-5），则 2 010 =（-91）-（-2 101）。

（4）数位组合。

【示例 5】2 412，5 427，3 618，（ ），9 849，7 236。

A. 6 235　　B. 5 324　　C. 1 608　　D. 2 873

C 【解析】第一步，数列中每一项数字都很大，但无明显的增减趋势，考虑将数字进行拆分。第二步，将数列各项拆分成两部分，原数列变为 24，12，54，27，36，18，（ ），98，49，72，36。第三步，每项前两位表示的数是后两位表示的数的 2 倍，24 ÷ 12 = 2，54 ÷ 27 = 2，36 ÷ 18 = 2，98 ÷ 49 = 2，72 ÷ 36 = 2。选项中只有 C 项符合。

真题精练

【导学例题 6】10，6，10，12，30，48，150，（ ）。

A. 266　　B. 277　　C. 288　　D. 9

C 【解析】第一步，一共有 8 项，项数较多，考虑组合数列。第二步，将数列的奇数项和偶数项分开来看。奇数项：10，10，30，150。偶数项：6，12，48，（ ）。第三步，奇数项和偶数项都有明显的倍数关系，先看奇数项，后项与前项的倍数关系依次为 1 倍、3 倍、5 倍，倍数关系是公差为 2 的等差数列。再看偶数项，后项与前项的倍数关系依次为 2 倍、4 倍，猜测下一个倍数为 6 倍，48 × 6 = 288。

知识拓展

数字推理题解题思路如图 3-2-1 所示。

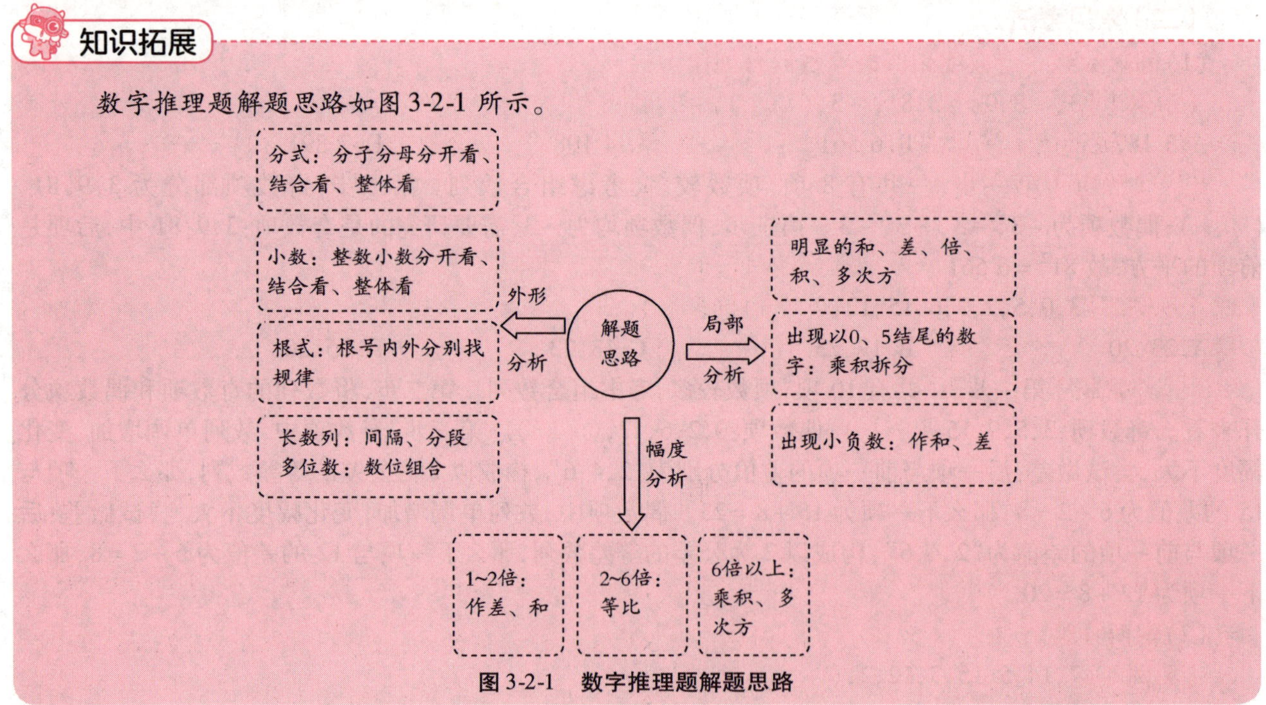

图 3-2-1 数字推理题解题思路

第二节 数字运算

一、方程问题

（一）构造等量关系

方程问题考查频率最高，关键在于找等量关系，采用合适的方式设未知数。

常见的等量关系：题目中的和、差、倍、比、等于；常见的公式；题目隐含的不变量。根据这些特点，按照题目的描述翻译成数学语言，列出等量关系式。

能力训练

1. 甲工资的25%与乙取出工资的$\frac{1}{3}$后余下的余额相等。可构造等量关系为__________。

25% ×甲 = $\left(1-\frac{1}{3}\right)$ ×乙。

2. 甲单位人数比乙单位人数的1.2倍多16人。可构造等量关系为________。

甲单位人数 = 1.2 ×乙单位人数 + 16。

3. 某校大一新生进行274千米的野营拉练，已知晴天每天走32千米，雨天每天走25千米。可构造等量关系为__________。

32 ×晴天天数 + 25 ×雨天天数 = 274。

4. 一箱笔记本分发给同学们，如果每人发2本，还剩22本，如果每人发3本，就少15本。可构造等量关系为__________。

2 ×学生数 + 22 = 3 ×学生数 − 15。

5. 一瓶碳酸饮料，喝掉饮料$\frac{1}{3}$后，连瓶重600克；又喝掉余下饮料$\frac{1}{2}$后，连瓶重400克。可构造等量关系为__________。

饮料的重量 × $\left(1-\frac{1}{3}\right)\times\frac{1}{2}$ = 600 − 400。

（二）用字母列等量关系

在列等量关系的时候，经常会出现一些不知道具体值的量，用文字表述又比较复杂，此时可以设一个字母代替，使其变得简洁。

能力训练

1. 甲、乙两个家庭共有图书300册，甲家庭的图书数量比乙家庭的2倍少30册。

设乙家庭的图书数量为x，则甲家庭的图书数量为$2x-30$，依题意有$x+(2x-30)=300$。

2. 某单位从周二到周四连续举办了三场培训，每人只参加一场培训，已知共培训170人，参加周二培训的人数比周三培训人数少4人，比周四培训人数多2人。

如果直接设，设周二为x人，周三为y人，周四为z人，共培训170人，则$x+y+z=170$；参加周二培训的人数比周三少4人，$y-x=4$；比周四培训的多2人，$x-z=2$。共得到3个方程，有3个未知数，解起来相对复杂。

观察发现，周二的人数与另外两天都有关系，设周二培训的人数为x，则周三、周四培训的人数分别为$x+4$、$x-2$，依题意有$x+x+4+x-2=170$。

3. 某年级三个班爱心捐款6 160元，甲班捐款数是另外两个班捐款总数的$\frac{2}{5}$，乙班捐款数是丙班的1.2倍。

甲班的捐款数可以由乙班和丙班的和表示出来，乙班的捐款数，可以由丙班的表示出来，设丙班的捐款数为x，则乙班的捐款数为$1.2x$，甲班的捐款数为$\frac{2}{5}\times(x+1.2x)=0.88x$，依题意有$0.88x+1.2x+x=6\ 160$。

4. 某大学金融班原有男女生比例为2∶5，转入4名男生后，男生人数是女生的60%。

男女比例为2∶5，说明男生人数为2份，女生人数为5份，设一份为x，则原有男生人数为$2x$，则女生人数为$5x$，依题意有$2x+4=60\%\times5x$。

5. 某班学生在一次考试中，有$\frac{1}{7}$的人得优，$\frac{1}{3}$的人得良，$\frac{1}{2}$的人及格，及格人数比得优、得良的人数之和多2人。

有$\frac{1}{7}$的人得优，$\frac{1}{3}$的人得良，$\frac{1}{2}$的人及格，设全班人数为$42x$，则得优的人数为$6x$，得良的人数为$14x$，及格的人数为$21x$，依题意有$21x-(6x+14x)=2$。

要点点拨

常见的设未知数的方式：

(1)直接设，求什么设什么，缺什么量设什么。

(2)设与其他量都有关系的量。

(3)设基础未知量。

(4)有比例关系时，按比例关系设。

真题精练

【导学例题7】一批货物共108箱，用A、B、C三辆车装载，A车比B车多装6箱，C车比B车少装6箱，那么B车装了(　　)箱。

A. 33　　B. 34　　C. 35　　D. 36

D 【解析】第一步，题目中有“共108箱”，是和的关系，可以由此列等量关系式。第二步，“A车比B车多装6箱，C车比B车少装6箱”，A车、C车均与B车有关系，可设B车装x箱，则A车装$(x+6)$箱，C车装$(x-6)$箱。第三步，根据和的关系列式，$(x+6)+x+(x-6)=108$，解得$x=36$(箱)。

【导学例题8】某水果店批发了若干个哈密瓜。第一天卖出总数的一半，第二天卖出余下的一半后，还剩6个，则该水果店共批发了(　　)个哈密瓜。

A. 42　　B. 36　　C. 30　　D. 24

D 【解析】第一步，题目中有“还剩6个”，说明总的减去卖出的为6个，是差的关系，可以由此列等量关系式。第二步，“第一天卖出总数的一半，第二天卖出余下的一半”，从总数开始变化，设总数为x，则第一天卖$\frac{1}{2}x$，第二天卖余下的一半，为$\frac{1}{2}\left(x-\frac{1}{2}x\right)=\frac{1}{4}x$。第三步，根据差的关系列式，$x-\frac{1}{2}x-\frac{1}{4}x=6$，解得$x=24$(个)。

【导学例题9】两件快递的重量之比是3∶2，去除包装之后的重量之比是9∶5，若包装重量都是120克，则两件快递的重量分别是(　　)。

A. 390克、260克　　B. 480克、320克

C. 540克、360克　　D. 630克、420克

B 【解析】第一步，“两件快递的重量之比是3∶2，去除包装之后的重量之比是9∶5”，有比例关系，“包装重量都是120克”，去除包装前后的差为120。第二步，有比例关系，按比例设，设两件快递的质量分别为$3x$克、$2x$克。第三步，按照第二个比例关系，去除包装后分别为$(3x-120)$克、$(2x-120)$克。根据题意可得$(3x-120):(2x-120)=9:5$，解得$x=160$，则两个快递的质量分别为$3x=3\times160=480$(克)，$2x=2\times160=320$(克)。

(三)浓度问题

浓度问题中，浓度$=\frac{溶质}{溶液}$。例如20克盐和80克水，配成100克盐水，溶质就是盐的量，为20克，溶液为盐+水的量，浓度为$\frac{20}{20+80}=\frac{20}{100}=20\%$。解题时，关键找准浓度、溶质、溶液三个量，然后代入公式，有未知量时，可设未知数列方程。

真题精练

【导学例题10】将120克酒精和40克水混合，如果想让酒精的浓度达到80%，则需要再添加酒精(　　)克。

A. 20　　B. 40　　C. 60　　D. 80

B 【解析】第一步，出现浓度，使用公式为等量关系：浓度 $=\frac{溶质}{溶液}$。第二步，溶质为 120 克酒精，溶液原有 $120+40=160$ 克，但是要浓度达到 80%，需要继续加酒精，设添加 x 克，溶质变为 $(120+x)$ 克，溶液变为 $(160+x)$ 克。第三步，代入公式，$80\%=\frac{120+x}{160+x}$，解得 $x=40$（克）。

（四）年龄问题

年龄问题中，年龄是随着时间的流逝而变化的，所以要把握住两个等量关系：

（1）**过相同年份，每个人增长的岁数相同。**

（2）**过相同年份，年龄差不变。**

真题精练

【导学例题 11】5 年前甲的年龄是乙的 3 倍，5 年后甲的年龄是乙的年龄 2 倍，甲现在是（　　）岁。

A. 20　　B. 25　　C. 35　　D. 65

C 【解析】第一步，出现年龄变化，为年龄问题。第二步，有倍数关系，按倍数关系设，设 5 年前，乙的年龄为 x 岁，甲为 $3x$ 岁；过相同年份，每个人增长的岁数相同，则现在乙为 $(x+5)$ 岁，甲为 $(3x+5)$ 岁；5 年后，乙为 $(x+10)$ 岁，甲为 $(3x+10)$ 岁。第三步，5 年后，甲的年龄是乙的 2 倍，为倍数关系。由此列式 $3x+10=2(x+10)$，解得 $x=10$，则甲现在为 $3x+5=35$（岁）。

二、利润问题

（一）基本公式

常考公式包括：

$$利润=售价-成本=成本\times利润率$$

$$利润率=\frac{利润}{成本}=\frac{售价-成本}{成本}=\frac{售价}{成本}-1$$

$$售价=成本+利润=成本\times(1+利润率)$$

$$成本=售价-利润=\frac{售价}{1+利润率}$$

$$打折率=\frac{折后售价}{折前售价}$$

当题目中出现售价、成本、进价、利润、利润率或打折相关字眼时，根据题目问的量，迅速想到与此量相关的公式，并在题干中定位与之相关的量，若有，可直接代入公式，若缺少某个相关量，则可设出未知数，用方程求解。若涉及多件产品，还需要考虑数量。

真题精练

【导学例题 12】某品牌的葛粉进价为 20 元，现降价 20% 卖出，结果还获得进价 52% 的利润，那么，该葛粉的定价是（　　）元。

A. 36　　B. 37　　C. 38　　D. 39

C 【解析】第一步，题干中有进价、降价、利润等字眼，为利润问题，只有一个产品直接销售，使用基本公式。第二步，价格变化是在定价基础上变化，设定价为 x 元，降价 20%，现价为 $(1-20\%)x=0.8x$ 元。第三步，获得 52% 的利润，故 $20\times(1+52\%)=0.8x$，解得 $x=38$（元）。

（二）分段销售计费

常用公式包括：

总利润 = 单利润 × 数量

总利润 = 利润 1 + 利润 2 + 利润 3 + …

总售价 = 单售价 × 数量

总售价 = 售价 1 + 售价 2 + 售价 3 + …

在考试中,经常会遇到多个产品同时销售,或者一类产品在不同时间段以不同的价格销售,且数量不尽相同,此时题干会显得比较复杂,不少考生直接放弃,其实在考试中,此类题目正是弯道超车的好机会。

分段销售计费的利润问题,用到的基本公式依旧是前面所给的基本公式,因为不同阶段涉及的数量不同,所以要考虑总利润和总售价。做题时,我们往往通过列表的形式,如表3-2-1所示,将题干中成本、售价、单利润的关系梳理出来,结合数量,找到它们与总利润或总售价的关系,从而求解。梳理题干时,常见的变量可参考下表,根据题目需要选用合适的行列即可。需要注意的是,在梳理题干时,明确每个阶段的分段点和售价或计价规则。

表3-2-1 利润表

阶段	成本	售价	单利润	数量	总利润	总售价
阶段1						
阶段2						
阶段3						

真题精练

【导学例题13】某商场销售某种商品,第一个月将此商品的进价加价20%作为销售价,共获利6 000元,第二个月商场搞促销活动,将商品的进价加价10%作为销售价。第二个月的销售量比第一个月增加了100件,并且商场第二个月比第一个月多获利2 000元。此商品第二个月的销售件数是(　　)件。

A. 270　　B. 260　　C. 170　　D. 160

D　【解析】第一步,涉及商品的销售有进价、售价、销量等,为利润问题,因为两个月的销售价格和数量不同,属于分段销售计价问题。第二步,列表梳理题干信息,两个月均在进价基础上变化,不妨设每件商品进价为 x 元,第一个月销量为 y 件,题干信息梳理如下:

月份	进价	售价	单利润	销量(件)	总获利(元)
第一个月	x	$1.2x$	$0.2x$	y	6 000
第二个月	x	$1.1x$	$0.1x$	$y+100$	6 000 + 2 000 = 8 000

第三步,依题意可得 $\begin{cases}0.2xy=6\,000\\0.1x(y+100)=8\,000\end{cases}$,解得 $x=500$,$y=60$。故此商品第二个月的销售件数是 $60+100=160$(件)。

三、行程问题

(一)基本行程问题

行程问题考查物体运动和状态的变化。一般来说,题目中出现路程、速度、时间中相关的量,即可视为行程问题。在考试中,行程问题多以基本公式的考查为主,辅以相遇追及问题,环形相遇追及问题和流水行船问题,整体难度较低。

基本公式包括:

路程 = 速度 × 时间

$$(s=v\times t)$$

在行程问题中,基本公式是最为基础也是最为核心的,所有的题目均与这个公式有关。只有一个主体直线(或可视作直线)运动的题目,主要使用基本公式或其变形,我们称之为基本行程问题。解决基本行程问题以方程法为主,根据所问的问题,找到另外两个量,代入公式求解即可,如果过程较多,则要根据每一段过程,找到每段路程的速度和时间,列出对应的方程求解。

根据公式,可以进行适当的变形,常见的结论包括:

$$平均速度=\frac{s_{总}}{t_{总}},等距离平均速度=\frac{2v_1\cdot v_2}{v_1+v_2}$$

路程的比例 = 速度的比例 × 时间的比例

当路程、速度、时间中，某一个量为定值，则其他两个量成比例关系：

(1)**路程为定值，速度与时间成反比。**

(2)**速度为定值，路程与时间成正比。**

(3)**时间为定值，路程与速度成正比。**

解题时，若题目符合以上结论的特点，可直接套用结论，这样可以提高解题速度。

教你一招

速度的单位有时不统一，计算时要统一标准，1 米/秒 = 3.6 千米/小时。

真题精练

【导学例题 14】老张步行下班途中路过一家书店，已知单位到书店距离 1 200 米，老张匀速步行，花了 20 分钟，从书店到家花了 10 分钟，单位到家的距离是(　　)米。

A. 1 800　　B. 2 400　　C. 3 000　　D. 3 600

A　【解析】第一步，本题考查行程问题，只涉及“老张”一个主体，从单位经书店到家，可视作直线的过程。第二步，第一阶段“从单位到书店”，距离为 1 200 米，花费时间 20 分钟，速度 = 路程 ÷ 时间，可得速度为 1 200 ÷ 20 = 60 米/分钟；第二阶段“从书店到家”，花 10 分钟，路程 = 速度 × 时间，距离为 60 × 10 = 600 米。第三步，从单位到家的距离为两段路程之和，1 200 + 600 = 1 800(米)。

(二)相遇追及问题

核心公式包括：

相遇问题：路程和 = 速度和 × 时间

$$s_{和} = (v_1 + v_2) \times t$$

A　C　B

在线段 AB 的两端有两个主体，同时出发，相向而行，速度分别设为 v_1、v_2，按照此模型，两个主体必然会在某一个时间点同时到达 AB 中的某一点 C，此时两者相遇，所用的时间相同，可设为 t，两者走过的路程之和即为总路程 AB，代入行程问题的基本公式，整理可得上面的公式。

追及问题：路程差 = 速度差 × 时间

$$s_{差} = (v_1 - v_2) \times t$$

A　B　C

在线段 AB 的两端有两个主体，同时出发，同向而行，速度分别设为 v_1、v_2(此时要求 v_1 大于 v_2)，按照此模型，两个主体必然会在某一个时间点同时到达直线的某一点 C，所用的时间相同，可设为 t，快的比慢的多走的路程为最初的距离 AB，代入行程问题的基本公式，整理可得上面的公式。

在多个主体同时在直线上运动时，本质上，相遇问题考查的为速度和与路程和之间的关系，追及问题考查的是速度差与路程差的关系，在做题时，如果遇见路程和、速度和、路程差、速度差可以考虑直接代入公式求解。

知识拓展

在环形上，同时出发背向而行的两个主体，每相遇一次，两个主体共同跑一圈，即路程和为环形的周长。

在环形上，同时出发同向而行的两个主体，快的每追上慢的一次，快的比慢的多跑一圈，即路程差为环形的周长。

真题精练

【导学例题 15】A、B 两地相距 600 千米。甲、乙两车同时从 A、B 两地相向而行，3 小时相遇。若甲的速度是乙的 1.5 倍，则甲的速度是(　　)千米/小时。

A. 60　　B. 80　　C. 90　　D. 120

D　【解析】第一步，有路程，甲、乙两个主体相向而行，属于相遇问题。第二步，考虑相遇公式，路程和 = 速度和 × 时间，由题干可知，A、B 两地相距 600 千米，故路程和为 600 千米，3 小时相遇，速度和未知，但是有“甲的速度是乙的 1.5 倍”，若设乙的速度为 v，则甲的速度为 $1.5v$，代入公式得 $600=(1.5v+v)\times3$，解得 $v=80$ 千米/小时。第三步，甲的速度为 $1.5v=1.5\times80=120$(千米/小时)。

四、工程问题

(一) 基本公式

工作总量 = 工作效率 × 工作时间

$(W=P\times t)$

在工程问题中，核心公式为最主要部分，只要找到工作总量，根据题目的要求，找到每一个阶段的工作效率和工作时间，按照过程一步一步列出来，就可将题意梳理清楚，求解即可。

根据公式的形式，还可以进一步得到：

工作总量的比例 = 工作效率的比例 × 工作时间的比例

当工作总量、工作效率、工作时间中，某一个量为定值，则其他两个量成比例关系：

(1) **工作效率为定值，工作总量与工作时间成正比。**

(2) **工作时间为定值，工作总量与工作效率成正比。**

(3) **工作总量为定值，工作效率与工作时间成反比。**

解题时，根据题目背景特征等判断为工程问题，从基本公式出发，先看题目所要求的量，然后在题目中寻找其余两个量，根据基本公式列出方程求解即可。若某个量为定值，且工作以不同的方式完成，可考虑使用比例简化求解。

真题精练

【导学例题 16】某工厂甲、乙两个车间共同生产 240 台实验仪器。甲车间每天生产 12 台，乙车间每天比甲车间多生产 8 台。如果先由甲车间生产 10 天，剩下的由乙车间单独完成。则乙车间完成全部任务还需(　　)天。

A. 2　　B. 4　　C. 5　　D. 6

D　【解析】第一步，本题考查工程问题，有工作总量，两个阶段各自生产，考查基本公式的应用。第二步，找每一个阶段的工作效率和工作时间，甲车间每天生产 12 台，乙车间每天比甲车间多生产 8 台，则乙车间每天生产 $12+8=20$ 台，先由甲车间生产 10 天，剩下的由乙车间单独完成，时间不妨设为 x 天。第三步，工作总量 = 工作效率 × 工作时间，这里的工作总量分为甲车间生产的和乙车间生产的两部分，可列出公式 $12\times10+20x=240$，解得 $x=6$(天)。

教你一招

反比不等于位置颠倒，如工作总量不变，效率之比为 3∶4∶5，则时间之比为 20∶15∶12。

(二) 合作完工

在复杂的工程问题中，同时参与工程的可能有多个主体，有时也会有多项工程，每个人参与到不同的工程中，这类多人合作问题是命题的热点，解题的时候，要找到每一个阶段的效率和时间，或者找到每个主体所做的工作，工作总量为所有参与到工作中的主体完成的工作量之和。

工作总量 = 效率和 × 时间

工作总量 = 主体 1 完成的工作量 + 主体 2 完成的工作量 + … + 主体 n 完成的工作量

真题精练

【导学例题 17】某村计划安排甲、乙两支施工队施工，现已知如果甲单独工作，需要 15 天完工；乙单独工作，需要 30 天完工。现让甲、乙两施工队合作，需要（　　）天完工。

A. 8　　B. 10　　C. 12　　D. 14

B　【解析】第一步，本题考查工程问题，同一阶段有不同的主体参与，为合作完工。第二步，工作总量和甲、乙施工队的效率均未知，有甲、乙的施工时间，可以设工作总量为 W，则甲的效率为$\frac{W}{15}$，乙的效率为$\frac{W}{30}$。第三步，甲、乙合作时，效率之和为$\frac{W}{15}+\frac{W}{30}$，所以合作完成工作的时间为$\frac{W}{\frac{W}{15}+\frac{W}{30}}=10$（天）。

解题优化：由第三步可知，W 最后通过约分约去，故 W 的值（非 0）对结果无影响，可以设一个易于计算的数值，例如使甲的效率$\frac{W}{15}$、乙的效率$\frac{W}{30}$均为整数，此时可设 W 为 15 和 30 的公倍数，最小为 30，此时甲的效率为 $30\div15=2$，乙的效率为 $30\div30=1$，两者合作的时间为 $30\div(2+1)=10$（天）。

教你一招

（1）工作总量未知，有多个完整完工时间，可设工作总量为时间的最小公倍数。

（2）工作总量未知，有效率之比，可按比值设为效率的具体值。

（3）每物、每人效率相同（或默认相同），可设每物、每人效率为 1。

五、容斥问题

（一）两者容斥核心公式

$$I=A+B-A\cap B+M$$

两者容斥关系如图 3-2-2 所示。

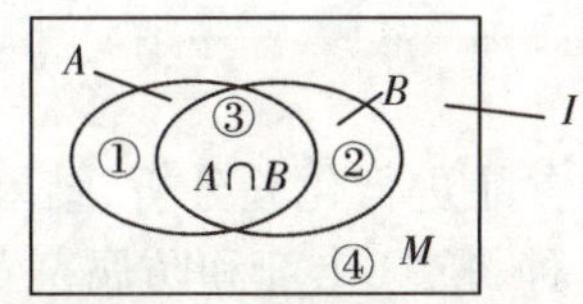

图 3-2-2　两者容斥关系图

当题目中出现两个集合，且两个集合之间存在重叠部分，就可以视作两者容斥问题。核心公式 $I=A+B-A\cap B+M$ 中，I 是所有元素数，包含图中①②③④所有区域；集合 A 包含图中①③两部分；集合 B 包含图中②③两部分；集合 M 既不属于集合 A、又不属于集合 B，包含图中④部分；$A\cap B$ 是既属于集合 A、又属于集合 B 的元素数，包含图中③部分。

在计算 $A+B$ 时，③在 A 被计算一次，在 B 被计算一次，共计算两次，故需要减去一次，即减去 $A\cap B$，此时④还未被计算，故需要再加一次，最终得到 $I=A+B-A\cap B+M$。

容斥问题的基本思路就是重复算的要减去，尚未计算的要加上，最终做到不重不漏，每个部分算一次，所有的部分都要算。

真题精练

【导学例题 18】某乡有 32 户果农，其中有 26 户种柚子树，有 24 户种橘子树，还有 5 户既没有种柚子树也没有种橘子树，那么该乡同时种植柚子树和橘子树的果农有（　　）户。

A. 23　　B. 22　　C. 21　　D. 24

A　【解析】第一步，涉及种柚子树、橘子树，两者之间有交叠重复关系，为两者容斥问题。第二步，共 32 户果农，所以 $I=32$，不妨设种柚子树的属于集合 A，种橘子树的属于集合 B，$A=26$，$B=24$，还有 5 户都没种，则 $M=5$。第三步，代入两者容斥核心公式，$I=A+B-A\cap B+M$，$32=26+24-A\cap B+5$，解得 $A\cap B=23$（户）。

(二)三者容斥核心公式

$$I=A+B+C-A\cap B-A\cap C-B\cap C+A\cap B\cap C+M$$

$$I=A+B+C-(d+e+f)-2g+M$$

三者容斥关系如图 3-2-3 所示。

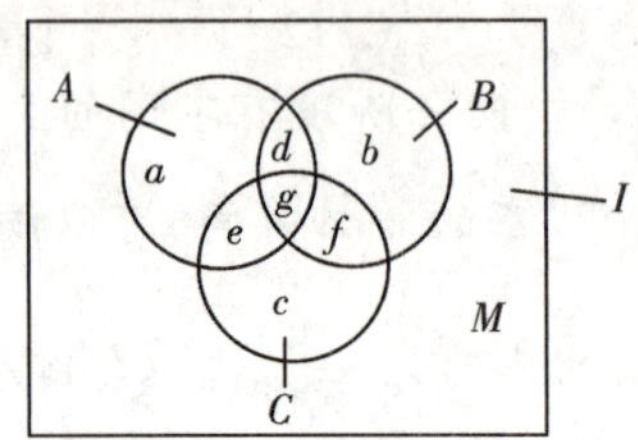

图 3-2-3 三者容斥关系图

根据容斥问题的基本思路,可以先将 A、B、C 加一起得到 $A+B+C$;但是因为三者有交叠重复关系,$A\cap B$、$A\cap C$、$B\cap C$ 均涉及2个集合,加的时候,均被重复计算,多算的要减去,得到 $A+B+C-A\cap B-A\cap C-B\cap C$;此时,$A\cap B\cap C$ 在 $A\cap B$、$A\cap C$、$B\cap C$ 中均被减了一次,共减三次,而在 A、B、C 各加一次,共加三次,现在为0,相当于尚未计算,所以还需要再加回来,再加上不属于三个集合的 M,得到最终的三者容斥公式:$I=A+B+C-A\cap B-A\cap C-B\cap C+A\cap B\cap C+M$。

在实际题目中,有时并未将 $A\cap B$、$A\cap C$、$B\cap C$ 等区域对应的数直接给出,而是作为一个整体,如只属于2个集合的元素数,这时候就无法直接使用上面的公式。如果将其作为一个整体,我们发现在 $A+B+C$ 中它们被计算了两次,多算了一次,故减一次,得 $A+B+C-(d+e+f)$,而 $A\cap B\cap C$ 在 A、B、C 各加一次,共加三次,重复算了2次,但尚未减去,所以要减去2次,再加上不属于三个集合的 M,得到第二个三者容斥公式:$I=A+B+C-(d+e+f)-2g+M$。

在做题时,如果看到三个集合之间的交叠重复关系,可以考虑使用三者容斥公式,优先代入第一个公式,若未给出两两之间的交集,则代入第二个公式;若要求某一个公式中未涉及的区域,可以画图标数辅助解决。

真题精练

【导学例题 19】有关部门对120种抽样食品进行化验分析,结果显示,抗氧化剂达标的有68种,防腐剂达标的有77种,漂白剂达标的有59种,抗氧化剂和防腐剂都达标的有54种,防腐剂和漂白剂都达标的有43种,抗氧化剂和漂白剂都达标的有35种,三种食品添加剂都达标的有30种,那么三种食品添加剂都不达标的有(　　)种。

A. 14　　B. 15　　C. 16　　D. 18

D 【解析】第一步,题目涉及三种食品添加剂,它们之间有交叠重复的关系,故本题为三者容斥问题。第二步,优先代入第一个公式,$I=A+B+C-A\cap B-A\cap C-B\cap C+A\cap B\cap C+M$,$120=68+77+59-54-43-35+30+M$,解得 $M=18$(种)。

六、排列组合问题

(一)基本计数原理

分类相加:完成一件事的方法,有 n 类方案,第一类方案中有 m_1 种方法,第二类方案中有 m_2 种方法……第 n 类方案中有 m_n 种方法,则完成这件事的总方法数:$m_1+m_2+\cdots+m_n$。

例如:从北京到广州,乘坐高铁有15个班次可以选择,乘坐飞机有8个班次可以选择,乘坐大巴有4个班次可以选择,那么从北京到广州,一共有 $15+8+4=27$ 种选择。

分步相乘:完成一件事的方法,需要有顺序地完成 n 个步骤,完成第一个步骤有 m_1 种不同方法,完成第二个步骤有 m_2 种不同的方法……完成第 n 个步骤有 m_n 种不同的方法,则完成这件事的方法种数:$m_1\times m_2\times\cdots\times m_n$。

例如:从北京先经过武汉再到广州,从北京到武汉有15种选择,从武汉到广州有20种选择,则每一种从北京到武汉的方式,都对应20种从武汉到广州的方式,所以从北京经武汉到广州有 $15\times20=300$ 种选择。

我们会发现，两者的定义是非常相似的，但也有细节的区分，如从北京用不同的交通方式到广州，不管采用哪一种，都可以到达；但从北京经武汉到广州，只从北京到武汉，或者只从武汉到广州，都没有将此事最终完成。

分类方案是相互独立的，无论哪种方案中的哪种方法都可以独立完成这件事，而不需要再用其他的方法。分类问题中，完成这件事需要分成若干个步骤，只有每个步骤都完成了，才算完成这件事，缺少任何一步，这件事就不能完成。

区分分类还是分步，关键看此方法是否将事情完成：如果独立将事情完成，则是分类；如果未将事情完成，只是其中一个步骤，则是分步。

教你一招

分类加法、分类乘法计数原理的异同点如表 3-2-2 所示。

表 3-2-2 分类加法、分类乘法计数原理的异同点

异同点	分类加法计数原理	分步乘法计数原理
相同点	都是完成一件事的不同方法的种数问题	
不同点 1	完成一件事有几类不同方案，关键词是“分类”	完成一件事需要多个步骤，关键词是“分步”
不同点 2	每类方案都能独立完成这件事情，且每种方法得到的最后结果，只需一种方法就可以完成这件事	任何一步都不能独立完成这件事，缺少任何一步也不能完成这件事，只有各个步骤都完成了，才能完成这件事
不同点 3	各类方案之间是互斥的、并列的、独立的	各步之间是关联的、独立的，“关联”确保不遗漏，“独立”确保不重复

（二）排列和组合

排列：从 n 个不同元素中取出 m 个元素，按照一定的顺序排成一列，叫作从 n 个元素中取出 m 个元素的一个排列。这样的全部的排列个数，叫作排列数，写作：A_n^m。

例如从 10 个人中选 3 个人排成一队领书。排第一位的有 10 种可能，排第二位的有 9 种可能，排第三位的有 8 种可能，因为要三个人都选出来排队，故是分步的过程，一共有 $A_{10}^3=10\times9\times8=720$ 种不同方式。

组合：从 n 个不同元素中，不重复地选出 m 个元素的一个组合，这样的组合的总数叫作组合数，写作：C_n^m。

例如从 10 个人中选 3 个人抬水。第一个人有 10 种选择，第二个人有 9 种选择，第三个人有 8 种选择，但是几个人都是去抬水，并无顺序要求，$10\times9\times8$ 中，排有顺序，需要消除顺序的影响，三个人排成一队，有 $3\times2\times1$ 种方法，不管哪三个人，都被重复算 $3\times2\times1$ 次，故 $C_{10}^3=\dfrac{10\times9\times8}{3\times2\times1}=120$ 种方法。

从定义看，从 n 个不同元素中，每次取出 m 个元素为一组，如果该组内对每个元素的位置是有要求的（位置不同代表意义不同），为排列；无要求（位置不同代表意义相同）的即组合。所以，如果从选出的元素与对应的位置关系来看，为了便于区分，可以使用两个元素交换顺序进行判断。

排列：n 个不同元素中选出 m 个元素的一个排列，每个元素所在的位置是不同的。如 ABC 选出 2 个元素 AB，则 AB 和 BA 是两种方案。

组合：n 个不同元素中选出 m 个元素的一个组合，每个元素所在的位置是相同的。如 ABC 选出 2 个元素 AB，则 AB 和 BA 是一种方案。

能力训练

判断以下各题属于排列还是组合，并列式。

1. 有 9 张卡片上面分别写有数字 1 ~ 9，从中任选 2 张卡片组成两位数，共可以组成__________种不同的两位数。

A_9^2 【解析】两位数对十位和个位有顺序要求，改变顺序后数字也会不同，属于排列，用 A_9^2 表示。

2. 要从 8 件不同的礼物中选出 5 件送给 5 个人，每人 1 件，共有__________种送法。

A_8^5 【解析】选出 5 件礼物要分给 5 个人每人 1 件，因为礼物是不同的，所以改变选择顺序对结果有影响，属于排列，则共有 A_8^5 种不同的送法。

3. 平面内有 5 个点，以其中 2 个点为端点的线段一共有__________条。

C_5^2 【解析】选出的 2 个点的顺序没有要求，改变顺序对结果没有影响，属于组合，故共有 C_5^2 条。

4. 有 5 张相同的参观券，要在 8 个人中确定 5 人去参观，不同的选法有__________种。

C_8^5 【解析】选出的 5 个人的顺序没有要求，改变顺序对结果没有影响，属于组合，故共有 C_8^5 种选法。

真题精练

【导学例题 20】有颜色不同的五盏灯，每次使用一盏、两盏、三盏、四盏或五盏，并按一定次序挂在灯杆上表示不同的信号，这些颜色不同的灯共可以表示（　　）种不同的信号。

A. 240　　B. 300　　C. 320　　D. 325

D 【解析】（1）使用一盏、两盏、三盏、四盏或五盏灯表示信号，均能将事情完成，为分类过程。（2）使用一盏灯可表示 $A_5^1=5$ 种不同信号，使用两盏灯可表示 $A_5^2=20$ 种不同信号，使用三盏灯可表示 $A_5^3=60$ 种不同信号，使用四盏灯可表示 $A_5^4=120$ 种不同信号，使用五盏灯可表示 $A_5^5=120$ 种不同信号。（3）共可表示 $5+20+60+120+120=325$ 种不同信号。

（三）常用方法

从前面的一些例题可以看出，某些元素有时会有一些特殊要求，如果直接进行分类或者分步，需要考虑很多情况，但是如果按照要求，对某些元素进行排列或组合，可能在一定程度上简化计算，下面通过一组例题，来看看排列组合问题中常见的要求和解决方法。

例：甲、乙、丙、丁、戊五个人坐一排，请回答下列问题。

（1）甲只坐排头或排尾，有多少种排法？

甲对位置要求较高，如果直接进行随机排列，可能会由其他人将排头或排尾占据，所以可以先安排甲。

第一步，甲可以在排头，也可以在排尾，2 种排法；第二步，再排其他四个人，有 A_4^4 种排法。分步相乘，一共有 $2\times A_4^4=48$ 种排法。

（2）甲、乙一定要相邻，有多少种排法？

甲、乙要求相邻，如果直接进行随机排列，可能会将其他人安排在甲、乙之间，此时不符合要求。

将甲、乙作为一个整体，这个整体与其余三个人一起排列，甲、乙一定相邻；同时甲、乙位置可互换，分步相乘，一共有 $A_4^4\times A_2^2=48$ 种排法。

（3）甲、乙一定不相邻，有多少种排法？

甲、乙要求不相邻，如果直接进行随机排列，可能会使甲、乙相邻；如果先安排甲、乙，再往其中间安排其他人，会导致分类情况过多，不妨安排其他人之后，再将甲、乙放在其他人形成的空隙中。

第一步：先排其他三个人，三个人的全排列有 $A_3^3=6$ 种排法；第二步：将甲、乙两人插到排好的三个人形成的 4 个空隙中，4 个空里选择两个排甲、乙，有顺序要求，有 $A_4^2=12$ 种排法。所以共有 $6\times12=72$ 种排法。

（4）甲、乙至少有一人在排头或排尾，有多少种排法？

至少有一人在排头或排尾，甲在排头或排尾，乙在排头或排尾，甲、乙均在排头或排尾。正面讨论情况数较多，利用正难则反的思维，用总的情况数去掉甲、乙均不在排头或排尾的即可。

总的情况数为 $A_5^5=120$ 种；甲、乙均不在排头或排尾，先从中间三个空选择两个排甲、乙，剩余的三个人再随便排，情况数有 $A_3^2\times A_3^3=36$ 种。故所求有 $120-36=84$ 种排法。

要点点拨

排列组合常用解题方法如表3-2-3所示。

表3-2-3 排列组合常用解题方法

常用方法	解决方法
优先法	元素对位置有绝对要求,优先安排
捆绑法	有元素要求相邻,可以将其视作一个整体,安排完所有元素后,考虑相邻的元素是否内部排序
插空法	有元素要求不相邻,可以先安排其他元素,再将其放入其他元素形成的空隙之中
反算法	分类情况过多,可以用总的方法数减去对立事件的方法数

真题精练

【导学例题21】某学院从9名同学中选出4名同学去四个不同的乡镇甲、乙、丙、丁参加三下乡社会实践活动,其中有两名同学不能去乡镇丁,则分配方案共有(　　)种。

A. 2 352　　B. 2 452　　C. 2 552　　D. 2 652

A　【解析】(1)有两名同学不能去乡镇丁,使用优先法,从乡镇的角度考虑。(2)先考虑乡镇丁,有7名同学能去乡镇丁,选1人,有7种选法;再从剩余8人中选3人去甲、乙、丙乡镇,有A_8^3种选法。(3)分步相乘,因此所求为$7\times A_8^3=2\ 352$种分配方案。

第三章 逻辑推理

导学教案

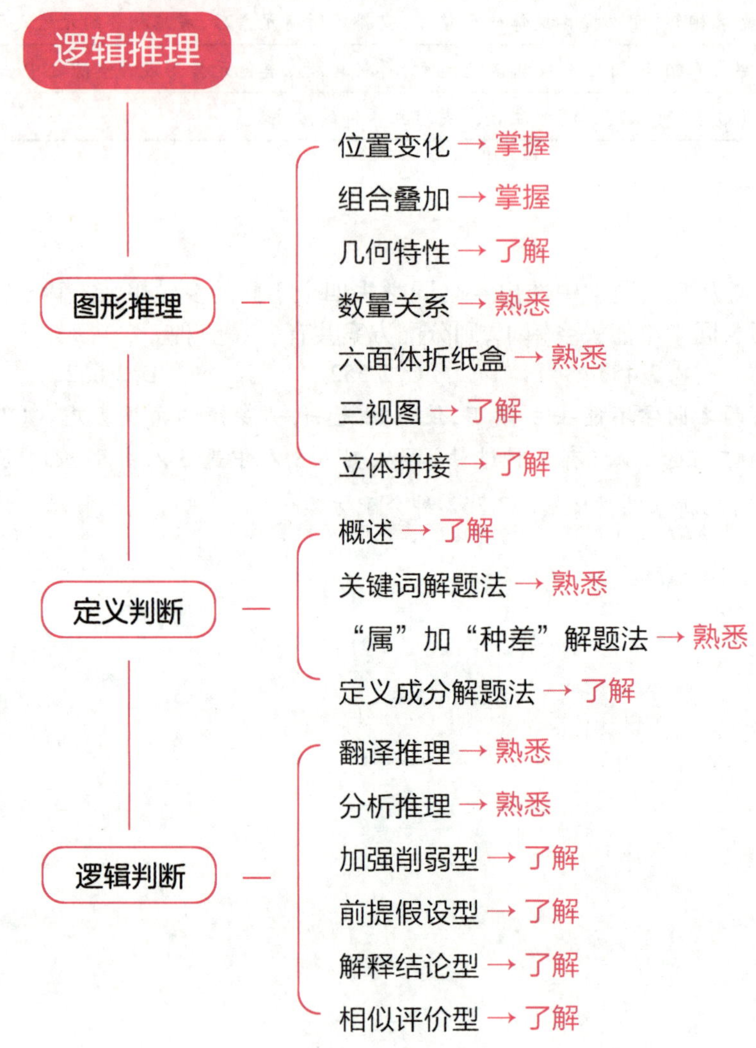

导学课程

第一节 图形推理

一、位置变化

（一）动态位置关系

动态位置关系题的特征及常考点如表 3-3-1 所示。

表 3-3-1 动态位置关系题的特征及常考点

要点	内容
考查动态位置变化的题目，题干图形的特征	最大特征：**图形整体相似，组成元素相同**

（续表）

要点	内容
位置变化的常考考点	(1)平移,主要考查方向和距离。 ①方向:左右、上下、顺逆时针等。 ②距离:格子、半圆、象限等。 (2)旋转,主要考查方向和距离。 ①方向:顺时针、逆时针。 ②距离:度数,如 45、90、180 度等。 (3)翻转:上下翻转、左右翻转

教你一招

如果是多个图形,注意分别逐一来看;若部分无规律,再从整体去观察。

真题精练

【导学例题 1】从所给的四个选项中,选择最合适的一项,使之呈现一定的规律性。(　　)

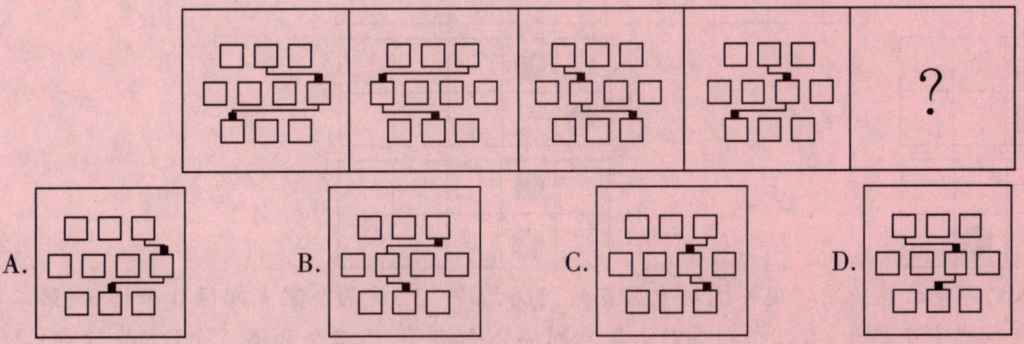

A　【解析】组成元素相同,箭头连接方块的位置变化明显,优先考虑动态位置。从左至右观察,可发现,箭头连接的黑块位置在每行中,每次都是向右移动 1 步,且遵循循环的移动方式,只有 A 项符合。因此,选择 A 项。

【导学例题 2】从所给的四个选项中,选择最合适的一项,使之呈现一定的规律性。(　　)

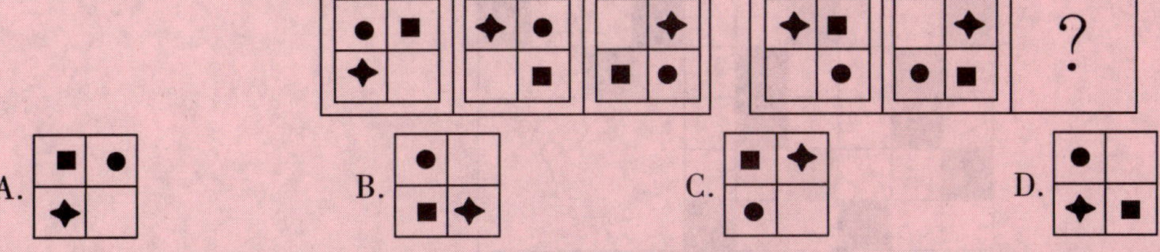

B　【解析】本题考查动态位置—平移。图形组成元素相同,但位置变化明显,故优先考虑动态位置。类比型,第一组找规律,第二组用规律。第一组图形中,从左至右观察发现,图 1 所有元素顺时针平移 1 位得到图 2,图 2 所有元素顺时针平移 1 位得到图 3。第二组应用此规律。只有 B 项符合。故本题正确答案为 B。

(二)静态位置关系

1. 相对位置关系

相对位置关系主要是两个图形的相对位置,可以用一个动态思维去思考,两个图形由远及近逐渐靠近的过程,会呈现下列关系:**相离、外接、相交、内接、内含等**。其中,外接和相交会是考查重点。

如图 3-3-1 所示:第 1 图即为相离,第 2 图为外接,第 3 图为相交,第 4 图为内接(也可称内切)、第 5 图为内含。

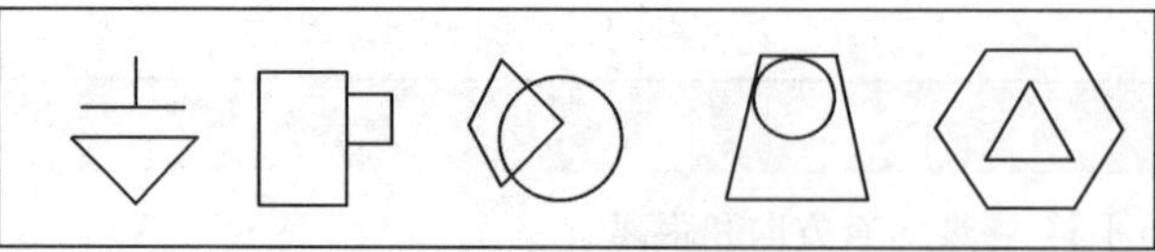

图 3-3-1 相对位置关系

2. 元素分布

考查主要为静态元素的分布关系。如黑白点间隔出现或者其他有规律的呈现,相应考法见导学例题3、例题4。

真题精练

【导学例题 3】下列选项中最符合所给图形规律的是(　　)。

B 【解析】本题考查位置关系。观察图形中黑点的间隔,第一行,前两个黑点间隔 0 个格子,第二个和第三个黑点间隔 1 个格子,第三个和第四个黑点间隔 2 个格子,第四个和第五个(需换行看)黑点间隔 3 个格子,以此类推,第八个黑点和第九个黑点应该间隔 7 个格子,添加的图形左上角应该为空白格子,排除 A、C。最后,第九个黑点和第十个黑点之间应该间隔 8 个格子,所以填入的图形,左下角应该有一个黑点,对应 B 项。

【导学例题 4】下列选项中最符合所给图形规律的是(　　)。

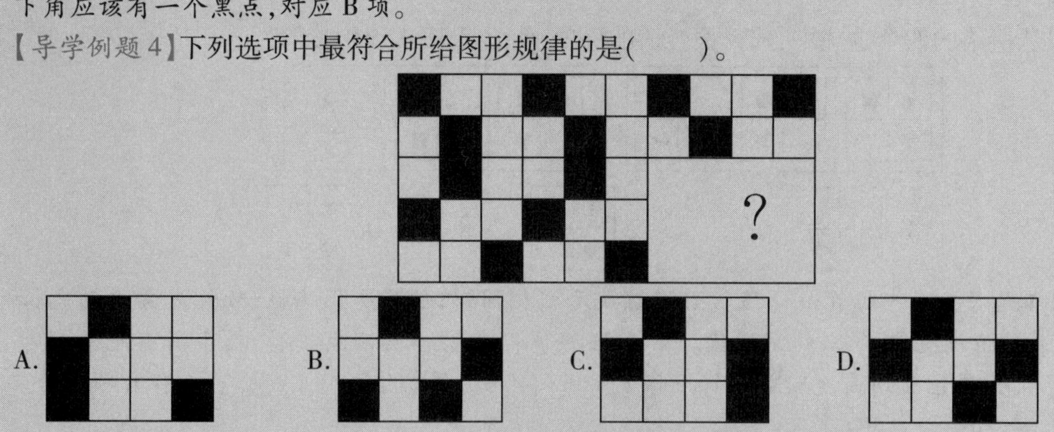

D 【解析】本题考查静态位置关系。图形黑色方块和白色方块间隔出现。优先横看,观察已有图形发现,排布规律为:1 黑 2 白不断交替循环。只有 D 项符合。故答案为 D。

二、组合叠加

组合叠加是指图形之间互相叠加,在叠加的过程中发生了相应线条的增减。组合叠加题的最关键特征与位置关系有些相似,只不过位置关系是组成元素相同,而组合叠加是元素相似。组合叠加包含四种形式:直接叠加、去同存异、去异存同、规律叠加,其中,尤以去同存异和去异存同最为重要。组合叠加题的特征及常考点如表 3-3-2 所示。

表 3-3-2 组合叠加题的特征及常考点

要点	内容
考查组合叠加的题目,题干图形的特征	图形整体相似,组成元素同中有异
组合叠加的常考考点	(1)直接叠加:保留所有线条,只增不减。 (2)去同存异:**去掉相同元素,保留不同元素**。 (3)去异存同:**去掉不同元素,保留相同元素**。 (4)规律叠加: 黑+黑=黑/白 白+白=黑/白 黑+白=黑/白

真题精练

【导学例题5】从所给的四个选项中,选择最合适的一项,使之呈现一定的规律性。(　　)

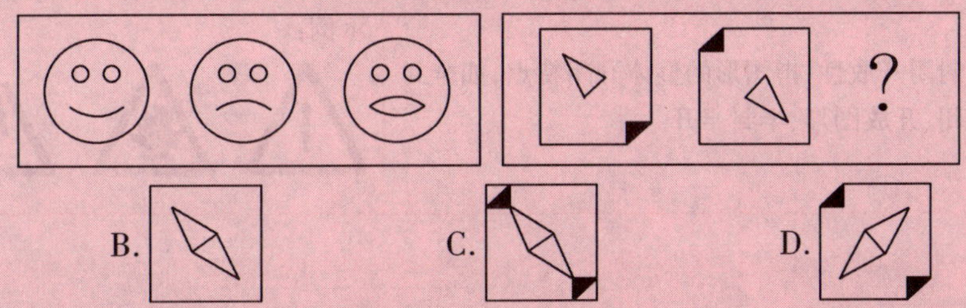

C 【解析】本题考查图形叠加。类比型,第一组找规律,第二组用规律。第一组图形中,从左至右观察,图1、图2叠加得到图3。第二组应用此规律。只有C项符合。故本题正确答案为C。

【导学例题6】从所给的四个选项中,选择最合适的一项,使之呈现一定的规律性。(　　)

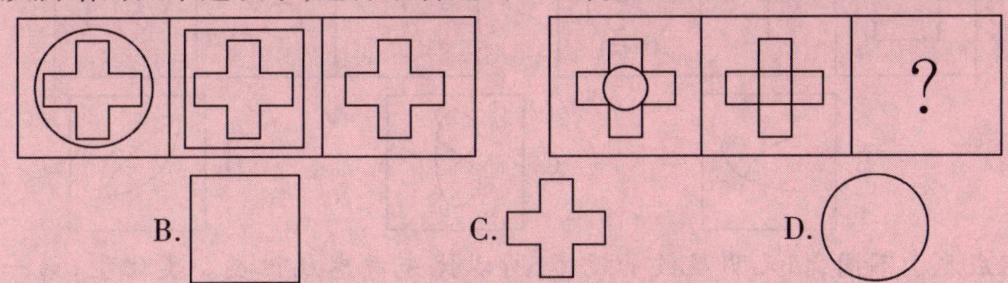

C 【解析】元素组成相似,优先考虑样式规律。观察发现,第一组前两个图形求同后得到第三个图形;第二组应用此规律,故?处应选择由前两个图形求同后得到的图形,只有C项符合。故本题正确答案为C。

由导学例题6可知:

(1)**关注相同线条,相同线条若保留,则为存同,也就是去异存同;相同线条没有,则为去同,去同则为去同存异**。

(2)**关注特殊线条,如果线条较多,无须逐一去看,只需要看个别特殊线条即可**。

三、几何特性

几何特性是指图形样式上本身就具有的特点,是从整体上去观察图形的特点,由图形的外部特征总结出来的规律,包括对称性、直曲性、封闭开放性等。几何特性题的特征及常考点如表3-3-3所示。

表 3-3-3 几何特性题的特征及常考点

要点	内容
考查自身特点的题目,题干图形的特征	**图形整体不相似,图形本身相对规范**

（续表）

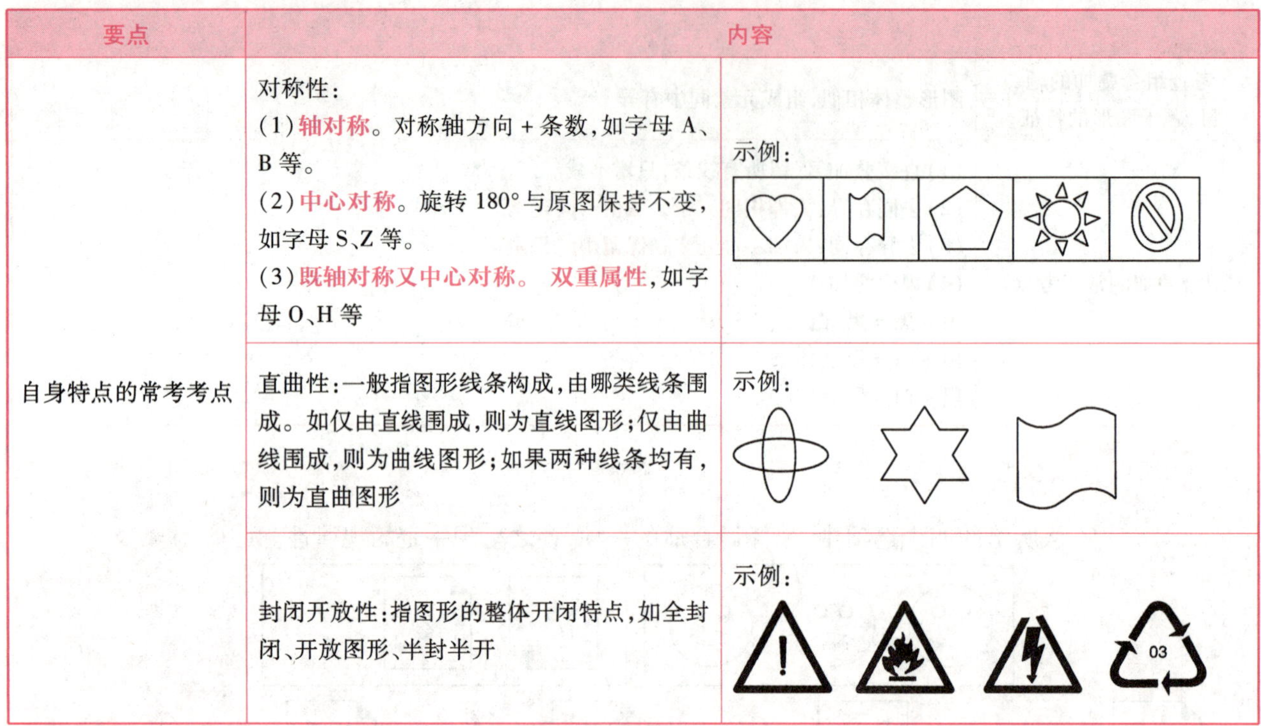

要点	内容	
自身特点的常考考点	对称性： (1)轴对称。对称轴方向+条数，如字母 A、B 等。 (2)中心对称。旋转 180°与原图保持不变，如字母 S、Z 等。 (3)既轴对称又中心对称。双重属性，如字母 O、H 等	示例：
	直曲性：一般指图形线条构成，由哪类线条围成。如仅由直线围成，则为直线图形；仅由曲线围成，则为曲线图形；如果两种线条均有，则为直曲图形	示例：
	封闭开放性：指图形的整体开闭特点，如全封闭、开放图形、半封半开	示例：

真题精练

【导学例题 7】从所给的四个选项中，选择最合适的一项，使之呈现一定的规律性。（　　）

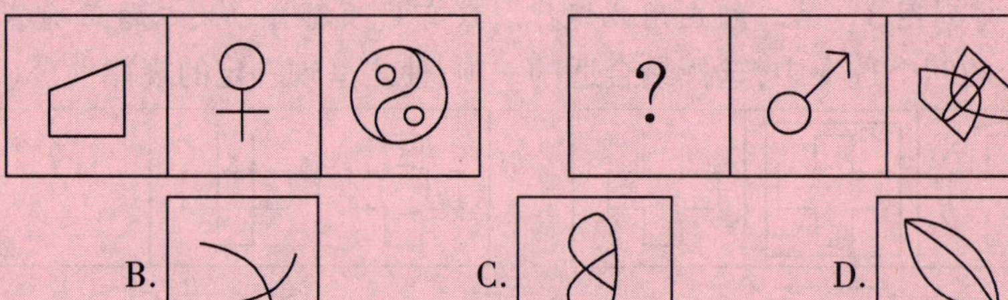

B　【解析】组成元素不同，但无明显数量规律，所以优先考虑属性类。类比型，第一组找规律，第二组用规律。观察第一组图形可知，第一幅图是非对称图形，第二幅图是轴对称图形，第三幅图是中心对称图形。第二组图形应用此规律即可。因为在第二组图形中，第二幅图是轴对称图形，第三幅图是中心对称图形，所以问号处图形应该是非对称图形，只有 B 项符合。因此，选择 B 项。

【导学例题 8】从所给的四个选项中，选择最合适的一项，使之呈现一定的规律性。（　　）

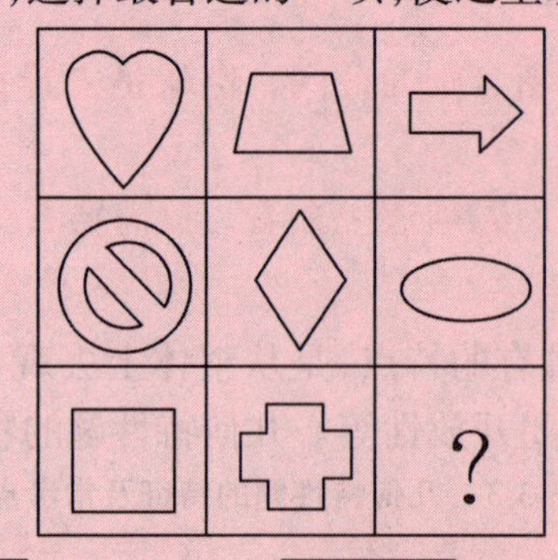

A. 　B. 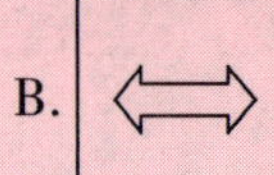　C. 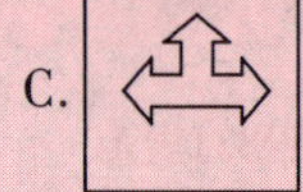　D. 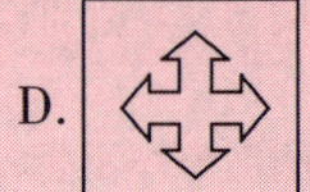

D 【解析】本题考查对称规律。图形组成元素不同,但对称特征明显,故优先考虑对称性。九宫格,优先横看,第一行图形的对称轴数量为1,内在属性一致,第二行图形对称轴数量为2,内在属性一致,第三行前两个图形都有4条对称轴,所以问号处应该为对称轴数量为4的图形。只有D项符合。

【导学例题9】从所给的四个选项中,选择最合适的一项,使之呈现一定的规律性。( )

A. 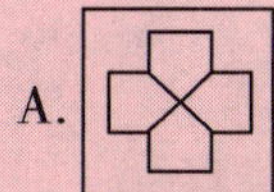 B. 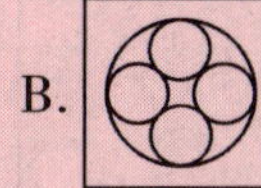 C. 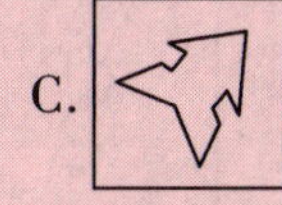 D. 

D 【解析】第一列都是曲线图形;第二列都是直线图形;第三列图形既含有直线,又含有曲线,选项中只有D项符合。

四、数量关系

(一)数量关系的含义、特征

数量关系是通过数题干某些元素数量得出的规律,其特点是:元素组成凌乱,相似度非常低。作答一道数量规律的题目,我们首先要辨别清楚考察对象的具体种类是什么。考试中出现的对象一般有四种,面、线、点、角。接着,需要明确其中数量存在的规律性,最常见的是等差规律,其次是做和规律和循环规律。数量关系是图形推理中的重难点,需要重点加以学习。

考查数量关系的题目,题干图形的特征:**图形整体不相似,图形本身及组成元素没有特点。**

(二)数量关系的常考点

1. 图群

图形呈现的是一堆小图形,一般可以从种类和数量两个方面去数数量。

(1)种类:同类需要合并数。

(2)数量:元素个数。

如图3-3-2所示。

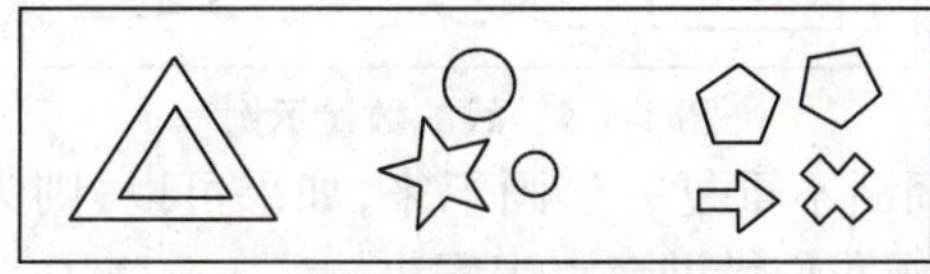

图3-3-2 图群示例

教你一招

这类图形外在特征非常明确,如果看到一堆分散的小图形,则需要考虑图群。

2. 面的数量

"面的数量"主要考点:封闭区间数;部分数。

面是指由封闭线条围成的空白,封闭是面的最基本要求。

如图3-3-3所示,如果要数面,下面图形分别为7、2。

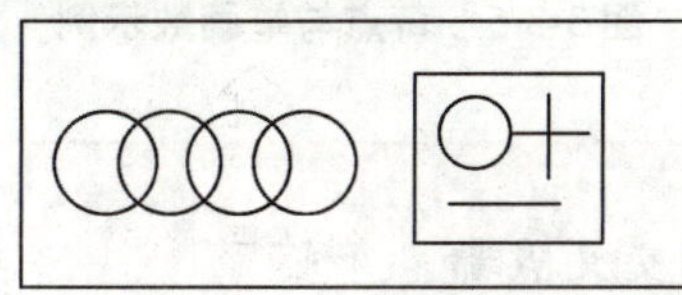

图3-3-3 面的数量示例

真题精练

【导学例题 10】从所给的四个选项中,选择最合适的一项,使之呈现一定的规律性。(   )

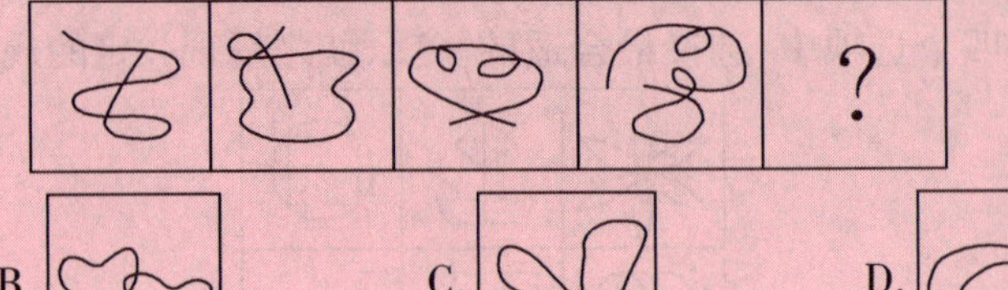

A.　　B.　　C.　　D.

A　【解析】封闭特征明显,优先考虑封闭面个数。观察图形可知,每幅图都有 3 个面,由此排除 C、D 项。继续观察图形可发现,每幅图都是一笔画图形,由此排除 B 项。因此,选择 A 项。

【导学例题 11】从所给的四个选项中,选择最合适的一项,使之呈现一定的规律性。(   )

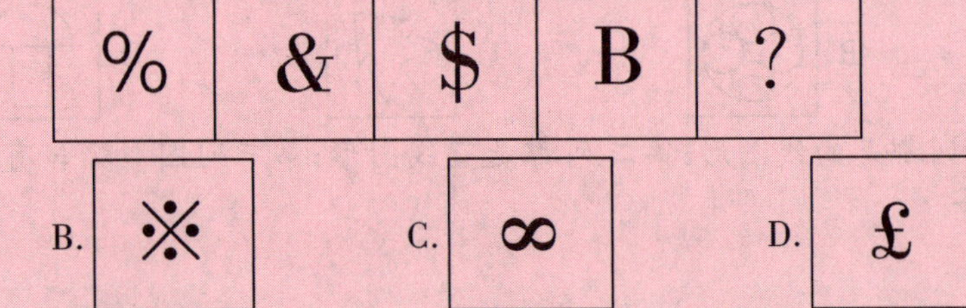

A.　　B.　　C.　　D.

C　【解析】封闭特征明显,优先考虑封闭面个数。观察可知,每幅图的封闭面个数都是 2 个。只有 C 项符合。因此,选择 C 项。

3. 线的数量

(1)所有线:题干中无论直线曲线,都数进去。

(2)直线:仅仅数题干中的直线条。

(3)曲线:仅仅数题干的曲线,注意曲线要求"光滑无拐点"。

(4)特殊线条:内/外部线条数等;平行线。

如图 3-3-4 所示,如果要数所有线分别为:9、4、4。如果要数直线数,分别为:9、0、2。如果要数曲线,分别为:0、4、2。

图 3-3-4　线的数量示例

(5)一笔画。一笔画要求不间断不重复一笔画下来,如果可以,则为一笔画图形;如果不可以,则为多笔画图形。一笔画问题很多时候我们借助奇点来解决。

①**奇点:如果由一点(含端点)引出的线条数为奇数条(1、3、5、7 等),则该点为奇点。**

②**奇点与笔画关系:当奇点为 0 或 2 时,为一笔画图形;当奇点大于 2 时,为多笔画图形,笔画数 = 奇点/2。**

如图 3-3-5 所示,奇点数分别为:2、2、2、4、4。笔画数分别为:1、1、1、2、2。

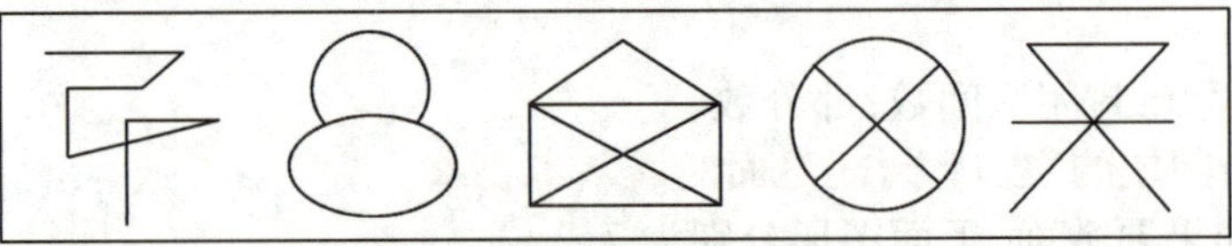

图 3-3-5　奇点与笔画数示例

教你一招

所有端点都是奇点,所有 T 字形交叉点都是奇点。

真题精练

【导学例题 12】从所给的四个选项中，选择最合适的一项，使之呈现一定的规律性。(   )

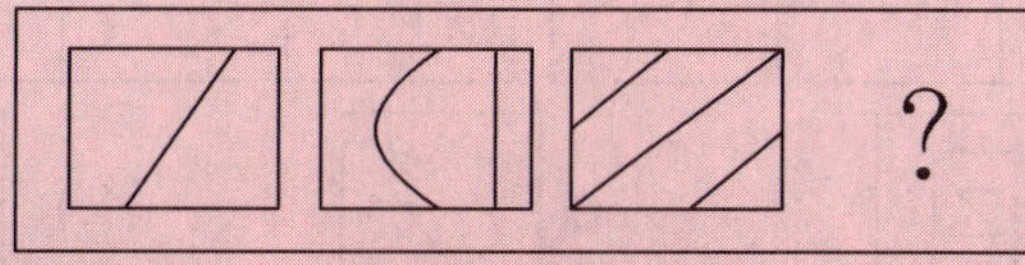

A.  B.  C. 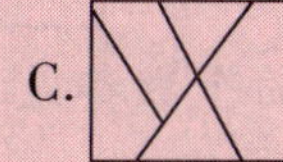 D. 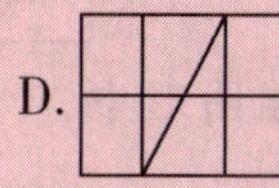

B 【解析】本题考查数量关系——面的个数、线条数。图形组成元素不同，但封闭特征明显，故优先考虑面的个数。顺推型，从左至右观察，发现面的个数依次为2、3、4、?，呈现等差数列规律，所以问号处应该为面的个数为5的图形，排除A、D项。继续观察，发现图形外部轮廓一致，内部线条数依次为1、2、3、?，呈现等差数列规律，所以问号处应该为图形内部线条数为4的图形。只有B项符合。

【导学例题 13】从所给的四个选项中，选择最合适的一项，使之呈现一定的规律性。(   )

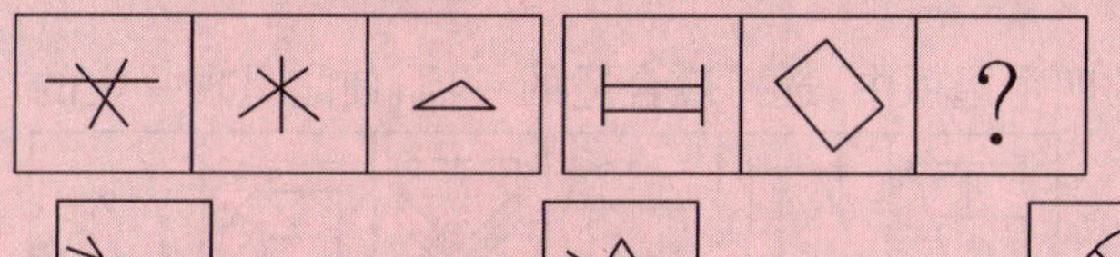

A. 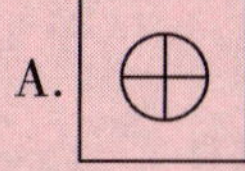 B. 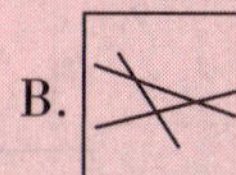 C. 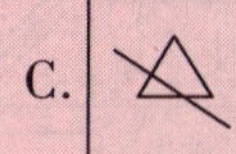 D. 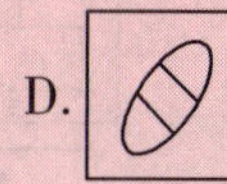

C 【解析】第一组图形中的直线数都是3，第二组图形中的直线数都是4，由此选择C。

4. 点的数量

(1)所有交点：题干中所有类型的交点，都需要数进去。

(2)十字交叉点：**两条线（直曲线均可以）互相露头，则为十字交叉点**。

(3)直曲线交点：**直线与曲线的交点**。

(4)切点：两条线有且仅有一个交点，且两条线相切。

(5)特殊点：在点的考查中，还会出现一些特殊点，如内部点、外部点，内外接触点等。

如图3-3-6所示，三个图形所有交点数分别为8、10、5，十字交叉点数分别为2、5、4，直曲线交点数分别为0、5、2，切点数分别为0、0、1。

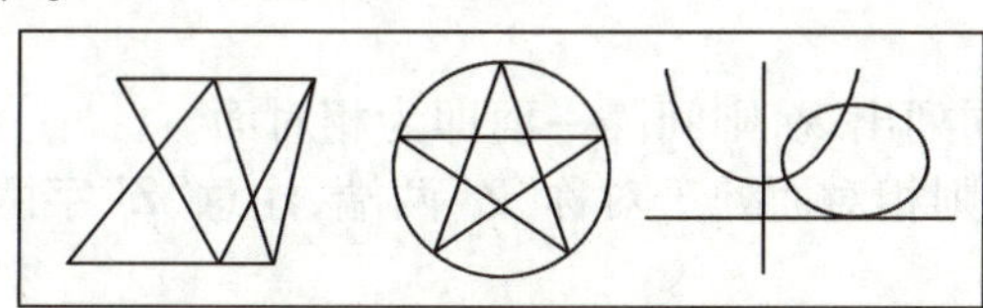

图3-3-6 点的数量示例

真题精练

【导学例题 14】从所给的四个选项中，选择最合适的一项，使之呈现一定的规律性。(   )

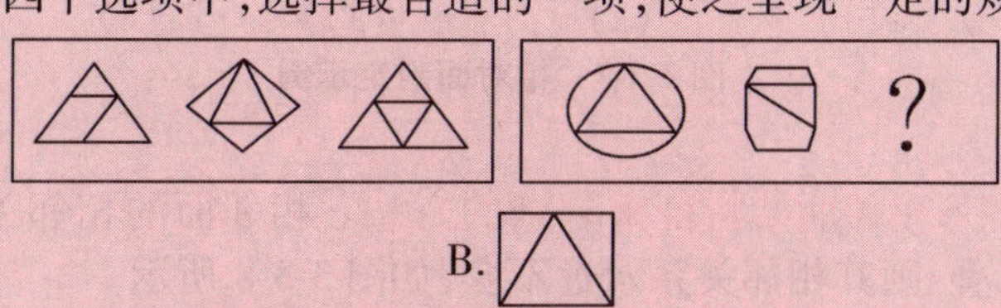

A.  B.

C. D.

B 【解析】每组图形中，内部图形和外部图形都有3个交点，选项中只有B符合。

【导学例题15】从所给的四个选项中,选择最合适的一项,使之呈现一定的规律性。( )

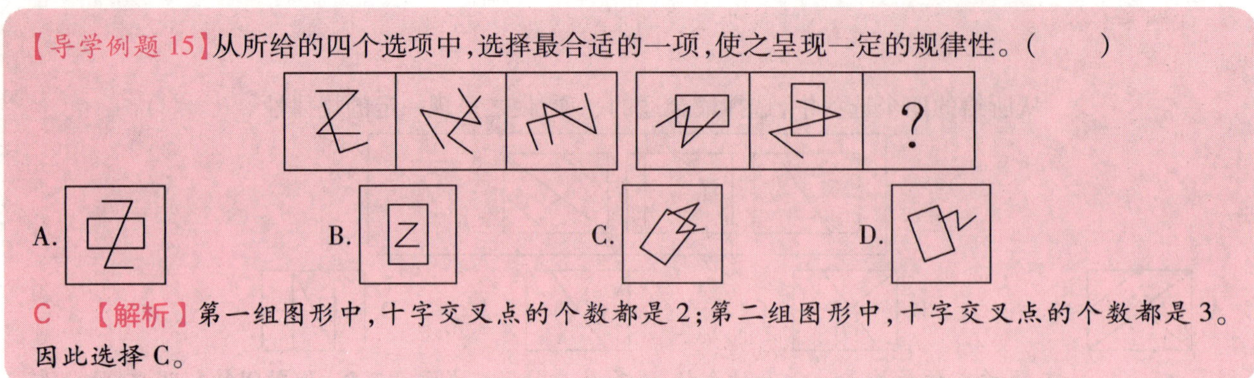

C 【解析】第一组图形中,十字交叉点的个数都是2;第二组图形中,十字交叉点的个数都是3。因此选择C。

5. 角的数量

当图形中只有一个角时,一般考查的是角的度数。当图形出现多个角时,一般考查角的个数。在考查角的个数时,一般只考虑内角,角一般可细化为直角、锐角和钝角。

真题精练

【导学例题16】从所给的四个选项中,选择最合适的一项,使之呈现一定的规律性。( )

C 【解析】图形中的直角数依次是8、7、6、5、4、(3),选项中只有C项是3个直角。

五、六面体折纸盒

(一)相对面排除法

(1)相对面:即在立体图形中相对立的两个面,正六面体存在6个面,两两相对,如上下面、左右面、前后面。

(2)相对面不相邻:相对面一般是相对出现,无论展开和折叠均符合这个特点,如果图中相对面相邻出现,即可判断该图有误。

(3)相对面判定方法:

①如果两个面是同行或者同列出现,则间隔一面即为相对面。

②如果两图非同行或同列,则相对面处于对称"Z"两端,注意"Z"字两端只能间隔一行或一列。如图3-3-7所示。

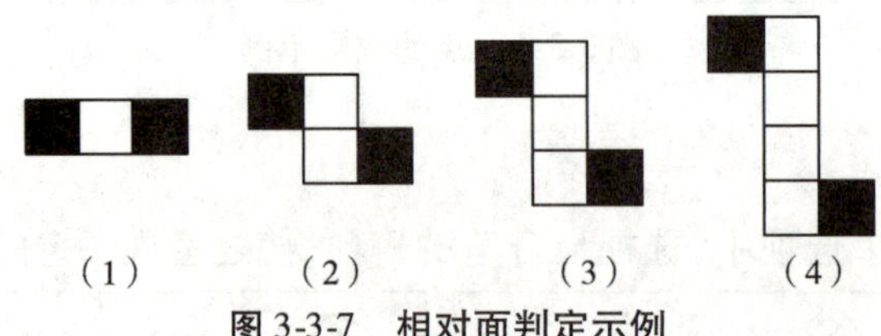

图3-3-7 相对面判定示例

(二)相邻面排除法

相邻面排除法是根据图形相邻面的特征来判别的方法。相邻面的相邻关系永远不变,如在"△"右侧如果为"□",无论展开折叠,则其相邻关系永远不变,如图3-3-8所示。

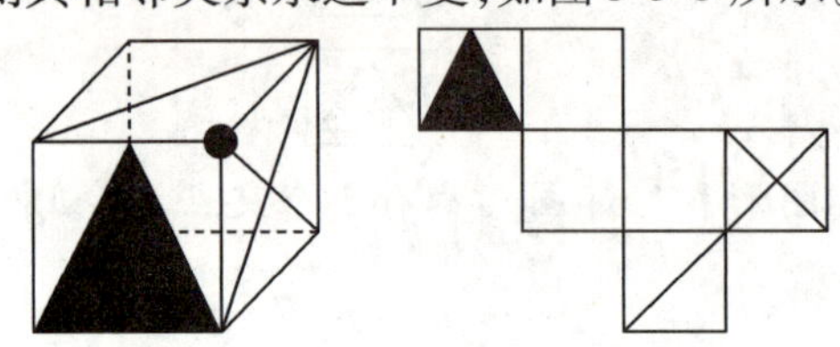

图3-3-8 相邻关系图

如图 3-3-8 所示，正面黑色△右侧应该为交叉线所在的面，而右侧展开图黑色△右侧成为空白面，说明展开图有误。

教你一招

确定特征面要足够特殊，比如三角形、五角星等类型面。

真题精练

【导学例题 17】以下平面图形可以折叠成给定立方体的是(　　)。

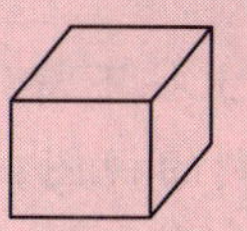

A. 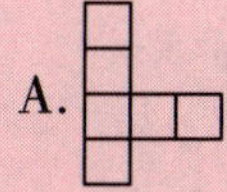　B. 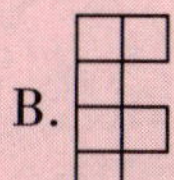　C. 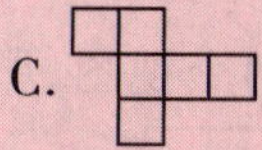　D. 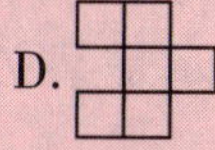

C　【解析】本题考查六面体，可以采用相对面法。平面展开图能构成六面体的前提是必然有 3 对互不重合的相对面。A 项只有 2 对互不重合的相对面，不可能构成六面体；B 项只有 2 对互不重合的相对面，不可能构成六面体；C 项有 3 对互不重合的相对面，可以构成六面体；D 项只有 2 对互不重合的相对面，不可能构成六面体。

【导学例题 18】下图给定的是纸盒外表面的展开图，下列选项中，(　　)是由它折叠而成。

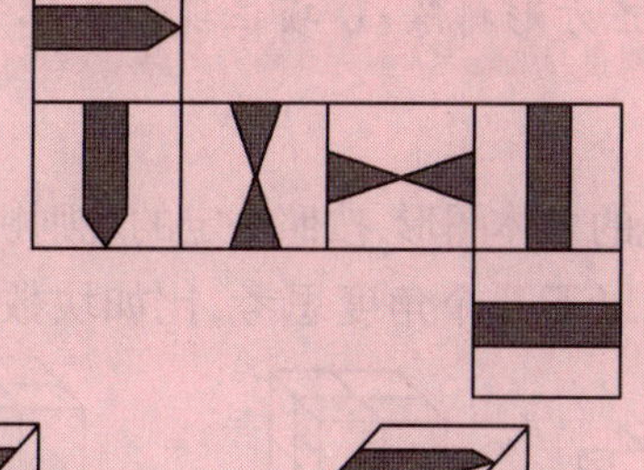

A. 　B. 　C. 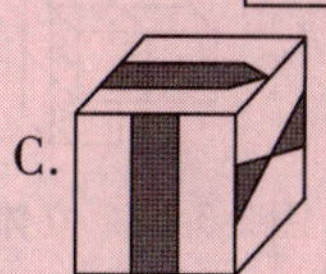　D. 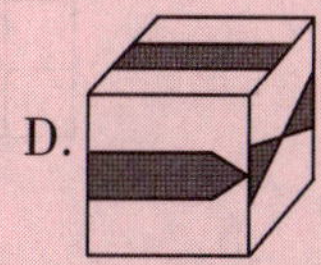

B　【解析】本题考查六面体折纸盒，可以采用相邻面法。A 项正面图形与右侧面在展开图中为平行关系，而在 A 项为垂直关系，排除。B 项，可以把底面向左侧旋转一个面，从左向右侧看，即为 B 项。C 项，上面图形尖端与右侧面倒三角的方位错误，上面图形的尖端不可能指向右侧面倒三角的中间位置。D 项，当正面和右侧面正确的时候，其顶面图形有误，排除。故正确答案为 B。

六、三视图

三视图指的是立体图形的**正视图、俯视图和左视图**，如图 3-3-9 所示。解题逻辑：从实线和虚线想象几何体看得见部分和看不见部分的轮廓线，外框遮住内部时能看到的只有外框。

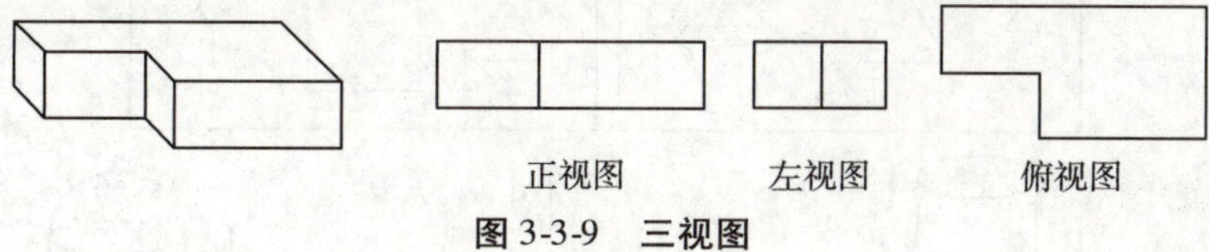

图 3-3-9　三视图

真题精练

【导学例题 19】以下哪一项是给定立体图形的俯视图和左视图？（　　）

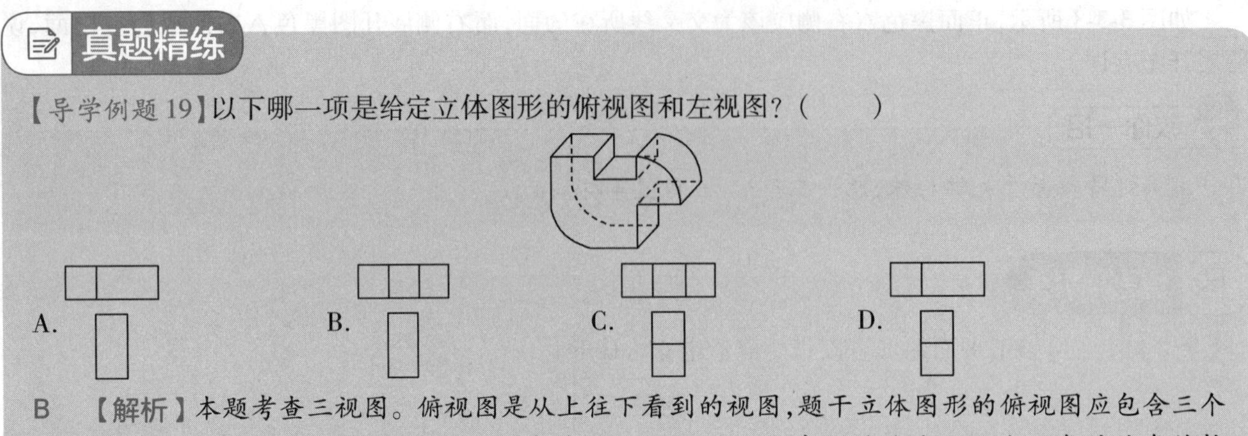

B 【解析】本题考查三视图。俯视图是从上往下看到的视图，题干立体图形的俯视图应包含三个正方形，排除 A、D 项；左视图是从左往右看到的视图，立体图形中间的缺块以及右下角的缺角被挡住，只能看到一个长方形，排除 C 项。

【导学例题 20】如图所示是某立体图形的两个视图，那么该立体图形是（　　）。

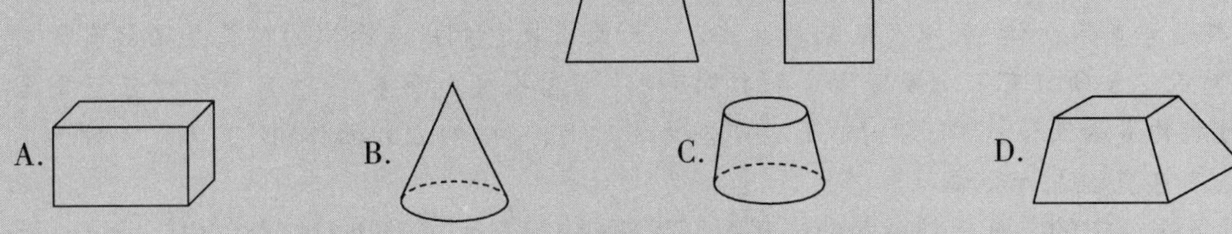

D 【解析】本题考查三视图。A 项的视图不可能有梯形，排除；B 项的三视图不可能有梯形和正方形，排除；C 项的三视图不可能有正方形排除；D 项正视图为梯形，俯视图为正方形。

七、立体拼接

立体拼接问题就是给一些比较杂乱的立体图形，按照一定的规则拼接成一个立体图形，这些题目对空间想象能力要求比较高，属于难点。可以从以下几个角度思考，比如块数、层数、特殊性等，如图 3-3-10 所示。

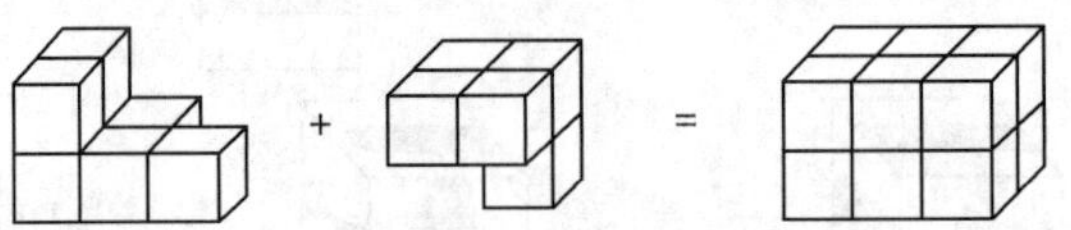

图 3-3-10　立体拼接图

常见解题方法：

（1）数方块。如果选项中方块数量不一致，可以考虑数方块数量，缺多少补多少。

（2）看层数。可以观察图形最高有几层，超出限制即为不符合。

（3）特殊元素。以其中一两个特殊元素为基准点，把现有图形给拼接好，另外去看所需图形的轮廓。

真题精练

【导学例题 21】从所给的四个选项中，选择最合适的一项，使之呈现一定的规律性。（　　）

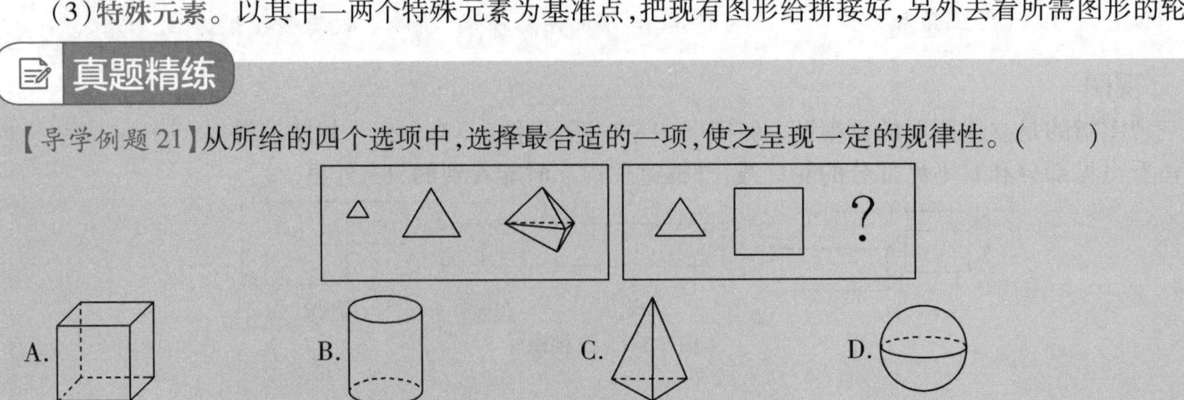

A 【解析】本题考查立体拼接。两段式，第一段找规律，第二段用规律。第一段图形中，从左至右观察发现，图 2 由 4 个图 1 拼合而成，图 3 由 6 个图 2 拼合而成。第二段应用此规律。第二段的图 2 由 4 个图 1 拼合而成，所以问号处应该为 6 个图 2 拼合的图形，只有 A 项符合。

【导学例题 22】下图给定的立体图形由 12 个白色和 3 个黑色的小正方体构成，缺失的立体图形最有可能是(　　)。

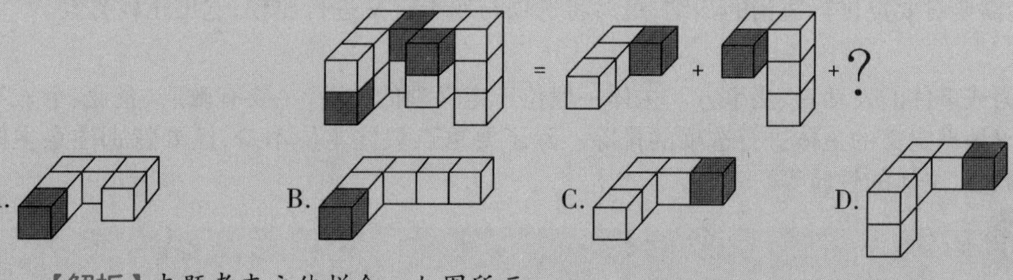

A　【解析】本题考查立体拼合。如图所示：

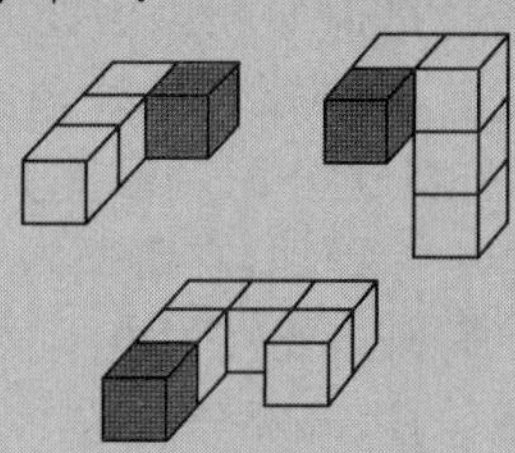

故答案为 A。

【导学例题 23】下列哪个选项可与①和②组成一个长方体？(　　)

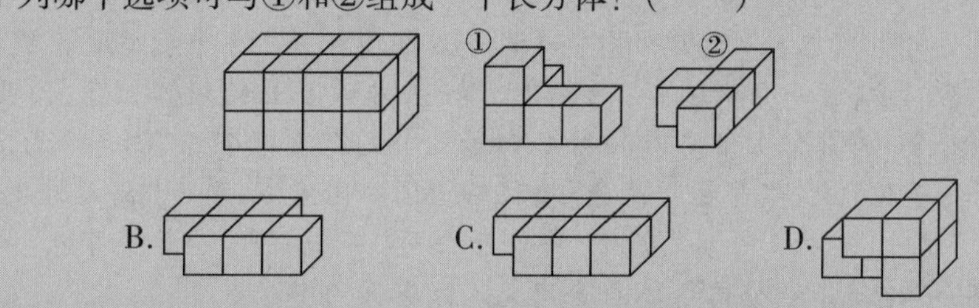

D　【解析】如图所示，对于本题，可以首先数方块，拼成图形方块数为 16，①为 5 块，②为 4 块，需要再补 7 块，据此可以排除 A、B 两项。接着，可以以①为基准，将②拼到①的上层，此时，第一层缺 4 块，第二层缺 3 块，所以排除 C 项。故正确答案为 D 项。

第二节　定义判断

一、概述

定义判断主要考查短时间内的领悟能力以及运用标准进行判断的能力。通常，每道题先给出定义，然后列出四种情况，要求严格依据定义，从中选出一个最符合或最不符合该定义的答案。

定义判断题具有以下三个特点：

(1)定义本身不容置疑。题干给出的这个定义被假设是正确的，不容置疑的。要准确理解定义的内涵和外延，不要犯“定义过宽”或“定义过窄”的错误。

(2)定义内容广泛。定义判断的内容主要包括政治学、法律学、经济学、社会学、心理学、教育学等，也可能涉及文学、逻辑学、自然科学等领域(如理、化、生、医等)，但总体上以人文社科类居多。

(3)提问形式有肯定型和否定型两种。前者是选出一个最符合该定义的选项，后者是选出一个最不符合该定义的选项。

知识拓展

定义判断不是判断定义的正误，而是根据定义的内涵和外延进行全面的理解、分析、判断，选出最符合题意的选项。

二、关键词解题法

分析所给定义的要点，可通过题干的关键词快速定位要点信息，如主体、客体、目的、原因、条件、手段、结果等，有时还需要对要点进行适当的归纳，最后将选项与题干定义进行比较，选出正确答案。

（一）主体

主体，就是行为或事件的发动者、当事方。主体一般位于定义项的前面，主要有政府、企业、个人等三类主体。因此，可以根据定义的主体进行选项的排除。除了要重点关注主体本身，还要特别注意主体的修饰词，如主体的数量、主体的性质等。

真题精练

【导学例题 24】外包是一种战略管理模式，是指企业为维持核心竞争能力，将非核心业务委托给外部的专业公司，以降低营运成本、提高顾客满意度。离岸外包是外包的一种形式，是指企业将某项业务委托给海外的某个服务提供商或者公司在海外的子公司。根据上述定义，下列不属于外包的是（　　）。

A. 某家企业的一个项目需要 5 名高级电子工程师，它请国内一家人力资源公司帮助招聘

B. 美国某家公司的一个项目有大量文字资料需要转为电子文本，它请一家中国的公司来完成

C. 某公司承建中东某个国家的钢厂，工程的运输部分由这个公司的海外子公司——海运公司承担

D. 某家建筑工程公司承建某学校的一座教学楼，该校委托另外一家公司进行教学楼的室内装修工作

D　【解析】第一步，抓住定义中的关键词。"外包"的关键词是"企业"（主体）、"将非核心业务""委托给外部专业公司"（对象），"离岸外包"强调将业务委托给"海外某个服务提供商或者公司在海外的子公司"。第二步，逐一分析选项。A 项"招聘"并非该企业的核心业务，因此"企业请人力资源公司帮助招聘"符合"将非核心业务委托给外部专业公司"，A 项符合"外包"的定义；B 项中美国企业将"文字资料电子化"这一"非核心业务"委托给中国公司完成，符合"离岸外包"的定义；C 项中公司将"运输部分"这一"非核心业务"交给"海外子公司"完成，符合"离岸外包"的定义；D 项委托人是"学校"，而不是"建筑工程公司"，不符合定义。故答案为 D。

（二）客体

客体，是指行为或事件的承受者、被指向者，也就是我们通常所说的对象。

【示例】同理心是指在人际交往过程中，能够体会他人的情绪和想法，理解他人的立场和感受，并站在别人的角度思考和处理问题的能力。根据以上定义，下列不属于同理心的是（　　）。

A. 己所不欲，勿施于人　　B. 设身处地，感同身受

C. 推己及人，将心比心　　D. 物我两忘，心无旁骛

D　【解析】第一步，提取定义的关键词，"同理心"的关键词是"体会他人的情绪和想法，理解他人的立场和感受""站在别人的角度"。定义的客体是"他人"。第二步，逐一分析选项。A 项"己所不欲，勿施于人"指自己不愿意要的，不要强加于别人；B 项"设身处地，感同身受"指设想自己处在别人的境地，就像自己亲身领受到一样；C 项"推己及人，将心比心"指从自己的利与害想到对别人的利与害，多替别人着想。A、B、C 三项均符合关键词。D 项"物我两忘，心无旁骛"指创作时艺术家这个主体与创作对象这个客体浑然为一而兼忘的境界，不存在"体会他人的情绪和想法，理解他人的立场和感受"的意思，故正确答案为 D。

（三）目的

有些定义中会明确指出其目的，即主观要素，也就是行为者主观上具有什么样的动机、意图，追求一种什么样的目的。常见提示词有"达到……目的""为了……""确保……"等。

【示例】"饥饿营销"是指商品提供者有意调低产量，以期达到调控供求关系、制造供不应求的"假象"、维持商品较高售价和利润率的目的。饥饿营销比较适合一些单价较高、不容易形成单个商品重复购买的行业。根据上述定义，下列属于饥饿营销的是（　　）。

A. 某厂商设计了新款笔记本电脑，与该品牌以往的一贯风格相差甚远，该厂商不确定是否能被市场接受，限量生产了 3 万台，上市后市场反应异常火爆，供不应求

B. 某汽车品牌推出新款，很多人排队等候，甚至愿意加价购买，厂家宣称该款汽车产量有限，一直限量限售，以扩大"热销"影响

C. 某品牌一款经典白球鞋，一直销量稳定，近期受时尚界刮起的“怀旧风”影响，白球鞋销量大增，供不应求

D. 近期高档白酒滞销，某知名品牌白酒生产商为保证效益，主动限产，调高售价，销售额未出现明显下滑

B 【解析】第一步，提取定义关键词。“饥饿营销”的关键词是“商品提供者”(主体)、“有意调低产量”(方式)、“制造供不应求的‘假象’”“维持商品较高售价和利润率”(目的)。第二步，逐一分析选项。A 项，限量生产 3 万台电脑是因为不确定是否能被市场接受，而不是有意调低产量，不符合“有意调低产量”，排除；B 项，很多人排队等候甚至加价，厂家却限量销售，以扩大“热销”，符合定义“商品提供者有意调低产量”“制造供不应求的‘假象’”“维持商品较高售价和利润率的目的”等关键词，当选；C 项，刮起“怀旧风”，所以经典白球鞋供不应求，没有体现出关键词“商品提供者有意调低产量”，不符合定义，排除；D 项，白酒生产商限产是因为高档白酒滞销，为保效益，所以限产，不符合关键词“商品提供者有意调低产量”“制造供不应求的‘假象’”，不符合定义，排除。故正确答案为 B。

(四)原因

有些定义规定了某些行为的原因，这类信息一般也是定义的要点。常见提示词有“由于……”“出于……”等。

【示例】政策性收益是指由于某些政策、法规的变动而导致的个体收益，这种收益不会导致整个社会财富的增长，只会导致整个社会财富的重新分配。根据上述定义，下列涉及政策性收益的是(　　)。

A. 由于市相关部门联合整治经营环境，小张经营的书店效益明显好转，每月营业额增加 5 000 元

B. 歹徒意欲行凶，小王挺身而出制服了歹徒，因此获得市政府见义勇为奖 5 万元

C. 由于国家加大西部开发力度，某县获得了 5 000 万元专项水利建设基金

D. 由于利率调整，小李的存款利息比此前每月增加 100 元

D 【解析】第一步，抓住定义的关键词。政策性收益的关键词是“由于政策、法规的变动”(原因)、“个体收益”(结果)。第二步，逐一分析选项。A 项、B 项都不是由于政策、法规的变动引起的，不符合原因要件，排除；C 项某县获得的专项水利建设基金不符合结果要件；D 项“利率调整”属于“政策、法规的变动”，小李的存款利息增加属于“个体收益”。所以，正确答案为 D。

(五)条件

有些定义中还包含了一些前提条件或者对主客体的限定。常见提示词有“以……为前提”“以……为基础”“在……条件下”“……时”等。定义中出现的条件常以定语或状语的形式出现，要特别注意时间、场合等特殊条件。

【示例】网络犯罪，是指在网络空间内以计算机网络为犯罪工具或攻击对象的危害社会的行为，它具有犯罪现场和空间的虚拟性、犯罪行为的隐蔽性和犯罪手段的智能性等特点。下列行为中不属于网络犯罪的是(　　)。

A. 张某开办某网站，在网上提供色情电影 120 部，访问量达数千人

B. 李某与某女网民“裸聊”，在对方不知情的情况下，抓拍多张对方裸体照片，通过 E – mail 向对方寄送照片并敲诈 5 000 元

C. 大学生王某利用在某网络公司工作之机，进入游戏数据库，窃取可以交换游戏时间的“金币”，并在网络中叫卖，获得非法收入

D. 赵某与女大学生刘某数次在网上聊天，两人彼此都有好感，于是约定见面聊天，见面后赵某见刘某非常漂亮顿生邪念，将刘某拖到僻静处对其实施强暴

D 【解析】第一步，提取定义的关键词。“网络犯罪”的关键词是“在网络空间内”(地点条件)、“以计算机网络为犯罪工具或攻击对象”(手段)。第二步，逐一对比选项。A 项是以计算机为工具，以牟利为目的，实施的传播淫秽信息的犯罪行为。B 项是以计算机为工具实施的敲诈勒索的犯罪行为。C 项是以计算机为犯罪工具实施的盗窃行为。D 项是现实当中的犯罪行为，不符合“在网络空间内”的要件，故本题正确答案为 D。

(六)方式、方法或手段

有些定义还包含了方式、方法或手段的关键信息。常见提示词有“通过……方式”“通过……手段”等。

【示例】非语言沟通是相对于语言沟通而言的，是指通过身体动作、体态、语气语调、空间距离等方式交流信息，进行的沟通过程。在沟通中，信息的内容部分往往通过语言来表达，而非语言则作为提供解释内容的框架，来表达信息的相关部分。根据上述定义，下列不属于非语言沟通的是（　　）。

A. 交警向驶入路口的车辆打出通行的手势

B. 接受采访时，小丽有意降低语速，显得很自信

C. 废墟下传来了求救者断断续续的敲击声

D. 谈判陷入僵局，双方代表都身体后靠，拉开距离

C【解析】第一步，提取定义的关键词。"非语言沟通"的关键词是"通过身体动作、体态、语气语调、空间距离等方式""沟通"。第二步，逐一分析选项。A 项中的"手势"，B 项中的"降低语速"，D 项中的"身体后靠，拉开距离"都符合要件，也都是"沟通"的过程。C 项中的"敲击声"没有体现"交流信息、沟通"，所以答案选 C。

（七）结果

有些定义还会明确指出要达到什么样的结果，常见提示词有"造成……""导致……"等。

【示例】危险犯，指行为人实施的危害行为造成法律规定的危险状态作为既遂标志的犯罪。这类犯罪不是以造成物质性的和有形的犯罪结果为标准，而以法定的客观危险状态的具备为标志。根据上述定义，以下属于危险犯的是（　　）。

A. 猥亵儿童　　B. 商业诈骗　　C. 诬告陷害　　D. 醉酒驾驶

D　【解析】第一步，提取定义关键词。"危险犯"的关键词是"行为人（主体）实施的危害行为""造成法律规定的危险状态作为既遂标志"（结果）、"不以造成物质性的和有形的犯罪结果为标准"。第二步，逐一分析选项。A 项，猥亵儿童是指以刺激或满足欲求为目的，对儿童实施淫秽行为，它是以"有形的犯罪结果"为标准的，不符合定义，排除；B 项，商业诈骗是指一些以欺诈、瞒骗或违反信用为手法的非法行为，而此等行为则不以威胁或实际行使武力或暴力以达到目的，是以"造成物质性的犯罪结果"为标准，不符合定义，排除；C 项，诬告陷害是指捏造事实，作虚假告发，意图陷害他人，使他人受刑事追究的行为，是一种"有形的犯罪结果"，不符合定义，排除；D 项，醉酒驾驶是指车辆驾驶人血液中的酒精含量大于或者等于 80mg/100mL 的驾驶行为，只要是驾驶了车辆，无需产生物质性和有形的犯罪结果就可以作为既遂标志，符合定义，当选。所以，正确答案为 D。

三、"属"加"种差"解题法

通过揭示概念最邻近的"属"概念和"种差"来明确概念内涵，就是"属"加"种差"解题法。可用公式表示：被定义项 = 种差 + 临近的属概念。

（1）被定义项的邻近属概念，即比被定义概念范围更大、外延更广的概念，以确定被定义概念所反映的对象属于哪一类事物。

（2）被定义项的种差，即指被定义项的这个种概念与同属于其他同级种概念在内涵上的差别，这种差别也就是被定义概念所反映的对象同其他对象的本质区别。

（3）把被定义项同属加种差构成的定义项用定义联项联结起来，构成完整的定义。比如：商品（被定义项）= 用来交换（种差）+ 劳动产品（邻近的属概念）。

"属"加"种差"解题法可从以下两个方面入手：

（1）从定义项的"属"入手，如果备选选项不属于"属"的范畴，即可直接排除。

（2）从定义项的"种差"入手，如果备选选项不属于"种差"所描述的本定义的特征，也可直接排除。

真题精练

【导学例题 25】密码焦虑症：指现代人在日常生活中被银行卡、手机、登录网址、进入小区等密码包围、困扰而引起的心理焦虑症状。下列属于密码焦虑症的是（　　）。

A. 张先生酷爱上网，平日购物、看电影、看书及与朋友通信、聊天都通过网络来实现，好在他将所有的登录密码都设成了自己的生日，因而也就没有感到特别的不方便

B. 王厂长为保障工厂安全，给厂门加装了密码锁，要求员工输密码进厂，但又担心员工将密码泄露给外人，为此他经常提醒保安，要认识本厂所有员工，不要让外人进来

C. 金女士从来不用网银，总担心网银虽有密码保障，但还是不安全，说不定哪天被网络黑客盗取了密码，自己的银行存款就可能不翼而飞，惹来一身的麻烦

D. 从乡下来到儿子家养老的李大爷，几年来最闹心的事就是不敢外出，因为小区大门、所住的大楼单元门及自家大门都有不同的密码，生怕自己记不清，一出门就回不了家

D 【解析】第一步，提取种差。“密码焦虑症”的种差是“现代人”“日常生活”“被各种密码包围、困扰”。第二步，提取邻近属概念。“密码焦虑症”的邻近属概念是“心理焦虑症状”。第三步，逐一分析选项。A 项，张先生虽被密码包围，但没有心理焦虑症状，排除。B 项，王厂长要求员工输密码进厂，并没有体现他自身日常生活被密码包围而产生的心理焦虑。C 项，金女士不用网银没有体现出“被密码包围”的“心理焦虑症状”，排除。D 项，李大爷被密码包围，感觉很闹心，符合定义的种差和临近属概念，是正确答案。

四、定义成分解题法

依据定义的成分进行解题：

(1) **明确定义的内涵，抓住定义的本质属性。**

(2) **明确定义的外延，抓住定义本身包括的事物范围。**

(3) **利用定义的内涵和外延逐一分析选项，确定正确答案。**

【示例】时间知觉是对客观现象延续性和顺序性的感知。时间知觉的信息，既来自于外部，也来自内部。外部信息包括计时工具，也包括宇宙环境的周期性变化。内部信息是机体内部的一些有节奏的生理过程和心理活动。根据上述定义，下列没有包含时间知觉信息的是(　　)。

A. 东边日出西边雨，道是无晴却有晴　　B. 三更灯火五更鸡，正是男儿读书时

C. 人有悲欢离合，月有阴晴圆缺　　D. 月出惊山鸟，时鸣春涧中

A 【解析】第一步，明确定义的内涵。“时间知觉”的内涵是“对客观现象延续性和顺序性的感知”。第二步，明确概念的外延。“时间知觉”的外延包括外部信息(如计时工具、宇宙环境的周期性变化)和内部信息(机体内部的一些有节奏的生理过程和心理活动)。第三步，逐一分析选项。A 项，“东边日出西边雨，道是无晴却有晴”出自刘禹锡的《竹枝词》，是以多变的天气形成谐音双关，“东边日出”是“有晴”，“西边雨”是“无晴”。“晴”和“情”谐音，是“有情”“无情”的隐语。不能体现时间信息，当选。B 项，“三更灯火五更鸡，正是男儿读书时”出自颜真卿的《劝学诗》，意思是每天三更半夜到鸡啼叫的时候，是男孩子们读书的最好时间，“三更”“五更”是外部信息的计时。C 项，“人有悲欢离合，月有阴晴圆缺”出自苏轼的《水调歌头》，意思是人世间总有悲、欢、离、合，像天上的月亮有阴、晴、圆、缺一样。“阴晴圆缺”属于外部信息的宇宙的周期性变化。D 项，“月出惊山鸟，时鸣春涧中”出自王维的《鸟鸣涧》，意思是月亮升起，惊醒睡在树上的山鸟，鸟鸣声在山涧中回荡。“月出”可以看作是外部信息的宇宙的周期性变化。B、C、D 三项都包含了时间知觉信息。

第三节 逻辑判断

一、翻译推理

(一) 直言命题

1. 含义

直言命题是断定对象具有或者不具有某种性质的命题(表达一个简单判断的命题)。如小明很高，小李很胖，小王不够帅等，均是直言命题。

2. 直言命题的分类

直言命题可以根据其描述数量和肯否形式，对其进行分类，如表 3-3-4 所示。

表 3-3-4　直言命题的分类

主要形式	示例
某个 A 是 B	这朵菊花是黄色的
某个 A 非 B	这朵菊花并不是黄色的

（续表）

主要形式	示例
有些A是B	有些菊花是黄色的
有些A非B	有些菊花不是黄色的
所有A是B	所有菊花是黄色的
所有A非B	所有菊花不是黄色的

知识拓展

在这里，需要提醒大家，逻辑中的“有些”并不强调多数，只要“有”就可以，通俗点讲，有些=有≥1即可。

3. 直言命题的矛盾关系

（1）含义：对于同一对象的两个命题，**永远都满足一真一假**，则这两个命题互为矛盾关系。

如A：小王是男生　　　A：今天是星期三

B：小王是女生　　　B：今天是星期五

注意：第一组是矛盾关系，因为小王要么是男，要么是女，两个命题必然一真一假；而对于第二组，则可以全假，比如今天星期二，所以两者并不是矛盾关系。

（2）直言命题的矛盾命题：直言命题有6种分类，可以分为3组矛盾形式，如表3-3-5所示。

表3-3-5　直言命题的矛盾命题

原命题	矛盾命题
某个A是B	某个A非B
有些A是B	所有A非B
所有A是B	有些A非B

教你一招

注意两个互变：

①是与非要互变；有些与所有要互变。

②某个仅变是与非。

真题精练

【导学例题26】实验室有四个烧杯，每个烧杯下放置一张小纸条：第一个写着“所有的烧杯中都有硫酸”；第二个写着“本杯是氯化钠”；第三个写着“本杯不是水”；第四个写着“有些烧杯中没有硫酸”。如果这四个烧杯对应的话只有一句是真的，那么以下哪项必定为真？（　　）

A. 第一个烧杯中是硫酸　　　B. 第二个烧杯中是氯化钠

C. 第三个烧杯中是水　　　D. 第四个烧杯中不是硫酸

C　【解析】首先，只有一句为真，识别为矛盾类问题。第一个烧杯上的话和第四个烧杯上的话矛盾，必有一真一假，结合“四个烧杯对应的话只有一句是真的”可知第二个和第三个烧杯上的话均为假，由第三个烧杯上的话为假可知第三个烧杯中是水。

【导学例题27】四个好朋友相约在孤岛进行野外生活体验一个月，随后他们对这次活动有如下对话：

甲：我们四个都没有坚持一个月。

乙：我们四个中有人坚持了一个月。

丙：乙和丁至少有一人没有坚持一个月。

丁：我没有坚持一个月。

如果四个人中有两人说的是真话，两人说的是假话，则下列说法正确的是（　　）。

A. 说真话的是甲和丁　　　B. 说真话的是乙和丙

C. 说真话的是甲和丙　　　D. 说真话的是乙和丁

B 【解析】甲和乙的话为矛盾关系，必有一真一假，根据四人中有两人说真话、两人说假话，可知丙和丁的话也必有一真一假。假设丁的话为真，则丙的话也为真，那么与丙和丁的话一真一假相矛盾，因此丁的话为假，丙的话为真，丁坚持了一个月，乙没有坚持一个月，进而推出甲的话为假，乙的话为真，因此说真话的是乙和丙。

教你一招

当题干出现“只有一真/只有一假”，即可判定为矛盾类考题。秒杀技巧：一找二绕三回（矛盾）。
当题干出现“两真两假”时。秒杀技巧：一找二绕三假设。

4. 直言命题的推出关系

(1)推出关系：对于同一对象的两个命题 A、B，如果 A 为真，必然导致 B 为真，那么 A、B 存在推出关系。如全班所有人都及格了，可以推出班里的小明及格了。

(2)直言命题的推出关系：在直言命题中存在两组推出关系。

①**所有 A 是 B⇒某个 A 是 B⇒有些 A 是 B**，如表 3-3-6 所示。

表 3-3-6 第一组推出关系

推出关系	原命题	推出命题
可以推出	所有 A 是 B	某个 A 是 B
	所有 A 是 B	有些 A 是 B
	某个 A 是 B	有些 A 是 B
不能推出	有些 A 是 B	某个 A 是 B
	某个 A 是 B	所有 A 是 B
	有些 A 是 B	所有 A 是 B

②**所有 A 非 B⇒某个 A 非 B⇒有些 A 非 B**，如表 3-3-7 所示。

表 3-3-7 第二组推出关系

推出关系	原命题	推出命题
可以推出	所有 A 非 B	某个 A 非 B
	所有 A 非 B	有些 A 非 B
	某个 A 非 B	有些 A 非 B
不能推出	有些 A 非 B	某个 A 非 B
	某个 A 非 B	所有 A 非 B
	有些 A 非 B	所有 A 非 B

（二）联言命题

1. 含义

联言命题是断定两种事物情况**同时存在**的复言命题。如小明既高又胖。

标准形式：p 且 q

2. 常见联结词

(1)并列关系：和、且、与、既……又……。

(2)递进关系：不仅……还……、不但……而且……。

(3)转折关系：但是、却。

(4)无联结词：物美价廉、德才兼备。

以上联结词主要用于识别联言命题。

3. 联言命题的真假表

通过表 3-3-8，我们可以看到联言命题的真假特性。

表 3-3-8 联合命题的真假特性

p	q	p 且 q
真	真	真
真	假	假
假	真	假
假	假	假

4. 联言命题的矛盾命题

基于联言命题的真假性,我们可以看出,联言命题为假有三种情况,无论哪种情况,p、q 中总有一个为假,所以联言的矛盾可以写作:**p 且 q,其矛盾为:非 p 或非 q(两边加非且变或)**。

真题精练

【导学例题 28】王慧说:你是我的玫瑰,你是我的花。

若王慧所说的话为假,则以下一定为真的是( )。

A. 你不是我的玫瑰,你不是我的花
B. 你不是我的玫瑰,你是我的花
C. 你是我的玫瑰,你不是我的花
D. 你不是我的玫瑰或者你不是我的花

D 【解析】该题问法为"知假求真",而题干为一个联言命题,所以该题考查联言命题的矛盾命题。p 且 q 的矛盾命题是非 p 或非 q。4 个选项中,D 项为题干命题的矛盾命题。

【导学例题 29】"物美价廉",如果这句话不是真的,那么可见( )。

A. 物美价不廉
B. 价廉物不美
C. 或物不美,或价不廉
D. 物也美,价也廉

C 【解析】题干是一个联言命题。由 p 且 q 的负命题为非 p 或者非 q 可知,物美价廉不是真的,即或者物不美,或者价不廉。

5. 联言命题的推理规则

(1)当 p 且 q 为真:p 真 q 真。

(2)当 p 且 q 为假:

①若 p 为真,则 q 为假;q 为真,则 p 为假。

②若 $p(q)$ 为假,则 $q(p)$ 为真假不确定。

教你一招

当联言命题为假时,其一为真,另一必假。

真题精练

【导学例题 30】小陈并非既懂英语又懂法语。

如果上述断定为真,那么下面哪项断定必定为真?( )

A. 小陈懂英语但不懂法语
B. 小陈懂法语但却不懂英语
C. 如果小陈懂英语,那么他一定不懂法语
D. 如果小陈不懂法语,那么他一定懂英语

C 【解析】题干为联言命题,"并非 p 且 q"的形式,"并非 p 且 q"真,则"p 且 q"一定为假,利用联言命题肯定式推理有效的推理规则,肯定一个支命题则可以否定另一个支命题,即如果小陈懂英语,那么他一定不懂法语。

(三)选言命题

1. 相容选言命题

选言命题是断定两种事物情况至少有一种存在的复言命题。如小明或高或胖。

标准形式:p 或 q

常见联结词有或者……或者……、至少、至多等,用于识别相容选言命题。通过表 3-3-9,我们可以看

到相容选言命题的真假特性。

表 3-3-9 相容选言命题的真假特性

p	q	p 或 q
真	真	真
真	假	真
假	真	真
假	假	假

基于相容选言命题的真假表，我们可以看出，相容选言命题为假仅有一种情况，也就是最后一种，所以相容选言的矛盾可以写作：**p 或 q，其矛盾为：非 p 且非 q。**

相容选言命题的推理规则：

(1) 当 p 或 q 为假：p 假、q 假。

(2) 当 p 或 q 为真：

①若 p 为假，则 q 为真；q 为假，则 p 为真。

②若 $p(q)$ 为真，则 $q(p)$ 为真假不确定。

教你一招

相容选言矛盾：两边加非或变且。

真题精练

【导学例题 31】评论员甲说：防控疫情和发展经济，最多只能兼顾一方。

评论员乙说：我不认同这个观点。

以下最能准确表述评论员乙的观点的是(　　)。

A. 疫情防控和发展经济两者都能兼顾

B. 防控疫情与发展经济至少可以顾及一方

C. 防控疫情是发展经济发展的前提和基础

D. 经济发展能更好地推动疫情防控

A　【解析】题干用的“最多”，识别为相容选言命题。防控疫情和经济发展最多只能兼顾一方，翻译为“非防控疫情或非经济发展”，而乙说我不认同这个观点，乙的观点就是甲的矛盾，两边加非或变且，则为两者都可以兼顾。所以选择 A 项。

知识拓展

联言命题与选言命题的对比如表 3-3-10 所示。

表 3-3-10 联言命题与选言命题的对比

要点	联言命题	选言命题
含义	多种事物情况同时存在	多种事物情况至少存在一个
标准形式	p 且 q	p 或 q
联结词	并列、递进、转折	或者、至少、至多
性质	全真才真，一假则假	一真则真，全假才假
矛盾	非 p 或非 q	非 p 且非 q
推理规则	(1) 当 p 且 q 为真：p 真 q 真。 (2) 当 p 且 q 为假： ①若 p 为真，则 q 为假；q 为真，则 p 为假。 ②若 $p(q)$ 为假，则 $q(p)$ 为真假不确定	(1) 当 p 或 q 为假：p 假、q 假。 (2) 当 p 或 q 为真： ①若 p 为假，则 q 为真；q 为假，则 p 为真。 ②若 $p(q)$ 为真，则 $q(p)$ 为真假不确定

2. 不相容选言命题

不相容选言命题是断定两种事物情况仅有一种存在的复言命题。如小明要么高要么胖。

标准形式：要么 p，要么 q

常见联结词有要么……要么……、只有一个、仅有等，用于识别选言命题。通过表 3-3-11，我们可以看到不相容选言命题的真假特性。

表 3-3-11 不相容选言命题的真假特性

p	q	要么 p，要么 q
真	真	假
真	假	真
假	真	真
假	假	假

基于不相容选言命题的真假表，我们可以看出，不相容选言命题为假有两种情况，即两个支命题全真或全假时，所以不相容选言的矛盾可以写作：**要么 p 要么 q。其矛盾为：要么 p 且 q 要么非 p 且非 q（要么都有，要么都没有）**。

不相容选言命题的推理规则：

(1)当要么 p 要么 q 为假：p 真 q 真或 p 假 q 假。

(2)当要么 p 要么 q 为真：p 真 q 假或 p 假 q 真。

教你一招

当不相容选言命题为假时，要么全真，要么全假。

当不相容选言命题为真时，一真一假。

真题精练

【导学例题 32】随着人民生活水平的提高，越来越多的人到国外旅游。春节期间，林先生一家要么去欧洲旅行，要么去澳洲旅行。据此，不能推出(　　)。

A. 春节期间，林先生一家可能去欧洲旅行

B. 春节期间，林先生一家可能去澳洲旅行

C. 春节期间，林先生一家不去非洲旅行

D. 春节期间，林先生一家既没有去欧洲也没有去澳洲旅行

D　【解析】题干的形式是：要么去欧洲旅游，要么去澳洲旅游，是不相容选言命题，即两者之间要选择而且只能选择其中一个地方旅游。D 项，两个地方都不选择，一定为假，不能从题干推出。

（四）假言命题

1. 含义

假言命题是判定几种事物情况间**条件关系**的命题。如：如果好好学习，就能提高成绩；只有付出努力，才能有所收获。

标准形式：$p \Rightarrow q$

2. 假言命题联结词

(1)**充分型**：如果情况 p 成立，则情况 q 必然也成立；如果情况 p 不成立，情况 q 未知。这种情况称 p 是q 的充分条件。充分类型一般可写为：前⇒后，常见类型如表 3-3-12 所示。

表 3-3-12 充分型假言命题

常见类型	标准写法
如果 p，那么 q	$p \Rightarrow q$
只要 p，就 q	$p \Rightarrow q$
要想 p，必须 q	$p \Rightarrow q$
若 p，则 q	$p \Rightarrow q$
无明确标志	$p \Rightarrow q$

（2）**必要型**：如果情况 p 不成立，则情况 q 必然不成立；如果情况 p 成立，情况 q 未知。这种情况称 p 是 q 的必要条件。必要类型一般可写为：后⇒前，常见类型如表 3-3-13 所示。

表 3-3-13　必要型假言命题

常见类型	标准写法
只有 p，才 q	$q \Rightarrow p$
除非 p，否则不 q	$q \Rightarrow p$
p 是 q 的前提/基础/必要条件	$q \Rightarrow p$
补充：除非 p，否则 q	$\neg q \Rightarrow p$（或 $\neg p \Rightarrow q$）

要点点拨

联结词是识别假言命题，进而梳理题干关系的一把"钥匙"，对于解题非常关键。从历年真题来看，每组前两个联结词出现频率最高，大家应做重点记忆。

3. 假言命题的逆否命题

（1）逆否命题含义：如果两个命题中一个命题的条件和结论分别是另一个命题的结论和条件的否定，则这两个命题称互为逆否命题。如 $p \Rightarrow q$，逆否命题为：非 $q \Rightarrow$ 非 p。

（2）逆否命题性质：原命题与其逆否命题呈等价关系，也就是同真同假。

$p \Rightarrow q$ 的逆否命题为非 $q \Rightarrow$ 非 p（两者同真同假）

教你一招

假言命题逆否命题是考查的重点，大家务必熟记。四句口诀送给大家：肯前推肯后，否后必否前；否前不推后，肯后不推前。

如果一道题目里出现多个假言命题，如 $A \Rightarrow B$，$B \Rightarrow C$，$C \Rightarrow D$，则可写作：$A \Rightarrow B \Rightarrow C \Rightarrow D$。依然适用上述推理规则。

真题精练

【导学例题 33】小吴家有人参与了义务植树活动，除非家里有人参与了义务植树活动，否则该家庭不可能领到"义务植树参与证"，小李家领取了"义务植树参与证"。

如果以上描述为真，则下列选项中，无法判断真伪的是（　　）。

（1）小吴家可以领取"义务植树参与证"。

（2）小李家有人参与了义务植树活动。

（3）小吴家有人未参加义务植树活动。

A. 仅（2）　　B. 仅（3）　　C.（1）和（3）　　D.（1）（2）（3）

C　【解析】首先翻译题干，题干可翻译为：领取到"义务植树参与证"⇒家里有人参与义务植树活动。其次，逐一分析选项。（1）项小吴家有人参与了义务植树活动，为肯定条件的后半部分，肯后不推前，因此，（1）项无法判断真伪。（2）项小李家领取了"义务植树参与证"为肯定条件的前半部分，肯前必肯后，因此，可以判定（2）项为真。（3）项题干信息仅给出小吴家有人参与了义务植树活动，无法得知小吴家是否有人没参与义务植树活动，即（3）项无法判断真伪。因此，（1）项和（3）项无法判断真伪。

【导学例题 34】一场音乐会，如果有节目获得连续两次以上的谢幕，就堪称是场成功的音乐演出。一场音乐演出不能称为是成功的，除非台下具备专业欣赏水平的听众。一个听众要具备专业欣赏水平，就必须了解自己的音乐功底。

如果上述断定为真，则以下（　　）项一定为真。

A. 在一场音乐会上，如果听众中没人具备专业欣赏水平，则不可能有节目获得连续两次以上的谢幕

B. 如果一场音乐会没取得成功，那么，听众中就没人了解自己的音乐功底

C. 如果听众中有人了解自己的音乐功底，那么，至少有一个节目会获得连续两次以上的谢幕

D. 一场音乐会总能取得成功，除非听众中没人了解自己的音乐功底

A 【解析】本题考查翻译推理。首先，翻译题干：依题意可知，有节目获得连续两次以上的谢幕⇒成功，台下没有具备专业欣赏水平的听众⇒不成功，具备专业欣赏水平⇒了解自己的音乐功底。所以组合可以得到：有节目获得连续两次以上的谢幕⇒成功⇒具备专业欣赏水平⇒了解自己的音乐功底。其次，辨析选项：A 项，如果听众中没人具备专业欣赏水平，否定后件则否定前件，正确；B 项，如果一场音乐会没取得成功，音乐会是否取得成功，在了解音乐功底的前边，否定前件不能否定后件，错误；C 项，如果听众中有人了解自己的音乐功底，是对后边的肯定，肯定后件不能肯定前件，错误；D 项等值于“只有听众中没有人了解自己的音乐功底，音乐会才不能取得成功”，与 B 项等值，也错误。

4. 假言命题的矛盾命题

$p \Rightarrow q$ 其矛盾命题为 p 且非 q（联言命题）。

教你一招

假言矛盾是联言，肯前否后且相连。

真题精练

【导学例题 35】某单位计划选派若干人员参加党史知识竞赛。经过两轮选拔后，该单位计划从小陈、小姜、小曾、小丁 4 人中选出参赛人员。4 人对参赛人员进行了猜测：

(1) 小陈说：“我不会入选。”

(2) 小姜说：“如果我入选，则小曾会入选。”

(3) 小曾说：“除非小丁入选，否则小姜不入选。”

(4) 小丁说：“小姜会入选但小曾不会入选。”

如果 4 人中只有 1 人猜对了，则下列判断中必然为真的是(　　)。

A. 小陈、小姜会入选　　B. 小陈、小丁会入选

C. 小姜、小曾会入选　　D. 小姜、小丁会入选

A 【解析】首先，整理题干信息。(1) 小陈：非小陈。(2) 小姜：小姜⇒小曾。(3) 小曾：小姜⇒小丁。(4) 小丁：小姜且非小曾。由提问可知，本题为真假推理，先找矛盾关系。(2) 和 (4) 为矛盾关系，必有一真一假，所以唯一的一真在 (2) 和 (4) 中，则 (1)(3) 为假，那么可知：小陈入选、小姜入选且小丁没有入选。

【导学例题 36】小丁说：“2006 年年度统计报告如果是拿给高局长过目的，就绝不会出错。”小陈说：“如果我和小丁认真负责，高局长就不会过目。”小马说：“高局长审过了 2006 年统计报告，但该统计报告仍存在一些错误。”

假如三人中只有一人说错并且高局长确实看过 2006 年统计报告，那么可以推出(　　)。

A. 小马说了假话　　B. 小陈说了假话

C. 小丁没有认真负责　　D. 小丁或小陈没有认真负责

D 【解析】首先，翻译题干信息。小丁：高局长过目⇒不会出错。小陈：小陈且小丁认真负责⇒高局长不过目。小马：高局长过目且出现错误。分析三人的话可知，小丁和小马的话矛盾，必有一真一假。又三个人中只有一个人说错，则小陈的话为真。已知高局长确实看过 2006 年统计报告，由小陈的话，否后则否前，则否定的前件即为小陈或者小丁没有认真负责，D 项正确。

5. 综合推理

此类一般会涉及多种命题，考生在做题时需要运用各类命题的知识点，并且寻找到题目的切入口。

真题精练

【导学例题 37】某中药配方有如下要求：
(1)如果有甲药材，那么也要有乙药材。
(2)如果没有丙药材，那么必须有丁药材。
(3)人参和天麻不能都有。
(4)如果没有甲药材而有丙药材，则需要有人参。
如果含有天麻，则关于该配方的断定哪项为真？(　　)
A. 含有乙药材或丁药材　　B. 没有丙药材
C. 含有乙药材和丙药材　　D. 含有甲药材

A　【解析】题干的逻辑推理为：(1)甲药材⇒乙药材。(2)没有丙药材⇒丁药材。(3)或者没有人参，或者没有天麻。(4)没有甲药材且有丙药材⇒人参。已知配方含有天麻，由(3)可知不能有人参。由(4)否后则否前得：有甲药材或者没有丙药材。结合(1)(2)可知配方含有乙药材或者丁药材，即A项。

二、分析推理

分析推理主要考查排序和匹配关系，题目通常是这样的：题干中给出一系列描述主题特征的条件，这些条件之间存在大小、高低、对应等关系，通过分析这些关系，最后能得到各主题之间的大小、匹配等关系。

（一）解题思路

(1)选项信息充分——优先使用排除法。
(2)题干信息充分——关键找到切入点。

（二）选项信息充分

(1)题干信息不确定，选项代入题干排除。
(2)题干信息确定，把题干中确定的关键信息代入选项排除。代入排除思维，是分析推理的首要思维，换句话说，如果一个题目可以排除的话，可以首先用代入排除进行解题。

真题精练

【导学例题 38】A、B、C、D、E、F 分别代表六个人，他们站成一列排队，排队顺序必须满足下列条件：
(1)按照英文字母排列顺序的相邻字母不能挨在一起，如 A、B 不能挨在一起。
(2)B 至少跟 C、D 中的一个相邻。
(3)E 和 F 之间不得少于两人。
下列选项中，符合要求的是(　　)。
A. EBDFAC　　B. ADBECF
C. FBDEAC　　D. BCEADF

A　【解析】观察题干发现条件的可能性较多，不太确定，而选项全面且确定，所以可以从选项入手，采用代入排除法。根据(1)可排除 C、D 两项；根据(3)可排除 B 项。

（三）题干信息充分

1. 解题切入点

(1)确定信息优先：一般含有某些比较确定的信息。显现的，如甲是上海人；隐含的，如天晴→爬山，天晴了。

(2)高频信息优先：**出现次数较多**，如三个人来自于北京、西安和上海，甲比上海人年龄大，甲的年龄不小于西安人。甲出现次数多，可做优先关注。

(3)**特殊信息优先**：情况较少的，如最小，最大等，如六人，甲丁隔三，乙丙隔二。

2. 解题方法

(1)**图表法**。图表法主要适合一些元素对应和排序问题，一般题干信息较多，比较杂乱，需要借助图表将信息条理化。

①分行列表:同类信息放一行,不同信息分行列。当出现比较、出现排序时,可以分行列表。

②二维表:横行竖列的表格。当题干给出主体及主体的多类属性,主体与属性间存在匹配关系,可以用二维表。主要方式是固定不变信息做表头,变化信息放表中。如表3-3-14所示。

表3-3-14 常见二维表

属性 / 主体	梅	兰	竹	菊
甲				
乙				
丙				
丁				

③画实物图:题干中给出诸如"圆桌""方桌""六边形桌"等,可画圆圈、正方形、六边形等。

(2)假设法。当出现以下两种情况时,可以考虑用假设法:

①题干信息有多种可能性,不足以推出确定结果。

②题干信息均为不确定信息时。

那么又该从哪里入手假设呢?首先,可以考虑从高频信息出发进行假设;其次从假言命题出发进行假设。

教你一招

情况较多用假设,真假不定用假设。

真题精练

【导学例题39】甲、乙、丙、丁4人参加了一个竞赛,赛前小王、小张和小李对4人的排名情况预测如下:

小王:乙会是第一名,丙会是第三名。

小张:甲会是第二名,乙会是第四名。

小李:丙会是第二名,丁会是第三名。

比赛结束后发现,小王、小张和小李都只预测对了一半。如果4人未出现名次并列,那么此次比赛中获得第四名的是( )。

A. 甲　　B. 乙　　C. 丙　　D. 丁

C 【解析】本题考查分析推理。题干信息真假不定,故优先考虑假设法解题。由于"4人未出现名次并列",说明每个人的名次都不一样。又因为"小王、小张和小李都只预测对了一半",故作如下假设:假设小王的第一句话为真,则"乙是第一名",那么"乙会是第四名"为假,而小张必须说对一句,故"甲会是第二名"为真,由此可判定"丙会是第二名"为假,而小李必须说对一句,所以"丁会是第三名"为真。因为"乙是第一名,甲是第二名,丁是第三名",所以丙是第四名,不与题意违背,故该假设成立。假设小王的第二句话为真,则"丙是第三名",那么"丙会是第二名"为假,而小李必须说对一句,故"丁会是第三名",与"丙是第三名"矛盾,故该假设不成立。综上,在此次比赛中获得第四名的是丙。

三、加强削弱型

加强削弱的题干结构,一般会有论据,最后会有结论,中间有一定的论证过程,也就是从一个基本论据出发得到了一个结论。一般问法含有加强或者削弱二字,也可能是其同义词。加强型,其实就是让这个结论成立的可能性更大,我们要支持这个结论;削弱型,就是让这个结论成立的可能性更小,来反驳结论。

(一)题干梳理之因果关系分析

学习削弱加强的题型,我们首先要进行题干的梳理分析,而题干梳理分析的关键,就是结论的分析。所以,我们首先要找到论据和结论,寻找结论主要借助某些标志词,比如会含有因此、所以、专家指出、科学家建议等字眼;如果从位置层面来说,一般处于首尾句,尤其以尾句居多,论据一般是剩余部分。其次,找到结论之后,我们要尽可能地去明确题干的核心因果关系,进而把握本题的关键话题。最后,对于部分题目,我们需要梳理论据跟结论之间的关系,来进一步厘清题干的逻辑思路。通过这三步,就可以把这个题目给梳理明白。

教你一招

题干梳理三步走:

第一步,找结论。借助标志,寻找到题目结论和论据。

第二步,明因果。明确结论核心因果,进一步读懂结论。

第三步,理逻辑。梳理清楚题干的论证思路。

(二)常见题型

1. 加强型

(1)常见问法形式:用于识别加强题型。

①加强/支持等(肯定)。

②不能加强/支持(否定,选择无关或削弱)。

③除了哪项,都能加强 = 不能加强,也就是选择无关和削弱。

(2)加强角度,题干:A→B。

①**解释因果(解释 A 如何导致 B)**。

②**建立联系(建立 A 与 B 的关系)**。

③**无因无果(A 不发生,B 也不发生)**。

④加强论据(或结论)。

例如:经常打篮球的青少年一般都长得很高。于是有人认为,经常打篮球有助于青少年长得更高。(常打篮球→长高)

以下能起到加强作用的有:

A. 打篮球可促进骺软骨板的软骨细胞增殖,促进骨骼发育,帮助长高(解释因果)

B. 大量真实案例表明,经常运动的人身高比同龄人要高(建立联系)

C. 不经常打篮球的青少年的身高普遍低于经常打篮球的同性别的同龄人(无因无果)

D. 研究表明,经常游泳能增大对骨骺成骨部位的压力,刺激骨骼增长,有助于长高(无关)

真题精练

【导学例题 40】根据相关规定,保健品不能作为药物治疗疾病,为了防止保健品虚假宣传和被滥用,如同香烟上写明,吸烟有害健康,因此,在保健品上也应该写明类似的标语。

最能支持上述论断的是(　　)。

A. 消费者看到警示语后会显著降低购买欲望

B. 一些消费者会为了治疗疾病而购买保健品

C. 吸烟对身体有害是商家和消费者都认同的

D. 绝大多数保健品不是医药企业生产的

B　【解析】本题考查加强论证。结论:如同香烟上写明,吸烟有害健康。在保健品上也应该写明类似的标语。论据:保健品不能作为药物治疗疾病,要防止保健品虚假宣传和被滥用。A 项,消费者看到警示语会显著降低购买欲望,只能说明会降低保健品的购买率,但是题干的目的是防止虚假宣传和滥用,目的是要让消费者清楚保健品不是药物,排除;B 项,一些消费者会为了治疗疾病而购买保健品,所以应该在保健品上写标语,从而避免消费者把保健品当作是药物而滥用,强化了标语的合理性,当选;C 项,和保健品无关,排除;D 项,保健品是什么企业生产,和是否要写明标语无关,排除。

2. 削弱型

(1)常见问法形式:

①削弱/质疑等(肯定)。

②不能削弱/质疑(否定,无关或加强)。

③除了哪项,都能削弱 = 不能削弱。

(2)削弱角度,题干:A→B。

①因果倒置(是 B 导致 A)。

②切断因果(切断 A 与 B 的关系)。

③另有他因(C 才是导致 B 的原因)。

④有因无果(A 发生时,B 却不发生)。

⑤削弱论据(或结论)。

例如:王瑶最近心情很好,工作效率也有所提高,同事们认为王瑶心情好使得工作效率提高了。(心情好→效率提高)

以下能削弱同事们观点的有:

A. 王瑶是因为工作效率提高心情才变得愉悦起来(因果倒置)

B. 王瑶最近学习了一套办公技巧,所以工作效率提高了(另有他因)

C. 研究表明,心情好坏与工作效率之间并无直接的关系(切断因果)

D. 王瑶一直心情不错,但之前工作效率很低(有因无果)

(3)力度大小比较。在部分题目中,我们会发现两个选项都可以削弱或者加强,这种情况下就需要进行力度比较,选择力度比较大的。在这里,给大家四个常见的角度,大家可以在理解的基础上予以识记。

①**看本质**:本质 > 现象(如解释因果强于举例加强)。

②**看相关**:直接 > 间接(主要看话题)。

③**看语气**:必然 > 可能(含有可能、或许等)。

④**看数量**:量大 > 量小(含有些、部分、少数等)。

【示例】有研究表明,要成为男性至少需要拥有一条 Y 染色体。3 亿年前,男性特有的 Y 染色体在产生之际含有 1 438 个基因,但现在只剩下 45 个。按照这种速度,Y 染色体将在大约 1 000 万年内消失殆尽。因此,随着 Y 染色体的消亡,人类也将走向消亡。

如果以下各项为真,最不能质疑上述论证的是(　　)。

A. 恒河猴 Y 染色体基因确实经历过早期高速的丧失过程,但在过去的 2 500 万年内则未丢失任何一个基因

B. 男性即使失去 Y 染色体也有可能继续生存下去,因为其他染色体有类似基因可以分担 Y 染色体的功能

C. 人类进化过程中,可以找到单性繁殖或无性繁殖后代的方法,从而避免因基因缺失引发的繁殖风险

D. Y 染色体存在独特的回文结构,该结构具有自我修复功能,可以保持丢失基因的信息,实现基因再生

A　【解析】题干由人类男性 Y 染色体含有基因数量的递减速度得出 Y 染色体在 1 000 万年内消失,人类也将走向消亡。B、C 两项均说明 Y 染色体消失不影响人类繁殖,D 项说明 Y 染色体不会消失,均削弱了题干。A 项恒河猴的基因变化规律,比较间接,不能代表人类的基因变化规律,削弱力度较弱。故答案选 A。

(三)常见论证模型

在做削弱加强题目的过程中,梳理题干会是一个难点,如果题干较长,很难梳理清楚,尤其是当有一些特定的论证模型,如果不提前了解,会更加困难。所以,在这里给大家提供 4 个比较常见的论证形式,大家对这几种形式熟悉以后,在题目中如果能遇到同类的,就可以快速反应,梳理出题干的思路,进而快速做题。常见论证模型主要有:求异论证、枚举归纳、类比推理、实践论证等。

1. 求异论证

(1)含义:已知研究对象出现时,同时发现某个元素存在;如果研究对象不存在,同时该因素也不存

在,因此认为该因素是该现象的原因。如常见的对比对照实验,淀粉遇碘会变蓝。我们来看下其推理模型,如表 3-3-15 所示。

表 3-3-15 推理模型

组别	影响因素				研究对象
第一组	A	B	C	D	E
第二组	A	B	C	——	——

结论:推出 D 是 E 的原因。

例如:甲、乙两块地种黄瓜,但是一块地施加钾肥,一块地不加。如表 3-3-16 所示。

表 3-3-16 推理表

组别	影响因素				研究对象
第一组	小麦	水	温度	钾肥	增产
第二组	小麦(同种)	水	温度	——	——

结论:钾肥可以使小麦增产。

这类推理方式往往关注某一个不同变量,在推理过程中存在漏洞,比如除了钾肥,其他有没有可变的影响因素,这就给了我们加强和削弱的空间。

教你一招

如果发现题干是对比实验,即可以快速锁定为求异论证。

(2)加强削弱角度如表 3-3-17 所示。

表 3-3-17 加强削弱角度

加强	①找相同点(本质:与结论相关,保持其他更多的影响因素相同)。 ②解释因果(解释原因如何导致结果)
削弱	①找不同点(本质:与结论相关,寻找其他更多的影响结论的变量)。 ②因果倒置(试图说明因果关系是颠倒的)

真题精练

【导学例题 41】为验证一种高血压的新药疗效如何,临床医生给 100 位高血压患者使用该药物,用药后,有 65 人的血压的确下降了,因此,制药厂宣称该药的确有效。

最能削弱以上结论的是(　　)。

A. 用药期间测量血压不稳定,血压在一天中有一定波动

B. 给高血压患者服用一种和该药外形一致但不含药物成分的药片,患者血压不下降

C. 给一组 100 名高血压患者服用该药,另一组 100 名高血压患者服用外形一致但不含药物成分的药物,前一组患者中血压下降人数和后一组患者一样多

D. 给 1 000 名高血压患者使用该药,只有 500 人血压下降

C 【解析】题干根据 100 位高血压患者使用该药物后有 65 人的血压下降了,得出该药的确有效这一结论。C 项的对照实验表明该药品并没有明显的效果,能够削弱题干结论。A 项即使测量血压不稳定也不能推出该药物无效,不能有效地削弱结论;B 项从另一方面证明了该药物有效,加强了结论;D 项属于统计数据的波动,对结论的削弱有限。

2. 枚举归纳

(1)含义:通过列举某事物一部分个体具有的某种性质,因此认为这类事物都具有此属性,简而言之是由部分到整体的推断。

(2)推理模型。

论据:A1 具有属性 B,A2 具有属性 B,A3 具有属性 B。

结论:得到所有的 A 都具有属性 B。

例如:走路的时候见到一只乌鸦是黑色的,再走一会儿看到另一只乌鸦也是黑的,回到家又看到一只乌鸦是黑色的,由此认为天下乌鸦一般黑。

教你一招

如果发现题干是抽样调查,或者是其他部分推断整体,即可锁定为枚举归纳推理。

(3)如何削弱加强。例如:调查学校男生的身高,100 个男生平均都一米八以上,由此认为该校男生平均身高都在一米八以上。

①加强:样本数量充足(数量足够多,有说服力);样本具有代表性(能够代表被研究对象,比如随机选择)。

②削弱:样本数量不足(比如该校有 5 万名男生);样本过于特殊,不具有代表性(调查的男生都是校篮球队的)。

真题精练

【导学例题 42】为了预测企业未来几年的岗位需求情况。《职场达人》杂志对 100 家企业进行了一次问卷调查,结果显示,超过半数的答卷都把人力资源管理人才选为企业的重要支撑。这说明,我国人力资源管理人才的需求日趋增长,企业重技术不重管理的现象已经成为过去。

以下哪项如果为真,最能削弱上述的结论?( )

A. 目前我国人力资源从业人员的平均收入,与其他岗位相比,依然是中等偏下

B. 被调查者 90% 以上是企业的人力资源部经理

C. 被调查的虽然有 100 家企业,但总人数不过 150 人

D.《职场达人》并不是一份很有影响的杂志

B 【解析】题干根据“超过半数的答卷都把人力资源管理人才选为企业的重要支撑”得到结论“我国人力资源管理人才的需求日趋增长,企业重技术不重管理的现象已经成为过去”。B 项指出此次调查问卷的样本不具有代表性,削弱了结论;A、C、D 三项也都具有一定削弱作用,但力度均不如 B 项。

3. 类比推理

(1)含义:已知两个或两类对象在一系列属性上相同或相似,而且其中一对象还有其他属性,因此认为另一对象也具有此属性。其推理模型如表 3-3-18 所示。

表 3-3-18 推理模型

对象 A	a	b	c	d	e
对象 B	a	b	c	d	?

结论:推出 B 也有属性 e。

例如:类比小明和小华。如表 3-3-19 所示。

表 3-3-19 推理表

小明	有理想	认真	聪明	刻苦	考上
小华	有理想	认真	聪明	刻苦	?

结论:小华也考上了。

(2)如何削弱加强。

①加强:找相同属性(本质,比如小明与小华的学校老师甚至补习班上的都是一样的,增加更多相似性,就可以进一步支持结论)。

②削弱:找不同属性(本质,比如两者学校不一样,小明在重点中学,小华学校比较差)。

类比的本质是基于一些相同或相似的结论,要想加强,我们寻找更多的相同点,则两者的相似性必然进一步加强;相反,如果我们能够寻找到两者的根本区别点,就可以进行削弱。简单来说:基于相同得结论,基于不同去削弱。

真题精练

【导学例题43】研究人员通过减弱特定基因的功能，培育出患有渐冻症的果蝇，然后利用这种果蝇进行实验。结果发现，如果增强患病果蝇体内“ter94”基因的功能，其运动能力和神经细胞的异常会得到改善，而如果减弱这种基因的功能，其渐冻症症状就会恶化。研究人员指出，“ter94”基因制造的蛋白质负责运送细胞内的物质，而人体内的VPC基因也能制造同样的蛋白质。因此，专家表示增强VPC基因的功能可以治疗人类渐冻症。

以下哪项如果为真，最能支持上述观点？（　　）

A. 患有渐冻症的人体内这种蛋白质比正常人少

B. 增强“ter94”基因功能，果蝇体内的这种蛋白质显著增加

C. 果蝇和人类在渐冻症的患病机制上是一样的

D. 这种蛋白质在人体内也负责运送细胞内的物质

C　【解析】题干通过对果蝇的实验类比得到增强VPC基因的功能可以治疗人类渐冻症。要加强题干观点即要说明类比可以成立，即找到果蝇和人类之间的相同点，C项最能加强。A、B两项均是无关项；D项的相同点相较C项而言不是关键所在。

4. 实践论证

（1）含义：题干给出一定的措施或方案，要达到某种目的或解决某种问题。其推理模型如下：给出措施A，达到效果（目的）B。

（2）削弱加强考量因素如表3-3-20所示。例如：我要去整容，要像明星一样帅。

表3-3-20　加强削弱考量因素

加强	①具有可操作性（有星探发现我了，给我投资）。 ②达到了预期的效果（整容成功了）。 ③不会产生更严重的危害（这个手术已经成熟了、副作用也小）
削弱	①没有可操作性（整容技术达不到、没有钱）。 ②达不到预期的效果（整容也白整，根本达不到像明星一样帅）。 ③会产生更严重的危害（整容失败了会更丑）

衡量一个方案是否合理，首先，需要考虑该方案是否可行，若不可行，则为一纸空谈；其次，需要考虑该方案是否切实执行，是否能够达到目的，若达不到，依然不合理；最后，如果一个方案副作用太多，同样我们也无法采用。所以用三句反问来考量：能否达到目的？是否可行？有无重大副作用？

真题精练

【导学例题44】日前，研究人员发明了一种弹性超强的新材料，这种材料可以由1英寸（1英寸=2.54厘米）被拉伸到100英寸以上，同时这一材料可以自行修复且能通过电压控制动作。因此研究者认为，利用该材料可以制成人工肌肉，替代人体肌肉，从而为那些肌肉损伤后无法恢复功能的患者带来福音。

以下哪项如果为真，不能支持研究者的观点？（　　）

A. 该材料制成的人工肌肉在受到破坏或损伤后能立即启动修复机制，比正常肌肉的康复速度快

B. 该材料在电刺激下会发生膨胀或收缩，具有良好的柔韧性，与正常肌肉十分接近

C. 目前，该材料研制成的人工肌肉尚不能与人体神经很好地契合，无法实现精准抓取物体等动作

D. 一般材料如果被破坏，需通过溶剂修复或热修复复原，而该材料在室温下就能自行恢复

C　【解析】题干观点：利用该材料可以制成人工肌肉，代替人体肌肉，从而为那些肌肉损伤后无法恢复功能的患者带来福音。C项指出该材料暂时还不能与人体神经很好地契合，即还无法断言能为那些肌肉损伤的患者带来福音，有力地削弱了题干观点。A、B、D三项均从不同的角度说明了该材料的优点，加强了题干观点。

四、前提假设型

前提假设型题目类似于加强型题目，但两者的区别也很明显，加强型的题目答案不需要必要性，只要将某一选项放在段落推理的论据和结论之间，对段落推理成立有帮助，使段落推理成立、结论正确的可能性增大，那么这个选项就是加强型题目的选项。前提假设型题目要选择的则应是结论成立的必要条件，必要条件的特点是无它不行。

（一）常见问法形式

（1）上述论证还需基于以下哪一前提？

（2）得到上述结论，隐含的假设是什么？

（二）补充前提的方法

（1）**搭桥法**：当题干概念存在跳跃（论据：A。结论：B），可以适用。具体方法：建立 A 与 B 的联系。前提型的多数题目都存在概念跳跃，可以直接采用搭桥法进行解决。所以，需要重点学习搭桥法。

（2）**反向验证法**：概念不存在跳跃。具体方法：否定选项，代入结论，验证该选项是否必要。若结论成立，则选项不必要；若结论不成立，则选项必要。

真题精练

【导学例题 45】普通牛奶中通常含有 3% 的脂肪，脱脂牛奶中通常含有 0.5% 的脂肪，摄入过多脂肪会长胖，因此相较于普通牛奶，改喝脱脂牛奶不容易胖。

要使题干结论成立，需补充的前提是（　　）。

A. 脱脂牛奶与普通牛奶的口感差别不大

B. 脱脂加工工艺不会显著增加牛奶的生产成本

C. 不管选择哪种牛奶，人们每天的牛奶摄入量基本一致

D. 脱脂牛奶在希望控制体重的人群中广受欢迎

C　【解析】本题考查前提假设。论点：喝脱脂牛奶不容易胖。论据：普通牛奶中通常含有 3% 的脂肪，脱脂牛奶中通常含有 0.5% 的脂肪，摄入过多脂肪会长胖。本题考虑反向验证，论据说脱脂牛奶中的脂肪含量少；结论中说喝脱脂牛奶不容易胖，所以当否定 C 项时，当人每天摄入牛奶的量不一致时，题干结论不再成立，所以 C 项当选。A 项，口感和摄入量大小，是否能长胖无关，排除；B 项，牛奶的成本问题和是否长胖无关，排除；D 项，脱脂牛奶在希望控制体重的人群中广受欢迎，并不能说明喝脱脂牛奶就一定不会使人长胖，排除。

五、解释结论型

解释型题目会给出一些事实或现象的客观描述，要求从四个备选项中找出最能或最不能对这些事实、现象做出合理解释的现象。解释类题目的关键是找到题干的核心现象或矛盾，为其寻找一个合理的原因，该选项能直接说明结论成立或现象为什么会发生。而结论型，多是一些经验的判断及结论，只要题干中表达该意思，就可以理解为该选项正确，判断标准比较明确，以题干材料为唯一依据。

（一）解释型

（1）题干问法：

①以下哪项（不）能够解释上述现象？

②以下哪项（不）能够解释上述题干的矛盾？

③以下哪项最能说明上述事情的原因？

这种题目的特点是，题干一般会给一个看似矛盾的现象，让我们去解释，所以做题的时候首先要明确其“矛盾点”，然后解释原因即可。

（2）解题方法：

①**明确矛盾现象（转折前后）**。

②**解释题干中看似矛盾的现象**。

真题精练

【导学例题 46】有人以为,洗少量衣服的情况下,手洗比机洗省水。但其实无论多少衣服,在达到同一干净程度的前提下,机洗都比手洗所需洗涤次数少,更省水。

最不能解释这一现象的是(　　)。

A. 在每次漂洗衣物的时候,手洗的用水量往往高于洗衣机

B. 要达到相同的清洗效果,洗衣机所需的漂洗次数少于手洗

C. 衣物量少时,洗衣机相应减少洗涤剂用量及用水量

D. 许多人没有形成循环利用洗衣水的习惯

D　【解析】本题考查解释型。题中矛盾现象:有人以为,洗少量衣服,手洗比机洗更省水,但无论衣服数量多少,在达到同一干净程度的前提下,反而是机洗更省水。A 项,指出就单次漂洗衣物的用水量而言,手洗高于机洗,能够在一定程度上说明机洗更省水,可以解释,排除。B 项,指出在达到同一干净程度的前提下,机洗漂洗次数更少,因此,能够说明机洗更省水,可以解释,排除。C 项,指出衣物量少时,机洗会减少用水量,能够在一定程度上说明机洗更省水,可以解释,排除。D 项,题干讨论的是在达到同一干净程度的前提下,机洗和手洗的省水比较,而该项讨论的是人们的循环用水习惯是否形成,话题不一致,无关选项,不能解释,当选。

(二)结论型

(1)题干问法:

①从上文可以推出以下哪些结论?

②下述哪项最能概括上文的主要观点?

③以下哪项作为结论从上述题干中推出最为恰当?

④如果上述断定是真的,以下哪项也一定是真的?

⑤如果上述断定是真的,那么除了以下哪项,其余的断定也必定是真的?

(2)解题方法:浏览选项—定位原文—对比分析。

(3)解题原则:

①忠于原文。

②从弱原则(尽量不绝对)。

要点点拨

在解释型和结论型中,解释型较为重要,基本上每年都会出题,需要重点学习。

真题精练

【导学例题 47】中国也需要把自己的目光放得更为长远。比如,同为出口大国的德国为什么很少遭遇贸易壁垒?一个很重要的原因在于,德国的制造业生产的多是高端机电产品,因为无可替代,所以很少产生贸易摩擦。

由此可以推出(　　)。

A. 德国不存在贸易壁垒问题

B. 中国要想摆脱贸易壁垒,就必须走高端产品出口这条路

C. 中国遭遇贸易壁垒的部分原因是因为出口产品比较低端

D. 国家强大了才能解决贸易壁垒问题

C　【解析】题干推理为:德国多高端机电产品→很少遇到贸易壁垒。A 项说法太绝对,和题干不符;肯后不能肯前,B 项推不出;否后则能否前,C 项正确;D 项题干未提及。

六、相似评价型

相似评价型,一般分为两种形式,一种是相似结构型,另外一种是一般评价型。相似结构型比较的就是它们的推理结构,而与具体的内容没有关系,所以我们只需要选择一个跟题干推理形式相似的即可。

而一般评价型，是指题干问法出现“评价”或“论证漏洞”等字眼，这类做题思路可以参照削弱加强，需要梳理题干的论证逻辑。

（一）相似结构型

1. 题干问法

(1)下列选项中所犯逻辑错误与上述推理最为相似的是？

(2)下面句子逻辑表述方法与所给题干一致的是？

(3)以下哪项的逻辑结构与题干的最为类似？

(4)以下哪项与题干中的论证方式相同？

(5)下列最能说明上述推理不成立的是？

2. 考查形式

相似结构型考查形式如表3-3-21所示。

表3-3-21　相似结构型考查形式

要点	内容
必然性推理	(1)**三段论**。 ①概念对应位置是否一致。 ②句式肯否是否一致。 ③其他不同，如所有、有些、必然、可能。 对于三段论以下举例说明。 所有向日葵都是向阳的，这棵植物是向阴的，所以这棵植物不是向日葵。 推理结构：所有A是B，某个C非B，所以，某个C非A。 形式一：所有四条腿的都是动物，鸡是两条腿，所以，鸡不是动物。 推理结构：所有A是B，某个C非A，所以，某个C非B(概念对应位置不一致)。 形式二：所有四条腿的都是动物，鸡是动物，所以，鸡有四条腿。 推理结构：所有A是B，某个C是B，所以，某个C是A(句式肯否不一致)。 形式三：所有四条腿的都是动物，有些禽类不是动物，所以，有些禽类不是四条腿。 推理结构：所有A是B，有些C非B，所以，有些C非A(数量词不同，为有些)。 (2)**假言、联言选言**。 ①如果是假言，判断是充分型还是必要型；接着判断推理顺序。 ②如果是联言选言，判断是几种情况；判断其推理顺序
可能性推理	(1)**因果论证**。 (2)**求异论证**。 (3)**类比推理**。 (4)**枚举归纳**
其他类型	其他类型如偷换概念、循环论证等。如鱼香肉丝中怎么没有鱼；珍珠奶茶中怎么没有珍珠

教你一招

相似结构型题目，不问题干对不对，只问两者像不像。

真题精练

【导学例题48】所有的灌木植物都很矮小，冬青植株很矮小，所以它是灌木植物。

与题干最相似的是(　　)。

A. 落叶乔木的叶子会在秋冬脱落，柏树不会落叶，所以柏树不是落叶乔木

B. 水果往往含水量很高，山楂含水量极低，所以山楂不是水果

C. 沙漠植物的叶子都呈针状，雪松有针状的叶子，所以雪松属于沙漠植物

D. 几乎所有的有毒植物颜色都很鲜艳，断肠草有毒，所以断肠草颜色鲜艳

C 【解析】本题考查相似结构。题干中的结构为：所有A是B，C是B，所以C是A。A项，A是B，C非B，所以C非A；与题干不一致，排除。B项，A往往是B，C非B，所以C非A；与题干不一致，排除。C项，A是B，C是B，所以C是A；与题干一致，当选。D项，几乎所有A是B，C是A，所以C是B，与题干不一致，排除。

（二）一般评价型

一般评价型考查形式如表3-3-22所示。

表3-3-22 一般评价型考查形式

要点	内容
常见问法	(1)以下哪项对题干的评价最为恰当？ (2)以下哪项指出上述论证的方法？ (3)以下哪项恰当地指出了上述论证中的漏洞？ (4)以下哪项概括了上述争论的焦点？ (5)为了评价上述论证，回答下列哪个问题比较重要
基本思路	明确评价对象——梳理论证结构——看选项用排除。比如评价论证方法和指出漏洞，最关键的就是梳理清楚论证结构，找出其逻辑跳跃点，然后对比选项和题干；双方争议焦点类，则需要找到双方的共识点；有效性评价，选项能够对题干进行加强和削弱即可
技巧	一般评价型，其基本思路类似于削弱加强，需要找到题干的论据和结论，梳理出两者之间的逻辑漏洞，若能对其结论进行削弱和加强，即为可以评价

真题精练

【导学例题49】有研究发现，精神压力增大会导致人的植物神经或者中枢神经功能发生紊乱，抑制毛发生长功能，从而导致脱发。因此有人认为只要时刻保持心情轻松愉快，就能够避免脱发。

以下选项最能指出上述论证缺陷的是(　　)。

A. 默认了精神压力减小最能够加快毛发增长

B. 忽视了不同的个体精神承受能力不同

C. 忽视了人的心情往往不受自身控制

D. 默认了不存在导致脱发的其他原因

D 【解析】第一步：找出论点和论据。论点：只要时刻保持心情轻松愉快，就能够避免脱发。论据：精神压力增大会导致人的植物神经或者中枢神经功能发生紊乱，抑制毛发生长功能，从而导致脱发。论点讨论的是心情轻松愉快，论据讨论的是精神压力增大，两者之间有跳跃，存在逻辑漏洞。第二步：逐一分析选项。A项，选项说明上述论证的缺陷在于默认了精神压力减小能够加快毛发增长，与是否保持心情愉快可以避免脱发无关，为无关项，排除。B项，选项说明上述论证的缺陷在于忽视了不同个体精神压力承受能力不同，与是否保持心情愉快可以避免脱发无关，为无关项，排除。C项，选项说明上述论证的缺陷在于忽视了人的心情不受自身控制，与是否保持心情愉快可以避免脱发无关，为无关项，排除。D项，选项说明上述论证的缺陷在于默认了不存在导致脱发的其他原因，实际上是有其他原因会导致脱发，补充导致脱发可能存在的其他原因，可以作为上述论证的缺陷，能够削弱，当选。

第四章　资料分析

导学教案

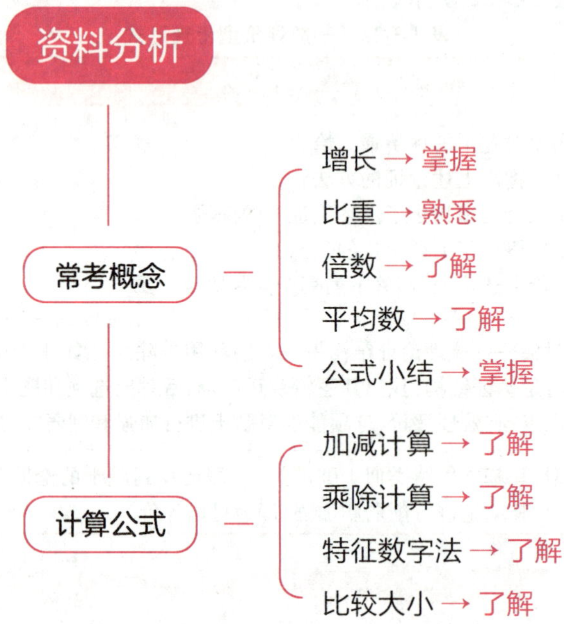

导学课程

第一节　常考概念

一、增长

（一）基础概念

1. 数据的两种呈现形式

数据的呈现形式如表 3-4-1 所示。

表 3-4-1　数据的呈现形式

要点	内容
量	指有一定计量单位的绝对数,即有单位的数据
率	两个相关的数在一定条件下的比值,即没有单位的数据

2. 增长问题中的常见概念

增长问题中的常见概念如表 3-4-2 所示。

表 3-4-2　增长问题中的常见概念

要点	内容
基期值	比较时作为参照标准的时期叫作基期。描述基期的具体数值叫作基期值
现期值	与基期相比较的时期叫作现期。描述现期的具体数值叫作现期值
增长量	现期值相对基期值增长的量
增长率	现期值相对基期值增长的百分比

【示例】2019 年上半年,社会消费品零售总额为 195 210 亿元,2018 年上半年为 180 052 亿元。按经

营单位所在地分，城镇消费品零售额为166 924亿元，比2018年上半年增长8.3%；乡村消费品零售额为28 286亿元，比2018年上半年增长9.1%。按消费类型分，餐饮收入为21 279亿元，比去年同期增长1 828亿元；商品零售额为173 930亿元，比去年同期增长13 330亿元。

以上材料涉及两个时间，2019年上半年和2018年上半年，我们比较事物在时间维度的变化时，更习惯用靠后的时间与靠前的时间比较，故这里将2019年称为“现期”，2018年称为“基期”（被比较的基准），两个时间对应的具体的量，分别称为“现期值”和“基期值”，如“2019年上半年，社会消费品零售总额为195 210亿元，2018年上半年为180 052亿元”中，2019年上半年对应的值195 210亿元，为现期值，2018年上半年对应的值180 052亿元，为基期值。

“增长量”和“增长率”均为两个时间对应量的比较结果，从概念解释来看，“增长量”是变化的具体值，带单位，“增长率”是一个百分数，不带单位。如“餐饮收入为21 279亿元，比去年同期增长1 828亿元；商品零售额为173 930亿元，比去年同期增长13 330亿元”中，均涉及增长量；而“城镇消费品零售额为166 924亿元，比2018年上半年增长8.3%；乡村消费品零售额为28 286亿元，比2018年上半年增长9.1%”中，均涉及增长率。

（二）公式探秘

$$增长量=现期值-基期值=\frac{现期值}{1+增长率}\times增长率=基期值\times增长率$$

$$增长率=\frac{增长量}{基期值}=\frac{现期值-基期值}{基期值}=\frac{增长量}{现期值-增长量}$$

$$现期值=基期值+增长量=基期值\times(1+增长率)=\frac{增长量}{增长率}\times(1+增长率)$$

$$基期值=现期值-增长量=\frac{现期值}{1+增长率}=\frac{增长量}{增长率}$$

增长涉及的概念有“增长量”“增长率”“现期值”“基期值”，但是每个概念都可以用不同的方式表示，总结对比上面的公式可以发现，每个概念都能用其他的三个概念中的两个表示出来。考生在学习之前，可以将这些公式先行记忆，在考试的时候，看到考察相应的概念，脑海中能够直接浮现出对应的公式，然后根据材料所涉及的信息，选用合适的公式，代入数据即可将公式列出。

1. 增长量

$$增长量=现期值-基期值=\frac{现期值}{1+增长率}\times增长率=基期值\times增长率$$

增长量的问法特征为：涉及两个时间（问题中出现两个时间、出现“比”“同比”“环比”等字眼）；问题或选项中带单位。

【例1】2019年6月，我国生产原煤33 335万吨，去年同期原煤生产量为30 195万吨。

问题：2019年6月，我国原煤生产量比2018年6月多多少万吨？

思考一：分析题干，确定所求为（　　）。

A. 现期值　　B. 基期值　　C. 增长量　　D. 增长率

问题中出现2019年6月和2018年6月两个时间，问题中带有单位“万吨”，故考察增长量。

思考二：利用公式（　　），请列式。

材料中，2019年6月，我国生产原煤33 335万吨，即现期值为33 335万吨；去年同期原煤生产量为30 195万吨，即基期值为30 195万吨。有现期值和基期值，求增长量，使用公式：增长量＝现期值－基期值。代入列式得33 335－30 195。

【例2】2016年全国文化事业费为770.69亿元，2017年全国文化事业费同比增长11.0%。

问题：2017年全国文化事业费比上年增长多少亿元？

思考一：分析题干，确定所求为（　　）。

A. 现期值　　B. 基期值　　C. 增长量　　D. 增长率

问题涉及2017年和2016年两个时间，问题中带有单位“亿元”，故所求为增长量。

思考二：利用公式（　　），请列式。

材料中，2016年全国文化事业费为770.69亿元，即基期值为770.69亿元；2017年全国文化事业费同比增长11.0%，即增长率为11.0%。有基期值和增长率，求增长量，使用公式：增长量＝基期值×增长率。代入列式得770.69×11.0%。

【例3】2019年上半年,我国全社会货物周转量为98 481.83亿吨公里,比上年同期增长5.0%。

问题:2019年上半年,我国全社会货物周转量比上年同期增长了多少亿吨公里?

思考一:分析题干,确定所求为(　　)。

A. 现期值　　B. 基期值　　C. 增长量　　D. 增长率

问题涉及2019年上半年,出现"比上年同期增长",等价于出现两个时间;问题中带有单位"亿吨公里",故所求为增长量。

思考二:利用公式(　　),请列式。

材料中,2019年上半年,我国全社会货物周转量为98 481.83亿吨公里,即现期值为98 481.83亿吨公里;比上年同期增长5.0%,即增长率为5.0%。有现期值和增长率,求增长量,使用公式:增长量 = $\frac{现期值}{1+增长率}\times$增长率。代入得$\frac{98\ 481.83}{1+5.0\%}\times5.0\%$。

2. 增长率

$$增长率=\frac{增长量}{基期值}=\frac{现期值-基期值}{基期值}=\frac{增长量}{现期值-增长量}$$

增长率的问法特征为:涉及两个时间(问题中出现两个时间、出现"比""同比""环比"等字眼);问题和选项中均不带单位(问题中出现百分之几或选项为百分数)。

【例1】2017年我国棉花种植面积319万公顷,2018年棉花种植面积比上年增加16万公顷。

问题:2018年我国棉花种植面积比2017年增长百分之几?

思考一:分析题干,确定所求为(　　)。

A. 现期值　　B. 基期值　　C. 增长量　　D. 增长率

问题中涉及2018年和2017年两个时间;问题最后出现"百分之几"。故所求为增长率。

思考二:利用公式(　　),请列式。

材料中,2017年我国棉花种植面积319万公顷,即基期值为319万公顷;2018年棉花种植面积比上年增加16万公顷,即增长量为16万公顷。有基期值和增长量,求增长率,可使用公式:增长率 = $\frac{增长量}{基期值}$。代入得$\frac{16}{319}$。

【例2】2018年全国主要工业产品中,化学纤维产量为5 011.1万吨,上年产量为4 879.9万吨。

问题:2018年,全国化学纤维产量同比增长了百分之几?

思考一:分析题干,确定所求为(　　)。

A. 现期值　　B. 基期值　　C. 增长量　　D. 增长率

问题中有2018年,出现"同比增长",可视作有两个时间;问题最后出现"百分之几"。故所求为增长率。

思考二:利用公式(　　),请列式。

材料中,2018年全国主要工业产品中,化学纤维产量为5 011.1万吨,即现期值为5 011.1万吨;上年产量为4 879.9万吨,即基期值为4 879.9万吨。有现期值和基期值,求增长率,使用公式:增长率 = $\frac{现期值-基期值}{基期值}$。代入得$\frac{5\ 011.1-4\ 879.9}{4\ 879.9}$。

【例3】根据对夏粮主产区实割实测抽样调查和对非主产区的重点调查初步推算,2019年全国夏粮总产量2 835亿斤,比2018年增加59亿斤,与历史最高年(2017年)持平。

问题:2019年全国夏粮总产量比2018年增加百分之几?

思考一:分析题干,确定所求为(　　)。

A. 现期值　　B. 基期值　　C. 增长量　　D. 增长率

问题中有2019年和2018年两个时间,问题最后为"百分之几"。故所求为增长率。

思考二:利用公式(　　),请列式。

材料中,2019年全国夏粮总产量2 835亿斤,即现期值为2 835亿斤,比2018年增加59亿斤,即增长量为59亿斤。有现期值和增长量,求增长率,可用公式:增长率 = $\frac{增长量}{现期值-增长量}$。代入得$\frac{59}{2\ 835-59}$。

3. 现期值

$$现期值=基期值+增长量=基期值\times(1+增长率)=\frac{增长量}{增长率}\times(1+增长率)$$

现期值问法特征：只涉及一个时间；此时间与材料中最终时间一致或靠后。

【例1】2018年我国科技经费投入力度加大，国家财政科技支出增速加快，研究与试验发展（R&D）经费投入强度持续提高，比上年增加2 071.8亿元。2017年我国共投入R&D经费17 606.1亿元。

问题：2018年我国投入R&D经费多少亿元？

思考一：分析题干，确定所求为（　　）。

A. 现期值　　B. 基期值　　C. 增长量　　D. 增长率

问题中只有2018年一个时间，与材料中最终时间一致。故考察现期值。

思考二：利用公式（　　），请列式。

材料中，2017年我国共投入R&D经费17 606.1亿元，即基期值为17 606.1亿元；2018年比上年增加2 071.8亿元，故增长量为2 071.8亿元。有基期值和增长量，求现期值，可用公式：现期值=基期值+增长量。代入得17 606.1+2 071.8。

【例2】2017年全年我国旅客吞吐量为114 763.1万人次，2018年全年旅客吞吐量超过12亿人次，较上年增长10.2%。

问题：2018年，全国旅客吞吐量为多少万人次？

思考一：分析题干，确定所求为（　　）。

A. 现期值　　B. 基期值　　C. 增长量　　D. 增长率

问题中只有2018年一个时间，与材料中最终时间一致。故考察现期值。

思考二：利用公式（　　），请列式。

材料中，2017年全年我国旅客吞吐量为114 763.1万人次，即基期值为114 763.1万人次；2018年全年旅客吞吐量较上年增长10.2%，即增长率为10.2%，有基期值和增长率，求现期值，可用公式：现期值=基期值×（1+增长率）。代入得114 763.1×（1+10.2%）。

【例3】2017年全国共有各级各类学校51.38万所，比上年增加2 105所，增长0.41%；各级各类学历教育在校生比上年增加545.54万人，增长2.06%。

问题：2017年我国各级各类学历教育在校生为多少万人？

思考一：分析题干，确定所求为（　　）。

A. 现期值　　B. 基期值　　C. 增长量　　D. 增长率

问题中只有2017年一个时间，与材料中最终时间一致。故考察现期值。

思考二：利用公式（　　），请列式。

材料中，2017年各级各类学历教育在校生比上年增加545.54万人，即增长量为545.54万人；增长2.06%，即增长率为2.06%。可使用公式：现期值$=\frac{增长量}{增长率}\times(1+增长率)$。代入得$\frac{545.54}{2.06\%}\times(1+2.06\%)$。

4. 基期值

$$基期值=现期值-增长量=\frac{现期值}{1+增长率}=\frac{增长量}{增长率}$$

基期值问法特征：只涉及一个时间；此时间比材料最终时间靠前。

【例1】截至2019年3月底，全国光伏发电装机达到1.797亿千瓦，同比增长3 930.9万千瓦。

问题：2018年3月底我国光伏发电装机达到多少万千瓦？

思考一：分析题干，确定所求为（　　）。

A. 现期值　　B. 基期值　　C. 增长量　　D. 增长率

问题中只有2018年3月一个时间，材料最终时间为2019年3月，故问题时间比材料最终时间靠前，考察基期值。

思考二：利用公式（　　），请列式。

材料中，截至2019年3月底，全国光伏发电装机达到1.797亿千瓦，即现期值为1.797亿千瓦=17 970万千瓦；同比增长3 930.9万千瓦，故增长量为3 930.9万千瓦。有现期值和增长量，求基期值，可用公式：基期值=现期值-增长量。代入得17 970-3 930.9。

【例 2】2018 年全国文化和旅游部门所属艺术表演团体共组织政府采购公益演出16.16 万场，观众 1.28 亿人次，分别比上年增长 2.7% 和 0.3%。

问题：2017 年全国文化和旅游部门所属艺术表演团体共组织政府采购公益演出多少万场？

思考一：分析题干，确定所求为（　　）。

A. 现期值　　B. 基期值　　C. 增长量　　D. 增长率

问题中只有 2017 年一个时间，材料最终时间为 2018 年，故问题时间比材料最终时间靠前，考察基期值。

思考二：利用公式（　　），请列式。

材料中，2018 年全国文化和旅游部门所属艺术表演团体共组织政府采购公益演出16.16 万场，即现期值为 16.16 万场，比上年增长 2.7%，即增长率为 2.7%。有现期值和增长率，求基期值，可使用公式：基期值 $=\frac{\text{现期值}}{1+\text{增长率}}$。代入得$\frac{16.16}{1+2.7\%}$。

【例 3】2019 年 1～4 月，前十位国家/地区（以实际投入外资金额计）实际投入外资总额比上年同期增长 14.88 亿美元，同比增长 3.6%。

问题：2018 年 1～4 月，前十位国家/地区（以实际投入外资金额计）实际投入外资总额是多少亿美元？

思考一：分析题干，确定所求为（　　）。

A. 现期值　　B. 基期值　　C. 增长量　　D. 增长率

问题中只有 2018 年 1～4 月一个时间，材料最终时间为 2019 年 1～4 月，故问题时间比材料最终时间靠前，考察基期值。

思考二：利用公式（　　），请列式。

材料中，2019 年 1～4 月，前十位国家/地区（以实际投入外资金额计）实际投入外资总额比上年同期增长 14.88 亿美元，即增长量为 14.88 亿美元；同比增长 3.6%，即增长率为3.6%。有增长量和增长率，求基期值，可使用公式：基期值 $=\frac{\text{增长量}}{\text{增长率}}$。代入得$\frac{14.88}{3.6\%}$。

二、比重

（一）比重的含义

比重是指某部分在整体中所占的百分比。部分与整体的关系如图 3-4-1 所示。

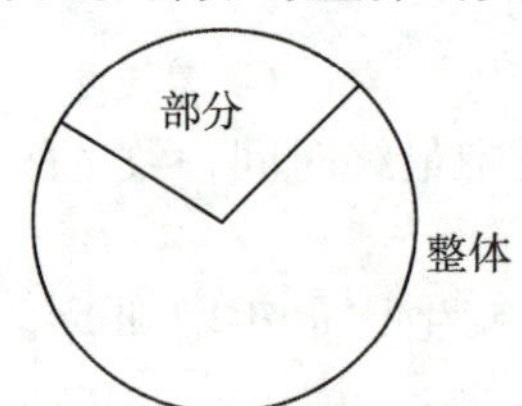

图 3-4-1　部分与整体的关系图

【示例】2023 年前三季度，广东实现地区生产总值 96 161.63 亿元，同比增长 4.5%。其中，第一产业增加值 3 820.31 亿元，增长 4.8%，占地区生产总值比重为 3.97%；第二产业增加值38 008.92亿元，增长 4.0%，占地区生产总值比重为 39.53%；第三产业增加值 54 332.41 亿元，增长 4.8%，占比为 56.5%。

以上材料中，广东地区生产总值，包含了第一产业增加值、第二产业增加值、第三产业增加值，则广东的地区生产总值为整体值，第一产业增加值、第二产业增加值、第三产业增加值为部分值，各个部分值在整体值中占的百分比为比重。

（二）公式探秘

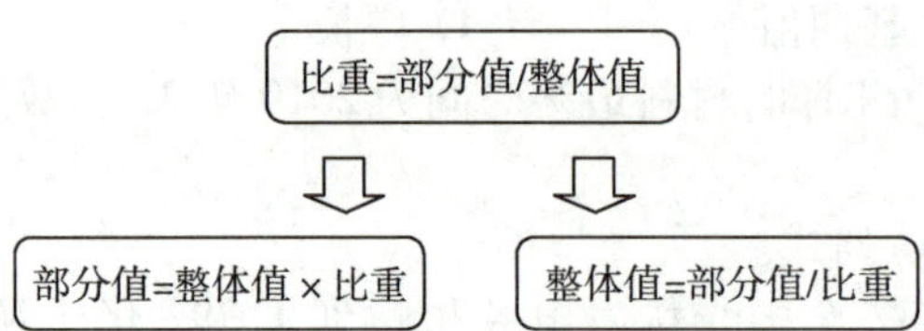

$$\text{基期比重}=\frac{\text{基期部分值}}{\text{基期整体值}}=\frac{\text{现期部分值}-\text{部分增长量}}{\text{现期整体值}-\text{整体增长量}}=\frac{\text{部分值}}{\text{整体值}}\times\frac{1+q_{\text{整}}}{1+q_{\text{部}}}$$

$$比重变化量=现期比重-基期比重=\frac{部分值}{整体值}\times\frac{q_{部}-q_{整}}{1+q_{部}}$$

上述公式中，q 表示增长率。

比重问题中，涉及的概念只有“比重”“部分值”“整体值”，用其中两个可以计算出第三个，以基础公式“$比重=\frac{部分值}{整体值}$”考察最多，除了考察直接计算，还会考察比重之间的大小关系比较；比重与增长结合时，会涉及基期比重和比重的变化量。在考试中，这两个知识点有所考察，但难度不高。

1. 基础公式及变形

$$比重=\frac{部分值}{整体值}$$

$$部分值=整体值\times比重$$

$$整体值=\frac{部分值}{比重}$$

比重问题的问法特征很直接，**会出现关键词如“A 占 B 的比重为”“在 B 中，A 的占比为”**。如果是问部分值或整体值，则是在材料中出现上面类似的表述。

【例 1】经初步核算，2022 年国内生产总值 1 210 207 亿元，比上年增长 3.0%。其中，第一产业增加值 88 345 亿元，比上年增长 4.1%；第二产业增加值 483 164 亿元，增长 3.8%；第三产业增加值 638 698 亿元，增长 2.3%。

问题：2022 年，在我国国内生产总值中，第二产业增加值占比为百分之几？

思考一：问题所求为（　　）。

A. 现期部分值　　B. 现期整体值　　C. 现期比重

问题中含有关键词“占”，考察比重，问题时间与材料最终一致，故考察现期比重。

思考二：利用公式（　　），请列式。

材料中给出 2022 年国内生产总值 1 210 207 亿元，为整体值，第二产业增加值 483 164 亿元，为部分值，有整体值和部分值，求比重，可用公式：$比重=\frac{部分值}{整体值}$。代入数据得$\frac{483\ 164}{1\ 210\ 207}$。

【例 2】2016 年年末，全国内河航道通航里程 12.71 万公里。等级航道 6.64 万公里，其中三级及以上航道占总里程的比重为 9.5%，比上年提高 0.4 个百分点。

问题：2016 年年末，全国三级及以上航道通航里程为（　　）万公里。

思考一：问题所求为（　　）。

A. 现期部分值　　B. 现期整体值　　C. 现期比重

问题时间与材料最终时间一致，问的是现期值，材料中未直接给出三级及以上航道通航里程数据，但是有“占总里程的比重”字眼，故所求为现期部分值。

思考二：利用公式（　　），请列式。

材料中，“其中三级及以上航道占总里程的比重为 9.5%”，给出了比重的值，占的是总里程的比重，2016 年年末，全国内河航道通航里程 12.71 万公里，即整体值为 12.71 万公里。有整体值和比重，求现期部分值，使用公式：部分值=整体值×比重。代入数据为 12.71×9.5%。

【例 3】2018 年 1～5 月份，民间投资 128 114 亿元，增长 8.1%，增速比去年同期高 1.3 个百分点；民间投资占全国完成固定资产投资的比重为 59.3%，比去年同期提高 1.1 个百分点；对投资增长的贡献率达 78%。

问题：2018 年 1～5 月份，全国完成固定资产投资约为多少亿元？

思考一：问题所求为（　　）。

A. 现期部分值　　B. 现期整体值　　C. 现期比重

问题时间与材料最终时间一致，问的是现期值，材料中未直接给出全国完成固定资产投资数据，但是有“民间投资占全国完成固定资产投资的比重”字眼，故所求为现期整体值。

思考二：利用公式（　　），请列式。

材料中，“民间投资占全国完成固定资产投资的比重为 59.3%”，给出了比重的值，2018 年 1～5 月份，民间投资 128 114 亿元，即部分值为 128 114 亿元，有部分值和比重的值，求整体值，故使用公式：整体值$=\frac{部分值}{比重}$。代入数据得:$\frac{128\ 114}{59.3\%}$。

2. 基期比重

$$基期比重=\frac{基期部分值}{基期整体值}=\frac{现期部分值-部分增长量}{现期整体值-整体增长量}=\frac{部分值}{整体值}\times\frac{1+q_{整}}{1+q_{部}}$$

基期比重是比重与基期值的综合考察,问法上,兼有两者的特点:**问题中只有一个时间,且时间比材料最终时间靠前;问题中出现“占……的比重”字眼**。

【例1】2018年全年保险公司原保险保费收入38 017亿元,比2017年增长1 436亿元,其中健康险和意外伤害险业务原保险保费收入6 524亿元,增长1 305亿元。

问题:2017年健康险和意外伤害险业务原保险保费收入占保险公司原保险保费收入比重为百分之几?

思考一:问题所求为( )。

A. 现期比重　　B. 基期比重　　C. 比重变化量

问题时间为2017年,材料最终时间为2018年,问题时间比材料时间靠前,且问题中出现“占……的比重”字眼,故考察基期比重。

思考二:利用公式( ),请列式。

问题为“2017年健康险和意外伤害险业务原保险保费收入占保险公司原保险保费收入比重”,所以“健康险和意外伤害险业务原保险保费收入”为部分值,“保险公司原保险保费收入”为整体值。材料中给出“2018年全年保险公司原保险保费收入38 017亿元,比2017年增长1 436亿元”,即现期整体值为38 017亿元,整体增长量为1 436亿元;“其中健康险和意外伤害险业务原保险保费收入6 524亿元,增长1 305亿元”,即现期部分值为6 524亿元,部分增长量为1 305亿元。有现期整体值、整体增长量、现期部分值、部分增长量,求基期比重,可使用公式:基期比重$=\frac{现期部分值-部分增长量}{现期整体值-整体增长量}$。代入数据得$\frac{6\ 524-1\ 305}{38\ 017-1\ 436}$。

【例2】据海关统计,2023年上半年我国货物贸易进出口总值20.1万亿元人民币,同比增长2.1%。其中,出口11.46万亿元,同比增长3.7%;进口8.64万亿元,同比下降0.1%。

问题:2022年上半年,我国进口额占进出口总额的比重为多少?

思考一:问题所求为( )。

A. 现期比重　　B. 基期比重　　C. 比重变化量

问题时间为2022年上半年,材料最终时间为2023年上半年,问题时间比材料时间靠前,且问题中出现“占……的比重”字眼,故考察基期比重。

思考二:利用公式( ),请列式。

问题为“2022年上半年,我国进口额占进出口总额的比重”,所以,进口额为部分值,进出口总额为整体值。材料中,“2023年上半年我国货物贸易进出口总值20.1万亿元人民币,同比增长2.1%”,即现期整体值为20.1万亿元,整体增长率为2.1%,“进口8.64万亿元,同比下降0.1%”,即现期部分值为8.64万亿元,部分的增长率为-0.1%,有整体值、整体值的增长率,部分值、部分值的增长率,求基期比重,可使用公式:基期比重$=\frac{部分值}{整体值}\times\frac{1+q_{整}}{1+q_{部}}$。代入数据得$\frac{8.64}{20.1}\times\frac{1+2.1\%}{1-0.1\%}$。

3. 比重变化

$$比重变化量=现期比重-基期比重=\frac{部分值}{整体值}\times\frac{q_{部}-q_{整}}{1+q_{部}}$$

比重变化只考察变化量,是比重与增长量的综合考察,在问法上的特征为:**涉及两个时间;问题或选项中出现“比重上升/下降多少个百分点”**。

【例】2017年5月我国银行金融机构总资产2 328 934亿元,同比增长12.5%,其中股份制商业银行资产金额为431 150亿元,同比增长了11.5%。

问题:2017年5月,股份制商业银行总资产占银行金融机构总资产的比重与上年相比上升/下降了多少个百分点?

思考一：问题所求为（　　）。

A. 现期比重　　B. 基期比重　　C. 比重变化量

题干中出现 2017 年 5 月，与上年相比，等价于出现两个时间，有上升/下降多少个百分点，故本题考察比重变化量。

思考二：利用公式（　　），请列式。

问题为"股份制商业银行总资产占银行金融机构总资产的比重"，即股份制商业银行总资产为部分值，银行金融机构总资产为整体值。材料中，"2017 年 5 月我国银行金融机构总资产 2 328 934 亿元，同比增长 12.5%"，即现期整体值为 2 328 934 亿元，整体增长率为12.5%；"其中股份制商业银行资产金额为431 150 亿元，同比增长了 11.5%"，即现期部分值为 431 150 亿元，部分增长率为 11.5%。有现期整体值、整体值的增长率，现期部分值、部分值的增长率，可使用公式：比重变化量 $=\frac{\text{部分值}}{\text{整体值}}\times\frac{q_{部}-q_{整}}{1+q_{部}}$。代入数据得$\frac{431\ 150}{2\ 328\ 934}\times\frac{11.5\%-12.5\%}{1+11.5\%}$。

教你一招

判断现期的比重比基期上升还是下降，只需要比较 $q_{部}$ 和 $q_{整}$ 的关系：

(1) 当 $q_{部}>q_{整}$，现期的比重比基期的比重上升。

(2) 当 $q_{部}<q_{整}$，现期的比重比基期的比重下降。

(3) 当 $q_{部}=q_{整}$，现期的比重与基期的比重持平。

三、倍数

（一）倍数的含义

倍数即 A 是 B 的多少倍，表示为$\frac{A}{B}$。

倍数的本质，是将 B 视作 1 份，分析 A 有多少份，既可以在同一时间点，比较两个量之间的倍数关系，也可以比较同一个量在不同时间的倍数关系。

【示例】2022 年广东三季粮食面积均实现增长。其中，春粮（对应全国夏粮）面积 214.4 万亩，早稻面积 1 296.3 万亩，秋粮面积 1 834.8 万亩，分别比上年增加 7.5 万亩、8.5 万亩、9.9 万亩，分别增长 3.6%、0.7%、0.5%。

问题①：2022 年，广东秋粮播种面积是春粮的多少倍？

问题②：2022 年，广东早稻播种面积比春粮多多少倍？

以上材料中，比较的是 2022 年秋粮播种面积与春粮播种面积之间的关系，要注意的是，问题描述中，往往会对第二个"播种面积"进行省略，大家在阅读题目的时候，要能够明确题目问的具体指标。

上述示例中，有两种问法，一种是 A 是 B 的多少倍，另一种是 A 比 B 多多少倍。这两种问法，都是以 B 为基础，将其视作 1 份，第一种问法是看 A 相当于多少份 B，另外一种问法是看 $(A-B)$ 相当于多少份 B。

（二）公式探秘

$$A\text{ 是 }B\text{ 的}\frac{A}{B}\text{倍，}A\text{ 比 }B\text{ 多}\left(\frac{A}{B}-1\right)\text{倍}$$

$$\text{基期 }A\text{ 是基期 }B\text{ 的倍数}=\frac{\text{基期 }A}{\text{基期 }B}=\frac{A-A\text{ 的增长量}}{B-B\text{ 的增长量}}=\frac{A}{B}\times\frac{1+q_B}{1+q_A}$$

上述公式中，q 表示增长率。

倍数问题问法很直接，也未涉及新的概念，关键是在读题时，明确问法，看清楚问的具体为"是几倍"还是"多几倍"，两者的问法很接近，但是本质却有所不同。

1. 基础公式及变形

$$A\text{ 是 }B\text{ 的}\frac{A}{B}\text{倍，}A\text{ 比 }B\text{ 多}\left(\frac{A}{B}-1\right)\text{倍}$$

当问题中出现"A 是 B 的多少倍""A 比 B 多多少倍"时，即为倍数问题，关键是根据问题，确定

哪个指标是 A，哪个指标是 B。

公式 A 比 B 多$\frac{A}{B}-1$倍中，$\frac{A}{B}-1$ 与增长率公式"$\frac{现期值-基期值}{基期值}=\frac{现期值}{基期值}-1$"非常相似，若 A 比 B 多多少倍中，A 和 B 指的是同一指标在不同时间的数值，那么本质上就是增长率，一般增长率 < 100%，我们使用百分数表示，增长率 > 100%，用增长了多少倍表示。

【例 1】初步核算，2022 年国内生产总值 1 210 207 亿元，比上年增长 3.0%。其中，第一产业增加值 88 345 亿元，比上年增长 4.1%；第二产业增加值 483 164 亿元，增长 3.8%；第三产业增加值 638 698 亿元，增长 2.3%。

问题：2022 年，第三产业增加值是第一产业增加值的多少倍？

思考一：问题所求为（ ）。

A. 现期是几倍　　　　B. 现期多几倍

问题中含有关键词"是……的多少倍"，考察是几倍，问题时间与材料一致，故考察现期是几倍。

思考二：利用公式（ ），请列式。

问题中，第三产业增加值是第一产业增加值的多少倍，"是"之前是第三产业增加值，为 A，由材料知，$A=638\ 698$ 亿元，"是"之后是第一产业增加值，为 B，由材料知 $B=88\ 345$ 亿元。A 是 B 的$\frac{A}{B}$倍，所以可列式：$\frac{638\ 698}{88\ 345}$。

【例 2】2022 年，广东省一般公共预算收入 13 279.73 亿元，2010 年为 4 515.72 亿元。

问题：2022 年，广东省一般公共预算收入比 2010 年多多少倍？

思考一：问题所求为（ ）。

A. 现期是几倍　　　　B. 现期多几倍

问题中含有关键词"比……多多少倍"，考察多几倍，问题时间与材料一致，故考察现期多几倍。

思考二：利用公式（ ），请列式。

问题中，2022 年，广东省一般公共预算收入比 2010 年多多少倍？"比"之前是 2022 年广东省一般公共预算收入，为 A，由材料知，$A=13\ 279.73$ 亿元，"比"之后是 2010 年，即 2010 年广东省一般公共预算收入，为 B，由材料知 $B=4\ 515.72$ 亿元。A 比 B 多$\left(\frac{A}{B}-1\right)$倍，所以可列式：$\frac{13\ 279.73}{4\ 515.72}-1$。

【例 3】2022 年，广州汽车产量达到 313.68 万辆，2012 年广州汽车产量为 138.4 万辆。

问题：2022 年，广州汽车产量比 2012 年增长多少倍？

思考一：问题所求为（ ）。

A. 现期是几倍　　　　B. 现期多几倍

问题中含有关键词"增长多少倍"，考察多几倍，问题时间与材料一致，故考察现期多几倍。

思考二：利用公式（ ），请列式。

问题中，2022 年，广州汽车产量比 2012 年增长多少倍？"比"之前是 2022 年广州汽车产量，为 A，由材料知，$A=313.68$ 万辆，"比"之后是 B，由材料知，$B=138.4$ 万辆。使用公式 A 比 B 增长$\left(\frac{A}{B}-1\right)$倍，代入得$\frac{313.68}{138.4}-1$。

2. 基期倍数

$$基期A是基期B的倍数=\frac{基期A}{基期B}=\frac{A-A的增长量}{B-B的增长量}=\frac{A}{B}\times\frac{1+q_B}{1+q_A}$$

基期倍数是倍数与基期值的综合考察，问法上，兼有两者的特点：**问题中只有一个时间，且时间比材料最终时间靠前；问题中出现"是……多少倍"字眼。**

【例 1】2016 年 1～2 月，某省信息技术服务收入为 411.8 亿元，比上年同期增长 55.0 亿元；软件产品收入为 276.3 亿元，同比增长 23.7 亿元。

问题：2015 年 1～2 月，某省信息技术服务收入是软件产品收入的多少倍？

思考一:问题所求为(　　)。

A. 现期是几倍　　B. 基期是几倍　　C. 基期多几倍

问题时间为2015年1~2月,材料最终时间为2016年1~2月,问题时间比材料最终时间靠前,且问题中出现"是……多少倍"字眼,故考察基期倍数,基期是几倍。

思考二:利用公式(　　),请列式。

问题为"2015年1~2月,某省信息技术服务收入是软件产品收入的多少倍?"所以"某省信息技术服务收入"为A,"软件产品收入"为B。材料给出"信息技术服务收入为411.8亿元,比上年同期增长55.0亿元",有A的现期值和增长量;"软件产品收入为276.3亿元,同比增长23.7亿元",有B的现期值和增长量。使用公式:基期A是基期B的倍数$=\frac{A-A\text{的增长量}}{B-B\text{的增长量}}$。代入数据得$\frac{411.8-55.0}{276.3-23.7}$。

【例2】2015年某省国有控股工业增加值3 796.6亿元,同比增长2.1%;股份制企业增加值19 674.4亿元,同比增长10%。

问题:2014年某省股份制企业增加值是国有控股工业的多少倍?

思考一:问题所求为(　　)。

A. 现期是几倍　　B. 基期是几倍　　C. 基期多几倍

问题时间为2014年,材料最终时间为2015年,问题时间比材料最终时间靠前,且问题中出现"是……多少倍"字眼,故考察基期倍数,基期是几倍。

思考二:利用公式(　　),请列式。

问题为"2014年某省股份制企业增加值是国有控股工业的多少倍",所以"股份制企业增加值"为A,"国有控股工业增加值"为B。材料给出"2015年某省国有控股工业增加值3 796.6亿元,同比增长2.1%",有B的现期值和增长率;"股份制企业增加值19 674.4亿元,同比增长10%",有A的现期值和增长率。使用公式:基期A是基期B的倍数$=\frac{A}{B}\times\frac{1+q_B}{1+q_A}$。代入数据得$\frac{19\,674.4}{3\,796.6}\times\frac{1+2.1\%}{1+10\%}$。

3. 翻番

$$A\text{比}B\text{翻1番}=A\text{是}B\text{的2倍}$$
$$A\text{比}B\text{翻2番}=A\text{是}B\text{的4倍}$$
$$A\text{比}B\text{翻3番}=A\text{是}B\text{的8倍}$$
$$\cdots\cdots$$
$$A\text{比}B\text{翻}n\text{番}=A\text{是}B\text{的}2^n\text{倍}$$

翻番是倍数的一种问法,每多翻1番,就乘一个2,所以其实是种指数型变化。考试的时候,如果涉及翻番,可以先计算大概是几倍,然后根据2^n,选择一个最接近的。

【例1】1980年,我国苹果产量为236.31万吨,2022年为4 597.34万吨。

问题:2022年,我国苹果产量比1980年翻几番?

思考一:问题所求为(　　)。

A. 现期是几倍　　B. 基期是几倍　　C. 翻番

问题中出现"翻几番"的字眼,所求为翻番。

思考二:利用公式(　　),请列式。

问题为"2022年,我国苹果产量比1980年翻几番",2022年苹果产量为A,由材料知,$A=4\,597.34$万吨,1980年苹果产量为B,$B=236.31$万吨。可先求出A是B的几倍,再转化为翻几番:$\frac{4\,597.34}{236.31}\approx 19.45=2^{4.X}$。故翻了4番多。

【例2】2022年,某汽车制造厂生产汽车383万辆,2015年为97万辆。

判断正误:2022年,该汽车制造厂的汽车产量比2015年翻了约4番。

思考一:问题所求为(　　)。

A. 现期是几倍　　B. 基期是几倍　　C. 翻番

题中出现"翻了约4番"的字眼,所求为翻番。

思考二:利用公式(　　),请列式。

问题等价于"2022年,该汽车制造厂的汽车产量比2015年翻几番",2022年汽车产量为A,由材料知,$A=383$ 万辆,2015 年汽车产量为 B,由材料知,$B=97$ 万辆,先计算倍数,即$\frac{383}{97}\approx 4=2^2$,是 4 倍等价于翻两番,故题中所述"翻了约 4 番"错误。

四、平均数

(一)平均数的含义

平均数是指一组数据的和除以这组数据的个数,所得的商叫作这组数据的平均数,它是描述一组数据集中趋势的统计量。

平均数反映的是数据的集中趋势,一组数有大有小,平均数就是将多的补到少的量上,最终让数据一致。计算时,几个量的和称之为"总量",数据的个数称为"份数",平均数 = 总量 ÷ 份数。

【示例】表 3-4-3 中给出了 2022 年中部 6 省总人口数和城镇人口数。要计算各省总人口的平均数,就需要知道各省人数之和(总量),然后除以省份数量,省份数量就是份数。平均数 = 总量/份数 = (　　)/6。

表 3-4-3　2022 年中部 6 省人口数

省份	总人口(万人)	城镇人口(万人)
河南省	9 872	5 633
湖南省	6 604	3 983
安徽省	6 127	3 686
湖北省	5 844	3 779
江西省	4 528	2 811
山西省	3 481	2 227

当问题中出现涉及平均数的问题时,一定要明确总量和份数。尤其是个别概念中,总量和份数互换依旧有意义。

总量和份数的常见区分方法:

(1)**"均"字之前为份数**。

例:人均 GDP,是将 GDP 总量按人为份数进行平均分。

月均工资,是将总工资按照月份的数量为份数进行平均分。

年均粮食产量,是将几年的粮食总产量按照年份进行平均分。

(2)**"每"字之后为份数**。

例:中部 6 省中,平均每个省份的人口数,是将中部 6 省的总人口,按省份数量进行平均分。

小明每门课程的平均分数,是将小明的总分按照课程的门数进行平均分。

每个车站的平均进站人数,是将总进站人数按照车站的数量进行平均分。

(3)**按照单位,分子是总量的单位,分母是份数的单位**。

例:小麦的单位产量为 800 斤/亩,总产量是总量,单位为斤,总面积是份数,单位为亩。

某公司平均收入为 4 500 元/人,总收入是总量,单位为元,总人数是份数,单位为人。

书的平均页数为 300 页/本,总页数是总量,单位为页,总本数是份数,单位为本。

(二)公式探秘

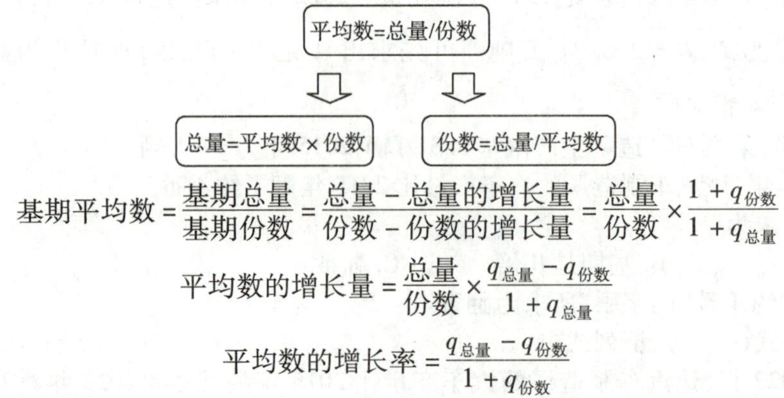

$$基期平均数=\frac{基期总量}{基期份数}=\frac{总量-总量的增长量}{份数-份数的增长量}=\frac{总量}{份数}\times\frac{1+q_{份数}}{1+q_{总量}}$$

$$平均数的增长量=\frac{总量}{份数}\times\frac{q_{总量}-q_{份数}}{1+q_{总量}}$$

$$平均数的增长率=\frac{q_{总量}-q_{份数}}{1+q_{份数}}$$

1. 平均数

当问题中出现“平均”“每”的字眼时，考察平均数，关键是找准总量和份数对应的指标。

【例】2013—2017 年全国铁路营业里程分别为 10.3 万公里、11.2 万公里、12.1 万公里、12.4 万公里、12.7 万公里。

问题:2013—2017 年全国铁路营业里程平均每年是多少万公里?

思考一:问题所求为(　　)。

A. 总量　　B. 份数　　C. 平均数

问题中出现“平均每年”字眼,求的是平均数。

思考二:总量是(　　),份数是(　　)。

问题为“2013—2017 年全国铁路营业里程平均每年是多少万公里?”,“每”后面跟的是年,所以年份的数量为份数,份数 =5,总量为全国铁路营业里程数之和。

思考三:请列式。

平均数 = 总量/份数。总量未直接给出,需要用各个年份的铁路营业里程相加,份数 =5,代入得$\frac{10.3+11.2+12.1+12.4+12.7}{5}$。

2. 基期平均数

基期平均数的问法特征:**题目涉及平均数;题干中只有一个日期,且题干中的日期比材料最终日期靠前。**

【例】至 2015 年年末,全国测绘资质单位总数达到 15 931 家,同比增长 9.8%。测绘资质单位完成服务总值 837.05 亿元,同比增长 23.1%。“十二五”期间,全国测绘资质单位累计完成服务总值 3 130.99 亿元。

问题:至 2014 年年末,全国平均每家测绘资质单位完成服务总值是多少亿元?

思考一:问题所求为(　　)。

A. 现期平均数　　B. 基期平均数

题目中出现“平均每”,考察平均数,问题中涉及的时间为 2014 年,材料最终时间为 2015 年,时间不一致,且靠前,故考察基期平均数。

思考二:总量是(　　),份数是(　　)。

“每”后面为测绘资质单位,故份数为测绘资质单位的家数,总量为服务总值。

思考三:请列式。

材料中,2015 年年末,全国测绘资质单位总数达到 15 931 家,同比增长 9.8%,有份数和份数的增长率,测绘资质单位完成服务总值 837.05 亿元,同比增长 23.1%,有总量和总量的增长率,可使用公式:基期平均数 $=\frac{\text{总量}}{\text{份数}}\times\frac{1+q_{\text{份数}}}{1+q_{\text{总量}}}$。代入数据为$\frac{837.05}{15\ 931}\times\frac{1+9.8\%}{1+23.1\%}$。

3. 平均数增长量

平均数增长量问法特征:**题目涉及平均数;题干涉及两个时间,带单位。**

【例】2019 年 6 月商品房期房累计销售额 61 531.99 亿元,同比增长 8.7%,商品房期房累计销售面积 64 098.62 万平方米,同比增长 2.5%。

问题:2019 年 6 月商品房期房累计销售单价比上年同期增加多少万元/平方米?

思考一:问题所求是(　　)。

A. 平均数增长量　　B. 平均数增长率

题目中出现“单价”,考察平均数,问题中涉及 2019 年 6 月,比上年增加,有 2 个时间,且带单位,故考察平均数的增长量。

思考二:总量是(　　),份数是(　　)。

问题中,销售单价的单位为“万元/平方米”,故万元为总量的单位,对应商品房期房累计销售额,平方米为份数的单位,对应商品房期房累计销售面积。

思考三:请列式。

材料中,“2019 年 6 月商品房期房累计销售额 61 531.99 亿元,同比增长 8.7%”,有总量和总量的增长率;“商品房期房累计销售面积 64 098.62 万平方米,同比增长 2.5%”,有份数和份数的增长率,求平均数的增长量，使用公式：平均数的增长量 $=\frac{总量}{份数}\times\frac{q_{总量}-q_{份数}}{1+q_{总量}}$。代入数据得$\frac{61\ 531.99}{64\ 098.62}\times\frac{8.7\%-2.5\%}{1+8.7\%}$。

4. 平均数增长率

平均数增长率问法特征：**题目涉及平均数；题干涉及两个时间，带百分之几。**

【例】2017 年，全国出让国有建设用地 22.54 万公顷，同比增长 6.4%；出让合同价款 44.99 万亿元，同比增长 36.7%。

问题：2017 年全国出让国有建设用地单价比 2016 年同期上升百分之几？

思考一：问题所求为（　　）。

A. 平均数增长量　　　B. 平均数增长率

题目中出现"单价"，考察平均数，涉及 2017 年和 2016 年两个时间，出现百分之几，故本题考查平均数增长率。

思考二：请列式。

单价 = 总价/份数，这里总价为出让合同价款 44.99 万亿元，同比增长 36.7%，给出总量和总量的增长率，份数为出让国有建设用地 22.54 万公顷，同比增长 6.4%，给出份数和份数的增长率，使用公式：平均数的增长率 $=\frac{q_{总量}-q_{份数}}{1+q_{份数}}$。代入数据得：$\frac{36.7\%-6.4\%}{1+6.4\%}$。

5. 平均数上升或下降的判断

判断平均数上升还是下降，可以使用平均数的增长量或平均数的增长率的正负来判断。如果平均数增长量和增长率为正数，则平均数上升，若为负数，则下降。由公式可知，判断平均数的增长量和增长率的正负，均只需比较"总量的增长率 - 份数的增长率"是否大于 0。

【例】2018 年前三季度，全国房地产开发投资 88 665 亿元，同比增长 9.9%。商品房销售面积 119 313万平方米，增长 2.9%；销售额 104 132 亿元，增长 13.3%。

问题：2018 年前三季度全国商品房销售单价上升还是下降了？

思考一：问题所求是（　　）。

判断 2018 年平均数比 2017 年上升还是下降。

思考二：总量增长率是（　　），份数增长率是（　　）。

单价 = 总价/份数，这里总价为"销售额 104 132 亿元，增长 13.3%"，有总量和总量的增长率；份数为"商品房销售面积 119 313 万平方米，增长 2.9%"，有份数和份数的增长率。

思考三：所求现期平均数比基期是上升还是下降？

总量的增长率 = 13.3%，份数的增长率 = 2.9%，总量增长率 > 份数增长率，故现期平均数比基期上升。

知识拓展

(1) 总量增长率 > 份数增长率，平均数上升。
(2) 总量增长率 < 份数增长率，平均数下降。
(3) 总量增长率 = 份数增长率，平均数不变。

五、公式小结

（一）常考公式

1. 增长相关

$$增长量=现期值-基期值=\frac{现期值}{1+增长率}\times增长率=基期值\times增长率$$

$$增长率=\frac{增长量}{基期值}=\frac{现期值-基期值}{基期值}=\frac{增长量}{现期值-增长量}$$

$$现期值=基期值+增长量=基期值\times(1+增长率)=\frac{增长量}{增长率}\times(1+增长率)$$

$$基期值=现期值-增长量=\frac{现期值}{1+增长率}=\frac{增长量}{增长率}$$

2. 两数之比

(1)比重：

$$比重=\frac{部分值}{整体值}$$

$$基期比重=\frac{基期部分值}{基期整体值}=\frac{现期部分值-部分增长量}{现期整体值-整体增长量}=\frac{部分值}{整体值}\times\frac{1+q_{整}}{1+q_{部}}$$

$$比重变化量=现期比重-基期比重=\frac{部分值}{整体值}\times\frac{q_{部}-q_{整}}{1+q_{部}}$$

(2)倍数：

$$A 是 B 的\frac{A}{B}倍，A 比 B 多\left(\frac{A}{B}-1\right)倍$$

$$基期 A 是基期 B 的倍数=\frac{基期 A}{基期 B}=\frac{A-A 的增长量}{B-B 的增长量}=\frac{A}{B}\times\frac{1+q_B}{1+q_A}$$

3. 平均数

$$平均数=\frac{总量}{份数}$$

$$基期平均数=\frac{基期总量}{基期份数}=\frac{总量-总量的增长量}{份数-份数的增长量}=\frac{总量}{份数}\times\frac{1+q_{份数}}{1+q_{总量}}$$

$$平均数的增长量=\frac{总量}{份数}\times\frac{q_{总量}-q_{份数}}{1+q_{总量}}$$

$$平均数的增长率=\frac{q_{总量}-q_{份数}}{1+q_{份数}}$$

(二)非常考公式

1. 隔年增长率

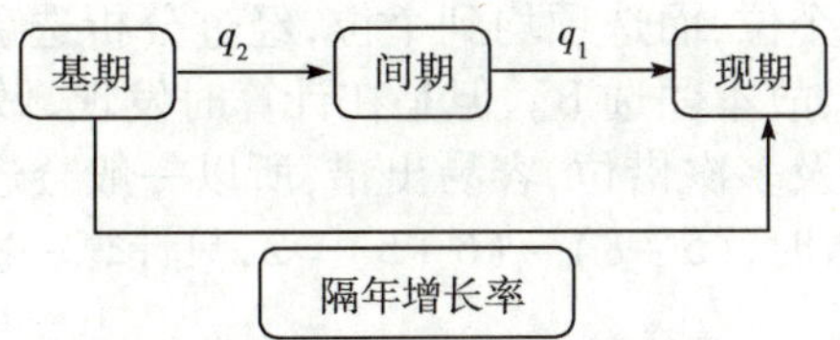

$$隔年增长率=q_1+q_2+q_1\times q_2$$

$$隔年增长中的基期值=\frac{现期值}{1+隔年增长率}=\frac{现期值}{1+q_1+q_2+q_1\times q_2}$$

2. 年均增长率

初期 → 末期

增长n次

$$年均增长量=\frac{末期值-初期值}{n}$$

$$年均增长率=\sqrt[n]{\frac{末期值}{初期值}}-1\approx\frac{\frac{末期值}{初期值}-1}{n}$$

第二节 计算公式

一、加减计算

(一)加减运算的解题思维

81 239 +54 275 +66 356 = (   )。

①A. 216 788　　B. 231 193　　C. 201 870　　D. 232 106

②A. 181 870　　B. 191 870　　C. 201 870　　D. 221 870

思考:通过以上题目的计算,思考怎样计算更容易。

资料分析题纯加减计算中,一般涉及的数字数位较多,数字的个数也较多,如果按照传统的方法直接列竖式进行计算,固然不会出错,但是计算量就会比较大。如果只计算其中的一部分,则可以大大提高计算的速度,所以在纯加减计算中,我们一般会先观察选项,如果选项中尾数不同,可以只计算尾数;如果后几位相同,但是前面两三位不同,可以在数位对齐后,只计算前几位。

(二)尾数法

【例1】331.25+712.49+329.18=(　　)。

A. 1 482.98　　B. 1 386.45　　C. 1 381.83　　D. 1 372.92

D　【解析】题干要求精确到小数点后第二位,而选项均精确到小数点后第二位,经过分析选项发现,最后一位各不相同,在加减列竖式计算时,是从低位往高位进行计算,故最后一位是精确值,本题只算出最后一位即可。5+9+8的尾数为2,故本题可直接选D。

【例2】1 489+6 384+3 988+2 961=(　　)。

A. 14 672　　B. 14 822　　C. 14 852　　D. 14 902

B　【解析】题干要求精确到个位,而选项均精确到个位,经过分析选项发现,最后一位均为2,只计算一位无法确定答案;继续分析发现,选项的倒数第二位各不相同,故可只计算后两位,89+84+88+61的后两位是22,故本题选B项。

【例3】132.4+148.65+172.14=(　　)。

A. 420.53　　B. 462.14　　C. 453.19　　D. 477.82

C　【解析】题干要求精确到小数点后第二位,而选项均精确到小数点后第二位,经过分析选项发现,最后一位各不相同,但计算时发现,132.4只精确到小数点后一位,如果直接相加,不符合数位对齐的计算规则,可以补0,使其变为132.40,故本题计算最后一位时,结果为0+5+4,最后一位为9,本题选C。

【例4】8 385-4 326+1 138-1 725=(　　)。

A. 3 374　　B. 3 472　　C. 3 551　　D. 3 608

B　【解析】题干要求精确到个位,而选项均到个位,经过分析选项发现,最后一位各不相同。只计算最后一位,5-6+8-5,尾数为2,故本题选B。但是在计算时发现,做减法有时涉及借位,在加减混合计算中,若有多次减法计算,可能会涉及多次借位,容易出错,所以一般会进行顺序的调整,原式=(8 385+1 138)-(4 326+1 725),计算尾数时,(5+8)-(6+5)=2,只计算一次减法即可。

教你一招

在纯加减计算中,若选项的尾数不同,可以使用尾数法。

(1)根据选项确定参与计算数位,若选项最后一位不同,只计算最后一位,若选项最后一位相同,计算最后两位,若选项最后两位相同,计算最后三位。

(2)有小数时,注意数位对齐,若式子中数位不同,可以补0。

(3)有加有减时,先加后减。

【例5】482.1+356.7=(　　)。

A. 828.8　　B. 838.8　　C. 848.8　　D. 858.8

B　【解析】第一步:纯加减计算,考虑尾数法,观察选项发现,后两位都一样,要计算后三位。第二步:选项前两位都有所不同,故精确到结果的第二位,即十位,48+35=83,个位2+6=8没有进位,故可以直接选B。

【例6】35 621+37 241+62 563=(　　)。

A. 9万~10万之间　　B. 10万~11万之间

C. 12万~13万之间　　D. 13万~14万之间

D　【解析】第一步:纯加减计算,考虑尾数法,观察选项发现,结果的后四位都没有体现。第二步:选项给的是范围,精确到万位,但是因为是多位数相加,可能会出现进位,不妨直接考虑计算到千位:3.5万+3.7万+6.2万=13.4万,故本题选D。

教你一招

在纯加减计算中，若选项的尾数相同的位数太多，可以考虑从高位算起，在计算时，比选项要求的精度多算一位。如选项从万位不同，计算到千位；选项从百位不同，计算到十位。

二、乘除计算

（一）一步除法的思维

比较以下几个式子的计算难度：

35 724 ÷ 14 789　　35 724 ÷ 15 000　　36 000 ÷ 14 789

经过比较发现，在一步除法中，影响计算难度的主要因素是除数（分式中的分母），除数数位越多，计算精度越高，但计算起来越复杂；除数数位越少，计算的精度降低，但是算起来简单。而被除数对计算复杂度没有影响，对其进行四舍五入，反而在一定程度上影响了精确度。在考试中，一般我们对被除数（分子）保持不变，对除数（分母）四舍五入取前三位，在选项差距特别大的时候，也可以考虑分母取两位。

【例 1】30 738 ÷ 1 931 =（　　）。

A. 15.92　　B. 22.74　　C. 31.29　　D. 47.91

A　【解析】第一步：一步除法，选项第一位即不相同，可以考虑除数四舍五入取两位。第二步：只需计算 30 738 ÷ 1 900 = 16. XXX，选择最接近的 A 项。

【例 2】2 318 ÷ 356.59 =（　　）。

A. 5.77　　B. 6.41　　C. 6.50　　D. 6.92

C　【解析】第一步：一步除法，选项第一位有相同的，且 B 与 C 比较接近，故除数四舍五入取前三位。第二步：原式≈2 318 ÷ 357 = 6.49。第三步：除数比实际值稍大，被除数不变的情况下，结果稍小，选择稍大的 C 项。

知识拓展

被除数（分子）不变，除数（分母）四舍五入时，若结果刚好介于两个选项之间：

（1）若除数（分母）比实际值偏小，计算结果比实际值偏大，选稍小的。

（2）若除数（分母）比实际值偏大，计算结果比实际值偏小，选稍大的。

【例 3】$\frac{21\,762-14\,536}{14\,536}$ =（　　）。

A. 45.1%　　B. 49.7%　　C. 55.2%　　D. 61.3%

B　【解析】第一步：分子做差后，方变为一步除法，可先做差，再将分母四舍五入取 3 位进行计算。第二步：$\frac{21\,762-14\,536}{14\,536}\approx\frac{7\,226}{14\,500}$ = 49. X%，选择 B。观察发现，分子的后半部分实际上可以与分母约分，$\frac{21\,762-14\,536}{14\,536}=\frac{21\,762}{14\,536}-1\approx\frac{21\,762}{14\,500}-1$ = 1.50X − 1 = 50. X%，最接近的只有 B。

（二）一步乘法的思维

232.51 × 741.53 =（　　）。

A. 112 337　　B. 150 704　　C. 172 399　　D. 195 405

资料分析题中的数据，一般数位都比较多，在式子中有多位小数，但是选项中，却没有这么多小数，甚至从前面两三位已经有所区分，所以在一步乘法计算中，关键是要保证前几位的精确度。

使用每个因数的前两位相乘，最小为 10 × 10，最大为 99 × 99，结果为三位数或四位数，在选项前两位不同的情况下，准确度是可以保证的。

为了减小误差，我们一般对一步乘法做如下的取舍：

（1）第三位均为 0、1、2，均舍去，直接取因数的前两位。

【例 1】232.51 × 741.53 =（　　）。

第三位一个是 2，一个是 1，符合全舍的条件，可直接计算 23 × 74。

（2）第三位均为 8、9，均进位，因数的前两位都 +1。

【例2】238.51×749.53=(　　)。

第三位一个是8,一个是9,符合全进位的条件,可计算24×75。

(3)第三位为其他情况,前三位小的,四舍五入取两位,前三位大的,做相反变化取两位。

【例3】236.51×748.53=(　　)。

第三位一个是6,一个是8,不符合全舍或全进位的条件。前三位分别是236和748,236较小,对其四舍五入取两位,为24(进位),748则做相反变化(236的第三位进位,748则做相反变化舍去第三位,取74),计算24×74。

【例4】233.51×748.53=(　　)。

第三位一个是3,一个是8,不符合全舍或全进位的条件。前三位分别是233和748,233较小,对其四舍五入取两位,为23(舍去第三位),748则做相反变化(233的第三位舍去,748则做相反变化进位,取75),计算23×75。

三、特征数字法

(一)特征数字法的应用

$3\ 572.3\times 33.4\%$　　$\frac{45\ 826}{22.43\%}$　　$\frac{5\ 182}{1+14.4\%}$　　$\frac{1\ 397.4}{50.2\%}\times 25.4\%$

思考:观察以上四个式子,找出每个式子的特点及所有式子的共性。

这几个式子涉及乘法运算、除法运算和乘除混合运算,但是有一个共同特点,均有一个数很接近于一个分数的值,如果将这个数变为分数,则可以将计算简化很多。

利用百分数和分数之间的转化,将百分数近似转化为一些特定分数,从而达到简化计算的目的,该方法称为特征数字法。

任何含有百分数的列式都有可能应用特征数字法来简化计算,常见的列式类型有$A\times q$、$\frac{A}{q}$、$\frac{A}{1\pm q_A}$、$\frac{A}{1\pm q_A}\times q_A$等。甚至一些不含有百分数,但是通过移动小数点可以变化为百分数的乘除运算,也可以使用这个方法。但是要注意的是,有时通过百分数与分数的近似替换,计算的结果刚好与某个选项相等,这时候要分析误差。

【例1】7 628×14.3%=(　　)。

A. 1 004　　B. 1 091　　C. 1 192　　D. 1 212

B　【解析】第一步:乘法运算,$14.3\%\approx\frac{1}{7}$,可以使用特征数字法。第二步:将$14.3\%\approx\frac{1}{7}$代入,原式$\approx 7\ 628\times\frac{1}{7}=1\ 089.7$。选择最接近的B项。

【例2】$\frac{1\ 539}{8.26\%}$=(　　)。

A. 17 894　　B. 18 327　　C. 18 632　　D. 20 724

C　【解析】第一步:一步除法运算,$8.26\%\approx\frac{1}{12}$,可以使用特征数字法。第二步:将$8.26\%\approx\frac{1}{12}$代入,原式$\approx 1\ 539\times 12=18\ 468$。第三步:结果介于B项和C项之间,分析误差:$\frac{1}{12}=8.333\ 3\%>8.26\%$,用$\frac{1}{12}$代替8.26%,分母变大,结果偏小,选稍大的,故本题选C。

【例3】$\frac{53\ 982}{1+16.7\%}$=(　　)。

A. 45 398　　B. 46 257　　C. 46 983　　D. 47 358

B　【解析】第一步:一步除法运算,$16.7\%\approx\frac{1}{6}$,可以使用特征数字法。第二步:将$16.7\%\approx\frac{1}{6}$代入,原式$\approx\frac{53\ 982}{1+\frac{1}{6}}=53\ 982\times\frac{6}{7}\approx 46\ 270$,选择最接近的B项。

【例 4】$\frac{28\ 439}{1+25.45\%}\times 25.45\%=($　　$)$。

A. 5 587　　B. 5 769　　C. 6 138　　D. 6 522

B　【解析】第一步：混合计算，$25.45\%\approx\frac{1}{4}$，可以使用特征数字法。第二步：将 $25.45\%\approx\frac{1}{4}$ 代入，原式 $\approx\frac{28\ 439}{1+\frac{1}{4}}\times\frac{1}{4}=\frac{28\ 439}{5}=5\ 687.8$。第三步：$\frac{1}{4}=25\%<25.45\%$，用 $\frac{1}{4}$ 替代 25.45% 时，比实际值偏小，所以结果也比实际值偏小，应该选择 B 项。

知识拓展

q_A 变化时 $\frac{q_A}{1+q_A}$ 的放缩原理：

因为 $\frac{q_A}{1+q_A}=1-\frac{1}{1+q_A}$，所以：

(1)将 q_A 变大，则 $\frac{1}{1+q_A}$ 变小，$\frac{q_A}{1+q_A}$ 变大。

(2)将 q_A 变小，则 $\frac{1}{1+q_A}$ 变大，$\frac{q_A}{1+q_A}$ 变小。

【例 5】$324\times 1\ 111=($　　$)$。

A. 354 264　　B. 397 654　　C. 386 634　　D. 359 964

D　【解析】第一步：乘法计算，可直接进行，但是 1 111 与 11.11% 形式很相似，可以尝试使用特征数字法。第二步：$1\ 111=11.11\%\times 10\ 000\approx\frac{1}{9}\times 10\ 000$，代入原式 $\approx 3\ 240\ 000\times\frac{1}{9}=360\ 000$，选择 D 项。

（二）常用分数与百分比转化

$50\%\left(\frac{1}{2}\right)$

$33.33\%\left(\frac{1}{3}\right)$　　$66.67\%\left(\frac{2}{3}\right)$

$25\%\left(\frac{1}{4}\right)$　　$75\%\left(\frac{3}{4}\right)$

$20\%\left(\frac{1}{5}\right)$　　$40\%\left(\frac{2}{5}\right)$　　$60\%\left(\frac{3}{5}\right)$　　$80\%\left(\frac{4}{5}\right)$

$16.67\%\left(\frac{1}{6}\right)$　　$83.3\%\left(\frac{5}{6}\right)$

$14.3\%\left(\frac{1}{7}\right)$　　$28.6\%\left(\frac{2}{7}\right)$　　$42.9\%\left(\frac{3}{7}\right)$　　$57.1\%\left(\frac{4}{7}\right)$

$71.4\%\left(\frac{5}{7}\right)$　　$85.71\%\left(\frac{6}{7}\right)$

$12.5\%\left(\frac{1}{8}\right)$　　$37.5\%\left(\frac{3}{8}\right)$　　$62.5\%\left(\frac{5}{8}\right)$　　$87.5\%\left(\frac{7}{8}\right)$

$11.11\%\left(\frac{1}{9}\right)$　　$22.22\%\left(\frac{2}{9}\right)$　　$44.44\%\left(\frac{4}{9}\right)$　　$55.6\%\left(\frac{5}{9}\right)$

$77.8\%\left(\frac{7}{9}\right)$　　$88.9\%\left(\frac{8}{9}\right)$

$9.1\%\left(\frac{1}{11}\right)$　　$8.3\%\left(\frac{1}{12}\right)$　　$7.69\%\left(\frac{1}{13}\right)$　　$7.1\%\left(\frac{1}{14}\right)$

$6.67\%\left(\frac{1}{15}\right)$　　$6.25\%\left(\frac{1}{16}\right)$　　$5.88\%\left(\frac{1}{17}\right)$　　$5.56\%\left(\frac{1}{18}\right)$

四、比较大小

(一)比较大小思维

$\frac{1\ 345}{9\ 877}$与$\frac{1\ 367}{9\ 608}$ $\frac{37\ 380}{46.2\%}$与$\frac{43\ 425}{39.3\%}$ $\frac{3\ 277}{1+12.8\%}$与$\frac{3\ 605}{1+17\%}$

$\frac{76.53}{67.22}$与$\frac{8\ 241}{9\ 697}$ $\frac{2\ 643}{1+13.2\%}\times 13.2\%$与$\frac{2\ 823}{1+14.3\%}\times 14.3\%$

思考:观察以上五组式子,不进行计算或通过简单口算能否判断分数之间的大小关系?分析几个式子之间具有什么相同性质。

不经计算或者口算无法快速准确地比较出结果,但是进行详细计算又比较麻烦。对于比较大小,可以利用分数的性质,或者将其进行适当地转化,分析数据之间的横向或纵向的关系,或将需要比较大小的式子进行等价变换,例如将小数字视作1,看看大数字是几,可以使用分子分母同时除以一个相同的数,或者两个分数同时除以相同的数,将其简化,从而比较大小。

(二)$\frac{A}{B}$型比较大小

1. 利用分数的性质,分子大、分母小的分数值较大

比较下面三组分数的大小:

$\frac{31}{43}$和$\frac{33}{43}$ $\frac{33}{43}$和$\frac{33}{41}$ $\frac{31}{43}$和$\frac{33}{41}$

两个分数的分母相同时,分子大的数,分数值较大,所以$\frac{31}{43}<\frac{33}{43}$;

两个分数的分子相同时,分母小的数,分数值较大,所以$\frac{33}{43}<\frac{33}{41}$;

综合上述两条,$\frac{31}{43}<\frac{33}{41}$。

从另外的角度分析,比较$\frac{31}{43}$和$\frac{33}{41}$,我们很容易看出,33是31的1倍多,43是41的1倍多,如果两个分数,分子同时除以31,分母同时除以41,可以得到$\frac{31\div 31}{43\div 41}=\frac{1}{1.X}$和$\frac{33\div 31}{41\div 41}=\frac{1.X}{1}$,显然,$\frac{1}{1.X}<1$,$\frac{1.X}{1}>1$,$\frac{1}{1.X}<\frac{1.X}{1}$,故$\frac{31}{43}<\frac{33}{41}$。

【例1】比较$\frac{110.7}{2\ 151.6}$与$\frac{292.5}{1\ 859.1}$的大小。

观察发现,110.7→292.5变大,2 151.6→1 859.1变小,$\frac{292.5}{1\ 859.1}$的分子大、分母小,分数值较大,$\frac{110.7}{2\ 151.6}<\frac{292.5}{1\ 859.1}$。

【例2】比较$\frac{137\ 078}{73.4\%}$与$\frac{148\ 210}{68.2\%}$的大小。

观察发现,137 078→148 210变大,73.4%→68.2%变小,$\frac{148\ 210}{68.2\%}$的分子大、分母小,分数值较大,故$\frac{137\ 078}{73.4\%}<\frac{148\ 210}{68.2\%}$。

2. 分数的性质无法判断时,横向或纵向比较倍数关系

比较下面三组分数的大小:

$\frac{31}{43}$和$\frac{60}{87}$ $\frac{31}{43}$和$\frac{67}{85}$ $\frac{31}{64}$和$\frac{43}{81}$

观察发现,这几组分数并无明显的分子大、分母小的特征,直接计算分数值又比较接近,需要计算的

精度要求较高。再深入观察发现，这几组分数中，均有明显的倍数关系，不妨利用倍数关系进行分析，简化计算。

在$\frac{31}{43}$和$\frac{60}{87}$中，60约为31的2倍，87约为43的2倍，可以将分子同时除以31，分母同时除以43，原式变化为$\frac{31\div31}{43\div43}=\frac{1}{1}$和$\frac{60\div31}{87\div43}=\frac{1.X}{2.X}$，明显前者较大，故$\frac{31}{43}>\frac{60}{87}$；

在$\frac{31}{43}$和$\frac{67}{85}$中，67为31的2倍多，85为43的2倍不到，可以将分子同时除以31，分母同时除以43，原式变化为$\frac{31\div31}{43\div43}=\frac{1}{1}$和$\frac{67\div31}{85\div43}=\frac{2.X}{1.X}$，明显后者较大，故$\frac{31}{43}<\frac{67}{85}$；

在$\frac{31}{64}$和$\frac{43}{81}$中，64为31的2倍多，81为43的2倍不到，可以将$\frac{31}{64}$的分子和分母同时除以31，$\frac{43}{81}$的分子和分母同时除以43，原式变化为$\frac{31\div31}{64\div31}=\frac{1}{2.X}$和$\frac{43\div43}{81\div43}=\frac{1}{1.X}$，明显后者较大，故$\frac{31}{64}<\frac{43}{81}$。

【例1】比较$\frac{612}{125}$与$\frac{7\ 462}{1\ 314}$的大小。

无分子大、分母小的特点，7 462约为612的12倍，1 314约为125的10倍，横向比较倍数关系$\frac{612\div612}{125\div125}=\frac{1}{1}$与$\frac{7\ 462\div612}{1\ 314\div125}=\frac{12.X}{10.X}$，明显后者较大，故$\frac{612}{125}<\frac{7\ 462}{1\ 314}$。

【例2】比较$\frac{61.2}{125}$与$\frac{74.62}{131.4}$的大小。

无分子大、分母小的特点，125为61.2的2倍多，131.4为74.62的1倍多，纵向比较倍数关系$\frac{61.2\div61.2}{125\div61.2}=\frac{1}{2.X}$与$\frac{74.62\div74.62}{131.4\div74.62}=\frac{1}{1.X}$，明显后者较大，故$\frac{61.2}{125}<\frac{74.62}{131.4}$。

【例3】比较$\frac{612}{12.5}$与$\frac{7\ 462}{131.4}$的大小。

无分子大、分母小的特点，612是12.5的不到50倍，7 462是131.4的50多倍，故$\frac{612}{12.5}=4X$，$\frac{7\ 462}{131.4}=5X$，明显后者较大，故$\frac{612}{12.5}<\frac{7\ 462}{131.4}$。

3. 分数的性质无法判断也无明显倍数关系时，横向或纵向比较变化幅度

比较下面三组分数的大小：

$\frac{31}{43}$和$\frac{34}{48}$　　　　$\frac{31}{34}$和$\frac{43}{48}$　　　　$\frac{34}{31}$和$\frac{48}{43}$

这三组分数，无分子大、分母小的特点，无法直接判定，观察也无明显的倍数关系。这时可以继续使用前面的思路，将小的视作1，但是这样与直接计算并无太大计算量上的差异，但是发现一些数字比较接近，如果先做差，用差比较较小的数，看变化幅度，可以一定程度上简化计算。

$\frac{31}{43}$和$\frac{34}{48}$中，31与34很接近，43与48很接近，34=31+3，48=43+5，原式可变化为$\frac{31\div31}{43\div43}=\frac{1}{1}$，$\frac{(31+3)\div31}{(43+5)\div43}=\frac{1+9.X\%}{1+11.X\%}$，$\frac{1}{1}>\frac{1+9.X\%}{1+11.X\%}$。

同理，$\frac{31}{34}$和$\frac{43}{48}$可变化为$\frac{31\div31}{(31+3)\div31}=\frac{1}{1+9.X\%}$和$\frac{43\div43}{(43+5)\div43}=\frac{1}{1+11.X\%}$，$\frac{1}{1+9.X\%}>\frac{1}{1+11.X\%}$。

$\frac{34}{31}$和$\frac{48}{43}$可变化为$\frac{(31+3)\div31}{31\div31}=\frac{1+9.X\%}{1}$和$\frac{(43+5)\div43}{43\div43}=\frac{1+11.X\%}{1}$，$\frac{1+9.X\%}{1}<\frac{1+11.X\%}{1}$。

【例 1】比较$\frac{3\ 438}{556}$与$\frac{5\ 167}{768}$的大小。

无分子大、分母小的情况出现，无法直接判定，也无明显的倍数关系。横向的数字相对较接近，横向比较变化幅度，3 438→5 176，数位较多时，一般比较前三位的变化幅度即可，即 344→517 的变化幅度与 3 438→5 176 基本一致。$517-344=173$，$173\div344>50\%$，$768-556=212$，$212\div556<50\%$，等价于比较$\frac{1}{1}$和$\frac{1+(50+\%)}{1+(50-\%)}$，后者较大，故$\frac{3\ 438}{556}<\frac{5\ 167}{768}$。

【例 2】比较$\frac{2\ 039.4}{2\ 655.4}$与$\frac{6\ 523.3}{7\ 938.5}$的大小。

无分子大、分母小的情况出现，无法直接判定，横向倍数关系也比较接近，无法观察比较。纵向的数字相对较接近，纵向比较变化幅度，204→266 增长 30% 左右，652→794 增长 20% 左右，原式大小关系等价于$\frac{1}{1+30\%}$与$\frac{1}{1+20\%}$，后者较大，故$\frac{2\ 039.4}{2\ 655.4}<\frac{6\ 523.3}{7\ 938.5}$。

（三）$\frac{A}{1+q_A}\times q_A$ 型列式比较大小

1. 利用$\frac{A}{1+q_A}\times q_A$ 的单调性

由前面所学可知，$\frac{A}{1+q_A}\times q_A$ 随着 q_A 的增大而增大，随着 q_A 的减小而减小。

若 $A>B$，$q_A>q_B$，则有$\frac{A}{1+q_A}\times q_A>\frac{B}{1+q_B}\times q_B$。（大数 × 大数 > 小数 × 小数）

【例】比较$\frac{468.34}{1+17.8\%}\times17.8\%$与$\frac{552.48}{1+21.2\%}\times21.2\%$的大小。

$17.8\%<21.2\%$，所以$\frac{1}{1+17.8\%}\times17.8\%<\frac{1}{1+21.2\%}\times21.2\%$，又因为 $468.34<552.48$，所以$\frac{468.34}{1+17.8\%}\times17.8\%<\frac{552.48}{1+21.2\%}\times21.2\%$。

2. $1+q_A$ 与 $1+q_B$ 接近时，比较 $A\times q_A$ 与 $B\times q_B$ 的关系

【例 1】比较$\frac{2\ 431.2}{1+30.2\%}\times30.2\%$与$\frac{737.6}{1+35.4\%}\times35.4\%$的大小。

没有出现 $A>B$，$q_A>q_B$，无法直接判定。2 431.2 约为 737.6 的 3 倍，35.4% 为 30.2% 的1 倍多，原式的大小关系等价于$\frac{3.X}{1+30.2\%}\times1$与$\frac{1}{1+35.4\%}\times1.X$的大小关系，$1+30.2\%$与$1+35.4\%$接近，$3.X>1.X$，明显前者较大，所以$\frac{2\ 431.2}{1+30.2\%}\times30.2\%>\frac{737.6}{1+35.4\%}\times35.4\%$。

【例 2】比较$\frac{43\ 879.2\times12.9\%}{1+12.9\%}$与$\frac{38\ 428.5\times15.5\%}{1+15.5\%}$的大小。

没有出现 $A>B$，$q_A>q_B$，无法直接判定。$1+12.9\%$与$1+15.5\%$很接近，直接比较$43\ 879.2\times12.9\%$与$38\ 428.5\times15.5\%$的大小关系，384→439 增长约 10%，12.9%→15.5% 增长约 20%，原式大小关系等价于 1.1×1 与 1×1.2，后者较大，故$\frac{43\ 879.2\times12.9\%}{1+12.9\%}<\frac{38\ 428.5\times15.5\%}{1+15.5\%}$。

第五章　思维策略

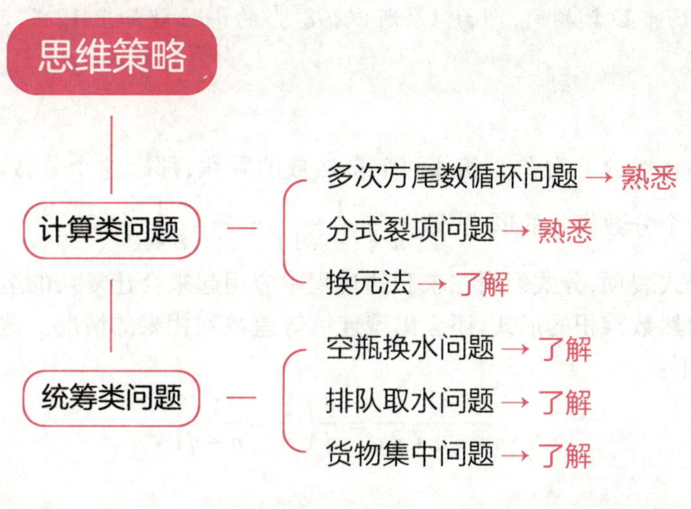

导学课程

第一节　计算类问题

一、多次方尾数循环问题

多次方尾数循环问题是思维策略题中考查最频繁的考点，这类题目看起来很复杂，但是只要考生将一些常见多次方尾数的循环规律记准就一定能快速地解决问题。多次方尾数的循环规律如表 3-5-1 所示。

表 3-5-1　多次方尾数的循环规律

底数 / 指数	2	3	4	5	6	7	8	9
1	2	3	4	5	6	7	8	9
2	4	9	6	5	6	9	4	1
3	8	7	4	5	6	3	2	9
4	6	1	6	5	6	1	6	1
5	2	3	4	5	6	7	8	9
6	4	9	6	5	6	9	4	1
7	8	7	4	5	6	3	2	9
8	6	1	6	5	6	1	6	1
尾数循环规律	2、4、8、6	3、9、7、1	4、6	5	6	7、9、3、1	8、4、2、6	9、1

真题精练

【导学例题1】98^{2017}的个位数加上12^{2018}的个位数等于(　　)。

A. 10　　B. 12　　C. 14　　D. 8

B　【解析】8的n次方尾数循环节为8,4,2,6,周期为4,2 017÷4=504……1,因此98^{2017}的个位数与8^1的个位数相同,即为8;2的n次方尾数循环节为2,4,8,6,周期为4,2 018÷4=504……2,因此12^{2018}的个位数与2^2的个位数相同,即为4。所以,98^{2017}的个位数加上12^{2018}的个位数=8+4=12。故本题答案为B。

二、分式裂项问题

如果分数的分子是自然数1,分母是相邻两个自然数的乘积,那么这个分数可以写成分子都为1,分母是相邻的自然数的两个分数作差的形式,即:$\frac{1}{n\times(n+1)}=\frac{1}{n}-\frac{1}{n+1}$。

这个过程也叫作分式裂项,分式裂项在求和的过程中应用起来会让复杂的运算变得非常简单。

分母除了是连续自然数乘积的形式,还会出现连续等差数列相乘的情况。这种情况下依然可以进行分式裂项,裂项方法如下:

$$\frac{1}{n\times(n+d)}=\frac{1}{d}\left(\frac{1}{n}-\frac{1}{n+d}\right)$$

真题精练

【导学例题2】$\frac{1}{6}+\frac{1}{30}+\frac{1}{70}+\frac{1}{126}+\frac{1}{198}=$(　　)。

A. $\frac{11}{7}$　　B. $\frac{2}{9}$　　C. $\frac{5}{22}$　　D. $\frac{10}{11}$

C　【解析】原式$=\frac{1}{2}\times\left(\frac{1}{3}+\frac{1}{15}+\frac{1}{35}+\frac{1}{63}+\frac{1}{99}\right)=\frac{1}{2}\times\left(\frac{1}{1\times3}+\frac{1}{3\times5}+\frac{1}{5\times7}+\frac{1}{7\times9}+\frac{1}{9\times11}\right)=\frac{1}{2}\times\frac{1}{2}\times\left(1-\frac{1}{3}+\frac{1}{3}-\frac{1}{5}+\frac{1}{5}-\frac{1}{7}+\frac{1}{7}-\frac{1}{9}+\frac{1}{9}-\frac{1}{11}\right)=\frac{1}{4}\times\left(1-\frac{1}{11}\right)=\frac{1}{4}\times\frac{10}{11}=\frac{5}{22}$。

三、换元法

思维策略题中,把某个式子看成一个整体,用一个量去代替它,从而使问题得到简化,这种方法叫作换元法。换元的实质是转化,关键是构造元和设元,理论依据是等量代换,目的是变换研究对象,将问题移至新对象的知识背景中去研究,从而使非标准型问题标准化、复杂问题简单化,变得容易处理。常见的换元方法有局部换元、三角换元、均值换元等。

(1)局部换元,是在已知或者未知中,某个代数式几次出现,而用一个字母来代替它从而简化问题,当然有时候要通过变形才能发现。例如解不等式$4^x+2^x-2\geqslant0$,先变形为设$2^x=t(t>0)$,而变为熟悉的一元二次不等式求解和指数方程的问题。

(2)三角换元,应用于去根号或者变换为三角形式易求时,主要利用已知代数式中与三角知识中有某点联系进行换元。如求函数$y=\sqrt{x}+\sqrt{1-x}$的值域时,易发现$x\in[0,1]$,设$x=\sin\alpha,\alpha\in\left[0,\frac{\pi}{2}\right]$,问题变成了熟悉的求三角函数值域。为什么会想到如此设,其中主要应该是发现值域的联系,又有去根号的需要。如变量x、y适合条件$x^2+y^2=r^2(r>0)$时,则可作三角代换$x=r\cos\theta$、$y=r\sin\theta$化为三角问题。

(3)均值换元,如遇到$x+y=S$形式时,设$x=\frac{S}{2}+t,y=\frac{S}{2}-t$等。

我们使用换元法时,要遵循有利于运算、有利于标准化的原则,换元后要注重新变量范围的选取,一定要使新变量范围对应于原变量的取值范围,不能缩小也不能扩大。如上述中的$t>0$和$\alpha\in\left[0,\frac{\pi}{2}\right]$。

第二节 统筹类问题

统筹类问题是指完成一件事情,怎么规划安排才能用时最少、费用最省、路线最近或者效果最好等。像这样用最少的投入,获得最好效果的处理问题的方法,就是统筹类问题。解决统筹类问题,要注意联系实际,抓住题目里面产生的最优、最佳的关键点在哪里并将其转化为相对应的最大、最小问题。

一、空瓶换水问题

空瓶换水问题一般会先说明几个空瓶子可以换一瓶水,已知现在有几个空瓶子,问题是在现有条件下,最多可以喝到几瓶水。很多同学拿到这类问题,往往就是一步一步地按照正常的思维顺序去做这种题,比较浪费时间,而且如果最后有多余的瓶子,一般不知道能怎么处理。实际上,只要抓住空瓶换水的实质,这类问题就能迎刃而解。

空瓶换水问题的实质: n 换 1 的实质是只要有 $(n-1)$ 个瓶就能喝到 1 个没有瓶的水。

例如:4 换 1 的实质是只要有 3 个瓶就能喝到 1 个没有瓶的水。

真题精练

【导学例题 3】8 个牛奶瓶可以免费兑换 1 瓶牛奶,小明现在有 85 个空瓶,最多可以免费兑换几瓶牛奶?(　　)

A. 10　　B. 11　　C. 12　　D. 13

C　【解析】每 8 个空瓶可以换 1 瓶牛奶,即只要有 7 个空瓶就可以喝到 1 个没有瓶的牛奶,则所求为 $85 \div 7 = 12 \cdots\cdots 1$,即最多可以喝到 12 瓶。

二、排队取水问题

排队取水问题是大家在工作和生活中都会遇到的问题。排队取水问题的实质就是考查大家如何合理地安排时间,用最少的时间把事情办完。

排队取水问题的解决办法其实很简单,假设只有 1 个水龙头,有五个人 A、B、C、D、E,他们的打水时间分别是 a、b、c、d、e,且 $a > b > c > d > e$,要使得大家打水和等待的时间总和最少,则一定要让打水快的人先去打水,因此打水顺序为 E、D、C、B、A,等待和打水的最短总时间 $t = 5e + 4d + 3c + 2b + a$。

真题精练

【导学例题 4】某服装店有 5 名顾客等着试装,他们试装分别需要花 8 分钟、5 分钟、4 分钟、3 分钟、2 分钟,已知该店只有一间试衣间,则这五个人试装和等候时间的和最少为(　　)分钟。

A. 49　　B. 52　　C. 46　　D. 54

B　【解析】若想让五人试装和等候时间和最少则需要让耗时最短的先试装,耗时最长的最后试装,此时五人试装和等候时间和为 $2 \times 5 + 3 \times 4 + 4 \times 3 + 5 \times 2 + 8 \times 1 = 52$(分钟)。

三、货物集中问题

货物集中是统筹类问题中的经典题目,货物集中问题即集中统筹问题,是指将几个地点的货物集中放在指定的位置,同时,使得货物的运费最省。

解决货物集中问题的核心方法是见缝插针法,通过比较插入点两侧货物总重量的关系来确定货物的集中点,判断方法是从一侧开始,在相邻货站之间“插针”,分别将插入点左右两侧的货物总重量进行加和,能让点两侧货物总重量的大小关系发生转变的货站即为运费最省的货物集中点。

真题精练

【导学例题5】沿一条公路依次有甲、乙、丙、丁、戊、己6座粮站，每个粮站之间的距离是5公里，已知甲粮站有存粮50吨，乙粮站有存粮10吨，戊粮站有存粮40吨，己粮站有存粮5吨，丙、丁粮站均没有存粮。现要将6座粮站中的存粮集中到一座粮站中，已知运1吨粮食每公里的运费为200元，为使得运费最少，则应集中到(　　)。

A. 戊　　B. 乙　　C. 己　　D. 甲

B　【解析】运用见缝插针法，假设插入点在甲、乙中间，此时50 < (10 + 40 + 5)；若插入点在乙、丙中间，此时(50 + 10) > (40 + 5)，故转折点出现在乙，即建在乙处可使运费最少。

【导学例题6】某高速公路铺设工地沿着公路建有五个卸砂场，每相邻两个之间的距离都是10千米，已知1号砂场存砂100吨，2号砂场存砂200吨，5号砂场存砂400吨，其余两个砂场是空的。现在要把所有的砂集中到一个砂场里，每吨砂运1千米花费1元，若要花费最少，则集中到(　　)号砂场。

A. 3　　B. 2　　C. 5　　D. 1

C　【解析】货物集中问题可用见缝插针法快速判断集中点的位置：将点选在1号、2号中间，左侧重量 = 100吨，右侧重量 = 600吨，左侧重量 < 右侧重量，支点右移；将点选在2号、3号中间，左侧重量 = 300吨，右侧重量 = 400吨，左侧重量 < 右侧重量，点右移；因为3号、4号是空的，所以将点选在3号、4号中间或将点选在4号、5号中间，依然有：左侧重量 = 300吨，右侧重量 = 400吨，左侧重量 < 右侧重量，点右移。因此，集中点为5号砂场。故本题答案为C。

第四部分
英语知识

第一章　选词填空

导学教案

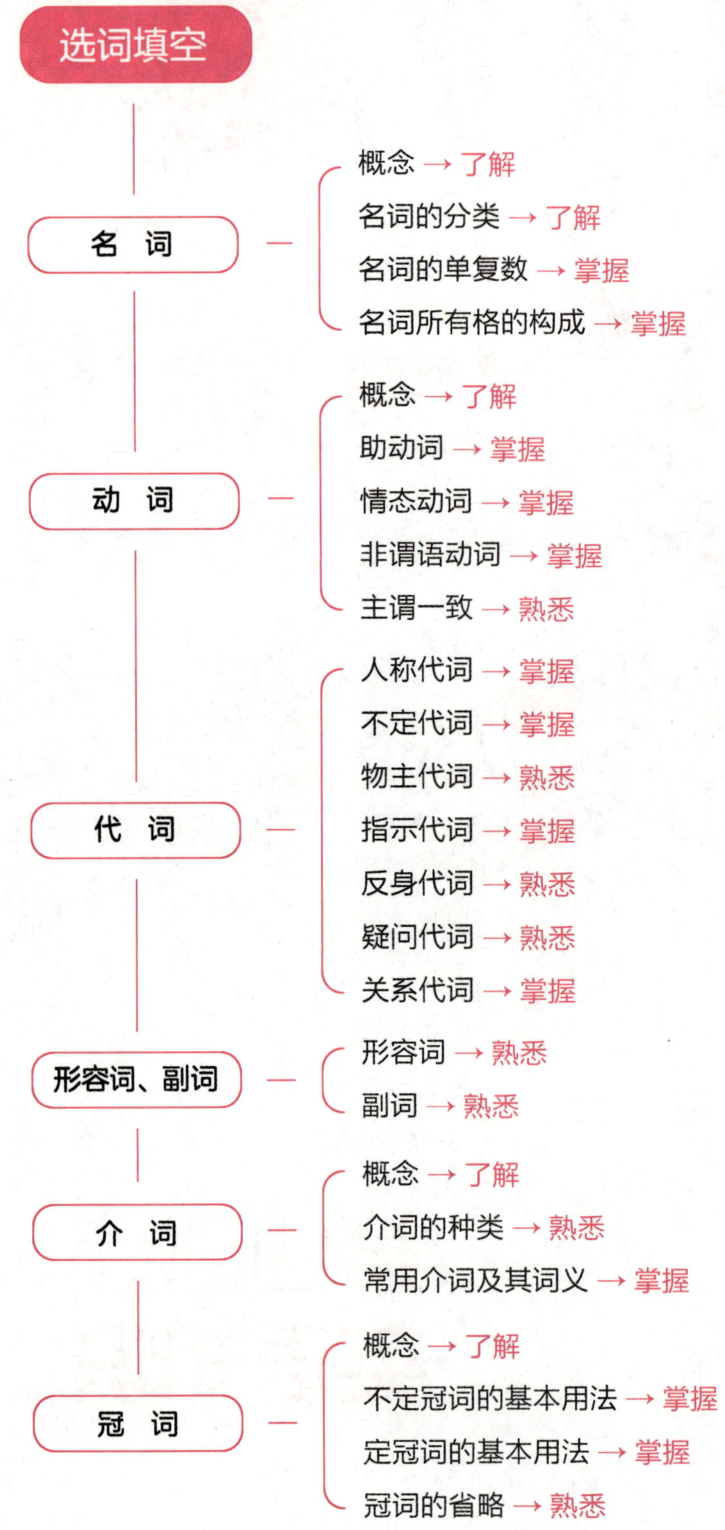

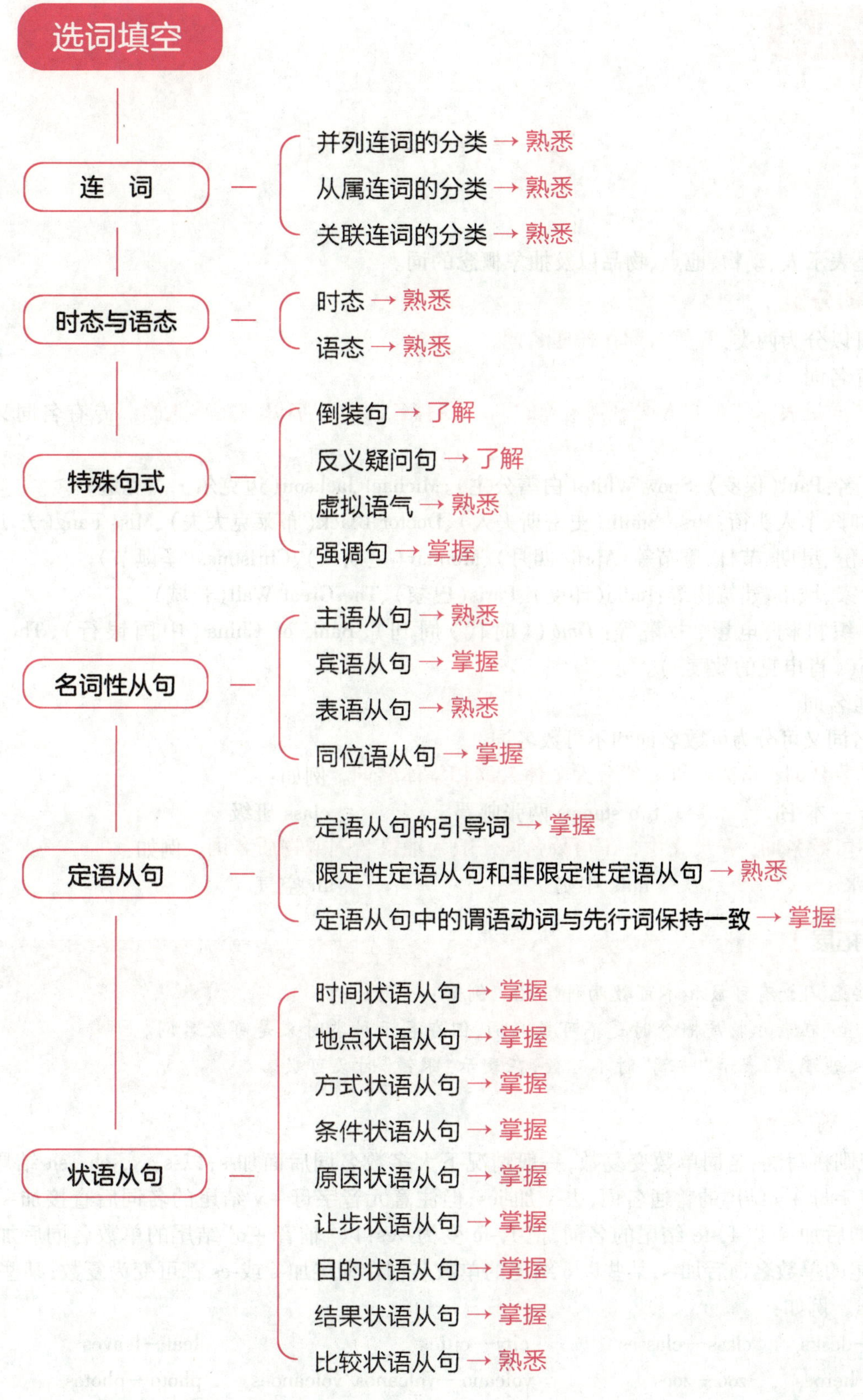
选词填空
连　词
并列连词的分类 → 熟悉
从属连词的分类 → 熟悉
关联连词的分类 → 熟悉
时态与语态
时态 → 熟悉
语态 → 熟悉
特殊句式
倒装句 → 了解
反义疑问句 → 了解
虚拟语气 → 熟悉
强调句 → 掌握
名词性从句
主语从句 → 熟悉
宾语从句 → 掌握
表语从句 → 熟悉
同位语从句 → 掌握
定语从句
定语从句的引导词 → 掌握
限定性定语从句和非限定性定语从句 → 熟悉
定语从句中的谓语动词与先行词保持一致 → 掌握
状语从句
时间状语从句 → 掌握
地点状语从句 → 掌握
方式状语从句 → 掌握
条件状语从句 → 掌握
原因状语从句 → 掌握
让步状语从句 → 掌握
目的状语从句 → 掌握
结果状语从句 → 掌握
比较状语从句 → 熟悉

导学课程

第一节 名 词

一、概念

名词是表示人、动物、地点、物品以及抽象概念的词。

二、名词的分类

名词可以分为两类：专有名词和普通名词。

1. 专有名词

专有名词是表示特定的人或事物名称的词。专有名词的首字母一定要大写。专有名词又分为以下几类：

(1)人名：Paul(保罗)、Snow White(白雪公主)、Michael Jackson(迈克尔·杰克逊)。

(2)称呼、个人头衔：Mrs. Smith(史密斯夫人)、Doctor Black(布莱克大夫)、Miss Fang(方小姐)。

(3)月份、星期、节日、季节等：April(四月)、Monday(星期一)、Christmas(圣诞节)。

(4)国家、城市、建筑物等：India(印度)、Paris(巴黎)、The Great Wall(长城)。

(5)组织机构、电影、书籍等：*Time*(《时代》周刊)、Bank of China(中国银行)、The Shawshank Redemption(《肖申克的救赎》)。

2. 普通名词

普通名词又可分为可数名词和不可数名词。

(1)可数名词：可数名词一般分为个体名词和集体名词。例如：

a book 一本书　　two stamps 两张邮票　　class 班级

(2)不可数名词：在英文中，不可数名词一般为抽象名词或物质名词。例如：

water 水　　milk 牛奶　　air 空气

知识拓展

有些名词兼有可数和不可数两种情况。例如：

fish 鱼，在表示物质概念时是不可数名词，但在表示种类时又是可数名词。

glass 玻璃，在表示“玻璃”时不可数，在表示“眼镜”时又可数。

三、名词的单复数

(1)规则拼写法：名词单数变复数，一般情况下大多数名词后面加-s；以-s，-x，-ch，-sh 结尾的名词后加-es；辅音字母＋y 结尾的普通名词，去-y 加-ies；但注意元音字母＋y 结尾的名词后直接加-s，以-y 结尾的专有名词后加-s；以-f，-fe 结尾的名词，把-f，-fe 变为-ves；以“辅音＋o”结尾的单数名词后加-es；以“元音＋o”结尾的单数名词后加-s；某些以 o 结尾的单数名词在词尾加-s 或-es 都可变为复数；某些外来词，只在词尾加-s。例如：

desk—desks　　class—classes　　city—cities　　leaf—leaves

hero—heroes　　zoo—zoos　　volcano—volcanos/volcanoes　　photo—photos

(2)不规则拼写法：改变单数名词内部元音使其变为复数；在单数名词词尾加-ren 或-en；复数形式与单数形式相同；一些外来词仍保留其原来的名词复数形式。例如：

man—men　　child—children　　sheep—sheep　　thesis—theses

知识拓展

合成名词的复数形式

(1)如主体词为名词,将主体词改为复数。例如:

son-in-law—sons-in-law

(2)如没有主体名词,则在最后一个词后加复数词尾。例如:

grown-up—grown-ups

(3)以 man 和 woman 构成的合成名词,各个成分都要变为复数。例如:

man-doctor—men-doctors

四、名词所有格的构成

1. 表示有生命的名词的所有格

表示有生命的名词一般在末尾加上's 构成所有格,放在另一名词之前,作定语用。名词所有格的构成方法如表 4-1-1 所示。

表 4-1-1 名词所有格的构成方法

构成方法		例词
单数名词	一般在词尾加's	Dick's car 狄克的车 a fish's tail 鱼尾巴
	以 s 结尾的专有名词在词尾加's 或加'	Dickens'或 Dickens's novels 狄更斯的小说 Charles'或 Charles's house 查理的家
复数名词	以 s 结尾,在词尾加'	the students' books 学生们的书 the workers' college 工人大学
	不以 s 结尾,在词尾加's	sheep's wool 羊毛 Children's Day 儿童节

要点点拨

有些指时间、度量、价值、国家、城镇等的名词,也可加's,构成所有格。例如:

an hour's work 一个小时的工作　　a pound's weight 一磅的重量

2. 表示无生命的名词的所有格

表示无生命的名词一般与 of 构成短语,表示所有关系。例如:

the door of the room 房间的门　　the price of the book 书的价格

知识拓展

表示有生命的名词,有时也与 of 构成短语表示所有关系。例如:

the son of my boss 我老板的儿子　　the death of a salesman 推销员之死

3. 双重所有格

上面所讲的两种所有格的形式可以结合起来,构成双重所有格,即"**of +名词所有格**",表示部分观念或感情色彩。

(1)表示部分观念。例如:

a portrait of Mr. Brown's 布朗先生画的或收藏的肖像中的一张

a portrait of Mr. Brown 一张布朗先生本人的肖像

(2)表示感情色彩。例如:

this lovely child of your sister's 你姐姐的这个可爱的孩子

4. 名词所有格所修饰的词的省略

(1)名词所有格所修饰的词,如果前面已经提到,往往可以省略,以免重复。例如:

This book is not mine, but Jack's. 这本书不是我的,是杰克的。

(2)在表示店铺、某人的家时,名词所有格后面一般省略掉它所修饰的名词。例如:

the tailor's 裁缝铺　　　　the Green's/Greens 格林家

第二节 动 词

一、概念

动词是构成句子的必备元素,充当句子的谓语部分。根据其不同的用途,动词又可分为及物动词、不及物动词;实义动词、情态动词、系动词、助动词;非谓语动词和谓语动词等。

1. 及物动词与不及物动词

有些动词,例如 afford, allow, bring, contain, enjoy, get, make, need, rent 等,在使用的时候,其后必须跟宾语,称为及物动词;有些动词,例如 hesitate, lie, occur, happen, pause, rain, remain, sleep 等,在使用的时候,后面不能跟宾语,称为不及物动词。

真题精练

【导学例题 1】Serious computer hackers can access your personal files and destroy or ________ them.

A. alter　　B. allude　　C. appreciate　　D. appraise

A 【解析】句意:厉害的电脑黑客可以访问你的个人文件,并且破坏或更改它们。A 项意为"更改";B 项意为"暗指";C 项意为"感激";D 项意为"评价"。B、C、D 三项均不符合语意。故本题答案为 A。

2. 状态动词

有些不表示动作而表示状态(如感受、状况等)的动词称为状态动词。例如:like(喜欢)、love(喜爱)、think(认为)、understand(理解)、perfer(宁愿)、seem(好像)、belong(属于)、own(拥有)、appear(出现)等。状态动词在使用的时候,一般不用进行时态。

二、助动词

1. 概念

助动词是指用来帮助主要动词完成语法功能的动词。这类动词本身没有意义,不能单独做谓语。它们可以在句中与实义动词一起帮助构成疑问句、否定句、进行时态、完成时态和将来时态等。**助动词一般包括 am/is/are/was/were, have/has/had, do/does/did, will/would, shall/should 等**。

2. 助动词 be 的用法

(1)**和过去分词一起构成被动语态,可以是现在时、过去时或将来时**。例如:

The city is attacked. 城市受到了攻击。(现在时)

The city was attacked. 城市受到了攻击。(过去时)

The city will be attacked. 城市将受到攻击。(将来时)

知识拓展

"be + 过去分词"这种结构可以表示动作,也可表示状态。例如:

The glass was broken by a boy. 玻璃被小男孩打碎了。(动作)

The glass was broken. 玻璃碎了。(状态)

(2)**和动词的-ing 形式构成进行时态,表示某时正在进行的动作**。例如:

He was singing. 他那时正在唱歌。(过去的某个时间)

He is singing. 他正在唱歌。(现在)

He will be singing. 那会儿他将会在唱歌。(将来的某个时间)

(3)**和不定式一起构成谓语，表示安排、打算等**。例如：

We are to start this afternoon. 我们打算下午开始。

It was decided that Jack was to marry Jenny. 很显然杰克将要娶珍妮。

(4)**和动词不定式用在条件从句中，表示将来的假想情况（只有 were 能这样用）**。例如：

If I were to do it, I should fail. 如果我这样做,会失败的。

She could do nothing if she were to run the farm. 如果她经营农场的话,她将什么也做不成。

3. 助动词 have 的用法

(1)**构成完成时，表示某事已完成**。例如：

She has written a letter. 她写完了一封信。(现在已完成)

I had written a letter. 我那时已经写完了信。(过去某时前已完成)

I shall have got up when you visit me at six. 你早上六点拜访我时,我已经起床了。(将来某时前已完成)

(2)构成完成进行时,表示一直持续的动作。例如：

I have been writing a letter for an hour. 到现在为止我已经写了一个小时的信了。(直到现在)

He had been practising music till midnight. 他练习音乐一直到半夜。(直到过去那时)

I shall have been learning France for six years by 2026. 到 2026 年,我将已经学习了 6 年法语了。(到将来某时)

(3)**构成虚拟语气，表示未实现的愿望或打算**。例如：

I should have met him. 我本来应该已经和他见过面的。

He intended to have come. 他本来打算已经来了的。

4. 助动词 do 的用法

助动词 do 最主要的用法有两个：与动词原形搭配构成一般现在时或一般过去时的疑问句和否定句；用在实义动词前起强调作用。例如：

Do you do the shopping once a week? 你一周到商场买一次东西,是吗?(构成疑问句,前一个 do 是助动词,后一个 do 是实义动词)

He didn't know when to set off. 他不知道何时出发。(构成否定句)

The farmer did drive the cattle into the field. 农夫确实把牛赶进了田里。(表示强调)

三、情态动词

1. 概念

情态动词一般用于描述委婉、礼貌、客气、强令等特殊语气,达到表现说话人复杂心理及情感的目的。情态动词包括:can/could, may/might, will/would, shall/should, must, ought to(ought to 和 must 无过去式)。另外,need 和 dare 既可以作实义动词也可以作情态动词。

2. 情态动词的主要用法归纳

(1)can/could 主要指"能力"。例如：

I can speak French. 我会说法语。

(2)may 主要指"许可"。例如：

You may borrow my car this afternoon. 今天下午你可以借我的车。

(3)will 主要指"预告,将要"。例如：

It will rain soon. 天快下雨了。

(4)should/ought to 主要指"不可推卸的义务或责任"。例如：

You should/ought to do as you're told. 你应该照对你说的去做。

(5)must 主要表示"强令"或"不可推卸的责任"。例如：

You must be quiet. 你必须安静。

(6)情态动词也叫情态助动词,它像助动词 be,do,have 一样可以直接在后面加 not 构成否定句或将其放在句首构成疑问句。例如:

Can't you see the picture? 难道你看不见这张画吗?(否定疑问句)

知识拓展

would 和 used to

(1)情态动词 would 和 used to 可以表示"习惯"或"过去常常"。例如:

When we were students, we would often stay up all night. 我们是学生时经常通宵不睡。

Jenny used to make her own dresses. 珍妮过去常常自己做衣服。

(2)used to 强调"过去常常……而现在已经不……了"。例如:

I used to smoke, but I don't smoke any more. 我过去常常吸烟,但现在不抽了。

She used to collect stamps when she was a little girl. 当她还是个小女孩时,她常常收集邮票。

(3)used to be 可以描述过去的状态。例如:

I used to be a writer a long time ago. I'm a teacher now. 很久以前我是一个作家,现在我是一个老师。

She used to have a big farm, but she has sold it. 她过去有一个大农场,但她已经把它卖了。

四、非谓语动词

非谓语动词包括不定式、现在分词、过去分词和动名词。非谓语动词在句子中可担任除谓语外的其他成分。

1. 不定式

(1)不定式是非谓语动词中比较常用的一种。它通常用"to + 动词原形"构成,例如:to wait,to ask,to do 等。有些情况下 to 可以省略。动词不定式的用法也相当多,它既可以像名词那样在句子中充当主语、宾语或表语,也可以像形容词那样充当定语,还可以像副词那样作状语,主要作目的状语和结果状语。例如:

It's easy to say. 说得容易。(不定式作真正的主语)

We're waiting here to see the sunrise. 我们等在这儿,为的是看日出。(不定式作目的状语)

We have decided to use the post office. 我们决定用邮局。(不定式作宾语)

She seems to be fond of this song. 她似乎很喜欢这首歌。(不定式作表语)

We have a lot of things to deal with today. 今天我们有很多事情要处理。(不定式作定语)

We hurried to the station only to find that the train had left. 我们匆忙赶到车站,却发现火车已经开走了。(不定式作结果状语)

(2)had better,would rather 之后动词不定式作宾语须省掉 to;but 前面句子若含有实义动词 do,but 之后动词不定式作宾语须省掉 to。例如:

I would rather not take the chance than hurt her. 我宁愿错过这次机会也不愿伤害她。

He didn't do any work today but play about all day. 他玩了一整天,什么事也不干。

(3)在 make,let,see,watch,hear,notice,have 等动词的复合宾语中,动词不定式须省掉 to,但这种句子如果变为被动语态,to 须还原。例如:

The boss made old Smith work over 15 hours a day.

→Old Smith was made to work over 15 hours a day.

老板让老史密斯每天工作超过 15 个小时。

(4)**表语形容词后常接不定式,若该不定式与主语有逻辑上的动宾关系,则用主动式**。例如:

The question is not easy to answer. 这个问题不容易回答。

They found the lecture hard to understand. 他们发现这个演讲很难理解。

(5)动词不定式可以和疑问代词 who, what, which 以及疑问副词 when, where, how 等连用,构成动词不定式短语,在句子中作主语、表语、宾语等成分。

All of these things are very good. I really don't know which one to choose. 所有这些东西都很好,我真不知道选哪一个。

How to translate this sentence is still a question. 这个句子怎么翻译仍是个问题。

2. 现在分词

(1)现在分词及其短语可以在句子中作定语,其作用相当于一个定语从句。现在分词作定语时多置于它所修饰的名词之前;分词短语位于它所修饰的词的后面。例如:

They live in a room facing the north. 他们住在一个朝北的房间里。

如果现在分词修饰由 some/any/no + thing/body/one 所形成的不定代词或指示代词 those 时,分词在这些被修饰词的后面。例如:

Anyone swimming will be punished. 正在游泳的任何人都将受到惩罚。

要点点拨

①现在分词作定语时与谓语动词的时间关系。现在分词有进行意味和主动意味,因此,用现在分词作定语时,其表示的动作是与谓语动词同时发生的,或是正在发生的动作。例如:

There were no soldiers drilling. = There were no soldiers who were drilling. 没有士兵在操练。

②现在分词的完成时态(having + 动词过去分词)表示该动作先于谓语动词的动作发生,现在分词的完成时态永远不能作定语。如果一个及物动词作定语,既要表达进行意味,又要表达被动意味时,可用现在分词的被动语态(being + 动词过去分词)。例如:

Do you know the boy being punished by our teacher? 你认识正在被我们老师处罚的那个男孩吗?

(2)现在分词及其短语可在句子中作状语来修饰谓语动词或整个句子,用来表示动作发生的时间、原因、结果、条件、让步或伴随情况等。例如:

Climbing to the top of the hill, we saw a beautiful view. 爬上山顶后我们看到了一幅美丽的景象。

要点点拨

现在分词作状语与谓语动词的时间关系:

①现在分词表示的动作和谓语动词表示的动作同时发生或几乎同时发生,现在分词用一般形式。例如:

Not recognizing the voice, he refused to give the person his address. 因为没听出这个人的声音,他没把自己的地址给他。

现在分词作状语时必须注意现在分词的逻辑主语必须与句子的主语保持一致。但是,有几个常用词组不符合这种语法限制。例如:generally speaking, considering, judging from。

Generally speaking, boys are more active than girls. 一般说来,男孩比女孩更活跃。

②现在分词表示的动作先于谓语动词表示的动作(或状态)发生,现在分词需用完成形式。例如:

Having already seen the film twice, she didn't want to see it again. 这部电影她已看过两遍,她不想再去看了。

(3)现在分词主要用于以下两类动词后构成宾语补足语。

①表示感觉和状态的动词,如 see, hear, feel, smell, watch, find, notice 等。例如:

He felt his heart beating faster. 他感到他的心跳在加快。

②表示"指使"意义的动词,如 have, set, keep, get, catch, leave 等。例如:

I'm sorry to have kept you waiting long. 对不起,让你久等了。

3. 过去分词

过去分词和现在分词一样,具有形容词或副词的功能,在句子中一般充当状语、定语、表语或补语。

例如：

Seen from the plane, the houses look like some toy boxes. 从飞机上往下看，那些房子就像是一些玩具盒子。（方式状语）

Pay attention to the broken glasses. 当心碎玻璃。（定语）

When we heard of it, we were deeply moved. 听到这件事时，我们被深深地感动了。（表语）

They kept the door locked for a long time. 他们把门锁了好长一段时间。（宾语补足语）

要点点拨

现在分词和过去分词的区别：一般来说，现在分词表示与其被修饰词之间是“主动”的关系，而过去分词则截然相反，它一般表示与其被修饰词之间是“被动”的关系。例如：

Grandma was sitting in an armchair, telling stories. 奶奶坐在扶手椅上讲故事。（本句中 telling 为现在分词作 was sitting 的伴随状语，强调动作“正在发生或同时发生”，且与其逻辑主语 grandma 之间是主动关系）

Guided by the local farmer, we succeeded in climbing the mountain. 在当地农民的带领下，我们成功地爬上了那座山。（本句中 guided 为过去分词，充当状语，与其逻辑主语 we 之间形成被动关系。）

4. 动名词

(1)动名词和现在分词皆由“动词 + ing”构成，但是这两种词的用法却大不相同，动名词具有名词的性质，因此在句子中经常充当主语、宾语或表语；而现在分词具有形容词或副词的性质，因此在句子中充当定语、状语或补语。例如：

Seeing is believing. 眼见为实。（Seeing 和 believing 均为动名词，前者作主语，后者作表语）

I like shopping, while Jane likes swimming. 我喜欢购物，而简喜欢游泳。（shopping 和 swimming 为动名词，在句子中作宾语）

This is a running stream. 这是一条奔流的小河。（running 为现在分词，充当 stream 的定语）

Walking in the park last week, I saw a bird building a nest. 上周我在公园散步时，看见一只鸟在筑巢。（句中 walking 和 building 均为现在分词，前者作伴随状语，修饰谓语动词 saw；后者作宾语补足语，修饰 bird）

(2)动名词和现在分词虽然同形，但其作用是完全不一样的，动名词因为具有名词的性质，因此常常可以作主语或宾语。而且，因为它是从动词变化而来，所以也可以在后面跟上自己的宾语。例如：

Washing the car seems to be his main job. 洗车似乎是他主要的工作。（washing 为动名词，充当句子的主语，但因为它仍具有动词的某些特点，因此 the car 作了 washing 的宾语）

五、主谓一致

主谓一致是一种常见的语法现象，它指的是谓语动词在人称和数上必须与主语保持一致。主谓一致依据语法一致、意义一致和就近一致三条原则。

1. 名词作主语时的主谓一致

(1)**集体名词作主语若强调整体，谓语动词用单数；若突出个体，谓语动词用复数**。常见的这类名词有 committee, family, group, class, army, enemy 等。例如：

My family has moved into the new house. 我家已搬进了新房子。

My family enjoy sports. 我全家人都喜欢运动。

(2)单、复数同形的名词作主语，谓语动词可为单数，亦可为复数，视其意义而定。works（工厂）和 means（方法）作主语时也有类似用法。例如：

Every means has been tried. 每一种方法都试过了。

All means have been tried. 所有的方法都试过了。

(3)**表示时间、金钱、距离、重量等的词语作主语，通常被看作一个整体，谓语动词用单数**。例如：

One hundred kilometers was covered on a single night. 一夜走了10万米路。

Five *yuan* is enough. 五元钱就够了。

2. 并列主语的主谓一致

(1) and 连接并列主语,谓语动词通常用复数形式,但在下列情况下用单数。

①and 连接的并列主语指的是同一个人、同一事物或同一概念。例如:

The English teacher and headteacher is a young man. 英语老师兼班主任是一位年轻人。

②and 连接的并列名词有 each, every, no 或 many a 等修饰时,谓语动词用单数。例如:

In our country every boy and every girl has the right to receive education. 在我们国家每一个男孩和女孩,都有受教育的权利。

(2) **由 or, either…or…, neither…nor…, not only…but also…, not…but…等连接并列主语时,遵循就近原则,即谓语动词的数应与最靠近它的主语保持一致**。例如:

Either he or I am wrong. 不是他错,就是我错。

(3) **两个主语由 as well as, rather than, but, together with, along with, with, except, besides 等连接时,谓语动词的数与最前面的主语保持一致**。例如:

The teacher as well as the students has seen the film. 老师和学生都看过这部电影。

3. 名词化形容词作主语时的主谓一致

"the + 形容词"表示一类人,作主语时,谓语动词用复数。常见的这类词有 the poor, the rich, the sick, the dead, the young, the wise, the deaf, the blind, the learned, the wounded, the aged, the killed, the living, the dying, the English, the French, the Chinese 等。例如:

The young are required to respect the old. 年轻人应该尊敬老年人。

4. 不定式、动名词和名词从句作主语时的主谓一致

不定式、动名词和句子作主语时,谓语动词用单数。例如:

To become doctors is their ambition. 当医生是他们的志愿。

Reading without comprehension is no good. 读死书是不行的。

When and where this took place is still unknown. 这件事何时何地发生尚不知晓。

5. 倒装句中的主谓一致

倒装句中的谓语动词与后面的主语保持一致。例如:

In the centre of Tian'anmen Square stands the Chairman Mao's Memorial Hall. 毛主席纪念堂位于天安门广场中心。

Here comes the bus. 车来了。

第三节 代 词

一、人称代词

人称代词是用来代替人、动物、事物的词。

1. 人称代词的用法

人称代词的主格在句中作主语,**第一人称单数 I 在句中任何位置都要大写,第二人称 you 单复数同形**,含义要根据句意和上下文决定。

(1) 人称代词的宾格在句中作动词或介词的宾语。例如:

Please tell me where I should go. 请告诉我,我应该去哪儿。(me 做动词宾语)

I heard her coming with him. 我听说她和他一起来。(her 做宾语, him 做介词宾语)

(2) 人称代词做主语时,其后的谓语动词要跟主语保持一致。例如:

在一般现在时和现在进行时中,动词和助动词 be 有三种不同形式:人称代词 I 后用 am, he/she/it 后用 is, you/we/they 后用 are。在一般过去时中, I/he/she/it 后用 was, you/we/they 后用 were。例如:

She is very kind. 她非常和蔼。

They were listening to the music when she was having her milk. 当她喝牛奶的时候，他们正在听音乐。

(3)在一般现在时和现在完成时中，动词或助动词 have 有两种形式：I/we/you/they 后要用 have，而 he/she 后用 has。例如：

He has done his job. 他的工作已经完成了。

We have never been to Nanjing. 我们从没有去过南京。

(4)在一般现在时中，当 he 和 she 作主语时，实义动词作谓语要用单三形式。例如：

He who laughs last laughs best. 笑到最后的人笑得最开心。

He knows she is an honest girl. 他知道她是个诚实的女孩。

2. 代词 it 的特殊用法

(1)代替前面已经提过的事物。例如：

—Where is my bag? ——我的书包呢？

—It's on the desk. ——在书桌上。

(2)代替性别不明的婴儿或动物。例如：

It's a lovely baby. Is it a boy or a girl? 宝宝真可爱，是男孩还是女孩？

(3)代替不确定的人或事物。例如：

—Who is it? ——谁？

—It's me. ——是我。

(4)指时间、距离和自然现象等。例如：

How far is it? 有多远？

(5)作形式上的主语。例如：

It's a good idea to go there. 去那里是个好主意。

(6)作形式上的宾语。例如：

I don't think it a good idea. 我认为这不是一个好主意。

(7)习惯用语。例如：

It doesn't matter. 没关系。

(8)构成强调句型"It is + 被强调部分 + that/who + 其余部分"。例如：

It is not he who wants to have a rest. 不是他想休息。

二、不定代词

1. little，a little 和 few，a few

little，a little 可用来代替或修饰不可数名词；few，a few 可用来代替或修饰可数名词。a few，a little 着重肯定意思，相当于"有几个""有一点儿"；而 few 和 little 则着重否定意思，相当于"没有几个""没有多少"。例如：

There isn't much tea，but we only need a little for a cup of tea. 没有多少茶了，但我们只需要一点，沏杯茶就行。

2. each，every 和 all

each 和 every 表示"每个"的意思。each 着重个别的含义，可用作定语、主语、宾语和同位语；every 着重于全体的含义，只用作定语；all 意为"全体，所有"，用于三者或三者以上，可作主语、宾语、表语、定语和同位语。例如：

There are four books in my desk. You can take all of them. 在我书桌里有四本书，你可以全部带走。

3. one，other 和 another

one 的复数为 ones，分别代替指人或物的单数名词和复数名词；other 意思是"另一个"，复数形式为 others，特指时要加定冠词；another 意思是"另一个，又一个"，前面不加冠词。例如：

Are you going to buy those red socks or those green ones? 你打算买那些红色的袜子还是绿色的袜子？

Some went to see the film, and the others all stayed in the classroom. 一些人去看电影了,余下的人都待在教室里。

I don't want either of the two magazines. Please show me another. 这两本杂志我都不想要,请给我看看其他的。

4. both,either 和 neither

both 意为"两者都";either 意为"两个中的任何一个";neither 意为"两者中没有一个"。either,neither 作定语,后面名词用单数;either,neither 作主语,谓语动词用单数形式。例如:

Both Bob and Peter will take part in the meeting. 鲍勃和彼得都将参加会议。

—Do you want tea or coffee? ——你想要茶还是咖啡?

—Either. I really don't mind. ——都行,我不介意。

5. 合成不定代词的用法

由 some,any,no,every 加上 body,one,thing 构成的不定代词,相当于名词,不能作定语,且修饰语须放在它们的后面。在此类代词中要注意 everyone 与 every one,no one 与 none 的区分。everyone 只用来指人;every one 既可指人,又可指物,还可跟 of 短语;no one 指人;none 既可指人,又可指物,还可跟 of 短语。在用于简略否定回答时,nobody 和 no one 回答 who 问句,none 回答 how many 或 how much 问句。例如:

Everybody/Everyone should obey the rules. 每个人都应该遵守规章制度。

None of them was strong enough to hold the stone. 他们都不够强壮,拿不住这块石头。

I have something important to tell you. 我有些重要的事要告诉你。

三、物主代词

1. 物主代词的概念

物主代词有两种形式:形容词性物主代词和名词性物主代词。物主代词也就是人称代词的所有格,表示所属,同时有指代作用。

2. 物主代词的用法

(1)形容词性物主代词属于限定词,具有形容词的性质,相当于名词加"-'s",在句子中只能做定语,还可与 own 连用。例如:

She saw what happened with her own eyes. 那是她亲眼所见。

(2)名词性物主代词具有名词的性质,在句子中可以做主语、宾语和表语。

This isn't my phone. Mine is broken. 这不是我的手机,我的(手机)坏了。

(3)名词性物主代词实际上是形容词性物主代词和被它所限定的名词的缩略形式。例如:

Your shirt is red. Mine is yellow. 你的衬衣是红色的,我的是黄色的。

(4)名词性物主代词还可以用在"of+名词性物主代词"的双重所有格结构中,表示"其中之一"或带有一定感情色彩。例如:

A friend of mine will arrive this week. 我的一个朋友这周抵达。

真题精练

【导学例题2】Because his partner had to go to Sydney, Mr. White had to finish work on the advertising campaign on ________.

A. solo B. alone C. himself D. his own

D 【解析】句意:因为他的搭档一定要去悉尼,怀特先生必须独自完成广告宣传工作。on one's own = by oneself 为固定搭配,意为"独自"。故本题答案为 D。

四、指示代词

表示"这个""那个""这些""那些"等概念的词叫作指示代词。指示代词有 this(这个),that(那个),these(这些),those(那些),such(如此的,如此的事物),same(同样的,同样的事物),it(那个,这个)。

指示代词的用法如下。

1. 指示代词 this, that, these, those 的用法

(1) **this/these 一般用来指在时间或空间上较近的事物，that/those 则指在时间或空间上较远的事物。** 它们在句子中的用法相当于名词和形容词，可作主语、表语、宾语和定语。例如：

This is a pen. 这是一支钢笔。

How do you like these? 你认为这些怎么样？

(2) that 和 those 指前面提到过的事物，this 和 these 则指下面将要提到的事物。例如：

I was caught in a traffic jam. That's why I was late. 我遇到了塞车，那就是我迟到的原因。

What I want to say is this: environment protection is very important. 我所要说的是：环境保护很重要。

2. 指示代词 such 和 same 的用法

指示代词 such 和 same 的单、复数的形式相同，在句子中可以作主语、宾语、表语和定语。例如：

Such was the result. 结果就是这样。

The same can be said of the other film. 另一部影片也是同样情况。

五、反身代词

(1) 表示"我(我们)自己""你(你们)自己""他(他们)自己"等概念的代词叫作反身代词。其形式如下：

单数：第一人称 myself（我自己），第二人称 yourself（你自己），第三人称 himself（他自己）/herself（她自己）/itself（它自己）

复数：第一人称 ourselves（我们自己）、第二人称 yourselves（你们自己）、第三人称 themselves（他/她/它们自己）

(2) 反身代词的用法如下：

①作宾语。例如：

Please help yourself to some tea. 请自己用茶。

②作表语。例如：

She isn't quite herself today. 她今天有点儿不舒服。

③作名词或代词的同位语，用来加强语气，作"亲自，本人"解。它在句中可置于名词、代词之后，也可置于句子末尾。例如：

I fixed the window myself. 这窗户是我自己安装的。

六、疑问代词

疑问代词有 who(谁，主格)，whom(谁，宾格)，whose(谁的，所有格)，what(什么) 和 which(哪个，哪些)等。疑问代词的用法如下。

1. 疑问代词用于特殊疑问句中

疑问代词用于特殊疑问句中，一般都放在句首，在句中可作主语、表语、定语、宾语。例如：

Who is going to come here tomorrow? 明天谁要来？

Who is the boy standing there? 站在那儿的那个男孩是谁？

2. 疑问代词用于引导从句

疑问代词一方面在从句中充当一个句子成分，可以作主语、宾语、表语等；另一方面又起连词的作用，将从句和主句连接起来。例如：

What he says is quite true. 他所讲的话很对。(疑问代词 what 引导一个主语从句，而它本身又在从句中作宾语)

He asked me who the boy was. 他问我这个男孩是谁。(疑问代词 who 引导一个宾语从句，而它本身又在从句中作表语)

七、关系代词

关系代词有 who, whom, whose, which, that 等，都用来引导定语从句。一方面，它们在定语从句中可作主语、宾语、定语或表语；另一方面它们又代表主句中被定语从句所修饰的那个名词或代词(即先行词)。关系代词的用法如下：

(1)who，whom，whose 指人,在定语从句中分别作主语、宾语和定语。例如：

This is the boy whose mother is a singer. 这就是那个男孩,他的妈妈是歌唱家。

(2)which 指物,在定语从句中作主语或宾语。例如：

A dictionary is a book which gives the meanings of words. 词典是解释词的意义的书。

(3)that 既可以指人，也可以指物,在句子中作主语或宾语。例如：

Who is the man that is sitting under the tree? 坐在树下的那个人是谁?(指人,作主语)

第四节 形容词、副词

一、形容词

形容词是用来描写或修饰名词的一类词。经常用于说明人或事物的性质,最为常见的是作名词的定语。根据所描述的对象和意图的不同,又可分为多种类型。

1. 复合形容词的构成

(1)用过去分词构成。例如：

a candle-lit house 一间点着蜡烛的房子　　a horse-drawn cart 一辆马车

(2)用现在分词构成。例如：

a long-suffering solider 一位长期受苦的战士　　a time-consuming job 一个费时的工作

(3)看上去是分词,实际上是用"名词 + ed"合成的词构成复合形容词。例如：

slow-footed 速度慢的　　open-minded 思想开明的

(4)表示度量的复合形容词。例如：

a five-year-old building 一座有五年之久的建筑物

an eighteen-year-old girl 一位 18 岁的姑娘

a two-day conference 一场为期两天的会议

(5)用前缀或后缀构成的复合形容词。例如：

tax-free 免税的　　water-proof 防水的　　vacuum-sealed 真空封闭的

2. 定语形容词和表语形容词

(1)一般来讲,几乎所有的形容词都能作表语,但有些形容词却不能或不常作表语。例如:countless(无数的)、digital(数字的)、indoor(室内的)、western(西方的)、commanding(指挥的)等。

(2)有些形容词,如 old,late,heavy 等,既能作表语也能作定语,但表示的意思是不同的。例如：

Jason is old now. 杰森现在已经老了。(old 作表语,指年纪大)

Jason is an old friend. 杰森是一位老朋友。(old 作定语,指相识的时间已经很久了)

(3)有些形容词只能作表语而不能作定语,我们通常把这类形容词称为表语形容词。表语形容词主要有以下三种：

①描述与健康有关的一些形容词。例如:faint,ill,poorly,unwell,well 等。ill,sick 都有"生病的"的意义,sick 也可以作定语,而 ill 一般只作表语。例如：

She's ill. 她病了。(ill 作表语)

She is a sick man. 她是个病人。(sick 作定语)

当 faint 和 ill 作定语时,它们的意思则不指健康状况。例如：

a faint chance 很小的可能性　　an ill effect 不良影响

②很多以 a 开头的形容词,只能作表语而不能作定语。例如:afloat(漂浮的)、alight(发亮的)、awake(醒着的)、asleep(睡着的)、alone(单独的)、afraid(害怕的)、alike(相同的)、ashamed(羞愧的)、alive(活着的)等。

③一些描述感觉、反应的形容词,只能作表语,而不能作定语。例如:content,glad,pleased,sorry,upset,near 等。

3.“the + 形容词”的用法

“the + 形容词”表示作为整体的群体，谓语动词用复数。例如：the blind（盲人）、the living/the dead（生/死者）、the rich（富人）、the poor（穷人）、the young（年轻人）、the old（老年人）、the wounded（伤员）等。

知识拓展

有的学者把名词前多个形容词的位置先后顺序作如下总结：描述性的形容词→表示大小的形容词→表示形状的形容词→表示年龄或新旧的形容词→表示颜色的形容词→表示来源的形容词→表示材料的形容词→以动名词形式出现的形容词等。

真题精练

【导学例题 3】We sincerely thank you for sharing your opinions as we continue to do our best to make each visit ________.

A. enjoyable　　B. enjoying　　C. enjoy　　D. enjoys

A　【解析】句意：我们真诚地感谢您分享您的意见，我们将继续尽最大的努力让每次到访都愉快。A 项为形容词，意为“愉快的、享受的”；B 项 enjoying 为动词 enjoy 的 ing 形式；“make + sb. + 形容词”为固定搭配。四个选项中只有 A 项是形容词。故本题答案为 A。

二、副词

一般情况下，副词可以修饰动词、形容词、其他副词、介词短语等，具有对这些词进行补充说明的作用。例如：very good（很好），awfully hungry（非常饿）。

1. 副词的常见构成形式

（1）“形容词 + ly”是最常见的副词构成形式。例如：

patient 耐心的—patiently 耐心地　　usual 通常的—usually 通常地

near 近的—nearly 几乎　　easy 容易的—easily 容易地

但是，也有例外，例如：there（那里）、then（那时）、however（然而，但是）、perhaps（也许）、fast（快）等。

（2）注意有些以-ly 结尾的词，并不一定是副词。在名词后加-ly 时，一般构成形容词。例如：friendly（友好的）、monthly（每月的）、seasonly（每季的）、daily（每日的）、brotherly（兄弟般的）等。

2. 副词的分类

（1）时间副词：常见的时间副词有 now，then，soon，recently，lately，finally，before，today，tomorrow，yesterday，tonight，immediately，already，yet 等。

（2）地点副词：常见的地点副词有 here，there，up，down，away，nearby，ahead，abroad，indoors，overseas，halfway，upstairs，downstairs 等。

（3）方式副词：表示动作的行为方式，许多以-ly 结尾的副词都是方式副词，例如：carefully，happily，quietly，warmly，correctly，politely，angrily，well，badly 等。

（4）频率副词：表示动作发生的次数，常见的有 ever，never，rarely，seldom，once，often，occasionally，constantly，frequently，usually，always 等。

（5）程度副词：表示程度，常见的有 fairly，pretty，rather，quite，very，much，too，greatly，almost，such，so，nearly，half，highly，really，partly 等。

（6）疑问副词：用来引导特殊疑问句，常见的有 when，where，how，why 等。

（7）连接副词：它可以分为两类，一类用于连接句子或从句，常见的有 therefore，besides，otherwise，however，still，thus，meanwhile 等，另一类用来引导不定式以及主语从句、宾语从句或表语从句，主要有 when，where，why，how 等。

（8）关系副词：用来引导定语从句，有 where，when，why 等。

(9)句子副词:用于修饰句子,反映说话人的观点和看法,例如 actually,clearly,fortunately,frankly,honestly,luckily,obviously,perhaps,possibly,surely,probably,undoubtedly 等。

第五节 介 词

一、概念

介词经常用在名词或名词短语、代词或动名词之前,用来表示人、物、事件等与其他人、物、事件等之间的关系。例如:

I gave the book to Jenny. 我把书给了珍妮。(介词+名词)

I gave the book to him. 我把书给了他。(介词+代词)

Jack devotes his time to reading. 杰克的时间都用于读书。(介词+动名词)

二、介词的种类

(1)简单介词,如 at,in,on,to,of,for 等。

(2)合成介词,如 onto,into,without,within,outside 等。

(3)短语介词,如 because of,in front of,according to,up to,instead of,owing to 等。

(4)二重介词,如 from under(从……的下面),until after(直到……之后),from behind(从……的后面),from among(从……当中)等。

(5)分词介词,如 regarding(关于),including(包括)等。

真题精练

【导学例题 4】Since the reform and opening up policy was established in 1978, China's economy has been developing rapidly and it is already able to compete ________ the international marketplace.

A. against　　B. in　　C. for　　D. with

B 【解析】句意为"自从 1978 年改革开放以来,中国的经济快速发展,并已经能够在国际市场中竞争。"A 项意为"反对,靠";B 项意为"在……里面",符合题意;C 项意为"为了";D 项意为"随着"。故本题答案为 B。

三、常用介词及其词义

1. 表示地点(包括动向)的介词

(1)at,in,on 的用法:**at 表示在范围较小、空间较小的地方或地点;in 表示在较大的地方、空间;on 表示在对象物表面之上。**

(2)above,over,below,under 的用法:above 和 over 都是"在……上方""高于……"之意,但 over 指垂直的上方,还有"覆盖,接触"之意。例如:

The sun rises above the horizon. 太阳从地平线上升起。

There is a bridge over the river. 河上有一座桥。

There is a cloth over the desk. 桌上有一块桌布。

below 和 under 都是"在……下方""低于……"之意,但 under 表示上方与下方的物体互相接触,或指垂直的下方。below 与 above 相对,under 与 over 相对。例如:

She put the letter under the pillow. 她把信放在枕头下面。

There is a cat under the table. 桌子下有一只猫。

They live below us. 他们住在我们楼下。

(3)between,among 的用法:**between 用于两者之间,among 用于三者或三者以上。**例如:

There is a long river between the two cities. 这两座城市之间有一条很长的河。

Among his classmates, Tom is his best friend. 在全班同学中,汤姆是他最好的朋友。

(4)before,in front of 的用法:**before 可用来表示顺序,也可表示位置;in front of 指位置,在指建筑物时,只能用 in front of,不可用 before**。例如:

He arrived minutes ago, just before you. 他几分钟前到的,就在你之前。

The restaurant is in front of the school. 饭店就在学校前面。

(5)after,behind 的用法:after 表示顺序,behind 表示位置。例如:

The game will continue after the rain. 雨停后比赛将继续进行。

She is just waiting behind the tree. 她正在树后面等着呢。

(6)其他表地点(包括动向)的介词。例如:

about 在……周围　　around 在……四周,环绕

beside 在……附近　　by 在……旁边,通过

near 靠近,接近　　through 穿过,通过

2. 表示时间的介词

(1)at,in,on,by 的用法:**at 表示时间的点;in 表示一段时间;on 表示某一天,或某一天的上午(下午,晚上);by 表示在某个时间以前,常和完成时连用**。

(2)after,in 的用法:两者都可表示"在……以后"。**after 表示从过去某时起,常与过去时连用;in 表示从现在起的一段时间之后,常与将来时连用**。例如:

He started the job soon after he left the university. 他大学毕业后不久就开始做这份工作。

I'll leave for London in two days. 我两天后将离开去伦敦。

(3)since,for 的用法:两者引起的短语都可以用来表示动作或状态的延续,因此多用于完成时态。**since 后接时间点,for 后接一段时间**。例如:

He has lost his parents since 4 years old. 他 4 岁时就失去了父母。

I haven't seen her for years. 我已经很多年没有见过她了。

(4)其他表示时间的介词。例如:

during 在……期间　　until 直到……时,到……为止

3. 表示除去的介词

(1)**besides 除……之外,还有**。例如:

Besides these honours he received a sum of money. 除了荣誉,他还收到了一笔钱。

(2)but 除去(多和 nobody,nothing,who 等代词连用)。例如:

I have told nobody but you. 除了你,我谁也没告诉。

(3)except 除……以外(它后面的内容排除在外)。例如:

There was no difference between the twin sisters except in height. 除身高不同外,这两个孪生姐妹没有什么不同。

(4)except for 除……之外。例如:

Your composition is good except for a few spelling mistakes. 你的作文很好,只是有些拼写错误。

要点点拨

except for 后接的内容与句中所述的人或物不属于同类,只是对整个句子内容的补充或修正。

4. 表示手段、方式的介词

by,with,in 三者都表示"用……"。**by 表示用某种方法、手段;with 表示用某种具体工具;in 表示用某种语言或用墨水等**。例如:

I go to school by bus. 我坐公共汽车去上学。

He cut an apple with that knife. 他用那把刀切了个苹果。

Please say it in English. 请用英语讲。

5. 表示原因的介词

(1) from 由于。例如：

Lots of people suffered from hunger in those days. 那时很多人因饥饿而受折磨。

(2) with 由于。例如：

The grass was wet with rain. 草地被雨淋湿了。

(3) because of 由于，因为。例如：

The old man couldn't fall asleep because of the loud noise. 由于噪声很大，老人不能入睡。

(4) due to(口语)因为，由于。例如：

His success is entirely due to hard work. 他的成功完全是由于努力工作。

(5) owing to 由于，因为。例如：

Our flight was delayed owing to the bad weather. 由于天气恶劣，我们的航班延误了。

6. 表示关于的介词

(1) about 关于，对于。例如：

He said he would like to tell us about his adventures in Africa. 他说他想要告诉我们他在非洲的冒险经历。

(2) concerning 关于。例如：

He wrote to me concerning a business arrangement. 他写信告诉我关于一个商业安排的事。

(3) as for/as to 至于，关于。例如：

As for the burglar, he escaped through the window. 至于这个小偷，他通过窗户逃走了。

I have no doubts as to your ability. 我从不怀疑你的能力。

(4) on 关于(比 about 正式)。例如：

He made a speech on the current situation. 他做了一个关于目前形势的演讲。

7. 其他常用介词

according to 根据……，按照……	despite 尽管，不管，任凭
against 反对	for 赞成，支持

知识拓展

使用"动词 + 介词 to"形式的动词短语时，to 后不能跟不定式，而必须跟名词或动名词。此类动词短语有：get down to(开始着手做)、be used to(习惯于)、object to(反对)、devote oneself to(致力于)、be accustomed to(习惯于)、stick to(坚持)等。

第六节 冠 词

一、概念

冠词是指用于名词前来说明名词所指的人或事物的一种虚词。冠词本身没有词义，因此不能在句中单独使用。它一般放在名词的前面，帮助指明名词的含义。冠词分为不定冠词(a/an)、定冠词(the)及零冠词。

二、不定冠词的基本用法

(1) 用在单数可数名词前表示"一，一个"。例如：

There is a picture on the wall. 墙上有一幅图画。

(2) 表示一类人或物，指同类中的任何一个，a 或 an 不必翻译。例如：

Even a child can answer this question. 就是小孩子也能回答这个问题。

(3) 第一次提到某人或某物时，用不定冠词 a 或 an，起介绍作用。例如：

A girl wants to see you. 一位姑娘要见你。

(4)不定冠词用于单数可数名词前表示身份、职业,尤其用在作表语或宾语补足语的名词前。例如:

She is a high school teacher. Her name is Li Fang. 她是一位中学教师,名叫李芳。

(5)用于专有名词前,表示"一位叫……的人"。例如:

A Zhang called you just now. 一位姓张的刚才给你打电话。

(6)不定冠词用在表示数量、长度、时间等的计量单位的名词前,表示"每一(个)"。例如:

We have three meals a day. 我们每天吃三顿饭。

(7)用于某些惯用短语中。例如:

have a cold 患感冒　　have a rest 休息一下　　take a bath 洗澡

三、定冠词的基本用法

(1)表示特指的人或物。例如:

The girl in red is his sister. 穿红色衣服的女孩是他妹妹。

(2)表示双方都知道的或心中明白的人或物。例如:

Has he returned the book? 那本书他还了吗?

(3)**某人或某物第一次提到时用不定冠词,第二次提到时要用定冠词**。例如:

He saw a house in the distance. Jim's parents lived in the house. 他看见远处有一所房子,吉姆的父母就住在那所房子里。

(4)**用在世界上独一无二的事物的名词前**。例如:

the sun 太阳　　the earth 地球　　the moon 月亮

(5)用在表示方向、方位的名词前。例如:

the east 东方　　the west 西方　　the right 右边

(6)**用在形容词最高级、序数词前**。例如:

Summer is the hottest season of the year. 夏天是一年中最炎热的季节。

(7)用在单数可数名词前表示一类人或物,强调整体、全体或任何一个。例如:

The orange is a kind of fruit. 橘子是一种水果。

(8)用在乐器名词前。例如:

She can play the piano. 她会弹钢琴。

(9)用在江河、海洋、湖泊、群岛、山脉的名称前。例如:

the Yangtze River 长江　　the Red Sea 红海　　the Himalayas 喜马拉雅山

(10)**用在某些形容词前,表示一类人或物或某种抽象概念**。例如:

the old 老年人　　the happy 幸福的人

(11)用在姓氏的复数形式前,表示全家人或这一姓的夫妇二人。例如:

The Greens will move to the country. 格林一家要搬到乡下去。

(12)用在表示计算单位的名词前。例如:

Jim is paid by the hour. 吉姆的工资按小时付。

(13)用在某些习惯用语中。例如:

in the morning 在上午　　on the right 在右边

by the way 顺便说一下　　at the moment 当时,此刻

知识拓展

下面几个短语前不加定冠词:

at dawn 在黎明　　at night 在晚上

at noon 在正午　　at dusk 在黄昏

真题精练

【导学例题 5】The biggest whale is ________ blue whale, which grows to be about 29 meters long—the height of ________ 9-story building.

A. the;the B. a;a C. a;the D. the;a

D 【解析】句意:最大的鲸鱼是蓝鲸,它大约长 29 米,相当于 9 层楼的高度。the blue whale 蓝鲸,the + 单数名词为特指一类事物;a 9-story building 为泛指。故本题答案为 D。

四、冠词的省略

(1)复数可数名词表示泛指和不可数名词表示泛指时不用冠词。

(2)**三餐、球类运动、娱乐名称、节日、星期、月份和日期前一般不用冠词**。

(3)在学科、语言、称呼语、大部分疾病名称或表头衔的名词(作表语、同位语、补足语)前,不用冠词。

(4)在 as, though 引导的倒装分句中,名词前不用冠词。例如:

Child as/though Tom is, you can't fool him. 虽然汤姆是个孩子,但你不能欺骗他。

(5)某些交通工具名称前不用冠词。例如:

by train 乘火车(= on a train) by ship 乘船(= on a ship)

by car 乘小汽车(= in a car) on foot 步行

(6)在一些固定短语中,名词前不用冠词。例如:

in bed 在床上 at home 在家

第七节 连 词

连词是一种虚词,不能担任一个句子成分,但可以起到连接的作用,即连接词与词或句与句。

一、并列连词的分类

并列连词的分类如表 4-1-2 所示。

表 4-1-2 并列连词的分类

并列连词	引申类	and, as well as
	转折类	but, yet, though
	选择类	or, nor, neither
	因果类	for, so
	其他类	while(表对比), when(表突然)

(1)并列连词用来连接两个或两个以上对等成分,被连接的成分应保持平行。**若连接并列谓语,前后句动作的进展无明显先后顺序,则谓语时态应一致**。

(2)特殊并列连词的用法。though/for 作并列连词时,只能引导分句且其前须加逗号;but 和 yet 可等同使用,但也有区别。yet 与 and 连用,构成 and yet,但 but 却无此用法。在"Excuse me/I'm sorry, but..."中,只能用 but。

二、从属连词的分类

从属连词的分类如表 4-1-3 所示。

表 4-1-3 从属连词的分类

从属连词	时间	when, as, while, before, after, since, until, once, as soon as, the moment
	地点	where, wherever, everywhere
	原因	as, because, since, for
	结果	so...that, such...that, so that
	目的	so that, in order that, in case

（续表）

从属连词	条件	if,unless,once,in case,as(so) long as,as far as
	让步	though,although,when,while,even though(if),no matter…,as
	比较	as…as,than
	方式	as if(though),as

三、关联连词的分类

关联连词的分类如表 4-1-4 所示。

表 4-1-4 关联连词的分类

关联连词	并列	neither…nor…, both…and…, either…or…, not…but…, not only…but(also)…, whether…or…
	从属	hardly…when, no sooner…than, so/such…that, if…not, not…until, the more…the more, as…as, not so(as)…as

知识拓展

并列主语的主谓一致

(1)由 or,either…or…,neither…nor…,not only…but also…,not…but…等连接并列主语时,遵循"就近原则",即谓语动词应与最靠近它的主语保持一致。例如:

Either he or I am wrong. 不是他错了,就是我错了。

(2)两个主语由 as well as,rather than,but,together with,along with,with,except,besides 等连接时,谓语动词的数与最前面的主语保持一致。例如:

The teacher as well as the students has attended the meeting. 老师和学生都参加了那个会。

(3)并列关联连词 neither…nor…,not only…but also…置于句首构成并列句时使用倒装。从属关联连词 hardly…when…,no sooner…than…,so/such…that…,not…until…置于句首时主句使用部分倒装。例如:

Neither has he visited her, nor will he do so. 他以前没有拜访过她,将来也没有打算去拜访她。

Hardly had we started when the car got a flat tyre. 我们才刚刚开动,车子的轮胎就漏气了。

第八节 时态与语态

一、时态

时态是指特定时间内动作的状态,英语中的时态靠动词的变化和时间状语来表达。英语中共有 16 种时态,常用的有 9 种,如表 4-1-5 所示。

表 4-1-5 常用的英语时态

时间	时态			
	一般时	进行时	完成时	完成进行时
现在	do/does	am/is/are doing	have/has done	have/has been doing
过去	did	was/were doing	had done	had been doing
将来	will do	will be doing	will have done	will have been doing
过去将来	would do	would be doing	would have done	would have been doing

1. 一般现在时

(1)**用于叙述现阶段经常性或习惯性的动作(常见的时间状语有 often/always/sometimes/every day/on Sunday)**。例如:

I have breakfast at seven every morning. 我每天早晨7点吃早餐。

(2)表示现阶段存在的状态、特征或心理活动。例如:

I like fruits. 我喜欢水果。

(3)**用于叙述客观事实或真理**。例如:

The sun rises in the east and sets in the west. 太阳东升西落。

(4)**表示主语具备的性格、能力和特征**。例如:

They speak English very well. 他们英语说得很好。

(5)表示计划、安排好的将来动作,也可用一般现在时(限于go/come/leave/start/begin/arrive)。例如:

The plane takes off at 11 a.m. 飞机上午11点起飞。

(6)在时间、条件状语从句中,用一般现在时代替一般将来时。例如:

I will write to you as soon as I get to Shanghai. 我一到上海就给你写信。

(7)表示"(书、信、报纸、通知、告示牌、广播等)说,报道",用一般现在时,主要是动词say。例如:

The radio says heavy rain in the afternoon. 广播预报下午有大雨。

(8)叙述历史时,常用一般现在时,以使其生动。例如:

Joanne is sitting in the park. Maria walks towards her; she stops and speaks to Joanne. 乔安妮正在公园里坐着。玛丽亚向她走过去,停下来同她谈话。

2. 一般过去时

(1)**一般过去时用来表示在过去某一特定时间发生的动作或存在的状态,或指过去习惯性、经常性的动作或行为**。一般过去时常见的时间状语有yesterday,last week,a long time ago,once upon a time,then,at that time,the other day等。例如:

We didn't have a house of our own at that time. 那时候我们没有自己的房子。

(2)有些句子没有指明动作发生的具体时间,但实际上动作是在过去发生的,句子也应当用过去时态。例如:

I didn't expect to meet you here. 我没有想到会在这儿碰到你。

3. 一般将来时

(1)**一般将来时表示将要发生的动作或存在的状态,常与tomorrow,next week,in a few minutes,in the future等表示将来的时间状语连用**。例如:

They will meet you outside the theatre at 7:00 tomorrow morning. 明天早上7点钟他们将在剧院外面和你见面。

其他几种用于表示将来时态的结构有:

(2)be going to+动词原形:表示意图、打算和已有客观迹象表明将要发生的情况。例如:

We are going to have an English evening next Monday. 我们下周一将举办一场英语晚会。

(3)be to+动词原形:表示按计划、安排、决定将要发生的动作。例如:

The sports meeting is to be held tomorrow afternoon. 运动会将在明天下午举行。

(4)be about to+动词原形:表示即将发生的动作,句中不可用表示未来时间的状语。例如:

The talk is about to begin. 谈话马上开始。

4. 过去将来时

(1)**过去将来时表示在过去某时看来将要发生的动作或存在的状态**。这种时态常用在宾语从句中。例如:

He said that the meeting would begin at half past nine this morning. 他说会议将于今天早上9点半开始。

No one knew which country would hold the next Olympic Games. 没有人知道哪个国家将举办下一届奥林匹克运动会。

(2)表示过去的某种习惯性行为,只用would。例如:

Whenever we had trouble, he would come to help us. 不管何时我们遇到麻烦,他都会来帮我们。

(3)几种特殊结构:was/were to+动词原形;was/were about to+动词原形;was/were going to+动词原形。例如:

I was just about to speak when Jack stood up and began his long dull talk. 我正要讲时,杰克站了起来,开

始了他又长又无聊的谈话。

5. 现在进行时

(1)**表示现在正在进行的动作**。例如:

John is watching TV now. 约翰现在正在看电视。

(2)**表示现阶段正在进行的动作,但此刻并不一定在进行**。例如:

I am studying English in the university. 我目前在大学里学英语。

(3)与频度副词 always,constantly,continuously 等连用,表示某种强烈的感情。例如:

He is always asking the same question. 他总是问同一个问题。(表示不满)

Mother is always thinking of what she could do for others. 妈妈总是想着她能为别人做些什么。(表示赞扬)

(4)现在进行时可以表示按计划、安排将要发生的动作,常用的这类动词包括 go,come,leave,start,arrive,stay,return,stop 等。例如:

He is coming to see me next week. 他下周将来看我。

(5)wonder,hope 等少数动词的进行时表示婉转语气。例如:

I am wondering if I may borrow your bike. 我可以借你的自行车用一下吗?

知识拓展

表示人的精神活动、感觉、意志、情绪的动词一般不用于进行时态,常见的这类动词有 know,understand,remember,love,hate,mind,fear,want,believe,forget 等。

6. 过去进行时

(1)**表示在过去某一时刻或某一阶段正在发生的动作,常与表示过去的时间状语连用**。例如:

I was watching TV at 7 o'clock yesterday evening. 昨天晚上 7 点时我正在看电视。

(2)用 while 或 at the time 等强调同时进行的两种或几种动作。例如:

While I was working in the garden, my wife was cooking dinner. 当我在花园里工作时,我妻子在做晚饭。

(3)come,go,leave,get,reach,start,arrive 等一些表示趋向动作的动词用作过去进行时,表示在过去看来按计划、安排将要发生的动作。例如:

He told me that he was leaving for Shanghai soon. 他告诉我他很快就要动身去上海。

(4)与 always,forever,frequently 等副词连用,可表示某种感情色彩。例如:

She was forever complaining. 她总是抱怨。(厌烦)

7. 将来进行时

表示在现在看来将来某一时刻或某段时间正在进行的动作,具有一般将来时和现在进行时两者的特点。

Next Wednesday we'll be flying to Sydney. 下星期三我们将飞往悉尼。

8. 现在完成时

(1)**表示动作到现在为止已经完成或刚刚完成**。例如:

I have just finished my homework. 我刚刚做完我的家庭作业。

(2)**表示过去发生或完成的某一动作对现在造成的影响或结果,有时无时间状语,有时和一些表示从过去某时到现在这段时间的时间状语连用,如 so far,by now,up to now,for months,ever,yet 等**。例如:

Have you ever read that story? 你读过那个故事吗?("读"这一动作发生在过去,对现在造成的影响是"是否知道故事的内容")

(3)**表示从过去某一时间开始一直延续到现在并还可能继续延续下去的动作,用于延续性动词,且句中常带有表示一段时间的时间状语,如 since,for two months 等**。例如:

I have known him since he was a boy. 我从他还是一个孩子的时候就认识他了。

9. 过去完成时

(1)**过去完成时表示在过去某一时间或动作之前已经发生或完成的动作,即"过去的过去"**。该时态可以用 before，by 等介词短语或一个由 until，when，after，once，as soon as 引导的时间状语从句来表示，也可以用一个表示过去的动作来表示，还可以通过上下文来表示。例如：

By 9 o'clock last night, we had got 200 pictures from the spaceship. 到昨晚 9 点钟，我们已经收到 200 张飞船发来的图片。

(2)**表示由过去的某一时刻开始，一直延续到过去另一时间的动作或状态，常和 for，since 构成的时间状语连用。**例如：

I had been at the bus stop for 20 minutes when a bus finally came. 当公交车最终来的时候，我在车站已等了 20 分钟。

(3)用在 told，said，knew，heard，thought 等动词后的宾语从句中。当宾语从句的主句为一般过去时，且从句的动作先于主句的动作时，从句要用过去完成时。例如：

She said that she had never been to Paris. 她说她从未去过巴黎。

(4)动词 think，want，hope，mean，plan，intend 等用过去完成时来表示过去未曾实现的想法、希望、打算或意图等。例如：

They had wanted to help but could not get there in time. 他们本来打算去帮忙，但没能及时赶到那里。

(5)过去完成时还可用在 hardly...when...，no sooner...than...，It was the first (second，etc.) time (that)...等固定句型中。例如：

Hardly had he begun to speak when the audience interrupted him. 他刚开始演讲，听众就打断了他。

二、语态

1. 概述

(1)在英语中，语态分为两种：主动语态和被动语态。主动语态和被动语态都是指动词的形式而言。在主动句中，句子的主语是执行动作的人或物。例如：

Jenny cooked dinner last night. 昨天晚上珍妮做的晚饭。

(2)**在主动语态中强调的是执行动作的人或物，即主语是动作的执行者；而在被动语态中强调的是接受动作的人或物，即主语是动作的承受者。**例如：

They built the bridge in 1940. 他们在 1940 年修建的这座桥。(强调施动者即"修桥的人")

This bridge was built in 1940. 桥是 1940 年(被)修建的。(强调受动者即"桥")

(3)被动语态所强调的是动作的承受者而不是动作的执行者。因此，有时为了把话说得谨慎些，可以使用被动语态。例如：

Lenard is said to pay less income tax than he should. 据说莱纳德少交了所得税。

(4)为了使句子的结构更加平稳、严谨，经常使用下列三种被动结构：

①It is/was + 动词过去分词(被动语态结构) + that 引导的从句。常用于此结构的动词有：agree，allege，arrange，assume，believe，consider，decide，declare，discover，expect，fear，feel，find，hope，know，observe，presume，prove，report，say，show，suggest，suppose，think，understand 等。例如：

It is said that there is plenty of oil off our coast. 据说我国沿海有大量的石油。

It is feared that many lives have been lost in the train crash. 在这次列车碰撞事故中，恐怕有不少人丧生。

②There + 动词(被动语态结构) + to be + 补足语。常用于此结构的动词有：acknowledge，believe，consider，fear，feel，presume，report，say，suppose，think 等。例如：

There is supposed to be a train at 10:59. 在 10:59 应该有一列火车。

There is known to be thousands of different species of beetles. 据人们所知，甲虫有几千种。

③"除 it 以外的主语 + 动词(被动语态结构) + 带 to 的动词不定式"的结构中常用 acknowledge，allege，believe，consider，declare，know，recognize，report，say，suppose，think，understand 等动词。例如：

Turner was considered to be a genius even in his lifetime. 特纳生前已经被看成是个天才。

Judy is said to be some kind of secret agent. 据说朱迪是个间谍。

(5)被动语态所强调的对象是动作的承受者,即行为客体。如果需要说明动作的执行者即行为主体时,可以用"by+行为主体"的结构表示。例如:

The window was broken by a stone. 窗户被一块石头打破了。

2. 被动语态的构成

(1)在被动句中,句子的主语是动作的承受者。被动语态由相应的助动词加上动词的过去分词构成。例如:

The food was cooked last night. 饭是昨天晚上做的。(由助动词 was+过去分词 cooked 构成)

(2)被动语态的常见构成形式:

①一般现在时的被动语态:am/is/are+过去分词。

②一般过去时的被动语态:was/were+过去分词。

③现在进行时的被动语态:am/is/are+being+过去分词。

④现在完成时的被动语态:have/has+been+过去分词。

⑤过去进行时的被动语态:was/were+being+过去分词。

⑥一般将来时的被动语态:will/shall+be+过去分词。

⑦过去完成时的被动语态:had been+过去分词。

⑧将来完成时的被动语态:will/shall+have been+过去分词。

真题精练

【导学例题 6】In the last few years thousands of films ________ all over the world.

A. have produced　　B. have been produced

C. are producing　　D. are being produced

B 【解析】句意:过去的几年中全世界制作了几千部电影。电影是被制作,所以要用被动语态;而句中的时间状语表明是过去的几年间,故要用完成时态,利用排除法选择 B。

3. 主动形式表示被动意义

(1)**连系动词 taste,feel,smell,sound,look,stay 等可以用主动形式表示被动意义**。例如:

The desk feels smooth. 桌子摸起来很光滑。

(2)sell,wear,wash,read,open,shut 等作不及物动词时,跟 easily,well,nicely,smoothly 等连用,强调谓语动词给主语带来某种结果,多用主动表示被动。例如:

This book sells well. 这本书很畅销。

The dress wears very well. 这件衣服很耐穿。

This kind of cloth washes well. 这种布耐洗。

4. 情态动词的被动语态

情态动词的被动语态结构为"情态动词+be+过去分词"。例如:

Your computer will/can/must/should be repaired. 你的电脑会/能/一定会/应该修好。

5. 被动语态的用法

(1)**不知道或没有必要指出谁是动作的执行者时要用被动语态**。例如:

A class meeting will be held next Monday. 班会将在下周一举行。

(2)当强调动作的承受者时要用被动语态。此时动作的执行者由 by 引导,置于谓语动词之后,不需要时可以省略。例如:

These books may be kept for two weeks. 这些书可以保管两周。

(3)**当动作的执行者不是人时,多用被动语态**。例如:

The whole village has been washed away by the flood. 整个村庄都被洪水冲走了。

(4)表示客观的说明常用"It is+过去分词+that"句型。例如:

It is said that Lucy has gone abroad. 据说露西已经出国了。

知识拓展

其他常见的“It is + 过去分词 + that”句型还有：

It is reported that…据报道……

It is thought that…大家认为……

It is suggested that…有人建议……

第九节 特殊句式

一、倒装句

倒装句分为完全倒装句和部分倒装句。完全倒装句是指谓语动词完全在主语前面；而部分倒装句通常是相应的助动词在主语前面，而谓语动词仍在主语后面。例如：

There goes the last train. 最后一班火车开走了。

Seldom did I go to the cinema. 我不常看电影。

1. 完全倒装句

(1) **当以 here, there 以及 back, down, off, up 等副词在句首时，要求句子为完全倒装**。例如：

Down came the rain and up the umbrellas. 下雨了，伞都撑了起来。

There are many students in the classroom. 教室里有很多学生。

要点点拨

但是，当主语为代词时，主谓并不倒装。例如：

There he goes. 他走了。（主语为代词，主谓不倒装）

(2) **地点状语在句首时一般也要完全倒装**。例如：

At the top of the hill stood our school. 我们的学校在山顶上。

(3) 定语从句中，也有少数情况适用这个规则。例如：

We arrived at a farm house, in front of which sat a boy. 我们来到了一座农舍旁边，在农舍的前面坐着一个小男孩。

(4) 此规则也适用于被动语态中。例如：

In the distance could be seen the purple mountains. 远处可以见到紫色的山。

2. 部分倒装句

(1) 用于疑问句。例如：

Can you speak English? 你会讲英语吗？

(2) **省略了 if 的虚拟条件句中，were, had 或 should 可提到句首构成部分倒装**。例如：

Were I not so busy, I should go with you. 如果我不是这么忙的话，我就和你一块去了。

(3) 在 so…that（如此……以至于）句型中，若 so…提至句首，则构成部分倒装。例如：

So loudly did he speak that people in the next room could hear him. 他讲得如此大声，隔壁房间的人都能听见。

(4) 用于“形容词（名词、动词）+ as/though”引导的让步状语从句中。例如：

Pretty as she is, she is not clever. 虽然她很漂亮，但她不聪明。

要点点拨

①在 as/though 引导的让步状语从句中，如果主语较长，也可使用全部倒装。例如：

Difficult as was the chemistry homework, it was finished in time. 尽管化学作业很难，它还是被按时完成了。

②如果从句的表语是名词，其名词前不加任何冠词。例如：

Child as he was, he had to make a living. 尽管他只是个孩子，他不得不自力更生。

(5)**用于 no sooner…than…, hardly…when…和 not until 句型中。no sooner, hardly, not until 置于句首时，句子倒装。**例如：

Not until the teacher came did he finish his homework. 直到老师进来了，他才完成了作业。

真题精练

【导学例题 7】No sooner ________ than I heard the ringing of the telephone.

A. I had gone out　　B. had I gone out

C. did I go out　　D. I did go out

B　【解析】句意为：我一出门，电话铃声就响了。在 no sooner…than…结构中，当 no sooner 位于句首时，句子要倒装，且遵循"No sooner + 过去完成时 + than + 一般过去时"的结构。故本题答案为 B。

(6)**用于以 never, hardly, seldom, scarcely, rarely, little, not a single, not only, by no means 等词或短语开头的句子。**例如：

Never shall I do this again. 我再也不会这么做了。

(7)**用于 only 开头的句子（only 后面为副词、介词短语或句子）。**例如：

Only this afternoon did I finish the novel. 到下午我才完成了这本小说。

要点点拨

如果 only 后面的词组不是状语，则不用倒装。例如：

Only Wang Ling knows this. 只有王玲知道这件事。

(8)如果直接引语后注明引语是什么人说的，而且主语是名词时，用倒装结构；主语是代词时，一般不用倒装。例如：

"Let's go," said the man. "我们走吧，"这个人说。

"Let's go," he said. "我们走吧，"他说。

(9)用于某些表示祝愿的句子。例如：

May you succeed! 祝你成功！

二、反义疑问句

(1)**反义疑问句由前后两部分构成，前一部分为陈述句，后一部分是一个省略问句。若前一部分为肯定式，后一部分则用否定省略问句，且否定助动词须用缩写形式；若前一部分为否定式，后一部分则用肯定省略问句。省略问句的主语必须用代词形式。**例如：

Tom is a doctor, isn't he? 汤姆是一名医生，对吗？

You had a good time at the party yesterday, didn't you? 你昨天在晚会上玩得不错，对吧？

(2)反义疑问句的形式。

①一般形式的反义疑问句。例如：

Tom works hard, doesn't he? 汤姆工作很努力，是吧？

She hasn't finished her homework, has she? 她没有完成作业，对吗？

②当陈述句部分有 hardly, few, little, never, no, nobody, nothing 等否定词时，疑问部分用肯定形式。

例如:

Tom has nothing to say, has he? 汤姆没什么要说的,对吧?

There is little water in the cup, is there? 杯子里没有多少水了,是吗?

③当陈述部分主语是 everyone, someone, anyone, no one 等不定代词时,疑问部分的主语多用 they 或 he 替代。例如:

Anyone can do it, can't they? 每个人都能做,对吗?

Someone is knocking at the door, isn't he? 有人在敲门,对吗?

④当陈述部分主语是 this, that, everything, something, anything, nothing 等不定代词时,疑问部分主语多用 it 替代。例如:

Everything seems all right, doesn't it? 一切看起来都不错,对吗?

Nothing has happened since then, has it? 自从那以后什么都没有发生,对吗?

⑤祈使句的反义疑问句一般用"will you",但如果是以 Let's 引导的祈使句,其反义疑问句则用"shall we"。例如:

Read the text, will you? 读一下课文,好吗?

Let us go to school, will you? 让我们去上学,好吗?

Let's go to the film, shall we? 我们去看电影,好吗?

⑥含有宾语从句的主从复合句的反义疑问句。若陈述句为含有宾语从句的主从复合句,反义疑问句的谓语动词和主语代词一般同主句的谓语动词和主语保持一致。但是,若陈述句为"I (don't) think/believe/suppose/feel 等 + 宾语从句",反义疑问句的谓语动词和主语代词应同宾语从句的谓语动词和主语保持一致,如果主句是否定式,反义疑问句要用肯定式,如果主句是肯定式,反义疑问句要用否定式。例如:

I don't think you'll come to the meeting, will you? 我认为你不会来参加会议,对吗?

I think you'll come to the meeting, won't you? 我认为你会来参加会议,对吗?

三、虚拟语气

虚拟语气表示说话人所说的话不是事实,或者是不可能发生的情况,是一种愿望、建议或与事实相反的一种假设。

1. 虚拟语气在条件从句中的构成

(1)**表示与现在事实相反,谓语动词的主要形式为:条件从句为动词过去式(be 的过去式一般用 were),主句为 would (should, could, might) + 动词原形**。例如:

If I were you, I would take the bus to work. 如果我是你,我会乘公交车去上班。

If I knew his telephone number, I would tell you. 如果我知道他的电话号码,我会告诉你的。

(2)**表示与过去事实相反,谓语动词的主要形式为:条件从句为 had + 动词的过去分词,主句为 would (should, could, might) + have + 动词的过去分词**。例如:

I didn't see your sister at the meeting. If she had come, she would have met your brother. 在会上我没有看见你姐姐。如果她来了的话,她就会遇见你哥哥。

If you had come a few minutes earlier, you would have caught the first train. 如果你早来几分钟,你就能赶上首班车了。

(3)**表示与将来事实相反,谓语动词的主要形式为:条件从句为动词的过去式或 should (were to) + 动词原形,主句为 would (should, could, might) + 动词原形**。例如:

If it were to snow tomorrow, they would not go out. 如果明天下雪的话,他们就不出去。

If he were to resign, who would take his place? 假如他辞职,谁将接替他的位置?

2. 混合虚拟条件句

当条件从句表示的动作和主句表示的动作发生的时间不一致时,动词的形式应根据表示的时间来调整。

If I had known it, I would not be in such trouble now. 如果我(以前)知道它,我现在就不会陷入麻烦之中了。

If you hadn't been working hard in the past few years, things wouldn't be going so smoothly. 如果你们在过去的几年里没有努力工作的话,(现在)事情就不会进展得如此顺利。

3. 省略连接词 if 的虚拟条件句

如果条件句中含有 were, had, should 等助动词或情态动词, if 可省略, 但这时, were, had, should 等要移到主语前。例如:

Were she here, she would help me. 如果她在这儿的话,她会帮我的。

Had you followed the teacher's advice, you would have made greater progress. 如果你听从老师的建议,你的进步会更大。

Should they come tomorrow, I would ask the same questions about it. 如果他们明天来的话,我会问同样的问题。

4. 含蓄条件句

虚拟条件句有时不是以条件从句的形式出现,而是通过介词短语、副词或上下文表现出来。例如:

But for your help, I wouldn't have finished my work so soon. 要是没有你的帮助,我不会这么快完成我的工作。

I am busy. Otherwise, I would be most glad to help you. 我很忙,否则,我是非常乐意去帮助你的。

5. 其他从句中的虚拟语气

(1) wish 引导的宾语从句, as if/as though 引导的状语从句,一般要用虚拟语气。例如:

I wish I could help you, but I am very busy. 我也希望能帮你,但我非常忙。

He treats me as if I were a child. 他把我当孩子对待。

(2) **在表示命令、建议、要求等的主语从句、宾语从句、表语从句和同位语从句中, 要用虚拟语气, 其谓语动词用动词原形或 should + 动词原形**。例如:

He suggested that all of us (should) be present at the meeting. 他建议我们所有人出席会议。

His proposal that we (should) cancel the meeting is not acceptable. 他提出的取消会议的建议没有被采纳。

(3) 在"It is strange (natural, necessary, important, desired, better, essential, advisable) that..."或"It is a pity (a shame, no wonder) that..."等结构的句子中,从句的谓语动词用动词原形或 should + 动词原形。例如:

It is desired that we (should) get everything ready by next Sunday. 希望在下周日之前我们把一切都准备好。

It is necessary that we finish our work on time. 我们按时完成工作是很有必要的。

(4) 在"It is high (about) time that..."结构中,从句的谓语动词用过去式,有时也用 should + 动词原形,但 should 不能省略。例如:

It is high time that we told him the truth. 该告诉他真相了。

It is high time that we should make a decision. 我们该做决定了。

(5) 在 would rather, would prefer 等后面的从句中,动词用过去式表示现在和将来的情况,用过去完成式表示过去的情况。例如:

Jim would rather we didn't leave now, but we must go to work. 吉姆宁愿我们现在不要离开,但我们必须去工作。

I'd rather you had not told me anything about it. 我宁愿你没有告诉我关于它的任何情况。

四、强调句

(1) 强调结构的基本形式是 It is/was + 被强调部分 + that/who..., 可以用来强调主语、宾语、状语等,不能强调谓语动词。例如:

It was yesterday that he met Mary. 他是昨天遇见玛丽的。

(2)强调结构的一般疑问句句型为:Is/Was it + 被强调部分 + that/ who…? 例如:

Was in yesterday that he met Mary? 他是昨天遇见玛丽的吗?

(3)强调结构的特殊疑问句句型为:特殊疑问词(Who/What/When/Where/Why/How) + is/was it that…? 例如:

When and where was it that you born? 你在何时何地出生的?

(4)表示推测的情态动词 can/may/must/might 可与 be 结合形成 It must/may/might be/have been…that…和 It can't be/have been…that…强调句型。例如:

It might be his sister that he is worried about. 可能他担心的是他妹妹。

(5)强调谓语一般用助动词 does/do/did + 动词原形。强调谓语时句子的时态一般是一般现在时和一般过去时。例如:

Do be careful! 一定要小心!

第十节 名词性从句

名词性从句共有四种:主语从句、宾语从句、表语从句和同位语从句。

一、主语从句

主语从句是在复合句中充当主语的从句,通常放在主句谓语动词之前,或由形式主语 it 代替,这时主语从句放在句子末尾。引导主语从句的连接词有 that, whether, what, who, which, how, why, when, where 等。例如:

When the conference is to be held has not been decided. 会议什么时候召开还没有决定。

That the sun rises in the east is well known to all of us. 太阳从东方升起,这是我们大家都知道的。

(1)主语从句的连接词 that 不同于其他的连接词,它不充当句子的成分,只是单纯地起连接作用,通常不可以省略。从句可以置于句首,也可以用 it 作形式主语,而把真正的主语从句置于句尾。例如:

That the driver could not control his car was obvious. (It was obvious that the driver could not control his car.)显然,司机无法控制他的车子。

(2)if 不能用在主语从句中,而 whether 可以。例如:

Whether he left(or not) is unknown. 他是否离开了还不清楚。

(3)**当主语从句作主语时,谓语动词一般用第三人称单数形式**。例如:

What we need is more time and money. 我们所需要的是更多的时间和金钱。

二、宾语从句

宾语从句就是在复合句中作宾语的名词性从句,通常放在主句谓语动词(及物动词)、形容词或介词之后。例如:

I heard that he joined the army. 我听说他参军了。

I am afraid(that) I've made a mistake. 恐怕我犯错了。

(1)it 作形式宾语。**it 可以作为形式宾语,而真正的宾语 that 从句则放在句尾**。例如:

We heard it that she would get married next month. 我们听说她将在下个月结婚。

(2)宾语从句的否定转移。**若主句谓语动词为 think, consider, suppose, believe, expect, fancy, guess, imagine 等,其后的宾语从句若含有否定意义,一般要把否定词转移到主句谓语上,从句谓语用肯定式**。例如:

I don't think this dress fits you well. 我认为这件衣服不适合你。

(3)that 在宾语从句中常可以省略,但由 and 或 but 连接两个或多个宾语从句时,仅可以省略第一个连词 that。例如:

He said(that) he had eaten nothing but that he wasn't hungry. 他说他什么也没吃但是他不饿。

(4)在宾语从句中连词 whether 和 if 可以互换,但应注意下列情况:

①宾语从句中的谓语动词后紧跟 or not 时用 whether。例如:

I want to know whether they will come or not. 我想知道他们是否会来。

②介词后用 whether 引导宾语从句。例如:

He was interested in whether he would see her there. 他感兴趣的是他在那里能否看见她。

③连接词后直接加不定式,不能用 if 只能用 whether。例如:

He doesn't know whether to stay or not. 他不知道是去还是留。

④如果宾语从句是否定式,一般用 if 引导。例如:

I wonder if he will not attend the meeting. 我想知道的是他是否不参加会议了。

三、表语从句

表语从句是在复合句中作表语的名词性从句,放在系动词之后,一般结构是"主语+系动词+表语从句"。可以接表语从句的系动词有 be,look,remain,seem 等。**引导表语从句的 that 通常不能省略**。例如:

This is why we can't get the support of the people. 这就是我们不能得到那些人支持的原因。

The fact remains that we are behind the other classes. 事实仍然是我们落后于其他班级。

(1)如果主句的主语是 idea,advice,suggestion,order,request,requirement 等名词时,表语从句的谓语应用虚拟语气,即"(should+)动词原形"的形式。例如:

His suggestion is that we (should) change our course. 他的建议是我们应该调换课程。

(2)主句主语为名词 reason 时,表语从句中的连接词要用 that,而不用 why 或 because。例如:

The reason for such a serious accident is that the driver was too careless and drunk. 这么严重的交通事故完全是由于司机太粗心、喝酒太多。

(3)because,as if,as though,as,like 等连接词也可引导表语从句。例如:

He has heart disease. That is because he has been smoking too much. 他有心脏病,那是因为他抽烟太多了。

四、同位语从句

同位语从句就是在复合句中作名词的同位语的名词性从句,从句对前面的名词起进一步说明的作用。例如:

There is doubt whether he will come. 他是否会来值得怀疑。

Word came that Napoleon would come to inspect them. 有消息传来说,拿破仑会来对他们进行视察。

同位语从句通常用于以下名词之后:fact,news,idea,hope,belief,thought,doubt,truth,order,suggestion,word 等。例如:

The fact that he worked through night surprised us. 他通宵工作的事令我们吃惊。

知识拓展

that 引导的同位语从句与定语从句的区别:

在同位语从句中,that 是连词,没有任何词汇意义,不作句子成分,只起连接作用。在定语从句中,that 为关系代词,它代表被修饰的词,在从句中充当句子的成分。

We are interested in the news that some foreigners would visit our school.(同位语从句)我们对一些外国人将参观我们学校这则消息很感兴趣。

We are interested in the news that he told us.(定语从句)我们对他告诉我们的消息感兴趣。

第十一节 定语从句

在主从复合句中,修饰句中某一名词或代词,充当这一名词或代词的定语的从句叫作定语从句,被修饰的名词或代词叫作先行词。从句放在所修饰的词(即先行词)之后,由关系副词或关系代词引导。定语从句可分为限定性定语从句和非限定性定语从句两种。

一、定语从句的引导词

引导定语从句的关系代词有 that, which, who(宾格 whom, 所有格 whose)和关系副词 when, why, where。

1. 关系代词引导的定语从句

(1)who **指人**,在从句中作主语。

(2)whom **指人**,在定语从句中充当宾语,通常可以省略。关系代词 whom 在口语和非正式语体中常用 who 代替,可省略。

(3)which **指物**,在定语从句中作主语或者宾语,作宾语时可省略。

(4)that **指人时,相当于 who 或者 whom;指物时,相当于 which**。that 在定语从句中作主语或者宾语,作宾语时可省略。

(5)whose **通常指人,也可指物**,在定语从句中作定语。whose 指物时,"whose + 名词"常用"名词 + of which"代替。

(6)关系代词在定语从句中作介词宾语时,从句常由"介词 + 关系代词"引导。

①含有介词的动词短语一般不拆开使用,如 look for, look after, take care of 等。例如:

This is the watch which/that I am looking for. 这正是我在寻找的手表。

②若介词放在关系代词前,关系代词指人时用 whom,不可用 who 或者 that;指物时用 which,不能用 that;关系代词是所有格时用 whose。例如:

The man with whom you talked is my friend. 和你谈话的那个人是我的朋友。

③"介词 + 关系代词"前可用 some, any, none, both, all, neither, most, each, few 等代词或者数词。例如:

He loved his parents deeply, both of whom are very kind to him. 他深爱着他的父母,他们对他都很好。

2. 关系副词引导的定语从句

(1)when 指时间,在定语从句中作时间状语。

(2)where 指地点,在定语从句中作地点状语。

(3)why 指原因,在定语从句中作原因状语。

要点点拨

关系副词引导的从句可以由"介词 + 关系代词"引导的从句替换。例如:

The reason why/for which he refused the invitation is not clear. 他拒绝邀请的原因还不清楚。

二、限定性定语从句和非限定性定语从句

限定性定语从句和非限定性定语从句的区别如表 4-1-6 所示。

表 4-1-6 限定性定语从句和非限定性定语从句的区别

	限定性定语从句	非限定性定语从句
形式上	不用逗号和主句隔开	用逗号和主句隔开
意义上	是先行词不可缺少的定语,不能删除	是对先行词的补充说明,删除后意思仍完整
译法上	翻译成先行词的定语,"……的……"	通常翻译成主句的并列句
关系词的使用上	A. 作宾语时可省略 B. 可用 that C. 可用 who 代替 whom	A. 不可省略 B. 不用 that C. 不用 who 代替 whom

The teacher told me that Tom was the only person that I could depend on. 老师告诉我,汤姆是唯一一个我能依靠的人。(限定性定语从句)

He recognized Tom, with whom he had worked for two years. 他认出了汤姆,他曾和汤姆在一起工作了两年。(非限定性定语从句)

1. 限定性定语从句只能用 that 的几种情况

(1)**当先行词是 anything, everything, nothing, few, all, no, little, some 等代词时,或者是由 every, any, all, some, no, little, few, much 等修饰时**。例如:

Have you taken down everything that Mr. Li has said? 你是否记下了李先生说的每一句话?

There is little that I can do for you. 我没有什么可为你做的。

(2)**当先行词被序数词修饰时**。例如:

The first place that they visited in London was the Big Ben. 在伦敦他们游览的第一个地方是大本钟。

(3)**当先行词被形容词最高级修饰时**。例如:

This is the best film that I have seen. 这是我看过的最好的一部电影。

(4)当先行词被 the very, the only 修饰时。例如:

This is the very dictionary that I want to buy. 这正是我要买的词典。

(5)当先行词前面有 who, which 等疑问代词时。例如:

Which is the T-shirt that fits me most? 哪一件 T 恤衫最适合我?

(6)当先行词既有人,也有动物或者物体时。例如:

Can you remember the scientist and his theory that we have learned? 你还记得我们学过的那位科学家和他的理论吗?

2. 关系代词 as 和 which 引导的定语从句

as 和 which 引导非限定性定语从句,有相同之处也有不同之处。具体情况是:

(1)as 和 which 都可以在定语从句中作主语或者宾语,代表前面整个句子。例如:

He was honest, as/which we know. 我们都知道他很诚实。

(2)as 引导非限定性定语从句,可放在主句之前,或者主句之后,甚至可以切割一个主句;which 引导的非限定性定语从句只能放在主句之后。另外,as 有"正如……,正像……"的意思,而 which 没有。例如:

He has been to Paris more than several times, which I don't believe. 他曾经去过巴黎多次,这我不相信。

As was expected, he performed the task with success. 正像预料的那样,他成功地完成了任务。

要点点拨

当主句和从句存在逻辑上的因果关系时,常用 which。例如:

Tom was always late for school, which made his teacher angry. 汤姆上学总是迟到,这使他的老师很生气。

(3)当先行词被 such, the same 修饰时,常用 as。

I have never heard such a story as he tells. 我从没听过他讲的故事。

This is the same book as I lost last week. 这正是我上周丢的那本书。

真题精练

【导学例题 8】Julie was good at German, French and Russian, all of ________ she spoke fluently.

A. who B. whom C. which D. that

C 【解析】句意:朱莉擅长德语、法语及俄语,这三门语言她说得都很流利。本题考查引导非限制性定语从句的关系代词。that 不引导非限制性定语从句,故可先排除 D;跟在介词 of 后面需用宾格,故可排除 A;whom 表示人,不符合句意。which 指代前面三种语言,作 spoke 的宾语。

三、定语从句中的谓词动词与先行词保持一致

当引导定语从句的关系代词在从句中作主语时，定语从句中的谓语动词的数的形式应与先行词保持一致。

(1)one of + 复数名词 + 关系代词 + 复数动词。例如：

He is one of the students who pass the exam. 他是通过考试的学生中的一员。

(2)the only one of + 复数名词 + 关系代词 + 单数动词。例如：

He is the only one of the students who passes the exam. 他是唯一通过考试的学生。

(3)当关系代词 as 与 which 引导非限定性定语从句修饰主句内容时，若 as 与 which 作主语，则从句的谓语动词用单数形式。例如：

As is known to all, the earth goes around the sun. 众所周知，地球绕着太阳转。

He has passed the college entrance examination, which makes his parents quite happy. 他通过了大学入学考试，这使他的父母非常高兴。

(4)其他情况。例如：

I, who am your teacher, will try my best to help you. 我，你的老师，将尽力帮你。

Have you heard of the persons and things that are being talked about? 你听说过正在谈论的这些人和事吗？

第十二节 状语从句

状语从句指在复合句中作状语的从句。状语从句由从属连词或起连接作用的词语引出，可以修饰谓语、非谓语动词、定语、状语或整个句子。从句位于句首或句中时通常用逗号与主句隔开，在句子中可以说明事情发生的时间、地点、原因、方式、结果、目的等。

一、时间状语从句

由表示时间的连接词引导的状语从句叫作时间状语从句。**一般由 when（当……时）、after（在……之后）、as soon as（一……就……）、before（在……之前）、by the time (that)（到……的时候）、once（一旦）、since（自从）、until/till（直到）、whenever（不论何时）等从属连词引导。**当状语从句位于句首时，后面常用逗号隔开。例如：

You didn't look very well when you got up this morning. 你今天早晨起床时，气色不太好。

Whenever I meet him, he always talks about his personal problems. 每当我遇到他时，他总是谈论他的私人问题。

时间状语从句中，通常用现在时表示将来时。因此在引导词 after, as soon as, before, by the time, directly, immediately, the moment, till, when 等后面一般不用将来时，而用现在时；不用将来完成时，而用现在完成时。

We'll go into the living room after we finish dinner. 吃完晚饭后我们会去客厅。

Once(= When) you have decorated the house, you can move in. 一旦你们把房间装饰好，就能搬进去了。

真题精练

【导学例题 9】Please call my secretary to arrange a meeting this afternoon, or ________ it is convenient to you.

A. whenever B. however C. whichever D. wherever

A 【解析】本题考查时间状语从句。句意：请打电话给我的秘书安排今天下午的会议，或者在任何你方便的时间。根据句意可知，谈论的是任何方便的时间而不是地点，故可排除 D。however 表示“然而”，whichever 表示“无论哪一个”，均不符合题意。故本题选 A。

二、地点状语从句

地点状语从句一般由 where（在……的地方）、wherever（无论什么地方）、anywhere（无论何处）等连词引导。地点状语从句可放在主句之前或放在主句之后。例如：

Where there is life, there is hope. 只要有生命就有希望。

We'll go anywhere you like. 你想去哪儿我们就去哪儿。

三、方式状语从句

方式状语从句可以由 as（像，如同）、as if/though（好像）、just as（正如）等引导。方式状语从句一般置于主句之后。be（是）、act（行动）、appear（出现）、behave（举动）、sound（听起来）、feel（感觉）、look（看起来）、seem（好像）等后面通常用 as if 和 as though 引导。例如：

It feels as if it's going to rain. 感觉好像要下雨了。

I feel as if/as though I'm floating on air. 我感到好像飘浮在空中一样。

四、条件状语从句

条件状语从句表示动作发生的条件，通常由连词 if（如果），on condition that（在……条件下），unless（=if not）（除非），as/so long as（只要），provided/providing that（假如），suppose/supposing（假如），in case（如果），for fear（that）/lest（唯恐、以免），only if（只要、只有），if only（但愿、要是……该多好）等引导。

(1)if 和 unless，后者在意义上相当于"if...not"，而且语气较强，一般也不用于虚拟语气。例如：

I'll come to see you if I have time. 我有时间就来看你。

You will be late unless you leave immediately. 如果你不马上走，你将会迟到的。

(2)on condition (that)（在……条件下，倘若……），as long as（只要……就……），in case（以防万一）。例如：

You can use my car on condition that you return it by Saturday. 你可以使用我的车，条件是你在周六前还。

As long as it doesn't rain, we can play. 只要天不下雨，我们就能玩。

(3)suppose/supposing that，provided/providing(that)假如。例如：

Supposing(that) it rains, can we play the match indoors? 要是下雨的话，我们能在室内比赛吗？

Suppose the news is true, what then? 假定这消息是真的，那又怎样？

要点点拨

only if 引导真实条件状语从句，用于句首，主句主谓倒装；if only 一般引导虚拟条件句或感叹句。例如：

Only if the red light comes on is there any danger to employees. 只有红灯亮，才表示有危及职工的险情。（真实条件句）

If only I knew his name. 我要是知道他名字就好了。（虚拟条件句）

五、原因状语从句

原因状语从句回答由 why 引导的问题，由 because（因为）、as（因为）、seeing（that）（由于）、since（既然）等连词引导。例如：

As/Because/Since there was very little support, the strike was not successful. 由于支持的人很少，罢工未获成功。

Please be brief because I'm in a hurry. 我有急事，请长话短说。

原因状语从句也可以由 for 引导。但用 for 引导时前面要加上逗号。例如：

However, boxing was very crude, for there were no rules and a prizefighter could be seriously injured or even killed during a match. 不过，拳击是十分野蛮的，因为当时没有任何比赛规则，职业拳击手有可能在比赛中受伤，甚至丧命。

六、让步状语从句

让步状语从句使句子具有对比的意义。**引导让步状语从句的连词有：although（虽然）、considering (that)（就……而论）、though/as（虽然）、even if（即使）、even though（即使）、while（虽然）、whereas（鉴于）、no matter how/however（不管如何）等。**

(1)让步状语从句中 although 和 though 作为从属连词用法基本相同,但两个词在具体使用中应注意以下几点：

①though, although 当表示"虽然"时,引导的让步状语从句,都不能和 but 连用,但是它们都可以同 yet (still)连用。例如：

Although she was poor, yet she wanted to buy that dress. 虽然她很贫穷,但她还是想买那件礼服。

②though 可以作副词用在句尾,表示"然而""不过"之意,although 则不能这样使用。例如：

It was a quiet party; I had a good time, though. 这次聚会不热闹,不过我还是玩得挺尽兴的。

③though 可以像 as 一样引导倒装形式的让步状语从句,而 although 却不能。例如：

Young though/as he is, he knows a lot about English. 他虽年轻但却懂得很多英语。

(2)带 ever 的复合 whatever, whoever, whichever, wherever, whenever, however 均可以作连词引导让步状语从句,表示"不管什么人(whoever)、什么事情(whatever)、什么地方(wherever)、什么时候(whenever)"等,相当于"no matter + 疑问词"。例如：

Wherever(= No matter where) you go, you can't escape from yourself. 无论你到哪里,都不能摆脱你自己。

However(= No matter how) brilliant you are, you can't know everything. 不管你有多聪明,也不可能事事都知道。

Whoever(= No matter who) you vote for, prices will go on rising. 无论你选谁,物价都要上涨。

①whatever 作副词,置于否定词或词组之后,强调"没有"。例如：

She knew nothing whatever about it. 她对那事一无所知。

There is no scientific evidence whatever to support such a view. 没有任何科学依据来支持这一观点。

②whenever 作连词,当表示"任何时候"时,引导时间状语从句。例如：

Whenever he had a cold, he only ate fruit. 每次感冒,他只吃水果。

Come and see me whenever you feel depressed. 你觉得不愉快时,就来找我。

知识拓展

①whatever 还可以作代词或指示代词,表示"任何事情"或"一切事情",这时它并不引导状语从句而是引导名词性从句。例如：

She volunteered to do whatever she could. 她自告奋勇要尽其所能去做。

He had to rely on whatever books were lying around. 他只能依靠摆在他面前的任何书籍。

②whoever 作代词时,表示"任何人",一般指不确定的人,引导名词性从句。例如：

Whoever answered the phone was a very charming woman. 接电话的那个人是个非常可爱的女人。

③however 作副词表示"然而"之意,不引导从句,而作插入语。例如：

Losing at games doesn't matter to some women. Most men, however, can't stand it. 在比赛中失利对某些女人来说算不了什么,然而多数男人却受不了。

(3)as 为从属连词的时候,引导让步状语从句,主要用于正式文体中,表示"尽管""虽然"之意。它与其他引导让步状语从句的连词所不同的是,as 必须使用倒装语序。

①从句谓语动词为系动词时,其从句结构为:主语补语 + as + 主语 + 系动词或系动词 + 主语。从句中的主语为代词时,系动词需置于主语之后;当从句的主语为名词时,系动词需置于主语之前。例如：

Cold as it was(= Although it was so cold), we went out. 尽管天很冷,我们还是出去了。

Tired as was Jack(= Although Jack was very tired), they couldn't stop him from doing the homework late into the night. 尽管杰克很累了,但他们还是无法阻止他做作业一直到深夜。

②当从句中的谓语动词是实义动词,或该动词由副词修饰时,其从句为"动词原形或副词 + as + 主语"这一结构。由于从句主语后经常跟 might,could,would 等情态动词,因此置于 as 之前的动词需为动词原形。例如:

Fast as you read, you can't finish the book in one day. 尽管你读得很快,但你也不能在一天内读完这本书。

Try as she might, Jenny couldn't get out of the difficulty. 虽然珍妮很努力,她仍不能摆脱困境。

知识拓展

从属连词 though 同样可以使用这种特殊语序,引导让步状语从句。例如:

Bravely though they fought, they had no chance of winning. 虽然他们打得很勇敢,但是仍无获胜的机会。

七、目的状语从句

1. so that/in order that

两者意思都为"以便……,为了……",它们引导的状语从句中须用情态动词 can,could 等。**in order that 引导的从句可位于主句前或后;so that 引导的从句只能位于主句之后**。例如:

Speak louder so that the people in the hall can all hear you. 大声点讲,以便大厅里的人都能听清。

In order that every student might understand it, the teacher explained that passage again and again. 为了使每个学生都明白,老师反复讲解那一段。

2. for fear that/in case/lest

(1)for fear(that)表示目的时,意为"唯恐,以防"。例如:

I'm working hard for fear that I should fail. 我正在努力工作,以防失败。

(2)in case 表示目的时,意为"以防(某种情况发生)"。例如:

I stayed at home all day in case you called. 我一整天都待在家,以防你打电话。

知识拓展

for fear that 与 in case 所引导的目的状语从句中谓语动词有时要用虚拟语气,即"(should +)动词原形"。

Take your umbrella in case it should rain. 带把伞以防下雨。

(3)lest 意为"以防,以免",其引导的目的状语从句一般要用虚拟语气,形式为"(should +)动词原形"。例如:

He emphasized it again and again, lest she should forget. 他反复强调这一点,免得她忘了。

八、结果状语从句

(1)**引导结果状语从句的从属连词有 so that,so…that…,such…that…,在非正式语体中,由 so…that…,such…that…引导的句子中 that 可以省略**。例如:

He worked so hard that he got ill. 他拼命工作,结果病倒了。

It was such a hard exam that few of us pass it. 考试很难,结果我们中很少有人及格。

知识拓展

当 so 或 such 置于句首时,主句要用倒装语序。例如:

So fast did he walk that none of us was his equal. 他走得如此快,我们没有人能比得上他。

(2)除结果状语从句外,too…to…(太……而不能……),enough to…(达到某种程度可以……),

so...as to...（那么……以至于……）等不定式结构同样可以表示结果。例如：

He is too young to look after himself. 他太小了，还不能照顾自己。

九、比较状语从句

比较状语从句通常由 as...as, than, not so/as...as, the + 形容词/副词比较级...the + 形容词/副词比较级...等连词引导。例如：

The sooner you start, the earlier you'll get to the work place. 越早出发，越早到达工作场所。

There is much more water in the Yangtze River than in the Yellow River. 长江里的水比黄河里的水多得多。

第二章 完形填空

导学教案

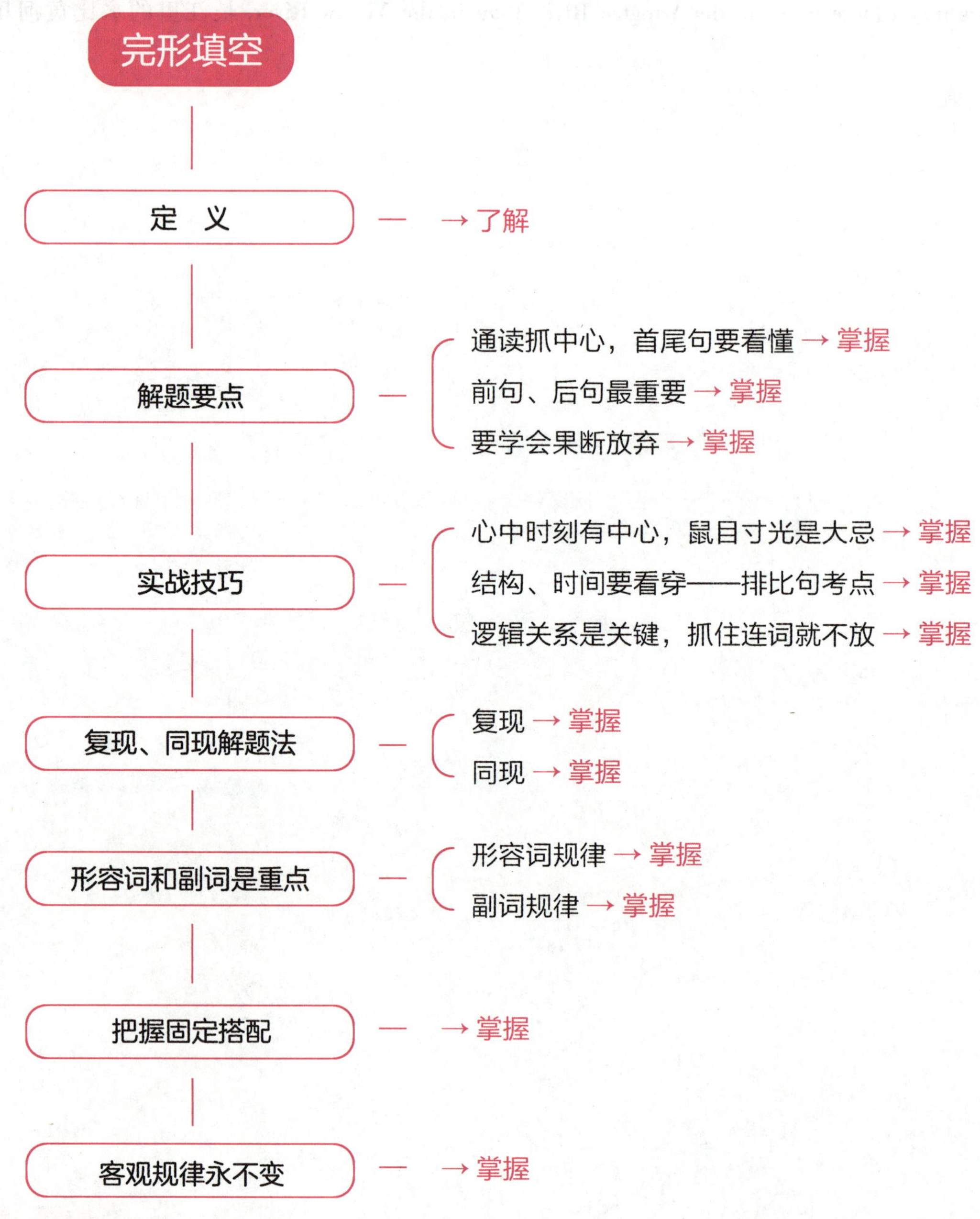

导学课程

一、定义

完形填空也被称为障碍性阅读，难度一般。它是由出题者在一篇语义连贯的文章中有目的地去掉一些词语，形成空格，要求在给出的对应的备选答案中，选出一个正确的或最佳的答案，使文章恢复完整。它既考查对语法、词汇、习语、句型、搭配等基础知识的综合运用能力，又考查对短文的阅读理解能力。其中包括在具体的语境中灵活运用语言知识的能力,根据试题内容进行正确的逻辑推理,综合判断和分析概括的能力。

二、解题要点

(一)通读抓中心,首尾句要看懂

首先,2~3 分钟整体通读全文,抓住中心主线。其次,重点读文章的首句和末句。完形填空的文章结构性很强,一般第一句不出题,但是第一句却蕴含着全文的中心思想。如果考生做题较慢,即使来不及通读全文,最起码首句和尾句一定要快速读,因为考生可以根据首句和尾句快速得出文章的中心思想。

(二)前句、后句最重要

做完形填空的题目,要把握住一点:千万别读多了,完形填空解题的重要法则就是"**相邻法则**"。有的人为了一个"空"到十万八千里之外去寻找答案,这样的话,完形填空不会得高分。有种特殊的情况,如果"空"的设置在段首或段尾时怎么办?如果是在段首时根据我们的"相邻法则",其答案必定在相邻处,那么这个位置就是上一段的最后一句或者设空处的前一句。同理,"空"设在段末的最后一句也根据"相邻法则",其答案在其设空处前一句或者在下一段的首句。

(三)要学会果断放弃

命题者中也有心理测试方面的专家,他们常常会把难度较大的考题前置,从而第一时间干扰考生的心理防线,这时考生要懂得一个道理,那就是"放弃是为了更大的成功。"

三、实战技巧

(一)心中时刻有中心,鼠目寸光是大忌

解答每道题时都要想着中心思想,千万不能只考虑一个空的单纯语法现象。很多人完形填空做不好的原因就在于此。切记不能鼠目寸光,不要单凭"语法和词义"选择,应胸怀大局,处处想到文章的中心思想。

(二)结构、时间要看穿——排比句考点

完形填空的文章一般都以总分结构呈现,如果空格划在总述的句子上,那么在它下面若干分述的句子里就一定会有答案。大家要一眼看穿总述和分述的结构,这样即使在后面很远的位置(第 N 句分述)你照样可以轻松找到答案。它的特点就是总述句后面有 N 个排比性质的解释分句。

完形填空的文章写出来都是有时间顺序的。这类文章都有比较规范的时间顺序,线索性也比较强,这样的线索把握住之后对于考查时态的题目而言是最大的解题利器,一般的完形都是一条时间主线贯穿全文。

(三)逻辑关系是关键,抓住连词就不放

逻辑关系和连词是完形填空的重要环节,一般来说逻辑关系是通过关系连词来体现的,这些连词主要表现的关系有并列关系、递进关系、因果关系、让步关系等。举两个常见的连词例子:"and"和"but"。如果结构是"A and B"(A 与 B 同义);"A but B"(A 与 B 反义)。像"A and B""A but B"这样的例子,命题者可以考查逻辑关系,即给你"A and B",B 为设空处,让你去选 B 项内容,那么我们可以断定,A、B 必定是同义词,因为关系连词"and"已经事先限定了 B 的含义,这种考法考查句子间的逻辑性,而这种关系恰恰体现在关系连词上。同样,如果给定"A but B",即给你 A 和 B(A、B 反义)把"but"设为空处让你选连词,这样的题目是考查关系连词的运用。

教你一招

关系连词如下:

1. 并列关系

and, as well as, or, then, while, meanwhile, similarly, equally, in the same way, same…as…, either…or…, neither…nor…, not only…but also…等。

2. 转折关系

but, however, yet, on the contrary, by contrast, in contrast, otherwise, unfortunately 等。

3. 递进关系

also, then, besides, additionally, in addition, furthermore, what's more, moreover, particularly, indeed, in particular 等。

4. 因果关系

because, in that, as, for, as a result of, due to, owing to, thanks to, in response to, considering that, since, for this reason, seeing that, on account of, now that, so that, such that, as a result, as a consequence, consequently, therefore, thus, hence, accordingly 等。

5. 让步关系

still, although, though, even, even if, even though, even when, despite, as, while, whereas, regardless of, nevertheless, in spite of, much as 等。

6. 列举关系

first/second/last but not least, in the first place/in the second place/finally, some...others...等。

7. 举例关系

For example/instance, of(these, those, them), among(these, those, them), as an illustration, such as, more specifically speaking, namely 等。

8. 对比关系

while, as, whereas, rather than, instead of, not...but...等。

9. 条件关系

if, only if, if only, unless, otherwise, as soon as, as long as, in case, supposing that, provided that, with, only when 等。

10. 时间关系

when, whenever, before, after, simultaneously, meanwhile, as, since, until, in the meantime, at the same time 等。

真题精练

【导学例题 1】This job is available to applicants who are at mid-career. ________, we accept resumes from those who do not yet have experience in this profession.

A. Accordingly　　B. For example

C. However　　D. In consequence

C 【解析】空格前说工作岗位面向于处在事业中期的申请者,空格后又表示同样接受没有工作经验的简历,由此可见,两句话之间存在着转折关系。故本题答案为 C。

【导学例题 2】She also mentioned that the firm does not expect any additional losses. ________, the company is predicting a slight increase in revenue in the upcoming financial year.

A. If so　　B. Therefore　　C. In fact　　D. After all

C 【解析】借助空格前后的句意可知此处应选一个表示转折含义的词语。整体句意可翻译为"她也提到公司并不期望额外的损失,事实上,公司预计会在即将到来的财政年有些许收入增加"。故本题答案为 C。

【导学例题 3】Two thirds cannot correctly place the Civil War between 1850 and 1900. ________ when they get the answer right, some are just guessing.

A. Even　　B. Though　　C. Thus　　D. So

A 【解析】根据空格前面的内容可知很多人对这个简单的历史问题回答不上来,借助空格后面的内容可知即使做对也可能是猜的,两者之间表示递进的关系。故本题答案为 A。

四、复现、同现解题法

（一）复现

复现是表达相同意思的词汇或结构在文章的不同地方反复出现。复现可以是相同的词重复出现，也可以是用不同的词表达相同的意思。复现的解题意义在于：如果判断出一个未知填空与上下文的那些已知词汇有复现关系，只要从选项中选出与那些词汇意义相同的或者其同义词即为答案。需要注意的是，同义词替换在复现结构中相当普遍，而且，有时与转折结构等联合考查，这时可能会出现反义词复现。

（二）同现

同现是一组具有相同倾向性的词语或结构。同现词语所表现的倾向性往往与中心主线的导向一致（多以表示肯定的或否定的形容词出现），或者说这些同现词语的任务就是对文章的导向进行展开和支持。同现结构的最重要标志就是看导向。因此，文章的整体导向这个已知线索可以成为解出这些同现词语的关键信息。

真题精练

【导学例题 4】Almost overnight, scores of tent villages bloomed across the region, tended by international aid organizations, military ________ and aid groups working day and night to shelter the survivors before winter set in.

A. ranks　　B. equipment　　C. personnel　　D. installations

C　【解析】句意：几乎一夜之间，由国际救援组织提供的大量的帐篷在震区建立起来，军队人员和救援组日夜工作，为在冬天之前安顿难民。空白处后的短语为“aid groups”，所以空白处也应该是结构相同、意义相近的词。rank 意为“等级”；equipment 意为“装备”；personnel 意为“人员”；installation 意为“安装”。military personnel 意为“军队人员”。故本题答案为 C。

五、形容词和副词是重点

（一）形容词规律

在形容词当中，倾向于考查的知识点是与前面的同现结构联合考查，这时一定要注意**其导向要与中心主线保持一致**，可参看前面的同现结构部分。有时形容词被挖去后，题目空格出现在总述部分，这时答案可去分述中找（偶尔需注意副词修饰形容词的情况）。

（二）副词规律

在副词当中，一定要注意一些常见的隐藏杀手，这些词是**隐藏的转折信号词**。不管是在阅读理解中还是在完形填空中遇到它们都要格外小心，它们一出现，其含义就与前句相反。这些语气词包括：hardly（几乎地），ironically（讽刺地），paradoxically（自相矛盾地），far from（远非），indeed（真正地），actually（实际上）等。

真题精练

【导学例题 5】To help the event run as ________ as possible, please read the following information.

A. smooth　　B. smoothly　　C. smoothness　　D. smoothing

B　【解析】本题考查的是副词修饰动词。空格中的词用来修饰空格前的 run，因此选择副词，只有 B 项满足条件。故本题答案为 B。

六、把握固定搭配

固定搭配也被称为“**习惯用法**”，它的形式多种多样，经常考查的内容有动词后接介词或副词；名词、形容词后接介词、介词短语、名词短语、动词短语、形容词短语和副词短语等。如果判断出一个未知空与上下文的一些已知词汇可以构成固定搭配，只要从选项中选出构成固定搭配且意思合适的选项即可（建议考生在平日的学习中多积累固定搭配）。

真题精练

【导学例题6】I remembered when I was in South Korea, I ________ to watch Kojak on TV frequently.

A. enjoyed　　B. happened　　C. turned　　D. used

D 【解析】本题考查固定搭配。used to“过去常常做某事”;turn to“转向”;happen to“偶然做某事”。故本题答案为D。

【导学例题7】Students can learn the right answers ___1___ heart in class, and yet never combined them ___2___ their working models of the world.

1. A. to　　B. by　　C. in　　D. with

2. A. with　　B. into　　C. to　　D. along

B、A 【解析】空1,固定搭配 learn...by heart“将……记住”。空2,combine sth. with sth.“把……和……结合到一起。”故本题答案为B、A。

七、客观规律永不变

常识性的、客观的东西不需要细想,可以直接选答案。例如,有这样一道题,意为“过度饮酒对身体________。”答案肯定选择表示否定的词,因为常识告诉我们过度饮酒有害健康,如果填“过度饮酒有助于身体健康”就违背了客观规律。

真题精练

【导学例题8】The task of being accepted and enrolled in a university begins early for some students. Long ___1___ they graduate from high school, these students take special ___2___ to prepare for advanced study.

1. A. as　　B. after　　C. since　　D. before

2. A. courses　　B. discipline　　C. majors　　D. subjects

D、A 【解析】空1,前面提到“被大学录取的任务早就开始了”,明显说明时间点始于“他们从中学毕业之前”。而选项中as“在……时候”,表示两个动作是同时的;since 用于完成时的句子;after“很久以后”,显然与句子的意思相反;而before则表示“在……以前”,符合句意。空2,上大学就要学习课程,选项中的course“指在一段时间内教完或学完的课程”;discipline“学科”;major“专业”;subject“科目”。相比较之下答案为A更符合句意。故本题答案为D、A。

【导学例题9】The Bank of Montreal will also lower its fixed-rate mortgages on four-year terms and longer by a tenth of a percentage point. And lastly, Vancouver Trust has also jumped on the wagon by announcing that it is planning to ________ its rates.

A. turn down　　B. shorten　　C. reduce　　D. narrow

C 【解析】本题考查动词词义辨析。句意:蒙特利尔银行还将把四年期及以上期限的固定利率抵押贷款降低十分之一个百分点。最后,温哥华信托也紧随其后,宣布计划降低其利率。A项意为“拒绝、调小”;B项意为“缩短”,通常指某个流程;C项意为“减少”,符合题意;D项意为“使变窄”。故本题答案为C。

【示例】

More than forty thousand readers told us what they looked for in close friendships, what they expected ___1___ friends, what they were willing to give in ___2___, and how satisfied they were ___3___ the quality of their friendships. The ___4___ give little comfort to social critics.

Friendship ___5___ to be a unique form of ___6___ bonding. Unlike marriage or the ties that ___7___ parents and children, it is not defined or regulated by ___8___. Unlike other social roles that we are expected to ___9___ as citizens, employees, members of professional societies and ___10___ organization—it has its own principle, which is to promote ___11___ of warmth, trust, love, and affection ___12___ two people.

The survey on friendship appeared in the March ___13___ of Psychology Today. The findings ___14___ that issues of trust and betrayal(背叛) are ___15___ to friendship. They also suggest that our readers do not ___16___ for friends only among those who are ___17___ like them, but find many ___18___ differ in race, religion, and ethnic (种族的) background. Arguably the most important ___19___ that emerges from the data, ___20___, is not something that we found—but what we did not.

1. A. on	B. of	C. to	D. for
2. A. addition	B. reply	C. turn	D. return
3. A. about	B. of	C. with	D. by
4. A. results	B. effects	C. expectations	D. consequences
5. A. feels	B. leads	C. sounds	D. appears
6. A. human	B. mankind	C. individual	D. civil
7. A. bind	B. attach	C. control	D. attract
8. A. discipline	B. law	C. rule	D. regulation
9. A. keep	B. do	C. show	D. play
10. A. all	B. any	C. other	D. those
11. A. friendship	B. interests	C. feelings	D. impressions
12. A. between	B. on	C. in	D. for
13. A. print	B. issue	C. publication	D. copy
14. A. secure	B. assure	C. confirm	D. resolve
15. A. neutral	B. main	C. nuclear	D. central
16. A. ask	B. call	C. appeal	D. look
17. A. most	B. more	C. least	D. less
18. A. people	B. who	C. what	D. friends
19. A. conclusion	B. summary	C. decision	D. claim
20. A. moreover	B. however	C. still	D. yet

【答案】

1. B 【解析】expected sth. of sb. 是固定搭配,表示"对……的期望",放在此处符合句意。故本题答案为 B。

2. D 【解析】空格前的 in 是解题的关键,in return 表示"作为回报"的意思,符合题意。其他的选项或者不能与 in 搭配,或者与 in 搭配后不符合题意。故本题答案为 D。

3. C 【解析】be satisfied with 是固定搭配,表示"对……满意"的意思。故本题答案为 C。

4. A 【解析】本句是对上文的总结,要选一个既能作本句的主语,同时能总结上文的选项,results 可满足以上条件。故本题答案为 A。

5. D 【解析】空格后的 to 是解题的关键,四个选项中能与 to 搭配,并且符合句意的只有 D 项。appear to be 表示"看上去……"的意思,放在此处符合题意。故本题答案为 D。

6. A 【解析】解答本题的关键是理解句意,本句的意思是"友谊似乎是人类情谊的一种独特形式",空格中应选择一个表示人类的选项,human 可表示此含义。故本题答案为 A。

7. A 【解析】根据句首的 unlike 可知空格与前面的 bonding 照应,选项 bind 与 bonding 含义相近。故本题答案为 A。

8. B 【解析】根据句意可知空格处应选择一个表示"法律"的词汇。故本题答案为 B。

9. D 【解析】根据语法知识可知"that we are expected to 中"作定语从句,修饰前面的 roles,play roles 是固定搭配,表示"扮演角色"。故本题答案为 D。

10. C 【解析】因为我们一眼就看到了关系连词 and，and 前面列举了“citizens，employees，members of professional societies”，所以“__________ organizations”应表示“其他的组织”的意思，选项 other 表示“其他的”的意思。故本题答案为 C。

11. C 【解析】of 后面的 warmth，trust，love，and affection 是指感觉的几个种类。故本题答案为 C。

12. A 【解析】空格后面的 two 是解题的关键，两个人之间用 between，其余三个选项都不能用来表示两个人之间。故本题答案为 A。

13. B 【解析】of 后面的 Psychology Today 是解题的关键，根据句意可知本句表示杂志的某一期。故本题答案为 B。

14. C 【解析】that 后面的内容是解题的关键，C 项 confirm 表示“证实”的意思，与 that 后面的内容照应，放在此处符合题意。故本题答案为 C。

15. D 【解析】空格后的 to 是解题的关键，能作表语并能与空格后的 to 搭配的只有 D 项 central，be central to 意为“对……是重要的”。故本题答案为 D。

16. D 【解析】解答本题的关键是充分理解 but 前后的句意，__________ for 与 but 后面的 find 照应，look for 与 find 含义相近。故本题答案为 D。

17. A 【解析】根据 but 可知句子的前后两部分含义相反，句子的后半部分说不同的人，则前半部分应该说相似的人。故本题答案为 A。

18. B 【解析】根据语法知识可知 differ in race，religion，and ethnic background 作定语从句修饰前面的 many，根据句意可知空格作定语从句的主语，要选一个能表示人的词语。故本题答案为 B。

19. A 【解析】根据 that 后面的内容可知此处应选一个表示结论的词语，conclusion 表示结论。故本题答案为 A。

20. B 【解析】借助空格前后的句意可知此处应选一个表示转折含义的词语，however 和 whereas 都可以表示转折的含义，根据空格前后的逗号，可知正确答案为 B 项。故本题答案为 B。

第三章　阅读理解

导学教案

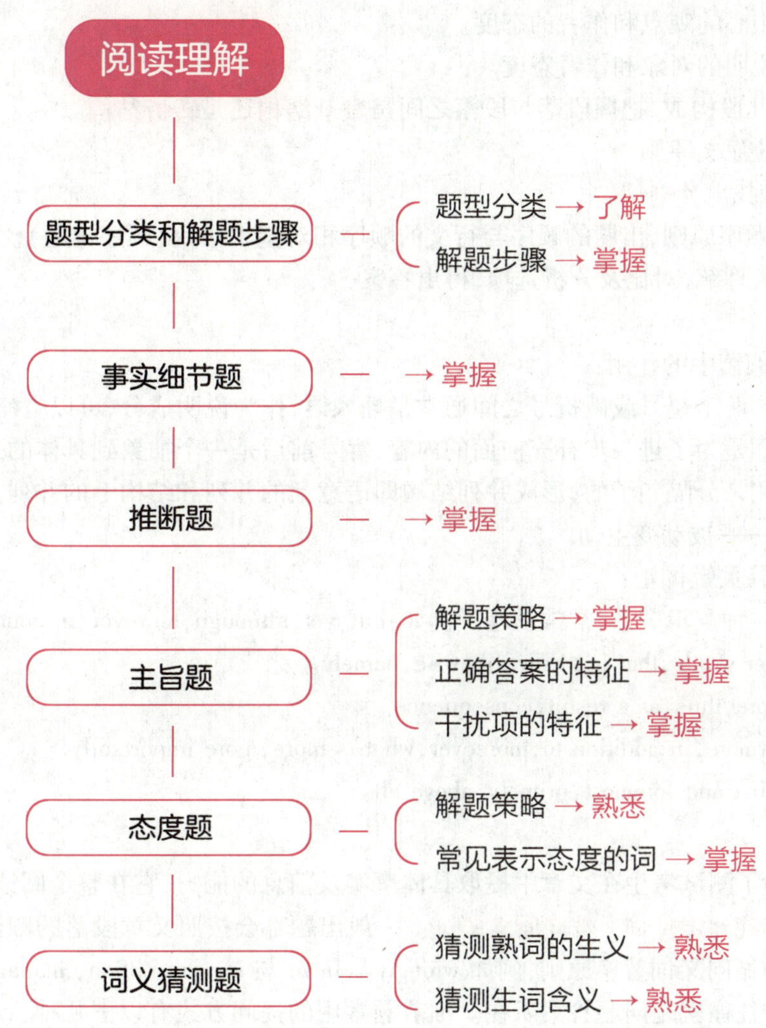

导学课程

一、题型分类和解题步骤

（一）题型分类

1. 应用型阅读理解

招聘启事、邮件、备忘录、图表（表格）、简历和信件，其中“简历”在近年来银行招聘考试中涉及的较多，考生需重视。

2. 常规型阅读理解

常规型阅读理解与四六级中阅读理解的题型类似，主要考查与金融、经济、电子商务、互联网、科技、心理、社会、学术研究等相关的新闻。

（二）解题步骤

1. 宏观阅读，抓住中心

(1)首段：**中心句，核心内容以及概念通常在第一段**。

(2)**其他各段的段首和段尾句**，其余部分可以略读或抓住重点内容进行阅读。

(3)每篇文章必定会有**一个核心主题**。

(4)两大文体：议论文和说明文。

①议论文：抓住中心的观点和作者的态度。

②说明文：把握说明的对象和作者态度。

(5)注意文章由几段构成，把握段落与段落之间是**顺承结构**还是**转折结构**。

2. 仔细审题，定位原文原则

(1)从题干出发，找出**关键词**。

(2)自然段定位顺序原则，出题的顺序与行文的顺序相对基本一致(顺序出题)。

3. 微观阅读，深入理解，对比及分析选项，得出答案

(1)抓主干。

(2)标点符号在阅读中的作用：

①逗号与破折号：两个逗号或破折号之间通常是插入语，作为说明成分，可以省略不读。

②冒号：冒号后面是为了进一步补充前面的内容，冒号前后是一个抽象到具体的过程。

③分号：分号是用来分隔句子的，形成并列结构即语意上的并列和结构上的并列。

(3)主动变被动——被动变主动。

(4)阅读时要抓住关键词汇：

①**转折词**：这是一种逻辑关系，常常设题。例如：but，yet，although，however，in contrast。

②**解释词**：in other words，that is to say，likewise，namely。

③**结果词**：therefore，thus，as a result，consequence。

④**递进词**：furthermore，in addition to，moreover，what's more，more importantly。

⑤**表重要的词**：first and foremost，primely，above all。

二、事实细节题

细节题主要是为了测试考生在文章中提取具体事实及信息的能力，它在整个阅读理解题中所占比重最大。**做细节题需要找到定位词，带回原文验证**。一般出题都会按照文章段落的顺序出，做题时可以顺序定位。做题时可遵循同义词替换原则，例如 wrongly believe 与 misconception，manager 与 managerial，这种同义词替换的地方往往就是问题答案所在。细节题常用的提问方式有以下几种：

Which of the following is NOT true?

Which of the following is NOT mentioned?

The main reason for…is…

According to the author…

真题精练

【导学例题 1】In spite of "endless talk of difference," American society is an amazing machine for homogenizing people. There is "the democratizing uniformity of dress and discourse, and the casualness and absence of deference" characteristic of popular culture. People are absorbed into "a culture of consumption" launched by the 19th-century department stores that offered "vast arrays of goods in an elegant atmosphere. Instead of intimate shops catering to a knowledgeable elite," these were stores "anyone could enter, regardless of class or background. This turned shopping into a public and democratic act." The mass media, advertising and sports are other forces for homogenization.

According to the author, the department stores of the 19th century ________.

A. played a role in the spread of popular culture

B. became intimate shops for common consumers

C. satisfied the needs of a knowledgeable elite

D. owed its emergence to the culture of consumption

A 【解析】根据关键词 department stores of the 19th century 定位到本段。根据“Instead of intimate shops catering to a knowledgeable elite, these were stores…”可知，department stores 不同于 intimate shops，且 intimate shops 是面向知识精英阶层的，由此排除 B、C。D 项因果倒置，根据“People are absorbed into ‘a culture of consumption’ launched by the 19th-century department stores”可知，是 the emergence of 19th-department stores 在前，the culture of consumption 在后。因此 A 项“在传播大众文化中起了重要作用”为正确答案。故本题选 A。

三、推断题

推断题要求得出文章的隐含意义或深层含义。出题的地方有可能需要推理一句话、一个段落或一篇文章。推断题可以根据所要推断的一句话、一段或者全篇分为“小推”（有关键词，且出现在段落的支持句中）、“中推”（以段落为主，可以使用排除法，关键词在主题句上）、“大推”（没有关键词，唯一的办法就是放入原文验证，需要理解全文）。推断题的常用提问方式有以下几种：

What is implied by the guidelines?

What can be inferred from the information?

What will probably happen when…?

真题精练

【导学例题 2】If ambition is to be well regarded, the rewards of ambition—wealth, distinction, control over one's destiny—must be deemed worthy of the sacrifices made on ambition's behalf. If the tradition of ambition is to have vitality, it must be widely shared; and it especially must be highly regarded by people who are themselves admired, the educated not least among them. In an odd way, however, it is the educated who have claimed to have given up on ambition as an ideal. What is odd is that they have perhaps most benefited from ambition—if not always their own then that of their parents and grandparents. There is heavy note of hypocrisy in this, a case of closing the barn door after the horses have escaped—with the educated themselves riding on them.

The last sentence of the paragraph most probably implies that it is ________.

A. customary of the educated to discard ambition in words

B. too late to check ambition once it has been let out

C. dishonest to deny ambition after the fulfillment of the goal

D. impractical for the educated to enjoy benefits from ambition

C 【解析】最后一句“There is heavy note of hypocrisy in this, a case of closing the barn door after the horses have escaped—with the educated themselves riding on them.”（这其中有着浓厚的虚伪色彩，恰如马跑后再关上马厩的门那样，而受过良好教育的人自己正骑在那些马背上。）通过比喻指责这些人是虚伪的，他们是抱负的受益者，但又虚伪地否认拥有抱负的重要性，故 C 项“达成目标后再否认抱负是不诚实的”表述正确。B 项“雄心一旦表露，要想停止为时已晚”是对原句比喻义的错误理解。A 项“受教育者习惯于口头上摒弃抱负”和 D 项“受教育者享受抱负带来的好处是不现实的”原文未提及。故本题选 C。

四、主旨题

首先遵从“主题句原则”。一般的英文写作都是开门见山，所以文章的第一段和每段的第一句话和最后一句话都会体现文章或段落的主题。**其次注意“焦点重合”**,即每段重复最多的词,或者是选项中都出现的词,需要注意。例如,每段都有“service”这个词,就应该注意在选项中要留意这个词或者它的同义词。**此外,有的文章带有一定的感情色彩,需要通篇把握文章的主旨和大意**。主旨题主要是考查考生对于文章或段落的整体把握能力。主旨题的题干中的标志词一般有 main idea, subject, best title, topic, purpose, summary 等。常见的提问方式有以下几种:

The main purpose of the passage is to…

What is this excerpt about?

What is this passage/paragraph mainly about?

Which of the following best states the central idea of the passage/paragraph?

Which of the following is the most suitable title for the article?

What can be the best title of the passage?

(一)解题策略

1. 着重理解首段或末段

一篇思维缜密、结构严谨的议论文,**中心思想一般会出现在文章的首段或末段**,因此考生要着重理解首末两段,通过这两段来概括出中心思想。当然也有例外,有的文章开头是引子,引子之后才是文章主旨,这样的文章一般引子处会设题,以推断题或者结构题的形式出现,考查引子的目的是什么。

2. 重视承上启下段

文章主旨出现在中间段落的比较少见。如果是这种情况的话,主题句一般起着承上启下的作用。如果遇到文章中间的前后段意思转折较明显,考生应格外警惕,因为它往往是文章主旨所在之处。

3. 归纳各段主要内容

如果文章中没有明确的主题句,考生就要归纳各段主要内容从而概括主题。考生应**着重理解每段的首句和末句,另外注意文章中反复提到的词**,这一般是体现中心思想的核心词。

(二)正确答案的特征

正确答案具有以下特征:

(1)选项具有概括性,能恰如其分地概括文中所阐述的内容。

(2)选项通常与作者的观点和态度一致。

(3)选项主题观点突出,不涉及细节。

(三)干扰项的特征

干扰项具有以下特征:

(1)选项以偏概全,过于细节不能概括全部内容。有的选项只涉及细节,不能代表主题思想。

(2)选项所涉及的面太宽,超出了文章阐述的内容。

真题精练

【导学例题3】So how do we recover and build resilience? Most people assume that if you stop doing a task like answering emails or writing a paper, your brain will naturally recover, so that when you start again later in the day or the next morning, you'll have your energy back. But surely everyone reading this has had times where you lie in bed for hours, unable to fall asleep because your brain is thinking about work. If you lie in bed for eight hours, you may have rested, but you can still feel exhausted the next day. That's because your brain has not received a break from high mental arousal states.

What is the main message we can get from this paragraph?

A. Rest or do other things can help us recover from working.

B. There is nothing much we can do to build resilience.

C. Stopping working and rest is not the same thing with recovery.

D. Building resilience requires us to take breaks.

C 【解析】该段主要讲了我们如何恢复和加强恢复力。大多数人认为，如果你停止回复邮件或写论文这样的任务，你的大脑会自然恢复，这样当你在当天晚些时候或第二天早上再次开始工作时，你就会恢复精力。但是肯定每个阅读这篇文章的人都有数次躺在床上几个小时而无法入睡的经历，因为你的大脑在思考工作。如果你在床上躺了八个小时，你可能已经休息了，但是第二天你仍然会感到疲惫。这是因为你的大脑没有从高度精神唤醒状态中得到休息。由此可知，虽然我们有时候停止工作并休息，但是我们的精力并没有得到恢复，因为大脑没有从高度精神唤醒状态中得到休息。C 项“停止工作并休息与恢复不是一回事”符合文义，故本题选 C。

五、态度题

态度题有两种，一种是“大态度”，一般就是问作者的态度。解答这类题的时候通常需要通读全文，掌握主题思想和主要事实，之后做出判断。文章中表示转折意义的词最能代表作者的态度，如 but，yet，however 等。另外一种是“小态度”，即文章中出现的某个人物的态度或者针对某句话的态度。这类题的解题方法是首先要弄清问题问的是什么，然后在文中找到相应的关键词或句子。对重要的形容词和副词应认真分析，然后做出推断。解答态度题的时候需要区分这两种不同的态度。态度无非有三大方向：positive/supportive/approving（支持），neutral（中立），negative/opposed（反对）。

态度题的题干中标志词有 attitude，opinion，tone 等，常见提问方式有以下几种：

What is the author's attitude towards…?

How would you describe…attitude towards…?

What is the tone/mood of the passage?

The author's attitude towards…seems to be…

Which of the following best describes the author's attitude towards…?

（一）解题策略

做态度题要把握六原则：

（1）表示“客观”的词多为正确选项，如 objective，impartial，unbiased，unprejudiced 等。

（2）作者态度基本不会是漠不关心，所以此类词一般不是正确选项，如 indifferent，uninterested，impassive，unconcerned 等。

（3）好还是坏，支持还是反对，态度一般会比较明确，带中立色彩的词相对来讲不容易成为正确答案，如 neutral，ambiguous 等。

（4）尽量不要用贬义词去评价作者态度。

（5）不要把考生自己的好恶态度揉进其中。

（6）要注意区分作者本人的态度和作者引用的观点的态度。

（二）常见表示态度的词

（1）表示积极、肯定的意义：positive 肯定的；favorable 赞成的；supportive 支持的；enthusiastic 热情的；defensive 保卫的；optimistic 乐观的；confident 自信的；admiring 赞赏的；concerned 关心的；sympathetic 同情的；tolerant 容忍的；approving 赞成的；persuasive 有说服力的；informative 有教益的，提供有用信息的。

（2）表示消极、否定的意义：negative 否定的；pessimistic 悲观的；critical 批评的；worried 焦虑的；opposed 反对的；suspicious 可疑的；doubtful 怀疑的；ironic 讽刺的；skeptical 怀疑的；hostile 有敌意的；sarcastic 讽刺的；disappointed 失望的；radical 激进的；biased 有偏见的；confused 困惑的；disapproval 不赞成；objection 反对；criticism 批评；concerned 担忧的，焦虑的。

（3）表示客观的意义：objective 客观的；impartial 公平的，不偏不倚的；unbiased 无偏见的；unprejudiced 无偏见的；disinterested 公正的。

（4）表示中立、不关心的意义：neutral 中立的；ambiguous 含糊的，模棱两可的；impassive 冷漠的；uninterested 冷淡的，不感兴趣的；indifferent 漠不关心的；unconcerned 冷漠的，不关心的。

真题精练

【导学例题 4】The fact that you are earning your degree speaks volumes. Employers will want to know what degree you earned and what you studied, but as a recruiter, I'd be more focused on the types of internships you've taken, your skills and experiences (study abroad counts, as well). Subject matter counts, too. So if you're passionate about psychology and can fit in psychology classes, go for it. (I actually majored in psychology!) I knew at the time that understanding people would be a valuable asset to have during every stage of my life—both business and personal.

What's the speaker's attitude towards working outside of one's degree?

A. The speaker focuses more on one's internship experience rather than the degree.

B. The speaker encourages people to work outside of one's degree.

C. The speaker thinks it is not wise to choose a career that is not related to one's degree.

D. The speaker considers it risky to work outside of one's degree.

A 【解析】作者对做与大学学位无关的工作持什么态度？首句点明所得学位是能够说明一些事情的，第二句中的 but 一词转折，表明作者是持不同的想法的，即"...but as a recruiter, I'd be more focused on the types of internships you've taken, your skills and experiences."(但作为一名招聘人员，我更关注的是应聘者的实习经历、技能和经验)，由此可知，相比一个人的学位而言，招聘者更关注的是人们的实习经历，故 A 项"作者更注重一个人的实习经历，而不是学位"正确。

六、词义猜测题

词义猜测题是指在阅读过程中根据对语篇的信息、逻辑、背景知识及语言结构等的综合理解去猜测或推断某个词、短语或句子的意思。词义猜测题主要考查考生根据不同的语境判断、猜测意义的能力。出题形式一般有两种：一是考纯粹的生词（多半属于非常用词）；二是考熟词生义（或词的多义性）。

词义猜测题常用的提问方式有以下几种：

The underlined word "..."(Para. 2, Line 3) probably means...

What does the underlined word "..."means...

Which of the following is closest in meaning to "..."?

（一）猜测熟词的生义

（1）**"代入检验"法**：如果四个词都认识，就分别代回原文，检查一下是否符合逻辑。

（2）**"词汇关系"法**：查看是否有特定的搭配或者逻辑关系。

（3）**"句子关系"法**：根据语法结构和句子逻辑关系判断文章句子关系是顺接还是逆接，话题和感情色彩相同还是相反。

（二）猜测生词含义

（1）**通过语境猜测词义**，通过文章主题和上下文的逻辑关系，来推测出生词和句子的含义。要求词不离句，句不离篇。从对两种事物或现象的对比描述中，推断出词义来。

（2）**根据定义猜测词义**。定义的形式通常有：用一个句子或者段落给生词定义，使用破折号、冒号后面的内容或者引号、括号中的内容对生词加以解释或者定义。

（3）**通过经验及生活常识猜测词义**。在阅读文章的基础上利用自己对日常生活的理解和判断来完成对单词的猜测。考生应能掌握词义猜测题的提问方式，总结答题技巧。

真题精练

【导学例题 5】"Just because banks are safer doesn't necessarily mean the financial system is," says Karen Petrou, managing partner at Federal Financial Analytics, a regulatory-analysis firm. Debt investors might not be as resilient in a crisis, and their problems could create shock waves. "Banking regulators are being a little myopic when they're looking only at the banking system for systemic risk," she says.

What does the underlined word "myopic" mean in the this paragraph?

A. Pessimistic. B. Optimistic.

C. Short-sighted. D. Sarcastic.

C 【解析】根据题干定位到"Banking regulators are being a little myopic when they're looking only at the banking system for systemic risk...",画线单词后半句话是对画线单词的解释说明。画线单词后半句话意为"银行监管机构只关注银行系统的系统性风险",由 only 一词可以看出带有贬义色彩,意在说明银行监管机构只看到银行系统的系统性风险,却没有看到其他的风险,C 项"目光短浅的"最能体现这一行为特点。故本题选 C。

要点点拨

在银行英语综合能力测评考试中,阅读理解是最为重要的一种题型。考试的侧重点在于要求考生能顺利阅读语言难度中等的邮件、信函、一般性题材文章等,掌握文章及信件的中心大意以及事实和细节,并能进行一定的分析、推理和判断,从而领会作者的观点和态度。银行英语综合能力测评考试中的阅读理解试题主要考查考生理解主旨要义、具体信息、概念性含义并进行有关的判断、推理、引申、根据上下文推测生词词义等能力。

【示例】

French Fries and the Economy

The economic crisis spread as currencies in other Southeast Asian nations began to drop. The Indonesian rupiah began to fall in December, and eventually would lose more than 80 percent of its dollar value. Meanwhile, about $50 million per day were transferred out of Indonesia to the relative safety of Singapore's banks.

The French fry is but one indicator of economic prosperity. The more a country develops economically, the more French fries people consume. The reverse is also true; when economies falter, French fries and fast-foods become a luxury that fewer can afford. In Indonesia, the currency crisis saw the price of a Big Mac triple. Because restaurants paid for imported wholesale fries in dollars, their costs soared. Customers could not meet price increases, and began to consume rice and egg dishes that McDonald's added to their Indonesia menus. But McDonald's sales plunged. Theirs and other US stores became targets for critics of globalization. One third of the restaurants that purchased French fries from Simplot were burned, including about 10 McDonald's. Anti-foreign and anti-Chinese riots to follow took 500 lives.

In view of the Indonesian crisis, the Hutterites' potatoes were diverted to Singapore's more stable economy. On an early evening there Ernest Enver—a descendant of Russian Jews—met his wife Becky and three children in one of Singapore's McDonald's. Becky is of Chinese heritage, and the family is Roman Catholic. They ordered up servings of fries that took only seven minutes to reach crispy brown perfection.

1. What is the article mainly about?

A. The disadvantages of globalization.

B. The economic crisis in Southeast Asia.

C. The relationship between the consumption of French fries and economy.

D. The business condition of McDonald's in Indonesia.

2. According to paragraph 1, why were large amounts of money transferred out of Indonesia everyday?

A. Because many people in Indonesia were losing jobs due to the economic crisis.

B. Because the value of rupiah was declining.

C. Because Indonesians could not afford food any longer.

D. Because the Singaporean banks were much safer.

3. According to the article, how do French fries indicate economic conditions?

A. The richer a country's residents are, the more they can afford to consume French fries.

B. The more prosperous a country's economy is, the more luxurious the fast foods become.

C. The poorer a country's economic condition is, its residents are less likely to consume French fries.

D. People tend to consume more fast foods when they are not able to afford rice and egg dishes.

4. The word "falter" in paragraph 2 is closest in meaning to ________.

A. waver　　B. develop

C. lose strength　　D. weak

5. Why could not customers afford French fries when the currency crisis broke out?

A. Because the cost of importing fries increased.

B. Because rice and egg dishes became cheaper.

C. Because the restaurants in Indonesia used dollars to buy fries.

D. Because fast foods gradually lost popularity in Southeast Asia.

【答案】

1. C　【解析】文章的题目"French Fries and the Economy"揭示文章主旨。故本题答案为C。

2. B　【解析】根据文中第一段第二和第三句"The Indonesian rupiah began to fall in December, and eventually would lose more than 80 percent of its dollar value…banks."可知,印尼盾在12月开始贬值,最终将失去其美元价值的百分之八十以上,这导致人们将货币转出印度尼西亚。故本题答案为B。

3. C　【解析】根据文中第二段第二句和第三句"The more a country develops economically, the more French fries people consume. The reverse is also true; when economic falter, French fries and fast-foods become a luxury that fewer can afford."可知,国家经济越发达,人们越会购买炸薯条。反之亦然,当经济衰退,炸薯条和快餐食品成为一种奢侈,人们很少能负担得起。A项意为"一个国家的居民越富裕,他们就越能买得起薯条",文中强调国家经济是否繁荣,而非居民是否富裕,排除A项。B项意为"一个国家的经济越繁荣,快餐就越奢侈",原文指出当经济衰退时,炸薯条和快餐食品成为一种奢侈,故排除B项。D项与原文不符。故本题答案为C。

4. D　【解析】找到单词所在的句子,结合前后句可知,国家经济越发达,人们越会购买炸薯条。反之亦然;当经济衰退时,炸薯条和快餐食品成为一种奢侈,人们很少能负担得起。这里的falter与develop economically含义相反,即经济衰落。weak意为"弱的,疲软的",符合题意。故本题答案为D。

5. A　【解析】根据第二段第五句和第六句"Because restaurants paid for imported wholesale fries in dollars, their costs soared. Customers could not meet price increases…"可知,餐馆用美元批发进口炸薯条,成本飙升,客户承受不起上涨的消费价格。故本题答案为A。